Costa Rica
2022/23

Cofondateurs : Philippe GLOAGUEN et Michel DUVAL

Directeur de collection et auteur
Philippe GLOAGUEN

Secrétaire général
Gavin's CLEMENTE-RUIZ

Rédacteurs en chef
Amanda KERAVEL (France)
Benoît LUCCHINI (Étranger)

Directrice administrative
Bénédicte GLOAGUEN

Conseiller à la rédaction
Pierre JOSSE

Responsable voyages
Carole BORDES

Direction éditoriale
Élise ERNEST

Rédaction
Isabelle AL SUBAIHI
Emmanuelle BAUQUIS
Mathilde de BOISGROLLIER
Thierry BROUARD
Marie BURIN des ROZIERS
Diane CAPRON
Véronique de CHARDON
Laura CHARLIER
Florence CHARMETANT
Fiona DEBRABANDER
Anne-Caroline DUMAS
Éléonore FRIESS
Géraldine LEMAUF-BEAUVOIS
Olivier PAGE
Alain PALLIER
Anne POINSOT
André PONCELET

hachette

TABLE DES MATIÈRES

PRÉAMBULE

UNE PANDÉMIE INOUÏE !

Depuis toujours, **Le Routard *se plaît à dénicher hôteliers et restaurateurs*** qui accueillent nos lecteurs avec sourire et professionnalisme. Malgré toute notre vigilance, certains d'entre eux auront malheureusement fermé quand ce livre sortira. De même, les horaires et modalités d'accueil de certains sites et musées auront été momentanément modifiés. Cette terrible ***pandémie de Coronavirus*** a, on le sait, des conséquences importantes pour tous les professionnels du tourisme. ***Nous sommes de tout cœur avec eux !***

Char à bœufs, Sarchí

Pas de côté
NICARAGUA
La Cruz
Los Chiles
Upala
Caño Negro
P. N.
Santa Rosa
P.N.
Rincón de
la Vieja
LA ZONA NORTE
p. 173
P.N.
Volcán Tenorio
Liberia
Golfo de
Papagayo
Nuevo Arenal
El
Castillo
La Fortuna
Guardia
Playas
del Coco
Laguna
de Arenal
P.N.
Volcán Arenal
Volcán Arenal
P.N. Marino
Las Baulas
Las Cañas
P.N.
Palo Verde
Santa Elena
Monteverde
Playa
Grande
Tamarindo
Cordillera
de Tilarán
P.N.
Volcán Poás
Volcán Poás
Santa Cruz
P.N.
Barra Honda
Péninsule
de
Nicoya
Golfo de
Nicoya
Refugio Nacional
de Vida Silvestre Ostional
Nosara
Puntarenas
Alajuela
Orotina
Naranjo
Sámara
Paquera
Santiago
Isla Tortuga
Jabilla
Tárcoles
LE GUANACASTE
ET LA PÉNINSULE
DE NICOYA
p. 228
Refugio de Vida
Silvestre Curù
Tambor
Montezuma
Jacó
Santa Teresa
Mal País
Reserva Natural
Absoluta
Cabo Blanco
Playa
Hermosa
LE PACIFIQUE
CENTRAL
p. 279
P.N.
Manuel
Antonio
OCÉAN PACIFIQUE
0
50
100 km

LE COSTA RICA

LA RÉDACTION DU ROUTARD

(sans oublier nos 50 enquêteurs, aussi sur le terrain)

Jean-Sébastien, Olivier, Mathilde, Thierry, Alain, Gavin's, Éléonore, Anne-Caroline, André, Laura, Florence, Véronique, Isabelle, Géraldine, Fiona, Amanda, Benoît, Emmanuelle, Bénédicte, Philippe, Carole, Diane, Anne, Marie.

La saga du *Routard* : en 1971, deux étudiants, Philippe et Michel, avaient une furieuse envie de découvrir le monde. De retour du Népal germe l'idée d'un guide différent qui regrouperait tuyaux malins et itinéraires sympa, destiné aux jeunes fauchés en quête de liberté. 1973. Après 19 refus d'éditeurs et la faillite de leur première maison d'édition, l'aventure commence vraiment avec Hachette. Aujourd'hui, le *Routard*, c'est plus d'une cinquantaine d'enquêteurs impliqués et sincères. Ils parcourent le monde toute l'année dans l'anonymat et s'acharnent à restituer leurs coups de cœur avec passion.

Merci à tous les routards qui sont solidaires de nos convictions : liberté et indépendance d'esprit ; découverte et partage ; sincérité, tolérance et respect des autres.

NOS SPÉCIALISTES COSTA RICA

Éléonore Friess : que trouve-t-on systématiquement dans son sac à dos ? Outre le classique bazar inutile, un calepin et un stylo 4 couleurs *(old school* mais pratique !) pour tout noter. Journaliste de formation, elle vadrouille à la recherche de rencontres joyeuses, de beaux panoramas, de fêtes inoubliables ou simplement d'un bon plat (accompagné d'un p'tit verre, c'est encore mieux !).

Fabrice de Lestang : il s'est longtemps levé bien tard puis a subitement réalisé, à 22 ans, que la vie c'est le mouvement. Régisseur sur les plateaux de tournage 7 jours sur 7, il est passé avec bonheur des décors de studio aux paysages réels. Au *Routard* depuis plus de 25 ans, il se lève désormais très tôt et affiche plus de 100 voyages au compteur.

UN GRAND MERCI À NOS AMI(E)S SUR PLACE ET EN FRANCE

Pour cette nouvelle édition, nous remercions particulièrement :

• **Jean Derieux,** copilote méticuleux et excellent programmateur musical.

« OSONS LE PAS DE CÔTÉ »

Le surtourisme ? Tous concernés. Et pourtant, à l'écart des grands flux touristiques, il existe plein de pépites méconnues, souvent oubliées des circuits trop encombrés. Ici un site ignoré ; là un quartier secret ; plus loin un village caché au charme discret, avec un troquet d'une autre époque. Il existe une infinité de lieux peinards que l'on a envie de mettre en avant avec ce pictogramme. Un vagabondage enfin calme favorisé aussi par les **visites aux heures creuses**. Vive le *slow trip* !

#osonslepasdecote

Pictogrammes du Routard

Établissements

- Hôtel, auberge, chambre d'hôtes
- Camping
- Restaurant
- Terrasse
- Pizzeria
- Boulangerie, sandwicherie
- Pâtisserie
- Glacier
- Café, salon de thé
- Café, bar
- Bar musical
- Club, boîte de nuit
- Salle de spectacle
- Boutique, magasin, marché

Infos pratiques

- Office de tourisme
- Poste
- Accès Internet
- Hôpital, urgences
- Adapté aux personnes handicapées

Sites

- Présente un intérêt touristique
- Point de vue
- Plage
- Spot de surf
- Site de plongée
- Recommandé pour les enfants
- Inscrit au Patrimoine mondial de l'Unesco
- Pas de côté

Transports

- Aéroport
- Gare ferroviaire
- Gare routière, arrêt de bus
- Station de métro
- Station de tramway
- Parking
- Taxi
- Taxi collectif
- Bateau
- Bateau fluvial
- Piste cyclable, parcours à vélo

Le *Routard* est imprimé sur un papier issu de forêts gérées.

I.S.B.N. 978-2-01-787125-5

Un bateau à Playas del Coco

« J'ai décidé d'être heureux parce que c'est bon pour la santé. »
Voltaire

Champion du monde du bonheur durable, rien que ça ! Depuis plusieurs années, le Costa Rica maintient sa position en tête de classement de l'*Happy Planet Index,* par sa capacité à offrir une vie longue, heureuse et agréable à ses citoyens. Incroyable récompense pour un si petit pays dont la devise pourrait être : *pour vivre heureux, restons discrets !*

Le Costa Rica nous surprend par sa **douceur de vivre,** ses **richesses environnementales incroyables** et la **gentillesse de ses habitants,** surnommés *Ticos*. Voici un pays dont le credo principal est la **protection de l'environnement,** le **respect du vivant** et le **bien-être de la population.**

Ce cadeau de la nature se dévoile au détour d'un sentier de randonnée, offre ses plus beaux panoramas du haut d'un volcan, dissimule ses plages les plus secrètes au fond de baies cachées… Tous ces trésors se découvrent au fur et à mesure d'un voyage dont la palette de couleurs s'étale du bleu de l'océan au vert d'une végétation luxuriante. **Denses forêts primaires, plages dorées, faune d'une grande richesse et flore exubérante,** le Costa Rica peut se vanter d'avoir **un quart de son territoire classé en parcs nationaux ou réserves naturelles,** et de détenir environ 5 % de la biodiversité mondiale. Tout cela grâce à des choix politiques courageux et rares.

Comme bien des routards, vous voyagerez au Costa Rica pour répondre à l'appel de Dame Nature. Derrière ce décor se cache un pays où **la vie est plutôt douce,** où le touriste nanti n'a jamais le sentiment de s'appuyer sur la misère des habitants pour profiter de leurs ressources, comme c'est parfois le cas. Un pays sain, une **vraie démocratie,** une économie dynamique, où les biens sont partagés. Éducation, santé, développement durable, droits civiques… dans bien des domaines le Costa Rica est en avance sur son temps et n'a de leçon à recevoir de personne. Le pays a renoncé à son armée en 1948 et a ouvert son 1er parc national au début des années 1970. C'est aujourd'hui le pays le plus égalitaire d'Amérique latine.

C'est sans doute grâce à ce cadre de vie, véritable éden, que la population a su conserver sa bienveillance, sachant tout ce qu'elle lui doit. Ainsi, les Costariciens se révèlent d'une grande douceur, d'une simplicité et d'une générosité désarmantes. Doués pour le bonheur, tout simplement. Un mode de vie qui se traduit par une devise nationale : ***¡ Pura Vida !***

NOS COUPS DE CŒUR

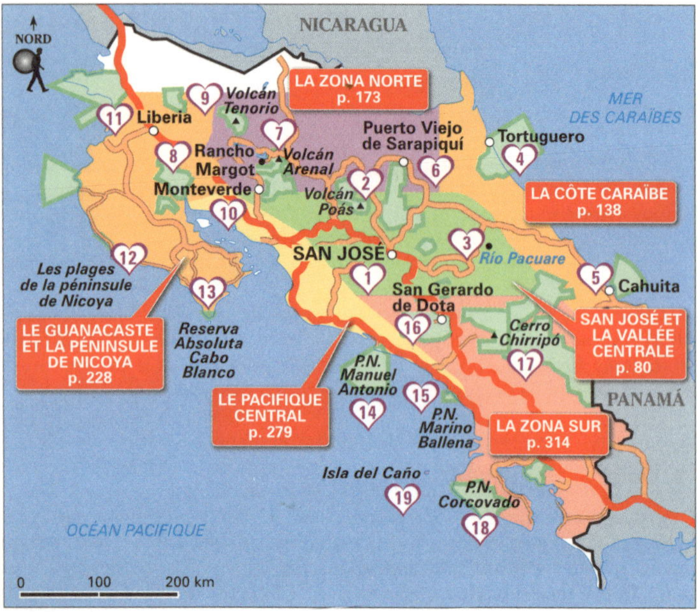

1 À San José, découvrir la richesse de l'artisanat indigène au musée de l'Or et au musée du Jade, fabuleuses vitrines d'un savoir-faire millénaire.

Difficile de faire son choix entre ces superbes musées de la capitale, tous les 2 modernes et ludiques. Le *Museo del Oro Precolombino* présente une collection bluffante d'objets décoratifs, de bijoux et de parures en or, tandis que le *Museo del Jade* abrite quelque 7 000 pièces en jade (bijoux, vaisselle, armes…), soit la plus grande collection au monde. *p. 96*

2 Plonger vers le regard le cratère principal du Volcán Poás… toujours en activité !

Perché à 2 574 m d'altitude, c'est le volcan le plus proche de la capitale. Le cratère abrite un lac, d'une profondeur de 300 m et d'un diamètre de 1 320 m, aux eaux changeantes, qui offre de superbes clichés. Sa facilité d'accès autant que sa majesté lui ont donné sa célébrité, tout comme ses éruptions à répétition, qui peuvent du coup entraîner la fermeture temporaire du site. p. 108

Bon à savoir : *arriver avant 9h30 à l'entrée du parc, pour échapper au brouillard qui tombe littéralement sur le volcan vers 10h, et bouche la vue.*

© Kevin Schafer/Alamy/Hemis

3 **Descendre le río Pacuare en rafting, au départ de Turrialba.**
C'est l'une des activités sportives les plus enivrantes qui soient. Le Pacuare est réputé comme étant la meilleure rivière du pays pour ce type de sport, alors pourquoi se priver ? La descente procure de belles poussées d'adrénaline. Frissons garantis ! *p. 137*
Bon à savoir : *si vous voyagez avec de jeunes enfants, optez plutôt pour la descente du río Pejibaye, où les bambins peuvent grimper sur le raft à partir de 6 ans.*

© Megapress/Alamy/Hemis

4 **Embarquer dans une pirogue pour glisser sur les canaux du *Parque Nacional de Tortuguero.***
Accessible seulement par voie maritime ou aérienne, le village coloré de Tortuguero reste l'un des plus préservés de la côte Caraïbe. Des eaux profondes à la cime des arbres, le parc national abrite une faune et une flore exceptionnelles que l'on se plaît à débusquer, jumelles dans une main et pagaie dans l'autre. *p. 147*
Bon à savoir : *le billet d'entrée au parc est valable pour la journée ; on peut en sortir et revenir sans avoir à repayer.*

5 **Tâter le doux rythme de vie de Cahuita, village caribéen préservé et authentique.**

De bon matin, filer à l'entrée du *Parque Nacional de Cahuita* pour admirer le lever de soleil et enchaîner avec une randonnée dans le parc. Là, on trouve de belles plages où étaler sa serviette. Le soir, siroter un rhum local dans un bar, sur fond de reggae. *p. 150*

6 **Retourner à l'état de nature en logeant au cœur des réserves dans la région de Sarapiquí.**

Autour de ce remarquable corridor biologique, l'environnement est protégé d'une manière exemplaire. *Reservas Selva Verde, Tirimbina, Pozo Azul* et *Rara Avis* sont autant de vastes sanctuaires couverts de forêts primaires. On y observe des animaux par centaines : toucans, colibris, papillons, grenouilles, iguanes, paresseux, singes hurleurs… *p. 173*

***Bon à savoir :** tous les accès aux réserves sont payants (et chers !). Mais si on y loge, l'entrée est souvent comprise dans le prix.*

© Peter Lilja/Age fotostock

7 **Partir en randonnée autour du volcan Arenal, l'un des plus majestueux d'Amérique centrale.**

Ce monstre sacré qui sommeille, mais est toujours actif, règne sur une immense jungle, idéale pour les randonnées à pied ou à cheval. Son sous-sol alimente des sources thermales et de nombreux spas où l'on peut se détendre après la rando. *p. 190*

Bon à savoir : *l'idéal est de loger à proximité du volcan, si on en a les moyens, mais La Fortuna regroupe les auberges de jeunesse . Les hôtels les moins chers ainsi que les agences organisant les excursions.*

8 Découvrir un modèle unique de ferme biologique et autosuffisante : le *Rancho Margot*.

Sur la rive sud de la Laguna de Arenal, cette ferme d'avant-garde est la concrétisation du rêve visionnaire d'un génie de l'agroécologie. Tout est bio, sain et naturel. Le *Rancho Margot* produit son électricité, fabrique ses engrais naturels, ses meubles, son savon… À proximité se trouve le Conservatorio de Mariposas, l'un des plus beaux conservatoires de papillons du pays. p. 203

Bon à savoir : *on vous conseille vraiment d'y séjourner, d'autant que l'on y mange merveilleusement. De plus, on y pratique de nombreuses activités telles que randonnées en forêt, balades à cheval, sorties en kayak...*

© Mark52/Shutterstock

9 Plonger ses yeux dans le bleu presque irréel du río Celeste, au cœur du *Parque Nacional Volcán Tenorio*.

La légende raconte que Dieu, quand il eut fini de peindre le ciel, rinça ses pinceaux dans le río Celeste. On croirait à une intervention divine quand les rayons du soleil viennent illuminer cette cascade turquoise. Un sentier de 6 km parcourt le parc, nous menant de points de vue sur la canopée à de petits lagons turquoise, en passant par des bains bouillonnants (baignade interdite !). Couleurs dignes des plus belles cartes postales, sortez vos objectifs. p. 208

Bon à savoir : *ne pas y aller après de fortes pluies, les couleurs sont moins spectaculaires.*

© Galyna Andrushko/Shutterstock

10 **Dévaler, grimper, sauter, s'accrocher, s'émerveiller dans les réserves de la région de Monteverde.**

Dans ces « forêts nuageuses », la nature est traitée en reine, l'environnement en roi. Tyroliennes, téléphériques, ponts suspendus dans la canopée, randonnées nocturnes, jardin d'orchidées, ferme aux papillons, plantations de café et de cacao, on ne compte plus les activités qui s'offrent à nous. *p. 210*

Bon à savoir : pour y accéder, on emprunte des pistes caillouteuses et poussiéreuses, 4x4 indispensable.

11 **Monter à cheval comme un vrai *sabanero* dans la région d'élevage de Liberia.**

Région située entre mer et montagnes, la plupart des touristes se contentent de la traverser. Elle se caractérise pourtant par sa forte tradition rurale et sa culture *sabanera* (le *sabanero* étant le gaucho, ou le cow-boy local). On assiste à de belles scènes de dressage ou même à des cavalcades sauvages des plus photogéniques. Peut-être l'occasion de monter en selle ? *p. 229*

Bon à savoir : *Liberia est la ville la plus chaude du Costa Rica, avec une moyenne annuelle de 33 °C. Si vous craignez les grosses chaleurs, fuyez !*

© Carver Mostardi/Alamy/Hemis

12 **Sortir sa planche de surf sur l'une des superbes plages de la péninsule de Nicoya.**

Les surfeurs aguerris le savent, le Costa Rica s'impose comme une destination mondialement connue pour ses spots de surf. Si Tamarindo est l'une des stations les plus courues, on lui préfère playa Grande, au nord, ou les plages du sud (playas Avellanas, Negra et Junquillal) où l'on ne se dispute jamais les vagues. Encore plus au sud, on aime le côté sauvage de Nosara ou l'aspect village de Sámara. Experts ou amateurs, il y a toujours une plage qui correspondra à votre niveau. *p. 228*

© Heeb Christian/hemis.fr

13 **Suivre les pistes de terre cahoteuses pour atteindre la *Reserva Absoluta Cabo Blanco.***

À la pointe sud de la péninsule de Nicoya, les voyageurs les plus aguerris découvriront ici un morceau de jardin d'Éden, remarquable sanctuaire baigné par l'océan. Un sentier de randonnée mène à une plage vierge et sauvage. On n'est pas loin du paradis. *p. 269*

Bon à savoir : *un 4x4 est indispensable pour circuler dans le sud de la péninsule de Nicoya.*

14 **Fouler les sentiers du *Parque Nacional Manuel Antonio,* l'un des parcs les plus populaires du pays.**

C'est le plus petit, et pourtant le plus célèbre du Costa Rica. Sa faune et sa flore exceptionnelles valent à elles seules un voyage sur la côte Pacifique. Difficile de compter le nombre de bestioles croisées en chemin. Chaque sentier débouche sur un paysage surprenant : une cascade, un point de vue sur l'océan, une plage paradisiaque… Arpentez-les tous ! *p. 300*

***Bon à savoir :** le parc est fermé le lundi.*

© Gardel Bertrand/hemis.fr

15 **Admirer les sauts spectaculaires des baleines à bosse dans le *Parque Nacional Marino Ballena.***

Véritables acrobates malgré leurs 25 t, elles effectuent des pirouettes grandioses hors de l'eau. Profitant des eaux réchauffées par les baies en arc de cercle du parc, ces géantes des océans se reproduisent et donnent naissance à leurs baleineaux au large des côtes. Majestueuses, elles offrent un ballet mémorable. *p. 313*

Bon à savoir : *on les observe de juillet à octobre (septembre et octobre étant les mois les plus propices) et, dans une moindre mesure, de décembre à avril.*

(16) **Partir à la recherche du quetzal, oiseau mythique d'Amérique centrale, à San Gerardo de Dota.**

Son remarquable plumage, aux tons émeraude, rouges et turquoise, attire les ornithologues du monde entier. On peut le croiser toute l'année, mais c'est surtout entre avril et juillet qu'on l'observe le plus facilement, lorsqu'il danse autour de la femelle pour la séduire. *p. 314*

Bon à savoir : *pour admirer le bel oiseau, inutile d'entrer dans le parc national Los Quetzales, il suffit de participer à une randonnée guidée organisée par votre hôtel aux abords du parc.*

17 S'attaquer à l'ascension du Cerro Chirripó, sommet le plus élevé du pays.

Culminant à 3 820 m d'altitude, le toit du Costa Rica est accessible aux marcheurs les plus expérimentés. C'est un trek assez difficile, qui requiert une bonne condition physique. *p. 321*

Bon à savoir : *s'organiser le plus tôt possible pour réserver son ticket d'entrée au parc et sa nuit au refuge, car il y a peu de places disponibles chaque jour. Infos et résas :* • *sinac.go.cr* •

© Jarib Gonzalez/Alamy/Hemis

18 En prendre plein les mirettes au *Parque Nacional Corcovado,* l'une des forêts tropicales humides les mieux protégées du pays.

On y trouve réunies près d'1/3 des espèces d'arbres connues dans le pays, soit 500 variétés. Cette diversité attire une incroyable faune : plus de 350 espèces d'oiseaux, environ 130 sortes de mammifères, 70 familles de reptiles et environ 45 d'amphibiens. Le jour, la nuit, dans les arbres ou au ras du sol, le Corcovado nous surprend à chaque recoin. *p. 348*

Bon à savoir : *on peut s'y rendre soit par l'est, au départ de Puerto Jiménez, soit par l'ouest, au départ de Bahía Drake.*

© Heeb Christian/hemis.fr

19 Plonger à Isla del Caño, où raies tachetées, petits requins, tortues et langoustes sont au rendez-vous.

De Bahía Drake, petit bout du monde de la péninsule d'Osa, on atteint en 1h de bateau à moteur cette réserve biologique protégée. Après quelques sessions de *snorkelling*, on profite d'un bon pique-nique sur la belle *playa San Josecito*. En chemin, vous aurez peut-être la chance de voir des dauphins, et même des baleines (surtout en août et en octobre pour ces dernières). *p. 359*

***Bon à savoir :** tous les hôtels proposent l'excursion au même prix.*

© Ethan Daniels/Shutterstock

© Gardel Bertrand/hemis.fr

Playa Sámara

ITINÉRAIRES CONSEILLÉS

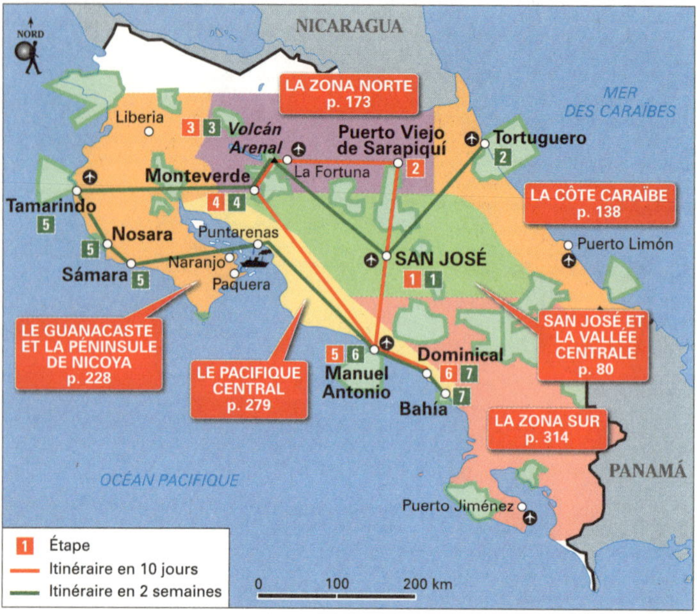

Si le Costa Rica ne mesure pas plus de 450 km de long pour 250 km de large aux points les plus opposés, les cordillères montagneuses au centre du pays et les pistes des coins les plus reculés rallongent les temps de trajet. Gardez cela en tête lorsque vous préparerez votre voyage de rêve. Pour vous aider, nous avons élaboré 3 itinéraires distincts, à modifier ou à adapter selon vos envies.

Le Costa Rica express, 10 jours top chrono

- **San José (1** ; 1 j.) **:** une escale d'un jour dans la capitale est presque obligatoire pour ne pas enchaîner des heures de voiture après un vol si long.
- **Région de Sarapiquí (2** ; 2 j.) **:** véritable corridor de biodiversité, cette zone verte nous plonge dans la jungle costaricienne. Ici se concentrent des réserves que l'on parcourt le long des sentiers balisés, à la recherche des très riches faune et flore locales.
- **Volcan et Laguna Arenal (3** ; 2 j.) **:** randonner dans le ***Parque Nacional*** ou dans l'un des parcs privés du secteur ***(Arenal Observatory Lodge, Mirador El Silencio*** et ***Arenal 1968),*** qui offrent un panorama splendide et de superbes sentiers de marche. Le 2e jour, on peut visiter le ***Rancho Margot,*** un véritable modèle de ferme biologique, et le ***Conservatorio de Mariposas,*** un superbe conservatoire de papillons, puis se rafraîchir à la ***Catarata*** (cascade) ou dans les parcs thermaux de La Fortuna.
- **Monteverde / Santa Elena (4** ; 2 j.) **:** poursuivre son périple vert dans la région du Monteverde qui abrite quelques-unes des réserves les plus remarquables

d'Amérique centrale. Les 2 réserves majeures sont la ***Reserva Biológica Bosque Nuboso Monteverde*** et la ***Reserva Bosque Nuboso Santa Elena,*** dont les noms évoquent leur humidité permanente. Le 2e jour, on visite quelques-unes des nombreuses petites réserves privées et jardins (papillons, orchidées) alentour, ou on opte pour le tour guidé d'une ferme ***(Trapiche Tour)*** ou d'une plantation de café ***(Monteverde Coffee Tour).*** Les sportifs s'essaieront aux tyroliennes dans la canopée, ponts suspendus, rappel sur les arbres...

• **Manuel Antonio (5** ; 1 j.) **:** direction la côte Pacifique et l'un des plus célèbres parcs d'Amérique centrale, le ***Parque Nacional Manuel Antonio.*** Plages de cartes postales, sentiers de randonnée et animaux par centaines, on en prend plein les mirettes.

• **Dominical (6** ; 1 j.) **:** pour les surfeurs ou les amateurs de farniente, ce petit village de la ***côte Pacifique*** est certes touristique, mais on y savoure des journées tranquilles, rythmées par les sessions de surf et l'apéro du soir. Le lendemain, retour à San José.

En 2 semaines, c'est déjà plus raisonnable

• **San José (1** ; 1 j.) **:** difficile d'échapper à cette escale d'un jour dans la capitale. En profiter pour visiter le *Museo del Oro* et le *Museo del Jade*.

• **Tortuguero (2** ; 2 j.) **:** réserver auprès d'un *lodge* pour profiter du transfert assuré depuis San José. Rien qu'à cause du temps de trajet (et parce que c'est magnifique), on passe au moins 2 jours dans ce village du bout du monde, où l'on savoure le doux rythme caribéen.

• **Volcan et Laguna Arenal (3** ; 2 j.) **:** reprendre les activités du circuit en 10 jours.

• **Monteverde / Santa Elena (4** ; 2 j.) **:** reprendre les activités du circuit en 10 jours.

• **Plages de la péninsule de Nicoya (5** ; 2-3 j.) **:** ce morceau de côte égrène des kilomètres de plages. Les surfeurs et amateurs de fiesta feront cap vers ***Tamarindo.*** Pour plus de tranquillité, cap au sud, direction ***Nosara*** ou ***Sámara*** pour leurs caractères préservés. Mieux, on peut se baigner partout !

• **Manuel Antonio (6** ; 2 j.) **:** de la péninsule, on rejoint le Pacifique central par bateau, via Puntarenas, pour descendre ensuite vers le site le plus visité du Costa Rica : le ***Parque Nacional Manuel Antonio.***

• **Dominical et Bahía (7** ; 2 j.) **:** la route continue vers le sud du Pacifique. Les amateurs de glisse feront escale à Dominical (très touristique). Ceux qui préfèrent les plages lisses poursuivront jusqu'à Bahía pour découvrir le ***Parque Nacional Marino Ballena,*** où l'on peut observer les majestueuses baleines à bosse. Le lendemain, retour à San José.

Entre 3 semaines et 1 mois

Cet itinéraire est surtout adapté aux Routards véhiculés. En bus, il faudra prévoir un peu plus de temps.

• **San José (1** ; 1 j.) **:** visiter le ***Museo del Oro,*** le ***Museo del Jade*** et pourquoi pas le ***Museo Nacional*** pour approfondir sa connaissance du pays. Escale obligatoire au ***Mercado Central*** pour goûter la cuisine locale.

• **Côte Caraïbe (2** ; 4 j.) **:** la découverte de la côte commence par le village isolé de ***Tortuguero (1-2 j.).*** Embarquer ensuite à bord d'une *lancha* et naviguer sur le canal jusqu'à Moín. De là, on descend la côte Caraïbe jusqu'à ***Cahuita (1 j.)*** et son parc national. Puis direction ***Puerto Viejo de Talamanca (1-2 j.)*** pour goûter une ambiance plus cosmopolite. Louer un vélo et longer la côte pour descendre jusqu'à ***Manzanillo*** et découvrir le ***Refugio Nacional de Vida Silvestre.***

• **Région de Sarapiquí (3** ; 2 j.) **:** la route remonte ensuite vers Puerto Viejo de Sarapiquí et ses environs. ***Selva Verde Rainforest Reserve, Reserva Biológica La Tirimbina, Hacienda Pozo Azul, Estacion Biológica La Selva, Rara Avis,*** on ne compte plus le nombre de réserves proposant des randos et autres activités dans la nature brute.

• **Volcan et Laguna Arenal (4** ; 2 j.) **:** reprendre les activités du circuit en 10 jours et ajouter une virée vers les sources thermales.

• **Monteverde / Santa Elena (5** ; 2 j.) **:** reprendre les activités du circuit en 10 jours.

• **Parque Nacional Rincón de la Vieja (6** ; 1 j.) **:** en route pour le Pacifique, découvrir la région rurale de Liberia et parcourir ce parc pour observer les manifestations d'activités volcaniques.

• **Plages de la péninsule de Nicoya (7** ; 2-3 j.) **:** après le plein de verdure, cap sur le Pacifique pour le plein de bleu. Reprendre les étapes du circuit en 2 semaines.

• **Mal País / Santa Teresa et Montezuma (8** ; 2 j.) **:** direction le sud de la péninsule de Nicoya, où les plages sont préservées et moins fréquentées. Poussez jusqu'à la superbe ***Reserva Natural Absoluta Cabo Blanco.*** Attention, les pistes, ici, sont en très mauvais état.

• **Manuel Antonio (9** ; 1 j.) **:** de la péninsule de Nicoya, embarquer à bord du bateau-taxi ou du ferry pour rejoindre le Pacifique central et descendre jusqu'à Manuel Antonio pour la visite du célèbre parc national.

• **Dominical et Bahía (10** ; 2 j.) **:** continuer la route vers le sud en reprenant les propositions de l'itinéraire en 2 semaines et ajouter une visite de l'***Hacienda Barú,*** un refuge de vie sauvage.

• **San Gerardo de Dota (11** ; 1 j. ou plus) **:** de la côte, on peut faire un crochet vers les terres. Ce village marque le point de départ de randonnées à la recherche de l'oiseau mythique, le quetzal. De là, les trekkeurs acharnés (et ceux qui ont le temps) s'attaqueront

à l'ascension du Cerro Chirripó, le plus haut sommet du pays.

• **Bahía Drake et Puerto Jiménez (12** ; 2 j.) **:** bienvenue dans la péninsule d'Osa, pointe sud-est du pays, sauvage et peu fréquentée. Ces 2 villages font figure de « grandes villes » pour ce bout du monde : on choisit l'un ou l'autre comme point de chute pour explorer la péninsule. Depuis Bahía Drake, prévoir une sortie snorkelling à ***Isla del Caño,*** et depuis Puerto Jiménez, filer vers les belles plages du ***Cabo Matapalo.***

• **Parque Nacional Corcovado (13** ; 1 j.) **:** c'est l'un des parcs les plus riches du pays, qui offre une expérience unique de rencontre avec la faune et la flore. De Bahía Drake ou de Puerto Jiménez, prendre un vol pour San José.

SI VOUS ÊTES...

Branché surf et *playa* : le sud de la côte Caraïbe, le Guanacaste, la péninsule de Nicoya et le Pacifique central. Sans oublier Pavones, dans la péninsule d'Osa.

En quête d'espaces verts : pfiouuu, on a écrit tout le guide pour ça ! La région du Monteverde et celle de Sarapiquí sont celles qui concentrent le plus de réserves et jardins. Mais les parcs nationaux, dispersés dans tout le pays, garantissent un bon bol d'oxygène.

Fana d'animaux : vous en croiserez partout, tout le temps, surtout dans les jardins de vos hébergements. Mais on trouve une belle concentration de bestioles dans le parc Manuel Antonio et dans celui du Corcovado.

Marcheur dans l'âme : cap sur les zones les plus vertes (Monteverde et Sarapiquí), où les dizaines de réserves égrènent des centaines de kilomètres de sentiers de randonnée. Les plus sportifs s'attaqueront au trek du Cerro Chirripó, point culminant du Costa Rica. Là, on ne rigole plus !

Artisanat costaricien

Interview #experienceroutard

Par la rédaction du *Routard*

Un événement à ne pas manquer ?

La ponte des tortues ! Spectacle unique et émouvant, les tortues sortent de l'eau pour venir pondre sur la plage. Avec leurs pattes arrière, elles creusent un trou et y pondent entre 80 et 120 œufs en moyenne. 45 à 70 jours plus tard, les œufs éclosent et les bébés tortues filent droit vers les vagues pour éviter les prédateurs et la déshydratation. On estime que pas plus de 5 % des bébés tortues survivent à leur 1re journée et seulement 1 bébé sur 1 000 atteint l'âge adulte !

Une activité à faire absolument ?

Surfer, évidemment. Les amateurs de glisse débarquent des 4 coins du globe, la planche sous le bras, pour venir titiller les vagues des côtes costariciennes. Côté mer des Caraïbes ou océan Pacifique, le pays a de la houle à revendre. Tout au long des côtes, les écoles de surf ont pignon sur sable et proposent des cours particuliers ou collectifs pour tous niveaux.

Un meilleur souvenir de voyage ?

Pagayer dans le *Parque Nacional Tortuguero,* véritable sanctuaire pour la faune et la flore. Pour s'approcher au plus près des animaux, il faut embarquer dans une barque traditionnelle avec un guide naturaliste. Le parc compte environ 440 espèces d'oiseaux et 140 espèces de mammifères comme les singes hurleurs, les araignées ou les capucins. En revanche, bon courage pour débusquer un paresseux ! Sans oublier les quelque 120 espèces de reptiles, notamment les tortues marines. Allez, on retrousse ses manches, et on pagaie. Une, deux, une, deux !

Un souvenir à rapporter ?

Du café, sans aucun doute. S'il est si bon, c'est parce qu'il pousse dans la Vallée Centrale, sur les flancs des volcans qui, grâce à leurs cendres, donnent à la terre une incroyable fertilité. À moins d'affectionner le jus de chaussette, demandez bien un *espresso* et non un café *largo.* On peut en acheter, en grains ou moulu, dans les plantations au cours d'une visite, ou simplement au supermarché (toujours ça d'économisé).

La spécialité locale à goûter absolument ?

Populaire et peu coûteux, le plat phare du pays est le *casado.* Il s'agit d'un véritable repas concentré dans une même assiette, où le riz et les haricots noirs s'accompagnent de crudités et d'un morceau de viande ou de poisson. On trouve le *casado de cerdo* (porc), *de pollo* (poulet), *de pescado* (poisson)... Et la version végétarienne avec un œuf au plat *(huevo frito).* L'assiette est complétée par de fondantes tranches de bananes plantain grillées et de croustillants *patacones* : des bananes plantain frites.

LES QUESTIONS QU'ON SE POSE AVANT LE DÉPART

➢ Quels sont les documents nécessaires ?

Pour un séjour inférieur à 90 jours, le passeport suffit et doit avoir une validité d'au moins 1 jour au-delà de la date de sortie du Costa Rica. Pas besoin de visa. ***Attention à la réglementation concernant la validité de votre passeport dans le pays où vous faites escale*** (si vous en faites une). Si vous transitez par les États-Unis, votre passeport doit avoir une validité d'au moins 6 mois après la date de retour prévue et vous devez obtenir une autorisation électronique de voyage (ESTA), même pour une simple escale. Pour conduire au Costa Rica, votre permis national suffit, pas besoin de permis international.

Réglementation liée à la Covid : au moment d'imprimer cette édition, au printemps 2021, aucun test négatif (PCR ou antigénique) n'était requis pour entrer au Costa Rica, mais une assurance médicale de voyage était obligatoire. Voir plus loin dans le chapitre « Utile », la rubrique « Santé ».

– Attention, les conditions d'entrée sur le territoire et la réglementation peuvent avoir évolué depuis la parution de ce guide. Consultez absolument le site ● ict.go.cr ● avant votre départ pour suivre l'évolution de cette réglementation.

➢ Quelle est la meilleure saison pour y aller ?

La saison sèche s'étend grosso modo de décembre à avril, on échappe alors à la pluie mais pas aux foules de touristes. ***Évitez absolument les vacances de Noël et la Semaine sainte :*** les prix explosent et les hôtels sont bondés. La saison verte, ou saison des pluies, s'étend de mai à novembre et bat son plein en septembre-octobre. Les précipitations sont plus marquées tout au long de l'année sur la côte Caraïbe et sur la péninsule d'Osa (côte Pacifique sud). Pour voyager tranquille, à plus petit budget, les mois de mai et novembre offrent une bonne alternative.

➢ Quel est le taux de change ?

La monnaie locale est le *colón* costaricien, dont le symbole est CRC. Au printemps 2021, le taux de change était 1 € = env 730 CRC (mais cela peut varier !). On peut aussi payer en dollars presque partout, mais les commerçants rendent la monnaie en *colones,* à un taux rarement à votre avantage. Pour un Européen, inutile de passer par le dollar.

➢ Quel budget prévoir ?

Conséquent ! Le Costa Rica est le pays le plus cher d'Amérique centrale. Les tarifs se rapprochent de ceux de l'Europe. Un lit en dortoir coûte entre 15 et 35 $ (parfois plus encore !) ; une chambre d'hôtel économique (ou chez l'habitant) environ 40 à 60 $ mais elle passe rapidement à 60-100 $ la nuit pour un hôtel de bon standing et à 150 $ pour une adresse de charme, voire davantage pour les *lodges* en pleine nature. Un repas dans un *soda* (resto typique) coûte moins de 10 $, mais au restaurant on s'en sort difficilement à moins de 15 $. Une entrée dans un parc national coûte environ 15 $ mais certaines réserves privées atteignent parfois 40 $ (sans même compter les services d'un guide) ! Et toutes les activités (accès à des cascades, visites de jardins, parcours dans les arbres...) sont payantes et chères. Au final, la note grimpe (très !) vite.

➢ Comment se déplacer dans le pays ?

Tout dépend de votre budget et du temps dont vous disposez. Il existe un très bon réseau de bus, ponctuels et bon marché. Si vous tenez à votre indépendance, la voiture reste la meilleure option, mais vu l'état de certaines pistes, un 4x4 (ou un SUV en saison sèche) est fortement recommandé ! Si vous êtes vraiment pressé, de nombreux vols intérieurs desservent les principales villes touristiques, mais le porte-monnaie en prend un coup.

➢ Y a-t-il des problèmes de sécurité ?

Si le Costa Rica est le pays le plus sûr d'Amérique centrale, on recense malgré tout des vols dans les bus publics, sur les plages, à l'arrachée ou à l'intérieur des véhicules de location. Le mieux est de laisser ses objets de valeur à l'hôtel et de toujours garer sa voiture dans un parking surveillé. Il est aussi recommandé d'éviter les sorties nocturnes dans les quartiers isolés ou de se déplacer seul(e), notamment à San José et sur les plages.

➢ Quel est le décalage horaire avec la France ?

Il est de 8h de moins en été (notre été européen) et de 7h en hiver. Quand il est 20h en France, il est 12h ou 13h au Costa Rica, selon la saison.

➢ Quel est le temps de vol ?

Il est de 11h30 environ dans le sens Paris-San José pour un vol direct. Au retour, compter 10h de vol. Prévoir 14 à 17h de trajet pour un vol avec escale.

➢ Côté santé, quelles précautions prendre ?

Aucune vaccination particulière n'est obligatoire. Être à jour dans ses vaccinations universelles telles que diphtérie, tétanos, coqueluche, poliomyélite et hépatite B ; sans oublier la vaccination rougeole-oreillon-rubéole (ROR), surtout pour les enfants. La vaccination contre l'hépatite A est aussi recommandée. Dans le cas d'un séjour prolongé, une vaccination contre la typhoïde peut être envisagée (si le voyage s'effectue dans des conditions d'hygiène alimentaire précaires). Enfin, une vaccination contre la rage est à envisager en cas de séjour prolongé ou éloigné de toute ressource médicale.

➢ Peut-on y aller avec des enfants ?

Oui, grâce à la fiabilité des transports, au bon réseau routier (en saison sèche et avec un SUV ou un 4x4) et aux bonnes conditions d'hygiène et de sécurité du pays. La majorité des hôtels applique des réductions, voire des gratuités pour les enfants de moins de 12 ans. Et pour les étudiants, ces grands enfants. Même topo pour les parcs nationaux, réserves et prestataires d'activités sportives. Et avec tous les animaux croisés en chemin, les enfants seront emballés ! Petit bémol pour la plupart des plages, où vagues et courants peuvent être puissants, restez très vigilant !

➢ Quelles langues parle-t-on ?

L'espagnol partout dans le pays, mais aussi l'anglais, surtout sur la côte Pacifique, très fréquentée par les Américains. Privilégier l'espagnol, par considération pour les locaux. Les Costariciens étant très serviables et d'une grande gentillesse, on arrive toujours à se faire comprendre.

➢ Où trouver les plus belles plages ?

Bizarrement, les plages de la côte Caraïbe que l'on imagine de sable blanc et aux eaux turquoise sont plutôt grises, et la mer y est peu engageante pour la baignade. On préfère les plages du Pacifique, notamment celles de la péninsule de Nicoya (Playa Grande et Tamarindo et les plages juste au sud, Sámara et Playa Carrillo, et toute la côte de Santa Teresa à Montezuma). Côté Pacifique central, on a aimé les plages de Manuel Antonio et Uvita, sans oublier celles de la péninsule d'Osa : Zancudo et Pavones.

➢ Où trouver les meilleurs spots de surf ?

Sur la côte Pacifique, sans aucun doute. La péninsule de Nicoya en regorge (Tamarindo, Nosara, Sámara, Santa Teresa et Mal País), et plus au sud vers Jacó, Playa Hermosa et Dominical. Enfin, Playa Pavones, dans la péninsule d'Osa, est un spot mondialement réputé.
Côté Caraïbe, on trouve de bons spots au sud de Puerto Viejo de Talamanca, le plus couru se trouve sur la plage de Salsa Brava.

➢ Et les animaux alors ?

Pfiouuu ! Difficile de compter le nombre de bestioles croisées sur notre route ! Paresseux, singes, quetzals, aras, colibris, toucans, iguanes, coatis, agoutis, tortues marines, fourmiliers, ratons laveurs, baleines à bosse et (on ne va pas vous le cacher !) insectes par milliers, le Costa Rica tient sa promesse de destination nature. On les observe facilement en liberté, surtout de bon matin quand ils sortent en quête de fraîcheur et de nourriture.

COMMENT Y ALLER ?

LES COMPAGNIES RÉGULIÈRES

▲ **AIR FRANCE**

Rens et résas au ☎ 36-54 (coût d'un appel local ; tlj 6h30-22h), sur ● airfrance.fr ●, dans les agences Air France (fermées dim) et dans ttes les agences de voyages.

➢ Air France dessert San José avec 3 vols directs/sem au départ de Roissy-Charles-de-Gaulle. Air France propose à tous des tarifs attractifs toute l'année. Pour consulter les meilleures offres du moment, allez directement sur la page « Nos meilleurs tarifs » sur ● *airfrance.fr* ● *Flying Blue,* le programme de fidélité gratuit d'Air France-KLM, qui permet de gagner des miles en voyageant sur les vols Air France, KLM, Hop! et les compagnies membres de *Skyteam,* mais aussi auprès des nombreux partenaires non aériens *Flying Blue...* Les miles peuvent ensuite être échangés contre des billets d'avion ou des services (surclassement, bagage supplémentaire, accès salon...) ainsi qu'auprès des partenaires. Pour en savoir plus, rendez-vous sur ● *flyingblue.com* ●

▲ **IBERIA**

Résas : ☎ 0825-800-965 (0,15 €/mn). ● *iberia.com* ●

➢ La compagnie espagnole dessert San José via Madrid avec 1 vol/j. Après le vol direct depuis Paris, cette option reste la plus rapide pour rejoindre le Costa Rica.

Avertissement : certaines compagnies aériennes américaines desservent le Costa Rica ***via les États-Unis***, dont *Delta Air Lines* (escale à Détroit ou Atlanta pour les vols les moins longs) et *American Airlines* (avec escale à Miami). Dans ce cas, vous avez l'obligation de passer les contrôles d'immigration et de ***présenter une autorisation électronique de voyage ESTA*** (coût : env 15 $), à remplir en ligne sur le site internet dédié *(● https://esta.cbp.dhs.gov/esta ●)* au moins 72h avant le départ. Il faut donc prévoir une escale assez longue, au moins 3h, au risque de manquer votre correspondance. ***Attention, si vous faites escale aux États-Unis, votre passeport doit avoir une date de validité d'au moins 6 mois après la date de retour prévue du Costa Rica.***

LES ORGANISMES DE VOYAGES

En France

▲ **ALMA LATINA**

– Paris : 5 bis, rue de l'Asile-Popincourt, 75011. ☎ 01-53-70-23-68. ● *alma-latina-tours.com* ● Ⓜ *Richard-Lenoir. Lun-ven 9h30-19h, sam 10h-13h, 14h-18h.*

Depuis 1996, ce spécialiste des voyages à la carte vous accompagne dans l'élaboration de vos circuits en Amérique latine (du Mexique au cap Horn via l'Amérique centrale, le Pérou, le Brésil, la Bolivie, l'Équateur, les Galápagos, l'Argentine, l'île de Pâques et le Chili). Une équipe de globe-trotteurs passionnés est à votre disposition pour créer un programme adapté à vos envies : itinéraires en liberté, autotours avec ou sans chauffeur, circuits privés ou en groupe guidés en français, croisières, expériences uniques, combinés inter-pays ainsi que de nombreuses expériences insolites.

▲ **ALTIPLANO VOYAGE**

– Annecy (Metz-Tessy) : Park Nord, Les Pléiades n° 35, 74370. ☎ 04-50-57-35-52. ● *costarica@altiplano-voyage.com* ● *altiplano-voyage.com* ● *Lun-ven 9h-13h, 14h-18h.*

Avec Altiplano Voyages, agence spécialiste des voyages sur mesure au Costa Rica, découvrez ce territoire exceptionnel, berceau d'une biodiversité riche et variée. Inspirez-vous des exemples d'itinéraires 100 % personnalisables proposés sur le site, des Caraïbes jusqu'à la côte Pacifique en passant par ses nombreux volcans actifs et réserves naturelles. À votre écoute, la spécialiste Costa Rica vous conseille pour concevoir le circuit qui vous ressemble, avec le degré d'autonomie souhaité (en autotour, semi-liberté ou avec des visites organisées, en circuit combiné avec d'autres pays d'Amérique centrale).

▲ CERCLE DES VOYAGES

– Paris : 31, av. de l'Opéra, 75001. ☎ 01-40-15-15-03. • cercledesvoyages.com • Ⓜ Pyramides ou Opéra. Lun-ven 9h-20h, sam 10h-18h30.

Le vrai voyage sur mesure, à destination de l'Amérique latine, dont le Costa Rica. Cercle des Vacances propose un large choix de voyages adaptés à chaque client : circuits privés, trekking, voyages au volant d'une voiture de location, croisières, circuits en petits groupes, combinés, voyages de noces... Les experts Cercle des Vacances partagent leurs conseils et leurs petits secrets pour faire de chaque voyage une expérience inoubliable. Cercle des Vacances offre également un service liste de mariage gratuit. Les petits plus qui font la différence : une virée en tyrolienne dans la forêt tropicale, une excursion en rafting...

▲ COMPTOIR DES VOYAGES

• comptoir.fr • Lun-sam 9h30-18h30.

– Paris : 2-18, rue Saint-Victor, 75005. ☎ 01-53-10-30-15. Ⓜ Maubert-Mutualité.

– Bordeaux : 26, cours du Chapeau-Rouge, 33800. ☎ 05-35-54-31-40.

– Lille : 76, rue Nationale, 59160. ☎ 03-28-04-68-20. Ⓜ Rihour.

– Lyon : 10, quai Tilsitt, 69002. ☎ 04-72-44-13-40. Ⓜ Bellecour.

– Marseille : 12, rue Breteuil, 13001. ☎ 04-84-25-21-80. Ⓜ Estrangin.

– Nice : 62, rue Giofreddo, 06000. ☎ 04-97-03-64-80.

– Toulouse : 43, rue Peyrolières, 31000. ☎ 05-62-30-15-00. Ⓜ Esquirol.

En plus de 30 ans, Comptoir des Voyages s'est imposé comme la référence incontournable du voyage sur mesure en immersion, avec plus de 90 destinations couvrant les 5 continents. Nos conseillers-spécialistes construisent des voyages uniques en s'adaptant à votre budget, vos goûts et vos envies. Pour favoriser les rencontres et l'immersion dans la vie locale, ils privilégient des hébergements typiques et des expériences authentiques. Sur place, nos Welcome Hosts francophones partagent avec vous conseils et bonnes adresses le temps d'un café. Sur votre Smartphone, notre application mobile Luciole vous informe sur le déroulé de votre voyage, vous suggère des lieux de visite et vous guide grâce à un GPS hors connexion. Comptoir des Voyages est membre d'Agir pour un Tourisme Responsable depuis 2009. Notre labellisation ATR a été renouvelée par Ecocert Environnement cette année.

■ ***Costa Rica sur Mesure :*** *• costarica-surmesure.com •* Les conseillers de cette agence locale de confiance sont de fins connaisseurs du terrain et de la réalité du pays. Membre de Bynativ, la communauté des agences de voyages locales, Costa Rica sur Mesure propose un large panel de garanties et de services : règlement sécurisé du voyage en ligne, possibilité de souscrire à une assurance voyage et de bénéficier de garanties solides en cas d'imprévu. De quoi voyager de façon authentique et en toute tranquillité.

▲ EMOTIKA VOYAGES

– Bandol : 178, rue Jean-Jacques-Rousseau, 83150. 📱 06-48-36-76-28. • emotikavoyages.fr • Lun-sam 9h-18h.

Spécialiste du Costa Rica, Emotika Voyages vous propose des services de qualité pour vivre une expérience unique et authentique, 100 % sur mesure. La particularité de cette agence est de vous faire découvrir en toute sécurité des destinations hautes en couleurs, en vous imprégnant de la culture locale, ou en immersion au cœur de la nature. Emotika Voyages

ALTIPLANO
Voyage

vous propose des hébergements de charme, parfois chez l'habitant, ainsi que des visites originales et toujours de qualité. C'est une option idéale pour ceux qui souhaitent voyager hors des sentiers battus, sans passer à côté des incontournables et faire de leur voyage une expérience inoubliable !

▲ EQUINOXIALES
☎ 01-77-48-81-00. • equinoxiales.fr • Véritable voyagiste spécialiste du sur-mesure depuis plus de 30 ans. Son équipe de conseillers commence par vous écouter et ils sont là pour vous accompagner et concrétiser vos envies en voyage, adapté à votre personnalité et à vos passions. Les destinations fortes d'Equinoxiales : toutes les Amériques (Canada, États-Unis, Mexique, Amérique centrale, Amérique du Sud), l'Australie et la Nouvelle-Zélande, l'Afrique australe. Mais aussi les Caraïbes grâce à leur partenariat avec *Sandals,* collection d'hôtels-*resorts* de luxe *all inclusive.* Du circuit accompagné au séjour à la carte, tous les types de voyages sont proposés sur chaque destination. Petit plus : la garantie assistance April offerte à tous les voyageurs.

▲ MONDE AUTHENTIQUE
– Paris : 5, rue Thorel, 75002. ☎ 01-53-34-92-71. • monde-authentique.com • Ⓜ Bonne-Nouvelle. Lun-ven 9h30-19h, sam sur rdv.
Envie de sortir des sentiers battus, de découvrir ce qu'un pays peut proposer de meilleur ? Depuis 2003, Monde Authentique propose des itinéraires individuels à l'écart des sentiers battus sur des destinations originales. En parfaits artisans et connaisseurs du monde, les 20 créateurs de voyages maîtrisent à la perfection les destinations sur lesquelles ils travaillent. Monde Authentique s'adresse à des clients exigeants désireux de faire de beaux voyages.

▲ MORPHO ÉVASION
📱 506.8887.6832. • morphocostarica.com • Spécialisée dans la création de voyages sur mesure, cette agence francophone se différencie par des voyages respectueux de l'environnement et des populations. Des conseils d'experts pour de l'ultra sur-mesure, une éthique irréprochable et des tarifs compétitifs constituent l'ADN de ces passionnés. Ses atouts : une agence officielle, locale et labellisée, une connaissance parfaite du Costa Rica, extensions possibles au Nicaragua et au Panama, accueil l'aéroport et assistance en français 24h/24, une vision authentique et durable. Voyager avec Morpho Evasions c'est aller à la rencontre du vivant. Bienvenus au pays Pura Vida.

▲ NOSTALATINA
– Paris : 19, rue Damesme, 75013. ☎ 01-43-13-29-29. • ann.fr • Ⓜ Tolbiac. Lun-ven 10h-13h, 15h-18h.
NostaLatina propose des voyages sur mesure en Amérique latine, notamment au Costa Rica. Plusieurs formules au choix, dont 2 qui sont devenues des formules de référence depuis quelques années pour les voyageurs indépendants : les *Estampes,* avec billets d'avion, logement, transferts entre les étapes en mixant avec astuces avion, bus, train, ou encore location de voiture ; ou bien les *Aquarelles,* avec en plus un guide et un chauffeur privé à chaque étape. Vous trouverez sur le site internet des idées d'itinéraires que vous pourrez ensuite personnaliser et adapter selon vos envies.

▲ ROOTS TRAVEL
– Paris : 17, rue de l'Arsenal, 75004. ☎ 01-42-74-07-07. • rootstravel.com • Ⓜ Bastille. Lun-ven 10h-13h, 14h-18h ; sam sur rdv.
Le Costa Rica reste pour les amoureux de la nature et autres baliseurs de frontières une étape incontournable. L'équipe de Roots Travel propose les meilleures adresses dans des lieux privilégiés loin du tourisme de masse. De la côte Pacifique à la côte Caraïbe, l'agence conseille des itinéraires rares préparés par des adeptes de la destination.

▲ ROUTE DES VOYAGES (LA)
• laroutedesvoyages.com • Agences ouv lun-jeu 9h-19h, ven 9h-18h ; rdv conseillé.
– Paris : 10, rue Choron, 75009. ☎ 01-55-31-98-80. Ⓜ Notre-Dame-de-Lorette.
– Angers : 6, rue Corneille, 49000. ☎ 02-41-43-26-65.

– Annecy : 4 bis, av. d'Aléry, 74000. ☎ 04-50-45-60-20.
– Bordeaux : 19, rue des Frères-Bonie, 33000. ☎ 05-56-90-11-20.
– Lorient : 42, av. de la Perrière, 56100. 📱 06-15-48-82-69.
– Lyon : 59, rue Franklin, 69002. ☎ 04-78-42-53-58.
– Toulouse : 9, rue Saint-Antoine-du-T, 31000. ☎ 05-62-27-00-68.
25 ans d'expérience de voyages sur mesure sur les 5 continents ! 15 pays en Europe complètent à présent leur offre. Cette équipe de voyageurs passionnés a développé un vrai savoir-faire du voyage personnalisé : écoute, conseils, voyages de repérage réguliers, et des correspondants sur place soigneusement sélectionnés avec qui elle travaille en direct. Son engagement à promouvoir un tourisme responsable se traduit par des possibilités de séjours solidaires à insérer dans les itinéraires de découverte individuelle. Elle a aussi créé un programme de compensation solidaire qui permet de financer des projets de développement locaux.

▲ TERRA CARIBEA
☎ 09.70.40.74.73. • terra-caribea.com • Depuis plus de 15 ans, l'agence de voyage Terra Caribea basée à San José crée des itinéraires sur-mesure au Costa Rica. Ses conseillers voyage francophones sont tous de véritables experts de la destination qui se rendent très régulièrement sur le terrain. Ils vous proposeront un circuit 100 % personnalisé, adapté à vos envies, à votre budget et à votre rythme. Terra Caribea fait partie du réseau d'agences Terra Group, spécialiste du voyage sur-mesure depuis 1998.

▲ TERRE VOYAGES
– Paris : 28, bd de la Bastille, 75012. ☎ 01-44-32-12-81. • terre-voyages.com • Ⓜ Bastille. Lun-ven 8h-18h30, sam 10h-18h.
Les créateurs de voyages de Terre Voyages sont de fins connaisseurs, des experts des pays proposés, car tous natifs ou passionnés de leur destination. Ils sauront écouter vos attentes pour créer une offre de voyages sur mesure qui réponde à vos envies de découverte et vous proposeront une approche authentique des cultures et des peuples dans le respect de leur environnement naturel et au juste prix. Pour tous les voyageurs qui attendent d'une échappée lointaine non pas une simple visite mais une véritable connaissance et un apprentissage responsable des différentes cultures du Costa Rica, Terre Voyages est le spécialiste qu'il faut.

▲ TERRES D'AVENTURE
☎ 0825-700-825 (0,15 €/mn + prix d'appel). • terdav.com •
– Paris : 30, rue Saint-Augustin, 75002. ☎ 01-70-82-90-00. Ⓜ Opéra ou Quatre-Septembre. Lun-sam 9h30-19h.
– Agences également à Bordeaux, Grenoble, Lille, Lyon, Marseille, Nantes, Rennes, Rouen, Strasbourg et Toulouse.
Depuis 1976, Terres d'Aventure, spécialiste du voyage à pied, propose aux voyageurs passionnés de marche et de rencontres des randonnées hors des sentiers battus à la découverte des grands espaces de notre planète. Voyages à pied, à raquettes, à cheval, en bateau... sur tous les continents, des aventures en petits groupes ou en individuels encadrés par des professionnels expérimentés sont proposées. Les hébergements dépendent des sites explorés : camps d'altitude, bivouac, refuges ou petits hôtels. Les voyages sont conçus par niveaux de difficulté : de la simple balade en plaine à l'expédition sportive en passant par la course en haute montagne.
En province, certaines de leurs agences sont de véritables *Cités des Voyageurs* dédiées au voyage. Consultez le programme des manifestations sur leur site internet.

▲ TERRES LOINTAINES
• terres-lointaines.com • Lun-ven 9h-19h, sam 10h-18h.
– Paris : ☎ 01-75-60-63-50.
– Bordeaux : ☎ 05-33-09-09-10.
– Lyon : ☎ 04-65-07-02-70.
– Lille : ☎ 03-59-61-59-40.
– Nantes : ☎ 02-52-59-48-00.
– Marseille : ☎ 04-65-07-02-80.
Terres Lointaines affiche clairement son ambition : démocratiser le voyage sur mesure au prix le plus juste. Convaincu

qu'un voyage réussi est un voyage qui dépasse les attentes du client, c'est en visant l'excellence que Terres Lointaines met le monde à votre portée, en individuel ou en petit groupe allant jusqu'à 12 personnes. Afrique, Amériques, Asie, Europe, Océanie... La palette de destinations proposée est vaste avec des conseillers à l'écoute de vos envies. Grâce à leur expertise et à des partenaires locaux de confiance, Terres Lointaines crée des voyages de qualité pour vous offrir des découvertes exceptionnelles et de merveilleux souvenirs.

▲ **TOUTCOSTARICA**

8620-1230. • toutcostarica.com •
Le réseau solidaire ToutCostaRica s'adresse aux voyageurs individuels sans agence : leader de la location de 4x4 sans surprise, aide gratuite à la préparation, accueil à l'arrivée à Alajuela et San José, bons plans et petits secrets pour voyager dans tout le pays jusqu'à - 40 % (plus de 200 hôtels et 100 activités font partie du réseau).

▲ **VOYAGEURS DU MONDE**

Rens et résas : ☎ 01-42-86-17-70. • voyageursdumonde.fr •
– Paris : La Cité des Voyageurs, 55, rue Sainte-Anne, 75002. ☎ 01-42-86-16-00. Ⓜ Opéra ou Pyramides. Lun-sam 9h30-19h. Avec une librairie spécialisée sur les voyages.
Également des agences à Bordeaux, Grenoble, Lille, Lyon, Marseille, Montpellier, Nantes, Nice, Rennes, Rouen, Strasbourg, Toulouse, Bruxelles et Genève.
Parce que chaque voyageur est différent, que chacun a ses rêves et ses idées pour les réaliser, Voyageurs du Monde conçoit, depuis plus de 30 ans, des projets sur mesure. Les séjours proposés sur 120 destinations sont élaborés par leurs 180 conseillers voyageurs. Spécialistes par pays et même par région, ils vous aideront à personnaliser les voyages présentés à travers une trentaine de brochures d'un nouveau type et sur le site internet où vous pourrez également découvrir les hébergements exclusifs et consulter votre espace personnalisé. Au cours de votre séjour, vous bénéficiez des services personnalisés Voyageurs du Monde, dont la possibilité de modifier à tout moment votre voyage, l'assistance d'un concierge local, la mise en place de rencontres et de visites privées et l'accès à votre carnet de voyage via une application iPhone et Android. Voyageurs du Monde est membre de l'association ATR (Agir pour un tourisme responsable) et a obtenu sa certification Tourisme responsable AFAQ AFNOR.

Voir aussi dans le texte consacré à San José les agences locales que nous avons sélectionnées.

Comment aller à Roissy et à Orly ?

Toutes les infos à l'adresse suivante : *• parisaeroport.fr/passagers/acces •*

En Belgique

▲ **CONNECTIONS**

Rens et résas : ☎ 070-233-313. • connections.be •
Fort d'une expérience de plus de 20 ans dans le domaine du voyage, Connections dispose d'un réseau de 32 *travel shops,* dont un à Brussels Airport. Connections propose des vols dans le monde entier à des tarifs avantageux et des voyages destinés à des personnes désireuses de découvrir la planète de façon autonome. Connections propose une gamme complète de produits : vols, hébergements, locations de voitures, autotours, vacances sportives, excursions...

▲ **CONTINENTS INSOLITES**

– Bruxelles : rue César-Franck, 44 A, 1050. ☎ 02-218-24-84. • continents-insolites.com • Lun-ven 10h-18h, sam 10h-16h30 sur rdv.
Continents Insolites, organisateur de voyages lointains sans intermédiaire, propose une gamme étendue de formules de voyages détaillées sur son site internet.
– *Voyages découverte sur mesure :* à partir de 2 personnes. Un grand choix d'hébergements soigneusement sélectionnés : du petit hôtel simple à l'établissement luxueux et de charme.
– *Circuits découverte en minigroupes :* de la grande expédition au circuit accessible à tous. Des circuits à

dates fixes dans plus de 60 pays en petits groupes francophones de 7 à 12 personnes.
Avant chaque départ, une réunion est organisée. Voyages encadrés par des guides francophones, spécialistes des régions visitées.

▲ PAMPA EXPLOR
– Bruxelles : av. du Parc, 10, 1060. ☎ 02-340-09-09. • pampa.be • Lun 13h-19h, mar-ven 10h-19h, sam sur rdv 10h-18h.
Spécialiste des voyages « à la carte », Pampa Explor propose plus de 70 % de la « planète bleue », selon les goûts, attentes, centres d'intérêt et budget de chacun. Pampa Explor privilégie des découvertes authentiques et originales, pour ceux qui apprécient la jungle et les Pataugas ou pour ceux qui préfèrent les voyages de luxe. En individuel ou en petits groupes, mais toujours sur mesure.

▲ TERRES D'AVENTURE
– Bruxelles : chaussée de Charleroi, 23, 1060. ☎ 02-543-95-60. • terdav.com • Lun-sam 10h-19h.
Voir texte dans la partie « En France ».

En Suisse

▲ ALTIPLANO VOYAGE
– Genève : pl. du Temple, 3, 1227 Carouge. ☎ 022-342-49-49. • agence@altiplano-voyage.ch • altiplano-voyage.ch • Agence ouv lun-mar et jeu-ven sur rdv.
Voir texte dans la partie « En France ».

▲ ROUTE DES VOYAGES (LA)
☎ 022-552-34-46. • geneve@route-voyages.co • laroutedesvoyages.com •
Voir texte dans la partie « En France ».

▲ TERRES D'AVENTURE
– Genève : rue de la Rôtisserie, 19, 1204. ☎ 022-518-05-13. • geneve@terdav.com • Lun-ven 10h-19h, sam 9h30-18h30.
Voir texte dans la partie « En France ».

▲ TERRES LOINTAINES
– Genève : ☎ 022-510-15-90.
– Zurich : ☎ 044-512-25-90.
• terres-lointaines.com •
Voir texte dans la partie « En France ».

▲ VOYAGEURS DU MONDE
• voyageursdumonde.com •
– Genève : rue de la Rôtisserie, 19, 1204. ☎ 022-519-12-10. Lun-ven 9h30-19h, sam 9h30-18h30.
– Lausanne : rue du Bourg, 6 (2e étage). 1003. Lun-ven 9h-18h30, sam sur rdv.

Au Québec

▲ EXOTIK TOURS
Rens sur • exotiktours.com • ou auprès de votre agence de voyages.
Exotik Tours offre une importante programmation en été comme en hiver sur la Méditerranée et l'Europe. L'hiver, des séjours sont proposés dans le Bassin méditerranéen et en Asie. Durant cette saison, on peut également opter pour des combinés plage + circuit. Dans la rubrique « Grands voyages », le voyagiste suggère des périples en petits groupes ou en individuel. Au choix : l'Amérique latine, le Pacifique sud, l'Afrique (Afrique du Sud, Kenya, Tanzanie), l'Inde et le Népal.

▲ EXPÉDITIONS MONDE
• expeditionsmonde.com •
Expéditions Monde est à l'avant-garde du voyage d'aventure, de découverte, de trekking, de vélo et d'alpinisme sur tous les continents. Les voyages en petits groupes facilitent les déplacements dans les régions les plus reculées et favorisent l'interaction avec les peuples locaux pour vivre une expérience authentique. Expéditions Monde offre aussi la possibilité de voyager en Europe à pied ou à vélo en liberté.

▲ KARAVANIERS
– Montréal : 4035, rue Saint-Ambroise, local 220N, H4C 2E1. ☎ (514) 281-0799. • karavaniers.com • Lun-ven 9h-18h, sam 10h-15h.
L'agence québécoise Karavaniers a pour but de rendre accessible des expéditions aux 4 coins de la planète. Toujours soucieuse de respecter les populations locales et l'environnement, elle favorise la découverte d'une quarantaine de destinations à pied, en kayak de mer, en petits groupes accompagnés d'un guide francophone et d'un guide local, avec hébergement en auberge ou sous la tente.

COSTA RICA UTILE

ABC du Costa Rica

- ***Superficie :*** 51 100 km².
- ***Population :*** 5 millions d'habitants.
- ***Capitale :*** San José.
- ***Espérance de vie :*** 79,2 ans.
- ***IDH (Indice de développement humain selon l'ONU) :*** 68e rang mondial (sur 189 pays).
- ***Taux d'alphabétisation :*** 98 %.
- ***Monnaie : colón*** costaricien (CRC). Taux de change : 1 € = env 730 CRC (début 2021).
- ***Langues :*** l'espagnol est la langue officielle. On parle aussi l'anglais, surtout sur la côte Pacifique.
- ***Religions et croyances :*** catholiques (72 %), évangélistes (12 %), athées (11 %), protestants (3 %), autres (2 %).
- ***Régime politique :*** république démocratique, dotée d'un régime présidentiel.
- ***Chef de l'État :*** Carlos Alvarado (centre gauche) depuis 2018. La prochaine élection présidentielle se tiendra en février 2022.
- ***Abolition de l'armée :*** 1948.

AVANT LE DÉPART

Adresses utiles

En France

■ ***Ambassade et consulat du Costa Rica :*** *4, sq. Rapp, 75007 Paris. ☎ 01-45-78-96-96. Ⓜ École-Militaire ou Alma-Marceau. Lun-ven 10h-17h, sur rdv seulement.* Les services ne reçoivent que sur rendez-vous, mais on peut appeler pour glaner quelques informations touristiques.

En Belgique

■ ***Ambassade et consulat du Costa Rica :*** *av. Louise, 489, 1050 Bruxelles. ☎ 02-640-5541. • costaricaembassy.be • Lun-ven 9h30-16h30, sur rdv seulement.*

En Suisse

■ ***Ambassade du Costa Rica :*** *Marktgasse 51, 3011 Berne. ☎ 031-372-78-87. Lun-ven 9h-17h, sur rdv seulement.*

Au Canada

■ ***Ambassade du Costa Rica :*** *350 Sparks St, Suite 701, Ottawa (Ontario) K1R 7S8. ☎ 1-613-562-2855. • costaricaembassy.com • Lun-ven 9h-14h, sur rdv seulement.*

Sites d'infos touristiques

• ***routard.com*** • Le site de voyage nº 1, avec plus de 800 000 membres et plusieurs millions d'internautes

chaque mois. Pour s'inspirer et s'organiser, près de 300 guides destinations actualisés, avec les infos pratiques, les incontournables et les dernières actus, ainsi que les reportages terrain et idées week-end de la rédaction. Partagez vos expériences avec la communauté de voyageurs : forums de discussion avec avis et bons plans, carnets de route et photos de voyage. Enfin, vous trouverez tout pour vos vols, hébergements, voitures et activités, sans oublier notre sélection de bons plans, pour réserver votre voyage au meilleur prix.

• ***visitcostarica.com/fr*** • À défaut d'office de tourisme du Costa Rica dans les pays francophones, l'*Instituto Costarricense de Turismo* (l'Institut costaricien du tourisme) a traduit son site internet. On y puise un maximum d'informations en français et le site offre un bel aperçu des richesses du pays. Plein de bons conseils aux voyageurs pour la conduite, la baignade... Également des suggestions pour découvrir le Costa Rica par thématiques : en famille, lune de miel, tourisme rural...

• ***diplomatie.gouv.fr*** • Cliquer sur « Conseils aux voyageurs ». Le site du ministère français des Affaires étrangères, mis à jour régulièrement, donne aux voyageurs, selon un classement par pays, des conseils généraux de sécurité et de santé, et informe quant aux formalités d'entrée et de séjour. Un site à consulter avant votre départ. Une vraie mine d'infos pratiques et indispensables.

Formalités

– ***Pour un séjour inférieur à 90 jours, pas besoin de visa*** pour les ressortissants de l'Union européenne, de la Suisse et du Canada. Le passeport doit avoir une validité d'au moins 1 jour au-delà de la date de sortie du Costa Rica. ***Attention à la réglementation concernant la validité de votre passeport dans le pays où vous faites escale (si vous en faites une).*** Si vous transitez par les États-Unis, votre passeport doit avoir une validité d'au moins 6 mois après la date de retour prévue et vous devez obtenir une autorisation électronique de voyage (ESTA), même pour une simple escale. Dans le doute, si votre passeport se périme sous peu, faites-le renouveler avant votre départ. Vous devez aussi posséder un billet aller-retour ou avoir une connexion vers une autre destination.

– Les ***mineurs*** doivent être munis de leur propre passeport et d'une ***autorisation de sortie du territoire*** s'il s'agit d'un enfant non accompagné par un titulaire de l'autorité parentale. Renseignements auprès des services de votre commune et sur • *service-public.fr* •

– ***Pour conduire ou louer une voiture,*** le permis national suffit, pas besoin de permis international.

– ***Aucune vaccination exigée.*** Lire plus loin notre rubrique « Santé ».

Pensez à scanner passeport, visa, carte bancaire, billets d'avion et *vouchers* d'hôtel. Ensuite, adressez-les-vous par mail ou enregistrez-les dans *Google Drive.* En cas de perte ou de vol, rien de plus facile pour les récupérer dans votre boîte mail. Les démarches administratives seront bien plus rapides.

Réglementation liée à la Covid-19

Aucun test négatif (PCR ou antigénique) n'est obligatoire pour entrer sur le territoire et aucune quarantaine n'est imposée à l'arrivée. En revanche, il est obligatoire de ***souscrire à une assurance médicale de voyage.*** Le justificatif d'assurance doit être traduit en anglais ou en espagnol et doit mentionner les 3 conditions suivantes :

– Validité du justificatif d'assurance durant tout le séjour au Costa Rica.

– Garantie de couverture des frais médicaux en cas d'infection à la Covid-19 au Costa Rica, à hauteur minimum de 50 000 $ (dollars américains).

– Couverture minimum de 2 000 $ des frais de logement en cas de prolongation due à l'infection ou l'interruption/annulation du voyage en cas d'infection, qui couvre les frais supplémentaires du passager en cas de quarantaine.
Enfin, il faut compléter le formulaire numérique *Pase de Salud* disponible sur • *salud.go.cr* • Ce formulaire est disponible en ligne 48 heures avant d'embarquer.
– ***Attention, les conditions d'entrée sur le territoire et la réglementation peuvent avoir évolué depuis la parution de ce guide. Consultez absolument le site*** • *ict.go.cr* • ***avant votre départ pour suivre l'évolution de cette réglementation.***
– Si un test PCR est requis pour retourner dans votre pays d'origine, il est possible d'en faire un sur place en laboratoire. Compter 100-150 $ le test et un délai de 24 à 48 heures pour obtenir les résultats.

Ariane, pour votre sécurité, restez connecté

Ariane est un service gratuit, mis à disposition par le centre de crise et de soutien du ministère français des Affaires étrangères pour vous alerter en cas de risque sécuritaire lors de vos déplacements à l'étranger. Créez votre compte et inscrivez vos voyages personnels ou professionnels. Les informations renseignées sur Ariane seront utilisées uniquement en cas de crise pendant votre séjour, et permettent notamment de contacter les proches lors des situations d'urgence. Pour en savoir plus : • *diplomatie.gouv.fr* •

Assurances voyage

■ ***Routard Assurance par AVI International :*** *Le Colisée Gardens, 10, av. de l'Arche, CS 70126, 92419 Courbevoie Cedex.* ☎ *01-44-63-51-00.* • *routard@avi-international.com* • *avi-international.com* • Ⓜ *La Défense.* Enrichie au fil des années par les retours des lecteurs, *Routard Assurance* reste l'assurance voyage référence des globe-trotters. Tout y est inclus, même la **Covid** : frais médicaux, assistance rapatriement, bagages, responsabilité civile… Avant votre départ, contactez *AVI* pour un conseil personnalisé. Besoin d'une **attestation Covid,** d'un avis médical, d'une prise en charge dans un hôpital ? Téléchargez l'appli mobile *AVI International* pour garder le contact avec *AVI Assistance* et disposer d'un vaste réseau médical à travers le monde. *AVI Assistance* est disponible H24 pour une réponse en temps réel. De simples frais de santé en voyage ? Envoyez les factures à *AVI* dès votre retour, ils vous remboursent sous une semaine.

■ ***AVA – Assurance Voyages et Assistance :*** *25, rue de Maubeuge, 75009 Paris.* ☎ *01-53-20-44-20.* • *ava.fr* • Ⓜ *Cadet.* Un autre courtier fiable pour ceux qui souhaitent s'assurer en cas de décès-invalidité-accident lors d'un voyage à l'étranger, mais surtout pour bénéficier d'une assistance rapatriement, perte de bagages et annulation. Attention, franchises pour leurs contrats d'assurance voyage.

■ ***Pixel Assur :*** *18, rue des Plantes, BP 35, 78601 Maisons-Laffitte.* ☎ *01-39-62-28-63.* • *pixel-assur.com* • *RER A : Maisons-Laffitte.* Assurance de matériel photo et vidéo tous risques (casse, vol, immersion) dans le monde entier. Devis en ligne basé sur le prix d'achat de votre matériel. Avantage : garantie à l'année.

ARGENT, BANQUES, CHANGE

Taux de change et monnaies utilisées

– La ***monnaie nationale*** est le ***colón*** (pluriel *colones*), en hommage à Christophe Colomb. Le *colón* est abrégé en CRC et divisé en 100 *centavos.* Il est indexé sur le dollar américain. ***1 € = env 730 CRC*** (taux de change moyen au printemps 2021).

On trouve des billets de 1 000, 2 000, 5 000, 10 000, 20 000 et 50 000 CRC. Chaque billet a ses propres couleurs et taille. Côté pile, on trouve un personnage historique, et côté face, un animal emblématique du pays, qui symbolise bien l'importance de la nature dans l'économie et la symbolique du pays.

– ***Payer en dollars ou en colones ?*** Quasiment tous les hôtels (sauf les plus économiques, comme les *cabinas*) affichent leurs prix en dollars, c'est aussi le cas des réserves et des parcs, nous faisons donc de même dans le guide. Au restaurant, le menu peut être affiché en *colones* (dans les restos populaires et coins moins touristiques) ou en dollars (dans les restos plus chics et les gros spots touristiques). Nous suivons la tendance dans le guide en indiquant les prix tels qu'ils sont affichés sur le terrain.

UN BILLET DÉSARMANT

Le billet de 10 000 colones *est à l'effigie de José Figueres Ferrer, qui instaura la démocratie dans le pays et fut à l'initiative de la suppression de l'armée après la guerre civile. Quand on l'observe bien, en arrière-plan, sur la droite, on voit un homme armé d'une masse, en train de détruire consciencieusement le mur d'une caserne, symbolisant la disparition du corps militaire.*

Les ***dollars américains*** sont acceptés pratiquement partout, mais les commerçants vous rendent la monnaie en *colones,* avec une manière de calculer le taux de change qui varie beaucoup et qui est rarement à votre avantage. Si vous êtes champion en maths, parfait, sinon, vous êtes à peu près certain de vous faire légèrement gruger. ***Pour un Européen, inutile de passer par le dollar,*** mieux vaut changer directement ses euros ou faire des retraits en *colones.*

Les prix indiqués en dollars dans ce guide ont été calculés avec le taux de change moyen au printemps 2021 ***(1 $ = 0,85 € ou 1 € = 1,20 $).***

Banques, bureaux de change et distributeurs

Avertissement

Si vous comptez effectuer des retraits d'argent aux distributeurs, il est ***très vivement conseillé d'avertir votre banque*** avant votre départ (pays visités et dates). En effet, ***votre carte peut être bloquée dès le 1er retrait*** pour suspicion de fraude. C'est de plus en plus fréquent. Bonjour les tracasseries administratives pour faire rentrer les choses dans l'ordre, et on se retrouve vite dans l'embarras ! Vous pouvez aussi ***relever votre plafond*** de carte pendant votre déplacement. Utile surtout pour les cautions des locations de voitures et les garanties dans les hôtels.

– On peut ***changer les euros*** sur place (surtout dans les grandes villes et les villages touristiques), soit à la *Banco de Costa Rica,* soit à la *Banco Nacional,* parfois dans une seule des 2, ça dépend des villes. Pas de commission. En revanche, ***prévoir beaucoup d'attente et passeport obligatoire.*** On vous conseille donc de changer à chaque fois une somme assez importante pour ne pas y retourner trop souvent ni se retrouver à court de liquide en pleine cambrousse. ***Attention, le taux de change proposé à votre arrivée à l'aéroport international n'est absolument pas intéressant.*** Mieux vaut donc arriver avec quelques dollars en poche ou retirer du cash à un distributeur de l'aéroport, ou bien retirer le lendemain en ville.

– Les banques sont généralement ouvertes du lundi au vendredi de 8h à 16h, et parfois le samedi matin.

– Chaque banque possède un ou plusieurs distributeurs à l'extérieur, accolés à l'établissement. Ils sont en général accessibles seulement de 5h du matin à 22h.

Le soir, mieux vaut être vigilant. Plus rare, on trouve aussi des bornes ATH *(A Toda Hora)* où l'on peut retirer de l'argent à toute heure (d'où leur nom). Attention, les commissions sont plus importantes que dans un distributeur classique.
– ***Dans les coins les plus reculés du pays et les villages, il faudra impérativement prévoir du liquide*** car certaines localités n'ont même pas de distributeur, ni de banque. Et dans les petites villes, les distributeurs peuvent être vides rapidement, notamment en fin de semaine. Ne pas trop compter dessus. Les distributeurs de billets proposent aussi bien des *colones* que des dollars américains (c'est dire l'emprise de cette monnaie sur le pays !). Il suffit de choisir votre monnaie.
– Enfin, il se peut que le distributeur d'une banque ne vous autorise pas à retirer de l'argent (allez savoir pourquoi !), et que celui de la banque d'en face accepte. Parfois, toujours de manière incompréhensible, le distributeur considère que la somme demandée est trop importante (plafond atteint ?). En revanche, quand vous divisez la somme par 2 et que vous tirez 2 fois de suite, il ne bronche pas (mais du coup vous paierez 2 fois la commission !). Dompter un distributeur, c'est tout un art...

Les cartes de paiement

Il est très facile, dans les hôtels, petits ou grands, et les restaurants, supermarchés, stations-service et boutiques, de régler ses achats par carte. C'est un mode de paiement très répandu dans le pays. En revanche, pour les petites pensions, les *sodas* et dans les villages de manière générale, il faudra prévoir du liquide. Attention, selon votre banque, les paiements par carte sont soumis à des frais bancaires qui peuvent coûter cher à la longue (entre 2 et 3 % à chaque transaction). Pour louer une voiture, carte de paiement internationale exigée.

Petite mesure de précaution : si vous retirez de l'argent dans un distributeur, utilisez de préférence les distributeurs attenants à une agence bancaire. En cas de pépin avec votre carte (carte avalée, erreurs de code secret...), vous aurez un interlocuteur dans l'agence pendant les heures ouvrables.

Quand vous partez à l'étranger, pensez à téléphoner à votre banque pour relever le plafond de retrait aux distributeurs et pour les paiements par carte, quitte à le faire rebaisser à votre retour.
Avant de partir, notez bien le numéro d'opposition propre à votre banque, ainsi que le numéro à 16 chiffres de votre carte. Bien entendu, conservez ces informations en lieu sûr et séparément de votre carte.
Par ailleurs, l'assistance médicale se limite aux 90 premiers jours du voyage et l'assistance véhicule aux cartes haut de gamme (renseignez-vous auprès de votre banque). Et surtout, n'oubliez pas aussi de VÉRIFIER LA DATE D'EXPIRATION DE VOTRE CARTE BANCAIRE avant votre départ !
En cas de perte, de vol ou de fraude, quelle que soit la carte que vous possédez, chaque banque gère elle-même le processus d'opposition. Le plus simple est de faire opposition en ligne via le site ou sur l'application mobile de votre banque, ou bien en appelant directement votre agence bancaire.

Commission et négociation

Certains établissements (hébergements, restos, agences et structures de loisirs) ajoutent une commission si vous payez par carte bancaire. Il est donc intéressant de négocier les prix en payant en cash (jusqu'à 10 % de réduc par rapport au prix affiché). Attention, si cela est jouable dans les structures indépendantes, il est bien sûr impossible de négocier le tarif d'entrée d'un parc national !

ACHATS, ARTISANAT

Assez curieusement, l'artisanat local n'est pas d'une extrême richesse. C'est dans la capitale que l'on trouvera le plus facilement tout l'artisanat du pays, notamment au *Mercado Central* de San José. Bon panel de l'artisanat costaricien : étoffes colorées, objets en cuir, petites sculptures de bois, hamacs...
Dans toutes les bourgades, le *Mercado Central* (ou *mercado municipal*) est également un bon endroit pour chiner quelques objets de qualité, perdus au milieu de souvenirs made in China.

– Le ***café*** est l'un des souvenirs olfactifs et gustatifs le plus facile et le plus symbolique du pays. On en trouve partout et il est inutile de l'acheter dans les boutiques de souvenirs où vous paierez surtout le joli paquet en toile de jute et la belle étiquette. Les supermarchés vendent le même, bien moins cher. Si vous avez le moulin qui va avec, on conseille le café en grain, qui conserve mieux ses arômes.
– Largement supplanté par le café, le ***cacao,*** qui servait de monnaie d'échange au cours du XVIIIe s, a aujourd'hui une place très réduite dans l'économie du Costa Rica. Les amateurs pourront suivre un *Cacao tour* dans certaines régions (Sarapiqui, Laguna de Arenal, Monteverde), mais c'est tout de même une denrée assez rare... et chère !
– ***Hamacs :*** on en trouve partout dans le pays, mais la qualité n'est malheureusement pas toujours au rendez-vous, ou alors c'est assez cher. Coton ou synthétique, plein ou à mailles (dans ce cas, bien vérifier la qualité des nœuds), avec barre en bois ou sans... Mais on craque quand même, histoire de prolonger le voyage à la maison.
– ***Carnets, agendas, papier à lettres :*** on trouve beaucoup d'objets réalisés à base de feuilles de bananier, joliment traités, et qui constituent autant de petits souvenirs ou cadeaux.
– Les ***calebasses,*** gravées et peintes, sont transformées en objets du quotidien : saladiers, lampes, mobiles... Avantage : c'est léger. Inconvénient : c'est assez volumineux.
– Avec l'explosion du tourisme émerge au Costa Rica une ***peinture naïve et colorée,*** appréciée des visiteurs. Elle met en valeur la nature exubérante (c'est pratiquement l'unique sujet). Si certains tableaux relèvent d'un sympathique amateurisme, des artistes proposent une vision superbe et rayonnante du pays. Un tableau roulé peut facilement se glisser dans le sac à dos. Un souvenir de qualité, pas si cher finalement.
– ***Carretas :*** petits chars à bœufs en bois fabriqués dans le village de Sarchí (Vallée Centrale), devenu un véritable centre artisanal. Difficile de visiter la bourgade sans repartir avec son petit chariot peint de couleurs vives, devenu l'emblème des travailleurs du pays. On y trouve également quelques meubles en bois et cuir, mais moins logeables dans la valise.
– ***Évitez à tout prix d'acheter des souvenirs fabriqués à partir d'ossements ou de carapaces d'animaux.*** Ne favorisez pas le développement d'un trafic qui croît naturellement avec l'explosion touristique !

BUDGET

> Cette édition 2022/23 ayant été réalisée pendant l'épidémie de Covid-19, les prix relevés et indiqués ici auront certainement évolué d'ici votre départ. Pensez à vérifier les tarifs en ligne, surtout ceux des hébergements, en planifiant votre voyage, afin d'éviter de mauvaises surprises dans votre budget.

Le Costa Rica compte parmi les pays les plus chers d'Amérique centrale et du Sud. Si l'on n'y prend garde, l'addition peut vite grimper. Il faut garder en tête

que le *colón* (la monnaie locale) est adossé au dollar américain et que le niveau de vie de la population est plutôt élevé par rapport aux pays voisins. On peut ***limiter les frais en logeant en auberges de jeunesse ou en cabinas*** (petites pensions), et en prenant ses ***repas dans les sodas*** (gargotes que l'on trouve partout). Pour les transports, ***choisissez le bus*** (les distances ne sont jamais très longues) ou la ***location d'un SUV (en saison sèche) ou d'un 4x4 (en saison humide)*** si vous êtes plusieurs. Cette option offre beaucoup de liberté, sans être trop onéreuse, à condition de voyager à au moins 3 ou 4 personnes.
Il vous faudra ensuite ajouter le ***prix d'entrée des parcs nationaux*** (entre 12 et 25 $ par personne), mais aussi parfois les services d'un guide local (dans les 30-40 $ par personne !) car, dans certains parcs, ils sont obligatoires, sans compter qu'ils débusquent les animaux et donnent de nombreuses explications. Les prix sont aussi élevés dans les ***jardins et réserves privés,*** et la question du guidage se pose tout autant et dans la même gamme de tarifs. Même s'il y a des réductions pour les étudiants et les enfants, l'addition monte vite quand on est en famille.
Autre gros poste de dépense, les ***loisirs*** : parcours de tyroliennes, *snorkelling,* cours de surf, plongée... on a parfois l'impression d'être pris pour une vache à lait.
Enfin, ***une règle d'or pour éviter d'exploser le budget*** : ***ne voyagez pas à Noël, ni pendant la Semaine sainte (Semana Santa).*** À ces périodes (environ 3 semaines dans l'année), c'est la très, très haute saison *(peak season)* et les prix de l'hébergement gonflent, ou passent carrément du simple au double. On n'indique d'ailleurs jamais les prix à ces périodes dans le guide.

Taxes, service et pourboire

Attention, une taxe de 13 % de TVA s'applique au tarif des hôtels et 10 % de service pour les restaurants. Cette taxe hôtelière n'est presque jamais incluse dans les prix affichés sur Internet ou sur place. Dans ce guide, les prix sont indiqués tels que relevés sur le terrain ; ajoutez donc systématiquement 13 % aux prix indiqués pour calculer votre budget réel. Au restaurant, il est toujours indiqué sur le menu si les 10 % de service sont inclus (c'est bien souvent le cas), sinon, ils seront ajoutés sur l'addition.

Si ce n'est pas clairement affiché à la réception de votre hébergement ou à la carte du resto, demandez si le prix annoncé comprend les taxes ou non.
Le service au restaurant est calculé dans ces taxes, il n'est donc pas obligatoire de laisser un pourboire ; mais libre à vous de vous laisser quelques *colones* si vous êtes content de l'accueil et de l'attention qui vous ont été réservés.

Hébergement

Nous indiquons les ***prix de l'hébergement en dollars*** car ils sont le plus souvent présentés dans cette devise (sauf dans les adresses vraiment locales et économiques) et ce, avec des fourchettes allant ***de la basse à la haute saison.*** Nous n'indiquons jamais les prix de la *peak season* (Noël et Semaine sainte car ils ne concernent que 3 semaines dans l'année). Les prix de l'hébergement valent pour une chambre double, sauf lorsqu'il s'agit d'auberges de jeunesse – nous donnons alors le prix pour un lit en dortoir.
Les prix ont été convertis avec les taux moyens sur fin 2020-début 2021.
– ***Très bon marché :*** max 30 $ (max 25 € ; surtout pour les dortoirs en auberge de jeunesse).
– ***Bon marché :*** de 30 à 60 $ (25-50 € ; les *cabinas* basiques, les doubles en auberges de jeunesse et les petits hôtels familiaux).

– ***Prix moyens :*** de 60 à 90 $ (50-75 € ; les *cabinas* plus confortables, les doubles plus confortables en auberges de jeunesse et les hôtels standards. À ce prix-là, on a souvent la clim).
– ***Chic :*** de 90 à 130 $ (75-108 € ; les hôtels aux standards occidentaux).
– ***Plus chic :*** plus de 130 $ (plus de 108 € ; les *lodges* et adresses de charme).

Restaurants

Au resto, les prix s'affichent souvent en *colones,* sauf dans les adresses les plus chics et dans les villes les plus touristiques, où ils sont surtout annoncés en dollars. Nous suivons la tendance générale en les indiquant en *colones* dans le guide. La fourchette de prix des restos s'entend pour un plat principal, qui constitue la plupart du temps un repas à lui seul, et une boisson.
– ***Bon marché :*** max 6 000 CRC (env 8 €).
– ***Prix moyens :*** de 6 000 à 10 000 CRC (8-14 €).
– ***Chic :*** de 10 000 à 15 000 CRC (14-20 €).
– ***Plus chic :*** plus de 15 000 CRC (plus de 20 €).

CLIMAT

Tropical sec, tropical humide, semi-tropical de montagne, semi-tropical de plaine... selon les climatologues, il existe près de 150 microclimats au Costa Rica, de quoi en perdre son latin ! Altitude, position géographique, versant atlantique, versant pacifique... En définitive, c'est la cordillère centrale qui marque la vraie frontière climatique du pays.
Cela étant dit, voici les 2 principales infos à retenir : le climat est tropical dans l'ensemble du pays et il existe 2 grandes saisons, la saison sèche et la saison humide.
– ***La saison sèche :*** elle s'étend ***de décembre à avril*** avec des variantes de quelques semaines selon les secteurs géographiques. Mars et avril sont généralement les mois les plus chauds.
– ***La saison humide :*** la *temporada verde* ou *temporada lluviosa* (saison des pluies), comme disent les Costariciens, s'étend ***de mai à novembre,*** là aussi avec des variantes de quelques semaines selon les zones mais surtout des pluies plus ou moins fortes. Gardez en tête que les précipitations sont plus marquées tout au long de l'année sur la côte Caraïbe et sur la péninsule d'Osa (côte Pacifique sud). Il s'agit de la saison fraîche et verte, avec des températures plus basses. Attention, saison des pluies ne signifie pas forcément déluges 24h/24. Les ***aguaceros*** (pluies abondantes qui durent 1 ou 2h) tombent surtout dans l'après-midi ; on peut donc profiter de belles matinées ensoleillées. Mais la météo n'est pas une science exacte, et si Dame Nature est d'humeur capricieuse, il peut aussi pleuvoir des heures d'affilée... même en saison sèche !
• *imn.ac.cr* • Le site de la météo nationale.
• *ovsicori.una.ac.cr* • Le site de l'observatoire de volcanologie et sismologie du Costa Rica. Prévisions météo, webcams, et même les magnitudes des secousses des principaux volcans du pays à suivre en direct, ou presque.

Les différents secteurs climatiques

– ***San José*** *(la capitale)* ***et la Vallée Centrale :*** il y règne un microclimat que les *Ticos* appellent le printemps perpétuel, avec un air doux mais jamais trop chaud, les températures oscillant entre 20 et 25 °C à l'année. C'est probablement le secteur du pays au climat le plus clément. En revanche, vous pourrez trouver les soirées fraîches, surtout si vous arrivez du Pacifique.
– ***La côte Caraïbe :*** climat tropical avec des pluies beaucoup plus fréquentes que sur le reste du pays. Il n'y a pas vraiment de saison sèche, mais des mois plus

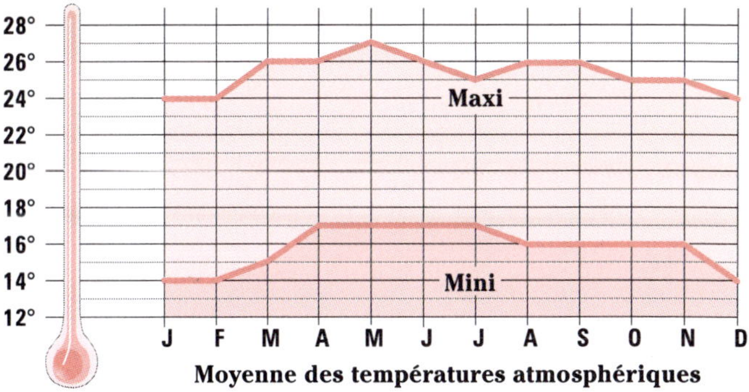

Moyenne des températures atmosphériques

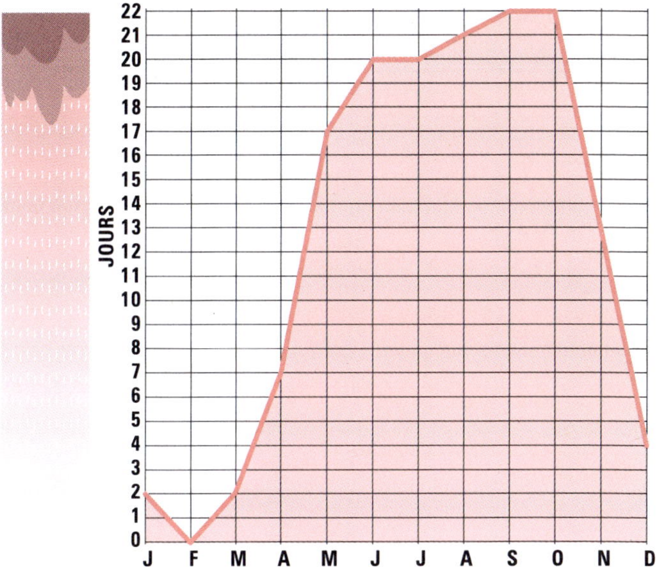

Nombre de jours de pluie
SAN JOSÉ (Vallée Centrale)

secs que les autres, comme février-mars et septembre. La partie nord de la côte Caraïbe connaît un microclimat où la moiteur de l'air est permanente. On enregistre jusqu'à 6 m de pluie par an à Tortuguero.

– ***La Zona Norte :*** dans la région de Santa Elena/Monteverde, les mois les plus froids sont décembre et janvier avec une moyenne journalière de 12 °C. Les mois les plus pluvieux sont juillet et août. En saison sèche, les températures remontent pour tourner autour de 23 °C. Grâce à cette douceur, le café pousse très bien (autour de 800 m). Vous le savez déjà, mais plus on grimpe en altitude, plus le mercure descend : prévoyez toujours une petite laine pour les randos et les fraîches soirées. Du côté du volcan Arenal, le mois le plus pluvieux est mars.

– ***Le Guanacaste et la péninsule de Nicoya :*** dans la province du Guanacaste (nord-ouest du pays) et dans la péninsule de Nicoya, la saison sèche se démarque par son aridité. Il peut s'écouler plusieurs mois sans qu'il ne tombe une seule goutte de pluie. Pendant cette saison, il fait très chaud. Les températures dans la journée oscillent entre 30 et 35 °C, parfois plus. La nuit, le thermomètre ne descend jamais sous les 20 °C. Les villes de Puntarenas et Liberia sont classées parmi les villes les plus chaudes du Costa Rica, avec une température moyenne de 33 °C ! Pendant la saison humide, les pluies s'abattent brutalement, durent peu (1 ou 2h) mais suffisent à reverdir la nature.
– ***La côte Pacifique centrale et la Zona Sur (péninsule d'Osa) :*** là aussi, climat tropical mais moins aride que dans la partie nord Pacifique. La sécheresse ne frappe pas avec autant de virulence et les paysages restent verts. La péninsule d'Osa (qui abrite le parc du Corcovado) se démarque du Pacifique central par son humidité constante. Il peut tomber jusqu'à 9 m de pluie par an sur les jungles du parc de Corcovado !
– ***Quelle époque choisir ?*** En saison sèche (de début décembre à fin avril), les pistes sont plus faciles à pratiquer avec un SUV alors qu'un 4x4 s'impose en saison humide. Les animaux sont plus visibles dans la végétation moins touffue, mais les paysages de la côte Pacifique nord sont desséchés en raison du manque de pluie. Pour se baigner et profiter des loisirs nautiques sur les plages, c'est l'idéal, d'autant que le ciel est bleu et ensoleillé.
En saison humide (de mai à fin novembre), la température est plus supportable, les paysages changent de couleur et verdissent, et sur le plan pratique les prix baissent, tout comme l'affluence touristique. On le répète, saison des pluies ne signifie pas mousson ! À l'inverse, la pluie peut aussi tomber en saison sèche. ***Pour voyager tranquille, à plus petit budget, les mois intermédiaires de mai et novembre offrent une bonne alternative.***
– Infos climat sur • *imn.ac.cr* •, le site de la météo nationale.

DANGERS ET ENQUIQUINEMENTS

Le Costa Rica est un pays sûr, le plus sûr d'Amérique centrale. Comme partout dans le monde, le voyageur doit néanmoins appliquer et suivre des règles de base de sécurité. Laissez vos papiers à l'hôtel et déplacez-vous plutôt avec des photocopies. Si votre chambre est équipée d'un coffre, n'hésitez pas à vous en servir.

À la plage

Attention aux courants ! De nombreuses plages sont réservées au surf et la baignade y est fortement déconseillée. Les plages sont rarement, voire quasiment jamais surveillées, on vous conseille donc d'être particulièrement vigilant, surtout si vous voyagez avec des enfants. Garder en tête qu'une mer d'apparence calme peut cacher de puissants courants. Le mieux est de demander aux locaux (personnel d'hôtel, guides officiels...) si les conditions sont bonnes pour se mettre à l'eau. Des panneaux « *Corrientes peligrosas* » (« courants violents ») sont plantés à l'entrée des plages les plus dangereuses. Sur votre serviette, protégez-vous aussi du soleil, qui cogne fort (voir la rubrique « Santé » plus loin).
Ne laissez pas vos affaires sans surveillance sur le sable. La plupart des vols sont commis sur les bords de mer, dans les stations balnéaires et à l'entrée des sites touristiques. Pensez-y !

Dans les parcs nationaux et dans la nature

N'apportez jamais de nourriture avec vous dans les parcs nationaux, ***ne nourrissez pas les animaux et ne les caressez pas.*** Non seulement vous mettez en

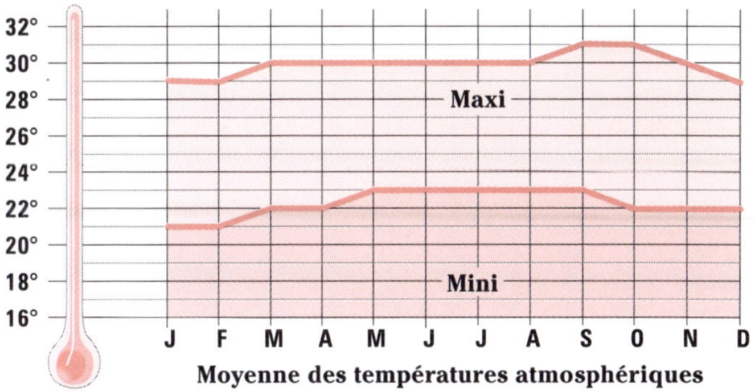

Moyenne des températures atmosphériques

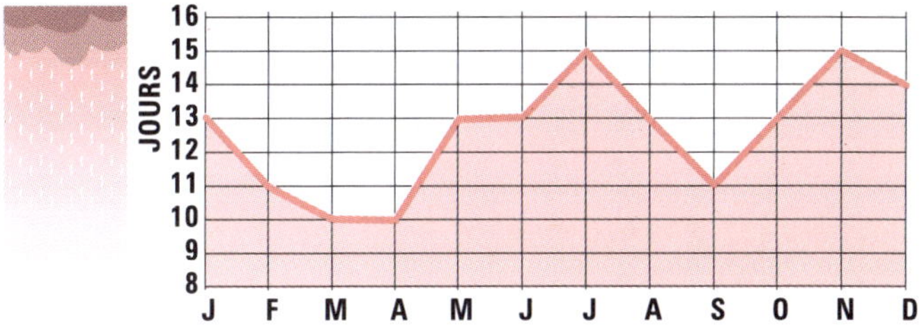

Nombre de jours de pluie
PUERTO LIMÓN (Côte Caraïbe)

danger leur santé, mais vous risquez aussi de vous retrouver face à des comportements agressifs (gardez en tête que ce sont des animaux sauvages) ! Les morsures de coatis ou de ratons laveurs ainsi que les attaques de singes ne sont pas rares. Chapardeurs et parfois hargneux, ils peuvent montrer les dents et tenter de vous arracher votre nourriture. Donc gardez les chips à la maison pour éviter une visite à l'hôpital ou pire, un risque de rage !

En voiture

Essayez toujours de garer votre véhicule dans un parking gardé et sécurisé. En règle générale, même pour un court arrêt, gardez votre véhicule à portée de vue. À proximité des plages et des sites touristiques, des « gardiens » proposent de surveiller votre voiture. Il vous en coûtera environ 1 000-3 000 CRC (négociables). C'est une bonne option pour se balader l'esprit tranquille. Vérifiez que le coffre et les portières sont bien verrouillés et ne laissez rien d'apparent (monnaie, téléphone, GPS, valise, vêtements...).

En bus

Ne jamais laisser votre argent ni vos papiers dans votre sac à dos en soute ou votre valise. ***Gardez toujours sur vous un petit sac à dos avec vos papiers et vos biens de valeur et gardez-le sur vos genoux*** quand vous voyagez. Certains lecteurs nous ont rapporté des vols alors que leurs sacs étaient rangés dans les compartiments juste au-dessus de leur tête. Ayez toujours un œil sur vos affaires.

Sécurité la nuit

Évitez de marcher seul(e) la nuit sur la plage, dans des coins isolés ou dans des rues peu fréquentées. ***À San José, il est déconseillé de se promener le soir dans certains quartiers.*** Même autour du centre historique, mieux vaut se déplacer en taxi. ***Évitez aussi de conduire après le coucher de soleil*** dans des zones peu fréquentées.

Gare aux rabatteurs

Dans les gares routières de San José, une arnaque bien rôdée consiste à faire croire aux touristes en partance en bus vers l'aéroport que les routes sont totalement bouchées à cause d'une manifestation ou de travaux. Moyennant (grosse !) finance, les rabatteurs se vantent de connaître un autre itinéraire et proposent de façon très insistante aux voyageurs de monter dans leur véhicule pour ne pas manquer l'avion. Ne vous laissez pas entourlouper, il vous en coûterait très cher !
Autres spots, autres arnaques. Dans les petits ports (Tortuguero ou Golfito par exemple), où se font certains transferts en bateaux (*lanchas*), des pêcheurs viennent concurrencer le service de *lancha* officiel avec leurs propres embarcations. Ils n'hésitent pas alors à gonfler exagérément les prix. Libre à vous de faire appel à leur service, mais renseignez-vous sur le tarif officiel du trajet avant de monter à bord.

DÉCALAGE HORAIRE

Il est de 8h de moins en été (notre été européen) et de 7h de moins en hiver. Quand il est 20h en France, il est 12h ou 13h au Costa Rica selon la saison.
Le rythme de vie pourra aussi vous paraître décalé. Les Costariciens se lèvent très tôt (avec le soleil, vers 5h ou 6h), les parcs nationaux ferment vers 16h, on dîne et on se couche plus tôt que sous nos latitudes européennes. Dans certains villages, il n'y a plus âme qui vive passé 21h.

ÉLECTRICITÉ

Au Costa Rica, ***l'électricité est en 120 volts.*** Les prises de courant sont différentes de celles de l'Europe. Nul besoin d'un transformateur mais il vous faudra un ***adaptateur de type A*** avec 2 fiches plates parallèles. On en trouve sur place pour 3 fois rien, notamment dans les supermarchés.
Bon à savoir : les appareils d'Europe s'adaptent au 120 volts automatiquement. Il n'y a aucun risque. La seule différence est que les batteries (portables, ordinateurs) se rechargent plus lentement.

FÊTES ET JOURS FÉRIÉS

Les ***días festivos*** sont nombreux au Costa Rica. On vous indique les jours fériés nationaux (chômés dans tout le pays) et les plus importants au niveau régional.
– ***1er janvier : Nouvel An,*** évidemment. Tout est fermé !
– ***19 mars :*** on fête ***saint Joseph*** à San José, le patron de la ville. C'est un jour férié dans la capitale (et dans les autres villes également appelées San José), mais pas dans tout le pays.
– ***Semana Santa*** *(mars ou avril selon les années ; du 10 au 16 avril 2022 et 2 au 8 avril 2023)* **:** les jeudi et vendredi avant Pâques sont chômés. On croise des processions religieuses partout, dans une ambiance d'enfer (si l'on peut dire !). À noter que, durant cette période, les hôtels sont souvent complets (et chers) et

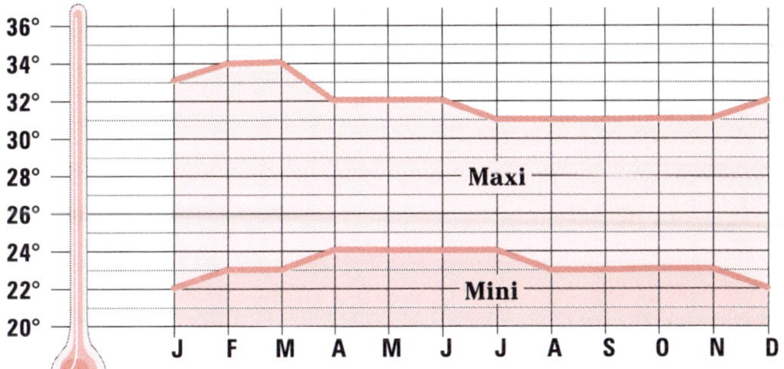

Moyenne des températures atmosphériques

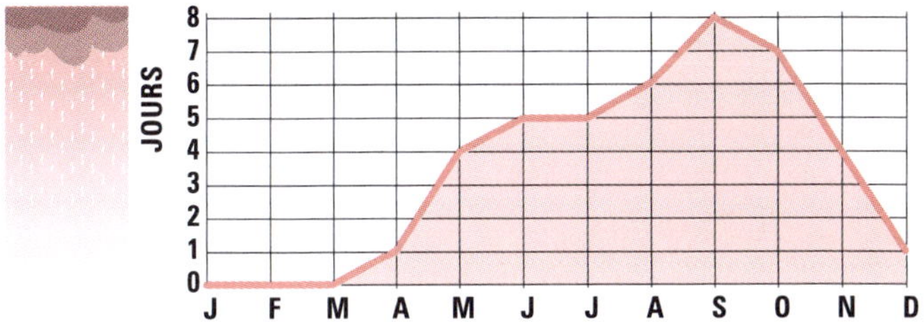

Nombre de jours de pluie

PUNTARENAS (Côte Pacifique)

les bus bondés. ***Évitez absolument de voyager au Costa Rica à ce moment-là,*** votre budget serait multiplié par 2.

– ***Pâques*** *(mars ou avril selon les années ; 17 avril 2022 et 9 avril 2023)* **:** une fête particulièrement célébrée par les *Ticos.* Les chemins de croix du Vendredi saint font l'objet d'impressionnants pèlerinages.

– ***11 avril :*** c'est le ***Día de Juan Santamaría,*** héros national dont on commémore la mort. Si ce jour est férié dans tout le pays, on fête particulièrement le jeune homme dans sa ville natale, Alajuela. De nombreux commerces et services sont fermés ce jour-là.

– ***1er mai : Día internacional del Trabajo.*** C'est la fête du Travail, comme partout.

– ***25 juillet : Anexión del Partido de Nicoya.*** On fête le rattachement, en 1824, de la région de Nicoya et Santa Cruz au Costa Rica, qui devint la province de Guanacaste. Concerts et danses folkloriques animent les villes et villages.

– ***2 août : Día de Nuestra Señora de los Ángeles.*** Pour honorer la Vierge noire, la patronne du pays, un pèlerinage de 27 km relie San José à la basilique de Cartago. La circulation est bloquée et une foule gigantesque suit la procession, qui se conclut par une grande messe sur le parvis de la basilique de Cartago.

– ***15 août : Asunción de la Virgen.*** C'est l'Assomption, les chrétiens célèbrent la montée de la Vierge Marie au Ciel. C'est aussi le jour de la fête des Mères, très ancré dans la tradition costaricienne.

– ***15 septembre : Día de la Independencia.*** Jour férié et chômé dans tout le pays. C'est en 1838 que le Costa Rica se détache des États unis d'Amérique centrale. Une torche est portée par des étudiants jusqu'à Cartago. Tout le monde cesse alors de travailler pour chanter l'hymne national.

– **12 octobre : *Día de las Culturas.*** On commémore la découverte de l'Amérique par Christophe Colomb, comme dans de nombreux pays d'Amérique du Sud. Défilés folkloriques, chants et danses dans les villes et villages.
– **25 décembre : *Navidad.*** Beaucoup de commerces ferment toute la dernière semaine de décembre. ***Évitez absolument de voyager au Costa Rica entre Noël et le Nouvel An,*** votre budget serait multiplié par 2.

HÉBERGEMENT

Cette édition 2022/23 ayant été réalisée pendant l'épidémie de Covid-19, les prix relevés et indiqués ici auront certainement évolué d'ici votre départ. Pensez à vérifier les tarifs, surtout ceux des hébergements, en planifiant votre voyage, afin d'éviter de mauvaises surprises dans votre budget.

Pas de problème pour dégoter un hébergement au Costa Rica. On y trouve tous les types de logement, niveaux de confort et prix. Dans nos commentaires, nous indiquons une fourchette de tarifs, de la basse saison (saison des pluies, grosso modo entre mai et novembre) à la haute saison (la saison sèche, de décembre à avril). Les prix évoluent évidemment largement au dernier moment en fonction du taux d'occupation. Ils subissent une augmentation sensible durant les fêtes de fin d'année et la *Semana santa (peak season),* mais nous ne prenons pas en compte ces tarifs qui concernent une très courte période (3 semaines dans l'année).
Attention, une taxe de 13 % s'applique sur le prix des hébergements et n'est généralement pas incluse dans le prix annoncé. Dans ce guide, les prix sont indiqués tels que relevés sur le terrain, ajoutez donc systématiquement 13 % aux prix indiqués pour calculer votre budget réel. Si rien n'est précisé, n'hésitez pas à demander à la réception si les taxes sont incluses ou non.
– ***Le camping :*** il existe peu de terrains de camping au Costa Rica. Certains *hostels* et petites adresses réservent un espace aux campeurs mais ils ne sont pas légion. Cela dit, en étant bien organisé et peu exigeant, il est possible de se débrouiller en faisant aussi fonctionner le bouche-à-oreille. Certaines adresses fournissent les tentes ou proposent des sortes de tentes-huttes, mais le tarif n'est plus le même. Bref, c'est jouable mais jamais garanti.
– ***Les hostels ou auberges de jeunesse :*** les *hostels* sont en fait des hôtels proposant aussi bien des dortoirs que des chambres doubles, avec sanitaires communs pour la plupart des chambres (et parfois privés pour les chambres doubles les plus chères). C'est la forme d'hébergement la plus économique. Pour un lit en dortoir de 4 à 10 personnes, compter environ 15-35 $ (parfois plus encore !), et pour une chambre double économique environ 40-60 $ (avec salles de bains communes pour les moins chères). Pour ce tarif, l'eau n'est pas toujours chaude. La chaîne d'*hostels Selina* est la plus connue et la plus « branchée », elle compte une dizaine d'établissements à travers le pays, la plupart offrant de vastes espaces communs et de nombreuses activités. Certaines de leurs chambres privées sont dignes de véritables hôtels et atteignent d'ailleurs les mêmes tarifs.
– ***Les cabinas :*** on trouve ce type d'hébergements partout. Ce sont en fait des bungalows individuels parfois collés-serrés, parfois disséminés dans de luxuriants jardins tropicaux, la plupart du temps avec sanitaires privés et petite terrasse flanquée d'un hamac. Selon le confort et la situation (altitude ou bord de mer), elles possèdent une moustiquaire, un ventilo mais rarement la clim. Eau froide parfois, tiède au mieux, mais rarement chaude ! Compter 40-60 $ la *cabina* pour 2 personnes selon confort.
– ***Les petits hôtels :*** plus chers que les *hostels* et les *cabinas* (environ 60-90 $), il s'agit d'établissements intermédiaires de bon confort. Toujours avec salles de bains privées et souvent la clim. Le nombre de chambres y est assez limité, mais l'ensemble manque parfois de charme.

– ***Les hôtels chics :*** de très nombreux hôtels de classe internationale font le plein avec une clientèle nord-américaine fortunée, surtout côté Pacifique. Comptez alors au bas mot 90-130 $ la chambre double, voire au-delà... Ce sont souvent de grands établissements, avec restos et piscines. Dans le même ordre d'idée, les hôtels *all inclusive* sont souvent idéalement situés en bord de mer. S'ils ont l'avantage de la situation, il faut savoir que le style est typiquement nord-américain et l'authenticité pas franchement au rendez-vous.
– ***Les lodges et écolodges :*** plantés au milieu de grands espaces au cœur de jardins tropicaux, de forêts ou en bord de mer, il s'agit de superbes hébergements, en bois le plus souvent. Ce sont des adresses chères (compter environ 150-200 $ pour une chambre double), modernes, charmantes et confortables (heureusement !), s'inscrivant le plus souvent dans une démarche durable (utilisation de produits locaux, d'énergie solaire, recyclage...). Nombre d'entre elles investissent une partie de leurs bénéfices dans le cadre d'un programme éducatif ou de préservation de la nature. Du fait de leur position excentrée des centres-villes, ces *lodges* proposent généralement la pension complète et organisent des excursions dans les environs. C'est l'idéal pour aborder et vivre au plus près des parcs nationaux et des réserves privées... à condition d'en avoir le budget !

LANGUE

Si on parle beaucoup l'anglais sur la côte Pacifique et dans les villes les plus touristiques, ce n'est pas le cas côté Caraïbe et dans les régions plus reculées. On vous encourage vivement à apprendre quelques mots basiques d'espagnol pour vous débrouiller sur place, demander votre chemin, commander au resto et... surtout prouver que vous y mettez du vôtre pour vous adapter à la culture du pays. Les locaux apprécieront ! D'une grande gentillesse, les *Ticos* seront toujours prêts à vous traduire un menu (le langage des signes aide aussi !) ou à vous indiquer votre route, encore faut-il savoir le leur demander. Pour vous aider à communiquer, n'oubliez pas notre ***Guide de conversation du routard en espagnol.***

Petit lexique de base (allez, on s'y met !)

Politesse

Salut	*Hola*
Bonjour	*Buenos días* (le matin), *buenas tardes* (à partir de 12h)
Bonsoir/bonne nuit	*Buenas noches*
Au revoir	*Hasta luego, adiós*
Merci	*Gracias*
S'il vous plaît	*Por favor*
Excusez-moi	*Disculpe, permite, lo siento (au sens de « désolé »)*

Expressions courantes

Je suis français(e)	*Soy francés/francesa*
Je ne comprends pas	*No entiendo*
Comment t'appelles-tu ?	*¿ Cómo te llamas ?*
Comment dit-on ?	*¿ Cómo se dice ?*
Connaissez-vous ?	*¿ Conoce ?*
Avec/sans	*Con/sin*
Plus/moins	*Más/menos*

Vie pratique

Centre	*Centro*
Office de tourisme	*Oficina de turismo*
Pâté de maisons	*Cuadra/bloco*
Un plan	*Un mapa*
Banque	*Banco*
Police	*Policía*
Téléphoner	*Llamar por teléfono*
Entrée/sortie	*Entrada/salida*
Toilettes	*Baños*

Transports

Gare routière	*Terminal/estación de autobuses*
Je voudrais un ticket de bus pour...	*Quisiera un billete de bus para...*
À quelle heure y a-t-il un bus pour... ?	*¿ A qué hora hay un bus para... ?*
Aller-retour	*Ida y vuelta*
Voiture	*Auto* (*camioneta* pour un 4x4)
Vol (d'avion)	*Vuelo*

Argent

Argent	*Dinero*
Billet, monnaie	*Billete, moneda*
Payer	*Pagar*
Prix	*Precio*
Combien ça coûte ?	*¿ Cuánto cuesta ?*
Cher/bon marché	*Caro/barato*
Une réduction	*Un descuento*
Argent liquide	*Efectivo*
Prenez-vous la carte bleue ?	*¿ Acepta la tarjeta ?*

À l'hôtel

Chambre	*Habitación/cuarto*
Simple, 2 lits	*Simple, doble*
Lit double	*Matrimonial*
Climatisation	*Aire acondicionado*
Moustiquaire	*Mosquitera*
Eau froide, eau chaude	*Agua fría, agua caliente*

Au restaurant

Y a-t-il un plat du jour ?	*¿ Hay un plato del día ?*
Le petit déjeuner	*El desayuno*
Le déjeuner	*El almuerzo*
Le dîner	*La cena*
Eau minérale plate/gazeuse	*Agua mineral sin gas/con gas*
Entrée, plat principal, dessert	*Entrada, plato, postre*
L'addition, s'il vous plaît	*La cuenta, por favor*

Jours de la semaine

Lundi	*Lunes*
Mardi	*Martes*
Mercredi	*Miércoles*
Jeudi	*Jueves*
Vendredi	*Viernes*
Samedi	*Sábado*
Dimanche	*Domingo*

Nombres

1	*uno* ou *una*	20	*veinte*
2	*dos*	30	*treinta*
3	*tres*	40	*cuarenta*
4	*cuatro*	50	*cincuenta*
5	*cinco*	60	*sesenta*
6	*seis*	70	*setenta*
7	*siete*	80	*ochenta*
8	*ocho*	90	*noventa*
9	*nueve*	100	*cien* ou *ciento*
10	*diez*	500	*quinientos*

Lexique costaricien

- ***¡ Pura Vida ! :*** c'est l'expression la plus courante du pays, une véritable devise nationale. On la traduit littéralement par « vie pure » mais son sens est plus fort : « Prends soin de toi ! », « Profite de la vie ! » Les *Ticos* l'utilisent sans cesse, pour dire au revoir, merci, de rien...
- ***Ticos :*** c'est le surnom des Costariciens.
- ***Tiquicia :*** synonyme de Costa Rica. C'est le surnom donné par les *Ticos* à leur pays.
- ***Mae :*** jargon qui ponctue souvent les phrases, comme un tic de langage. On pourrait le traduire par « mec ».
- ***Tuanis :*** on l'utilise pour décrire une sensation de bien-être, un endroit agréable et beau, une situation géniale. Par exemple : « *Está bien tuanis* », c'est cool !

LIVRES DE ROUTE

Malheureusement, très peu d'ouvrages sur le pays sont traduits en français. Pour approfondir votre connaissance du Costa Rica et de son univers littéraire, il faudra bouquiner en espagnol ou en anglais. Voici quelques références d'auteurs costariciens qui ont marqué le pays. Peut-être trouverez-vous ces œuvres dans les librairies locales.

Quelques rares références en français

- ***La Disparue de Mazunte, Été rouge, Pluie des ombres,*** de Daniel Quirós (Éditions de l'Aube, 2015-2017). Cet écrivain costaricien, immigré aux États-Unis, enseigne la littérature espagnole à l'université. Ses polars, sous couvert d'énigmes, prennent racine au Costa Rica et dévoilent des facettes méconnues du pays : misère, racisme, trafics en tous genres, enjeux majeurs du tourisme... Il réussit avec brio à mêler enquête policière et portrait sans complaisance de la société costaricienne.
- ***La Dernière Île au trésor,*** de Robert Vergnes (Éditions du Trésor, 2014). Explorateur, passionné d'art précolombien, ce Français est parti à la chasse au trésor sur la *Isla del Coco,* située à plus de 550 km des côtes costariciennes. Il nous emmène sur les traces des pirates et flibustiers qui ont fait rêver tant d'aventuriers.
- ***Oro,*** de Cizia Zykë (Pocket, 2009). À travers ce récit d'aventure devenu culte, l'auteur français nous décrit sa vie de chercheur d'or dans la péninsule d'Osa, dans les années 1980. Passionné par les chercheurs vivant illégalement dans la réserve du Corcovado, Cizia Zykë a réussi à se fondre dans la masse, et même à monter un solide business d'exploitation d'or ! Il plante, dans son roman, un cadre de jungle sauvage, entre trafiquants et prostituées, bien éloigné de l'image qu'on a du pays aujourd'hui.

Auteurs costariciens non traduits

– ***Mamita Yunai,*** de Carlos Luis Fallas (1909-1966). L'auteur raconte dans cette nouvelle les rudes conditions de travail des ouvriers de la *United Fruit Company.* Ayant lui-même travaillé dans les bananeraies de la province de Limón, il dénonce les injustices sociales et les conditions de vie misérables de cette firme américaine.
– ***La Isla de los Hombres Solos,*** de José León Sánchez (né en 1929). Accusé de vol dans la basilique Nuestra Señora de los Ángeles, à Cartago, l'auteur (alors âgé de 20 ans) est condamné à la prison à perpétuité. Incarcéré sur l'île San Lucas, dans le golfe de Nicoya, il sera innocenté par la Cour suprême en 1988. Il décrit dans sa nouvelle les conditions inhumaines sur « cette île des hommes seuls ». Un film mexicain du même nom est sorti en 1974.
– Figure littéraire reconnue, ***Carmen Naranjo*** (1928-2012) est à l'origine de nombreux essais, livres de contes, nouvelles et recueils de poésie. Elle fut ministre de la Culture.

POSTE

Chaque ville ou village (presque) possède sa petite poste, dont le service est globalement fiable. Les postes sont ouvertes généralement du lundi au vendredi de 8h30 à 17h. Un timbre pour l'Europe coûte environ 700 CRC.

SANTÉ

Bonne nouvelle ! L'état sanitaire du pays ne présente aucun danger particulier pour le touriste. Voici tout de même quelques conseils avisés. Avant votre départ, consultez les sites de l'Institut Pasteur • *pasteur.fr* • et du ministère des Affaires étrangères • *diplomatie.gouv.fr* • pour connaître la situation sur place au moment de votre voyage.

Réglementation liée à la Covid-19

Aucun test négatif (PCR ou antigénique) n'est obligatoire pour entrer sur le territoire et aucune quarantaine n'est imposée à l'arrivée. En revanche, il est obligatoire ***souscrire à une assurance médicale de voyage.*** Le justificatif d'assurance doit être traduit en anglais ou en espagnol et doit mentionner les 3 conditions suivantes :
– Validité du justificatif d'assurance durant tout le séjour au Costa Rica.
– Garantie de couverture des frais médicaux en cas d'infection à la Covid-19 au Costa Rica, à hauteur minimum de 50 000 $ (dollars américains).
– Couverture minimum de 2 000 $ des frais de logement en cas de prolongation due à l'infection ou l'interruption/annulation du voyage en cas d'infection, qui couvre les frais supplémentaires du passager en cas de quarantaine.
Enfin, il faut compléter le formulaire numérique *Pase de Salud* disponible sur • *salud.go.cr* • Ce formulaire sera disponible 48 heures avant d'embarquer.
– ***Attention, les conditions d'entrée sur le territoire et la réglementation peuvent avoir évolué depuis la parution de ce guide. Consultez absolument le site*** • *ict.go.cr* • ***avant votre départ pour suivre l'évolution de cette réglementation.***
– Si un test PCR est requis pour retourner dans votre pays d'origine, il est possible d'en faire un sur place en laboratoire. Compter 100-150 $ le test (eh oui !) et un délai de 24 à 48 heures pour obtenir les résultats.

Vaccins

Aucune vaccination particulière n'est exigée. Comme d'habitude, on vous donne les vaccinations conseillées avant de partir : être à jour dans ses vaccinations universelles telles que diphtérie, tétanos, coqueluche, poliomyélite et hépatite B ; sans oublier la vaccination rougeole-oreillon-rubéole (ROR surtout chez l'enfant).

La vaccination contre l'hépatite A est aussi recommandée. Dans le cas d'un séjour prolongé, une vaccination contre la typhoïde peut être envisagée (si le voyage s'effectue dans des conditions d'hygiène alimentaire précaires).
Enfin, une vaccination contre la rage est à envisager en cas de séjour prolongé ou éloigné de toute ressource médicale. Gardez en tête que pour éviter toute contamination par les animaux, la solution la plus efficace est d'éviter de les nourrir et de les caresser !
Les visiteurs venant de pays infectés par la fièvre jaune doivent être en possession d'un certificat de vaccination contre cette maladie. Il sera exigé à l'entrée dans le pays.

Moustiques

Les autorités considèrent que le ***paludisme*** est éradiqué du pays (donc pas besoin de prévention médicamenteuse). La ***dengue,*** transmise également par les moustiques, est endémique au Costa Rica. Le phénomène croît pendant la saison des pluies (de mai à novembre) dans les provinces de Limón (côte Caraïbe), Guanacaste et Puntarenas (toutes les 2 sur la côte Pacifique).
La transmission du ***chikungunya*** est possible. La région la plus touchée étant le Guanacaste. Enfin, le ***zika*** est aussi présent dans le pays, il est donc conseillé aux femmes enceintes ou ayant un projet de grossesse de reporter leur voyage.
Pour éviter les piqûres, il est indispensable de se munir d'un répulsif antimoustique efficace (corps et vêtements). Dans la journée, en cas d'épidémie, les moustiques diurnes peuvent transmettre la dengue, le chikungunya et le zika. Mais on se fait aussi grignoter à la tombée de la nuit ! À ces heures-là, on conseille de porter des vêtements à manches longues et pantalons longs (mais légers). Essayer de dormir sous une moustiquaire imprégnée.
La plupart des répulsifs antimoustiques/arthropodes vendus en grandes surfaces s'avèrent peu ou insuffisamment efficaces. Il existe néanmoins une gamme fiable et conforme aux recommandations du ministère français de la Santé : *Insect Ecran* (DEET supérieur à 35 %). Existe pour adultes, enfants, en spray et trempage pour tissus (une bonne option pour dormir sous une moustiquaire imprégnée).

Précautions au quotidien

– ***Eau :*** elle est potable dans la majorité des régions du pays. Malgré tout, dans les secteurs les plus reculés, il est préférable de boire de l'eau en bouteille et de ne pas consommer l'eau du robinet dans les petits hôtels. De manière générale, n'avalez pas des fruits déjà pelés, du lait non pasteurisé et des glaçons sortis d'on ne sait où, afin d'éviter les diarrhées.
– ***Soleil :*** il tape fort sous les tropiques. Chapeau, crème solaire et lunettes de soleil indispensables, même quand il y a une légère couverture nuageuse ! Et durant les randonnées dans les parcs, toujours partir avec beaucoup d'eau.
– ***Comportement en présence d'animaux :*** dans les très nombreux parcs nationaux et même dans les villes, on se retrouve souvent entouré d'animaux sauvages. Ne jamais les toucher. Aussi sympathiques soient-ils, ils peuvent transmettre des maladies et vous risquez de déséquilibrer leur milieu naturel. On rappelle également que le pays compte une vingtaine d'espèces de serpents venimeux. On les rencontre surtout durant les randonnées nocturnes, alors que les reptiles s'aventurent sur les sentiers. C'est pourquoi il est impératif de porter des chaussures fermées au cours de ces balades.
– ***Pharmacies :*** dans les grandes villes et les bourgades, aucune difficulté pour en trouver. Elles sont généralement bien fournies, mais vous ne trouverez pas forcément le médicament qu'il vous faut, mieux vaut partir avec une trousse à pharmacie de base dans sa valise. Dans le doute sur un symptôme, consultez un médecin avant de vous ruer à la *farmacia* la plus proche...

– **_Pour tout problème de santé particulier,_** on conseille de revenir vers San José (même si on trouve des hôpitaux dans chaque grande ville). La capitale dispose de plusieurs cliniques privées qui prennent bien en charge les touristes. En cas de gros souci, prendre contact avec votre assurance ou l'ambassade.

Faux médicaments

La contrefaçon de médicaments touche tous les pays et toutes les classes thérapeutiques. Un faux médicament est au mieux inefficace et au pire mortel. Mais, parce qu'il ne soigne jamais convenablement et qu'il est fabriqué dans la clandestinité sans aucun contrôle sanitaire, le faux médicament est toujours dangereux. L'IRACM, l'Institut international de recherche anticontrefaçon de médicaments, vous donne des conseils pratiques et les précautions à suivre en prévision de votre séjour, durant les formalités d'embarquement, pendant le vol, une fois à destination, et, enfin, si vous êtes amené à acheter des médicaments sur place. Pour plus d'informations, rendez-vous sur leur site : • *iracm.com* •

Avant votre voyage

– Prenez suffisamment de médicaments pour toute la durée de votre séjour.
– Voyagez avec votre ordonnance rédigée en « Dénomination commune internationale » (DCI).

Lors des formalités d'embarquement et pendant le vol

– Conservez au moins une partie de vos médicaments en cabine (utile en cas de perte ou de retard de votre valise).
– Gardez vos médicaments dans leur emballage d'origine.

En cas d'achat de médicaments à l'étranger

– Pas de médicaments sans consultation.
– N'achetez vos médicaments qu'auprès de revendeurs officiels (pharmacies).
– En cas de doute, appelez votre ambassade pour obtenir la liste des pharmacies officielles.
– Vérifiez attentivement vos médicaments et leur conditionnement.
– Attention aux effets indésirables inhabituels. En cas de problème, consultez un médecin dans les plus brefs délais et apportez-lui les médicaments suspects.

Source : l'IRACM. L'Institut international de recherche anticontrefaçon de médicaments est une association internationale indépendante à but non lucratif, dont la mission principale est de promouvoir et développer la lutte contre le trafic de faux médicaments à travers le monde.

TÉLÉPHONE ET INTERNET

Le téléphone

Le pays possède une très bonne couverture réseau et l'on se retrouve rarement coupé du monde (même si parfois on aimerait bien !).
Les principaux opérateurs téléphoniques du pays sont *Kölbi* et *Movistar.* Le pays est très bien couvert, sauf dans les zones les plus reculées comme Tortuguero, où les ondes peuvent être capricieuses.
– ***France → Costa Rica :*** 00 + 506 + numéro à 8 chiffres du correspondant.
– ***Costa Rica → France :*** 00 + 33 + numéro du correspondant à 9 chiffres, c'est-à-dire sans le 0 initial.

Le téléphone portable en voyage

Renseignez-vous auprès de votre opérateur sur les conditions d'utilisation de votre portable à l'étranger ainsi que sur les tarifs.
– ***Le « roaming » ou itinérance :*** c'est un système d'accords internationaux entre opérateurs. Concrètement, cela signifie que lorsque vous arrivez dans un pays, au bout de quelques minutes, le nouveau réseau s'affiche automatiquement sur l'écran de votre téléphone. Vous recevez rapidement un SMS de votre opérateur indiquant les tarifs pour les messages et appels, reçus et émis, et la consommation internet.
– ***Tarifs :*** ils sont propres à chaque opérateur et varient en fonction des pays (le globe est découpé en plusieurs zones tarifaires). ***N'oubliez pas qu'à l'international vous êtes facturé aussi bien pour les appels sortants que pour les appels entrants ;*** idem pour les textos. Donc quand quelqu'un vous appelle à l'étranger, vous payez aussi. Soyez bref !
– ***Forfaits étranger inclus :*** certains opérateurs proposent des forfaits où ***35 jours de roaming par an sont offerts*** dans le monde entier. On peut donc cumuler plusieurs voyages à l'étranger sans se soucier de la facture au retour. Attention, si SMS, MMS et appels sont souvent illimités, la connexion internet est, elle, limitée. D'autres opérateurs offrent carrément le **roaming *toute l'année vers certaines destinations.*** Renseignez-vous auprès de votre opérateur.
– ***Acheter une carte SIM/puce sur place :*** une option très avantageuse pour le Costa Rica. Il suffit d'acheter à l'arrivée une carte SIM locale prépayée (appelée ici « *chip* ») chez l'un des opérateurs locaux (*Kölbi* ou *Movistar*), représentés dans les boutiques de téléphonie mobile des principales villes du pays, dans quelques petites échoppes de revendeurs (repérables aux panneaux des opérateurs affichés sur leur devanture), ainsi qu'à l'aéroport pour *Kölbi* (qui a un comptoir dans le hall des arrivées). Demander alors *una linea prepago,* qui vous coûtera environ 6-10 $. On vous fournit une carte SIM avec un numéro de téléphone local attribué et un petit crédit de communication. Attention, on ne peut plus vous joindre sur votre numéro habituel mais uniquement sur ce nouveau numéro costaricien (sauf si vous disposez d'un appareil avec double lecteur SIM, ce qui est l'idéal). Avant de payer, essayez, si possible, la carte SIM du vendeur dans votre téléphone – préalablement débloqué – afin de vérifier si celui-ci est compatible. Ensuite, on recharge son crédit de communication en achetant des cartes prépayées. On les trouve dans les boutiques des opérateurs, dans les épiceries et petits commerces, mais aussi dans la rue à San José (les vendeurs sont partout et alpaguent les passants en donnant de la voix !).

La connexion internet en voyage

– ***Se connecter au wifi*** à l'étranger est le seul moyen d'avoir accès à Internet gratuitement. Attention, ne vous connectez pas aux réseaux 3G ou 4G, au risque de faire grimper votre facture (sauf si votre forfait inclut certains jours de gratuité à l'étranger).
Le plus sage consiste à ***désactiver la connexion*** « Données à l'étranger » (dans « Réseau cellulaire » ou « Données mobiles en itinérance » dans vos paramètres). On peut aussi mettre le portable ***en mode « Avion »*** et activer ensuite le wifi. Attention, le mode « Avion » empêche, en revanche, de recevoir appels et messages.
Quasiment tous les hôtels, restos, bars et même les petits *sodas* disposent d'un réseau wifi, toujours gratuit. Mais souvent, la connexion se limite à un périmètre autour de la réception. Pour ceux qui voyageraient vraiment à la *roots* sans téléphone, sachez qu'on trouve de plus en plus difficilement des cybercafés. Certains proposent encore des services d'appels à l'international. On peut également y imprimer ou scanner des papiers importants.
– Une fois connecté au wifi, vous avez accès à tous les services de la ***téléphonie par Internet. WhatsApp, Messenger*** (la messagerie de *Facebook*), ***Viber, Skype*** permettent d'appeler, d'envoyer des messages, des photos et des vidéos aux

4 coins de la planète, sans frais. Il suffit de télécharger (gratuitement) l'une de ces applis sur son smartphone. Elle détecte automatiquement dans votre liste de contacts ceux qui utilisent la même appli.

TRANSPORTS

En voiture

– ***Un véhicule SUV (en saison sèche, si on reste sur les axes principaux) ou 4x4 (en saison humide) est indispensable au Costa Rica,*** où les pistes de terre sont plus nombreuses que les routes bitumées, en particulier dans la région du Guanacaste et de la côte pacifique. même si de plus en plus de routes sont en cours de réfection. Il n'est pas nécessaire d'être un pilote du Paris-Dakar pour conduire, il suffit de bien maîtriser le véhicule et de ***rester prudent sur les pistes.*** Certaines pistes de montagne sont poussiéreuses en saison sèche ; humides, glissantes et souvent boueuses en saison des pluies ; d'autres, en particulier le long des côtes (quand on veut éviter de faire un large détour par l'intérieur), sont tout simplement impraticables en période pluvieuse (notamment lorsqu'il y a des gués à passer). Dans ce cas, toujours demander aux locaux si le véhicule passe ou pas. Ils connaissent le terrain mieux que vous et pourront vous renseigner. Si vous avez un doute sur l'état de la piste, n'y allez pas. Faites un détour plutôt que de vous engager sur un chemin douteux où vous aurez plusieurs gués de rivière à passer, surtout le long des côtes avec le problème des marées montantes... Le sud de la péninsule de Nicoya et la péninsule d'Osa concentrent les plus mauvaises pistes du pays. Méfiance, donc, quand vous évaluez vos temps de trajet. En saison sèche, si vous étudiez bien votre trajet et restez sur les axes principaux, il peut être suffisant et moins cher de louer un SUV.

– ***Les routes à 4 voies sont rares*** hormis la *Carretera Interamericana* (route Interaméricaine), qui traverse une bonne partie du pays, en alternant des tronçons à 2 voies et des tronçons à 4 voies. Cette route Interaméricaine est peut-être en bon état mais son étroitesse et la circulation intense des poids lourds la rendent très dangereuse. Ces énormes camions roulent vite et occupent une grande partie de la chaussée. Redoublez de prudence sur cette grande route qui n'est pas une autoroute sur toute sa longueur !

– Un ***GPS*** est très utile car les Costariciens sont avares en panneaux de signalisation. Attention, il est souvent en supplément de la location de la voiture, et les cartes ne sont pas forcément à jour. Prévoyez plutôt d'acheter ***une carte SIM locale*** qui vous permettra de vous diriger avec des ***applis comme Waze ou Google Maps.*** On peut aussi télécharger ces mêmes applis et rentrer toutes les destinations souhaitées, elles seront enregistrées et le guidage sans connexion fonctionnera (ne prenant, du coup, plus en compte le trafic en temps réel).

Téléchargez aussi l'application gratuite ***Maps.me*** sur votre smartphone. Une fois la carte du pays téléchargée, vous pouvez vous géolocaliser sans connexion internet et définir ainsi vos itinéraires. Attention, cette appli ne prend pas en compte l'état des routes (pistes, bouchons, travaux...) et a tendance à largement sous-estimer les temps de trajet.

Emportez aussi une ***bonne carte routière*** du Costa Rica, c'est indispensable. On recommande la carte *Costa Rica Travel Map* éditée par *Costaricaguide.com* ou la carte *IGN Costa Rica 2020* au 1/250 000.

– ***Stations-service*** *(bombas ou gasolineras)* ***:*** on en trouve dans toutes les villes et stations touristiques importantes. En revanche, dès que vous sortez des grands axes, sur des routes secondaires ou des pistes, pensez immédiatement à faire le plein d'essence, pour rouler l'esprit tranquille. Il arrive aussi que la pompe soit vide. Soyez vigilant et prévoyant ! Un employé de la station est chargé de servir le carburant. Si vous voulez le plein, demandez « *lleno* ». Il se charge aussi de nettoyer votre pare-brise. Cela fait partie du service et les *Ticos* ne donnent pas de

Distances (km) / Temps de trajet (h)	Dominical	Golfito	Jacó	La Fortuna	Liberia	Puerto Jiménez	Puerto Limón	Puerto Viejo de Sarapiquí	Puerto Viejo de Talamanca	Puntarenas	Quepos	San José	San Isidro de El General	Tamarindo
Dominical		125	110	260	290	170	360	290	420	180	45	205	35	340
Golfito	2h		230	380	410	105	485	410	540	300	165	330	160	460
Jacó	1h30	3h20		160	185	275	260	180	315	75	70	105	140	235
La Fortuna	4h45	6h40	3h15		130	430	210	75	270	130	220	160	290	210
Liberia	4h	6h	2h45	2h15		460	350	210	410	135	250	210	325	80
Puerto Jiménez	2h20	1h50	3h45	7h	6h40		530	460	590	345	210	375	205	510
Puerto Limón	6h	8h	4h30	3h40	5h50	8h45		140	60	255	325	160	295	420
Puerto Viejo de Sarapiquí	4h40	6h30	3h30	1h10	3h20	7h10	2h15		200	180	250	85	220	290
Puerto Viejo de Talamanca	7h	8h50	5h30	4h30	6h50	9h45	1h	3h20		315	380	215	320	485
Puntarenas	2h30	4h30	1h05	2h40	2h	5h05	4h20	3h15	5h20		140	100	210	185
Quepos	35 mn	2h30	1h	4h15	3h45	3h	5h30	4h20	6h40	2h05		165	75	300
San José	3h15	5h	1h50	2h40	3h15	5h40	2h50	1h40	3h50	1h40	2h40		135	260
San Isidro de El General	50 mn	2h40	2h15	5h30	5h	3h15	5h30	4h15	6h20	3h20	1h20	2h40		375
Tamarindo	5h	7h	3h40	3h40	1h20	7h45	7h	4h45	8h	3h	4h45	4h15	6h	

pourboire, mais libre à vous de laisser quelques *colones*. Tant qu'on y est, faites vérifier la pression de vos pneus, surtout si vous roulez sur des pistes depuis plusieurs jours. Au bout d'une semaine ou 2, pensez aussi à vérifier le niveau d'huile. Début 2021, le prix de l'essence *(regular* ou *super,* plus chère*)* tournait autour de 600 CRC/l et le prix du diesel était d'environ 500 CRC/l.

Location de voitures

– La location d'un ***SUV ou d'un 4x4*** est courante mais coûte plus cher qu'une voiture de tourisme ordinaire. Compter entre 40 et 100 € par jour selon le type de véhicule. Choisir l'option kilométrage illimité. Le ***permis de conduire national*** doit obligatoirement être présenté au loueur, c'est suffisant. Le permis international est une précaution supplémentaire mais n'est absolument pas obligatoire et ne remplace en aucun cas votre permis national.
– Lors de la remise des clés par le loueur, une ***empreinte de votre carte bancaire*** vous sera demandée. Parfois cela suffit, c'est une garantie pour le loueur. Dans d'autres cas, il se peut que l'agence vous demande une ***caution en dollars*** *(depósito)* ; c'est une somme de garantie qui n'est pas débitée. Cette pratique est courante et normale, et selon les loueurs peut grimper jusqu'à 1 500 $ (oui, oui !).
– Les ***grandes compagnies*** sont représentées aux aéroports et dans la plupart des villes touristiques : *Hertz, Avis, Budget, Alamo...* On trouve aussi des agences de location locales parfois moins onéreuses. Si vous arrivez en fin de journée et décidez de dormir dans les environs de l'aéroport pour vous offrir une bonne nuit de sommeil après un si long vol, demandez une ***mise à disposition du véhicule à votre hôtel*** le lendemain de votre arrivée. Il s'agit d'un service payant mais vous évitez ainsi l'attente chez le loueur, la paperasse et les embouteillages après un long vol.

■ ***BSP Auto :*** ☎ *01-43-46-20-74 (lun-ven 9h-21h30, w-e 9h-20h).* • *bsp-auto.com* • *Réduc de 5 % aux lecteurs de ce guide avec le code « ROUTARD22 ».* Les prix proposés sont attractifs et comprennent le kilométrage illimité et les assurances. *BSP Auto* propose exclusivement les grandes compagnies de location sur place, assurant un très bon niveau de service. Le plus : vous ne payez votre location que 5 jours avant le départ.

Règles de conduite, conseils de sécurité

– Au Costa Rica, ***la conduite est à droite.***
– Les ***limitations de vitesse*** sont de 40 km/h dans les aires urbaines (parfois 20 km/h dans les villages) et 80 km/h sur les grandes routes (parfois relevées à 90 km/h, voire 100 km/h) et villages.
– ***Pour doubler :*** attention ! Si la voiture de devant actionne son clignotant gauche cela ne veut pas toujours dire qu'elle va tourner. L'automobiliste souhaite que vous le dépassiez. C'est très trompeur et équivoque. Le mieux consiste à klaxonner, pour ne pas avoir de doute, c'est d'ailleurs ce que tout le monde fait ! Et surtout, n'imitez pas les Costariciens qui doublent par la droite. Ils le font souvent à cause de ceux qui s'éternisent sur la file de gauche parce que les files de droite débouchent souvent sur la bretelle de sortie... Cela étant dit, on double par la gauche, un point c'est tout, ne jouez pas avec votre sécurité !
– ***Panneaux, signalisation :*** la signalisation est correcte à San José, aléatoire, voire quasi nulle ailleurs.
No Hay Paso : sens interdit.
No Estacionar : interdit de stationner.
No Adelantar : interdit de doubler.
Ceda el Paso : cédez le passage.
Despacio : ralentir.
Puente Angosto Adelante : pont étroit plus loin.
– ***Essayez d'arriver à votre étape avant la nuit***, c'est-à-dire avant 17h, car les pistes sont sans signalisation, et les éclairages souvent inexistants. Or, il y

a souvent des vélos sur le bord des routes et des pistes, sans compter ceux qui traversent routes et autoroutes sans prévenir !

Infractions au code de la route

Les radars sont quasiment absents du pays et les policiers n'embêtent généralement pas les touristes (anecdote : on nous a demandé si on avait nos papiers... sans demander à les voir matériellement !). Mais en cas d'infraction au code de la route, vous n'y couperez pas, les Costariciens ne rigolent pas avec la sécurité routière et les amendes sont très élevées. C'est au conducteur de payer l'amende. Ne jamais donner l'argent au policier, les amendes se règlent dans les banques. Si vous avez loué une voiture, vous devrez régler l'amende au loueur ou ce dernier se chargera de débiter votre carte bancaire de la somme en question. Enfin, la conduite sous l'emprise d'alcool est strictement interdite.

Précautions à prendre

Ne rien laisser dans le véhicule, de jour comme de nuit, ni affaires ni bagages. Si possible, garer son véhicule dans les parkings surveillés et éviter de laisser la voiture dans un endroit isolé, pour ne pas tenter les voleurs. Toujours garder sur soi les papiers et les documents de la voiture, et emporter le GPS ou le téléphone portable.

Démarches à suivre en cas d'accident

Ne pas trop s'éloigner de son véhicule mais se mettre à l'abri de la circulation si le trafic est dense. Appeler ensuite son agence de location ou l'agence de voyages, dans la plupart des cas ils pourront vous indiquer la marche à suivre. Appeler aussi la compagnie d'assurance et la police routière (☎ 911). Ces démarches sont indispensables après un accident de la route, soit avec un tiers, soit si vous êtes seul. Si l'accident arrive de votre fait (vous êtes seul, vous allez dans le fossé par exemple), vous devez appeler la compagnie d'assurance.

En taxi

Les taxis au Costa Rica ne sont pas chers et sont faciles à repérer : les véhicules sont tous peints en rouge avec un triangle jaune sur les portières avant. Ceux de l'aéroport international de San José sont orange. Les voitures ont toutes un compteur que les chauffeurs appellent « la María ». Rares sont les chauffeurs qui parlent l'anglais, mieux vaut s'essayer à l'espagnol. Si vous êtes à l'hôtel, prenez la carte de visite de cet établissement et montrez-la au chauffeur pour lui indiquer l'adresse, cela évite toute confusion. Compter environ 600 CRC/km.
Le service de chauffeurs privés Uber fonctionne bien dans la capitale mais pas dans les autres villes.

En bus

Mise en garde : suite à l'épidémie de Covid-19, certaines compagnies ont supprimé des liaisons ou baissé leurs fréquences. Malgré tous nos efforts pour actualiser ce guide au mieux, les connexions que nous indiquons peuvent donc être erronées. Pensez à bien vérifier auprès de la compagnie la remise en service et les horaires des lignes qui vous intéressent.

Au Costa Rica, le bus (ou autocar, pour nos cousins du Québec !) est une ***bonne option de transport pour un routard à petit budget.*** Pour donner un ordre d'idée des tarifs (qui varient parfois selon la saison), ***on dit qu'on parcourt 30 mn de trajet pour 1-2 $.*** Il s'agit d'une estimation et non d'une règle infaillible. Vu la taille du pays, les trajets durent rarement plus de 5h et sont facilement

supportables. Les compagnies sont nombreuses, les bus modernes et bien équipés ; certains sont même climatisés. Les fréquences sont nombreuses et les prix très intéressants. Dans les gares routières, il n'y a pas de bousculade, puisque chacun a une place attribuée. Les billets s'achètent à l'avance si possible (surtout pour les longues distances), ou le jour même à la gare routière *(Terminal de autobuses),* ou bien directement auprès du conducteur. Tout dépend en fait de la compagnie, de l'importance de la ligne et de la destination. Aucun frais supplémentaire pour les bagages n'est demandé. Les chauffeurs sont en général aimables, prêts à donner des renseignements, plus facilement en espagnol, bien sûr, mais aussi en anglais dans certains cas.
Bon à savoir : sur un même trajet, il peut y avoir des connexions en *bus colectivo* ou en *bus directo.* Un peu plus économique, le *bus colectivo* marque de (très !) nombreux arrêts et le trajet peut vite devenir interminable. ***Favoriser le bus directo,*** un chouia plus cher mais bien plus rapide.
– ***Les gares routières*** *(Terminal de autobuses)* **:** à San José, chaque compagnie possède sa propre gare routière. On en dénombre une quinzaine et autant de terminaux. Autant être prévenu, dans la capitale c'est un véritable micmac pour trouver le terminal correspondant à la bonne compagnie. Même les *Ticos* s'y perdent ! Pour arranger le tout, ces gares routières privées ne sont pas toujours bien indiquées et peuvent changer d'emplacement sans prévenir. Il faut parfois s'armer de patience. Le mieux est de demander à l'office de tourisme de San José ou à un chauffeur de bus. En province, les gares routières sont bien plus petites et possèdent généralement un guichet pour vendre les billets ; sinon, on les achète directement à bord. On trouve souvent sur place des snacks et un distributeur de billets. Dans les villages, il y parfois un panneau avec les horaires, sinon demandez où s'arrête le bus. Parfois, il suffit de le héler sur la route principale.
– ***Conseils :*** ne jamais laisser votre argent ni vos papiers dans votre sac à dos en soute ou votre valise. ***Gardez toujours sur vous un petit sac à dos avec vos papiers et vos biens de valeur et gardez-le sur vos genoux*** quand vous voyagez. Certains lecteurs nous ont rapporté des vols alors que leurs sacs étaient rangés dans les compartiments juste au-dessus de leur tête. Ayez toujours un œil sur vos affaires.
– ***Informations :*** si vous passez par San José, demandez au bureau de l'*ICT (Instituto Costarricense de Turismo)* la brochure « *Itinerario de buses* ». Elle contient toutes les destinations desservies par les bus, les noms et adresses des compagnies, leurs terminaux, les fréquences et les horaires. On peut aussi consulter les horaires sur • *horariodebuses.com/FR/cr/* • ou télécharger ce livret sur • *visitcostarica.com* •, rubrique « *Bus Itinerary* ». Une vraie mine d'or !

Les services de minibus privés *(shuttles)*

C'est une autre option intéressante, plus chère mais aussi rapide et plus confortable que le bus classique. Les tarifs sont 3 à 4 fois plus élevés. L'idéal consiste à se regrouper pour partager le prix global du transport car ces minibus privés n'assurent la navette que si le véhicule embarque un minimum de passagers. Le service est assuré « de porte à porte » sans devoir aller à la gare routière. Le chauffeur passe vous pendre là où vous logez. Il suffit de choisir sa destination, puis de réserver en ligne ou par téléphone (toujours mieux de confirmer la réservation par téléphone). On vous indique 2 compagnies importantes, mais certains tour-opérateurs proposent aussi ce service.
– ***Gray Line :*** ☎ *2220-2126.* • *graylinecostarica.com* •
– ***Interbus :*** ☎ *4100-0888.* • *interbusonline.com* •

En bateau

Peu de touristes arrivent au Costa Rica en bateau, sauf les passagers des paquebots de croisière.

Quand on parle de transport en bateau au Costa Rica, on pense d'abord aux ***ferries publics*** entre Puntarenas et le sud de la péninsule de Nicoya (Paquera et Playa Naranjo) qui embarquent piétons, vélos, motos, voitures et camions, ce qui évite un gros détour par les terres. Quant à celui reliant Golfito à Puerto Jiménez, sur la péninsule d'Osa, il est abusivement appelé « ferry » mais n'embarque que les piétons. Même chose pour celui reliant Sierpe à Bahía Drake.
Il existe aussi une liaison de ***bateau-taxi*** entre Montezuma (sud de la péninsule de Nicoya) et Jacó, ce qui permet de rejoindre facilement Quepos et le *Parque Nacional Manuel Antonio.* Ces bateaux-taxis n'embarquent que les piétons, pas les voitures.
Vous trouverez toutes les infos sur ces liaisons maritimes dans les chapitres correspondants.

En avion

Vols internationaux

Le principal aéroport, celui par lequel arrivent les vols internationaux, est l'*Aeropuerto Internacional Juan Santamaría,* à une vingtaine de kilomètres au nord-ouest de San José, la capitale. En réalité, il se situe à Alajuela. L'autre aéroport important est l'*Aeropuerto Internacional Daniel Oduber Quirós,* à Liberia (province du Guanacaste), dans le nord-ouest du pays.
Les compagnies européennes *(Air France, Iberia...)* atterrissent toujours à l'*Aeropuerto Internacional Juan Santamaría.* Les autres compagnies desservent aussi San José mais vous pouvez très bien atterrir à Liberia (notamment avec *American Airlines* et *United Airlines*) si cet aéroport est sur votre itinéraire et qu'une halte dans la capitale ne vous branche pas plus que ça.

Vols intérieurs (vuelos domésticos)

Il existe plusieurs compagnies locales assurant des vols internes réguliers en haute saison (décembre-avril) entre la capitale et les principales villes et stations balnéaires du pays. Les principales sont ***Sansa*** *(☎ 2290-41000 ; • flysansa.com •)* et ***Aerobell*** *(☎ 4000-2030 ; • aerobell.com •).* Citons aussi ***Costa Rica Green Airways*** *(☎ 4070-0771 ; • costaricagreenair.com •)* ou ***Skyway*** *(☎ 4010-0244 ; • skywaycr.com •).* Elles desservent les principales villes et stations balnéaires du pays : San José, Tortuguero, Puerto Limón, La Fortuna/Arenal, Liberia, Tamarindo, Nosara, Tambor, Quepos/Manuel Antonio, Palma Sur, Puerto Jiménez, Golfito et Bahía Drake. Les temps de vol vont de 30 mn à 1h maximum. Ces compagnies décollent et atterrissent au terminal des vols domestiques (*domesticos*) de l'aéroport international Juan Santamaría à Alajuela. Seule *Aerobell* a son point d'ancrage dans un aéroport secondaire à 10 km de là, l'*aeropuerto Tolbías Baloños Palma,* à San José. Attention, ces compagnies volent surtout entre décembre et avril. Hors saison, renseignez-vous sur leur site. Le billet inclut la plupart du temps un bagage de 10 kg, chaque kilo supplémentaire sera facturé environ 2 $; alors, voyagez léger !

En train

L'unique ligne ferroviaire du pays dessert seulement la Vallée Centrale. Depuis la Estación del Atlántico de San José, on peut rejoindre Heredia, Alajuela et Cartago. Une chouette alternative au bus (mais vous n'irez pas bien loin !). *Infos : • incofer.go.cr •*
➢ ***Heredia et Alajuela :*** lun-ven, 1 train ttes les 30 mn 5h30-8h puis 15h30-19h30, sam 1 train/h 6h30-12h30. Trajet : 30 mn jusqu'à Heredia et 50 mn jusqu'à Alajuela. Pas de train le dim.
➢ ***Cartago :*** lun-ven 3 trains le mat avant 8h, puis 1 train ttes les 30 mn 15h-19h30 ; sam 1 train/h 6h30-13h30. Pas de train le dim. Trajet : env 50 mn.

URGENCES

■ ***Numéro d'urgence national :*** *☎ 911.*

Contacter les ambassades

Les ambassades et consulats sont situés à San José, la capitale.

■ ***Ambassade de France :*** *à 200 m au sud et 25 m à l'ouest de l'agence Mitsubishi, quartier Curridabat. ☎ 2234-4201. • ambafrcr@gmail.com • cr.ambafrance.org • Lun-ven 8h-12h. Fermé les j. fériés français et costariciens.*

■ ***Consulat honoraire de Belgique :*** *residencial La Suiza, casa 10, Bello Horizonte de Escazu. ☎ 2289-5058. • consubelcr@gmail.com • Mar et jeu 9h-12h, 13h30-16h.*

■ ***Ambassade de Suisse :*** *edificio Centro Colón, 10ᵉ étage, paseo Colón. ☎ 2221-4829. • sanjose@eda.admin.ch • Lun-ven 9h-12h.*

■ ***Ambassade du Canada :*** *à Sabana Sur, derrière la Contraloría, dans l'Oficentro Ejecutivo La Sabana ; bât. 5, 3ᵉ étage. ☎ 2242-4400. • sjcraconsular@international.gc.ca • Lun-jeu 8h-12h, 12h40-16h ; ven 7h30-13h.*

Perte ou vol de votre carte bancaire

Le plus simple est de faire opposition en appelant directement votre agence bancaire ou en ligne via le site ou l'application mobile de votre banque.
– ***Carte Visa :*** *☎ (0033) 1-41-85-85-85 (24h/24) et 0800-011-0030 (centre d'assistance Visa au Costa Rica). • visa.fr •*
– ***Carte MasterCard :*** *☎ 0800-90-13-87 et 0800-011-0184 (centre d'assistance MasterCard au Costa Rica). • mastercard.fr •*
– ***Carte American Express :*** *☎ (0033) 1-47-77-72-00 et 0800-012-0039 (centre d'assistance American Express au Costa Rica). • americanexpress.com •*
– Il existe sinon un ***serveur interbancaire*** d'opposition à carte bancaire : *☎ 0-892-705-705 (service 0,34 €/mn + prix d'appel).*

Besoin urgent d'argent liquide

Vous pouvez être dépanné en quelques minutes grâce au système ***Western Union Money Transfer.*** L'argent vous est transféré en moins de 1h. La commission, assez élevée, est payée par l'expéditeur. Possibilité d'effectuer un transfert auprès d'un des bureaux *Western Union* ou, plus rapide, en ligne, 24h/24 par carte de paiement (*Visa* ou *MasterCard*).
Même principe avec d'autres organismes de transfert d'argent liquide comme ***MoneyGram, PayTop*** ou ***Azimo.*** Transfert en ligne sécurisé, en moins de 1h.
Dans tous les cas, se munir d'une pièce d'identité. Toutefois, en cas de perte/vol de papiers, certains organismes permettent de convenir d'une question/réponse type pour pouvoir récupérer votre argent. Chacun de ces organismes possède aussi des applications disponibles sur smartphone. Consulter les sites internet pour connaître les pays concernés, les conditions tarifaires (frais, commission) et trouver le correspondant local le plus proche : *• westernunion.com • moneygram.com • paytop.com • azimo.com/fr •*

Perte ou vol de votre téléphone portable

Suspendre aussitôt sa ligne permet d'éviter de douloureuses surprises au retour du voyage ! Le plus simple est de demander la suspension de votre ligne depuis le site internet ou l'appli de votre opérateur. Voici les numéros des 4 opérateurs français, accessibles depuis la France et l'étranger.

– **Free :** *depuis la France, ☎ 3244 ; depuis l'étranger, ☎ +33-1-78-56-95-60.*
– **Orange :** *depuis la France, ☎ 3900 ; depuis l'étranger, ☎ +33-969-39-39-00.*
– **SFR :** *depuis la France, ☎ 1023 ; depuis l'étranger, 📱 + 33-6-1000-1023.*
– **Bouygues Télécom :** *depuis la France, ☎ 10-34 ; depuis l'étranger, 📱 + 33-660-614-614.*

SAN JOSÉ ET LA VALLÉE CENTRALE

• Carte *p. 82-83*

SAN JOSÉ

330 000 hab.

• Plan *p. 84-85*

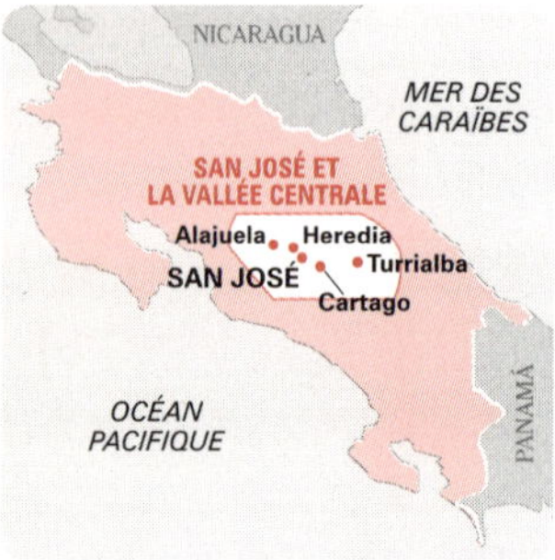

Devenue capitale du pays en 1823, en remplacement de Cartago, San José peine à attirer les touristes, qui se contentent de la traverser ou d'y passer une nuit en attendant le bus du lendemain ou le vol retour. Débarquer dans ses rues, c'est mettre une grande claque aux images idylliques que l'on se fait du Costa Rica : architecture hétéroclite, circulation anarchique et concert de klaxons découragent vite le voyageur de passage.

Qui ne s'y attarde pas peine à trouver du charme à San José la mal-aimée. Et pourtant, la ville offre une halte culturelle de choix avec les fascinants *Museo del Oro* et *Museo del Jade,* où l'art précolombien s'illustre dans toute sa splendeur. On se plaît aussi à se balader dans les quartiers comme Amón et Otoya, où se concentrent des édifices coloniaux hauts en couleur. Et comment ne pas s'extasier devant le *Teatro Nacional,* peut-être l'édifice le plus emblématique de la ville. Entre 2 musées, imprégnez-vous du rythme et du mode de vie des locaux en flânant sur l'une des nombreuses places arborées de la ville, souvent animées de marchés et concerts. San José s'apprécie aussi la nuit, de restos en bars ; chaque quartier possède son ambiance et son style, pour une vie nocturne bien plus variée et animée que dans le reste du pays. Le cœur de la fête se concentrant dans la vibrionnante *calle 33.* Attention, il est quand même déconseillé de se balader de nuit dans la ville ; préférez sauter dans un taxi.

Vivante, voire bruyante, et parfois fatigante, son agglomération regroupe plus de 30 % de la population du Costa Rica. Y passer 1 ou 2 jours, c'est découvrir une autre facette du pays, peut-être moins glamour mais tout aussi authentique.

UN PEU D'HISTOIRE

Fondée en 1737 par l'Église catholique pour rassembler en un même point les habitants de cette zone, San José a longtemps porté le nom de ***Villa Nueva de la Boca del Monte.*** Flanqué de quelques baraques et de pistes boueuses, le village commence doucement à se développer quand la municipalité encourage les gens à semer des graines de café. Les 1res plantations de caféiers de

la Vallée Centrale voient le jour vers 1810. En 1813, le Parlement espagnol accorde à Villa Nueva le titre de ville : San José est née.
Mais son envolée économique, elle la doit à l'indépendance du Costa Rica, déclarée en 1821. Après de nombreux affrontements opposant d'un côté Heredia et Cartago, favorables à l'annexion du Costa Rica par le Mexique, et de l'autre côté les indépendantistes représentés par Alajuela et San José, ce sont finalement ces derniers qui remportent la courte guerre civile. ***San José devient la capitale du pays en 1823,*** et les bureaux du gouvernement sont déménagés de Cartago à la nouvelle capitale.
Petit à petit, les infrastructures sortent de terre et les édifices poussent comme des champignons dans un champ fertile. Le boom de l'industrie du tabac des années 1850 s'accompagne de la création de multiples services : la poste, la faculté de droit et de médecine, le télégraphe, les canalisations, le marché central, l'éclairage électrique, etc. Les rues boueuses se transforment en avenues pavées, foulées par une classe moyenne d'industriels et de planteurs de café. Les bâtiments à l'architecture européenne émergent alors, comme le *Teatro Nacional.*
À partir du XXe s, multinationales, industries et commerces en tout genre installent leur siège dans la capitale, tout comme le fait le gouvernement dans les années 1970. La ville concentre l'activité économique du pays, mais aussi la richesse culturelle du territoire.

Arriver – Quitter

En avion

✈ ***Aeropuerto Internacional Juan Santamaría*** *(hors plan par A2)* **:** *à env 20 km au nord-ouest du centre-ville de San José, à* ***Alajuela.*** *• sjoairport.com •*
Attention, le trafic étant extrêmement dense aux heures de pointe (6h-9h et 15h-18h), prévoir vraiment large au retour pour ne pas louper son vol.
Dans le hall des arrivées, on trouve un point d'accueil touristique où glaner les 1res infos : cartes par régions, infos sur les transports, les liaisons depuis l'aéroport *(tlj 7h-22h),* des bureaux de change (ça peut dépanner, mais vu les taux pratiqués, ***on vous déconseille fortement de changer vos euros là-bas***), un distributeur automatique de billets, l'opérateur téléphonique *Kölbi* et des loueurs de voitures.
Attention, si les loueurs ont leurs bureaux dans l'aéroport, les parkings se trouvent en fait à quelques kilomètres et il faut prendre la navette du loueur pour y accéder (repérez alors le vendeur portant l'enseigne de votre loueur).
Dans le hall des départs, on trouve un comptoir de la société *AERIS,* qui gère l'aéroport. Vous pouvez y demander des informations sur votre vol, faire une réclamation sur des bagages égarés... Attention, ce n'est pas un centre d'informations touristiques. On trouve aussi la banque *BAC* pour changer et retirer de l'argent. Les compagnies aériennes ne possèdent pas de bureaux ouverts au public dans l'aéroport.

Pour rejoindre San José

➢ ***En bus :*** *en face de la sortie, derrière le parking que vous pouvez contourner par la droite ou la gauche.* Ttes les 10-15 mn env, 4h15-23h (1 bus/h 23h-4h, mais mieux vaut éviter le bus de nuit et privilégier le taxi). Le moyen le plus économique pour rejoindre le centre-ville de San José, mais pas le plus rapide. Il s'agit d'un bus public qui dessert de multiples arrêts sur la ligne San José-Alajuela. L'arrêt du centre-ville se situe à la *Iglesia de Nuestra Señora de la Merced (av. 2, côté nord du* Parque La Merced *; plan A2-3).* C'est le même arrêt dans le sens inverse pour rejoindre l'aéroport. Prévoir env 35 mn-1h de trajet, voire plus aux heures de pointe. Env 1 $ l'aller (le ticket s'achète à bord). Si vous voyagez avec des bagages encombrants, optez pour le taxi.
– De l'aéroport, on peut aussi rejoindre en bus Alajuela (15 mn) et Heredia (env 40 mn).

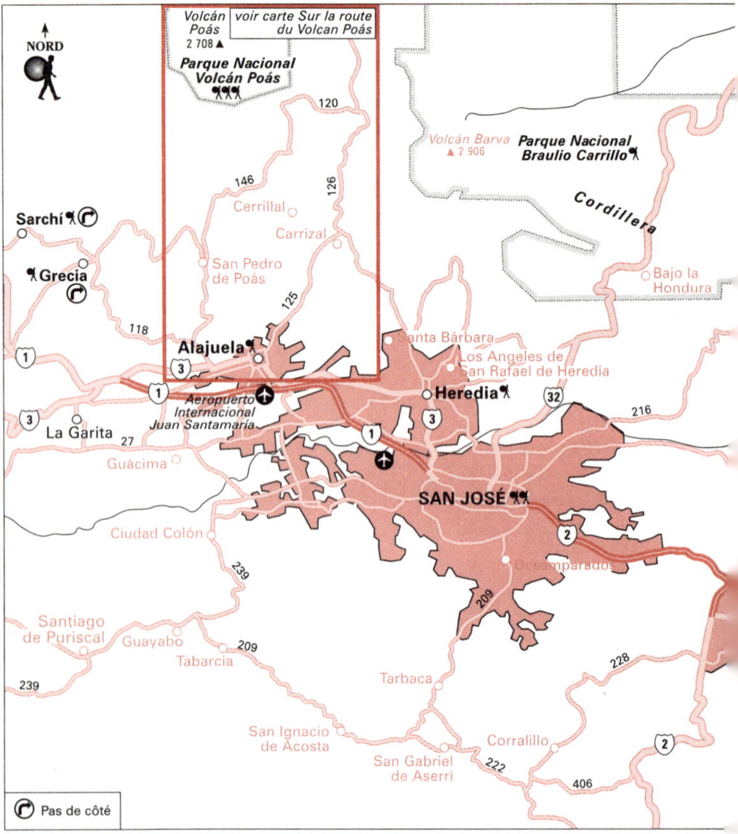

➢ **En taxi :** *à la sortie du terminal des arrivées. ☎ 2221-6865. • taxiaeropuerto.com •* Les taxis officiels de l'aéroport sont orange. Ils ont l'habitude de prendre en charge des touristes et trouveront facilement votre hôtel. Ils donnent parfois aussi de bons plans touristiques. Prévoir env 30 mn de trajet pour rejoindre le centre de San José, et env 40 $ la course.

Liaisons intérieures

Il existe plusieurs compagnies locales assurant des vols domestiques réguliers en haute saison (déc-avr) entre la capitale et les principales villes et stations balnéaires du pays. Les principales sont ***Sansa*** *(☎ 2290-41000 ; • flysansa.com •)* et ***Aerobell*** *(☎ 4000-2030 ; • aerobell.com •).* Citons aussi ***Costa Rica Green Airways*** *(☎ 4070-0771 ; • avianca.com •)* ou ***Skyway*** *(☎ 4010-0244 ; • skywaycr.com •).* Ces compagnies décollent et atterrissent au terminal des vols domestiques de l'aéroport international Juan Santamaría à Alajuela. Seule *Aerobell* a son point d'ancrage dans un aéroport secondaire à 10 km de là, l'*aeropuerto Tolbías Baloños Palma,* à San José. Attention, si les vols sont réguliers et quotidiens en

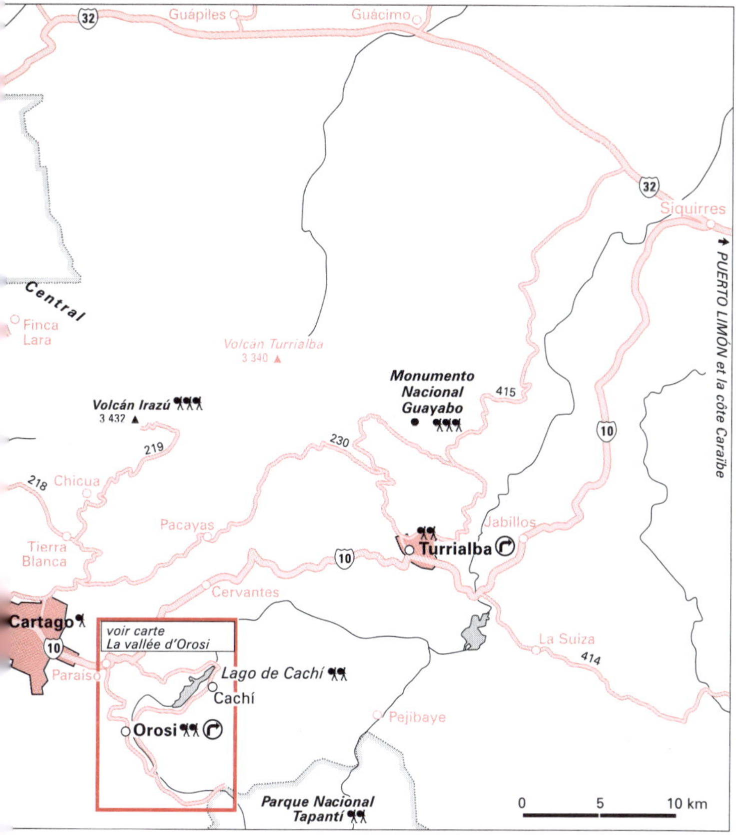

SAN JOSÉ ET LA VALLÉE CENTRALE

haute saison (déc-avr), ils sont moins fréquents ou inexistants le reste de l'année. Possibilité de chartériser certains vols.

- ***Puerto Limón :*** 45 mn.
- ***Tortuguero :*** 35 mn.
- ***La Fortuna / Arenal :*** 30 mn.
- ***Liberia :*** 50 mn.
- ***Tamarindo :*** 50 mn.
- ***Nosara :*** 45 mn.
- ***Tambor :*** 30 mn.
- ***Quepos / Manuel Antonio :*** 30 mn.
- ***Palmar Sur :*** 45 mn.
- ***Golfito :*** 1h.
- ***Puerto Jiménez :*** 50 mn.
- ***Bahía Drake :*** 50 mn.

En bus

Mise en garde : suite à l'épidémie de Covid-19, certaines compagnies ont supprimé des liaisons ou baissé leurs fréquences. Malgré tous nos efforts pour actualiser ce guide au mieux, les connexions que nous indiquons peuvent donc être erronées. Pensez à bien vérifier auprès de la compagnie la remise en service des lignes qui vous intéressent.

Adresses utiles

- Oficina del Instituto Costarricense de Turismo (B2-3)
- Hospital San Juan de Dios (A3)
- **1** Banco de Costa Rica (B3)
- **2** Banco Nacional (B2)
- **3** Farmacia de la Clínica Bíblica (hors plan par B3)
- **4** Alliance française (C2)
- **5** Supermercado Más x Menos (C2-3)
- **6** Librería Internacional (B2-3)

Où dormir ?

- **20** Hostel Urbano (hors plan par D3)
- **21** Costa Rica Guesthouse (D3)
- **22** Selina (C2)
- **23** Hotel Colonial (C3)
- **24** Hotel Aranjuez (D1)
- **25** Kaps Place (D1)
- **27** Hotel Don Carlos (C2)
- **28** Hotel Santo Tomas (C2)
- **29** Hotel Dunn Inn (C1)

Où manger ?

- **40** Mercado Central (A-B2)

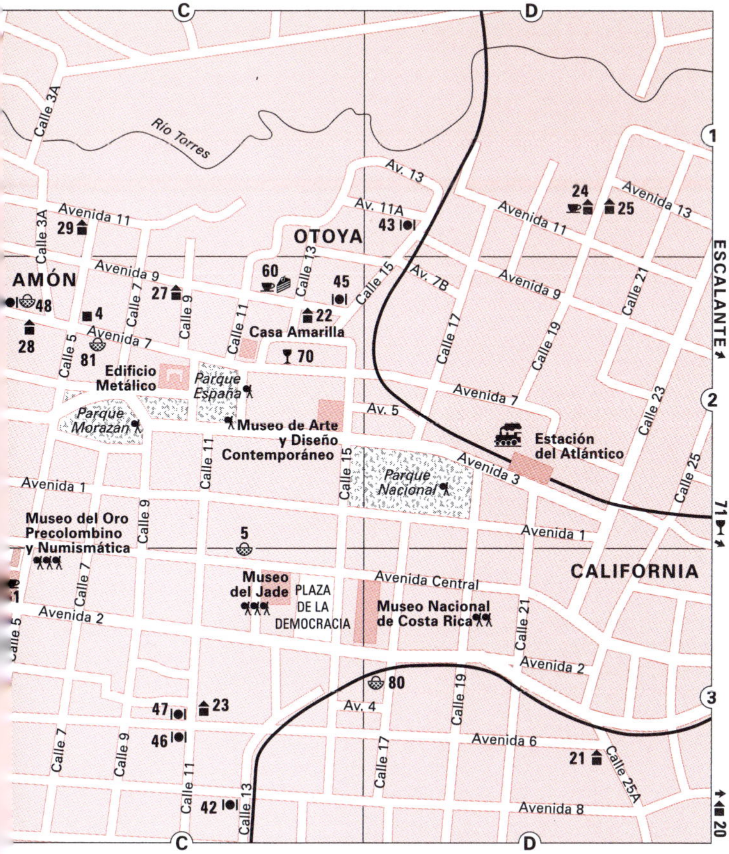

SAN JOSÉ

42 Shakti (C3)
43 Café Los Deseos (D1)
45 Café Mundo (C2)
46 Tin Jo (C3)
47 La Esquina de Buenos Aires (C3)
48 Café Rojo (C2)
50 La Casona Típica (A2)

Où prendre un bon petit déj ? Où faire une pause sucrée ? Où déguster un bon café et un bon chocolat ?

24 Hotel Aranjuez (D1)
60 Café Miel (C2)
61 Alma de Café (C3)
62 Cafe La Mancha (B2)

Où boire un verre ?

70 Stiefel Pub (C2)
71 La calle 33 (hors plan par D2-3)

Achats

80 Chietón Morén (D3)
81 Galería Namu (C2)

Avant tout, si vous vous déplacez en bus, bonne chance ! Le réseau à San José est un véritable casse-tête. Même les Ticos ne savent pas toujours où attraper leurs connexions ! Une multitude de compagnies desservent le territoire ; elles ne possèdent pas les mêmes terminaux et certains arrêts ne sont pas matérialisés. Aucun point d'information ne regroupe tous les renseignements concernant les compagnies et les horaires. Dégoter le bon bus dans la capitale relève parfois du parcours du combattant. C'est pourtant la plaque tournante des transports dans le pays et vous y passerez forcément.

Attention, tout le réseau de bus est soumis à de fréquents changements au niveau des horaires, des tarifs et des terminaux. Le mieux est de vérifier auprès de l'office de tourisme, ou même d'un chauffeur, les renseignements concernant la liaison qui vous intéresse. Ce serait bête de traverser la ville pour arriver dans le mauvais terminal !

Concernant les tarifs, compter 1-2 $ pour un trajet d'environ 30 mn. Ce n'est pas une règle fixe, mais elle donne un prix de billet approximatif.

Très utile, l'office de tourisme (voir plus loin dans « Adresses et infos utiles ») donne un petit cahier intitulé ***Itinerario de buses,*** qui répertorie toutes les infos sur le réseau : compagnies, fréquences, horaires, terminaux. C'est une vraie mine d'or. On peut aussi télécharger ce livret sur ● *visitcostarica.com/en/costa-rica/bus-itinerary* ● On retrouve également toutes ces infos sur ● *horariodebuses.com/cr/* ●

On vous indique ci-après les fréquences de bus pour les principales destinations, ainsi que les terminaux. ***Attention, les temps de trajet sont des estimations, le trafic intense dans la Vallée Centrale peut les rallonger.***

Vers la Vallée Centrale

➢ ***Alajuela :*** départs permanents 4h30-23h (un bus chasse l'autre !) avec les bus *Tuasa* (av. 2, c/ 12-14) ou avec *Wagon* (arrêt av. 2, côté nord du Parque La Merced). Trajet : 35 mn.

➢ ***Heredia :*** ttes les 10 mn, 4h30-23h30. L'arrêt le plus central est c/ 1, av. 7-9. Trajet : 30 mn.

➢ ***Cartago :*** ttes les 10 mn, 5h-minuit. Arrêt c/ 5, av. 10. Trajet : 45 mn.

➢ ***Turrialba :*** env ttes les heures, 5h-21h. Départ c/ 13, av. 6. Trajet : 1h20 pour les bus directs, 2h30 pour les collectifs.

Heredia, Alajuela et Cartago sont accessibles en train (unique ligne ferroviaire du pays). Départs de la Estación del Atlántico. Compter 30 mn pour Heredia et 50 mn pour Alajuela (sur la même ligne) ; et 50 min pour Cartago. Infos : ● *incofer.go.cr* ● Voir plus bas la rubrique « En train ».

Vers la côte Caraïbe

➢ ***Tortuguero :*** monter dans un 1er bus direction Cariari. Départ *Terminal del Caribe* (c/ Central, av. 15) ; env 9 bus/j. ; compter 2h de trajet. À Cariari, prendre un bus direction Pavona ; 4 bus/j. ; compter 1h30 de route. Départs des bateaux à l'arrivée des bus depuis Cariari, dernier départ en principe vers 16h30 ; compter 1-2h de navigation, selon le niveau de l'eau.

De là, il faut embarquer dans une *lancha* pour Tortuguero ; env 4 bateaux/j. ; compter 1h15-2h de navigation.

➢ ***Puerto Limón :*** 2 bus/j. Trajet : 2h30. Départ *Terminal del Caribe* (c/ Central, av. 15).

➢ ***Cahuita et Puerto Viejo de Talamanca :*** env 4 bus/j. Le bus de Cahuita poursuit ensuite vers Puerto Viejo de Talamanca. Trajet : env 4h pour Cahuita, 4h30 pour Puerto Viejo de Talamanca. Départ *terminal Mepe* (av. 9, c/ 12).

➢ ***Manzanillo :*** 1 bus/j. Env 4h30-5h de route. Départ *Terminal Atlántico Norte* (c/ 12, av. 7-9).

Vers la Zona Norte

➢ ***Puerto Viejo de Sarapiquí :*** env 10 bus/j. Départ du *Terminal del Caribe* (c/ Central, av. 15). Trajet : env 2h.

➢ ***La Fortuna (volcan Arenal) :*** 1 bus/j. Départ *Terminal 7-10* (c/ 8, av. 7-9). Trajet : 4h.

➢ ***Monteverde/Santa Elena :*** 2 bus/j. Départ *Terminal 7-10* (c/ 8, av. 7-9). Trajet : 4h30.

Vers le Guanacaste et la péninsule de Nicoya

➢ ***Liberia :*** 1 bus/h, 6h-20h. *Départ c/ 24, av. 5-7.* Trajet : 4h30.
➢ ***Tamarindo :*** 3 bus/j. avec *Tralapa (départ av. 5, c/ 20-22)* ou 2 bus/j. avec *Alfaro* (départ du *Terminal 7-10* : *c/ 8, av. 7-9*). Trajet : 5h30.
➢ ***Sámara :*** 2 bus/j. Départ du *Terminal 7-10 (c/ 8, av. 7-9).* Trajet : 5h.
➢ ***Nosara :*** 1 bus/j. Départ du *Terminal 7-10 (c/ 8, av. 7-9).* Trajet : 6h.
➢ ***Montezuma et Mal País / Santa Teresa :*** 2 bus/j. Départ du *Terminal 7-10 (c/ 8, av. 7-9).* Trajet : 5-6h pour Montezuma et env 6h pour Mal País / Santa Teresa. Ce trajet s'effectue en combinant bus et ferry, le prix comprend bien sûr la partie en ferry.

Vers le Pacifique central

➢ ***Puntarenas :*** 1 bus direct/h, 6h-19h. Départ : *c/ 16, av. 12.* Trajet : 2h20. À favoriser par rapport au bus collectif.
➢ ***Jacó :*** env 8 bus/j. Départ du *Terminal 7-10 (c/ 8, av. 7-9).* Trajet : 2h30.
➢ ***Quepos :*** départ du *Terminal Tracopa (c/ 5, av. 18-20).* Env 12 bus directs/j. (à privilégier) et 10 bus collectifs. Trajet : env 3h-4h en bus direct et env 5h en bus collectif (tous les bus n'empruntent pas la même route donc les temps de trajet varient).
➢ ***Manuel Antonio :*** env 9 bus/j. Départ du *Terminal Tracopa (c/ 5, av. 18-20).* Trajet : env 3h (bus directs).
➢ ***Dominical :*** 2 bus/j. Départ du *Terminal Tracopa (c/ 5 ; av. 18-20).* Trajet : env 6h.
➢ ***Uvita :*** une dizaine de bus/j. dans les 2 sens dont une minorité de collectifs et les autres en trajets directs. Compter env 5-6h en bus collectif et 4h en bus direct. Départ du *Terminal Tracopa (c/ 5 ; av. 18-20).*

Vers la Zona Sur

➢ ***San Isidro El General :*** env 15 bus/j. Départ du *Terminal Tracopa (c/ 5, av. 18-20).* Trajet : env 3h.
➢ ***Golfito :*** 3 bus/j. Départ du *Terminal Tracopa (c/ 5, av. 18-20).* Trajet : env 8h.
➢ ***Puerto Jiménez :*** 2 bus/j. avec *Transportes Blanco. Départ c/ 14, av. 9-11.* Trajet : 8h.
➢ ***Sierpe :*** 1 bus/j. Départ du *Terminal Tracopa (c/ 5, av. 18-20).* Trajet : env 6h.

En train

➢ ***Heredia et Alajuela :*** lun-ven, 1 train ttes les 30 mn 5h30-8h puis 15h30-19h30, sam 1 train/h 6h30-12h30. Trajet : 30 mn jusqu'à Heredia et 50 mn jusqu'à Alajuela. Pas de train le dim.
➢ Cartago : lun-ven 3 trains le mat avant 8h, puis 1 train ttes les 30 mn 15h-19h30 ; sam 1 train/h 6h30-13h30. Pas de train le dim. Trajet : env 50 mn.

Orientation

Quadrillée, San José s'organise autour de ses 2 axes principaux : l'***avenida Central*** (se prolongeant vers l'ouest en *paseo Colón*), qui rejoint l'est et l'ouest, et la ***calle Central,*** qui s'étend du nord au sud. Parallèles à l'*avenida Central,* les avenues impaires se situent au nord de celle-ci et les avenues paires au sud. Parallèles à la *calle Central,* les rues impaires se trouvent à l'est et les rues paires à l'ouest. Les avenues 7 et 8, par exemple, sont donc à l'opposé l'une de l'autre, comme les rues 12 et 13. Mieux vaut compter les rues ou avenues quand vous marchez car les panneaux sont rares. Sachez aussi que les Costariciens ne s'orientent pas avec cette numérotation. Même les chauffeurs de taxi auront bien du mal à vous mener à une adresse si vous leur donnez un numéro de rue. Ici, on fonctionne avec des repères comme « près du Parc central », « à côté de l'ambassade », etc.
San José est divisée en ***barrios*** (quartiers), qui possèdent chacun leurs particularités et personnalité. L'hypercentre de la ville se concentre grosso modo entre l'*avenida 11* au nord et l'*avenida 8* au sud, la *calle 21* à l'est et la *calle 8* à l'ouest. Le nord abrite les beaux quartiers : ***Amón*** et ***Otoya.*** C'est ici que se dressent les grandes maisons coloniales. L'est et les quartiers ***California*** et ***Escalante***

concentrent une multitude de bars et restos plutôt branchés où la jeunesse de San José afflue le week-end vers la festive *calle 33*. Autour de l'*avenida Central* se trouvent tous les musées, magasins, banques, boutiques de téléphonie, etc. C'est le coin le plus fréquenté, mais pas forcément le plus charmant.

En résumé : dormez à Amón ou Otoya, sortez entre California et Escalante, et cultivez-vous autour de l'*avenida Central* !

Circuler dans San José

En bus

Les bus locaux desservent le centre-ville dans tous les sens entre 5h et 22h. On vous conseille plutôt de chausser de bonnes baskets et de parcourir le centre à pied. Le temps d'attraper le bus adéquat, vous seriez déjà arrivé à bon port en marchant.

En voiture

Vu le trafic chaotique, le prix des parkings surveillés et la conduite sportive des Costariciens, on vous déconseille fortement d'arpenter les rues de San José en voiture. Si vous ne pouvez y échapper, évitez de rouler aux heures de pointe : de 6h à 9h du matin et à partir de 15h l'après-midi. Ne laissez aucune affaire dans votre voiture et garez-la à votre hôtel ou dans un parking surveillé. Enfin, ***prévoyez une large marge pour rejoindre l'aéroport au retour, surtout aux heures de pointe (6h-9h et 15h-18h). Certains lecteurs ont loupé leur vol à cause du trafic.***

Adresses et infos utiles

Infos touristiques

i ***Oficina del Instituto Costarricense de Turismo*** *(plan B2-3)* **:** *av. Central, entre c/ 1 et c/ 3. ☎ 2222-1090. ● ict.go.cr ● Lun-ven 9h-17h.* Un petit office de tourisme bourré d'informations, de brochures et de cartes sur tout le pays. On peut aussi vous y renseigner sur les bus locaux et régionaux (une aide précieuse vu le capharnaüm du réseau). Si vous faites escale à San José, passez-y pour faire le plein de cartes régionales, dépliants sur les parcs nationaux, livret sur les conseils de conduite et de sécurité, etc. Il est parfois difficile de trouver ces informations autre part que dans la capitale.

– Autre bonne source d'infos concernant les événements culturels ou festifs de la ville : ***GAM Cultural*** *(● gamcultural.com ●)*, une revue gratuite, publiée tous les mois. Elle recense dans un agenda toutes les expos, pièces de théâtre, concerts, spectacles de danse, événements littéraires ou cinématographiques de la ville. On peut se procurer la brochure à l'office de tourisme, à l'Alliance française ou dans les musées. Ou simplement piocher l'info sur leur site internet. De quoi trouver de chouettes idées de sorties.

Représentations diplomatiques

■ ***Ambassade de France :*** *à 200 m au sud et 25 m à l'ouest de l'agence Mitsubishi, quartier Curridabat. ☎ 2234-4201. ● ambafrcr@gmail.com ● cr.ambafrance.org ● Lun-ven 8h-12h. Fermé les j. fériés français et costariciens.*

■ ***Consulat honoraire de Belgique :*** *residencial La Suiza, casa 10, Bello Horizonte de Escazu. ☎ 2289-5058. ● consubelcr@gmail.com ● Mar et jeu 9h-12h, 13h30-16h.*

■ ***Ambassade de Suisse :*** *edificio Centro Colón, 10ᵉ étage, paseo Colón. ☎ 2221-4829. ● sanjose@eda.admin.ch ● Lun-ven 9h-12h.*

■ ***Ambassade du Canada :*** *à Sabana Sur, derrière la Contraloría, dans l'Oficentro Ejecutivo La Sabana ; bât. 5,*

3e étage. ☎ *2242-4400.* • *sjcraconsu lar@international.gc.ca* • *Lun-ven 8h-12h.*

Change et distributeurs

Nous indiquons le siège des 2 principales banques car les succursales ferment plus tôt et n'effectuent pas toujours de change.

■ ***Banco de Costa Rica*** (plan B3, **1**) **:** *c/ 4, entre av. Central et av. 2.* ☎ *2211-1111. Lun-ven 9h-17h.* Change dollars et euros. Distributeurs 6h-22h.

■ ***Banco Nacional*** (plan B2, **2**) **:** *angle av. 1 et c/ 4.* ☎ *2212-2000. Lun-ven 8h30-18h. Les portes de l'entrée principale ferment à 15h45, il faut ensuite utiliser l'entrée av. 3.* Change dollars et euros. Distributeurs 5h-22h.

Santé

■ ***Farmacia de la Clínica Bíblica*** (hors plan par B3, **3**) **:** *av. 14, entre c/ Central et c/ 1.* ☎ *2522-1000. Tlj 24h/24.* Il s'agit de la pharmacie rattachée à la clinique ; on vous l'indique car elle est ***ouverte non-stop.*** Sinon, les pharmacies sont nombreuses dans le centre-ville.

✚ ***Hospital San Juan de Dios*** (plan A3) **:** *paseo Colón, entre c/ 14 et c/ 16.* ☎ *2547-8000.*

Routard.com

Plein d'infos sur plus de 300 destinations, des forums, un magazine de voyage, des dossiers pratiques, des promos de dernière minute sur les vols et les séjours… Et, pour s'évader, une galerie-photos et des carnets de voyage !

Divers

■ ***Alliance française*** (plan C2, **4**) : *angle av. 7 et c/ 5. ☎ 2257-1438. • info.amon@alianzafrancesacostarica.com • Lun-jeu 8h-18h, ven 8h-16h, sam 8h-13h.* Cette jolie maison coloniale verte, classée au patrimoine de la ville, abrite un café, une médiathèque et un espace d'expositions. On peut suivre ici des cours de français ou d'espagnol, échanger des livres ou siroter un verre dans le patio. La médiathèque est très riche et on peut venir y bouquiner librement. Organise aussi des projections ciné (suivre l'actu sur leur page Facebook).

Supermercado Más x Menos (plan C2-3, **5**) : *av. Central, entre c/ 11 et c/ 13. Lun-sam 6h30-22h (22h30 ven-sam).*

■ ***Librería Internacional*** (plan B2-3, **6**) : *av. Central, entre c/ 1 et c/ 3. ☎ 2221-3841. Tlj 9h-19h (17h dim).* Littérature costaricienne, latino-américaine, mais aussi française, cette petite librairie offre un joli choix d'ouvrages pour vous accompagner sur la route. Également de beaux livres de photos du pays, un rayon enfants et des dictionnaires. On a même trouvé des B.D. d'Astérix en espagnol : irréductibles, ces Gaulois !

Où dormir ?

De très bon marché à bon marché (max 60 $ / 50 €)

Hostel Urbano (hors plan par D3, **20**) : *av. 9, entre c/ 13 et c/ 15. ☎ 2253-4130. • hostelurbano.com • Lits en dortoir 6-10 pers 10-12 $; double env 35 $.* Éloigné du centre mais à 3 pâtés de maison de la festive *calle 33*, cet *hostel* nous a convaincus par ses prix planchers et son esprit convivial. Une poignée de chambres seulement, et 2 dortoirs avec lits superposés en bois (qui ne grincent pas comme les antiques lits métalliques), salles de bains communes pour tous, cuisine impeccable, billard, salon-TV, petit jardin, terrasse et petit déj inclus (pancakes, café et fruits), ne cherchez pas, vous ne trouverez pas moins cher ailleurs. L'ensemble arbore une déco industrielle soignée et une propreté exemplaire. Notre petit coup de cœur pour budgets serrés.

Selina (plan C2, **22**) : *c/ 39, entre av. 2 et av. 8. ☎ 4052-5147. • selina.com • Lits en dortoir 4-10 pers 12-20 $; doubles avec sdb commune ou privée 40-100 $.* L'AJ la plus courue de San José. La célèbre chaîne d'*hostels* possède ici une adresse toute moderne et attirante, dans le quartier le plus sympa de la capitale. Bar-resto, patio, toit-terrasse, cuisine bien équipée, petite salle ciné et déco vintage... les parties communes en mettent plein la vue. Pourtant, côté dodo, les prestations ne sont pas franchement à la hauteur du prix demandé : lits vieillots, déco fade et mauvaise insonorisation, seules les chambres plus chères (catégorie « Prix moyens ») affichent un excellent confort, mais là, les prix dépassent ceux d'un véritable hôtel. Reste malgré tout une excellente adresse pour rencontrer des voyageurs du monde entier et un excellent point de chute dans le centre-ville.

Costa Rica Guesthouse (plan D3, **21**) : *av. 6, entre c/ 21 et c/ 25A. ☎ 2223-7034. • costa-rica-guesthouse.com • Doubles avec sdb commune ou privée 35-50 $.* Atypique et surprenant, cet *hostel* de 25 chambres était autrefois une clinique. Rassurez-vous, rien de glauque pour autant même si certaines chambres (les plus économiques) sont franchement minus et sombres. D'autres (les chambres supérieures) profitent de lits *king size* et de salles de bains privées, et sont franchement immenses. Service de laverie, thé et café en libre-service, navette pour l'aéroport, etc. Pas des plus modernes, mais des prix raisonnables pour le confort proposé.

Prix moyens (60-90 $ / 50-75 €)

🏠 ***Hotel Aranjuez*** (plan D1, **24**) : *c/ 19, entre av. 11 et av. 13. ☎ 2256-1825. • hotelaranjuez.com • Doubles avec sdb partagée ou privée 40-70 $, petit déj-buffet (d'anthologie !) inclus.* Ces 4 maisons centenaires abritent environ 35 chambres dont la décoration voyage entre jungle et style colonial : carrelages anciens, bois lustrés, meubles en osier et coussins fleuris plantent un superbe décor. Les maisons encadrent un jardin tranquille dont certains profitent grâce à de larges fenêtres anciennes. Les chambres, avec ou sans salle de bains, dégagent un certain charme, même si quelques-unes paraissent un peu désuètes. Mais la star de l'hôtel, c'est le petit déjeuner-buffet où gâteaux, pains et confitures sont faits maison. Gargantuesque et délicieux, on en a entendu parler jusqu'à la côte Caraïbe ! Bonne nouvelle, il est ouvert aux personnes extérieures et coûte environ 10 $. Courez-y ! Voir plus loin « Où prendre un bon petit déj ? Où faire une pause sucrée ? Où déguster un bon café et un bon chocolat ? ».

🏠 ***Hotel Colonial*** (plan C3, **23**) : *c/ 11, entre av. 2 et av. 6. ☎ 2223-0109. • hotelcolonialcr.com • Doubles 50-80 $.* Très bien situé, cet hôtel séduit par sa belle architecture coloniale (d'où son nom !) et son style soigné, bien qu'un peu vieillissant. Les chambres s'alignent sur les étages et donnent sur le patio habillé de colonnes et d'une petite piscine. Classiques et propres, certaines sont plus modernes que d'autres, mais l'ensemble reste bien tenu. On apprécie les chambres pour 2 avec 2 lits doubles, pour s'étaler en toute tranquillité. La déco joue sur les tons beiges et chocolat, avec des touches pimpantes de turquoise et des photos anciennes de San José. Bon accueil. Dommage que l'isolation phonique fasse défaut.

🏠 ***Kaps Place*** (plan D1, **25**) : *c/ 19, entre av. 11 et av. 13. ☎ 2221-1169. • kapsplace.com • Double avec sdb env 65 $; familiales.* Haut en couleur, cet hôtel abrite une trentaine de chambres aux tons vifs ou pastel très gais. On adore les mosaïques omniprésentes et l'adorable patio fleuri où roucoule la fontaine, idéal pour une sieste dans le hamac. Les chambres offrent un bon confort, et si certaines partagent une salle de bains, elles sont le plus souvent réservées aux familles. L'hôtel compte aussi 2 cuisines équipées, un billard, un baby-foot, une table de ping-pong et un coin extérieur pour rôtir au soleil.

🏠 ***Hotel Santo Tomas*** (plan C2, **28**) : *av. 7, entre c/ 3 et c/ 5. ☎ 2255-0448. • hotelsantotomas.com • Doubles 60-90 $.* Cette immense maison de 1908 a gardé son style et sa classe d'époque : splendides sols carrelés, parquets lustrés et hauts plafonds lui donnent un certain cachet. Quelques pièces, comme une chambre et un salon, ont même conservé leurs mobilier et look d'origine. Les chambres entretiennent cette nostalgie, avec leurs meubles de bois sombre, des tons bordeaux chics et une ambiance molletonnée. Évitez celles du rez-de-chaussée, franchement sombres. Les plus chères, à l'étage, disposent d'un balcon avec vue sur la piscine et le jacuzzi. Sinon, la belle terrasse en hauteur est ouverte à tous. Grosse déception en revanche pour le petit déj.

Chic (90-130 $ / 75-108 €)

🏠 ***Hotel Don Carlos*** (plan C2, **27**) : *angle av. 9 et c/ 9. ☎ 2221-6707. • doncarloshotel.com • Doubles 80-95 $.* Joliment situé dans le plus ancien quartier de San José, ce bel hôtel familial nous a séduits par son charme un brin désuet. Tableaux par dizaines, carrelage ancien, vitraux animaliers et patios fleuris plantent un charmant décor haut en couleur. La trentaine de chambres offre un bon confort, même si certaines accusent quelques traces du temps. Dans les patios ou dans un beau salon abrité d'une véranda, on profite du calme, à seulement 10 mn à pied de l'hypercentre. Accueil chaleureux et souriant. L'hôtel dispose aussi d'un restaurant, d'un bureau d'excursions et d'une boutique de souvenirs.

Hotel Dunn Inn (plan C1, **29**) : *angle av. 11 et c/ 5. ☎ 2222-3232. • hotel dunninn.com • Doubles 70-100 $; plus cher pour les suites.* Classé bâtiment historique, cet hôtel de style colonial semble figé dans le temps par ses carrelages anciens, ses escaliers en bois et ses photos d'époque de San José. Dans les chambres, pourtant, on trouve tout le confort nécessaire : TV câblée, ventilo, frigo et clim pour certaines. Les moins chères s'avèrent étriquées et donnent le plus souvent sur rue, donc prévoir un peu de bruit, mais les autres sont de belle taille et affichent un style soigné plutôt moderne. Pas mal pour une nuit, peut-être pas deux...

Où manger ?

Bon marché (max 6 000 CRC / 8 €)

Mercado Central (plan A-B2, **40**) : *av. Central et av. 1, entre c/ 6 et c/ 8. Tlj sauf dim ; ouvre dès 6h pour les sodas, vers 9h pour les boutiques ; ferme vers 18h.* De nombreux *sodas* proposent ici une cuisine traditionnelle à prix imbattables. On joue des coudes pour s'installer au comptoir de petits restos, ou l'on se sert sur les rares tables entourées d'étalages de fruits et légumes. On peut aussi se contenter d'une part de gâteau et d'un café ou d'une *empanada* chaude à avaler sur le pouce entre 2 achats. Et pourquoi pas s'offrir quelques fruits de la passion à creuser à la petite cuillère ? Les phobiques de l'hygiène passeront leur chemin.

Café Rojo (plan C2, **48**) : *av. 7, entre c/ 3 et c/ 3A. ☎ 2221-2425. Tlj 12h-20h. Plats env 3 000-5 000 CRC.* Un de nos coups de cœur à San José. Bo bun, *bahn mi* ou *casado* revisité, vous ne trouverez rien de plus à la carte. Et c'est tant mieux ! Abrité dans une belle maison du *barrio Amón,* ce café revisite les classiques vietnamiens en ne travaillant que des produits frais, que l'on assaisonne avec de bonnes sauces maison. Copieux, sain et surtout très bon, nos papilles en manque de piquant en frétillent encore.

En sortant, jetez un œil à la chouette librairie voisine, ***Libros Duluoz*** *(tlj sauf dim 10h-18h),* qui travaille avec des éditeurs indépendants et propose de nombreux ouvrages féministes. Une belle adresse !

Shakti (plan C3, **42**) : *angle av. 8 et c/ 13. ☎ 2222-4475. Tlj sauf dim 8h-17h. Menus du jour 3 000-5 000 CRC.* Une cantine verte autant dans la déco que dans l'assiette. Ce petit restaurant populaire revendique la cuisine la plus saine de la ville. Végétariens ou non, les plats varient du *ceviche* aux lasagnes d'épinards en passant par la soupe de poulet ou des tacos. Les menus du jour incluent entrée, plat, dessert et jus de fruits, un rapport qualité-prix exceptionnel. Accueil souriant et amical compris. Au comptoir, on vend des « super aliments » bourrés de graines et de protéines, de quoi prendre des forces pour arpenter les musées de la ville.

Prix moyens (6 000-10 000 CRC / 8-14 €)

Café Los Deseos (plan D1, **43**) : *angle av. 11A et c/ 15. ☎ 2222-0496. Mar-sam 11h30-22h (23h ven-sam), dim 12h-20h ; fermé lun. Plats 5 000-7 000 CRC.* Les lumières tamisées de ce café bohème attirent une clientèle plutôt jeune et branchouille. Façade multicolore, luminaires loufoques, peintures psychédéliques et carrelage noir et blanc plantent un décor vintage, original et chaleureux. La carte compte un court choix de plats cosmopolites : *croquetas, ceviches, wraps* ou burgers fort concluants et généreux. À arroser d'un pichet de sangria bien fraîche, star de la maison. Petite déception côté desserts, mais l'adresse reste une de nos préférées dans la ville. Une jolie halte pour échapper au tumulte ambiant.

La Casona Típica (plan A2, **50**) : *angle c/ 10 et av. 2. ☎ 2258-8384. Tlj 7h-22h. Plats 3 000-8 000 CRC.*

Atypique au milieu des immeubles plus ou moins modernes, cette maison traditionnelle abrite sous son toit de tuiles une grande salle aux couleurs du pays : grandes tablées rustiques, drapeau costaricien, régimes de bananes suspendus et grand barbecue central, on se croirait à une fête de village. *Patacones, casados, arroces...* on retrouve dans la carte sans fin tous les classiques de la cuisine costaricienne, mais aussi quelques plats qui traversent les frontières des pays latinos : *fajitas*, guacamole, *nachos...* La maison ne fait pas dans la légèreté mais les appétits les plus voraces seront comblés.

Chic (10 000-15 000 CRC / 14-20 €)

Café Mundo (plan C2, **45**) : *angle av. 9 et c/ 15. ☎ 2222-6190. Lun-ven 11h-22h (22h30 ven), sam 17h-23h ; fermé dim. Plats 6 000-12 000 CRC.* Cachée par un petit cœur de verdure, cette ancienne maison coloniale abrite un restaurant à la clientèle plus chic et cosmopolite que populaire et locale. Papier peint coloré, fleurs aux murs et carrelages anciens décorent de vastes salles chaleureuses. On apprécie aussi l'agréable terrasse, petit poumon vert dans la ville. À la carte, pizzas, *pasta* et salades aux saveurs italiennes se défendent bien, mais les prix sont un peu surévalués. On vient surtout pour le cadre et la notoriété du lieu.

Tin Jo (plan C3, **46**) : *c/ 11, entre av. 6 et av. 8. ☎ 2221-7605. Tlj midi et soir, service en continu dim. Plats 7 000-12 000 CRC.* Ce beau restaurant combine à lui seul toutes les saveurs de l'Asie. Chine, Thaïlande, Inde, Japon et Indonésie se déclinent en plats travaillés et délicieux : *pad thai*, curry indien ou encore *teriyaki* nous font voyager de l'autre côté du globe. La décoration emprunte à chaque pays ses inspirations : statues indiennes, cerfs-volants chinois et marionnettes indonésiennes posent un décor chic et soigné, à l'image du service. Recommandé par nombre de locaux, on a quand même trouvé les prix surévalués, même si on voyage loin.

Plus chic (plus de 15 000 CRC / plus de 20 €)

La Esquina de Buenos Aires *(plan C3,* ***47****)* : *angle av. 4 et c/ 11. ☎ 2223-1909. Tlj, midi et soir (en continu ven-dim). Résa conseillée. Pâtes env 8 000 CRC, grillades 11 000-17 000 CRC.* Amis carnassiers, sortez les crocs, voici le meilleur restaurant de viande de la ville ! Du Costa Rica, on descend quelques milliers de kilomètres vers l'Argentine, terre célèbre pour ses pâturages riches et ses troupeaux de qualité. Nappes blanches en tissu, parquet ciré et serviettes pliées plantent un décor de bistrot chic, égayé de photos par dizaines sur les murs. 200 g, 400 g ou barbecue à partager pour 2, ici on dévore la viande dans la plus pure tradition argentine : cuite au charbon de bois. À accompagner de pommes de terre sautées et d'un verre de vin argentin pioché dans la vitrine. On s'en lèche les babines ! Également de délicieuses pâtes maison.

Où prendre un bon petit déj ?
Où faire une pause sucrée ?
Où déguster un bon café et un bon chocolat ?

Cafe La Mancha *(plan B2,* ***62****)* : *c/ 1, entre av. Central et av. 1. ☎ 2221-5591. Lun-sam 7h30 (10h sam)-19h, fermé dim.* De l'extérieur, la façade Art nouveau des anciens grands magasins *Steinvorth* ne peut que vous interpeller. Passé le porche, la superbe verrière abrite un *coffee shop* aux allures new-yorkaises. On l'apprécie autant pour son bon café que pour ses gourmands gâteaux : *carrot cake*, tarte aux pommes ou gâteau au chocolat se dégustent avec un cappuccino bien crémeux sous des plantes suspendues. Bien agréable pour échapper, l'espace d'une pause sucrée, au tumulte de San José.

Café Miel *(plan C2,* ***60****)* **:** *av. 9, entre c/ 11 et c/ 13.* ☎ *2221-0897. Lun-sam 9h-18h, dim 13h30-18h.* Une adresse de poche aux airs new-yorkais, où l'on se régale de généreux gâteaux à étages, cookies tièdes et autres petites bombes caloriques. À accompagner d'un smoothie bien frais ou d'un café crémeux noyé sous une montagne de chantilly. Délicieux, tout simplement ! Bonne chance pour dégoter une table ; sinon, prenez à emporter.

Alma de Café *(plan C3,* ***61****)* **:** *dans le* Teatro Nacional, *plaza de la Cultura.* ☎ *2010-1110. Tlj sauf dim 9h-19h.* Le café du Théâtre national offre une jolie parenthèse au calme, à l'abri du vacarme de la ville. Splendide comptoir en bois tropical, lustres dorés, fresque au plafond représentant une sorte de Marianne triomphante, colonnes de marbre, le cadre est splendide. On y savoure un délicieux café ou un chocolat chaud, en provenance des plantations de la Vallée Centrale. À accompagner d'une pâtisserie. Certes, on y croise pas mal de touristes, mais le lieu est sublime.

Hotel Aranjuez *(plan D1,* ***24****)* **:** *c/ 19, entre av. 11 et av. 13.* ☎ *2256-1825. Résa conseillée. Petit déj-buffet (d'anthologie !) env 10 $.* Le petit déjeuner le plus célèbre de San José, et peut-être même du pays ! Réjouissez-vous : même si vous ne dormez pas dans cet hôtel, vous pourrez profiter du gargantuesque et délicieux buffet. Gâteaux, pains et confitures sont faits maison, ajoutez des fruits frais, des œufs à votre convenance, un *gallo pinto*... Une institution, dont on a entendu parler jusqu'à la côte Caraïbe. Voir plus haut « Où dormir ? ».

Où boire un verre ?

Stiefel Pub *(plan C2,* ***70****)* **:** *av. 7, entre c/ 13 et c/ 15. Lun-ven 11h30-14h, 18h-0h30 (1h ven) ; sam 18h-1h30. Fermé sam midi et dim.* Si vous n'aimez pas la mousse, passez votre chemin. Sinon, *bienvenido* au paradis ! Blonde, brune, fruitée, ambrée, ici, la bière se décline de toutes les couleurs et dans toutes les saveurs. Un éventail de bières pression artisanales offre un joli tour du pays. Et si vous hésitez, le bar compose des plateaux avec un assortiment de mousses. On adore le style rétro de ce pub, aux murs tagués couverts d'affiches et aux larges tablées. Qui dit bière dit foot, non pas devant la télé, mais derrière le baby ! Une petite partie ? Petite carte de snacks pour éponger un peu.

La calle 33 *(hors plan par D2-3,* ***71****)* **:** la jeunesse de San José ne jure que par elle ! Cette rue concentre une belle sélection de bars et restos bien dans l'air du temps et l'on n'hésite pas à sauter dans un taxi pour s'assurer une bonne soirée. Parcourez-la, entre l'*avenida Central* et l'*avenida 7*, vous trouverez forcément une adresse branchouille pour dîner ou un vieux zinc où vous accouder. On a bien aimé le ***Wilk Craft Beer*** *(angle av. 9 et c/ 33)* pour ses excellentes bières artisanales, dont certaines sont brassées sur place.

Achats

Chietón Morén *(plan D3,* ***80****)* **:** *c/ 17, entre av. 2 et av. 4.* ☎ *2221-0145.* • *chietonmoren.org* • *Tlj 10h-18h.* Une galerie repérée par des lecteurs, qui nous ont refilé le tuyau, merci à eux ! Tenue par des étudiants bénévoles, cette boutique regroupe des pièces d'artisanat de 8 tribus indigènes du pays. Bijoux, cartes postales, vêtements, sacs et chapeaux, terres cuites... pour chaque objet, une étiquette indique l'artisan qui l'a conçu et son lieu d'origine. Une belle vitrine de l'artisanat local et une superbe initiative pour défendre un tourisme durable.

Galería Namu *(plan C2,* ***81****)* **:** *av. 7, entre c/ 5 et c/ 7.* ☎ *2256-3412.*

● *galerianamu.com* ● *Lun-sam 9h-18h30, plus dim 13h-17h en hte saison.* Une galerie-boutique dans la même veine que la précédente, avec une belle sélection d'artisanat local. Là aussi, accueil gentil comme tout.

À voir

Mercado Central (plan A-B2) **:** *av. Central et av. 1, entre c/ 6 et c/ 8. Tlj sauf dim ; ouvre dès 6h pour les sodas, vers 9h pour les boutiques ; ferme vers 18h.* Si vous passez par San José, vous devez fouler les allées de ce marché. Le cœur de la ville bat dans cette halle où les rideaux de fer se lèvent de bon matin pour laisser apparaître échoppes et étalages. Quand on se promène de *sodas* en stands, tous les sens sont en éveil. L'œil file sur les étalages colorés de fruits et légumes, l'oreille capte des conversations, le nez frétille au doux fumet d'une marmite sur le feu, la bouche goûte des gâteaux sucrés ou un *ceviche* relevé, et les mains se promènent sur les matières des sacs, souvenirs et autres objets d'artisanat. On y consacre avec plaisir 1h ou 2 pour tâter le pouls de San José, acheter quelques souvenirs (très bon prix, entre autres, pour le café) et déguster un repas traditionnel à moindre coût.

Museo del Oro Precolombino y Numismática (plan C3) **:** *plaza de la Cultura.* ☎ *2243-4202.* ● *museosdelbancocentral.org* ● *Tlj sauf j. fériés 9h15-17h. Dernière entrée 30 mn avt fermeture. Entrée : 14 $; réduc étudiants. Ticket combiné musée de l'Or, musée du Jade et musée national du Costa Rica (paseo de los Museos) : 33 $.*
Moderne et bien présenté, ce musée mérite à lui seul une halte à San José. De vitrines en vidéos, en passant par des maquettes, on y apprend comment les tribus indigènes du Costa Rica ont transmis leur culture à travers des habits, des plantes médicinales, l'agriculture, mais surtout l'artisanat. On y découvre une ***superbe collection d'objets décoratifs, de bijoux et de parures en or,*** raffinés et travaillés avec une précision surprenante. Réalisés pour honorer les vivants ou pour accompagner les défunts dans leurs sépultures, nombre de ces objets sont inspirés de l'environnement des indigènes. Papillons, colibris, grenouilles, cerfs, araignées, singes, c'est toute la faune de la forêt primaire du Costa Rica que l'on retrouve en miniature. L'exposition illustre parfaitement la relation très fusionnelle de ces peuples avec leur environnement. La visite s'effectue en commençant par le ***niveau - 2*** et en remontant. Le visiteur est ainsi accueilli par la maquette d'un village précolombien typique. Sont évoqués ensuite la naissance de la métallurgie, l'habitat traditionnel et l'organisation de la vie quotidienne à travers la mise en scène de mannequins grandeur nature. On voit par exemple des orfèvres en train de faire fondre de l'or et on réalise ainsi le savoir-faire remarquable des Indiens, malgré le grand dénuement matériel dans lequel ils vivaient.
Au ***niveau - 1*** sont évoqués la relation de l'homme avec la nature puis la colonisation et son impact sur l'artisanat. Après l'arrivée de Christophe Colomb, en 1502, les Européens ont échangé des produits manufacturés contre de l'or, et rares sont les héritages de cet artisanat indigène aujourd'hui. Attardez-vous donc devant ces vitrines remplies de trésors précolombiens (les plus belles pièces étant exposées à cet étage) ! On regrette simplement l'absence d'indications sur l'origine et l'âge des objets.
Enfin, un film émouvant regroupe le témoignage d'indigènes qui tentent de préserver leur patrimoine (artisanat, langue, tradition) pour faire perdurer leurs tribus.
Le ***rez-de-chaussée*** abrite le ***Museo de Numismática,*** consacré à l'histoire de la monnaie au Costa Rica. Y sont présentés le principe du troc et les différentes monnaies utilisées au fil des siècles et des événements (époque colombienne, indépendance du pays...). On y découvre aussi une machine à imprimer des billets qui nous donnerait presque des idées (eh oui, elle fonctionne et fut utilisée pour la

dernière fois en 2000) ! En face, une salle est d'ailleurs consacrée aux billets. Vous verrez qu'un si petit bout de papier peut résumer de grands moments d'histoire.

Teatro Nacional de Costa Rica (plan B-C3) **:** *plaza de la Cultura. ☎ 2010-1100. • teatronacional.go.cr • Tlj 9h-17h. Visite guidée de 45 mn ttes les heures. Dernière visite à 16h. Tarif : env 12 $; gratuit moins de 12 ans.*
Planté sur la place tel un ovni, ce théâtre est sûrement ***l'édifice le plus emblématique de la ville.*** Pourtant, son architecture n'a rien de costaricienne, on a plutôt affaire à un petit morceau d'Europe en plein milieu de l'Amérique latine. En entrant dans la cour devant le théâtre, noter le beau buste de Chopin, offert à la Ville par la Pologne. Levez ensuite les yeux vers les 3 statues perchées sur le toit. Elles représentent la danse, la gloire et la musique.
Pour la petite histoire, le théâtre fut inauguré en 1897, avec l'opéra *Faust* de Charles Gounod. À cette occasion, l'hymne national costaricien fut suivi de *La Marseillaise* ! Une fois admirés la façade de style Renaissance et les bustes du dramaturge Pedro Calderón de la Barca et de Beethoven, place à un festival de statues en marbre, plafonds peints et moulures dorées ! Le ***vestibule*** éblouit par sa beauté et son style, inspiré des maisons de Pompéi. Pas besoin de payer pour admirer cette partie du théâtre, on peut y entrer librement. Puis les ***escaliers*** décorés à la feuille d'or et les lustres ornés de Cupidons en bronze mènent les visiteurs aux étages supérieurs. Des tableaux dépeignent la vie quotidienne au XIXᵉ s. Le plus célèbre, ***Alegoría del Café y del Banano,*** représente le travail dans les plantations. Là-haut, le ***foyer*** est considéré comme la plus belle pièce du théâtre. Sol en bois précieux, consoles imposantes, dorures, moulures, plafonds à l'italienne, sculptures et colonnes de marbre, on en prend plein les mirettes ! Enfin, la salle de spectacle possède de faux airs d'***Opéra Garnier*** sous son splendide candélabre. On ne peut que vous encourager à assister à un spectacle pour profiter le plus longtemps possible de la beauté des lieux. Sinon, offrez-vous au moins une pause dans l'agréable café au rez-de-chaussée (voir plus haut la rubrique « Où prendre un bon petit déj ? Où faire une pause sucrée ? Où déguster un bon café et un bon chocolat ? »).

Museo del Jade (plan C3) **:** *av. Central, entre c/ 13 et c/ 15. ☎ 2521-6610. • museodeljadeins.com • Tlj 10h-17h. Entrée : 16 $; réduc étudiants.* Paseo de los Museos *: 33 $.*
Cette ***pierre au vert profond*** subjugue par sa beauté et les pouvoirs qui lui sont attribués. Dans ce musée moderne et ludique, le jade se décline sous toutes les formes, pour le plaisir des yeux. Véritables vitrines sur l'art et l'artisanat du Costa Rica, 5 halls se répartissent différentes thématiques abordant la diversité des populations indigènes, leurs rites ancestraux et la richesse de leur héritage culturel. Ludiques, des écrans tactiles donnent des explications sur les objets (en français s'il vous plaît !) et certains sont même adaptés aux enfants, avec des histoires expliquées simplement.
Au ***1er étage,*** dans la ***sala El Jade,*** le travail et l'origine de la pierre sont mis en avant. Intéressant, on y découvre l'usage du jade à l'époque précolombienne, son symbole et son rôle social, mais aussi ses pouvoirs invoqués lors des cérémonies chamaniques. Intermédiaire entre les hommes et les esprits, le chaman était le détenteur de la connaissance et maîtrisait donc l'art d'utiliser les pierres. Chouette initiative, on peut aussi toucher la pierre au fur et à mesure de sa transformation : brute, taillée et polie.
Au ***2e étage,*** la ***sala El Día*** présente la vie quotidienne des indigènes. Chasse, pêche, agriculture et architecture se matérialisent grâce à des maquettes et statues grandeur nature. La relation à l'environnement est aussi mise en avant par une multitude d'objets aux formes animalières en jade, céramique ou autre pierre. Animaux toujours juste en face, la ***sala La Noche*** nous explique l'importance de la faune nocturne dans l'interprétation de la vie. Jaguars, hiboux, chauves-souris, etc., à chacun ses légendes. Les thèmes de la guerre et des rites funéraires sont aussi traités ici avec la représentation grandeur nature d'un rite funéraire.

Au **3e étage,** la **sala Memoria** aborde le genre et la sexualité. Anatomie et rites sexuels s'illustrent ici par des statuettes. Nombreux bijoux et instruments de musique sont aussi exposés, et on y apprend que le tatouage ne date pas d'hier ! Enfin, au **dernier étage,** la **sala Acopio** abrite une belle collection de céramiques, notamment des dizaines de *memates* (mortiers où moudre le cacao) aux formes farfelues.
Au total, le musée abrite quelque 7 000 pièces en jade, soit la plus grande collection au monde !

Museo Nacional de Costa Rica *(plan C-D3) : plaza de la Democracia. ☎ 2211-5700. • museocostarica.go.cr • Tlj sauf lun et j. fériés 8h30 (9h dim)-16h30. Entrée : 11 $; réduc étudiants ; gratuit moins de 12 ans.* Paseo de los Museos *: 33 $.*
Le musée surplombe la *plaza de la Democracia,* créée en 1989 en l'honneur de l'engagement pour la paix en Amérique latine du président Óscar Arias (voir la rubrique « Personnages » dans le chapitre « Hommes, culture, environnement » en fin de guide). Installé dans la forteresse Bellavista, **ancien quartier général de l'armée,** le Musée national retrace l'histoire du Costa Rica. Avant d'y pénétrer, remarquez les impacts de balles sur la façade, témoins de combats de la guerre civile de 1948.
En guise de préambule, on entre dans le musée par une splendide **serre exotique** où 25 espèces de papillons et 100 de plantes offrent un bel aperçu des écosystèmes de la Vallée Centrale. Organisées autour d'une cour arborée, les différentes salles abordent des thématiques offrant un tour d'horizon de l'histoire nationale : le mode de vie des indigènes, leurs croyances et rites, le travail de l'or, l'artisanat, l'arrivée des Espagnols, l'impact politique et religieux, l'époque coloniale et le début de la République. Céramiques, instruments de musique, maquettes d'architecture, objets en or, meubles, etc., des milliers d'années défilent sous nos yeux. On peut aussi visiter les maisons des commandants, où la beauté de l'architecture nous replonge entre la fin du XIXe et le début du XXe s.

Museo de Arte y Diseño Contemporáneo *(MADC ; plan C2) : c/ 15, entre av. 3 et av. 5. ☎ 2257-7202. • madc.cr • Tlj sauf dim-lun 9h30-17h. Entrée : 4 $; réduc ; gratuit 1er mar du mois.* Le musée d'Art contemporain a offert une nouvelle vie à ses murs, qui abritaient autrefois la *Fábrica Nacional de Licores,* une usine de distillation d'alcool. Consacré aux **arts visuels,** le musée met surtout en lumière des artistes contemporains d'Amérique latine, même si certains noms internationaux sont parfois présentés. Expos sur les thèmes de la diversité culturelle et l'identité.

Parque Nacional *(plan C-D2) : entre av. 1 et av. 3, entre c/ 15 et c/ 19.* Très agréable et plutôt vaste par rapport à ses voisins, ce parc a été créé pour offrir une halte verte aux voyageurs de la gare ferroviaire. Il abrite le **Monumento Nacional,** qui rend hommage aux batailles victorieuses durant la campagne nationale de 1856 à 1857, qui opposa la république du Costa Rica et les flibustiers américains. Les 5 femmes sculptées représentent chacune une nation centraméricaine.
– À quelques pas, allez jeter un œil à la **Estación del Atlántico,** d'où partent les trains pour la Vallée Centrale, dont Heredia, Alajuela et Cartago. Mélange de néoclassicisme, de baroque et de victorien, elle a été inaugurée en 1908 – à l'époque, le chemin de fer ralliait la capitale à la côte Caraïbe pour le transport et l'exportation du café.

Parque España *(plan C2) : entre av. 3 et av. 7, entre c/ 9 et c/ 11A.* L'un des parcs les plus verts de la capitale. On s'y assoit volontiers quelques instants pour profiter de l'ombre des arbres et de leur fraîcheur. Sur le côté ouest se dresse un étonnant bâtiment appelé **Edificio Metálico** ou **Escuela Metálica Buenaventura Corrales.** Inspirée de la tour Eiffel, l'architecture extérieure de cette école est entièrement réalisée en pièces de métal, importées de France. Côté nord, la **Casa Amarilla,** construite en 1920 et d'architecture néocoloniale, abritait autrefois la Cour de justice costaricienne. En 1963, le président John F. Kennedy, en visite dans le pays, a lui-même planté l'arbre (un ceiba) à l'entrée du bâtiment. L'édifice accueille aujourd'hui le ministère des Affaires étrangères.

Parque Morazán (plan C2) : *av. 3, entre c/ 5 et c/ 9.* Un autre petit parc de la ville qui s'anime au rythme des concerts, marchés, ferias ou simplement des conversations des passants, venus échapper au brouhaha de la ville... Admirez le superbe kiosque néoclassique... une impression de déjà-vu ? Eh oui, ce temple de la Musique est la réplique (presque) exacte du Temple de l'Amour de Versailles. Disséminés dans le parc, bustes et petits monuments en hommage à quelques figures importantes du pays.

Plaza de la Cultura (plan B-C3) : *entre av. Central et av. 2, entre c/ 3 et c/ 5.* Elle regroupe les 2 sites touristiques majeurs de San José : le *Museo del Oro* et le *Teatro Nacional.* Épargnée du chaos de la circulation mais envahie par les enseignes de fast-foods américains, elle manque de charme. Heureusement, le *Gran Hotel Costa Rica* qui la borde égaie un peu la place en mal d'espace vert. Le soir, les vendeurs ambulants et les guinguettes éclairées réchauffent l'atmosphère.

Parque Central (plan B3) : *entre av. 2 et av. 4, entre c/ Central et c/ 2.* À la jonction des 2 principaux axes de la ville, cette place concentre une animation folle. Vendeurs ambulants, cireurs de chaussures et stands de marchands la font vivre du lever du soleil à tard dans la nuit. Bruyant et entouré de circulation, on ne s'y rend pas pour s'éterniser sur un banc mais plus pour tâter le pouls de la ville. Il est bordé à l'est par la ***Catedral Metropolitana,*** qui mérite un coup d'œil. Admirez la coupole lumineuse, les imposantes colonnes, le carrelage en rosace, les anges peints et les beaux vitraux. Au nord du parc, jetez un œil au style colonial du ***Teatro Melico Salazar,*** un des plus vieux théâtres de la ville.

LA VALLÉE CENTRALE

• Carte *p. 82-83*

Cœur du pays, la Vallée Centrale concentre une bonne partie de l'économie et des services du Costa Rica, ainsi que près des 2/3 de la population. Les 1ers Espagnols avaient choisi cette région pour s'installer. L'histoire leur a donné raison. Altitude idéale pour les cultures, excellentes terres, climat sain, jamais trop chaud, jamais vraiment froid, c'était un secteur stratégique pour développer une petite colonie.
Très urbanisée, cette vallée largement ouverte est en fait une sorte de haut plateau, perché à une altitude moyenne de 1 200 m, qui s'organise autour de la capitale San José. Un dense réseau routier relie les banlieues jusqu'à rejoindre les autres grandes villes de la région, comme Heredia au nord, Alajuela au nord-ouest, Cartago et Turrialba vers l'est. Entre elles, une flopée de petites villes qui semblent n'en faire qu'une seule tellement elles s'interconnectent.
L'intérêt principal de la Vallée Centrale est moins la beauté de ses cités que les montagnes et les volcans qui lui servent d'écrin. C'est un point de départ pour de bien belles excursions qui vous acclimateront à la nature profonde du pays. Rapidement, on quitte la vie des villes pour trouver celle des champs, puis celle des montagnes. On grimpe en altitude par de belles routes qui offrent de remarquables points de vue et nous plongent dans une atmosphère de plus en plus rurale, tranquille et saine.
C'est sur les hauteurs de la Vallée Centrale que l'on plante le meilleur café du Costa Rica, et dans les villages que l'on rencontre les meilleurs producteurs de fruits et légumes. Merci aux volcans qui ont tout à la fois effrayé la population, mais surtout fertilisé les sols. Toute la richesse du pays s'expose ici comme sur l'étal du plus beau des maraîchers.
Encore un peu plus haut, et hop, on pénètre dans les forêts primaires et secondaires, qui couvrent les flancs des 1ers volcans. Une myriade de parcs

nationaux protège cette nature inviolée. Villes animées, cultures soignées, jungle épaisse, fiers volcans, rivières tumultueuses, la Vallée Centrale offre une palette de couleurs presque complète. Presque ! Manque le bleu de la mer, qui n'est pourtant jamais bien loin.

UN PEU D'HISTOIRE ET D'ÉCONOMIE

Curieusement, l'histoire de la Vallée Centrale est bien moins riche que ses terres, exploitées quasiment dès leur arrivée par les Espagnols. On sait pourtant que la vallée fut occupée depuis plus de 10 000 ans avant notre ère, et que plusieurs groupes humains s'y étaient installés. Non pas des nomades, mais déjà des cultivateurs. Il ne reste quasiment aucun vestige de cette 1re présence, si ce n'est le touchant site de Guayabo, sur les hauteurs de Turrialba.
La 1re ville, Cartago, fut fondée au milieu du XVIe s par Juan Vázquez de Coronado. San José, l'actuelle capitale, n'était alors qu'une bourgade. Au rythme du développement de la colonie, les villes fleurissent, et les Indiens sont repoussés sur les hauteurs de la Cordillera de Talamanca. San José prend ses aises, tandis que Heredia, Alajuela, puis Turrialba s'imposent sur la carte. Il faut pourtant attendre le début du XIXe s pour que la vallée trouve son véritable essor économique. ***Sa carte maîtresse ? Le café.*** Les autorités comprennent bien vite les profits à tirer de cette plante, de cet or noir. Le caféier s'adapte parfaitement aux conditions climatiques et aux sols de la région. Le café est rapidement exporté et fait la richesse de propriétaires terriens qui entreprennent de bâtir de superbes demeures au style hispano-colonial. Il en reste malheureusement très peu encore debout aujourd'hui. ***En 1823, on transfère la capitale de Cartago à San José,*** essentiellement pour des raisons politiques (voir le texte sur San José), mais aussi, de manière plus pragmatique, pour cause d'éruptions volcaniques à répétition.

À L'OUEST ET AU NORD DE SAN JOSÉ

ALAJUELA

• Plan *p. 101* • Carte Sur la route du volcan Poás *p. 103*

À une quinzaine de kilomètres de la capitale San José, Alajuela semble un peu perdue dans l'urbanisation intense de la Vallée Centrale. Avec ses rues embouteillées, tracées au cordeau, animées dans la journée et désertes le soir, il n'y a guère que son centre-ville qui vaille le coup d'œil. Il s'organise à l'intérieur d'un quadrilatère parfait et s'articule autour de la cathédrale, le *Parque Central* et le marché, où règne une joyeuse cohue. Alajuela est l'exemple type de la ville moyenne du Costa Rica, ni plus ni moins. Si elle ne dégage pas de véritable charme, que ses curiosités touristiques sont rares et qu'il est préférable de ne pas traîner seul le soir, y passer une nuit n'a rien de désagréable et l'on se fond vite dans l'ambiance locale.
Par ailleurs, sa proximité avec l'aéroport international Juan Santamaría en fait une halte bienvenue en cas d'arrivée tardive, pour éviter ainsi les embouteillages de la capitale. Autre point à ne pas négliger, Alajuela constitue une excellente base pour explorer le *volcan Poás,* les *La Paz Waterfall Gardens* et la *Doka Estate,* 3 excursions de qualité à réaliser dans les environs.

Arriver – Quitter

La proximité de San José permet à Alajuela et ses environs d'être très bien desservis par le réseau de bus. Reste que tout déplacement prend pas mal de temps compte tenu des embouteillages monstres dans la Vallée Centrale. Comme dans la plupart des villes, chaque compagnie de bus possède ses propres arrêts, dans des rues différentes. Pas toujours facile de s'y retrouver. Pour faciliter les choses, les arrêts changent assez souvent d'emplacements !

Bus vers San José *(plan A2 et A-B2,* ***1****) :* bus *Tuasa,* à prendre sur av. Central, entre c/ 8 et c/ 10. Départ en permanence (un bus chasse l'autre). Une autre compagnie (*Wagon*) part sur l'av. 4, entre c/ 4 et c/ 2 *(plan A-B2).* Trajet env 35 mn, mais parfois jusqu'à 50 min à cause des bouchons.

Bus vers le volcan Poás *(plan A2,* ***2****) : sur av. Central, entre c/ 6 et c/ 8.* 1 départ/j., vers 9h. Trajet : 1h30. Retour vers 12h30. À noter que cet unique bus ne permet pas d'arriver au parc national du volcan avant 10h, heure à laquelle le brouillard s'installe (ou est déjà installé). On conseille soit les excursions organisées par les hôtels, soit d'y aller en voiture individuelle (location à la journée pas si chère). Dernière solution, chartériser un taxi.

Bus pour Grecia et Sarchí *(plan A2,* ***3****) : c/ 10, entre av. 1 et av. Central.* Départ ttes les 40 mn env, 6h-22h. Trajet : env 45 mn pour Grecia et 1h pour Sarchí.

Bus pour Puntarenas, Liberia et La Fortuna *(hors plan par B2,* ***4****) :* à la *Station Norte,* au bout de la c/ 4, juste avant l'*Outlet International Mall.* Départs très réguliers tte la journée.

Train depuis/vers San José : 1 train ttes les 30 mn 5h30-8h et 15h30-19h30 lun-ven ; 1 train/h le sam 6h30-12h30. Trajet : 50 mn.

Adresses utiles

■ ***Banco Nacional*** *(plan A1-2,* ***5****) : c/ 2, au niveau du Parque Central, entre av. Central et av. 1. Lun-ven 8h30-15h30.* Change et distributeur extérieur *(accessible 8h30-22h30).* Pour le change, prévoir pas mal d'attente.

■ ***Banco de Costa Rica*** *(plan A2,* ***6****) : av. Central, entre c/ 4 et c/ 2. Lun-ven 9h-16h.* Change et distributeur extérieur *(accessible 7h-22h).*

■ ***Policía Alajuela*** *(plan A1,* ***7****) : c/ 2, entre av. 5 et av. 7. ☎ 2430-1085.* Poste ouvert en permanence.

■ ***Farmacia La Bomba*** *(plan B1,* ***8****) : angle av. 1 et c/ Central. ☎ 2440-7219. Lun-sam 7h-22h, dim 9h-21h.*

✚ ***Hospital San Rafael*** *(hors plan par B2,* ***10****) : au sud du centre-ville, sur l'av. Radial Fransisco J. Orlich, à proximité de l'*International Mall *(ICE Building). ☎ 2436-1001.* Service d'urgences 24h/24.

Où dormir ?

De très bon marché à bon marché (max 60 $ / 50 €)

Hotel Cortez Azul *(plan A1,* ***20****) : av. 5, entre c/ 2 et c/ 4. ☎ 2443-6145. • hotelcortezazulcr@gmail.com • Doubles sans ou avec sdb 35-45 $. Transfert retour vers l'aéroport gratuit.* Dans une vieille maison en partie en bois, des chambres très basiques, avec ventilo et cuisine commune. Quelques peintures naïves et le jardin-terrasse à l'arrière, meublé de bric et de broc, donnent un brin de gaieté à la déco globalement tristoune. Préférez les chambres à l'étage, plus lumineuses. Pratique pour une nuit, peut-être pas 2...

Alajuela Backpackers Hostel *(plan A2,* ***21****) : angle av. 4 et c/ 4, devant le*

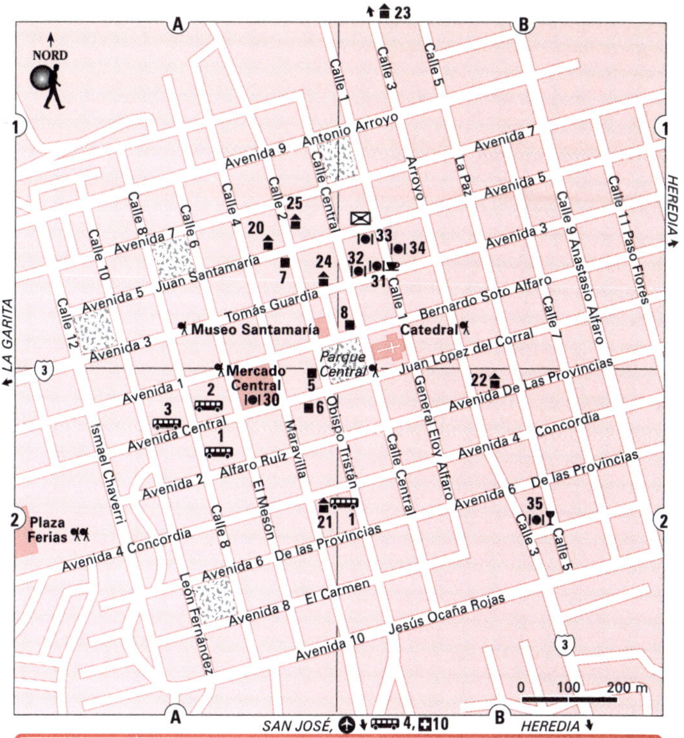

ALAJUELA

Adresses utiles

- 1 Bus vers San José (A2 et A-B2)
- 2 Bus vers le volcan Poás (A2)
- 3 Bus pour Grecia et Sarchí (A2)
- 4 Bus pour Puntarenas, Liberia et La Fortuna (hors plan par B2)
- 5 Banco Nacional (A1-2)
- 6 Banco de Costa Rica (A2)
- 7 Policía Alajuela (A1)
- 8 Farmacia La Bomba (B1)
- 10 Hospital San Rafael (hors plan par B2)

Où dormir ?

- 20 Hotel Cortez Azul (A1)
- 21 Alajuela Backpackers Hostel (A2)
- 22 Hotel Casa Tago B & B (B2)
- 23 Vida Tropical B & B (hors plan par B1)
- 24 Alajuela City Hotel & Guest House (A1)
- 25 Hotel 1915 (A1)

Où manger ?
Où boire un verre ?

- 30 Mercado Central (A1-2)
- 31 Café Delicias (B1)
- 32 Cevichitos Comida Rápida (B1)
- 33 El Chante Vegano (B1)
- 34 Jalapeños Central (B1)
- 35 El Patio Food Garden (B2)

petit Parque Los Niños. ☎ 2441-7149. • alajuelabackpackers.com • Lits en dortoir (4-10 pers) 14-19 $; doubles avec sdb et clim 55-75 $. Curieusement situé dans une sorte de grand building qui ressemble plus à un hôtel qu'à une AJ, à l'aspect froid et fonctionnel. Certes l'ensemble offre un confort basique, mais pour le prix, c'est une aubaine, d'autant qu'avec ses 45 chambres, l'endroit est rarement complet. Dortoirs de 4 à 10 lits, dont certains réservés aux femmes. Resto et bar sur l'agréable terrasse avec vue sur la ville, et transfert retour à l'aéroport gratuit. Pas si mal, non ?

Hotel Casa Tago B & B *(plan B2, **22**)* **:** *av. 2, entre c/ 3 et c/ 5. ☎ 2430-9292 ou 2431-3121. • reservas@hotelcasatago.com • Doubles avec sdb partagée ou privée 35-55 $; 1 familiale.* Un poil à l'écart du centre, voici une autre adresse de qualité. Les chambres, de taille variable, sont simples mais plutôt agréables, avec un réel effort de déco. Situées dans 3 édifices distincts, elles ont toutes un ventilo. Les petits plus : la courette pour le petit déjeuner, le grand frigo à disposition et la petite piscine à l'arrière.

Vida Tropical B & B *(hors plan par B1, **23**)* **:** *c/ 3, entre av. 9 et av. 11, sur la droite (pas d'indications). ☎ 2443-9576. • vidatropical.com • Doubles avec sdb partagée ou privée 45-55 $; quelques familiales.* Une poignée de chambres dans une maison privée, au calme, dotée d'une petite terrasse fermée à l'arrière. Salon commun orné de drapeaux et de peintures naïves sur les murs. Pas grand-chose d'autre à dire pour cette adresse correcte, qui fait le boulot comme on dit, sans plus. Accueil... plat.

Prix moyens (60-90 $ / 50-75 €)

Alajuela City Hotel & Guest House *(plan A1, **24**)* **:** *av. 3, entre c/ 2 et c/ Central. ☎ 2441-0525. • hotellosvolcanes.com • Doubles sans ou avec sdb 55-95 $ selon confort et saison, petit déj inclus.* Sans aucun doute le meilleur rapport qualité-prix-charme de la ville. Les chambres sont nichées dans une adorable maison précédée d'un jardinet soigné et fleuri. Le couloir central distribue des chambres simples, impeccables, toutes avec parquet et ventilo, et égayées de touches colorées. Tout au fond, adorable courette ombragée où glougloute une petite fontaine, idéale pour prendre le petit déj à l'ombre d'un bel arbre.

Hotel 1915 *(plan A1, **25**)* **:** *c/ 2, presque à l'angle de l'av. 7. ☎ 2440-7163. • 1915hotel.com • Doubles avec ventilo ou clim 50-85 $, petit déj inclus.* Un établissement aux allures de grande maison, dont le rez-de-chaussée est organisé en élégants salons chics et au calme. Une vingtaine de chambres agréables et impeccables, toutes avec salle de bains et la plupart avec clim, au confort sans défaut. Préférez celles sur l'arrière, plus calmes que celles donnant sur la rue. Un très bon rapport qualité-prix dans sa catégorie.

Où dormir dans les environs ?

Sur la route du volcan Poás

Prix moyens (60-90 $ / 50-75 €)

Poás Lodge B & B *(carte Sur la route du volcan Poás, **10**)* **:** *à 4 km de l'entrée du parc du volcan Poás, sur la gauche au début d'un virage. ☎ 2482-1091. • poaslodge.com • Doubles 80-90 $. Possibilité de dîner (pour les hôtes seulement).* Assez étonnant, derrière la façade toute simple de ce chalet en bois, de trouver ce sympathique *B & B* de 4 chambres, chaleureusement décorées, chacune avec salle de bains et certaines avec superbe baie vitrée

Où dormir ?

- **10** Poás Lodge B & B
- **11** Siempre Verde B & B
- **12** Hotel Trapp Family Country Inn
- **13** Tacacori Ecolodge
- **14** Hotel Buena Vista
- **15** Xandari Resort and Spa
- **16** Poas Volcano Lodge
- **17** Finca Rosa Blanca

Où manger ?

- **20** Mirador del Valle
- **21** Restaurante Chubascos
- **22** Jaulares Restaurante
- **23** Restaurant La Cajuela
- **24** Colibries Restaurant
- **25** Colbert Restaurant

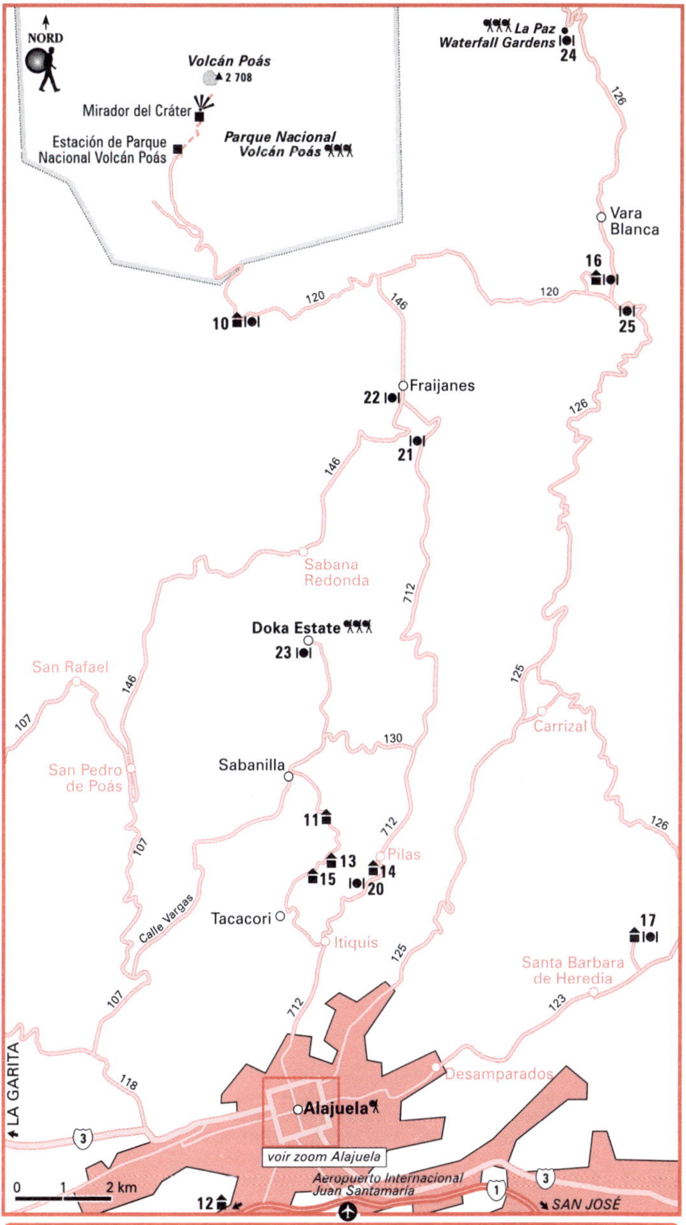

SUR LA ROUTE DU VOLCAN POÁS

donnant sur la vallée. Juste au-dessus, on aime s'attarder dans le salon-*lounge*-resto agréablement aménagé, avec ses gros canapés confortables devant la cheminée, et vue sublime en prime. Clairement l'adresse la moins chère à proximité du volcan Poás.

Siempre Verde B & B *(carte Sur la route du volcan Poás,* ***11****) : sur une petite route parallèle à la route principale menant au volcan, puis c'est fléché sur la gauche. ☎ 2449-5562. • info@siempreverdebandb.com • Double env 90 $, petit déj inclus.* Au milieu d'une plantation de café, dans une vénérable maison colorée, 7 chambres très simples, chacune de taille et de couleur différentes, et toutes avec salle de bains. Voici un hébergement simple, à prix acceptable (pour un confort minimal) dans cette vallée globalement chère. C'est propre, situé dans un superbe environnement qui compense largement les chambres sans aucun charme, l'éclairage au néon pas vraiment glamour et la minceur des cloisons de séparation, qui limite l'intimité ! Grande terrasse pour le petit déj.

Chic (90-130 $ / 75-108 €)

Hotel Trapp Family Country Inn *(hors carte Sur la route du volcan Poás,* ***12****) : à 400 m à l'ouest du terrain de sport, à* ***San Antonio del Tejar,*** *sur la commune d'Alajuela, à 3 km de l'aéroport. ☎ 2431-0776. • trappfamilycostarica.com • Double env 110 $, petit déj inclus. Possibilité de transfert gratuit depuis l'aéroport.* Une adresse très pratique pour une arrivée tardive ou si l'on est crevé par le voyage. On loge dans une grosse maison aux allures d'hacienda, plutôt charmante. Chambres particulièrement généreuses, toutes avec balcon et ventilo. Ensemble très propre et calme... sauf quand les avions décollent et atterrissent, où l'on a l'étrange sentiment qu'ils vont se planter dans nos pantoufles. Pas d'inquiétude, c'est calme la nuit.

Plus chic (plus de 130 $ / plus de 108 €)

Tacacori Ecolodge *(carte Sur la route du volcan Poás,* ***13****) : sur une petite route parallèle à celle qui mène au volcan Poás, env 500 m après le Xandari Resort and Spa ; bien fléché. ☎ 2430-5846. • tacacori.com • Casita pour 2 pers env 130-150 $; compter env 25 $/pers supplémentaire.* Charmant jardin hyper soigné, tenu par Nadine, une Française qui propose 4 bungalows de charme (pour 2 ou 4 personnes). Ensemble parfaitement au calme, avec une charmante terrasse pour prendre le petit déjeuner ou l'apéro. Excellent accueil, et votre hôte n'est jamais avare de bons tuyaux sur la région et peut vous organiser tout un tas d'excursions dans le coin, voire vous accompagner.

Hotel Buena Vista *(carte Sur la route du volcan Poás,* ***14****) : sur la route 712, l'une de celles qui mènent au volcan Poás, à 6 km d'Alajuela et à 23 km de l'entrée du parc ; bien indiqué sur la gauche depuis la route. ☎ 2442-8595. • hotelbuenavistacr.com • Doubles env 150-180 $; familiales. Transfert aéroport gratuit.* Grande villa moderne et coquette, en retrait de la route, donc au calme, abritant une trentaine de chambres avec salle de bains et ventilo, où dominent le bois et des tons chaleureux. Déco soignée. Petite piscine avec transats sur une pelouse attenante, offrant une vue dégagée sur la vallée. Propose également plusieurs villas (de 2 à 6 personnes) dans le parc, en contre-bas de l'hôtel. Une adresse de qualité, sans esbroufe.

Xandari Resort and Spa *(carte Sur la route du volcan Poás,* ***15****) : à* ***Tacacori,*** *sur une petite route qui prend naissance sur la gauche de la route 712 qui mène au volcan, à env 5 km d'Alajuela ; bien indiqué sur la gauche, puis faire 2 km. ☎ 2443-2020. • xandari.com • Doubles 200-300 $. Transfert aéroport gratuit si résa en direct.* Dans un vaste jardin tropical absolument superbe, quelques dizaines de bungalows modernes et colorés, décorés de peintures contemporaines et chaleureuses. Les chambres les moins chères, les *Prima Villa,* sont déjà d'un excellent confort. Les autres gagnent en taille et en vue. La modernité du lieu se retrouve dans le salon et la salle du petit déjeuner, aux couleurs fortes et gaies, où les grandes baies vitrées offrent un large panorama sur la vallée. En revanche au resto, seule la vue vaut le coup ! Grand spa et 3 superbes piscines disséminées sur le vaste domaine, pour nager en paix. Un endroit au charme certain, qui évite l'écueil du luxe démonstratif.

Sur la route des La Paz Waterfall Gardens

Poas Volcano Lodge *(carte Sur la route du volcan Poás,* ***16****) : à* ***Vara Blanca,*** *env 7 km avt les La Paz Waterfall Gardens ; un chemin indiqué sur la gauche mène au lodge (faire 500 m). ☎ 2482-2194. • poasvolcanolodge.com • Doubles à partir de 130 $ (jusqu'à 250 $ avec vue jardin ou volcan) ; familiales. Resto uniquement pour les hôtes.* Gros coup de cœur pour ce remarquable *lodge* situé sur une exploitation agricole. On est emballé par cette structure moderne, composée de plusieurs salons où domine le bois, agrémentée de cheminées, canapés et fauteuils cosy, distillant une atmosphère chaleureuse au charme très british. On a bien aimé la véranda dont les larges baies vitrées s'ouvrent sur le jardin. Les chambres offrent la même chaleur et un confort sans défaut, toutes avec terrasse ou jardinet, certaines avec douche ouverte sur la nature. On a bien aimé aussi le cottage dans le jardin qui abrite plusieurs chambres très cosy. Le resto du *lodge* concocte une cuisine variée et éclectique, toujours maîtrisée, un bon point. Également une maison indépendante pour les familles, tournée vers le volcan. Organise des tours guidés au volcan Poás, ainsi qu'aux *La Paz Waterfall Gardens.*

Où manger ? Où boire un verre ?

Bon marché (max 6 000 CRC / 8 €)

Mercado Central *(plan A1-2,* ***30****) : dans le quadrilatère composé de l'av. Central et av. 1 et des c/ 4 et c/ 6. Lun-sam 6h-18h, plus dim en déc.* Si vous êtes dans le secteur du marché à l'heure du déjeuner, pourquoi ne pas vous laisser tenter par l'un des petits kiosques qui proposent des plats typiques et bon marché ? En demi-sous-sol, les *ceviche de pescado* et *camarones* du **Delicias Marinas** *(ouv 8h-17h)* s'avèrent fort honorables, tout comme l'*arroz de la casa.*

Café Delicias *(plan B1,* ***31****) : angle av. 3 et c/ 1. ☎ 2431-4722. Tlj 7h-20h. Petits déj à partir de 2 900 CRC ; plats env 4 000-8 500 CRC.* Salle ouverte sur la rue, bien agréable pour un petit déj ou un déjeuner léger. Soupes, lasagnes, *burritos...* mais ce qu'on préfère, c'est le *plato del día,* toujours convenable et bien frais.

Cevichitos Comida Rápida *(plan B1,* ***32****) : angle av. 3 et c/ Central. ☎ 2430-2664. Tlj 11h-22h. Ceviches et plats env 2 500-4 000 CRC.* Certes, la déco de cette minuscule salle jaune aux banquettes orange est légèrement datée, mais on y déguste du *ceviche* sous toutes ses formes *(camarón, peruano, pescado...),* proposé en petite ou grande taille. Les grosses faims opteront pour l'*arroz de camarones* ou l'*arroz con marisco.* Frais et goûteux.

El Chante Vegano *(plan B1,* ***33****) : av. 5, entre c/ 1 et c/ Central. ☎ 2440-3528. Tlj 12h-20h (16h dim). Plats 3 500-6 000 CRC.* Au rez-de-chaussée d'une maison moderne où domine le rouge, sur un bout de terrasse ouverte sur la rue, voici LE resto végétarien de la ville. Quelle bonne idée ! *Ceviche, hummus con pita, burrito de vegetales, hamburgesa de quinoa* : *veg* ou *vegan* (végétarien ou végétalien), on a le choix et l'on vous démontre avec maestria que *veggie* ne rime pas avec ennui, mais plutôt avec envie.

Jalapeños Central *(plan B1,* ***34****) : c/ 1, entre av. 3 et av. 5. ☎ 2430-4027. Tlj 11h30-21h (20h dim). Plats env 2 500-5 000 CRC ; menu au déj env 5 000 CRC.* Un petit resto tex-mex dont la salle est aussi chaleureuse que les plats sont épicés : enchiladas, *burritos, quesadillas,* tacos... La *sopa azteca* vaut également le détour. Une des adresses les plus sympathiques et animées de la ville, notamment le soir. Méfiez-vous tout de même des *jalapeños,* ces piments tout petits petits mais... forts en gueule !

El Patio Food Garden *(plan B2,* **35**) **:** *c/ 3, entre av. 6 et av. 8. Tlj 12h (9h jeu-ven et dim)-22h.* Restos et bars en plein air. Parmi eux, nous avons aimé ***La Calle Beer & Street Food,*** installée dans 2 containers peints en noir, 2 terrasses (l'une basse et l'autre en hauteur). Sympa pour boire un verre et grignoter. Juste en face, ***El Hop,*** cuisine italo-américaine de bonne facture. Ambiance un soupçon branchée et animée en fin de journée-début de soirée.

Où manger dans les environs ?

Sur la route du volcan Poás

De bon marché à prix moyens (max 10 000 CRC / 14 €)

Mirador del Valle *(carte Sur la route du volcan Poás,* **20**) **:** *sur la route 712, l'une de celles qui mènent au volcan Poás, à 6,5 km d'Alajuela, un peu avt l'hôtel* Buena Vista, *bien indiqué, sur la gauche. ☎ 2441-7318. Resto tlj 12h-22h à 23h selon les soirs. Plats env 4 500-8 000 CRC.* Accrochée à flanc de coteau, cette maison en bois attire tout d'abord pour son point de vue à 360° sur la vallée, mais aussi pour l'accueil charmant et la cuisine locale simple, bonne et copieuse. Locaux et touristes de passage s'y retrouvent.

Restaurante Chubascos *(carte Sur la route du volcan Poás,* **21**) **:** *sur la route 712 qui mène au volcan, à gauche de la chaussée, dans le village de* ***Fraijanes.*** *☎ 2482-2280. Tlj sauf mar 11h (9h30 w-e)-17h (18h w-e). Plats 4 000-8 000 CRC.* Charmante terrasse en bois, dont la carte offre une cuisine costaricienne typique, servie avec un soin notable. Mention spéciale pour les *garbanzos* (pois chiches) *o frijoles tiernos con cerdo* et la *sopa negra.* Pour les végétariens, un *casado chubascos* de bon aloi. Très fréquenté par les familles le dimanche, venir tôt pour avoir une place.

Jaulares Restaurante *(carte Sur la route du volcan Poás,* **22**) **:** *sur la route 146, la route principale qui mène au volcan, sur la gauche de la chaussée. ☎ 2482-2155. Tlj, horaires variables. Plats env 3 000-7 500 CRC.* Dans une grande salle façon hangar, avec tout au fond les énormes marmites placées sur un foyer de bois, dans lesquelles mijote une bonne *ola de carne* (sorte de pot-au-feu local) qui parfume toute la salle. Copieux *casado* également. On déguste ces plats avec gourmandise, installé aux lourdes tables de bois colorées. Propose aussi de bonnes pizzas, au feu de bois évidemment.

Restaurant La Cajuela *(carte Sur la route du volcan Poás,* **23**) **:** *dans la plantation de café Doka Estate, à env 16 km d'Alajuela, à* ***Sabanilla de Alajuela*** *(lire plus loin « Dans les environs d'Alajuela »). ☎ 2449-5152. Tlj 11h30-13h30. Buffet env 15 $.* Que vous participiez à la visite de cette plantation de café ou pas, si vous êtes dans le secteur et qu'il est l'heure de casser une petite graine, ce généreux buffet, qui attire tous les visiteurs, offre un panorama assez large de la cuisine costaricienne (2 passages possibles au buffet). Jus de fruits fraîchement pressés (fraise, mangue, ananas...) inclus, ainsi que le café *de la casa,* évidemment. Agréable terrasse ouverte sur la plantation.

Sur la route des La Paz Waterfall Gardens

De prix moyens à chic (6 000-15 000 CRC / 8-20 €)

Colibries Restaurant *(carte Sur la route du volcan Poás,* **24**) **:** *dans les* ***La Paz Waterfall Gardens.*** *☎ 2482-2100. Tlj 11h-16h. Buffet env 15 $.*

Si vous avez l'intention de visiter les *La Paz Waterfall Gardens,* n'hésitez pas à déjeuner dans ce magnifique restaurant, au cœur de cet espace naturel remarquablement aménagé. Bon panorama de la cuisine locale, réalisée avec sérieux. C'est bon, copieux et concocté avec des produits de qualité. Le cadre 100 % nature fait le reste.

Colbert Restaurant *(carte Sur la route du volcan Poás,* ***25****)* **:** *à* ***Vara Blanca,*** *sur la route 120, à 400 m de la station essence. ☎ 2482-2776. Tlj sauf mer-jeu 12h-19h. Plats 5 000-14 000 CRC.* C'est la maison jaune, adossée à la colline. Depuis plusieurs décennies, Joël, un chef français, qui a posé ses casseroles ici il y a fort longtemps, concocte avec amour de belles assiettes rendant hommage à la cuisine traditionnelle de son pays. Magret de canard à l'orange, lapin à la bière, poulet aux champignons... Une pause nostalgie bienvenue pour les larges budgets, un peu fatigués des *platos típicos.*

Sur la route de La Garita

La Casona del Maiz : *à l'ouest d'Alajuela, sur la route de La Garita, 2,2 km après avoir passé Zoo Ave, sur la droite. ☎ 2433-5363. Tlj 5h30-21h. Plats 5 000-11 000 CRC.* Parmi les nombreux restaurants dédiés au maïs situés sur cette route, celui-ci est notre préféré. On conseille de s'installer au fond de la gigantesque salle, pour profiter de la vue sur le vallon. Voici une cantine populaire, où se mêlent allègrement les locaux et les touristes. Rassurez-vous, malgré le nom, on n'y mange pas que du maïs. Demandez le *casado del día,* particulièrement copieux et bon marché. Parmi les autres plats typiques, l'*arroz con cerdo* ou les *lomo a la tica* (plats maison à base de filet de bœuf) valent le coup de fourchette. Baby-foot pour vous détendre, en attendant vos plats !

À voir

La Catedral et le Parque Central *(plan A-B1-2)* **:** *au cœur de la ville.* La façade blanche et massive de la cathédrale révèle un style néoclassique sans grand intérêt. Elle fut sévèrement touchée par le tremblement de terre de 1990, mais on la redressa rapidement. Pénétrez à l'intérieur pour observer les pimpantes fresques refaites à neuf. La nef accueille 5 larges panneaux narrant l'histoire du Christ dans un style naïf et coloré, typique d'Amérique centrale. Les bas-côtés ont également profité de cette rénovation réussie. Quant au *Parque Central,* fidèle à la tradition, c'est un espace tranquille et ombragé par de grands arbres et de fiers palmiers, où les rires des enfants et le silence des anciens parviennent à dominer le bruit des voitures, ouf !

Museo Historica Juan Santamaría *(plan A1)* **:** *à côté du Parque Central. ☎ 2441-4775. • museojuansantamaria.go.cr • Tlj sauf lun 9h-17h30. GRATUIT.* Cet édifice massif et gris, avec son curieux style de forteresse à créneaux, est en fait une ancienne prison. Le rez-de-chaussée autour de la cour centrale abrite un musée d'histoire du pays et se concentre plus particulièrement sur la bataille de 1856, qui vit l'enfant de la ville, Juan Santamaría, se conduire en héros (voir la rubrique « Histoire » dans le chapitre « Hommes, culture, environnement »). Costumes, objets divers, panneaux et cartes qui relatent les combats pour l'indépendance dans les différents pays d'Amérique centrale. Dommage que le tout manque un peu d'organisation. Une autre salle présente des portraits de personnages politiques et quelques modestes films historiques.

Mercado Central *(plan A1-2)* **:** *dans le quadrilatère composé de l'av. Central et av. 1 et des c/ 4 et c/ 6. Lun-sam 6h-18h, plus dim en déc.* Marché couvert, véritable cœur battant de la ville, où l'on a plaisir à se mêler à la gentille animation. Le typique y côtoie les inévitables chinoiseries. Quelques gargotes ici et là, où l'on pourra déguster un *arroz con...* pour 3 fois rien (voir « Où manger ? Où boire un verre ? »).

Plaza Feria (plan A2) : av. Central Juan López del Corral. Ven 13h-21h, sam 5h-14h30. Sous un grand hangar se tient, tous les vendredis et samedis, le ***marché fermier*** d'Alajuela, considéré comme l'un des plus grands marchés du Costa Rica. Un espace entièrement dédié à la vente des produits locaux, par les producteurs eux-mêmes. On y découvre la multitude de fruits tropicaux bien sûr, mais aussi des étals de légumes, fleurs, viandes et fromages locaux.

DANS LES ENVIRONS D'ALAJUELA

Les environs proches de San José et d'Alajuela offrent plusieurs excursions dont les 3 principales, le volcan Poás, la plantation de café Doka Estate et les *La Paz Waterfall Gardens,* peuvent se faire dans une même journée. 1re solution, louer une voiture à plusieurs (compter env 60 $ la journée). 2e option, passer par son hôtel car ils proposent tous l'excursion des 3 sites, pour un tarif allant de 110 à 150 $ par personne, déjeuner inclus et toutes les entrées comprises (départ en général vers 8h-8h30, retour vers 16h-17h). Enfin, 3e possibilité, louer les services d'un taxi à plusieurs. Dans ce cas, si vous allez seulement au volcan Poás, comptez 100 $ (aller-retour, avec 2h sur place) ; pour les 3 sites, comptez entre 150 et 200 $ pour le véhicule entier (prix et temps d'attente sur place à négocier)... mais les entrées ne sont pas comprises, évidemment. À vos calculettes !

Vers le nord

Parque Nacional Volcán Poás (carte Sur la route du volcan Poás) : *tt au bout de la route du volcan ; bien fléché depuis Alajuela ou San José. Visites tlj 8h-14h20 (dernière entrée),* ***uniquement sur résa via le site internet*** *(voir plus bas). Entrée : 15 $; réduc enfants. Parking : 2 000 CRC. Si vous n'avez pas de véhicule, on peut acheter une excursion à la ½ journée auprès d'un hôtel de San José ou d'Alajuela, ou l'excursion groupant les 3 principaux sites (voir les détails dans le texte plus haut). Également 1 bus/j. à 9h depuis Alajuela (voir « Arriver-Quitter » en début de chapitre).*

ÉRUPTIONS ET TREMBLEMENTS

La région du Poás n'est pas une terre tranquille. Après les éruptions de 1953-1955, le volcan prit du repos. Mais la terre qui l'entoure assura la relève en tremblant sévèrement, notamment en janvier 2009, faisant grimper l'échelle de Richter jusqu'à 6,2 et laissant plusieurs dizaines de victimes. Cependant, cette secousse fut largement battue par celle qui frappa la péninsule de Nicoya en septembre 2012, dont la puissance atteignit 7,6 ! Pays tranquille, le Costa Rica cache dans ses entrailles un tempérament de feu !

– ***Infos pratiques : le ticket d'entrée s'achète uniquement sur le site*** ● **sinac.go.cr** ● Vous devez tout d'abord vous créer un compte pour pouvoir vous connecter, puis sélectionner le volcan Poás, suivre les instructions et choisir son créneau de visite (jour et heure, visites toutes les 20 mn 8h-14h20). En principe, le ciel est plus dégagé avant 10h et offre une meilleure visibilité sur le cratère (on a bien dit « en principe » !), ***choisir si possible un créneau de visite avant 10h***. Les visites sont organisées par groupe de 50 visiteurs et il faut rester près du guide pendant les 20 mn de visite pour des raisons de sécurité. Arriver 10-15 mn avant l'horaire choisi. À 2 pas de là, le ***Centro de Visitantes*** donne quelques informations sur le volcan et sa région. Puis, muni d'un casque, départ pour la visite (20 mn sur place).

– ***Caractéristiques :*** créé en 1971, ce parc national protège la région située autour du sommet du volcan Poás. C'est le plus proche de la capitale et l'un des plus visités du pays. Sa facilité d'accès autant que sa majesté lui ont bâti une certaine célébrité, tout comme ses éruptions à répétition, qui peuvent du coup entraîner la fermeture temporaire du site. Contrairement à d'autres parcs, sillonnés de nombreux sentiers qui s'enfoncent loin dans la jungle, on vient ici uniquement pour observer le cratère principal, accessible à tous après une courte balade (900 m). Pas d'immersion dans d'épaisses forêts, et donc assez peu de chances d'observer la riche faune costaricienne. Peut-être croiserez-vous malgré tout le merle fuligineux, quelques colibris virevoltants et, avec de la chance, un quetzal, perché dans les hautes branches. Sinon, reste à faire des selfies avec les écureuils ! Depuis la réouverture du site, ***seul le Sendero al Mirador del Cráter Principal est accessible.*** Le reste du parc est fermé pour des raisons évidentes de sécurité depuis avril 2017.

– ***Sendero al Mirador del Cráter Principal :*** ♿ Depuis le *Centro de Visitantes,* un sentier goudronné de 900 m (environ 10 mn) mène au point de vue principal sur le cratère. Vous voilà perché à 2 574 m d'altitude, au cœur d'un fascinant paysage de désolation, où le regard plonge dans un cratère aux flancs gris cendre, dont le fond est occupé par un lac aux eaux changeantes. Il vous faudra observer ce spectacle avant 10h du matin si possible, pour avoir plus de chance de profiter d'un ciel plus ou moins dégagé. Quand la brume s'installe dans le cratère, la vue se bouche totalement. D'une profondeur de 300 m et d'un diamètre de 1 320 m, le lac offre de superbes clichés. Il faut rappeler qu'il est assez rare de pouvoir observer aussi facilement le cratère principal d'un volcan... en activité. Ses eaux sont à une température stable d'environ 40 °C. Des fumerolles s'en échappent régulièrement, ce qui permet de surveiller en temps réel les soubresauts du monstre.

Rappelons tout de même que si le ciel est bouché, la visite n'a aucun intérêt. Nombre de visiteurs reviennent déçus de n'avoir rien vu.

– ***Circuito Laguna Botos :*** ce petit lac d'altitude (400 m de diamètre et 14 m de profondeur) à 45 mn de marche du cratère principal ***n'est plus accessible pour le moment pour des raisons de sécurité.*** Ancien cratère éteint, entouré d'une dense végétation, il contraste fortement avec la vision particulièrement minérale du cratère principal. Alimenté par les eaux de pluie, le Botos tire son nom d'une tribu indigène ayant vécu autrefois dans le secteur.

OÙ LES CORDONNIERS SONT LES PLUS MAL CHAUSSÉS...

Bien que le pays produise d'excellentes graines, le café que l'on sert dans les bars du Costa Rica est souvent de piètre qualité. Allongé à n'en plus finir, il n'a aucun goût. Comme aux États-Unis ! C'est pourquoi, quand vous commandez un café, il faudra bien préciser « espresso », sous peine de vous voir servir une lavasse imbuvable. Ou alors, ajoutez du Nescafé. Eh, eh !

Doka Estate *(carte Sur la route du volcan Poás)* **:** *à 16 km d'Alajuela, à* ***Sabanilla de Alajuela.*** ☎ *2449-5152 ou 2449-6623.* • *dokaestate.com* • *Tour guidé uniquement (en anglais ou en espagnol), à 9h, 10h, 11h, 13h30, 14h30 et 15h30 (dernier tour à 14h30 w-e). Visite guidée : env 25 $; réduc. Durée : env 1h.*
La plus fameuse des plantations de café des environs propose une excellente visite durant laquelle tout le processus d'élaboration du café est expliqué, étape par étape. La plante, le fruit, la cueillette, le séchage, la torréfaction et enfin, évidemment, la dégustation. Au cours de la visite, on explore seulement une partie de l'immense exploitation. On y apprend notamment qu'il y a 6 types de café cultivés au Costa Rica, tous des arabicas. Rançon du succès, des cars entiers de touristes rendent la visite pas vraiment intime et bucolique ! Peut-être un peu moins de monde en milieu de semaine. Pour info, *La Cajuela,* le resto de la plantation, offre un superbe buffet tous les midis (voir « Où manger dans les environs ? » plus haut).

La Paz Waterfall Gardens *(carte Sur la route du volcan Poás)* **:** *à* **Vara Blanca,** *sur la route 126.* ☎ *2482-2100.* • *waterfallgardens.com* • *Tlj 8h-17h (heure limite de sortie). Prévoir 2h de visite. Entrée : env 50 $; réduc 3-12 ans. Plan du site (très utile) à prendre à l'entrée. Possibilité de manger au* Colibries Restaurant *qui propose, tlj 11h-16h, un buffet à env 15 $. Évitez en revanche le* Tortillas Restaurant. *Le parc abrite aussi un hôtel de grand luxe, le* Peace Lodge *(pas vraiment dans nos tarifs).*

Immense jardin tropical superbement aménagé au creux d'une vallée et dans un site naturel dont on a parfaitement préservé l'aspect sauvage. Plusieurs pavillons et volières abritent des animaux (mammifères et oiseaux) qu'on n'aura pas forcément la chance d'observer en pleine nature. En tout, plus de 200 espèces évoluant dans un cadre protégé.

On démarre la visite par les ***volières aux oiseaux,*** où aras et toucans rivalisent de couleurs. On peut aussi admirer l'impérial quetzal, aux couleurs sans doute moins flamboyantes mais d'une incroyable finesse. Les oiseaux que l'on observe ont pour la plupart échappé à un trafic, avant d'être récupérés par le gouvernement et soignés ici. Arrivés jeunes, ils n'ont souvent pas la capacité à vivre en milieu sauvage.

Plus loin, on se fait discret en pénétrant dans l'immense ***serre aux papillons,*** où l'on s'émerveille devant ce ballet multicolore. Dans un coin de la serre, on observe toutes les étapes de développement : larve, cocon puis papillon.

À 2 pas, l'espace réservé aux ***singes*** capucins *(cappucino)* et aux singes araignées *(spider monkey),* qui possèdent la particularité d'utiliser leur queue comme un 5e membre (ben oui !).

Non loin, on trouve le point de ralliement des ***colibris.*** Spectacle fascinant que ces minuscules oiseaux qui battent des ailes à une vitesse telle qu'ils peuvent stationner immobiles dans les airs. Ils viennent ici puiser de l'eau, à l'aide de leurs becs fins comme une aiguille, aux petits abreuvoirs qu'on vous proposera de tenir à bout de bras. 26 sortes sont présentées, ce qui constitue l'une des plus grandes concentrations au monde.

Ne manquez pas le ***vivarium*** et ses nombreux spécimens de superbes reptiles d'Amérique du Sud pour la plupart, dont certains sont mortels. Une trentaine proviennent du Costa Rica : *coral snake, terciopelo, king snake, lora venenosa,* sans oublier le terrifiant « fer de lance » (en français dans le texte). On préfère les savoir derrière la vitre que dans nos bottes... Juste à côté, le *Colibries Restaurant* constitue une étape bien agréable.

L'alcôve réservée aux ***grenouilles*** vaut également le coup d'œil. On y verra les amusants petits amphibiens vert et rouge, aussi flashy que minuscules. Quelle beauté ! Un guide est toujours présent sur place pour vous aider à repérer ces petites coquines qui aiment jouer à cache-cache. Juste à côté, une *casita,* demeure rustique du XIXe s, tout en bois, où l'on vous servira un jus de canne chaud.

On termine la visite du bestiaire par le ***jungle cats,*** où l'on admirera quelques jaguars majestueux et d'adorables ocelots, entre le gros chat et le puma.

– ***Balade vers les cascades :*** garder une petite heure pour emprunter un sentier qui longe plusieurs cascades de tailles variables. On commence par le *Upper Templo Lookout,* pour observer la cascade du même nom (26 m de haut). On poursuit par la *Magia Blanca* (37 m, la plus haute), puis vers les plus petites, la *Encantada* (20 m) et la *Escondida* (5 m), avant de terminer par la cascade *La Paz* (34 m). Une chouette manière de clore la visite du parc. De là, un *shuttle bus* passe toutes les 10-15 mn pour vous reconduire au parking si vous en avez plein les pattes.

En poursuivant la route, environ 2 km après l'entrée des *La Paz Waterfall Gardens,* on accède, sans droit d'entrée, au pied de la **Catarata La Paz,** et de son plongeon spectaculaire de 34 m dans la rivière. Se garer avant ou après le petit pont de fer, puis emprunter le petit chemin qui passe sous la cascade. Prudence, le chemin est glissant. Spectacle garanti et une bonne alternative si ce sont les chutes qui vous intéressent.

Vers l'ouest, sur la route de La Garita

Rescate Animal Zoo Ave : *à 6 km à l'ouest du centre d'Alajuela, en direction de La Garita. ☎ 2433-8989. • rescateanimalzooave.org • Tlj 9h-17h. Entrée : 25 $; réduc.* Si vous n'avez pas eu le temps (ou le budget) de visiter les superbes *La Paz Waterfall Gardens,* cet espace vous offrira une séance de rattrapage, mais inutile de cumuler les 2 sites. On visite l'endroit en empruntant un sentier qui traverse une petite forêt où évoluent les animaux (sans échapper, malheureusement, au bruit de la route). Pas inintéressant. On y verra essentiellement des oiseaux d'Amérique centrale (perroquets, toucans, vautours, émeus, pélicans, chouettes...), également des mammifères (singes, jaguars, tapirs, ocelots, tamanoirs, paresseux à 2 doigts...) et une petite section de reptiles et batraciens (caïmans, tortues, boas constrictor...). Également un espace avec des animaux de la ferme, sympa pour les petits (poules, paon, lapin, petits poneys, énormes autruches...), très soigné. Quelques lignes de tyrolienne (supplément à prévoir), pas toujours en fonctionnement.

TOUCAN À PROTHÈSE

Le « Zoo Ave » a pour mission de récupérer les oiseaux blessés ou qui ont fait l'objet d'un trafic. Il a par exemple sauvé un toucan au bec cassé (un toucan sans son bec, ça fait désordre !). Une souscription a même été lancée pour offrir au pauvre animal, baptisé Grecia, une prothèse. Si, si, une prothèse de bec ! Ça nous a cloué le nôtre.

Jardín Botánico de Orquídeas : *sur la route de La Garita, faire env 1 km après le resto* La Fiesta del Maíz, *puis 1re à gauche et rouler encore 1 km ; c'est sur la droite. ☎ 2487-8095. Tlj sauf lun-mar 8h30-16h30 (dernière entrée). Fermeture du jardin à 17h. Entrée : 12 $; réduc.* Ce jardin botanique, spécialisé dans les orchidées, présente environ 300 variétés provenant du monde entier et réparties dans plusieurs serres. Aussi superbes ces fleurs soient-elles, la visite est plutôt réservée aux passionnés. Ceux-ci profiteront des sentiers qui s'étirent sur 3 ha dans un jardin particulièrement soigné, planté d'arbres remarquables. Une volière à perroquets pour mettre un peu d'animal au cœur du végétal.

GRECIA

Agréable bourgade perchée sur une colline, animée et colorée, qui vaut bien une petite halte sur la route de Sarchí, notamment pour la *Iglesia de Nuestra Señora de las Mercedes.* Ce vaste édifice rouge se situe à côté du verdoyant *Parque Central,* planté de palmiers, manguiers et arbres du voyageur. La cathédrale initiale brûla, et quelqu'un eut l'idée de recouvrir la nouvelle de plaques de métal, soudées et rivetées les unes aux autres. Intérieur tout blanc et élégante nef aérienne, bardée de bois. Sans être renversante de beauté, voilà une construction indéniablement originale.

– Si vous êtes véhiculé, à 7 km au sud-est de Grecia (au nord de Tacares et Flores), vous pourrez explorer ***Las Cataratas de Los Chorros*** *(☎ 7095-8913 ; tlj 8h-16h ; parking : 8 $).* Du parking, marcher environ 15 mn sur un sentier parfois boueux, pour atteindre 2 belles chutes d'eau (la 1re fait 40 m de haut), au pied desquelles il y a un petit bassin pour se baigner. Pas facile à trouver, mais les gens du coin, qui la fréquentent essentiellement le dimanche, vous indiqueront volontiers le chemin. Quelques tables de pique-nique sur place.

Où dormir ? Où manger ?

Mangifera Hostel : *av. León Cortes, la rue qui longe le flanc nord de la cathédrale, en plein centre. ☎ 2494-6065. • mangiferahostel.com • Lit en dortoir de 4-5 pers env 10 $; doubles avec sdb partagée 35-50 $.* Maison privée, disposant, à l'arrière, d'un charmant jardin super calme, avec coin salon et hamac. À l'étage de la maison, des chambres simples et claires donnent pour la plupart sur un brin de verdure. Quelques peintures naïves et naturalistes animent les murs, à la manière du Douanier Rousseau. Marco, le sympathique patron, vous donnera volontiers des infos sur la région. Cuisine commune.

Il Capo : *c/ Central. ☎ 2444-3001. À 100 m à droite quand on est face à l'église. Tlj sauf lun 12h-21h. Salades 2 000-5 000 CRC, plats et pizzas 3 000-7 000 CRC.* On y mange une cuisine plus italienne que locale, mais c'est bon et pas cher. La taille des pizzas se décline en nombre de personnes (1 à 6). Bonne bière artisanale brassée à Grecia, la « Corteza ».

SARCHÍ

À 1re vue, rien ne distingue Sarchí d'une autre bourgade costaricienne. À 2e vue non plus. Alors, pourquoi tant de touristes s'y pressent ? C'est que l'endroit est connu dans tout le pays, et même au-delà, pour la fabrication de ses charrettes à bœufs en bois, les *carretas*, peintes de couleurs vives (criardes, diront les mauvaises langues). Toutes les fabriques possèdent aujourd'hui leur petite salle d'expo-vente et leur atelier. C'est pour visiter l'un de ses showrooms que l'on vient ici, et pour rien d'autre (on n'y dort pas). La ville est également réputée pour ses fabrications de meubles en bois, mais aussi en cuir ! Touristique (?) forcément (tous les cars s'y arrêtent), cet artisanat participe largement à l'économie de la ville. Dans le *Parque Central*, on peut voir une énorme *carreta*, étendard de la cité.

LA CHARRETTE DU SUCCÈS

Cernée de forêts donnant du bois de qualité, Sarchí fut de tout temps réputée pour la fabrication de ses meubles. Au début du XXe s, un menuisier-ébéniste s'amusa à reproduire en miniature une carreta, une charrette à bœufs traditionnelle, qu'il décora de motifs floraux de couleurs vives. L'artiste eut son petit succès. Plusieurs artisans suivirent le mouvement. On en fit des grandes, des petites, des minuscules... Avec l'explosion du tourisme, on éleva la charrette au rang d'emblème national. Quant aux meubles, on en fabrique toujours, mais le vrai filon, c'est la charrette à bœufs !

Où manger ?

Prix moyens (6 000-10 000 CRC / 8-14 €)

Las Carretas Eloy Alfaro : *à 150 m au nord de la Mutual Alajuela, Sarchí Norte (juste au nord du terrain de foot). ☎ 2454-1389. Tlj 11h-15h. Menus env 10-15 $.* À l'étage de cette célèbre fabrique de charrettes, un resto impeccable qui propose 2 menus. Le 1er avec *plato fuerte* et jus frais naturel, et le 2d, plus copieux, avec boisson, dessert et café. Une bonne halte, mais pour éviter les cars de touristes, venir tôt ou tard.

Super Mariscos : *à Sarchí Sur, env 500 m après la* Fábrica de Carretas Chaverri, *sur la droite, dans un virage, en venant de Grecia.* ☎ *2454-4330. Tlj sauf mar 11h-22h. Plats env 4 000-14 000 CRC.* Spécialisé dans les *mariscos* (normal, on n'est pas en bord de mer !), un des vrais restos de qualité de la ville. Grande salle sans charme et à la cuisine ouverte, animée par quelques ventilos, où l'on déguste une *mariscada en arroz* ou un *pulpo en mantequilla o ajillo.* Nombreux *ceviches* goûteux (*pequeños* ou *grandes*) et plein de plats à base de crevettes.

À voir. À faire

Fábrica de Carretas Chaverri : *à Sarchí Sur, à 2 km du centre, sur la route de Grecia.* ☎ *2454-4411. Tlj 8h-17h. Venir plutôt en sem et avt 16h pour voir les artisans sculpter et peindre les charrettes dans l'atelier. GRATUIT.* Depuis 1903, on fabrique dans cet atelier-boutique aux allures de hangar des centaines de *carretas,* de toutes les couleurs, de toutes les tailles et à tous les prix. Le petit atelier de fabrication est au fond sur la droite. Qu'on apprécie ou pas le rendu artistique, on ne peut que constater (et admirer) l'adresse des peintres. C'est la plus ancienne fabrique de la ville.

Fábrica de Carretas Eloy Alfaro : *à 150 m au nord de la Mutual Alajuela, à Sarchí Norte (juste au nord du terrain de foot).* ☎ *2454-4131. Tlj 7h-17h. GRATUIT.* Pas la plus ancienne (elle existe depuis 1923), mais certainement l'une des plus fameuses. Pas seulement parce qu'elle attire de nombreux cars de touristes, mais aussi parce qu'ici les artisans ont su diversifier leur production. La jolie boutique présente de très nombreux objets en bois (pilons, plateaux, godets, coffrets...), sans oublier les inévitables charrettes. Au fond de la boutique, on trouve l'atelier (travail du bois et peinture).

Jardín Else Kientzler Botanical Garden : *prendre à droite 100 m après le* Parque Central, *puis, 750 m après le stade municipal, tourner à droite.* ☎ *2454-2070.* • *elsegarden.com* • ♿ *Entrer par le portail d'*Immova Plant, *l'entrée des jardins se trouve 800 m après cette énorme société d'exportation de plantes. Tlj 8h-16h. Entrée : 10 $; réduc.* Ce magnifique parc botanique n'est pas très facile à trouver mais il vaut vraiment la visite. Fondé par une famille de botanistes allemands, il accueille plus de 2 000 espèces provenant de Madagascar, du Japon, de Nouvelle-Zélande, des Bahamas, d'Inde, d'Indonésie... et du Costa Rica évidemment. Succulentes, bromélias, arbres fruitiers, bonsaïs... et un large échantillon de plantes médicinales. Quelques plantes en voie d'extinction également. Superbement entretenu et aménagé, le parc offre aussi des espaces pique-nique avec des aires de jeux pour les enfants.

HEREDIA

• Plan *p. 115*

Perchée sur une colline au-dessus de la vallée, cette grande ville, à quelques kilomètres au nord de San José, offre quelques beaux points de vue sur la capitale. Historiquement, elle doit sa richesse aux plantations de café. Heredia, vivante et bruyante, ne présente pas d'intérêt touristique notable (absence de sites à visiter). C'est malgré tout une grande ville étudiante, ce qui explique la vie nocturne un peu plus animée comparée aux autres

cités du pays, souvent endormies dès 21h. Peu ou pas d'hôtels de charme (euphémisme), mais quelques restos et bars pour ceux qui s'attarderaient dans le coin.

Arriver – Quitter

Bus pour San José *(plan B2,* ***1****) : av. 8, entre c/ 2 et c/ 4.* Bus ttes les 10 mn, 4h30-23h30 (moins fréquents la nuit mais on déconseille les bus de nuit). Trajet : 30 mn.

Train depuis/vers San José : lun-ven, 1 train ttes les 30 mn 5h30-8h puis 15h30-19h30, sam 1 train/h 6h30-12h30. Pas de train le dim. Trajet : 30 mn.

Adresses utiles

Banco Nacional *(plan B2,* ***3****) : c/ 2, près de l'angle avec av. 2. Lun-ven 13h-19h.* Change et distributeur *(24h/24).*

Hospital San Vincente de Paúl *(hors plan par A2,* ***4****) : av. 16, entre c/ 10 et c/ 14. ☎ 2562-8100.*

Où dormir ?

Bon marché (30-60 $ / 25-50 €)

Hotel Las Flores *(plan A2,* ***10****) : av. 12, entre c/ 12 et c/ 14. ☎ 2261-8147. • hotel-lasflores.com • Doubles avec sdb privée 35-45 $.* À 5 mn à pied du marché central, dans un coin très calme, cette grande maison jaune offre des chambres très simples, sans charme, mais lumineuses, situées de part et d'autre d'un grand couloir, toutes peintes d'une couleur différente. Proprio gentil comme tout.

Hotel Hojarascas *(plan A2,* ***12****) : av. 8, entre c/ 4 et c/ 6. ☎ 2261-3649. • hotelhojarascas.com • Double env 60 $.* José Omar, l'aimable proprio, tient ce discret hôtel avec soin. Les chambrettes lumineuses (avec ventilo et salle de bains) donnent toutes sur une coursive pleine de plantes bichonnées. Très calme et hyper propre, à défaut d'être particulièrement charmant. Café, thé et bananes pour les clients le matin, le marché est juste en face pour finaliser le petit déj.

Hotel América *(plan B2,* ***11****) : c/ Central, entre av. 2 et av. 4. ☎ 2260-9292. • hotelamericacr.com • Double avec sdb privée env 65 $, petit déj inclus.* L'architecture hasardeuse de cet établissement, digne représentant de l'hôtellerie des années 1970, annonce la couleur. Des chambres sans aucun charme et parfois sans fenêtre, propres et fonctionnelles, toutes avec ventilo, qui donnent sur un couloir central. On perd en luminosité ce que l'on gagne en calme. Pour dépanner...

Où manger ? Où prendre un bon petit déj ?

Bon marché (max 6 000 CRC / 8 €)

Mercado municipal *(plan A-B2,* ***20****) : c/ 2, entre av. 6 et av. 8. Tlj 6h-18h (12h dim).* Parfait pour un repas bon marché dans l'un des *sodas* du marché, produits frais et ambiance locale assurée.

Samuelito Panadería *(plan A2,* ***21****) : angle av. 8 et c/ 4, face au Mercado Central. Tlj 5h-19h15.* Boulangerie où l'on sert pains divers, chaussons, croissants, brioches, roulés, sablés et roulés-boulés (rayez la mention inutile).

Entre Nous *(plan B1,* ***22****) : av. Central, entre c/ 7 et c/ 9. ☎ 2261-5108. Tlj 11h-20h. Compter 3 000-7 000 CRC.* Crêpes, paninis,

HEREDIA

■ **Adresses utiles**

1 Bus pour San José (B2)
3 Banco Nacional (B2)
4 Hospital San Vincente de Paúl (hors plan par A2)

Où dormir ?

10 Hotel Las Flores (A2)
11 Hotel América (B2)
12 Hotel Hojarascas (A2)
13 Hotel Chalet Tirol (hors plan par B1)

Où manger ? Où prendre un bon petit déj ?

20 Mercado Central (A-B2)
21 Samuelito Panadería (A2)
22 Entre Nous (B1)
23 La Cantina Sport Bar (B1)
24 L'Antica Roma (B1)

Où boire un verre ? Où sortir ?

23 La Cantina Sport Bar (B1)
30 Bars (B1)
31 Miraflores Disco Club (B1-2)

pitas, *wraps,* sandwichs, assiettes gourmandes, etc. Tout un tas de bonnes choses pour les petites faims, du petit déj au dîner. Le tout à déguster dans cette immense salle à la déco gaie, recherchée et originale, comme ce combi Volkswagen des années 1960, dont l'habitacle fait office de table pour 4 personnes.

|●| *La Cantina Sport Bar* *(plan B1,* ***23****)* **:** *c/ 9, angle av. 5. ☎ 4034-7321. Tlj 17h-2h. Plats env 2 500-5 500 CRC.* Bien que situé sur une large artère passante manquant singulièrement de charme, ce resto-bar offre une cuisine tex-mex, super *chifrigote* (porc frit, haricots, riz et avocat), vaste choix de *bocas* (tapas) bon marché. Tacos et *nachos* viennent compléter la carte aux accents mexicains, le tout baignant dans une ambiance de fausse hacienda.

L'Antica Roma *(plan B1, **24**) : av. 7, angle c/ 7. ☎ 2262-9073. Tlj 12h30-22h30 (minuit ven-sam). Pizzas et pâtes 1 500-9 000 CRC.* Aguicheur comme un vrai restaurant italien, avec son éclairage discret et ses bougies sur les tables, cet établissement flirte avec l'élégance. Le large choix de bonnes pâtes et de pizzas bien garnies (proposées en portion *pequeña, grande* ou *gigante*), servies avec un sourire généreux, fait de cette adresse l'une des meilleures tables de la ville, à prix raisonnables. Raviolis, risottos et lasagnes sont également de la fête.

Où dormir ? Où manger dans les environs ?

De chic à plus chic

Hotel Chalet Tirol *(hors plan par B1, **13**) : à **Los Angeles de San Rafael d'Heredia,** à 12 km au nord-est d'Heredia. ☎ 2267-6222. • hotelchalettirol.com • Chalets 2 pers 80-100 $ en sem et 130-140 $ le w-e ; plus cher pour la master honey moon.* Il est carrément insolite, ce petit hameau-hôtel – comme on en trouve dans les Alpes suisses –, avec ses 10 chalets colorés, plantés dans une vaste clairière agrémentée de bougainvillées et d'hortensias, cernée par une forêt au bout de nulle part. Tous en duplex, chacun abritant 2 chambres (une au rez-de-chaussée et l'autre à l'étage). Confort douillet. Architecture alpine, avec toit très pentu. Dans un autre bâtiment, 10 chambres supplémentaires au même confort. Le restaurant attenant à l'hôtel propose une cuisine qui se veut chic mais qui se révèle surtout un peu prétentieuse et très chère.

El Tigre Vestido : *c'est le resto de la Finca Rosa Blanca (voir ci-après). ☎ 2269-9555. Tlj 7h-22h. Plats env 6 000-14 000 CRC.* Bien que situé dans l'enceinte de l'hôtel, ce resto est ouvert à tous. Superbe terrasse couverte par des bambous qui filtrent la lumière. Vue extra sur la vallée. Au déjeuner, jolies salades, *fish & chips* ou *smoked trout sandwich.* Le soir, cuisine plus élaborée.

Beaucoup plus chic

Finca Rosa Blanca *(carte Sur la route du volcan Poás, **17**) : à **Santa Bárbara,** un peu après Barva et à 8 km au nord-ouest d'Heredia. ☎ 2269-9392. • fincarosablanca.com • Doubles à partir de 250 $.* Plantée au sommet d'une colline offrant un panorama somptueux sur la vallée, cette grosse maison blanche abrite une quinzaine de chambres luxueuses dans un environnement particulièrement serein. Avec ses allures de demeure du début du XXe s, elle fut pourtant construite dans les années 1980. Toutes les chambres, de grand confort, s'organisent autour d'un beau patio blanc, où glougloute une fontaine. Ambiance cosy et partout de grandes toiles modernes. Évidemment, tout cela a un prix. Juste au-dessus de la maison, une piscine nichée au milieu de la végétation et un jacuzzi. Charmant resto sur une terrasse de bois, qui sert une cuisine éclectique et de qualité (voir plus haut). L'hôtel propose également, pour ses hôtes, un tour dans la plantation de café, avec dégustation à la fin.

Où boire un verre ? Où sortir ?

Ville estudiantine oblige, la vie nocturne d'Heredia a le mérite d'exister, ça change des villes bonnets de nuit ! La plupart des bars restent ouverts jusqu'à 2h (en tout cas le week-end). Pratiquement tous les établissements sont concentrés autour des *calle 7* et *avenida Central (plan B1, **30**).* Le ***Caramba*** *(angle c/ 7 et av. Central)* est l'un des plus animés, tout comme le ***Fofo's Sport Bar*** *(sur la c/ 7),* qui attire également sa petite faune locale. À l'autre angle, le ***7th Street Pub and Brewery*** est du même tonneau (de bière). On termine juste à côté, au ***Bulevar Relax,*** avec ses écrans TV et sa terrasse ouverte. On pourra aussi boire un verre à ***La Cantina Sport Bar*** (*plan B1, **23***; voir « Où manger ? »), et profiter de son karaoké le week-end. Et pour les insomniaques, on peut terminer la nuit à la ***Miraflores Disco Club*** (*plan B1-2, **31**; angle av. 2 et c/ 2*), au-dessus du *Coffee Break* : on y danse sur des rythmes internationaux.

À voir. À faire à Heredia et dans les environs

Parque Central (*plan B1*) **:** charmant parc bordé par une ***petite église*** datant de la fin du XVIIIe s. Façade basse et trapue, elle est gardée par un gros clocher au garde-à-vous juste à côté. L'intérieur dégage un certain charme. Juste au nord du parc, on aperçoit un curieux fortin, tourelle octogonale tout en brique et percée de fines meurtrières. Il date du milieu du XIXe s et constitue l'emblème de la ville. Pour monter au sommet, d'où l'on a une belle vue sur l'église « *Inmaculada* » et sur le *Parque Central,* il faut entrer par le *palazio Municipal* (qui possède d'ailleurs une très jolie cour intérieure) et demander l'accès au fortin, c'est gratuit (*tlj 10h-17h ; fermé fév-mars*).

Casa de la Cultura (*plan B1*) **:** *angle av. Central et c/ Central. ☎ 2261-4485. Lun-ven 8h-18h, sam-dim et j. fériés 9h-12h, 13h-18h. GRATUIT.* Cette élégante maison coloniale de la fin du XVIIIe s, avec son balcon en bois et sa large coursive, constitue l'unique vestige colonial de la ville. Ce fut la demeure du président Alfredo González Flores (1877-1962). On y verra une salle dédiée au président (photos, docs, panneaux d'info...). Modeste mais pas inintéressant. Le reste des salles du rez-de-chaussée est consacré à de petites expos temporaires.

Dans les proches environs

Britt Coffee Tour (*hors plan par B1*) **:** *à 1 km au nord du centre. ☎ 2277-1600. • coffeetour.com • Tours tlj à 9h, 11h, et 15h15, en espagnol ou en anglais. À réserver sur le site. Tarif : 26 $; réduc 6-12 ans. Durée : env 1h20, dégustation de café ou de chocolat comprise.*
Bien que touristique, cette visite est particulièrement instructive et pédagogique. On vous narre par le menu toute l'histoire du café en général et celui du Costa Rica en particulier. Une carte présente les différents sites de plantations du pays, puis on en vient à l'explication de toutes les phases de culture du café. On traverse un petit bout de la plantation pour passer en revue les 5 conditions nécessaires à l'élaboration du précieux breuvage : sol, météo, altitude, type de café et travail de l'homme. Cueillette des fruits, sélection des grains, séchage... tout cela est expliqué avec beaucoup de précision. Intéressantes digressions sur la torréfaction, où l'on recherche un équilibre entre puissance des arômes, amertume et acidité. Enfin, dans la salle de théâtre, on procède à un test et une analyse critique d'un café fraîchement préparé.
Si Britt n'est pas un producteur de café, il achète les récoltes de nombreux petits producteurs du Costa Rica dans une démarche durable louable, où tout le monde trouve son compte.
On termine évidemment la visite par la belle boutique où sont proposés une dizaine de cafés différents, du plus doux au *dark roast,* le plus tonique. Profitez-en pour faire quelques emplettes, des choses sympa à rapporter !

Museo de la Cultura Popular (*hors plan par B1*) **:** *env 1,5 km après Britt Coffee Tour, sur la même route ; pas facile à trouver. ☎ 2260-1619. • museo.una.ac.cr • Pour les individuels, ouv seulement dim 10h-17h. GRATUIT. Dim, menu typique au resto.*

Curieusement situé au cœur d'un quartier résidentiel calme, un peu perdu au milieu de nulle part. Les passionnés d'architecture et d'histoire (et seulement ceux-là !) visiteront sans déplaisir cette plantation de café et la maison d'Alfredo González Flores datant de 1885 et construite *al bahareque,* structure de bois mêlée à des morceaux de terre cuite et emplie de terre argileuse. Restaurée, cette *casita* est entourée d'un agréable petit jardin. On ne fait pas le détour exprès, mais si vous passez par là... À noter qu'on y sert le dimanche un *plato fuerte* typique, copieux et pas cher.

À une quarantaine de kilomètres

Parque Nacional Braulio Carrillo : *à env 40 km au nord-est d'Heredia par les routes 112 puis 32. ☎ 2206-5500 ou 2266-1892. Tlj 8h-15h30 (dernière sortie à 16h). Entrée : 12 $; réduc.* Parc gigantesque couvrant 47 600 ha de forêt primaire, il abrite l'une des plus riches biodiversités qui soient. On y a dénombré plus de 6 000 espèces de plantes, dont des fougères géantes et les *Gunnera insignis,* plus connues sous leur nom anglais de *poor man umbrella* puisqu'elles peuvent abriter de la pluie une famille entière sous leurs énormes feuilles ! Le parc n'est pas vraiment facile d'accès et la plupart des voyageurs se contentent de le traverser. On peut toutefois se faire une idée de sa richesse végétale en s'arrêtant au *Rainforest Adventures* pour une belle balade sur la canopée (voir ci-après).

Rainforest Adventures : *peu après l'entrée du parc, dans un virage, bien indiqué sur la gauche (sur la route 32). ☎ 2257-5961. • rainforestadventure.com • Tlj 7h-16h.* L'attraction principale consiste à emprunter une sorte de nacelle ouverte, un *teleférico,* qui traverse la forêt tropicale au niveau de la canopée *(tour de 2h30, env 65 $).* Le trajet se fait très tranquillement, ce qui permet d'observer de près les arbres, les oiseaux et les singes qui y résident. La dizaine de tyroliennes procure plus de sensations évidemment *(package à partir de 100 $),* mais on prend moins le temps d'observer la nature.

À L'EST DE SAN JOSÉ

CARTAGO

27 000 hab.

• Plan *p. 121*

L'ancienne capitale du Costa Rica n'est certes pas la plus belle ville du pays. Il faut dire que les vicissitudes de son histoire ne l'ont guère aidée à conserver les traces de son passé. Fondée au milieu du XVIe s par le gouverneur Juan Vázquez de Coronado, qui la para de remarquables palais coloniaux, elle vit ses dorures se ternir brutalement lors de l'éruption du volcan Irazú en 1723, qui la réduisit à l'état de gravats, et couvrit le reste d'un épais manteau de cendres. Le terrible tremblement de terre de 1841 remit le couvert, puis celui de 1910 sonna le glas du développement de la ville. Inutile d'évoquer celui de 1926... Entre-temps, en 1823, les autorités locales prirent la décision de transférer la capitale à San José, sa rivale, pour des raisons politiques, mais aussi à cause de la situation sensible de la ville sur le plan sismique.
Aujourd'hui, si l'intérêt touristique de Cartago est somme toute limité, il faudra s'y arrêter pour visiter la *Basílica de Nuestra Señora de los Angeles* et,

à 2 pas, les *Ruinas de la Parroquia,* qui valent le coup d'œil. Peu de touristes choisissent de dormir à Cartago, préférant généralement séjourner à San José.

Arriver – Quitter

Bus pour les villes dans les environs de Cartago *(plan A1)* **:** *c/ 4, au nord de l'av. 3.* Liaisons permanentes depuis et vers San José. Bus réguliers vers Alajuela, Turrialba et la vallée d'Orosi.

***Bus pour le volcan Irazú* :** le bus qui grimpe au volcan part de San José à 8h et passe par Cartago vers 8h30. Il s'arrête dans l'une des rues entourant la *plaza de la Basílica* (demandez sur place, l'arrêt du bus change tout le temps !). Trajet : env 1h-1h30. Retour vers 12h30. Un autre bus part de Cartago vers 12h (retour 15h15), mais il vous fait arriver trop tard pour la visite du volcan.

Train depuis/vers San José *(plan A1)* **:** *c/ 4, av. 3.* Lun-ven 3 trains le mat avt 8h, puis 1 train ttes les 30 mn 15h-19h ; sam 1 train/h 6h30-13h30. Pas de train le dim. Trajet : env 50 mn. Infos : • *incofer.go.cr* •

Adresses utiles

■ ***Banco Nacional*** *(plan A1,* ***1****)* **:** *angle c/ 4 et av. Central. Lun-ven 8h30-15h45.* Distributeur.

■ ***Farmacia Miranda*** *(plan A2,* ***2****)* **:** *c/ 2, entre av. 2 et av. 4. ☎ 2591-6128. Lun-sam 8h-18h, dim 9h-13h.*

Où dormir ? Où manger ?

De bon marché à prix moyens

Casa Aura *(plan A1,* ***10****)* **:** *c/ 2, près de l'av. 3. ☎ 2591-8161. • casaauracr.com • Double avec sdb env 60 $; petit déj en sus.* À 2 pas du centre, dans une rue calme, on ne s'attendait pas à dénicher cette petite adresse. Quelques chambres simples mais dotées d'un réel effort de déco, situées au rez-de-chaussée d'une agréable maison. Cuisine à disposition. Accueil charmant.

Marisquería y Pescadería La Cambusa *(plan B1-2,* ***12****)* **:** *c/ 5, angle av. 2. ☎ 8392-3038. Tlj au déj, plus le soir jeu-dim. Plats 3 500-6 500 CRC.* Sans doute la meilleure adresse de la ville. Incontournable pour les amateurs de fruits de mer, poissons et autres produits de la mer. *Mariscadas y arroces* se déclinent en petite et grande portions, à déguster dans une salle claire et soignée. Service impeccable. Amis carnivores, passez votre chemin.

La Puerta del Sol *(plan B1,* ***13****)* **:** *av. 1, entre c/ 13 et c/ 13C (le long de la grande place de la basilique). ☎ 2551-0615. Tlj 8h-22h env. Plats 4 500-7 000 CRC.* Grande salle agréable et ouverte sur la rue. La carte offre les grands classiques costariciens : un bon *gallo pinto* des familles et un *casado* qui vous remplira la panse. Venir tôt car tous les bus touristiques s'y arrêtent.

À voir à Cartago et dans les environs

Basílica de Nuestra Señora de los Ángeles *(plan B1)* **:** *plaza de la Basílica, entre c/ 13 et c/ 15 et av. Central et av. 1.* Fierté de la ville, cet énorme édifice détruit par le tremblement de terre de 1910 fut reconstruit dans un curieux style néobyzantin. Si l'extérieur présente un aspect lourd et massif, il est toutefois un peu racheté par ses nombreuses et aériennes coupoles. Mais c'est l'intérieur qui fait tout son intérêt. Gigantesque nef soutenue par une multitude de colonnes peintes de motifs floraux, aux chapiteaux décorés de feuilles d'acanthe dorées. Les parties hautes sont garnies de lambris et de fines arcatures dorées. D'intéressants vitraux illuminent ce remarquable décor, particulièrement original. La statue de la Vierge noire n'est visible que le 2 août, lors de la grande procession qui lui rend hommage. Noter encore la chaire de bois, assez kitsch mais qui a son petit caractère. Si vous êtes dans le coin le dimanche matin, ne manquez pas la messe, même si vous ne croyez en rien ni en personne.

UN PÈLERINAGE OÙ L'ON FINIT SUR LES GENOUX !

Chaque année, le 2 août, des dizaines de milliers de pèlerins effectuent une procession entre San José et la basilique de Cartago. Ils honorent la Negrita, *une petite statue trouvée par une Amérindienne en 1635. À chaque fois que la statue fut déplacée, celle-ci revint, dit-on, à l'endroit précis où elle fut découverte. Il n'en fallait pas plus pour que les habitants élèvent en son honneur la Basílica de Nuestra Señora de los Ángeles. Les plus fervents adorateurs de la Vierge effectuent sur les genoux les quelques centaines de mètres à la fin du parcours. Impressionnant.*

Museo Municipal *(plan A1) : av. 3, entre c/ 1 et c/ 2, face à la c/ Central. ☎ 2591-1374. Tlj 9h-16h. GRATUIT.* Ce bâtiment, qui abritait au siècle dernier une caserne, a été transformé en musée. Espace dédié au patrimoine artistique et culturel de la province. Au-delà des expositions permanentes et temporaires d'artistes contemporains, le bâtiment en lui-même vaut une visite, ne serait-ce que pour ses belles salles intérieures qui ont gardé tout le charme des édifices du début du XXe s.

Ruinas de la Parroquia *(plan A1) : en bordure est du* Parque Central. *Ouv en permanence.* Les ruines de l'ancienne église de Cartago ont fière allure. Fondée en 1575 et agrandie plusieurs fois, elle rendit l'âme le 2 septembre 1841, détruite par l'un des plus importants tremblements de terre que connut la ville. Elle fut courageusement reconstruite en pierre de lave, mais patatras, même pas terminée, elle subit le même sort le 4 mai 1910. On visite aujourd'hui ses ruines à ciel ouvert, qui révèlent un style néoroman, seul exemple de cette architecture au Costa Rica. L'intérieur a été judicieusement transformé en un jardin arboré. Les amoureux s'allongent sur les bouts de pelouse le dimanche, à l'ombre des grands arbres. Le lieu dégage beaucoup de charme. Longeant la façade de l'église, noter l'ancienne rue empierrée datant du XIXe s, avec son caniveau central.

Dans les proches environs

Jardín Botánico Lankester *(hors plan par B2) : à 4 km de Cartago en direction de Paraíso, puis fléché à droite. ☎ 2511-7939. • jbl.ucr.ac.cr • Tlj 8h30-16h30. Entrée : 10 $; réduc. Compter 1h-1h30 max pour la visite. À l'accueil, demander la brochure-plan en français, bien faite.*

Ce superbe jardin qui s'étire sur 11 ha est, avant tout, un centre d'études sur des épiphytes en général, et sur les orchidées en particulier (avec plus de 1 200 variétés présentées !). On prend un grand plaisir à emprunter les 2 km de sentiers qui serpentent dans ce jardin parfaitement entretenu, aux univers végétaux variés et associés avec goût. Un endroit vraiment délicieux, prisé par les habitants de Cartago pour une balade dominicale. On y verra un bout de forêt secondaire, une collection de remarquables fougères, de gigantesques bosquets de bambous, de splendides palmiers, une zone dédiée aux cactus et aux succulentes (plantes grasses) absolument remarquable, des bromélias en veux-tu en voilà... Et bien sûr

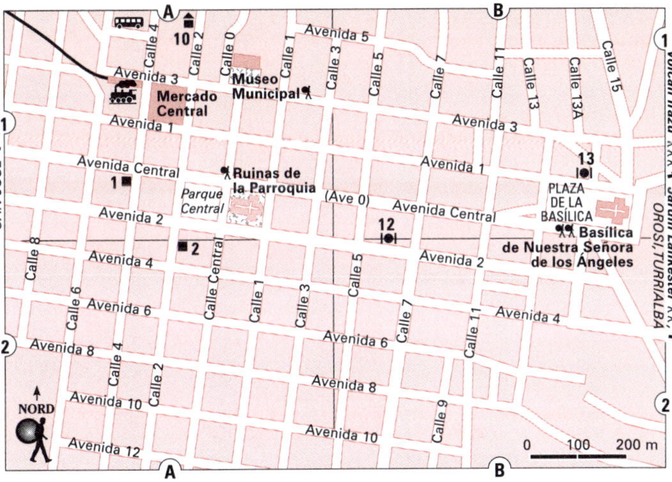

CARTAGO

Adresses utiles	Où dormir ? Où manger ?
1 Banco Nacional (A1)	**10** Casa Aura (A1)
2 Farmacia Miranda (A2)	**12** Marisquería y Pescadería La Cambusa (B1-2)
	13 La Puerta del Sol (B1)

de superbes serres à orchidées. Ne pas manquer le jardin japonais avec son petit pont et ses pièces d'eau. Sur tout le parcours, des pelouses soignées permettent de s'allonger à l'ombre de grands arbres. Près de l'accueil, grande terrasse pour prendre un verre.

Mirador Orosi : *env 5 km avt d'arriver à Orosi, sur la droite. Tlj 8h-16h30. GRATUIT, passeport à présenter à l'entrée (1 par groupe). Petit parking.* Ceux qui se dirigent vers Orosi pourront faire une petite halte ici. En empruntant une volée de marches et un petit sentier, on accède à ce point de vue qui embrasse toute la vallée d'Orosi.

PARQUE NACIONAL VOLCÁN IRAZÚ

Situé à 31 km au nord de Cartago (et à une cinquantaine de la capitale), le volcan Irazú appartient au très privilégié club des volcans les plus célèbres du Costa Rica, avec les volcans Arenal et Poás. Culminant à 3 432 m, c'est le plus haut du pays. Une de ses plus fortes éruptions, en 1723, a engendré la destruction quasi totale de Cartago. Si d'autres soubresauts sont venus animer la vie du volcan, nombre d'habitants gardent en mémoire l'éruption qui commença en mars 1963, précisément durant la visite du président Kennedy. Un beau feu d'artifice pour l'accueillir ! Une partie de la Vallée

Centrale fut recouverte de cendres, et la vie de la région fut paralysée durant 2 ans, période au cours de laquelle le volcan connut une activité très importante.

Dernière éruption significative : le 8 décembre 1994, où un nuage de gaz sulfurique s'échappant de la partie nord du cratère principal menaça à nouveau la région. Fausse alerte ! Le volcan se calma bien vite. Mais jusqu'à quand ? Personne n'oublie que son nom, Irazú, provient du mot *istarú,* qui signifie, en langue amérindienne, « tonnerre et tremblements ». Aujourd'hui, les flancs du volcan sont recouverts de collines verdoyantes et ont retrouvé toute leur fertilité.

Le parc national fut créé en 1955. Il protège toute la partie haute du volcan et s'étend sur plus de 2 300 ha. Le dimanche, la superbe route qui grimpe jusqu'à l'Irazú est très fréquentée par des cyclistes à mollets galbés. Hardis gaillards !

JARDIN D'ÉDEN

Si les pentes des volcans sont si fertiles au Costa Rica, c'est que les cendres, qui brûlent tout dans un 1er temps, nourrissent incroyablement les sols. Cet épisode destructeur joue ensuite le rôle d'un puissant fertilisant. Les cultures donnent à plein, et les zones de forêts humides sont enrichies de centaines d'espèces nouvelles, qui y trouvent un terrain idéal pour leur développement. Elles deviennent à leur tour l'habitat de nouvelles espèces animales qui profitent d'un garde-manger fabuleux. Le feu, la terre, l'eau... toujours la même histoire.

Comment y aller ?

En voiture

➢ De Cartago, une route sinueuse d'environ 30 km, traversant de bucoliques collines cultivées ponctuées de fermes d'altitude, grimpe vers le volcan Irazú. On se croirait presque en Suisse. Le long de cette route, de nombreux vendeurs de fruits et légumes présentent de superbes étals. Compter env 1h de route.

En bus

➢ ***De San José :*** env 50 km. Des tours sont organisés à la ½ journée par toutes les agences de San José et revendus par la plupart des hôtels. Sinon, un seul bus part à 8h de la capitale, fait halte à Cartago vers 8h30 et arrive au volcan vers 9h30-10h. Retour d'Irazú vers Cartago et San José vers 12h30.

➢ ***De Cartago :*** prendre le bus qui vient de San José et qui passe par Cartago vers 8h30. Si vous le prenez à Cartago, renseignez-vous bien sur l'arrêt, car il change fréquemment (voir aussi « Arriver – Quitter » Cartago plus haut).

Où manger dans les environs du volcan Irazú ?

|●| ***Restaurant 1910 :*** *sur la route du volcan Irazú, à 5 km de Cartago, et env 400 m après un petit embranchement gardé par une sculpture du Christ, côté gauche de la route. ☎ 2536-6063. Tlj. Plats 5 500-12 000 CRC ; dim, buffet à volonté 12 000 CRC.* Chaleureux chalet de bois peint en rouge, très réputé dans la région. En semaine, la carte présente toutes les spécialités du pays : *casado* impeccable, *arroces* à toutes les sauces, ou *lomito de la montaña.* Rien que du bon et du copieux ! Et le dimanche, le buffet attire toute la foule de la vallée. Chaque semaine, un thème culinaire différent (Mexique, thaï, caraïbe... ou Costa Rica). Sur les murs de la 1re salle, dans la partie haute, observez les photos en noir et blanc du tremblement de terre de 1910, ça donne un aperçu de l'ampleur du désastre.

À faire

Parque Nacional Volcán Irazú : *tlj 8h-15h30. Entrée : 15 $; réduc. Parking : 1 100 CRC (situé 1,5 km après l'entrée du parc). Au niveau du parking, toilettes et petite boutique de souvenirs. Minuscule cafétéria.* Depuis le parking, un sentier de quelques centaines de mètres longe un univers lunaire et désolé. Du fait de sa haute altitude, les conditions météo au sommet changent souvent, il n'est donc jamais garanti de voir le cratère. La plus grande probabilité est très tôt le matin, mais le mieux est de se renseigner sur place avant la visite pour savoir quelles sont vos chances selon les conditions météo du jour. On passe devant le petit cratère ***Diego de la Haya*** (700 m de diamètre et 80 m de profondeur), puis juste à côté, on aborde le ***Cráter Principal,*** à travers un immense paysage de cendres grises cernées de forêts qui montent la garde sur les crêtes. Tout le long de la barrière de bois, on peut observer ce profond cratère, large de 1 050 m et profond de 300 m, aux parois composées de caillasses et de cendres. Au fond du cratère, un joli lac bleu azur. En vous retournant, la vaste plaine de cendres est appelée ***Playa Hermosa.*** Inutile d'apporter votre maillot, il n'y a pas d'eau.
En revenant vers le parking, à 200 m de celui-ci, un chemin d'environ 500 m, complètement défoncé (mais on peut y aller à pied), mène au point le plus haut du volcan, à 3 432 m. De là, belle vue sur le cratère d'un côté et sur une forêt d'antennes de l'autre.

OROSI

4 000 hab.

• Plan *p. 125* • Carte La vallée d'Orosi *p. 129*

On confesse un petit faible pour ce village de fond de vallée, cerné de collines verdoyantes et fendu dans son milieu par une jolie rivière. Pas mal d'activités dans le coin : sources thermales, *Parque Nacional Tapantí* à 2 pas, et un agréable lac dans les environs. La plupart des commerces se situent le long de la rue principale et dans les ruelles autour du terrain de foot, qui constitue le cœur du village. Et puis, comme ici il y a des cours d'eau partout, à table on retrouve très souvent de la truite bien fraîche, la célèbre *trucha fresca de Orosi.*

Arriver – Quitter

Tous les bus arrivant ou partant d'Orosi s'arrêtent à la demande le long de la *calle Principal,* celle qui traverse le village nord-sud et longe le terrain de foot.

➢ ***Cartago et San José :*** liaisons env ttes les 15-30 mn pour Cartago. Puis changement pour San José, avec des bus ttes les 10 mn env.

➢ ***Turrialba :*** bus pour Paraíso ttes les 30 mn env, puis changement pour Turrialba à la même fréquence.

– Pas de bus pour le *Parque Nacional Tapantí.* On y va soit en taxi, soit à vélo, c'est une balade facile.

Adresses et info utiles

■ ***Banco Nacional*** *(plan A2,* ***1****) : dans la rue principale, au sud du terrain de foot. Lun-ven 8h30-15h45.* Distributeur *(8h-22h, quand il fonctionne !).*

■ ***Otiac*** *(plan A2,* ***2****)* **:** *dans une rue perpendiculaire à la c/ Principal, après le terrain de foot, en allant vers le sud, à droite. ☎ 2533-3640. • montanalinda.com • Lun-ven 9h-16h, dim 11h-17h. Fermé sam.* Une association qui propose des cours d'espagnol donnés par des locaux. Plusieurs formules, de 5 jours à 1 mois. Fait également office de bureau d'informations touristiques.

Location de vélos **:** s'informer auprès de vos hébergements, qui mettent parfois à disposition quelques bicyclettes ou qui indiquent où en trouver. Sympa pour se rendre au parc national.

Où dormir ?

De très bon marché à bon marché (max 60 $ / 50 €)

Montaña Linda and Otiac Hostel *(plan A1,* ***10****)* **:** *dans une ruelle derrière le terrain de foot, à env 300 m au sud de l'église. ☎ 2533-3640. • montanalinda.com • Lit en dortoir env 10 $; double avec sdb commune 22 $ (compter 12 $/pers en sus).* Une sympathique adresse bien *roots,* tenue par un couple hollando-canadien. Ils proposent, au fond d'un minuscule jardin semi-sauvage où se balancent quelques hamacs, des chambres très modestes, colorées et somme toute propres et correctes, surtout pour le prix. Également 3 dortoirs de 4 à 8 personnes. Minuscule cuisine commune. Pas de petit déj ni de repas servis, mais café gratuit à disposition. Pour un peu plus de confort, on ira à la *Montaña Linda Guesthouse* (mêmes proprios, voir l'adresse suivante). Nos hôtes s'occupent également de l'*Otiac,* une association proposant des cours d'espagnol (voir « Adresses et info utiles »).

Montaña Linda Guesthouse *(plan A2,* ***11****)* **:** *réception et infos à la Montaña Linda and Otiac Hostel (voir ci-dessus). ☎ 2533-3640. • montanalinda.com • Doubles 32-40 $ (40-45 $ pour 3-4 pers).* Agréable maison avec balcon de bois, bordée par une belle glycine. Au rez-de-chaussée, une salle commune avec quelques canapés et une chambre. Préférer les 3 autres à l'étage (pas bien grandes et salle de bains communes), qui se révèlent plus agréables car on peut profiter du balcon et d'un brin de vue. Cuisine à disposition.

De prix moyens à chic (60-130 $ / 50-108 €)

Orosi Lodge *(plan A2,* ***12****)* **:** *dans une des ruelles au sud du terrain de foot, juste à côté des Aguas Termales. ☎ 2533-3578. • orosilodge.com • Doubles 58-65 $, également des triples, et petites maisons 2-6 pers 90-160 $.* La plus soignée, la plus cosy, la plus jolie des adresses d'Orosi. Cornelia et Andreas ont mis tout leur sérieux germanique dans la gestion de leur affaire, mais ont su s'imprégner de la chaleur et des couleurs du Costa Rica. L'ensemble donne un adorable petit *lodge* aux chambres impeccables donnant sur un jardinet verdoyant. Toutes avec salle de bains et ventilo. Ils proposent également des maisons, parfaites pour des familles. Chouette petit déj servi à la réception, qui fait également galerie d'art. Accueil chaleureux en prime.

Chalet Orosi *(hors plan par B2 et carte La vallée d'Orosi,* ***13****)* **:** *à env 2 km d'Orosi, vers le sud, prendre à droite juste avt le pont. ☎ 2533-3268. • chaletorosi.com • Chalets 2 pers 100-120 $ selon confort, 2-4 pers env 150 $, produits pour le petit déj inclus.* 3 charmants chalets en pierre et bois, disséminés dans le jardin de la maison des propriétaires (français), en lien direct avec la nature. Très bien équipés, avec cuisine, barbecue et surtout chaque terrasse possède une baignoire jacuzzi, de quoi vous relaxer après une journée de rando autour du lac. Déco chaleureuse en prime. Le petit plus, les brioches, pains, confitures, œufs frais (des poules de la maison), etc. vous attendent dans votre cuisine pour le petit déj. Une adresse bien agréable à l'accueil charmant.

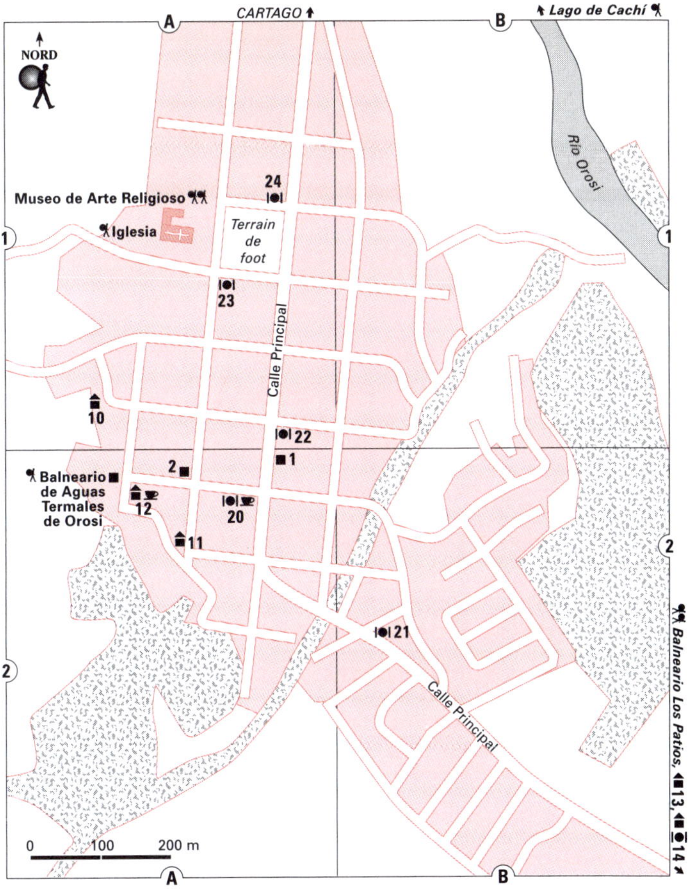

OROSI

Adresses utiles

1 Banco Nacional (A2)
2 Otiac (A2)

Où dormir ?

10 Montaña Linda and Otiac Hostel (A1)
11 Montaña Linda Guesthouse (A2)
12 Orosi Lodge (A2)
13 Chalet Orosi (hors plan par B2)
14 Hotel Tapantí Media de Orosi (hors plan par B2)

Où manger ? Où déguster une pâtisserie ?

12 Orosi Lodge Coffee Shop (A2)
14 Restaurant de l'Hotel Tapantí Media de Orosi (hors plan par B2)
20 Panadería Suiza (A2)
21 Soda La Casa del Sabor (B2)
22 Pizzería Luz de Luna (A1)
23 Cafétéria & Galerie de Arte 1743 (A1)
24 Restaurante Coto (A1)

Hotel Tapantí Media de Orosi *(hors plan par B2 et carte La vallée d'Orosi,* ***14****) : à 1 km d'Orosi, vers le sud, suivre la pancarte « Restaurant-Bar El Mirador » sur la droite, puis chemin de terre sur env 300 m. ☎ 2533-9090. • hoteltapantimedia.wordpress.com • Double env 70 $, petit déj inclus ; également des chambres pour 3-4 pers.* Un peu à l'écart du centre, on est accueilli par un beau jardin très fleuri. Une dizaine de chambres situées dans un édifice en longueur, toutes avec salle de bains, offrant une vue dégagée sur la vallée. Préférer celles à l'étage. Simples, tristounettes et à défaut de dégager un charme quelconque, la vue est superbe. Abrite aussi un resto italien correct (voir « Où manger ?... »).

Où manger ? Où déguster une pâtisserie ?

Bon marché (max 6 000 CRC / 8 €)

Orosi Lodge Coffee Shop *(plan A2,* ***12****) : voir le texte sur l'Orosi Lodge dans « Où dormir ? ». Tlj 7h-19h. Sandwichs, gâteaux et petits déj 1 000-5 500 CRC.* On viendra sur le petit balcon de ce *lodge* pour déguster un fameux *home made German cake,* un superbe *chocolate cake,* sans oublier le remarquable *mango-lemon cake,* à accompagner d'un bon expresso ou d'un cappuccino. Les gâteaux sont confectionnés par le couple de proprios allemands. On s'en lèche encore les babines, une belle surprise dans ce village.

Panadería Suiza *(plan A2,* ***20****) : dans la rue principale, un peu au sud du terrain de foot. Tlj sauf lun 6h-16h (12h dim).* Toutes sortes de pains, quelques pâtisseries et *empanadas.* Parfait pour préparer un pique-nique. Loue aussi des vélos.

Soda La Casa del Sabor *(plan B2,* ***21****) : dans la partie sud du village, juste en face de la station-service. ☎ 2533-1367. Tlj 7h-16h. Plats 2 500-5 000 CRC.* De l'avis général, le meilleur *soda* en ville pour un bon *casado* ou un *arroz con camarones.* On ne les a pas tous essayés, mais celui-ci, en effet, nous a convaincus.

Pizzería Luz de Luna *(plan A1,* ***22****) : dans la rue principale, juste à côté de la Banco Nacional. ☎ 2533-3825. Tlj 14h-21h. Pizzas 4 000-10 000 CRC selon taille (1-5 pers).* La salle est bien moche et triste, mais les pizzas sont réussies. Rassurez-vous, on peut aussi les emporter.

Cafétéria & Galerie de Arte 1743 *(plan A1,* ***23****) : c/ 1, devant le terrain de foot. ☎ 2201-6665. Mar-ven 12h-20h, sam-dim 9h-20h, fermé lun. En-cas, plats du jour, sandwichs 1 800-3 000 CRC.* Café-glacier bien agréable, face au terrain de sport, avec sa miniterrasse ombragée. Indépendamment des petites expos d'artistes locaux, il propose aussi quelques jolis petits bijoux artisanaux abordables dans une petite vitrine. Petite restauration de bonne facture et les pâtisseries sont réussies. Service attentionné.

Prix moyens (6 000-10 000 CRC / 8-14 €)

Restaurant de l'Hotel Tapantí Media de Orosi *(hors plan par B2 et carte La vallée d'Orosi,* ***14****) : à 1 km d'Orosi, vers le sud ; bien fléché sur la droite (puis chemin de terre sur env 300 m). ☎ 2533-9090. Tlj midi et soir. Plats 6 000-12 000 CRC.* Le restaurant de l'hôtel du même nom (voir « Où dormir ? ») dispose d'une table correcte où la cuisine italienne est à l'honneur. Ça change un peu de l'ordinaire costaricien. Le large choix de risottos, pâtes et pizzas met tout le monde d'accord, sans pour autant bousculer les papilles.

Restaurante Coto *(plan A1,* ***24****) : juste derrière les buts nord du terrain de foot (attention, un tir loupé et le ballon atterrit dans votre assiette !). ☎ 2533-3032. Tlj 8h-21h (parfois plus tard le w-e). Plats env 5 000-10 000 CRC.* Considéré par certains comme le meilleur resto du village, le *Coto* est certes correct, mais sa réputation et ses prix sont légèrement surestimés. Reste que cette paillote en bois, au toit de tôle et aux tables nappées, constitue l'unique alternative dans le centre du village, gargotes mises à part. *Pescado entero* et nombreuses viandes *a la plancha*.

Où dormir ?
Où manger autour du Lago de Cachí ?

Exceptionnellement, nous n'indiquons pas les adresses par ordre de prix mais au fur et à mesure qu'on les rencontre en suivant la route sud du lac, en venant d'Orosi.

Restaurant Tradiciones Don José *(carte La vallée d'Orosi, **30**) : à 3 km d'Orosi, sur la route sud du lac. ☎ 2533-1414. Tlj sauf lun 8h-16h (22h sam et 18h dim). Plats 6 000-10 000 CRC.* Grande terrasse en bois avec vue sur le *lago* au loin. Bonne spécialité de viandes *a la parilla*. Le *lomito de San José* est un délice. À la carte, également la célèbre *trucha fresca de Orosi*. Patron adorable. Juste à côté, spa, sauna et jacuzzi (ensemble qui appartient au proprio du resto).

La Casona del Cafetal *(carte La vallée d'Orosi, **31**) : sur la rive sud du lac, juste en bordure de celui-ci, à env 5 km d'Orosi. ☎ 2577-1414. • lacasonadelcafetal.com • Double env 100 $; plus cher pour les suites. Au resto, ouv slt le midi (le soir uniquement lorsqu'il y a des clients à l'hôtel), plats 4 000-10 000 CRC ; buffet à volonté dim 13 000 CRC.* Un peu à l'écart du lac, 7 bungalows en dur, blanc et bleu, de grand confort, tous avec petite terrasse donnant sur la végétation. Ensemble joliment décoré, au milieu d'un jardin soigné. Une adresse impeccable, même si le charme n'opère pas vraiment. Au resto, large panorama de la cuisine costaricienne, avec la truite en bonne place. Également spécialité de *crepas* (le cuistot a peut-être des racines bretonnes ?). Le buffet du dimanche avec viandes grillées, salades, dessert et jus de fruits attire les familles d'Orosi.

Hotel Quelitales *(carte La vallée d'Orosi, **32**) : sur la rive sud du lac, env 500 m après le chemin qui mène à la Casona del Cafetal, tourner à droite en épingle à cheveux, puis continuer env 4 km. ☎ 2577-2222. • hotelquelitales.com • Double env 125 $; bien plus cher pour les suites. Resto ouvert à ts slt les sam, dim et pdt les vacs 11h-16h, sinon réservé aux clients. Au resto, plats 6 500-9 000 CRC.* Au bout de ce long chemin, mi-goudronné, mi-piste, qui semble vous emmener au bout du monde, un bel ensemble de petits chalets en bois brut (ou peint). Ils se fondent littéralement dans une nature plus que généreuse, parsemée de bassins, cascades, ruisseaux… le tout entouré de montagnes. Bref, un havre de paix pour amoureux de la nature. Chambres sobrement mais joliment décorées, au confort moderne. Au resto, une cuisine à la très bonne réputation (ouverte à tous le week-end) que l'on savoure dans une belle salle à manger-terrasse couverte, ouverte sur la nature, très agréable. Bon accueil. Organise des descentes en canyoning et toutes sortes de balades dans le secteur.

Restaurant El Cas *(carte La vallée d'Orosi, **33**) : à 2 pas des ruines d'Ujarras. ☎ 2574-7984. Tlj sauf mar 8h30-17h30. Plats à partir de 5 000 CRC.* Cuisine typique et fraîche, à déguster dans un site agréable. On n'y vient pas exprès, mais si vous faites le tour du lac, c'est une halte agréable.

Où dormir ?
Où manger à proximité du parc Tapantí ?

Finca Los Maestros *(hors carte La vallée d'Orosi, **34**) : sur la route du Parque Nacional Tapantí, à env 800 m de l'entrée du parc, sur la* *gauche (panneaux). 📱 7123-2470. • tapanti2017@hotmail.es • Doubles 6 000-10 000 CRC. Truite locale env 3 500 CRC.* Pour ceux en quête de basique et de *roots,* vous voilà arrivés. 2 minuscules chambres ultra-simples, avec sanitaires communs tout ce qu'il y a de plus rudimentaire, dans une maison qui a bien vécu, à flanc de colline. La plupart des visiteurs se contenteront d'y faire un arrêt pour déguster une excellente truite locale, sur une terrasse envahie par les plantes. Vue extra sur la forêt.

À voir

Museo de Arte Religioso de San José de Orosi (plan A1) : *derrière le terrain de foot, juste à droite de l'église. Pas de tél. Mar-ven 13h-17h, sam-dim 9h-17h. Fermé lun. Entrée : 1 $.* Étonnant de trouver dans ce minuscule village ce musée colonial dédié aux indigènes et aux pères franciscains. Cette modeste maison datant du milieu du XVIIIe s faisait partie de l'ancien couvent qu'occupaient les moines. C'est un des rares vestiges coloniaux qui subsiste dans la région. Les modestes pièces du musée abritent une collection disparate mais au final incroyablement riche pour un si petit village. Vitrines de vêtements sacerdotaux et peintures religieuses du XVIIIe s, dont certaines de qualité. Une autre salle présente d'intéressantes sculptures. Voir le beau christ du XVIIIe s, descendu de la croix. Beau groupe de chevaliers, en bois également, dont on pense qu'ils furent sculptés au Guatemala. Jolie sainte Rita. En vitrine, plusieurs missels et livres liturgiques du XIXe s, provenant directement du Vatican. Et encore quelques couronnes de saints en argent, encensoirs et lutrins. Curieuse machine à fabriquer les hosties. Dans la salle du fond, vitrine de sculptures indigènes, linteaux et frontons ornementés du XVIIIe s. Juste à côté, l'ancien cloître est encore visible, cerné d'une coursive et de son carré de verdure.

Iglesia Colonial de Orosi (plan A1) : *juste à côté du musée.* Pièce maîtresse du petit couvent, elle a incroyablement traversé les siècles. Ni les tremblements de terre, ni la modernité n'ont eu raison de ce modeste édifice, trapu comme on est à la campagne, mais empreint d'une certaine élégance. Façade basse et petit clocheton séparé. À l'intérieur, retable baroque en bois coloré et jolis plafonds en bois également. Sur la droite, un fier saint Antoine de Padoue, à gauche un saint François d'Assise, pas mal non plus !

À faire

Balneario de Aguas Termales de Orosi (plan A2) : *dans une ruelle, à env 300 m au sud du terrain de foot, juste à droite de l'Orosi Lodge. ☎ 2533-2156. Tlj sauf mar 7h30-16h. Entrée : 3 000 CRC.* Les eaux thermales de la région sont captées et conduites ici pour remplir 3 piscines découvertes, dont la plus longue mesure 25 m. Les eaux sont à environ 30 °C. Elles doivent bien soigner quelque chose, mais on n'a pas compris quoi précisément. Disons que ça fait simplement du bien de barboter au soleil. On préfère celle-ci à la suivante, un peu moins bien tenue. Grand resto-cantine sur place.

Balneario de Aguas Termales Los Patios (carte La vallée d'Orosi) : *à 1,5 km de la ville en allant vers le sud, en direction du parc national Tapantí, sur la gauche. ☎ 2533-3009. Tlj 8h-16h. Entrée : 3 000 CRC.* Mêmes eaux et même principe que les *Aguas Termales de Orosi.* On se baigne ici dans 2 piscines et le lieu est plutôt agréable.

Escalada Cachí (hors carte La vallée d'Orosi) : *sur la route sud du lac Cachí, bifurquer sur la droite vers Tucurrique, puis rouler env 2 km vers San Jeronimo de Cachí ; indiqué sur la gauche, mais attention, la dernière portion de route qui*

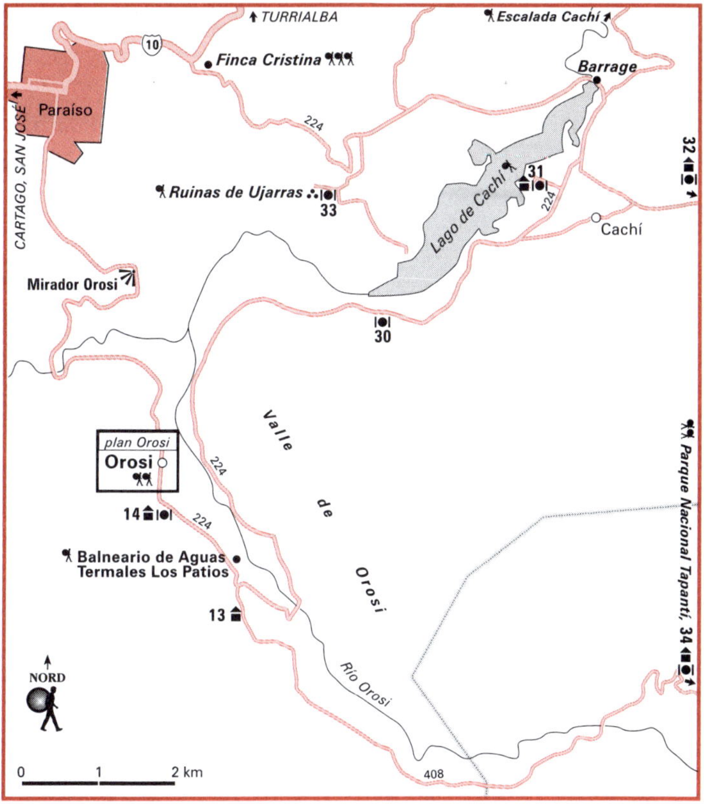

LA VALLÉE D'OROSI

Où dormir ? Où manger ?	
13 Chalet Orosi	**31** La Casona del Cafetal
14 Hotel Tapantí Media de Orosi	**32** Hotel Quelitales
30 Restaurant Tradiciones Don José	**33** Restaurant El Cas
	34 Finca Los Maestros

descend vers le lac nécessite un 4x4 et un conducteur tt terrain. ☐ 8867-8259. • escaladacachi.com • Compter env 35 $ pour accéder aux sites d'escalade, équipement compris.
Plusieurs murs d'escalade et piscines naturelles. Ascension, location de matériel et cours possibles.

DANS LES ENVIRONS D'OROSI

Parque Nacional Tapantí – Macizo de la Muerte *(hors carte La vallée d'Orosi)* **:** *à env 20 km d'Orosi, vers le sud (cul-de-sac). ☎ 2206-5615. Tlj 8h-16h (dernière entrée 15h). Entrée : 10 $; réduc. Plan et explications en* *français.* Depuis Orosi, on emprunte la route qui va vers le sud sur quelques kilomètres. Elle devient une piste de gravier en bon état après avoir traversé la vallée très cultivée. Plantations de café alternent avec de jolies cultures maraîchères. Tout au bout de la route, on accède à ce parc peu fréquenté, qui couvre 58 000 ha, à une altitude oscillant entre 700 et 3 491 m. En fin de semaine, c'est l'une des excursions favorites des sportifs d'Orosi qui effectuent le trajet à vélo. Si vous souhaitez faire de même, location de VTT possible à Orosi. Compter 1h-1h15 sur une piste relativement plate jusqu'à l'entrée du parc. Puis, dans le parc, la piste carrossable se poursuit sur 4 km. Elle distribue quelques sentiers de randonnée (voir ci-après), qui se parcourent uniquement à pied.

Cette région, l'une des plus humides du pays, appartient à la grande *Cordillera de Talamanca.* Arrosé par un réseau de plus de 150 rivières, le Tapantí alimente en eau une bonne partie de la Vallée Centrale. La forte humidité qui y règne a permis le développement de différents écosystèmes comme le *páramos* (formation végétale d'altitude), des marécages, des savanes non boisées et des tourbières (accumulation en zone humide de différentes couches de matières végétales). ***Le Tapantí fait partie d'un immense couloir biologique regroupant 14 pays*** et permettant aux espèces protégées de se déplacer d'un pays à l'autre pour s'alimenter et se reproduire sans risquer leur peau.

Son relatif éloignement (le parc est situé au bout d'une route en cul-de-sac) et sa faible accessibilité intérieure en font l'un des parcs nationaux les moins fréquentés du centre du pays. Tant mieux ! 3 petits sentiers le sillonnent (voir la carte sommaire fournie à l'entrée). Prévoir de l'eau et un chapeau, même si une bonne partie des balades est ombragée.

➢ ***Senderos Arboles Caídos :*** à 1 km de l'entrée, sur la gauche de la piste (petit panneau). Long de 2,5 km, c'est le plus difficile des 3 car ça monte et ça descend en permanence. Compter environ 2-3h de marche aller-retour.

➢ ***Sendero Oropendelá :*** si vous êtes en voiture, petit espace pour se garer juste au départ du sentier. Situé à 1,8 km de l'entrée, ce chemin de 1 200 m (compter environ 45 mn-1h aller-retour, facile) longe en partie le río Grande de Orosi (baignade interdite), avec une très légère dénivelée. Balade tranquille avec quelques aires de pique-nique aménagées et un point d'eau potable.

➢ ***Sendero La Pava y La Catarata :*** à 3 km de l'entrée du parc, sur la droite. Difficulté moyenne. Long de 2,5 km (aller, compter environ 1h-1h30), ce sentier permet d'observer une jolie cascade depuis différents points de vue jusqu'à la rivière (baignade interdite). Légère montée au retour.

➢ ***El Mirador :*** tout au bout de la piste, une volée de marches mène en quelques minutes à ce point de vue. Tout autour, un océan végétal d'une incroyable densité.

Le tour du Lago de Cachí

Si vous êtes véhiculé et que vous avez un peu de temps, vous pouvez emprunter la route qui fait le tour du lac. Malheureusement, ce circuit n'offre quasiment aucun point de vue sur le lac directement, car la route ne le longe pas vraiment. On fait généralement le tour du lac en passant par le sud, puis on remonte par l'est et la rive nord. Quelques haltes sympathiques en cours de route. Pour ceux qui ne sont pas véhiculés, bus de Cartago à Loáiza toutes les heures dès 8h, avec un stop à Paraiso et Cachí. Retour depuis Loáiza jusqu'à Orosi toutes les heures jusqu'à 17h.

Ruinas de Ujarras *(carte La vallée d'Orosi) : 2,7 km après le barrage, prendre à gauche vers Ujarras et parcourir env 1 km jusqu'aux ruines (fléché). Tlj 8h-16h30. GRATUIT.* Agréable jardin avec pelouse arborée où il fait bon se reposer. Au fond, demeure la belle ruine de la *Iglesia Nuestra Señora de* *la Concepción del Rescate de Ujarras,* édifiée à la fin du XVIIe s par le gouverneur local. Le tremblement de terre de 1822 la fit largement vaciller. Elle fut abandonnée en 1833 et classée Monument historique en 1920. L'église, à ciel ouvert, possède quelques beaux restes. On devine le style baroque simple qui se dégage de la façade.

Finca Cristina (carte La vallée d'Orosi) **:** *à 300 m sur la droite, juste avt que la route ne rejoigne celle de Paraíso et Cartago ; attention, minuscule panneau peu visible et chemin d'accès particulièrement discret. ☎ 2574-6426. • cafecristina.com • Visite de la finca sur rdv seulement ; tour en général lun-sam, le mat vers 9h (parfois l'ap-m à 14h). Fermé dim. Visite guidée : 20 $. Durée : env 1h30-2h (en espagnol ou en anglais).*
Linda, la proprio américaine, est une femme absolument passionnée et passionnante. Elle propose un tour de sa petite plantation de café bio (6 ha de cultures) en prenant le temps d'expliquer avec pédagogie tout le processus mis en place par ses soins pour préserver la pureté des sols et la qualité de son café. On est ici dans l'une des toutes 1res *fincas* 100 % bio du pays, où l'on pratique la permaculture. Cueillette des fruits, séchage et torréfaction, on suit pas à pas tout le savant et délicat processus. La récolte du café s'étale entre octobre et février, puis suivent 1 semaine de séchage et 2 mois de repos. Les précisions que nous donne cette biologiste de formation ne se bornent pas au café mais à la protection de l'environnement en général. On termine évidemment par une dégustation du fameux breuvage, et là, c'est l'apothéose ! L'un des meilleurs cafés que nous ayons dégusté dans le pays. À vos emplettes !

TURRIALBA

29 000 hab.

• Plan *p. 133*

La ville en elle-même n'a pas un grand intérêt, mais on aime bien cette riche région agricole qui a su conserver son atmosphère pastorale et décontractée, et semble avoir été oubliée par les assauts de la modernité. La cité était animée jusqu'au début des années 1990 quand le chemin de fer la desservait encore. Après la fermeture de ce dernier, Turrialba périclita gentiment avant de reprendre un peu du poil de la bête grâce aux visiteurs qui viennent chaque année dans la région pour descendre en raft le *río Pacuare.* Autre point fort, culturel celui-ci, le *Monumento Nacional Guayabo,* unique site précolombien d'envergure du pays, niché dans une superbe vallée. On passe ici éventuellement une nuit, mais on préfèrera les adresses dans la campagne environnante.

Arriver – Quitter

Station de bus *(plan A2)* **:** sur la route 10, un peu au sud-ouest de la ville. Elle regroupe toutes les compagnies (pour une fois, ça nous simplifie la tâche). Tous les départs s'effectuent là, sauf ceux pour les villages dans les environs de Turrialba.

➢ ***San José :*** env ttes les heures, 5h-21h. Trajet : env 1h20 avec les bus directs et 2h30 en bus collectifs.

➢ ***Guayabo :*** 3-4 bus/j. dans les 2 sens. Trajet : 1h.

➢ ***Côte Caraïbe :*** 1 bus/h (6h-18h) vers Siquirres. Trajet : 1h50. De là, changement vers Puerto Limón.

➢ ***Volcán Irazú :*** bus pour Cartago

vers 7h, puis changement pour prendre le bus qui monte tôt au volcan (il vient de San José et passe par Cartago vers 8h30). Renseignez-vous bien sur l'arrêt à Cartago, car il change fréquemment.

Adresses utiles

■ ***Banco de Costa Rica*** *(plan B1,* ***1****) : sur la c/ 3, près de l'av. Central. Lun-ven 9h-16h.* La seule banque de la ville qui change les euros. Distributeur accessible 24h/24.

■ ***Banco Nacional*** *(plan B2,* ***2****) : sur l'av. Central, entre c/ 3 et c/ 1. Lun-ven 8h30-15h45.* Distributeur mais pas de change.

■ ***Farmacia San Buenaventura*** *(plan B1,* ***3****) : angle av. 2 et c/ 1. ☎ 2556-0379. Lun-sam 7h30-19h30, dim 7h30-14h30.*

■ ***Explornatura*** *(plan A2,* ***4****) : av. 4, juste à droite de l'Hotel Wagelia. ☎ 2556-0111. • explornatura.com •* L'agence la plus réputée et la plus sérieuse de la ville pour pratiquer le raft. Propose aussi du canyoning, des balades à cheval, des sorties VTT...

■ ***Tico's River*** *: à 2 km du centre, sur la route de Santa Rosa, sur la droite. ☎ 2556-1231. • ticoriver.com •* Une autre agence qui tient bien la route, enfin... la rivière, et ce depuis 1985. Propose des tours de 1 ou 2 jours. Proprios costariciens fort sympathiques.

■ ***Adrenalina Rafting*** *: sur la route 10, juste au sud du centre, face à la station-service. ☎ 2556-4579. • adrenalinarafting.com •* Propose les mêmes prestations que ses collègues, à des tarifs identiques.

Où dormir ?

De très bon marché à bon marché (max 60 $ / 50 €)

🏠 ***Hostel Casa de Lis*** *(plan B2,* ***10****) : sur l'av. Central. ☎ 2556-4933. • hostelcasadelis.com • Réception ouv 8h-20h ; supplément de 10 $ si vous arrivez en dehors de ces horaires (réduc si vous restez 2 nuits). Lit en dortoir 14 $; doubles avec sdb 45-55 $; chambres familiales. Parking sur demande.* Le meilleur rapport qualité-prix-accueil de la ville, et de loin. Qu'il s'agisse des 2 dortoirs (de 4 à 6 lits) ou de la poignée de chambres, cette jolie maison très au calme répond parfaitement aux attentes du voyageur fatigué et peu argenté. Très propre et excellent accueil. Dans le petit couloir, plein d'infos pour les routards. Pas de petit déj mais cuisine à disposition, très bien équipée. À l'étage, 2 chouettes terrasses avec hamacs, et vue sur le volcan avec un peu de chance ! Au fond, terrasse en bois donnant sur un jardinet arboré. Ils peuvent vous organiser des tours à la demande.

Prix moyens (60-90 $ / 50-75 €)

🏠 ***Turrialba B & B*** *(plan B1,* ***11****) : à 25 m au nord-est du Parque Central. ☎ 2556-6651. • turribb.com • Double env 70 $; familiales.* Charmante maison, un peu à la façon d'une hacienda (en bien plus modeste), donnant sur une grande cour-jardin très au calme, mais qui souffre malheureusement d'un petit laisser-aller. Une dizaine de chambres, toutes avec salle de bains et clim, de conception et de tailles très différentes. Certaines grandes et lumineuses, d'autres plus petites et quasiment aveugles. En voir plusieurs avant de vous décider. Ensemble très propre, avec l'avantage d'être particulièrement bien situé, à 2 pas du *Parque Central.* Dans le jardin, coin salon, vieux billard et jacuzzi (mais pas toujours en eau). Petit déj particulièrement copieux, mais accueil indifférent.

🏠 ***Hotel Wagelia*** *(plan A1-2,* ***12****) : sur l'av. 4, proche de c/ 2. ☎ 2556-1566. • hotelwageliaturrialba.com • Doubles env 65-80 $, petit déj inclus.*

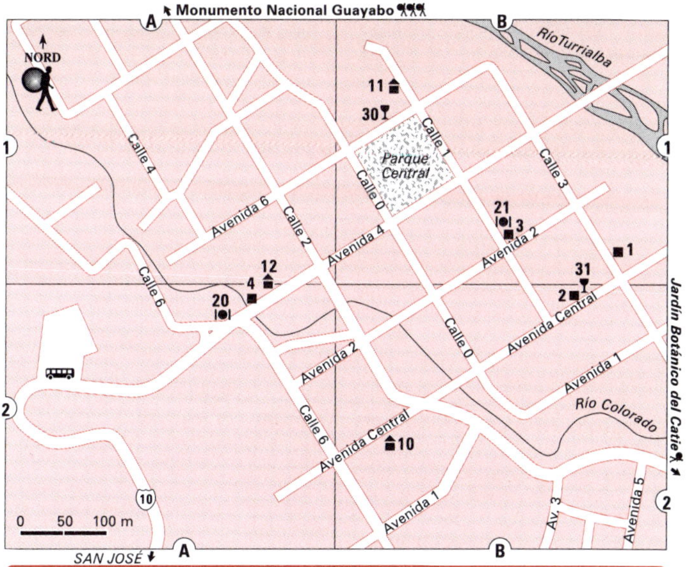

TURRIALBA

Adresses utiles

- **1** Banco de Costa Rica (B1)
- **2** Banco Nacional (B2)
- **3** Farmacia San Buenaventura (B1)
- **4** Explornatura (A2)

Où dormir ?

- **10** Hostel Casa de Lis (B2)
- **11** Turrialba B & B (B1)
- **12** Hotel Wagelia (A1-2)

Où manger ?

- **20** La Feria (A2)
- **21** Soda Sol (B1)

Où boire un verre ?

- **30** More Than Words (B1)
- **31** 30 y Tantos (B1-2)

Hôtel classique de 20 chambres, en rez-de-chaussée, cernées d'une large coursive, donnant sur un rectangle de pelouse verdoyante, ce qui confère au lieu une tranquillité certaine. Même si les chambres sont spacieuses et lumineuses, confort en désuétude, les matelas sont vieillissants. Pour plus de calme, en choisir une vers le fond de la courette. Ça reste tout de même cher pour la qualité. En dépannage donc.

Où manger ?

Bon marché (max 6 000 CRC / 8 €)

|●| ***La Feria*** *(plan A2,* ***20****)* **:** *en plein centre, à 150 m au nord-est du Parque Central. ☎ 2556-0386. Tlj 11h-22h (15h lun-mar). Plats 2 500-4 000 CRC, buffet (le midi en sem) env 3 000 CRC.* Grande salle ouverte sur la rue, éclairée par de vilains néons, aux tables nappées. À recommander surtout pour son buffet. Une adresse populaire.

|●| ***Soda Sol*** *(plan B1,* ***21****)* **:** *c/ 1, entre av. 4 et av. 2. ☎ 2556-6500.*

Tlj 12h-20h. Plats et menus 2 500-3 000 CRC. Tout ici est impeccable : la petite salle, les nappes blanches, le sourire de la patronne, ainsi que les différents *casados* (*pescado, pollo* ou *bistec*) ou les *chicharrones*. La famille qui tient cette gentille affaire est fière de son travail. Elle a bien raison.

Où dormir ? Où manger dans les environs ?

Prix moyens

🏠 🍽 ***Turrialtico Lodge :*** *sur la route 10, à 8 km à l'est de Turrialba en direction de Siquerres. ☎ 2538-1111. • turrialtico.com • Doubles env 65-75 $. Plats 3 000-10 000 CRC.* On apprécie ces 2 grandes maisons en bois pleines de charme et de simplicité. On opte soit pour les chambres à l'étage de la bâtisse principale, toutes avec salle de bains, certaines s'ouvrant sur la grande terrasse-salon. Bon confort mais pas de chichis inutiles. Soit pour celles situées dans le long édifice en rez-de-chaussée, sur le côté de la demeure. Elles sont un peu plus grandes, lambrissées et se révèlent plus intimes, mais ce sont les plus chères. Tout autour, vue extra sur la vallée et tranquillité totale. Pas de piscine, mais on est à 25 mn à pied d'une chute d'eau plongeant dans un bassin naturel, parfait pour la baignade. Au resto, dont la terrasse embrasse une superbe vue sur la nature, on concocte une excellente cuisine maison, à prix très raisonnables. Tant mieux, car on est loin de tout. Outre l'excellent *casado,* on y sert des plats de viande de grande qualité. Essayez donc les *tayuyas* (sorte de tortillas), agrémentées de plein d'ingrédients, recette de la grand-mère du patron.

🏠 🐎 👨‍👧 ***Hacienda Finca Monteclaro :*** *sur la route 10, à 8 km à l'est de Turrialba en direction de Siquerres, juste après le* Turrialtico Lodge, *prendre le chemin à gauche, passer le poste de garde de l'ICE, l'accueil est à 50 m à gauche. ☎ 2538-1383. 📱 8918-5050. • haciendamonteclaro.com • Pour la maison d'hôtes, continuer env 1 km, elle se trouve sur la gauche 50 m après le cimetière de Pavones (portail en bois vert). Nuit en* Eco deck *env 55 $/pers ; double dans la maison d'hôtes env 80 $/nuit ; petit déj compris.* Dans cette immense *finca* familiale de 350 ha, on cultive le café, la canne à sucre, la banane et le cacao. Mais on y trouve aussi rivière, forêt et 20 ha de reboisement. Plusieurs formules d'activités proposées : indépendamment des balades à cheval, à VTT, du canyoning, du rafting sur la rivière Pacuare et des autres activités sportives ; on peut aussi découvrir tous les aspects de la ferme, randonnées agricoles, plantations, etc. Bref, pas de quoi s'ennuyer. De plus, la *finca* offre 2 styles d'hébergements. Les *Eco deck* (2-6 personnes) : vaste terrasse en bois (avec un toit) ouverte sur la nature – on peut observer toute la vallée depuis le lit, caché sous la couette ! Déco élégante et coquette, mais ni wifi ni électricité, on s'éclaire à la bougie. Une vraie expérience ! Pour plus de confort, la charmante maison d'hôtes pour 2 à 5 personnes, avec 2 chambres, leurs salles de bains privatives et la belle terrasse en teck sur la nature. Super accueil, en français en prime.

🍽 ***Restaurante La Calzada :*** *sur la route de Guayabo, 500 m avt le site, sur la droite. ☎ 2559-0437. Ouv en principe tlj sauf lun 8h-16h30. Plats env 4 000-6 000 CRC.* Après la visite du site, il serait dommage de ne pas faire une halte chez Jose Miguel et sa femme pour déguster une superbe truite bio issue de son élevage situé derrière la maison. On peut même aller la pêcher soi-même. Évidemment, fraîcheur garantie. On terminera comme il se doit par un morceau de *queso de vaca orgánico,* traduisez « fromage de vache bio ». On passe un chouette moment dans cette salle ouverte aux 4 vents, décorée de bric et de broc.

Plus chic

🏠 🍽 ***Hotel Villa Florencia :*** *sur la route de Siquerres, à l'est, rouler* *env 5 km puis panneau sur la droite et poursuivre sur 3 km (bien fléché).* ☎ *2557-3536.* • *villaflorencia.com* • *Doubles 120-150 $, certaines pour 4 (env 30 $/pers supplémentaire).* Situé en pleine campagne et entouré de champs de canne à sucre, cet hôtel se révèle particulièrement tranquille, presque caché derrière un splendide *Ficus benjamina.* La vingtaine de chambres se situe sur le côté de la bâtisse principale, dans un édifice jaune tout en longueur. Elles sont toutes de bon confort, agréables et fonctionnelles (ventilo). Belle piscine pour ceux qui n'auraient pas bu assez d'eau pendant la descente en raft. Fait également resto : cuisine honorable, sans plus. Propose la descente en raft à partir de l'hôtel.

Casa Turire : *au bord du lac, à quelques km de Turrialba ; sur la route 10, à l'est, prendre à droite vers La Suiza, puis c'est fléché.* ☎ *2531-1111.* • *hotelcasaturire.com* • *Doubles 120-190 $; pour les suites, compter 100 $ de plus. Au resto, plats 15-25 $, repas complet env 40 $.* Au bout d'une majestueuse allée de fiers palmiers, on aboutit à cette noble demeure qui semble tout droit sortie des siècles passés, mais qui fut en réalité construite dans les années 1990, sur le modèle d'une plantation coloniale. Une quinzaine de chambres, à l'étage d'un élégant patio central. Toutes avec balcon, et la moitié donnant sur la délicieuse piscine. Demander celles-ci en priorité. Du charme et du luxe, un grand confort, mais rien d'ostentatoire ni de bling-bling. En fin d'après-midi, la piscine et le jacuzzi, cernés de verdure, sont un régal. Location de vélos et balade à cheval possibles. Le charmant resto, aux murs vêtus de rouge, avec ventilo et chaises en osier, distille un intelligent mélange de cuisine locale et internationale. Service à la hauteur.

Où boire un verre ?

More Than Words *(plan B1,* ***30****) :* *av. 6, au niveau du Parque Central.* ☎ *2556-1362. Tlj sauf lun 11h-22h.* Ce bar-restaurant est un endroit sympa pour siffler une *batida* ou un cocktail. Ambiance décontractée et musique soft. Une certaine douceur se dégage, même si l'accueil n'est pas toujours chaleureux.

30 y Tantos *(plan B1-2,* ***31****) :* *av. Central, juste à droite de la Banco Nacional, dans le renfoncement, puis à l'étage par un escalier dans la galerie. Tlj sauf lun 16h-2h.* C'est un petit resto, mais surtout un bar où les trentenaires et plus (vous l'aviez compris) se donnent rendez-vous pour siffler une bière ou un cocktail dans une salle fermée par des grilles. Juste en dessous, au rez-de-chaussée de la galerie, la *Disco Latinos* ambiance les locaux le week-end !

À voir

Jardín Botánico del CATIE *(hors plan par B2) :* *sur la route 10, à 2 km de la ville.* ☎ *2556-2700. Tlj 8h-16h (15h sam-dim). Entrée : 10 $. Plan en français.* Gigantesque jardin botanique, géré par la CATIE, un centre d'études et de recherches universitaire agronomique. Ce riche jardin intéressera surtout les passionnés. Visite guidée intéressante (à réserver par téléphone). Toutefois, le site n'a pas été dessiné comme un jardin d'agrément mais à des fins d'études. Rien d'esthétique donc, c'est le moins qu'on puisse dire. Le guide vous montrera avec plaisir les différentes espèces, classées par grandes familles. Parmi les richesses, on observera quelques manguiers admirables, durians énormes, ficus gigantesques, palmiers altiers et l'on en passe. On peut également visiter librement. Environ 1 km plus loin se situe le centre d'études proprement dit, où sont menés tous les travaux. Il accueille les chercheurs du monde entier.

DANS LES ENVIRONS DE TURRIALBA

Monumento Nacional Guayabo (hors plan par A1) **:** *à 18 km de Turrialba, vers le nord-est, par une route montagneuse et sinueuse. ☎ 2559-1220. Tlj 8h-15h30 (dernière sortie à 16h). Entrée : 5 $. Sur place, guides disponibles et compétents, qui proposent des visites accompagnées en espagnol ou en anglais (● usurecr.org ●) ; compter 20 $ pour un groupe de 1-3 pers ; durée : env 1h20. En face de l'entrée, de l'autre côté de la petite route, toilettes, point d'eau potable et aire de pique-nique.*

Voici le site de culture précolombienne le plus intéressant et le mieux conservé du pays. Peu signifiant pour les habitants pendant des décennies, il fut véritablement découvert en 1891, lorsqu'on y trouva une tombe, une grosse pierre gravée et quelques objets épars. Déclaré Monument national en 1973 (seulement !), il est aujourd'hui protégé et parfaitement entretenu. La petite partie que l'on visite s'inscrit dans un ensemble de 232 ha, au cœur de la forêt humide. On estime que la population devait s'élever à environ 5 000 personnes entre le Xe et le XIVe s.

Un sentier en boucle (compter environ 1h-1h15 en marchant tranquillement) permet de découvrir les ruines les plus intéressantes, seuls vestiges que nous ont laissés les *Guayabo,* groupe ethnique encore largement méconnu. La promenade bucolique et les énigmes que soulève le site valent largement le détour.

Le sentier s'enfonce tout d'abord dans les sous-bois jusque vers un ***mirador*** (point de vue). En chemin, sur la droite, on pourra observer quelques ***pétroglyphes*** (pierres gravées) dont on ne connaît toujours pas la signification. On en a découvert 36 sur le site, certains abstraits, d'autres à figures animalières. On verra l'un des plus fameux, avec lézard et jaguar, dont on pense qu'ils symbolisaient l'union des différents peuples de la région de Guayabo. D'un côté de la pierre, un gros lézard est parfaitement dessiné, de l'autre, un jaguar, moins évident à décrypter. Un peu plus loin sur le chemin, toujours sur la droite, on peut deviner d'anciennes tombes ***(Tumbas de Cajón),*** qui se résument à un trou empierré de forme rectangulaire. Compte tenu de la taille du trou, les morts devaient être placés en position fœtale.

Depuis le *mírador,* on embrasse à travers la végétation un large panorama sur la quasi-totalité du site, notamment sur le ***Montículo Central*** et le ***Calzada Caragra.*** On descend ensuite vers l'***Acueducto*** (aqueduc), qui fonctionne depuis plus de 2 500 ans et est toujours bien visible. Ses murets parfaitement entretenus conduisent l'eau vers plusieurs petits bassins de filtrage. De nombreuses sources alimentaient cet ingénieux système d'approvisionnement en eau. Dans le prolongement, la ***Plaza Mayor,*** certainement le cœur du village. C'est ici qu'on trouva un grand nombre de tombes. Cet espace funéraire fut le 1er à être découvert en 1891. Il s'agit d'un large espace rectangulaire cerné de gradins en pierre.

Juste à côté, les ruines du ***Montículo Central,*** où l'on peut observer toute une zone d'habitations. Noter au sol les nombreux vestiges arasés de maisons circulaires de toutes tailles, dont la base était constituée de grosses pierres. Un toit très pentu constitué de branches, feuilles de palme et lianes chapeautait les habitations. Une architecture particulière à la région. La plus grande plate-forme circulaire, de 30 m de diamètre, désigne probablement l'espace utilisé par le cacique (chef de village). Beaucoup d'interrogations encore au sujet de cette plate-forme, mais les hypothèses vont bon train. Un peu plus loin dans le prolongement, la ***Calzada Caragra,*** une large voie pavée, bordée par des murets à l'aspect majestueux. Elle constituait sans doute l'entrée principale de la cité. Tout au bout, à l'extrémité sud-est de cette allée, de chaque côté, on peut observer les ***Montículos Rectangulares,*** dont on pense qu'ils marquaient le point de contrôle à l'entrée du village. Retour vers la cahute d'entrée du site.

– S'il vous reste un peu de temps, n'hésitez pas à emprunter le ***sendero Natural El Canto del Agua*** (qui démarre du guichet d'entrée). Un charmant sentier en boucle et sans difficulté d'environ 1 km, qui sinue à travers les sous-bois.

La descente du río Pacuare en raft : vous le savez déjà sans doute, si vous êtes ici, c'est pour dévaler en raft le *río Pacuare.* C'est LA descente de rivière la plus réputée, la plus sportive et la plus fun du Costa Rica. De niveau 3-4 (déjà pas mal !), la descente s'effectue sur un raft de 6 personnes maximum, plus un guide. Interdit aux enfants de moins de 12 ans.

On trouve à Turrialba une dizaine d'agences qui proposent toutes cette excursion à la journée. Quelques-unes sortent du lot pour leur sérieux et leur longévité. On les indique dans la rubrique « Adresses utiles ». Compter environ 85-90 $ par personne pour l'excursion (transport, équipement, guide et déjeuner compris). On peut passer par une agence, mais encore plus facilement réserver auprès de son hôtel, qui travaille en général avec les agences les plus renommées. Prix identiques pour toutes, que vous passiez directement par une agence ou par votre hôtel. Un minibus vient vous chercher entre 7h30 et 8h le matin, et vous conduit à *Tres Equís* (le point de départ) à environ 1h de route.

Ensuite, en avant pour un rodéo de 28 km jusqu'à *Siquirres.* À un certain point, le raft se faufile dans les méandres de la rivière, cerné par de hautes gorges boisées, entraîné par de puissants remous. Ici ou là, quelques cascades percent le flanc des falaises. Le temps passé sur le raft dépend évidemment du niveau des eaux de la rivière, mais compter environ 3h en saison humide et plutôt 5h30 pendant la saison sèche, à partager entre moments calmes et rapides fougueux. La descente se révèle plus sportive entre mai et décembre (période de hautes eaux). Retour au bercail vers 17h, complètement crevé !

Moins fréquentée, la ***descente du río Pejibaye,*** une rivière de catégorie 2-3, offre des eaux plus tranquilles et limpides, ce qui permet de faire l'excursion avec les enfants à partir de 6 ans. La descente débute à *Taos* et se termine à *Oriente.* On passe environ 2h30 sur la rivière, bordée de plantations de café et canne à sucre. Retour à Turrialba vers 13h. Pour cette excursion, compter également 85-90 $ (transport, équipement et guide compris, mais pas le déjeuner).

LA CÔTE CARAÏBE

• Carte *p. 140-141*

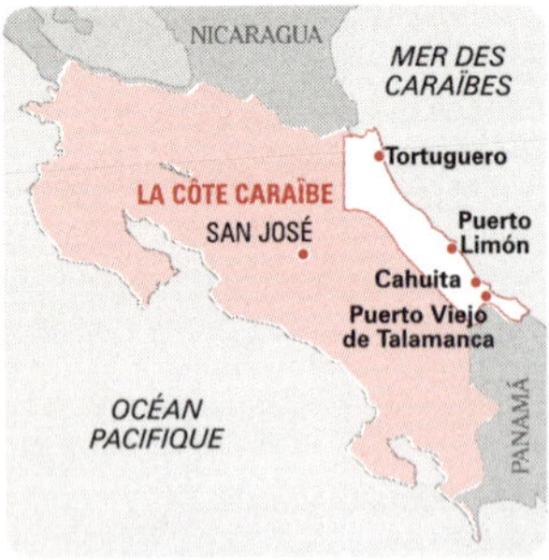

Palmiers, eaux turquoise, sable fin et clair... on efface tout et on recommence ! Loin des clichés que nous associons au mot « caraïbe », cette côte de la *Provincia de Limón* se révèle plus verte que bleu profond. Jungle pluvieuse une bonne partie de l'année, les touristes l'ont longtemps boudée. À la bonne heure ! Aujourd'hui, la côte affiche fièrement son caractère sauvage et préservé. Bien loin du faste du côté Pacifique, on aime ses villages encore authentiques, ses *sodas* traditionnels, ses baraques colorées au bord de l'eau, ses écoles peinturlurées et, surtout, sa simplicité. *Adiós resorts* de luxe, place aux *cabinas* ou aux bungalows nichés en pleins jardins tropicaux ou les pieds dans l'eau. Les amateurs de rando, *snorkelling,* surf et autres sorties nature devraient s'y sentir comme des poissons dans l'eau. Mieux vaut être prévenu, les plages, splendides et sauvages, ne ressemblent pas à celles des cartes postales et certaines sont dangereuses pour les nageurs. Mais la côte Caraïbe a d'autres cartes à jouer.

De ses frontières avec le Nicaragua et le Panamá, on y dénombre 4 parcs et refuges nationaux offrant une superbe illustration de la richesse du pays, autant pour la faune que pour la flore. Elle attire aujourd'hui les touristes pendant la saison sèche et lors de la ponte de tortues (séquence émotion !). Dans ces villages, l'animation se concentre le long d'une rue principale, où les journées s'écoulent au doux rythme caribéen, sur fond de reggae. En longeant la côte, on réalise le mélange extraordinaire des cultures qui contribue à la richesse de cette région. *Ticos,* population des îles voisines (comme la Jamaïque) et tribus indigènes plus au sud cohabitent dans une douceur de vivre palpable, que l'on se plaît à adopter.

PUERTO LIMÓN ET MOÍN

65 000 hab.

Capitale de la province du même nom et plus importante ville de la côte Caraïbe, Puerto Limón est aussi la porte d'entrée vers les splendides plages du Sud. Mais la ville vieillit mal et traîne sa mauvaise réputation, les problèmes de sécurité et de drogue n'arrangeant rien. Sa voisine, Moín, est une des cités portuaires les plus importantes d'Amérique latine. Des cargos monumentaux chargent et déchargent sur ses quais des milliers de conteneurs en direction ou en provenance d'Europe, d'Afrique ou des États-Unis. On passe forcément par l'une ou l'autre pour rejoindre le sud de la côte ou naviguer vers Tortuguero, mais peu de touristes s'y attardent. Faites comme tout le monde, passez votre chemin.

Arriver – Quitter

En bus

Terminal Mepe : _angle av. 1 et c/ 6, à Puerto Limón. Billetterie ouv tlj 4h45-19h._ La compagnie _Autotransportes Mepe_ _(☎ 2258-1572 ; • mepecr.com •)_ dessert la province de Limón et longe toute la côte Caraïbe.
➢ **_Cahuita et Puerto Viejo de Talamanca :_** 1 bus/h, 5h-18h pour Cahuita et Puerto Viejo. Trajet : respectivement 1h30 et 2h.
➢ **_Manzanillo :_** env 7 bus/j. Trajet : 2h30.

Terminal Caribeños : _av. 2, entre c/ 7 et c/ 8, à Puerto Limón._ On y trouve les compagnies _Grupo Caribeños_ _(☎ 2222-0610 ; • grupocaribenos.com •)_ pour San José et _Tracasa_ _(☎ 2768-1031 ; • tracasa.com •)_ pour Moín.
➢ **_San José :_** 2 bus/j. Trajet : 2h30.
➢ **_Moín :_** 1 bus/h lun-sam, moins nombreux le dim. Trajet : 30 mn.

En avion

Aeropuerto Internacional de Limón : _à 5 km au sud de Puerto Limón, sur la route 36._
➢ **_San José :_** 2-3 vols/j. dans les 2 sens. Trajet : 45 mn. Avec la compagnie _Sansa_ _(☎ 2290-4100 ; • flysansa.com •)._

En bateau

Les départs en bateau vers Tortuguero se font **_depuis Moín,_** à 8 km au nord-ouest de Puerto Limón. Pour rejoindre Moín, voir plus haut « En bus ».
➢ **_Tortuguero :_** 1 bateau/j. dans les 2 sens. Départ en principe à 10h. Env 35 $. Compter 3-4h de navigation. Attention, pensez à réserver votre billet la veille, les places étant limitées.

TORTUGUERO

700 hab.

• Plan _p. 143_

Isolé, ce village entre terre et mer n'est accessible que par voie aérienne ou maritime. Si le trajet semble long pour atteindre ce petit bout du monde, il serait dommage de rayer Tortuguero de votre itinéraire faute de temps. Car c'est peut-être le plus beau village de la côte Caraïbe. Installé sur un bras de terre entouré de canaux, il a des allures de village flottant. Chaque recoin surprend par son charme et son originalité : les maisons colorées, les terrasses à fleur d'eau, l'adorable église jaune, l'école primaire peinte de tortues marines, l'aire de pique-nique avec toucan géant, les poubelles en forme d'animaux, etc. Ici, la vie s'écoule au doux rythme caribéen. La journée commence par un petit déjeuner en bord de canal, puis on part fouler le sentier de randonnée du fameux parc national, avant d'embarquer dans une pirogue pour glisser sur les canaux à la rencontre des animaux. Le soir, le village s'éteint presque avec le coucher du soleil. Repos et tranquillité assurés.
Tortuguero attire une foule de touristes venus assister à la ponte des tortues sur la _Playa Tortuguero._ La saison de ponte s'étend de mars à octobre, avec un pic autour vers juillet-août. Mais même en dehors de cette période, le parc national et le village justifient à eux seuls une escale d'au moins 2 jours dans ces contrées isolées. Côté plage, ne vous attendez pas au décor turquoise de carte postale. À cause des courants, assez puissants, la baignade n'est d'ailleurs pas conseillée. Elle est même interdite par endroits.

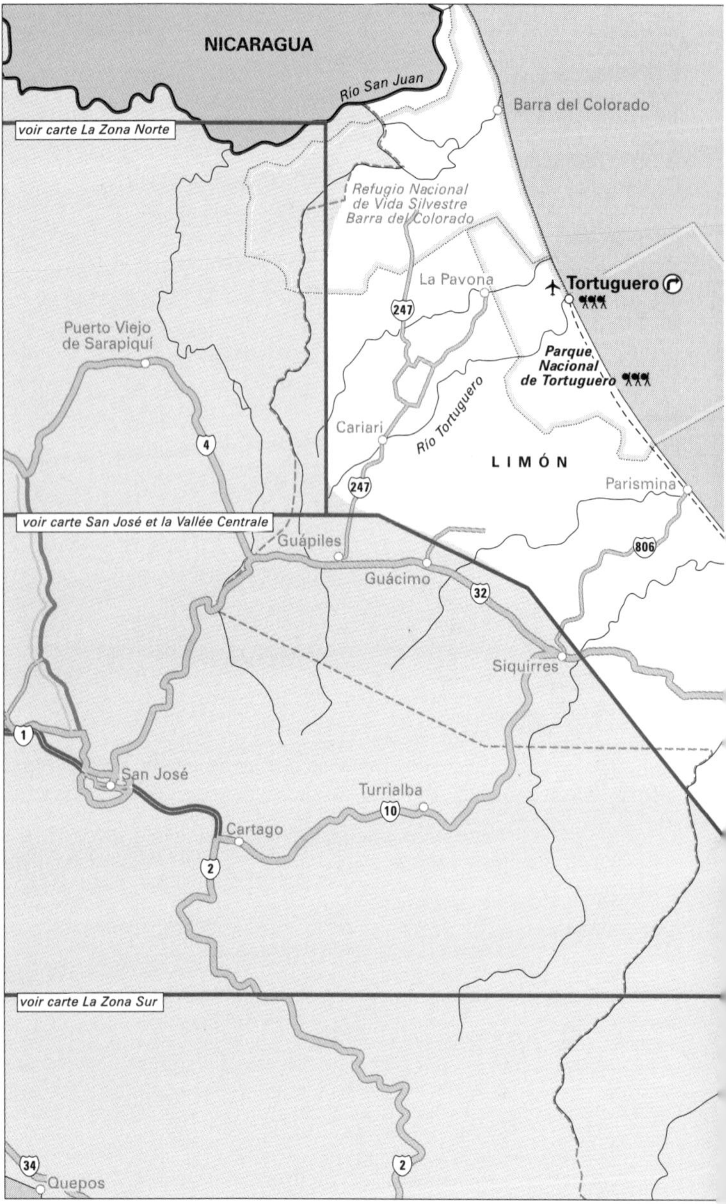
NICARAGUA
Río San Juan
Barra del Colorado
voir carte La Zona Norte
Refugio Nacional
de Vida Silvestre
Barra del Colorado
La Pavona
Tortuguero
247
Puerto Viejo
de Sarapiquí
Parque
Nacional
de Tortuguero
Río Tortuguero
Cariari
4
LIMÓN
247
Parismina
voir carte San José et la Vallée Centrale
Guápiles
806
Guácimo
32
Siquirres
1
San José
Turrialba
10
Cartago
2
voir carte La Zona Sur
34
Quepos
2

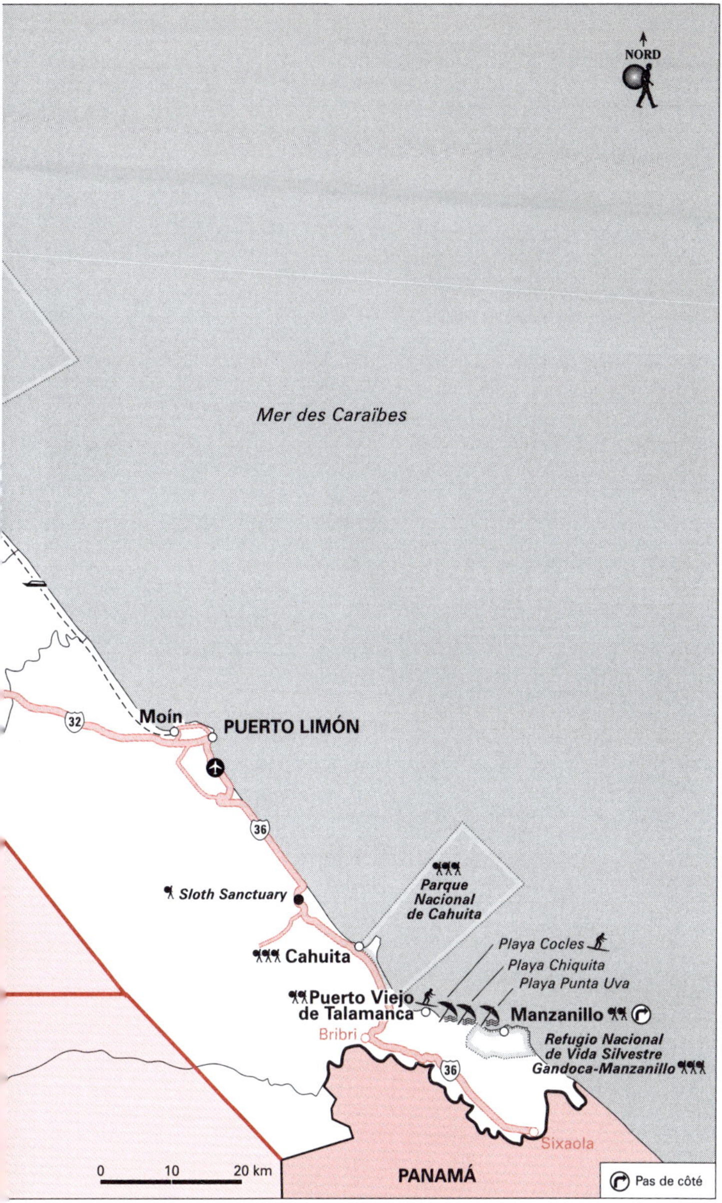

LA CÔTE CARAÏBE

UN PEU D'HISTOIRE

Village totalement isolé du reste du pays, Tortuguero commença à s'ouvrir grâce à la création d'un chemin de fer entre San José et la province de Limón, vers 1870. Le commerce des tortues vertes que l'on exportait vers les États-Unis et l'Europe se développa, et quelques Afro-Caribéens, dont de nombreux Jamaïcains, s'installèrent sur cette côte et à Tortuguero. Le village se lança ensuite dans l'exploitation arboricole, vers 1940. Dans la rue principale, des morceaux de machinerie des anciennes scieries témoignent de cette activité passée. À l'époque, les canaux servaient d'ailleurs à faire transiter les troncs. Cette industrie permit de développer les services et les infrastructures.

Arriver – Quitter

En bus et bateaux collectifs

Les durées de trajet en *lancha,* petit bateau typique qui navigue au ras de l'eau, sont approximatives. En fonction du niveau d'eau du canal, l'embarcation peut filer comme se traîner.

➢ ***San José :*** il faut prendre 2 bus collectifs et un bateau pour rejoindre Tortuguero depuis la capitale. Les fréquences des bus et bateaux sont les mêmes dans le sens Tortuguero-San José.

À San José, rendez-vous au terminal *Caribeños* (aussi appelé *Terminal del Caribe*) pour embarquer dans un 1er bus pour Cariari (9 bus/j.). Compter env 2h de trajet. Attention, pour être certain d'avoir la correspondance à Cariari, mieux vaut partir au plus tard avec le bus de 10h30 de San José. Sinon, vous risquez d'être bon pour passer la nuit à Cariari. À Cariari, prendre ensuite un bus direction l'embarcadère de Pavona. 4 bus/j. (env 1h10 de route). À Pavona, embarquer dans une *lancha* pour Tortuguero (env 10-12 $/pers, à régler en liquide). Départs des bateaux à l'arrivée des bus depuis Cariari, dernier départ en principe vers 16h30 ; compter 1-2h de navigation, selon le niveau de l'eau.

En tout, prévoir 5-7h (parfois beaucoup plus) avec les transports, la circulation, les travaux sur la route et les correspondances pour un coût total d'env 15 $. Pour le retour, *lanchas* officielles ou privées assurent des rotations depuis *Tortuguero* vers *La Pavona*. C'est la façon la plus économique, mais aussi la plus longue, de rejoindre Tortuguero. On voyage alors comme les *Ticos*.

➢ ***Moín :*** 1 bateau/j. dans les 2 sens. Départ en principe à 10h. Compter env 35 $ et 3-4h de navigation. Attention, pensez à réserver votre billet la veille, les places étant limitées.

➢ ***Cahuita, Puerto Viejo de Talamanca et Manzanillo :*** même bateau que pour Moín puis transfert assuré en van vers le sud. Pour Cahuita : env 45 $ et 5h de trajet. Puerto Viejo : env 50 $ et 6h de trajet. Manzanillo : env 55 $ et 6h30 de trajet.

En voiture

On peut aussi se rendre avec son propre 4x4 jusqu'à l'embarcadère de La Pavona. Mais vous devrez alors laisser votre véhicule sur un parking gardé (10 $/j.) pendant la durée de votre séjour à Tortuguero. Puis prendre une *lancha* officielle ou privée (env 10 ou 12 $ aller-retour).

En transfert privé

➢ ***San José :*** la compagnie *Jungle Tom Safaris* (● *jungletomsafaris.com* ●) assure 1 A/R par jour pour Tortuguero. L'avantage : ils viennent vous chercher à votre hôtel à San José. Compter env 65 $/pers l'aller simple et 4h de trajet. Résa sur Internet. Dans le sens Tortuguero-San José, départ vers 15h30. Propose aussi des excursions à la journée de la capitale au parc national de Tortuguero mais ça fait beaucoup de transport dans les pattes pour peu de temps sur place.

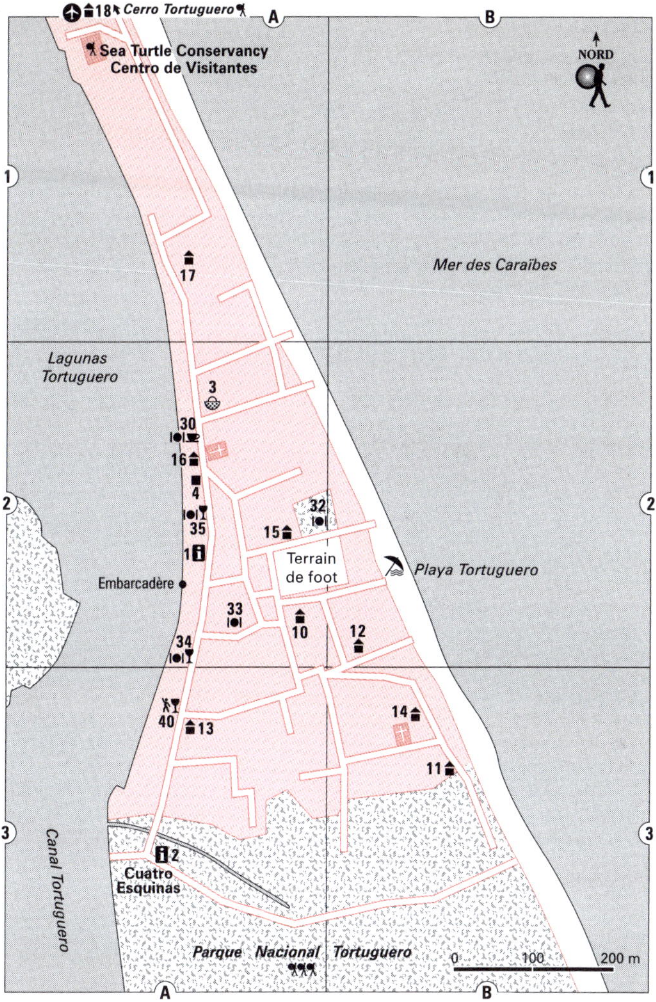

TORTUGUERO

Adresses utiles

1 ASOPROTUR (A2)
2 Cuatro Esquinas (A3)
3 Supermercado Las Tortugas (A2)
4 Policía (A2)

Où dormir ?

10 Aracari Garden Hostel (A2)
11 Cabinas Balcón del Mar (B3)
12 Hotel Tortuguero Natural B & B (B2)
13 Cabinas Tortuguero (A3)
14 Cabinas El Icaco (B3)
15 La Casona de Tortuguero (A2)
16 Casa Marbella (A2)
17 Miss Junie's (A1)
18 Manatus Hotel (hors plan par A1)

Où manger ? Où prendre un bon petit déj ?

30 Dorling's Bakery (A2)
32 Miss Miriam's (A2)
33 El Muellecito (A2)
34 Samarai Sushi (A2)
35 Budda Café (A2)

Où boire un verre ? Où danser ?

34 Samarai Sushi (A2)
35 Budda Café (A2)
40 La Taberna (A3)

La plupart des lodges et hébergements haut de gamme assurent le transfert de leurs clients depuis San José (se renseigner auprès d'eux).

En avion

Incroyable gain de temps, à condition de ne pas avoir la trouille des petits coucous et surtout d'avoir les sous. Attention, en basse saison, les vols peuvent être beaucoup moins fréquents, voire inexistants.

✈ ***Aeropuerto de Tortuguero*** *(hors plan par A1)* **:** *à 4 km au nord du village.*
➢ **San José :** avec *Sansa* *(☎ 2290-4100 ; • flysansa.com •) et Aerobell (☎ 4000-2030 ; • aerobell.com •).* Env 35 mn de vol.

En descendant sur la piste d'atterrissage de Tortuguero, 2 options : le bateau-taxi pour rejoindre le centre-ville en 10 mn à peine ou... la marche à pied !

Adresses et infos utiles

Informations touristiques

ASOPROTUR *(plan A2,* ***1****)* **:** *juste à côté de l'embarcadère. ☎ 2767-0836. • asoprotur.com • Tlj 6h-19h. Excursions 2h-2h30 20-40 $.* Cette association regroupe les guides de Tortuguero et constitue le meilleur point d'informations du village. On peut y réserver des excursions : tour des tortues, tour en canoë, marche diurne ou nocturne... et aussi des transferts en bateau vers d'autres villes. L'association tient à jour une liste de guides locaux, quelques-uns parlant le français. Possède également un kiosque d'information à l'embarcadère de *La Pavona.*

De nombreuses autres agences proposent des tours, plus ou moins sérieux, mais tous à tarifs égaux. Presque tous les hébergements proposent également des excursions.

Cuatro Esquinas *(plan A3,* ***2****)* **:** *à l'entrée du parc national, au sud de la rue principale. ☎ 2709-8086. Tlj 6h-16h.* Le quartier général du parc fournit les meilleures informations sur le parc national. C'est le seul point de vente des billets d'entrée.

Divers

– ***Argent :*** attention, Au moment de boucler ce guide, l'unique distributeur du village avait été enlevé. ***Emportez tout le liquide dont vous aurez besoin.***

Supermercado Las Tortugas *(plan A2,* ***3****)* **:** *dans la rue principale. Tlj 7h-21h.* Le plus important supermarché du village.

Policía *(plan A2,* ***4****)* **:** *dans la rue principale. ☎ 2767-1593. Tlj 24h/24.*

Où dormir ?

2 options pour se loger à Tortuguero. Le centre du village concentre surtout des *cabinas* ou des *B & B* pour les petits budgets. Pratique, on peut alors se rendre à pied dans les commerces et restaurants, ainsi qu'au parc national. Autre option, autre budget : les *lodges.* Ces hôtels chics sont situés au nord du village, en bord de canal. La plupart adoptent un style de *resort* et accueillent beaucoup de groupes, même si certains sont plus confidentiels. Ils fonctionnent presque tous en package, pour des séjours de 2 jours/1 nuit ou 3 jours/2 nuits, incluant les repas, des excursions et parfois le transfert depuis/vers San José. Le hic : on vit en troupeau et on sort rarement de l'hôtel car il faut prendre le bateau pour se rendre au village.

De très bon marché à bon marché (max 60 $ / 50 €)

Aracari Garden Hostel *(plan A2,* ***10****)* **:** *à quelques mètres au sud du* *terrain de foot. ☎ 2767-2246. • araca rigarden.com • Lit en dortoir 5-6 pers env 13 $; doubles 30-40 $ avec sdb partagée ou privée ; familiales 3-4 pers.* Coup de cœur pour cet *hostel* d'une dizaine de chambres, simples mais presque cosy en plus d'être propres et confortables. Elles entourent un jardin où il est fréquent d'observer un iguane perché dans un arbre ou des colibris batifolant dans les fleurs. On apprécie la grande cuisine extérieure, abritée sous un carbet, avec une belle tablée et quelques lits pour piquer un somme. Marina et Alejandro vous accueillent comme à la maison et proposent des excursions en petit comité (formules nuitée + excursions sur leur site).

Cabinas Balcón del Mar (plan B3, **11**) **:** *au sud du village à la lisière du parc et en bord de mer. 📱 8870-6247. • leagonzales@costarricense.cr • Lit en dortoir 10 $; doubles à partir de 25 $ (eau froide) ou 30 $ (eau chaude), ttes avec sdb.* *Hostel* idéalement placé, face à la mer et à l'écart de l'agitation. Les chambres se répartissent dans 3 bâtiments différents. 5 d'entre elles font face à la mer, les autres, perpendiculaires, donnent sur le jardin. Elles sont simples mais très propres et confortables. Cuisine commune. Accueil bienveillant.

Hotel Tortuguero Natural B & B (plan B2, **12**) **:** *au sud du terrain de foot, près de l'église adventiste. ☎ 2767-0466 ou 📱 8508-9524. • hoteltortugue ronatural.com • Double avec sdb env 46 $; familiales.* Ce petit hôtel de seulement 8 chambres mise tout sur son caractère familial. Spacieuses et acidulées, les chambres disposent de leur propre salle de bains avec eau chaude. Celles à l'étage offrent une jolie vue sur l'océan. Sinon, la terrasse en haut est ouverte à tous. Jeux de société, café et thé à disposition, laverie, frigo et micro-ondes mais pas de cuisine commune. On a aimé le cocktail de bienvenue, les hamacs les pieds dans le sable qui donnent le ton dès l'entrée et l'accueil chaleureux. Un gardien veille aussi toute la nuit, vous pouvez dormir tranquille.

Cabinas Tortuguero (plan A3, **13**) **:** *en face du bar* La Taberna. *☎ 2709-8114. • cabinas-tortuguero.com • Lits en dortoir à partir de 10 $; cabinas 2-3 pers sans ou avec sdb 30-40 $.* Nichée dans un petit jardin paisible, cette pimpante maison turquoise offre une dizaine de chambres avec salle de bains privée, terrasse et hamacs où se prélasser au calme. Simples, bien tenues et plutôt spacieuses, les *cabinas* offrent un bon confort à petit prix, et si les salles de bains s'avèrent un peu riquiqui, l'eau a le mérite de couler chaude. Et pour les budgets les plus serrés, un dortoir d'une dizaine de lits. On aime bien aussi le tranquille carbet où déguster un petit déj (en supplément) à base de fruits et pain maison. On peut aussi suivre des cours de yoga, dispensés dans le jardin ou sur la plage.

Cabinas El Icaco (plan B3, **14**) **:** *au sud du village, en bord de mer. ☎ 2709-8044. • hotelelicaco.com • Double avec sdb 35 $; familiales 3-4 pers 40-45 $.* Situation en bord de mer pour cet *hostel* où seule une rangée de palmiers vous sépare de la plage. Une vingtaine de chambres spartiates mais colorées et propres, chacune disposant d'une salle de bains (très vieillotte), d'un ventilateur et d'une table flanquée de chaises sur un morceau de balcon. Les chambres doubles disposent d'un grand lit et d'un petit. Léger bémol pour l'insonorisation, préférez les chambres à l'étage. Le petit plus : l'*hostel* possède une piscine réservée aux clients à 150 m de là, une bénédiction quand le mercure dépasse les 30 °C. Eh oui, car si la plage s'étale sous vos pieds, elle est fortement déconseillée à la baignade à cause de puissants courants.

La Casona de Tortuguero (plan A2, **15**) **:** *côté nord du terrain de foot. ☎ 2709-8092. • lacasonadetortu guero@yahoo.com • Doubles sans sdb env 25 $, avec sdb 30-35 $; familiales 3-5 pers.* Au bord du terrain de foot et à quelques pas de la plage, cet *hostel* familial propose des chambres simples, voire pour certaines un brin rustiques, mais toutes avec salle de bains privée et eau chaude. Certaines, à l'étage, communiquent pour se convertir en grande suite familiale, et profitent d'un balcon filant avec vue latérale sur la mer. D'autres sont installées au fond du jardin et jouissent d'un calme total. Cuisine commune à disposition et agréable carbet où se retrouver le soir.

Prix moyens (60-90 $ / 50-75 €)

Casa Marbella *(plan A2, **16**) : en face de l'église. ☎ 2709-8011. • casamarbella.tripod.com • Doubles avec sdb 40-65 $ selon confort et vue.* Plantée au bord de l'eau, cette maison jaune aux fenêtres bleues nous a séduits pour sa belle situation et sa terrasse qui surplombe le canal. La dizaine de chambres, aux tons blancs et boisés, se répartit entre le rez-de-chaussée et l'étage, côté rue ou côté eau. Les plus belles (et donc les plus onéreuses) jouissent d'une jolie vue sur le canal. Si elles ne sont pas très grandes, le confort y est. Le meilleur moment reste le petit déj que l'on savoure sur la terrasse en regardant filer les bateaux. Intéressante visite du parc avec le propriétaire qui le connaît parfaitement et son canot à moteur électrique qui se faufile partout.

Miss Junie's *(plan A1, **17**) : tt au nord de la rue principale. ☎ 2709-8029. • reservationmissjunie@gmail.com • Doubles avec sdb 60-80 $.* Cet hôtel, tout de bois vêtu, séduit par son charme et son caractère. Miss Junie n'est autre que la nièce du capitaine Martinez, fondateur du village de Tortuguero, c'est dire si le lieu est chargé d'histoire ! Installé sur une fine bande de terre entre mer et canal, l'hôtel abrite une vingtaine de chambres au cachet certain et à la propreté irréprochable. Bois sombres et tissus colorés jouent la tradition, sans lésiner pour autant sur le confort avec eau chaude et ventilo. Les chambres à l'étage, plus grandes et plus chères, profitent toutes d'un balcon, avec vue calme sur le canal ou plus agitée côté mer. Le plus, la superbe piscine en mosaïque bleue, pour pallier les baignades quasi impossibles dans la mer, quand le mercure s'affole. Accueil doux et familial. Fait également resto, mais assez cher.

Spécial coup de folie

Manatus Hotel *(hors plan par A1, **18**) : à 1 km au sud de l'aéroport. ☎ 2709-8197. • manatuscostarica.com • Package 2 j./1 nuit pour 2 pers à partir de 300 $, ts les repas inclus ainsi que 2 excursions. Toutefois de nombreuses offres sur le site.* On accède à cet hôtel d'exception seulement en bateau. Contrairement aux *lodges* de luxe voisins, celui-ci ne fait pas dans la quantité et n'abrite qu'une douzaine de chambres. Dès la descente sur le ponton, le charme opère. Les chambres, dans des tons blancs et bois, sont spacieuses et décorées avec soin, dans un style chic mais sans exagération. Elles possèdent toutes 2 lits doubles, la clim, un minibar et une terrasse privée. Très beau jardin et piscine parfaite, au bord du canal. Seul bémol : pour sortir de l'hôtel et se rendre au village, c'est bateau obligatoire.

Où manger ? Où prendre un bon petit déj ?

Bon marché (max 6 000 CRC / 8 €)

Dorling's Bakery *(plan A2, **30**) : dans la rue principale, presque en face de l'église. Tlj 5h-18h. Formules petit déj 3 500-4 000 CRC.* Oubliez le cadre carrelé et aseptisé et concentrez-vous plutôt sur votre assiette. Cette boulangerie sauve bien des estomacs, même les plus matinaux. Dès le lever du soleil, on s'installe dans la salle ouverte sur le canal pour s'attaquer à un petit déjeuner digne de ce nom. Fruits frais, pain, gâteaux maison, œufs brouillés ou *gallo pinto*... ou tout ça en même temps ! Une aubaine, et surtout le seul endroit où se restaurer avant 7h du mat. Sinon, petite restauration toute la journée.

Miss Miriam's *(plan A2, **32**) : côté nord du terrain de foot. ☎ 2709-8002. Tlj 8h-21h. Repas complet env 4 500 CRC.* Un resto traditionnel sans prétention et dénué de décoration, mais où l'on est accueilli gentiment.

Poisson et poulet se cuisinent à la sauce caribéenne et s'accompagnent de légumes fondants et du célèbre *gallo pinto.* À côté, les proprios proposent des *cabinas* avec salle de bains privée pour moins de 30 $ la nuit, mais à ce prix-là, on a trouvé mieux dans le village.

🍽 ***El Muellecito*** (plan A2, **33**) **:** *sur la place principale. ☎ 2709-8104. Tlj 7h-20h. Plats 3 500-4 500 CRC.* Un restaurant familial dans le plus simple appareil, ouvert sur la place principale du village. Les nappes accusent quelques traces du temps (et des repas précédents), mais la cuisine se défend bien. Place au repas typique costaricien : omelettes, salades, poulet et poisson se dégustent avec l'incontournable *gallo pinto.* Portions généreuses et addition plus que raisonnable. On y sert aussi le petit déjeuner, traditionnel, évidemment.

Prix moyens (6 000-10 000 CRC / 8-14 €)

🍽 🍷 ⛱ ***Budda Café*** (plan A2, **35**) **:** *dans la rue principale, au nord de l'embarcadère. ☎ 2709-8084. Tlj 12h-21h. Plats 5 500-7 000 CRC.* Guirlande de drapeaux de prière tibétains colorés et lampions en papier plantent le décor zen de ce café aux airs balinais. Dans l'assiette, pourtant, c'est bien l'Italie qui est à l'honneur, avec une sélection de *pasta,* pizzas et carpaccios aux saveurs de la Botte ou plus exotiques. Produits frais et bien travaillés mais on paie plus le cadre et le service que le contenu de l'assiette, assez chiche. La terrasse sur le canal est splendide, sûrement la plus belle du village. Parfait aussi pour l'apéro ou un café en journée.

🍽 🍷 ⛱ ***Samarai Sushi*** (plan A2, **34**) **:** *dans la rue principale, au sud de l'embarcadère. 📱 8763-3503. Tlj sauf dim 12h-22h. Plats 3 500-7 000 CRC.* L'immense bar en bambou se prolonge par une jolie terrasse au bord du canal. Pas très local, mais un endroit vraiment sympathique. Cuisine japonaise à 100 %, quelques plateaux à partager à plusieurs, tout est bon. La musique est excellente et y boire un verre au coucher du soleil, aux 1res loges, est super agréable.

Où boire un verre ? Où danser ?

🍷 💃 ***La Taberna*** (plan A3, **40**) **:** *dans la rue principale, au sud du village. Tlj 11h-2h.* Le seul bar-discothèque du village et aussi un des rares endroits où l'on peut échouer après 20h30. Musique latino et grands écrans diffusant du foot animent ce grand hangar sans charme. Au bord de l'eau certes, mais de nuit, on ne profite pas vraiment de la vue ! Minipiste de danse. Clientèle de *Ticos,* et surtout d'hommes, venus descendre quelques *Imperial* au comptoir.

🍽 🍷 Voir plus haut le ***Budda Café*** *(plan A2, **35**)* et le ***Samarai Sushi*** *(plan A2, **34**)* dont les terrasses nous font de l'œil à l'heure de l'apéro !

À voir. À faire

⭐⭐⭐ 👨‍👩‍👧 ***Parque Nacional de Tortuguero*** (plan A-B3) **:** *entrée du parc au sud de la rue principale du village, au poste des gardes forestiers* Cuatro Esquinas. *☎ 2709-8086. • sinac.go.cr • Tlj 6h-18h (dernière entrée à 16h). Billet (valable tte la journée) : 15 $ adulte ; 5 $ enfant.*

Entre terre et mer, cette zone recouvre quelque 26 000 ha terrestres et 50 000 ha marins. Classé parc national en 1975, Tortuguero étend son réseau de canaux sur des kilomètres, offrant aux visiteurs des panoramas uniques de forêt tropicale très humide. De l'eau, cette partie de côte n'en manque pas. Il pleut en moyenne 5 à 6 m par an ! La végétation n'en est que plus majestueuse et impressionnante. Quant à la faune, elle trouve ici un terrain de jeu et de vie idéal.

La majorité des visiteurs viennent jusqu'ici (et la route est longue !) pour assister à la ponte des tortues de mer ou à l'éclosion des œufs (voir plus loin), mais la richesse du parc mérite largement le détour, même en dehors de cette saison. On y recense environ ***440 espèces d'oiseaux,*** un véritable ballet de plumes se déroule sous vos yeux : martins-pêcheurs, aigrettes, toucans, jacanas, faucons, aras verts, etc. Leurs envolées ou plongeons dans l'eau offrent un joli spectacle, tout comme leurs chants qui remplissent la forêt. Dans l'eau, sur terre ou haut perché dans les arbres, on compte environ ***140 espèces de mammifères.*** Araignées, hurleurs ou capucins, les ***singes*** se repèrent assez facilement. Pas aussi facile de débusquer un ***paresseux,*** immobile et silencieux, l'œil expert d'un guide est presque obligatoire. Encore plus difficiles à observer : les rares ***jaguars*** ou les ***lamantins.*** Enfin, près de ***120 espèces de reptiles*** peuplent aussi le parc, à commencer par les ***tortues,*** véritables vedettes locales. On croise aussi des caïmans, des iguanes ou encore des basilics Jésus-Christ, sorte de lézard vert qui marche sur l'eau (ça vous rappelle quelqu'un ?). Certains surnomment le parc « ***la petite Amazonie*** », on comprend pourquoi !

À vos baskets !

2 options s'offrent à vous pour découvrir le parc : la voie terrestre et la voie maritime. Évidemment, on vous conseille... les 2 ! Le billet d'entrée au parc étant valable pour la journée. ***Un conseil : rendez-vous dès l'ouverture à l'entrée du parc.*** Idéalement, commencer par une sortie en bateau dès 6h du matin pour assister au réveil des animaux, puis arpenter le sentier du parc dans la foulée. De bon matin, les animaux sortent de leurs cachettes en quête de fraîcheur, alors que dans la journée, ils fuient la chaleur et se montrent peu.
Prévoyez des chaussures fermées et des jumelles. Le seul sentier aménagé ouvert est le ***sendero Jaguar,*** qui longe la ***Playa Tortuguero*** sur 2,5 km. C'est sur cette plage que viennent pondre les tortues. La baignade n'est pas recommandée à cause de puissants courants. En saison des pluies (novembre-janvier et avril-août), les bottes en caoutchouc sont indispensables. Pas besoin d'encombrer vos valises, on en trouve à louer dans le village *(env 2 $ la journée).* On peut aussi louer les services d'un guide pour une visite de 2h environ *(compter 20 $/pers).*

À vos pagaies !

Impossible de rater une balade sur les canaux du parc national. 4 itinéraires aquatiques permettent de s'enfoncer dans les recoins les plus isolés de cette forêt luxuriante. Le *río Tortuguero,* long de 4 300 m, marque l'entrée de ce réseau de canaux. On aime surtout pénétrer dans le sentier ***Caño Chiquero-Caño Mora*** (parcours de 2,3 km), dont l'accès est réservé aux embarcations sans moteur. 3 options sont possibles pour filer sur les eaux du parc.
– ***Louer les services d'un guide*** auprès du bureau *ASOPROTUR* (voir plus haut la rubrique « Adresses et infos utiles ») qui regroupe tous les guides officiels de Tortuguero. *Compter env 35 $/pers pour 2h30 de tour (auxquels il faut ajouter les 15 $ d'entrée au parc).* C'est la meilleure option car les guides vous embarquent pour une visite privée dans des pirogues. Le silence absolu sur l'eau assure une belle expérience. Rien ne vient troubler le calme de la forêt et l'on a accès à tous les canaux.
– ***Louer un canoë ou un kayak*** dans le village et s'aventurer seul sur les canaux. Attention, mieux vaut être un pagayeur aguerri car on fatigue vite. Outre l'aspect physique, vous risquez de passer à côté d'animaux et de plantes exceptionnelles, sans même vous en rendre compte. Autre mise en garde, les horaires d'accès au parc en canoë sont réglementés. 4 créneaux sont autorisés : 6h-6h30, 8h30-9h, 11h-11h30 et 14h30-15h ; vous devez passer par le poste de *Cuatro Esquinas* dans ces horaires.

– ***Acheter un pack* all inclusive** dans un des *lodges* du nord du village. La plupart incluent une visite du parc en bateau. On vous déconseille cette option, la visite se fait en grand groupe sur un bateau à moteur. Le parc perd alors de sa magie.

Observation des tortues

Des milliers de touristes débarquent chaque année à Tortuguero pour assister à la ponte des tortues ou à l'éclosion des œufs. La plupart des tortues revenant pondre sur la même plage où elles ont vu le jour, le spectacle est assuré depuis des millénaires ! C'est l'attraction phare de ce petit bout de Caraïbe.
La ***tortuga verde,*** ou tortue verte, est la plus courante. Sa saison de ponte s'étend de juillet à octobre, avec un pic en août. La ***tortuga carey,*** ou tortue à écailles, pond à peu près à la même période (parfois dès mai-juin), avec aussi un pic de ponte en août. Plus rare, la ***tortuga baula,*** ou tortue luth (la plus grosse du monde), fréquente aussi la plage de Tortuguero avec une saison de ponte qui s'étend de mars à juin et un pic en avril et mai.
La saison de ponte des tortues s'étend de mars à octobre, avec un pic autour de juillet-août. Spectacle unique et émouvant, les tortues sortent de l'eau souvent en groupe et remontent la plage au-dessus de la ligne de démarcation de la marée haute. À la nuit tombée (pour éviter que leur ventre ne chauffe sur le sable), elles creusent un trou et y pondent ***entre 80 et 120 œufs en moyenne***. Elles recouvrent ensuite le trou avec leurs pattes arrière pour les protéger. Mieux, elles creusent aussi un autre trou vide pour tromper les prédateurs ! Puis elles retournent à la mer. 45 à 70 jours plus tard, les œufs éclosent et les bébés tortues filent droit vers la mer pour éviter les prédateurs et la déshydratation. On estime qu'un bébé sur 1 000 seulement atteint l'âge adulte !

Une réglementation stricte

Pour assurer la survie des tortues (7 espèces sur 8 des tortues marines sont menacées), les autorités de Tortuguero fixent des règles.
– L'observation des tortues doit obligatoirement se faire avec un guide. Ne vous avisez pas de vous balader seul le soir sur la plage pour profiter du spectacle, les gardes forestiers surveillent la zone et vous risquez gros. Il est d'ailleurs interdit de marcher sur la plage de 18h à minuit entre mars et octobre.
– 2 créneaux sont aménagés pour les tour-opérateurs : 20h-22h et 22h-minuit. Après minuit, les sorties sont illégales. Les 1ers groupes doivent forcément quitter la plage avant de laisser place au 2e groupe.
– Un guide a le droit d'emmener les touristes par groupe de 10 personnes maximum sur la plage.
– Il faut porter des vêtements de couleur sombre et ne faire aucun bruit afin de ne pas déranger les tortues. Les photos et flashs sont bien sûr prohibés.
– Bien évidemment, il est interdit de toucher les tortues. Même le guide ne peut pas le faire.

Les tours organisés

Pour réserver sa visite, adressez-vous à *ASOPROTUR* (voir plus haut la rubrique « Adresses et infos utiles »). Une visite dure environ 2h et coûte environ 35 $ par personne, auxquels on ajoute les 15 $ d'entrée au parc. Elles se déroulent soit de 20h à 22h, soit de 22h à minuit. Tous les guides officiels offrent les mêmes tarifs. Si un guide vous propose un tarif inférieur, il se peut qu'il ne soit pas affilié à l'association des guides de Tortuguero. L'association des guides propose aussi des visites en période d'éclosion (septembre-décembre). Il s'agit d'un tour très tôt le matin ou en fin d'après-midi. Compter environ 35 $ (plus les 15 $ d'entrée au parc) pour une visite d'environ 1h45.

Sea Turtle Conservancy Centro de Visitantes *(plan A1)* : *au nord du village, sur le sentier qui longe la plage.* ☎ *2767-1576.* • *conserveturtles.org* • *Tlj 10h-12h,*

14h-17h. Entrée : env 2 $. Les donations sont les bienvenues. Géré par l'ONG Sea Turtle Conservancy, ce petit musée présente, sous forme d'exposition et d'un court film, le cycle de vie des tortues marines. On apprend aussi la particularité de chaque espèce qui vient pondre ici et l'importance de leur protection. Le musée propose aussi d'adopter une tortue. Pas en vrai, bien sûr ! Pour environ 25-30 $, vous recevrez des informations concernant votre protégée et pourrez suivre sa migration sur Internet. Reconnaissons-le, la visite n'est pas passionnante.

Cerro Tortuguero *(hors plan par A1)* **:** *à env 6 km au nord du village. Accès en bateau env 15 mn, soit avec un bateau-taxi pour env 10 $, ou se faire déposer par les lanchas qui se rendent à La Pavona (2-3 $). Tlj sauf lun 6h-16h30. Entrée : 10 $.* Arrivée au village de San Francisco où se trouve le débarcadère. Ensuite, on emprunte chemin, passerelle et belle volée de marches en ciment, pour atteindre le sommet de cet ancien volcan, à l'origine du sable noir sur les plages de Tortuguero et sur la côte Caraïbe. La végétation ayant depuis longtemps repris ses droits, la balade se fait dans une jungle luxuriante, magnifique. Au sommet (119 m), le plus haut de cette côte, on jouit d'une vue époustouflante sur le village, la lagune, la mer et au-delà. Compter environ 30 mn ; accessible à tous. Au retour, avant de reprendre une *lancha,* faire un tour dans le village de San Francisco (environ 1 500 habitants), qui possède encore quelques maisons typiques en bois dans un style purement caribéen.

CAHUITA

8 000 hab.

• Plan *p. 152-153*

Une poignée de rues, flanquées de quelques cafés et restaurants, des habitants qui se saluent avec le sourire, des vieux tapant le domino sur un banc, à Cahuita la vie s'écoule au paisible rythme caribéen. Encore épargné par le tourisme de masse (on y croise plus de *Ticos* que de sacs à dos !), le village séduit par sa tranquillité et sa douceur de vivre. Y séjourner, c'est s'offrir de beaux moments à partager et des souvenirs à graver, comme un lever de soleil à l'entrée du parc national ou l'étonnant spectacle d'un paresseux qui s'agrippe aux câbles électriques et passe (très lentement !) sous vos yeux.
Mais l'attraction phare de Cahuita reste son splendide parc national, dont l'entrée se trouve au bout de la rue principale du village. Les rencontres s'y multiplient au fil des kilomètres de sentier : paresseux, singes capucins, ratons laveurs ; mais aussi de jolies plages et une flore riche et surprenante. Des touristes ayant foulé plusieurs parcs du pays nous ont avoué une préférence pour celui-ci. Et vous ? On confesse en tout cas un énorme coup de cœur pour ce petit coin de côte Caraïbe.

Arriver – Quitter

En bus

Terminal de bus *(plan C2)* **:** *sur la rue qui mène au centre-ville, à 300 m de la c/ Central. ☎ 2755-1011. Billetterie tlj 7h-18h.* La compagnie *Autotransportes Mepe (☎ 2257-8129 ; • mepecr.com •)* dessert la province de Limón et longe toute la côte Caraïbe. Les tickets s'achètent directement à bord, sauf pour San José.

➢ ***San José* :** env 4 bus/j. dans les 2 sens, 6h-18h. Mieux vaut acheter son ticket à la billetterie la veille du départ. Trajet : env 4h30.

➢ ***Puerto Limón :*** env 1 bus/h dans les 2 sens, 6h30-20h. 1h30 de trajet.
➢ ***Puerto Viejo de Talamanca :*** env 1 bus/h dans les 2 sens, 6h30-20h. Compter 30 mn de trajet.
➢ ***Manzanillo :*** env 7 bus/j. dans les 2 sens, 6h30-19h. 1h de trajet.

Adresses et infos utiles

Informations touristiques et agence

Kelly Creek *(plan D2)* **:** *au bout de la rue principale. ☎ 2755-0302 ou 2755-0461. Tlj 6h-16h30.* C'est le point d'entrée au parc national mais aussi l'office des gardes forestiers. Pour des infos sur le parc, vous ne pourrez pas mieux trouver. Pour des infos sur la ville, il n'y a malheureusement pas d'office de tourisme, mais les agences de voyages sont une bonne source d'information.

■ ***Cahuita Tours*** *(plan C2,* ***2****)* **:** *dans la rue principale. ☎ 2755-0101. • cahuitatours.com •* Une très bonne agence, à l'esprit familial. Elle propose une visite guidée du parc national, des sorties *snorkelling,* des balades à cheval mais aussi du rafting...

Santé

■ ***Farmacia*** *(plan C2,* ***3****)* **:** *dans le centre commercial près du terminal de bus. ☎ 2755-0505. Lun-sam 9h-17h.*

■ ***Centro médico*** *(plan C2,* ***3****)* **:** *dans le centre commercial près du terminal de bus. ☎ 2750-0794. Lun-ven 9h-17h30, sam 10h-18h30. Compter env 60 $ pour une consultation de médecine générale.*

Divers

■ ***Banco de Costa Rica*** *(plan C2,* ***3****)* **:** *dans le centre commercial près du terminal de bus. Lun-ven 9h-16h.*

Supermercado Vaz *(plan C2,* ***4****)* **:** *dans la rue principale, sur la droite avt l'entrée du parc. Tlj 7h-21h30.* Un peu moins cher que l'autre supermarché de la rue principale.

■ ***Policía*** *(plan C2,* ***5****)* **:** *au bout de la rue principale, à l'opposé de l'entrée du parc. ☎ 2755-0217.*

Gasolinera *(station-service)* **:** *la plus proche se trouve à 7 km au sud de Cahuita, sur la route 36 pour Puerto Viejo.*

Où dormir ?

De très bon marché à bon marché (max 60 $ / 50 €)

Camping María *(plan A1,* ***10****)* **:** *sur la piste qui longe Playa Negra, env 400 m après le Reggae Bar. ☎ 2755-0091. Compter 10 $/pers, 1 $ de plus pour une tente.* Un peu éloigné du centre du village, il faudra marcher environ 25 mn, gros sac sur le dos, avant de rejoindre le paisible camping de María. Installé au bord de l'eau, il peut accueillir une trentaine de voyageurs. Si vous n'avez pas de tente, elle en a 1 ou 2 pour dépanner. En toute simplicité, les sanitaires fonctionnent à l'eau froide et on partage la cuisine. L'adorable propriétaire, pleine de bonnes intentions, sert du café le matin et met à disposition des livres et des jeux de société. Des hamacs se balancent face à la mer et la plage est à 5 mn à pied.

Hakuna Matata Hostel *(plan C2,* ***11****)* **:** *près du terminal de bus. ☎ 2755-1225. • cahuitahostel.com • Lit en dortoir 3-4 pers avec sdb partagée 12 $; doubles sans ou avec sdb 30-35 $.* « Ces mots signifient, que tu vivras ta vie, sans aucun souci... », la célèbre chanson du *Roi Lion* prend tout son sens dans cet *hostel* aux allures de cabane dans la jungle. Petite piscine, hamacs, accueil chaleureux, pancakes au petit déj, ici, place à la détente et à la convivialité. Tranquille et familiale, l'auberge abrite une dizaine de chambres et dortoirs

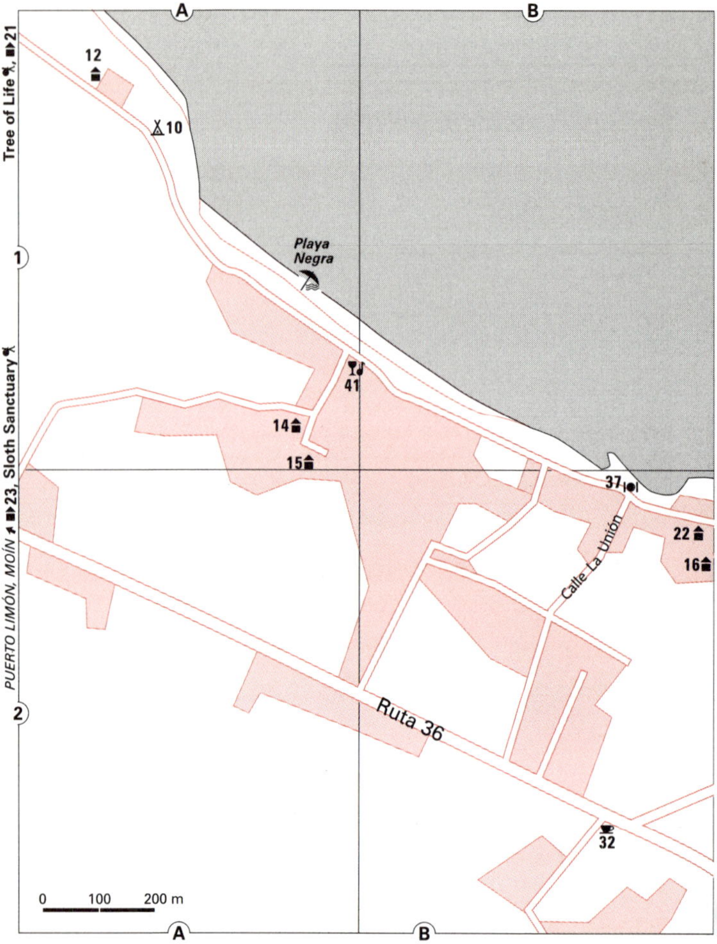

Adresses utiles

- Kelly Creek (D2)
- **2** Cahuita Tours (C2)
- **3** Banco de Costa Rica, Farmacia et Centro médico (C2)
- **4** Supermercado Vaz (C2)
- **5** Policía (C2)

Où dormir ?

- **10** Camping María (A1)
- **11** Hakuna Matata Hostel (C2)
- **12** Piscina Natural (plan A1)
- **13** Cabinas Smith 1 et 2 (C2)
- **14** Cabinas Nirvana Eco Lodge (A1)
- **15** Cabinas Iguana (A1)
- **16** Cabinas Tito (B2)
- **17** El Colibri Rojo (hors plan par C2)
- **18** Alby Lodge (C2)
- **19** Hotel Kelly Creek (D2)
- **20** Cahuita Inn (C2)

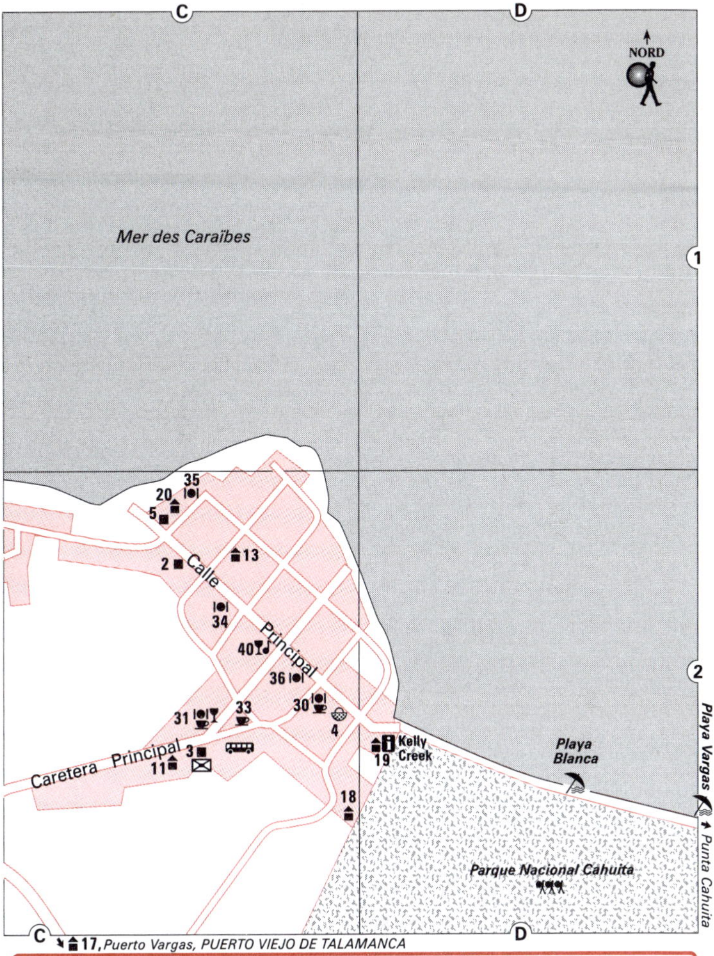

CAHUITA

21 Kenaki Lodge (hors plan par A1)
22 El Encanto Inn (B2)
23 La Rana de Cahuita Eco-Lodge et Passion Fruit Lodge (hors plan par A2)

Où manger ? Où prendre un bon petit déj ?

30 Soda Kawe (C2)
31 Aroma Coffee Bar & Breakfast (C2)
32 Panaderia Francesa (B2)
33 Facefood (C2)
34 Palenque Luisa (C2)
35 Pizzería Cahuita (C2)
36 Barakka Bistro (C2)
37 Sobre Las Olas (B2)

Où boire un verre ? Où sortir ?

40 Coco's Bar (C2)
41 Reggae Bar (A-B1)

en toute simplicité, mieux vaut ne pas être un maniaque du rangement et de la propreté. Cuisine commune à disposition, où les proprios italiens seront ravis de vous donner des conseils sur l'art de cuisiner la *pasta*. Pratique, on est à 2 pas de la gare routière (mais pas de nuisances sonores pour autant).

Piscina Natural *(plan A1, **12**)* : *sur la piste qui longe Playa Negra, un peu après le camping, sur la droite.* ☎ *2755-0146.* • *piscina-natural.com* • *Double env 60 $.* Seules quelques chambres doubles, un joli jardin un peu fouillis et la mer à portée de regard. Chambres simples mais non dénuées de charme, dans un bâtiment en longueur, ouvert sur la nature et la mer. Agréable carbet, avec sa belle terrasse et la grande cuisine commune pour les hôtes. Quelques poignées de hamacs pour bouquiner çà et là. Mais surtout, cerise sur le gâteau, les piscines naturelles créées par le ressac de la mer, qui s'invitent dans le jardin et vous tendent les bras.

Cabinas Smith 1 et 2 *(plan C2, **13**)* : *dans une rue perpendiculaire à la c/ Principal.* ☎ *2755-0068. Double 45 $.* Géré par une charmante dame qui parle très bien l'anglais. Chambres basiques avec bonne literie, salles de bains privées, ventilo, eau chaude et toutes avec terrasse. Au calme et tout près de la mer. Cuisine commune et super accueil.

Cabinas Nirvana Eco Lodge *(plan A1, **14**)* : *Playa Negra ; prendre la piste qui longe la plage et tourner à gauche à la hauteur du* Reggae Bar, *c'est au fond du chemin à droite.* ☎ *2755-0110.* • *nirvanaecolodgecostarica.jimdofree.com* • *À ne pas confondre avec le* Cabinas Nirvana Lodge & Resort *voisin. Double avec sdb env 50 $; également des apparts 3-4 pers.* Une poignée de chambres et d'appartements répartis dans de grandes cabanes en bois dispersées dans un joli jardin tropical. Chaque chambre dispose de sa propre salle de bains, ventilateur et terrasse avec hamac, certaines ont même une cuisine extérieure. Bois ciré, carrelage sombre et touches pimpantes plantent un cadre traditionnel et confortable dont on apprécie le calme. Jolie piscine et accueil sympathique.

Cabinas Iguana *(plan A1, **15**)* : *Playa Negra ; prendre la piste qui longe la plage et tourner à gauche à env 1 km, c'est au bout du chemin à gauche.* ☎ *2755-0005.* • *cabinas-iguana.com* • *Cabinas 2 pers 22-30 $; bungalows 2 pers 50-65 $; familiales 4-6 pers.* Toutes les tailles et tous les budgets (les bungalows grimpent dans la catégorie suivante) ! Bien caché dans un jardin tropical, cet établissement propose des *cabinas* et bungalows pour les voyageurs solo, duo ou en troupeau ! Les 3 chambres les plus économiques sont petites et se partagent une salle de bains, mais elles profitent d'une terrasse, de l'eau chaude et du café gratuit. Au fond, des bungalows s'égrènent dans le jardin. Ceux pour 4 personnes n'ont pas de cuisine (seulement un frigo) et arborent un style assez rustique avec dentelles et meubles en bois brut. Ceux pour 5 et 6 personnes sont plus modernes et disposent d'une cuisine. Dans le jardin, on croise singes hurleurs ou capucins, agoutis, iguanes et toucans. On peut aussi faire la crêpe au bord de la piscine et profiter du barbecue.

Cabinas Tito *(plan B2, **16**)* : *Playa Negra ; prendre la piste qui longe la plage et tourner à gauche à env 300 m.* ☎ *2755-0286.* • *cahuita-cabinas-tito.com* • *Bungalows 2 pers sans ou avec cuisine env 50 $, également des cabinas 3-4 pers et une maison pour 5 pers (et 2 enfants en sus).* Dans ce charmant jardin tropical, Tito a installé des bungalows indépendants simples et jolis, bien cachés les uns des autres, qui offrent une vraie intimité à prix raisonnable. Chaque *cabina* comprend une salle de bains avec eau chaude et une petite terrasse d'où l'on profite de la tranquillité du lieu ; également 1 *cabina* avec 2 chambres. Cuisine commune sous un grand carbet, avec tables et chaises. Baladez-vous dans le jardin et demandez à l'adorable propriétaire de vous montrer la faune et la flore incroyables qui ont élu domicile ici : fruits de la passion, avocats, bananes, mais aussi papillons, grenouilles et paresseux. Un petit coin de paradis, accessible à tous. Un de nos coups de cœur dans le village.

Prix moyens (60-90 $ / 50-75 €)

El Colibri Rojo (hors plan par C2, **17**) **:** *à 3 km du centre de Cahuita, sur la route 36 vers Puerto Viejo, à 300 m avt la 2e entrée du parc national sur la gauche. ☎ 2755-0431. • elcolibrirojo.com • Doubles env 50-65 $, également des chambres 3-4 pers et des apparts jusqu'à 6 pers ; petit déj en plus.* Tenu par un sympathique couple de Français, cet hôtel, bien qu'éloigné du centre, a retenu notre attention. Dès la réception, canapés, baby-foot, et coin bibliothèque invitent à la détente. Les chambres affichent un style moderne et frais, épuré et rehaussé de tons acidulés. Toutes disposent de la clim, d'un ventilateur et d'un frigo, ainsi que d'un balcon avec hamac. Elles sont nickel, comme les salles de bains, tout aussi modernes. N'oublions pas la piscine ! Au petit déj, œufs fraîchement ramassés dans le poulailler, confiture maison et pain de la boulangerie (pour les nostalgiques des bonnes tartines beurrées). Dernier bon point : l'hôtel se trouve à 300 m de la sortie du parc national (qui sert aussi de 2e entrée), de quoi prévoir de belles randonnées.

Alby Lodge (plan C2, **18**) **:** *au sud du village, prendre la rue à droite avt l'entrée du parc national, puis tourner à gauche. ☎ 2755-0031. • albylodge.com • Double 60 $ (10 $ de plus pdt Semaine sainte et vac de Noël), puis 5 $/pers supplémentaire. CB refusées.* Ce beau jardin tropical de 2 ha abrite 4 cabanes traditionnelles, qui profitent de l'ombre d'arbres magnifiques. Chacune peut accueillir 3 ou 4 personnes et possède un ventilateur, des moustiquaires, une salle de bains privée et une terrasse avec hamac. On aime bien le toit en feuilles de palmier, le mobilier tout en bois et le calme du jardin (sauf quand les singes hurleurs donnent de la voix !). Il y a aussi une cuisine commune. L'entrée du parc national est à 200 m, tout comme le centre-ville. Un joli petit coin, à prix modique.

Hotel Kelly Creek (plan D2, **19**) **:** *à l'entrée du parc national. ☎ 2755-0007. • kellycreekhotel.com • Doubles 70-80 $; 10 $/pers supplémentaire.* Cette jolie maison, tout en bois verni, abrite une petite poignée de chambres et un duplex de style colonial pouvant accueillir jusqu'à 4 personnes. Elles font environ 35 m² chacune et comptent 2 lits doubles (parfois des *twins*) abrités par des moustiquaires. Bois ciré et tentures blanches leur donnent des airs de cabane dans la jungle, le confort en plus. À chacune son bout de balcon où l'on suspend volontiers un hamac. Installée à l'entrée du parc national, la maison jouit d'une jolie situation ; on en profite dès le petit déjeuner en guettant les hérons et les iguanes de la réserve voisine. Une belle adresse, abordable vu les prestations.

De chic à plus chic (90-130 $ et plus / 75-108 € et plus)

Cahuita Inn (plan C2, **20**) **:** *à côté du poste de police. ☎ 2755-0179. ♿ Double avec sdb env 100 $, également un appart pour 2 pers 120-140 $, puis 20 $/pers supplémentaire.* Tenu par un charmant couple d'Italiens, propriétaires de la *Pizzería Cahuita* voisine, cet hébergement, bien éloigné des traditionnels hôtels, abrite 5 chambres ultra-spacieuses et modernes. Ici, place à des espaces épurés et sobres où dominent les tons clairs. Les chambres s'alignent de plain-pied devant la piscine, face à la mer, et offrent un excellent niveau de confort : 2 lits doubles chacune, TV, clim et terrasse. Elles sont accessibles aux personnes à mobilité réduite, ce qui est rare au Costa Rica. Également un appartement vraiment spacieux avec une cuisine et un séjour ainsi qu'une terrasse en hauteur, au-dessus du resto. Pour le dîner, ne cherchez pas plus loin que la pizzeria voisine (voir « Où manger ? Où prendre un bon petit déj ? »).

🏠 ***Kenaki Lodge*** *(hors plan par A1,* ***21****) : Playa Grande, à 4 km au nord du village. ☎ 2755-0485. • kenakilodge.com • Accessible par la piste qui longe la* Playa Negra *ou par la route Puerto Viejo-Limón ; suivre alors les panneaux pour « Tree of Life », l'hôtel est à 800 m au nord. Doubles avec sdb 100-120 $, bungalows 2-4 pers également, petit déj inclus.* Tout au bout d'une piste, Isabelle a fait construire sa jolie maison, aux airs de cabane géante. Cette charmante Française a installé autour de chez elle 2 bungalows et 4 chambres. Spacieuses, on a aimé leur style *wild* chic avec joli parquet, mobilier en bois et osier, le tout ponctué de touches colorées, chacune donnant sur la terrasse (celles avec lit double sont installées côté océan). Les bungalows, immenses et indépendants, profitent en plus d'un salon-salle à manger et d'une cuisine entièrement équipée. Petit déj maison délicieux. La plage s'étend à 50 m, il n'y a qu'à traverser la piste. Mais attention aux courants ! Également à la tête de l'association ***Cahuita Rescue Turtle Race*** pour la protection des tortues, Isabelle est intarissable sur le sujet. Si vous voulez vous initier au taekwondo, c'est le moment : Roberto, son compagnon, est maître en la matière.

🏠 ***El Encanto Inn*** *(plan B2,* ***22****) : Playa Negra ; prendre la piste qui longe la plage, l'hôtel est à env 400 m au nord du village. ☎ 2755-0113. • elencantocahuita.com • Doubles et studios 2 pers 80-120 $, également des bungalows 3-4 pers.* On entre par un jardin tropical très bien entretenu qui ne compte qu'une poignée de chambres, réparties dans de larges bungalows, au décor tropical soigné. Spacieuses et lumineuses, elles arborent des tons rouges et bois, et s'ouvrent sur d'agréables terrasses. La suite est carrément luxueuse, avec une cuisine moderne, une terrasse incroyable et un salon d'extérieur en surplomb du jardin. L'hôtel profite d'une belle situation : la plage de l'autre côté du chemin (interdite à la baignade) et le centre-ville à moins de 10 mn à pied. Mention spéciale pour l'accueil, charmant.

Où dormir dans les environs ?

Prix moyens (60-90 $ / 50-75 €)

🏠 ***La Rana de Cahuita Eco-Lodge*** *(hors plan par A2,* ***23****) : à env 6 km au nord-ouest du centre de Cahuita, route 36 vers San José, à env 4,5 km, tourner à gauche à la hauteur de la villa Elinid, puis indiqué. 📱 8428-5077. • laranadecahuita.com • Bungalows pour 2 env 70-85 $.* Dans un magnifique jardin, les propriétaires français de ce *lodge* ont installé de superbes bungalows et maisons tout en bois, perdus dans la végétation. Tous dotés de grandes terrasses ouvertes sur la nature, de meubles en bois blond, de salle de bains et cuisine très bien équipées, les plus luxueux avec petit bassin pour se tremper les pieds quand les températures explosent. Belle piscine près du bar où l'on sert le petit déjeuner et salon de lecture. Également 2 villas pour les familles ou bande de copains. Bel accueil.

🏠 ***Passion Fruit Lodge*** *(hors plan par A2,* ***23****) : à env 6 km au nord-ouest du centre de Cahuita, même itinéraire que pour* La Rana de Cahuita Eco-Lodge *ci-dessus. 📱 8939-9823 ou 8477-1876. • passionfruitlodge.com • Bungalows pour 2 à partir de 70 $; familiales ; petit déj en plus.* Un couple de Français, Karine et Philippe, ont restauré cet hôtel en s'attardant sur l'aspect écologique. Les bungalows, pour la plupart sur pilotis, sont disséminés dans la nature. Tous équipés de cuisine et aménagés avec des matériaux naturels, faisant la part belle au bois. Grande et très belle piscine écologique, alimentée à l'eau de pluie. On profite de la nature et du calme environnant, tout comme les nombreux oiseaux qui y ont élu domicile (toucans, perroquets...). Accueil chaleureux.

Où manger ? Où prendre un bon petit déj ?

De bon marché à prix moyens (max 10 000 CRC / 8 €)

Soda Kawe (plan C2, **30**) : *dans la rue principale, 100 m avt l'entrée du parc. Tlj 5h30-19h. Petits déj et plats env 3 000 CRC.* Pour un petit déjeuner dans la plus pure tradition costaricienne, rendez-vous à l'aube dans ce café-restaurant où marmite, cafetières et casseroles mijotent et bouillonnent sur le feu, mélangeant leurs savoureuses odeurs à celle du charbon de bois. Aux tables en retrait, préférez le comptoir juste devant la cuisinière, pour observer ce joli manège de plus près. *Gallo pinto,* œufs brouillés et pain frit composent un petit déjeuner complet digne de ce nom. Idéal pour faire le plein d'énergie avant une randonnée dans le parc. Un des meilleurs rapports qualité-prix.

Aroma Coffee Bar & Breakfast (plan C2, **31**) : *dans une rue perpendiculaire à la rue principale, à 2 pas de la gare routière. Tlj sauf dim 8h-18h. Petits déj, sandwichs, salades 2 000-4 000 CRC.* Adorable petite adresse avec sa salle ouverte et sa miniterrasse, où d'anciennes bobines de fil géantes font office de tables. Les produits sont bien préparés, bons et servis avec ce petit plus qui fait que l'on a envie de revenir. Au menu : salades, *wraps*, gâteaux maison, burgers, *milkshakes...*

Panaderia Francesa (plan B2, **32**) : *sur la route 36, à l'entrée de Cahuita. Mar-sam 6h-17h, dim 7h-12h. Fermé lun.* Facile à repérer avec sa tour Eiffel bleu, blanc, rouge ! José a posé son four à pain ici et propose les meilleurs pains, gâteaux et autres gourmandises du coin. Également de très bons sandwichs et autres en-cas salés à grignoter sur la terrasse ou à emporter. Idéal pour un petit déj ou un en-cas.

Facefood (plan C2, **33**) : *dans une rue parallèle à la c/ Principal, près de la gare routière. Tlj sauf mer 6h30-16h. Petit déj et plats 2 000-6 000 CRC.* À la fois boulangerie, traiteur et aussi (encore) spécialités italiennes. Parfait pour un bon petit déj copieux ou un gros en-cas : sandwichs, gâteaux... Terrasse au calme.

Palenque Luisa (plan C2, **34**) : *dans la rue principale. Tlj sauf dim 12h-22h. Casado env 4 000 CRC, viandes 5 000-7 500 CRC.* Ce restaurant ouvert sur la rue principale du village met à l'honneur la cuisine traditionnelle des Caraïbes. Les petits budgets piocheront dans les riz cuisinés, les pâtes ou les fameux *casados.* Et les carnivores apprécieront le beau choix de grillades : côte de porc, poulet grillé, *T-bone a la plancha,* etc., de quoi se lécher les babines ! Également quelques poissons et fruits de mer déclinés à la sauce exotique. Accueil et service charmants.

Pizzería Cahuita (plan C2, **35**) : *à côté du poste de police. ☎ 2755-0179. Tlj sauf mer-jeu 16h (12h sam-dim)-21h30. Pizzas 5 000-7 000 CRC, pâtes 6 500-10 000 CRC.* Le couple d'Italiens propriétaire des lieux propose des pizzas cuites au feu de bois et élaborées par monsieur. Tout le village vante, à raison, la qualité de ces pizzas généreusement garnies, dont la taille pourrait contenter 2 estomacs. Goûtez aussi les délicieuses pâtes maison, comme les gnocchis aux crevettes et pesto ou les raviolis ricotta-épinards. On s'installe à la terrasse dominant le jardin, avec vue sur la grande bleue. Le service et l'accueil sont au diapason de la cuisine. Fait aussi vente à emporter. Une bonne option si l'on sature de *casados* et *frijoles.*

De prix moyens à chic (6 000-15 000 CRC / 8-20 €)

Barakka Bistro (plan C2, **36**) : *dans la rue principale. ☎ 2755-0145. Tlj sauf lun 12h-21h30. Plats 6 000-12 500 CRC.* Ce petit resto tenu par un couple franco-italien est devenu l'un des incontournables de Cahuita.

Salle très design un peu chic et mini-terrasse, où l'on sert une cuisine fusion franco-italienne délicieuse. Une véritable surprise, tant pour la *pasta* que pour les plats de viande ou de poisson (tartares et *ceviches* entre autres). Les desserts ne sont pas en reste, gardez une petite place ! Très bon accueil et quelques bons vins en prime.

Sobre Las Olas *(plan B2,* ***37****)* **:** *sur la piste au nord de la ville, presque en face de la c/ Unión. ☎ 2755-0109. Ouv tlj sauf mar 12h-21h. Riz et pâtes 6 500-8 500 CRC, viandes et poissons 7 000-12 500 CRC.* La référence de Cahuita en matière de poissons et fruits de mer, qui ne déçoit pas ! Ce grand restaurant surplombant les flots propose des produits fraîchement pêchés, et la carte du jour change selon l'arrivage. Poisson grillé, poulpe sauce piquante, crevettes à l'ail ou langouste (à très bon prix), la réputation de la maison n'est plus à faire. Quelques viandes à la carte pour les carnassiers. Choisissez une table dehors, au-dessus des vagues ou *sobre las olas* comme le vante le nom du restaurant.

Où boire un verre ? Où sortir ?

Coco's Bar *(plan C2,* ***40****)* **:** *dans la rue principale. Tlj jusque tard le soir.* C'est LE point de ralliement du village. Un immense bar en angle, ouvert sur la rue et son animation. On y sirote de bons cocktails sur fond de musique qui ne tabasse pas les oreilles, en regardant la vie du village défiler devant la terrasse. On peut également y grignoter de bonnes assiettes, copieuses et bon marché en plus. Des concerts de calypso (genre musical très rythmé issu de la communauté africaine des Caraïbes) échauffent les corps et les esprits le week-end.

Reggae Bar *(plan A-B1,* ***41****)* **:** *Playa Negra, à env 1 km sur la piste au nord du village. Tlj 12h-23h.* Juste en face de la plage, cette grande cabane recouverte de feuilles de palmier abrite un bar caribéen, tendance jamaïcaine. Des groupes de reggae et calypso s'y produisent le vendredi soir, on adopte vite le rythme. Évitez de vous balader seul la nuit sur la piste qui mène au bar.

À voir. À faire

Parque Nacional Cahuita *(plan C-D2)* **:** *1re entrée à Kelly Creek, au bout de la rue principale du village, 2e entrée à Puerto Vargas. ☎ 2755-0302 ou 2755-0461. • sinac.go.cr • Tlj 6h-17h par l'entrée principale de Playa Blanca et tlj 8h-16h par l'entrée de Puerto Vargas. Entrée : sur donation à Kelly Creek ; 5 $ à Puerto Vargas. Le billet est valable tte la journée.*

Classé parc national en 1978, le parc couvre environ 1 100 ha terrestres et près de 23 000 ha d'aire marine. À vous une belle randonnée entre terre et mer (prévoyez des chaussures fermées et un maillot de bain !). ***Un sentier de 9 km traverse le parc.*** Il faut compter 4-5h pour le parcourir (pause baignade comprise). ***Attention, le passage à Punta Cahuita fermant à 14h,*** si vous souhaitez parcourir le chemin jusqu'à l'autre sortie, il faut partir au plus tard à 11h. Pour les plus courageux qui souhaitent faire l'aller-retour, il faut partir dès 6h de l'entrée principale (Kelly Creek). Pas de difficulté particulière si ce n'est sa longueur, mais on peut aussi faire demi-tour quand on veut. 2 options s'offrent aux promeneurs pour attaquer ce sentier : entrer par le poste de Kelly Creek, à 200 m au sud de la rue principale de Cahuita, ou par le poste de Puerto Vargas, dont l'entrée se situe à 1 km au sud de la sortie de Cahuita, sur la route 36. Le poste de Kelly Creek appartenant à la commune, on fait une donation (soyez généreux, c'est largement mérité) pour pénétrer dans le parc, tandis qu'à Puerto Vargas, le poste appartient à l'État et l'entrée coûte 5 $. Outre cet aspect

financier, la majorité des touristes commence par Kelly Creek car on s'y rend à pied depuis Cahuita. Nous décrivons ci-après le sentier depuis Kelly Creek vers Puerto Vargas.
À l'entrée du parc, des guides proposent parfois leurs services. Les prix varient mais une visite revient à environ 20-35 $ par personne. Si vous souhaitez apprendre de belles anecdotes sur la faune et la flore du parc, cette option peut être intéressante, mais la plupart des promeneurs parcourent ce sentier seuls.
Dès les 1ers mètres, levez la tête vers cette végétation tropicale : ***singes hurleurs et singes capucins*** se repèrent facilement (regardez les branches qui bougent !). Il faut en revanche être plus patient et attentif pour débusquer un ***paresseux,*** totalement silencieux et immobile. On a croisé des ***ratons laveurs,*** des armées de ***termites,*** des ***oiseaux*** de tout plumage, des basilics verts, etc. On peut aussi tomber sur la ***vipère de Schlegel,*** également appelée Oropel. Ne vous fiez pas à ses jolies écailles jaunes, son venin est mortel pour ses proies.
Après quelques centaines de mètres, la 1re ***pause baignade*** est possible sur la très jolie ***Playa Blanca.*** Repérez les drapeaux rouges ou verts avant de sauter à l'eau, les courants pouvant être vraiment puissants. Le sentier se poursuit vers ***Punta Cahuita,*** qui est entourée d'un ***récif corallien.*** Pour dégainer masque et tuba et observer les coraux les plus préservés de la côte, il faut en revanche être accompagné d'un guide. ***Raies, concombres de mer, langoustes, poissons exotiques,*** et même de ***rares requins*** (tout petits, rassurez-vous) évoluent entre les coraux laitues et les coraux cérébriformes. À cause des courants et de la pollution des rivières, l'eau n'est pas cristalline mais le spot reste le plus réputé de la côte Caraïbe pour le ***snorkelling.*** Après le tour de Punta Cahuita, le sentier suit ***Playa Vargas,*** où l'on peut aussi se baigner. La randonnée se termine au poste des gardes forestiers de Puerto Vargas (c'est aussi la 2de entrée du parc). Au choix, selon les forces qu'il vous reste : rentrer à pied à Cahuita (environ 5 km) ou sauter dans le bus qui passe juste devant le poste.

Playa Negra *(plan A-B1)* **:** *au nord-ouest du village.* Peu fréquentée, cette plage de sable noir attire surtout les surfeurs débutants quand la houle s'agite. On peut s'y baigner, mais restez prudent, les courants peuvent être forts. Très étendue, on s'y retrouve parfois seul.

Playa Blanca *(plan D2)* **:** *dans le parc national.* Cette plage de sable blanc débute dès l'entrée du parc. Attention, on ne peut pas s'y baigner dans les 1ers mètres en raison des courants puissants. Respectez les drapeaux (rouges ou verts) pour savoir où la baignade est autorisée.

Playa Vargas *(hors plan par D2)* **:** *dans le parc national, après Punta Cahuita.* Il faut parcourir une bonne partie du sentier du parc national pour atteindre cette plage de sable blanc. Protégée par un récif corallien, la mer y est plutôt calme et chaude.

Tree of Life *(hors plan par A1)* **:** *Playa Grande, à 3 km sur le sentier de la Playa Negra. ☎ 2755-0014. • treeoflifecostarica.com • Ouv seulement pour une visite quotidienne à 11h, tlj sauf lun. Fermé avr-juin et sept-oct. Entrée : 20 $, compter env 2h de visite.*
Todd et Patricia ont créé ce refuge dont l'objectif est de secourir, protéger et réhabiliter des animaux en danger sur la côte Caraïbe. Agoutis, colibris, porcs-épics, singes, paresseux, coatis, biches ou tortues, certains sont chassés pour leur viande, d'autres menacés par la déforestation, et d'autres encore utilisés comme animaux de compagnie. Todd et Patricia connaissent l'histoire de chacun de leurs protégés et la racontent avec passion en délivrant des messages forts sur notre environnement. Au cours de la visite on profite aussi du jardin botanique très bien entretenu et de la belle diversité de plantes.

DANS LES ENVIRONS DE CAHUITA

Sloth Sanctuary (hors plan par A2) : *à 10 km au nord de Cahuita sur la route 36 menant à Puerto Limón. ☎ 2750-0775. • slothsanctuary.com • En bus, prendre la ligne Cahuita-Limón et demander à être déposé juste avt le* Puente Río Estrella. *Tlj sauf lun ; visite guidée ttes les heures 8h-14h (dernier tour). Compter 30 $ pour la visite de 2h. Tour de 3h dans les coulisses du refuge à 8h45 ou 12h45 : 150 $! Réduc senior et enfants. Arriver 20 mn avt pour le tour classique, résa obligatoire pour le tour de 3h sur le site.*
Ce refuge recueille des paresseux blessés ou orphelins pour les soigner et essayer de les réintroduire, après soins, dans leur habitat naturel. Le tour de 2h comprend une balade en barque de 45 mn où l'on observe la biodiversité de la forêt tropicale. On visite ensuite le refuge en écoutant avec intérêt le guide expliquer le mode de vie des paresseux et la différence entre le *Bradypus variegatus* (paresseux à 3 doigts) et le *Choloepus hoffmanni* (paresseux à 2 doigts). Instant tendresse, le passage par la nurserie en émeut plus d'un ! Une visite intéressante, au prix toutefois trop élevé. Le tour de 3h se fait en groupe de 6 visiteurs maximum et inclut le petit déjeuner ou le déjeuner ; à réserver aux passionnés.

PUERTO VIEJO DE TALAMANCA

• Plan *p. 161*

Fermez les yeux. Des surfeurs marchent la planche sous le bras, d'autres défilent à vélo, un vendeur installe son stock de T-shirts Bob Marley, le bar de plage monte le son *reggaeton.* Vous y êtes. Bienvenue à Puerto Viejo ! Ancien village de pêcheurs, seuls les surfeurs les plus aguerris venaient autrefois jusqu'ici, pour s'attaquer aux vagues de la célèbre *Salsa Brava.*
Aujourd'hui, les maisons de pêcheurs ont laissé place à une petite station balnéaire, surtout fréquentée par les Européens. Les *hostels* et *cabinas* se comptent désormais par dizaines, comme les *sodas* et restaurants, les bars et les loueurs de planches de surf. La vie s'écoule ici paisiblement, au rythme d'une session de surf, d'une balade à vélo vers les plages du Sud, d'un jus de gingembre siroté les pieds dans le sable. Pas de stress, pas de pression, on prend le temps d'apprécier les splendides plages voisines : depuis les tranquilles eaux turquoise jusqu'aux vagues agitées, l'une d'elles correspond forcément à votre envie du moment. Puerto Viejo a depuis longtemps oublié le rythme de vie caribéen ; pas question ici de se coucher avec le soleil. Matchs de foot, concerts de reggae ou DJ, ça bouge le soir dans les bars ! Pour espérer dormir en paix, mieux vaut s'éloigner de la rue principale. Après quelques mètres, on retrouve le calme et le charme d'un petit village qui a voulu grandir trop vite.

Arriver – Quitter

En bus

Terminal de bus (plan A1) : *angle av. 73 et c/ 213. ☎ 2750-0023. Billetterie tlj 6h30-18h.* La compagnie *Autotransportes Mepe* (*☎ 2257-8129 ; • mepecr.com •*) dessert la province de Limón et longe toute la côte Caraïbe.

➢ ***San José :*** 4 bus/j. dans les 2 sens. Il faut acheter son ticket à la billetterie la veille du départ. Compter env 4h30 de trajet.

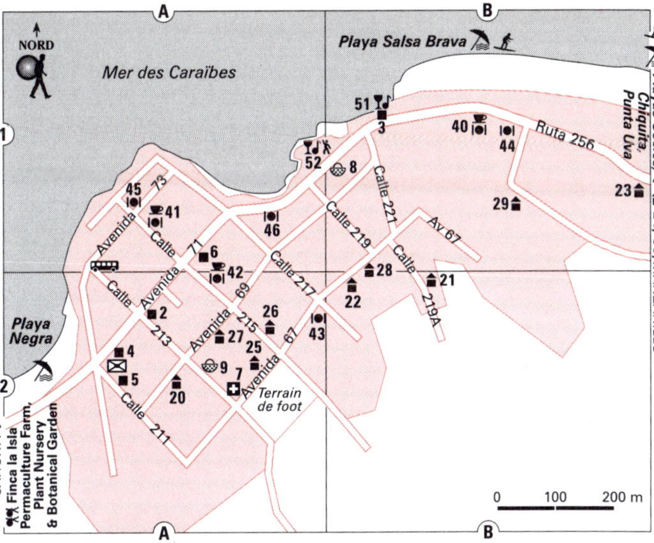

PUERTO VIEJO DE TALAMANCA

Adresses utiles

- **2** Asociación Talamanqueña de Ecoturismo y Conservación (ATEC ; A2)
- **3** Costa Rica Way Travel (B1)
- **4** Banco de Costa Rica (A2)
- **5** Banco Nacional (A2)
- **6** Farmacia (A1)
- **7** Clínica San Gabriel (A2)
- **8** Supermercado El Diamante (B1)
- **9** Supermercado Mega Super (A2)

Où dormir ?

- **20** Pagalù Hostel (A2)
- **21** Kalunai Hostel (B2)
- **22** Kinkajú Hostel (B2)
- **23** La Ruka Hostel (B1)
- **24** Rocking J'S (hors plan par B1)
- **25** Hotel Pura Vida (A2)
- **26** Jacaranda Hotel & Jungle Garden (A2)
- **27** Hotel Guarana (A2)
- **28** Cabinas Tropical (B1-2)
- **29** Cabinas Monte Sol (B1)
- **30** Hotel Blue Conga (hors plan par B1)

Où manger ?
Où prendre un bon petit déj ?

- **40** De Gustibus Bakery (B1)
- **41** Como en mi Casa – Art Café (A1)
- **42** Bread & Chocolate (A1-2)
- **43** Lidia's Place (A2)
- **44** Stashu's con Fusion (B1)
- **45** Madre Tierra (A1)
- **46** Koki Beach (A1)

Où boire un verre ?
Où sortir ?

- **51** Salsa Brava Rasta Bar (B1)
- **52** Stanford's Beach Club (A-B1)

➢ ***Cahuita et Puerto Limón :*** env 1 bus/h dans les 2 sens, 6h30-20h. Compter 30 mn de trajet pour Cahuita et 2h pour Puerto Limón. Les billets s'achètent à la billetterie le jour même.

➢ ***Manzanillo :*** env 7 bus/j. dans les 2 sens. Compter env 30 mn de trajet. Les billets s'achètent directement à bord. Sur la route vers Manzanillo, le bus fait des stops aux principales plages au sud de Puerto Viejo comme *Playa Cocles, Playa Chiquita* et *Playa Punta Uva.*

Adresses et infos utiles

Infos touristiques et agences

■ ***Asociación Talamanqueña de Ecoturismo y Conservación*** *(ATEC ; plan A2,* ***2****) : av. 71, angle c/ 213. ☎ 2750-0398. • ateccr.org • Lun-ven 8h-13h, 14h-19h ; sam 10h-19h ; fermé dim.* L'association a pour objectif de promouvoir l'économie locale avec des acteurs... locaux. Leur slogan : « Travailler pour les gens, pas pour le profit. » L'asso met en relation des familles et guides des environs pour des visites et activités en petits groupes. On salue ce mode de fonctionnement qui préserve le secteur du tourisme de masse, privilégiant l'authenticité et les belles rencontres. En plus des excursions classiques (observation des tortues et des dauphins, kayak de mer, randonnées, etc.), *ATEC* propose aussi des activités plus originales comme des cours de cuisine caribéenne. Également une librairie, des cartes postales, quelques souvenirs artisanaux et des ordinateurs accessibles.

■ ***Costa Rica Way Travel*** *(plan B1,* ***3****) : av. 71, sur le front de mer, à la sortie est du village. ☎ 2750-3031. • costaricaway.info • Lun-sam 8h-19h, dim 12h-19h.* Abritée dans une cabane bleue, cette agence propose une grande variété d'excursions sur la côte Caraïbe, mais aussi plus loin vers le volcan Arenal, Manuel Antonio, le Panamá et bien plus. *Snorkelling*, visite d'une réserve indigène, accrobranche, cours de surf, plongée, pêche, visite d'une plantation de cacao, observation des tortues ou des dauphins, etc. On peut aussi y réserver des transferts en bus, en avion ou louer une voiture.

Change et distributeurs

■ ***Banco de Costa Rica*** *(plan A2,* ***4****) : presque à l'angle av. 71 et c/ 211. ☎ 2750-0707. Lun-ven 9h-16h.*

■ ***Banco Nacional*** *(plan A2,* ***5****) : presque à l'angle av. 71 et c/ 211. ☎ 2750-0898. Lun-ven 8h30-15h45.*

Santé

■ ***Farmacia*** *(plan A1,* ***6****) : av. 71, entre c/ 215 et c/ 217, dans le centre commercial. ☎ 2750-2109. Tlj 8h-20h.*

✚ ***Clínica San Gabriel*** *(plan A2,* ***7****) : angle av. 67 et c/ 213. ☎ 2750-0848. Consultations tlj 8h-19h. Médecine générale et gynécologie. Pharmacie à côté (lun-sam 8h-19h).*

Divers

Supermercado El Diamante *(plan B1,* ***8****) : angle av. 71 et c/ 219. Tlj 8h-22h (20h dim).*

Supermercado Mega Super *(plan A2,* ***9****) : c/ 213, entre av. 67 et av. 69. Tlj 7h-21h.*

Gasolinera *(station-service) : la plus proche se trouve 7 km au nord de Puerto Viejo, sur la route 36 pour Cahuita. C'est la dernière vers le sud de la côte Caraïbe.*

Où dormir ?

De très bon marché à bon marché (max 60 $ / 50 €)

Pagalù Hostel *(plan A2,* ***20****) : av. 69, entre c/ 211 et c/ 213. ☎ 2750-1930. • pagalu.com • Lits en dortoir 4-6 pers avec sdb partagée 12-13 $; doubles avec sdb partagée ou privée 30-35 $.* Probablement la meilleure AJ de Puerto Viejo. Au rez-de-chaussée de cette maison-cabane XXL, un bel espace de vie regroupe canapés, hamacs, bibliothèque, jeux de société et grandes tablées. Les voyageurs s'y retrouvent pour partager leurs expériences de voyage et se faire de nouveaux copains. On y trouve aussi la cuisine commune, nickel et moderne, ainsi qu'une agréable terrasse. À l'étage, les larges dortoirs s'organisent autour du patio. Les chambres doubles s'avèrent tout aussi propres et confortables, avec de bons matelas. Même discours pour les sanitaires, modernes et impeccables. Ajoutez un accueil chaleureux et des prix vraiment raisonnables, vous obtiendrez un rapport qualité-prix imbattable.

🏠 ***Kalunai Hostel*** *(plan B2,* ***21****) : au bout de la c/ 219A. ☎ 2750-3168. • kalunaihostel@gmail.com • Lit en dortoir 4 pers env 15 $; double env 35 $; sdb partagée pour ts.* Jordi, l'adorable propriétaire catalan, et sa femme Chelo ont imaginé et mis sur pied cet *hostel* tout moderne et coloré. Chambres privées et dortoirs ne sont pas bien grands, mais rien à redire sur la propreté et le confort général. Petit détail qui a son importance : un des dortoirs est réservé aux femmes. Tous partagent des sanitaires communs (avec eau chaude), eux aussi nickel. Dehors, l'immense carbet abrite une cuisine, des hamacs et de grandes tablées où les rencontres se font facilement. Thé et café en libre-service, location de vélos et petit coin bibliothèque. Accueil souriant et pro !

🏠 ***Kinkajú Hostel*** *(plan B2,* ***22****) : av. 67, entre c/ 217 et c/ 219. ☎ 2750-0615. • info@hostelkinkaju.com • Lit en dortoir 6 pers env 15 $; double env 40 $; familiales ; sdb partagée pour ts. Pas de petit déj.* En retrait de la rue principale, cette maison colorée garantit une nuit au calme, à 5 mn à pied de l'animation de la ville. Au rez-de-chaussée, une poignée de chambres privées, avec 2 lits doubles chacune, qui peuvent accueillir jusqu'à 4 personnes. Toutes simples mais fraîches et propres, elles partagent une salle de bains (avec eau chaude) et une cuisine bien équipée. À l'étage, les 2 dortoirs de 6 personnes sont un peu étriqués, mais leurs tons acidulés et leur propreté rattrapent le coup. L'étage compte aussi une salle de bains (eau chaude) et une cuisine, avec un coin salle à manger sur la terrasse. Mais le must, c'est cette chambre double haut perchée, au dernier étage, avec vue panoramique.

🏠 ***La Ruka Hostel*** *(plan B1,* ***23****) : à 500 m du centre, sur la route vers Manzanillo. ☎ 2750-0617. • larukahostel@gmail.com • Lits en dortoir 4-10 pers avec sdb partagée env 12-15 $; doubles avec sdb partagée ou privée 35-45 $.* Un *hostel* plutôt *roots,* un peu à l'écart de la ville (à 5 mn à pied seulement). Les dortoirs et chambres ne s'encombrent pas de déco superflue et se présentent dans le plus simple appareil. Ils sont répartis dans de grandes maisons en bois qui jouissent d'agréables terrasses où se balancent des hamacs. Les salles de bains communes auraient besoin d'un bon coup de frais, mais l'ensemble s'avère propre et bien tenu. On aime bien le coin autour de la réception, avec une bibliothèque, des planches de surf, des vélos à louer et des canapés où s'affaler.

🏠 ***Rocking J'S*** *(hors plan par B1,* ***24****) : Salsa Brava Beach, à 600 m du centre, sur la route vers Manzanillo, env 100 m après La Ruka Hostel sur la gauche. ☎ 2750-0665. • rockingjs.com • Hamac env 7 $, tentes 8-16 $ selon taille, dortoirs 4-10 pers avec sdb partagée env 10-15 $/pers, doubles avec sdb partagée ou privée env 30-60 $; familiales.* Cet immense espace détourné (d'anciens hangars) a été aménagé et décoré uniquement avec des objets de récup recouverts de céramiques de toutes les couleurs, d'immenses peintures... Là un immense dortoir de hamacs, quasiment sur la plage sous un hangar (utile en cas de pluie) ; ici l'immense espace pour les tentes (en enfilade) ; plus loin, les dortoirs et les chambres doubles. Bref il y en a pour tous les goûts et tous les budgets. Cuisine et laverie commune pour tous. Une adresse assez *roots,* à garder en dépannage si les autres auberges sont pleines. Propose des tours en kayak, sorties *snorkelling,* visite du parc national de Cahuita et cours de surf. Bar sur place.

Bon marché (30-60 $ / 25-50 €)

🏠 ***Hotel Pura Vida*** *(plan A2,* ***25****) : av. 67, entre c/ 213 et c/ 215. ☎ 2750-0002. • hotel-puravida.com • Doubles avec sdb partagée 40-45 $, avec sdb privée 45-60 $; quelques familiales ; petit déj 8 $.* Dans le centre-ville et pourtant en pleine nature, cet hôtel d'une dizaine de chambres offre un vrai cocon de verdure, bien au calme. Un joli jardin tropical cache un carbet où de grandes tables en bois, des hamacs et de profonds fauteuils invitent à profiter de la tranquillité ambiante. Les chambres, toutes avec balcon ou terrasse, sont étonnamment vastes et décorées avec goût : les larges fenêtres laissent entrer le soleil, des mosaïques colorées égaient les salles de bains, et les dessus-de-lit rayés ou fleuris apportent une touche pimpante. On a aimé les salles de bains à l'étage, ouvertes sur l'extérieur : on se douche presque sous les palmiers ! Luis, le propriétaire chilien, dispense des cours d'espagnol sur demande dans le jardin... Une jolie façon de joindre l'utile à l'agréable.

☗ ***Jacaranda Hotel & Jungle Garden*** *(plan A2,* ***26****) : c/ 215, entre av. 67 et av. 69. ☎ 2750-0069. • cabinasjacaranda.com • Doubles avec sdb 38-45 $, compter 15 $ en plus pour la clim.* Les mosaïques multicolores au sol et le patio envahi de plantes tropicales créent une sorte de jardin secret, dans lequel on pénètre l'esprit déjà reposé. Meubles en osier, salles de bains décorées de céramiques, plantes peintes aux murs et miroirs créent un décor zen et haut en couleur. Toutes les chambres offrent un bon confort, les plus économiques partagent des hamacs et sont plus petites. Cuisine accessible à tous, pratique pour faire son petit déj. On regrette seulement les ventilos trop petits qui peinent à rafraîchir les chambres la nuit. L'hôtel propose aussi des cours de yoga, en accord avec la zénitude du lieu. Bon accueil dynamique et location de vélo.

☗ ***Hotel Guarana*** *(plan A2,* ***27****) : av. 69, entre c/ 213 et c/ 215. ☎ 2750-0244. • hotelguarana.com • Doubles avec sdb 40-45 $; familiales 3-4 pers.* À mi-chemin entre l'hôtel de bon standing et les *cabinas* plus économiques, le *Guarana* offre des chambres avec salle de bains privée, eau chaude, ventilo, moustiquaire, balcon et hamac pour chacune. Le style reste dans les standards basiques costariciens, avec des tissus colorés et des meubles sans éclat. Comme dans une auberge, les clients ont accès à une cuisine commune, et thé et café sont en libre-service. On retrouve pourtant les services d'un hôtel avec le ménage quotidien. On a bien aimé aussi le jardin où l'on observe de nombreux lézards et oiseaux. Personnel avenant et très attentionné.

☗ ***Cabinas Tropical*** *(plan B1-2,* ***28****) : av. 67, entre c/ 217 et c/ 219. ☎ 2750-2064. • cabinastropical.com • Doubles 50-60 $. CB refusées.* Rolf et sa femme Juana tiennent une dizaine de *cabinas* alignées de plain-pied, pour 2 ou 3 personnes. Parquets, tableaux de paysages colorés, toucans et perroquets aux murs qui leur donnent des couleurs. L'ensemble est simple et propre. Chacune dispose d'une salle de bains avec eau chaude et de son coin terrasse, avec hamac, donnant sur le jardin bien entretenu. Demandez donc à Rolf de vous raconter son jardin ; biologiste, il voue une passion à ses plantes et les chouchoute au quotidien. Il organise d'ailleurs des excursions botaniques passionnantes. Accueil tout en gentillesse.

☗ ***Cabinas Monte Sol*** *(plan B1,* ***29****) : à 500 m du centre ; prendre à droite à la sortie est du village. ☎ 2750-0098. • montesol.net • Doubles avec sdb partagée ou privée 30-50 $; bungalows 2-4 pers 55-75 $.* À quelques pas du centre-ville mais dans un coin très calme, ces *cabinas* offrent un bon compromis entre l'animation du village et la tranquillité escomptée en vacances. Avec ou sans salle de bains privée, elles offrent un confort basique mais s'avèrent bien tenues. Elles disposent de moustiquaire, ventilo et hamac. Le studio peut accueillir jusqu'à 4 personnes et possède une cuisine. Géré par une famille qui vit sur place, l'hôtel entretient une atmosphère conviviale. On regrette l'absence de cuisine commune.

Prix moyens (60-90 $ / 50-75 €)

☗ ***Hotel Blue Conga*** *(hors plan par B1,* ***30****) : à 1 km du centre, sur la route en direction de Manzanillo. ☎ 2750-0681. • blueconga@hotmail.com • Doubles 70-95 $; familiales*

3-4 pers. Cet hôtel, aux airs de refuge dans la jungle, abrite une quinzaine de chambres réparties entre le rez-de-chaussée et le 1er étage pour les supérieures. Fraîches et lumineuses, fleurs, tortues ou grenouilles colorées en décorent les murs. Mobilier en bois brut ou bambou, en accord avec la végétation qui entoure l'hôtel. Toutes profitent d'un balcon avec hamac, et les supérieures comptent en plus un lit *king size,* un minibar, une machine à café, un refroidisseur d'air... Resto le soir pour clients de l'hôtel et mini-piscine pour se rafraîchir. Mention spéciale pour le délicieux petit déj pris au bord de la piscine : de quoi commencer la journée du bon pied.

Où manger ? Où prendre un bon petit déj ?

De bon marché à prix moyens (max 10 000 CRC / 14 €)

☕ 🍽 ***De Gustibus Bakery*** *(plan B1,* ***40****) : à la sortie est du village. ☎ 2756-8397. Tlj sauf mer 6h45-18h. Sandwichs et petits plats à partir de 3 000 CRC.* Cette grande baraque en bois abrite une boulangerie où l'on s'installe volontiers pour un bon petit déj ou pour casser la croûte. Milk-shakes, pancakes et gâteaux maison raviront les becs sucrés. Côté salé, sandwichs, parts de pizza et petits plats sur le pouce permettent de déjeuner à prix léger. Également du sans-gluten.

☕ 🍽 ***Como en mi Casa – Art Café*** *(plan A1,* ***41****) : c/ 215, entre av. 71 et av. 73. Tlj sauf mar 7h15-17h. Petit déj, snacks, etc. 2 800-5 000 CRC ; menu avec boisson 7 000 CRC.* Salle minuscule et colorée avec cuisine ouverte et petit balcon avec vue. On s'attable à l'intérieur à l'air libre, pour se sustenter d'une bonne petite cuisine vegan et végétarienne. Pas d'alcool, thé, café et jus de fruits frais. Délicieuses *focacce* locales pour lesquelles on choisit sa garniture. Également des *casados, wraps,* salades et gâteaux maison. Copieux, bon et frais. Que demander de plus ?

☕ 🍽 ***Bread & Chocolate*** *(plan A1-2,* ***42****) : c/ 215, entre av. 69 et av. 71. ☎ 2750-0723. Mar-sam 6h30-18h30, dim 6h30-14h30. Fermé lun. Petit déj env 4 000 CRC ; sandwichs 3 500-4 500 CRC.* Caché derrière ses murs de verdure, ce café plutôt branché fait le plein de bon matin. Pancakes à la banane, avoine au miel, chocolat chaud maison, fruits frais et sandwichs bien garnis offrent un beau choix sucré/salé. Tout de bois vêtu, le café attire surtout une faune de touristes parfois lassés du classique combo *gallo pinto*-omelette. Attention, avec une boisson chaude et un jus de fruits, la note grimpe assez vite.

🍽 ***Lidia's Place*** *(plan A2,* ***43****) : angle av. 67 et c/ 217. ☎ 2750-0598. Mar-sam 13h-21h, dim 11h30-20h. Fermé lun. Plats 4 000-7 000 CRC.* Attablez-vous sous ce grand carbet ouvert sur la rue et observez derrière le comptoir les cuisiniers à l'œuvre. Chez Lidia se mijote l'une des meilleures cuisines caribéennes de Puerto Viejo. Dans un classique décor de fresques murales peinturlurées, on savoure ici de bons *casados,* du poisson et du poulet mijotés aux sauces exotiques, à accompagner de *patacones* croustillants à souhait, d'un *gallo pinto* parfait et de fruits et légumes frais. En dessert, craquez pour un gâteau au chocolat maison, une tarte au citron vert ou croquez dans ces délicieux sablés au gingembre ou à la noix de coco.

🍽 ***Stashu's con Fusion*** *(plan B1,* ***44****) : à la sortie est du village. 📱 8385-6887. Tlj sauf mer 17h-22h. Plats 5 500-9 000 CRC.* Lampions, tissus multicolores, mosaïques et plantes exotiques invitent au voyage. Ce beau restaurant aux airs bohèmes mixe les cultures aux murs et dans l'assiette. Place à une cuisine du monde tout aussi exotique avec une forte inspiration asiatique. Tantôt curry, cacahuètes, tantôt tandoori, aigre-doux, piment, agrémenté de citron vert... ça réveille les papilles ! Tous les plats se déclinent au choix avec une viande, un poisson ou végétarien, accompagnés le plus souvent de riz, fruits et légumes, et cuisiné à la sauce de votre choix (on peut même choisir son niveau de piquant ; un conseil, ne visez pas trop haut !). Une très bonne adresse de ce coin de la Caraïbe.

Madre Tierra (plan A1, **45**) **:** *angle av. 73 et c/ 215. ☎ 2750-2083. Tlj sauf mar 16h-22h. Plats 4 800-6 600 CRC.* Dégotez une table à l'étage de ce joli restaurant ouvert aux 4 vents et piochez à la carte un plat aux saveurs caribéennes ou italiennes selon vos envies. Du traditionnel poulet ou poisson accompagné de *gallo pinto,* on voyage jusqu'à l'Italie pour savourer de bonnes *pasta* déclinées à toutes les sauces. Certains plats, plus surprenants, marient les 2 cultures, comme ces fondants gnocchis à base de fruit à pain, arrosés d'un pesto maison. Légère déception pour les salades : chichement garnies, on reste sur sa faim.

Koki Beach (plan A1, **46**) **:** *av. 71, entre c /217 et c /219. ☎ 2750-0902. Tlj sauf lun 17h-23h. Plats 5 500-10 000 CRC.* Immense terrasse colorée et ventilée par les alizées (et les ventilos), à la déco recherchée et branchée, qui pourra en agacer certains. On a eu un faible pour la cuisine de ce restaurant, élaborée avec de supers produits provenant de producteurs locaux. Mention spéciale pour la cuisson parfaite des poissons et pour le poulpe grillé, si bon que l'on s'en lèche encore les babines. Dressage coloré et élégant, pour des assiettes qui donnent vraiment envie. Bon, les tarifs sont élevés, mais la qualité est bien au rendez-vous.

Où boire un verre ? Où sortir ?

Salsa Brava Rasta Bar (plan B1, **51**) **:** *sur la plage, à la sortie est du village. Tlj sauf lun.* Rouge, jaune, vert, dans ce bar installé sur la plage, on brandit haut et fier les couleurs de la Jamaïque. Les cocotiers peinturlurés du drapeau jamaïcain affichent sur des panneaux les valeurs de la maison : espoir, respect, joie, etc. Assis les pieds dans le sable face à la mer, on arrive plutôt bien à s'adapter. Sirotez un jus de fruits maison, mais attention, celui au gingembre décape ! DJ et groupes locaux animent le café tous les soirs. Belle ambiance.

Stanford's Beach Club (plan A-B1, **52**) **:** *sur la plage. Tlj de 12h à tard dans la nuit !* Pour sortir le week-end et rencontrer du monde, c'est ici que ça se passe. Installée sur la plage, cette grande cabane en bois abrite un des spots les plus animés de Puerto Viejo. DJ ou groupes font bouger les corps au rythme de l'indétrônable *musica latina* (à fond tous les soirs), mais aussi du hip-hop ou du reggaeton. La plage se transforme alors en une grande piste de danse. En journée, les aficionados s'agglutinent aussi au comptoir pour ne rien louper du foot à la TV.

À voir. À faire

Surf, *snorkelling,* plongée, sortie en mer à la rencontre des dauphins... À Puerto Viejo, les loisirs se passent dans l'eau.

Playa Salsa Brava (plan B1) **:** *à l'est du village.* C'est la plus célèbre plage de la côte, celle qui attire des milliers de surfeurs venus s'attaquer à LA plus grosse vague du Costa Rica, « La Salsa Brava ». Atteignant parfois 5 m, les rouleaux ont bâti la réputation de la ville et engendré du tourisme. Attention, les débutants n'ont pas leur place ici, seuls les surfeurs expérimentés se mesurent aux vagues de Salsa Brava et viennent du monde entier juste pour vivre LA vague une fois dans leur vie, quitte à patienter parfois plusieurs jours. Et ne vous avisez pas de gruger leur tour ! La meilleure saison pour y surfer s'étend de novembre à avril.

Playa Negra (plan A2) **:** *à l'ouest du village.* Pour ceux qui préfèrent s'allonger sur une serviette plutôt que sur une planche de surf, cette plage de sable noir est parfaite, ainsi que pour la baignade. Elle s'étend sur des kilomètres et si l'on marche un peu, on s'y retrouve seul au monde. Les familles de *Ticos* y organisent aussi des pique-niques (et laissent tout derrière eux...).

Finca la Isla Permaculture Farm, Plant Nursery and Botanical Garden (hors plan par A2) **:** *à 1,5 km à l'ouest du village. En allant vers l'ouest, compter env 1 km à partir du pont, puis tourner à gauche, ensuite c'est indiqué. 8829-4929. • costaricaorganicsfarm.com • Ven-lun 10h-16h. Entrée : 6 $, audioguide compris et brochure avec plan en français. Visite guidée 12 $ (3 pers min). Compter 1-3h de visite.*
Cette *finca* pratique l'agriculture biologique depuis plus de 30 ans, en appliquant les principes tels que la permaculture et l'agroforesterie. Une partie est accessible à la visite en tant que jardin botanique. On y découvre les arbres fruitiers (plus de 150 espèces différentes) et ornementaux les plus importants. Palmiers tropicaux, *Heliconia,* bromélias et espèces tropicales rares. La visite permet aussi de croiser toutes sortes d'oiseaux, animaux, insectes et les fameuses grenouilles de dard (très venimeuses). On conseille la visite guidée (ou audioguidée), très éducative et intéressante sur la botanique et les plantes tropicales. Le tour se termine par une petite dégustation (jus de fruits frais du jardin et chocolat maison). Cours sur les plantes ou la fabrication du chocolat pour ceux qui souhaitent approfondir !

DANS LES ENVIRONS DE PUERTO VIEJO DE TALAMANCA

À l'est de Puerto Viejo, la route d'une douzaine de kilomètres s'étend jusqu'à Manzanillo. Le meilleur moyen de la parcourir est de louer un vélo (environ 5-8 $ par jour, chez un loueur ou dans les *hostels*) et de pédaler de plage en plage, avec des pauses baignade, pique-nique ou session de surf. On prend vite goût au doux rythme de vie caribéen qui s'égrène le long de cette côte. Restez vigilant, la route se partage avec les automobilistes. Et inversement, en voiture, soyez prudent, surtout de nuit, les cyclistes sont rois. Sinon, il suffit de grimper dans le bus en direction de Manzanillo, le chauffeur s'arrête à l'entrée des différentes plages.

Où dormir ? Où manger ?

Prix moyens

Casitas Mar y Luz : ***Playa Chiquita.*** *☎ 2750-0686. • casitasmaryluz.com • Bungalows 2-3 pers 60-90 $, 4 pers env 70-100 $.* Coup de cœur pour ces adorables bungalows traditionnels caribéens bleus, nichés dans un jardin tropical luxuriant. Frais et impeccables, ils disposent de leur propre salle de bains, de moustiquaire, machine à café, plaque chauffante et frigo, ainsi que d'une petite terrasse avec hamac. Bien espacés et cachés par la verdure, ils offrent une intimité appréciable. L'ensemble forme un hébergement de choix entre mer et jungle. La maison loue des vélos pour se rendre à la plage en 2 mn, sinon vous en avez pour 5 mn à pied. Accueil parfait des proprios, toujours ravis de partager leurs bons plans.

Casa Moabi : ***Playa Chiquita.*** *8539-7578. • casamoabi.com • Doubles avec ou sans clim 38-60 $, apparts 2-4 pers 85-90 $, Casa Yorkin 2-8 pers 100-150 $, ts avec sdb privée.* Chambres économiques, standards, appartement ou maison entière, la *Casa Moabi* propose des hébergements pour tous les budgets. Dans un très beau jardin tropical où ratons laveurs, toucans et singes sont vos voisins, la maison principale abrite les chambres, toutes avec salle de bains privée. Gaies et colorées, elles se parent de toucans et tortues aux murs, et offrent un bon confort, même pour les plus économiques. À l'étage, l'appartement pour 3 personnes compte une cuisine, une très grande chambre et une terrasse qui surplombe le jardin. Mais la vraie originalité, c'est la *Casa Yorkin,* du nom d'une tribu indigène de la région. Son architecture traditionnelle, tout en rond et ouverte sur la jungle, permet à l'air de circuler et à la maison de rester fraîche toute la journée. Proche de la mer mais en pleine forêt, on adore cette belle propriété bien préservée et l'accueil adorable.

|●| *Pizzeria Pulcinella* : *Playa Chiquita.* ☎ *2756-8274. Tlj sauf lun 12h-16h, 18h-21h. Plats 5 000-9 000 CRC.* Le chef et proprio propose des pizzas cuites au feu de bois, les meilleures du coin. Mais il cuisine également de bons plats issus de la Botte ou de la mer toute proche ; comme les moules sautées à l'ail et au vin blanc. En dessert, gardez une petite place pour son tiramisù.

De chic à plus chic (90-130 $ et plus / 75-108 € et plus)

☗ *Azania Bungalows* : *Playa Cocles.* ☎ *2750-0540.* ● *azania-costarica.com* ● *Doubles 95-120 $, petit déj inclus.* Nichés dans un jardin tropical luxuriant, les jolis bungalows aux toits de palmes de cet hôtel offrent une vraie intimité car ils sont bien espacés et cachés dans la végétation. Chacun compte 2 lits doubles (attention, l'échelle pour monter à la mezzanine est raide), 2 lits simples, des moustiquaires, des ventilateurs, un coffre et une terrasse avec hamac. Spacieux et nickel, ils offrent un excellent confort et l'environnement fait de l'hôtel une belle escale en amoureux. La belle piscine et les animaux dans le jardin complètent ce beau tableau.

☗ *La Finca Chica* : *Playa Cocles.* ☎ *2750-1919.* ● *villasfincachica.com* ● *Bungalows 2 pers à partir de 95 $, 4-6 pers 140-220 $.* Cachés dans un superbe jardin tropical, ces 5 bungalows arborent un style à la Crusoé, le confort en plus. Spacieux, ils possèdent tous de belles pièces, baignées de lumière par de larges fenêtres. Même au lit, on profite de la végétation qui nous entoure ! Chaque bungalow est isolé dans son îlot de verdure (les voisins sont invisibles), et dispose d'une cuisine et d'une terrasse avec hamac. On aime bien aussi la déco artisanale. Le mieux est de flâner dans le jardin et d'admirer les splendides papillons Morphos et les toucans colorés.

☗ *La Kukula Lodge* : *Playa Chiquita.* ☎ *2750-0653.* ● *lakukulalodge.com* ● *Fermé en juin. Doubles 85-160 $, petit déj inclus.* La tradition costaricienne se pare ici d'une touche d'originalité et de modernité. Dispersées dans un magnifique jardin tropical, ces cabanes, toutes de bois vêtues, arborent des tons électriques et pimpants, dessus-de-lit très colorés et hamac rose plantent un décor plutôt étonnant dans cette jungle de vert. L'hôtel possède une dizaine de chambres seulement, ce qui permet d'assurer un bon service et un beau niveau de confort (ainsi qu'un excellent petit déj pour les gourmands !). Mais c'est enrichi de 3 très jolis appartements dans une grande maison tout en bois (avec cuisine, salle de bains et terrasse privée) pour les familles. Dommage que la terrasse des cabanes se partage avec les voisins, et que la piscine ne soit pas plus grande (on chipote un peu). Amusez-vous à chercher les animaux qui se cachent dans le jardin, il y en a un paquet ! Et surtout des paresseux – *Kukula* est le petit nom que leur donnent les *Ticos* –, et il y en a plein le parc.

☗ *Namuwoki Lodge* : *Playa Chiquita.* ☎ *2750-0278.* ● *namuwokilodge.com* ● *Doubles 130-170 $, petit déj inclus ; familiales.* Une bonne quinzaine de bungalows superbes, disséminés dans le jardin luxuriant de ce *lodge,* tous avec belle terrasse et hamacs pour la sieste à l'ombre... Déco sobre et chic pour chacun, meubles et matériaux en bois, linge blanc, persiennes et portes coulissantes. Grands voilages sur les terrasses pour préserver l'intimité et créer une certaine douceur. On déplore juste la petite taille du carbet pour le petit déj, du coup vite encombré et bruyant. Petite piscine pour faire trempette après avoir arpenté les environs. Accueil pro et disponible.

À voir. À faire

Playa Cocles *(hors plan par B1)* : *à 1,5 km de Puerto Viejo.* La plage la plus populaire de la ville. C'est aussi la seule à être surveillée par des sauveteurs en mer. Cocles est le meilleur spot du village pour les amateurs de surf, tous niveaux confondus. Le long de la plage, quelques *surfshops* et écoles louent des planches *(compter 5 $ pour 1h, 10 $ pour 2h et 20 $/j.)* et proposent des cours *(env 50 $ pour un cours particulier de 1h30 et 35-45 $ pour un cours collectif).* Les nageurs doivent tenir compte de la couleur des drapeaux avant de se jeter à l'eau.

Caribeans Coffee & Chocolate* :** ***Playa Cocles. *☎ 2750-0504. • caribeanschocolate.com • Visites à 10h lun-mar et jeu-ven, ainsi qu'à 14h mar et jeu-sam. Pas de tour le mer ni le dim, mais la boutique reste ouverte (tlj sauf dim 8h30-18h). Pas besoin de résa, mais arriver 15 mn avt le début du tour. Tarif : 28 $. Durée : env 3h.*
Cette plantation ouvre ses coulisses pour dévoiler aux visiteurs les secrets de fabrication du cacao, ses origines et ses saveurs. On mise ici sur la permaculture pour produire un cacao durable. De la cabosse à l'assiette, tout le procédé est passionnément détaillé par le guide. On apprécie chaque moment, de l'agréable balade dans le champ de cacaoyers à la savoureuse dégustation en haut d'une colline, avec vue sur la côte. Espace café et boutique pour rapporter quelques douceurs ou les déguster sur place pour les impatients.

Centro de Rescate Jaguar* :** ***Playa Cocles. *☎ 2750-0710. • jaguarrescue.foundation • Tlj sauf dim ; visites à 9h30 et 11h30. Entrée : 22 $; gratuit moins de 10 ans. Durée : env 2h. Le ticket pour la visite s'achète au coffee shop juste à côté (ouv dès 9h). Pas besoin de résa mais arriver 15 mn avt le début du tour.*
Ce centre de sauvetage pour animaux a été créé par 2 passionnés de la nature : Encar et Sandro. Leur objectif : recueillir les animaux blessés ou orphelins pour les soigner, les réhabiliter et, au final, les relâcher dans la nature. Félins, singes, paresseux, oiseaux, ratons laveurs, reptiles, etc., près de 500 animaux ont été remis en liberté depuis la création du parc en 2007. Une belle initiative et des visites très intéressantes (et parfois en français, se renseigner sur place !).

Playa Chiquita *(hors plan par B1)* : *à 5 km de Puerto Viejo.* Bordée de palmiers, cette sublime plage aux eaux turquoise attire étrangement peu de monde. Et c'est tant mieux ! Elle s'étend sur plusieurs petites baies et on trouve facilement son bout de plage rien qu'à soi si l'on marche un peu. À ce niveau de la route se concentrent les hôtels luxueux, spécialisés dans les retraites de yoga, et des restaurants *healthy.* Certains la décrivent comme un repaire de *naturopsicopatas...* pas besoin de traduction !

Playa Punta Uva *(hors plan par B1)* : *à 8 km de Puerto Viejo.* Charmante plage en hémicycle, bordée de palmiers. On vous conseille d'y aller de bon matin, quand les pêcheurs s'immergent jusqu'à la taille pour jeter leurs lignes ou remonter leurs filets. Le spectacle est magnifique. C'est aussi un joli spot de *snorkelling* et de plongée. On y trouve d'ailleurs un club : ***Punta Uva Dive Center,*** pour partir à la découverte de la riche biodiversité du récif corallien *(☎ 2759-9191 ; 📱 8844-4432 ; • puntauvadivecenter.com •).* Très cher tout de même, le club profite de son monopole dans le coin.

***Rencontre avec les communautés indiennes* :** *à env 15 km de Puerto Viejo. Tours organisés (au départ de Puerto Viejo ou de Cahuita) env 30-65 $/pers*

selon le circuit choisis. Rens auprès de • aventuras-yorkin.co.cr •, des agences de tourisme locales et de certains hôtels et lodges qui organisent la visite. Prévoir une bonne ½ journée min.
Parmi les communautés indigènes du Costa Rica, on peut aller ici à la rencontre des ***Bribri*** et des ***Cabécar,*** qui vivent toujours selon les traditions ancestrales, avec leurs propres langues et leur propre culture. On en apprend sur les plantes médicinales, les plantations de chocolat, de bananes, la faune, les coutumes, la cuisine... On peut opter aussi pour une excursion vers le village ***yorkin,*** par la rivière du même nom, ou encore pour une balade à cheval sur leurs territoires.

MANZANILLO

Tout au sud de la côte Caraïbe, ce minuscule village de pêcheurs semble encore préservé du tourisme. La seule et unique rue qui longe la mer compte quelques hébergements et restaurants, en toute simplicité, où l'on vit comme les *Ticos.* La plus belle façon de découvrir Manzanillo est de louer un vélo et d'avaler les 13 km qui séparent le village de Puerto Viejo de Talamanca.
Au sud de la plage, un petit pont marque l'entrée au *Refugio Nacional de Vida Silvestre Gandoca-Manzanillo,* auquel appartient aussi le village. Ce refuge abrite des spécimens de faune et flore parmi les plus menacés du pays. Entre forêt tropicale humide, criques, plages et point de vue, le sentier promet de belles rencontres animalières et de beaux souvenirs en perspective.

Arriver – Quitter

En bus

Le bus s'arrête dans la rue principale du village. La compagnie *Autotransportes Mepe (☎ 2257-8129 ; • mepecr.com •)* dessert la province de Limón et longe toute la côte Caraïbe.
➢ ***San José :*** 1 bus/j. dans les 2 sens. Il faut acheter son ticket à la billetterie de Puerto Viejo la veille du départ. Trajet : env 4h30-5h.
➢ ***Puerto Viejo de Talamanca, Cahuita et Puerto Limón :*** env 7 bus/j. dans les 2 sens. Compter env 30 mn de trajet pour Puerto Viejo, 1h pour Cahuita et 2h30 pour Puerto Limón. Les billets s'achètent directement à bord. Le chauffeur s'arrête aussi sur demande aux *Playas Punta Uva, Chiquita* et *Cocles.*

À vélo

Pour les plus courageux, on peut aussi faire la route Puerto Viejo-Manzanillo à vélo. C'est relativement plat et facile. On trouve des vélos à louer un peu partout à Puerto Viejo.

Où dormir ? Où manger ? Où boire un verre ?

Le village n'offre pas beaucoup de possibilités d'hébergement, et ceux visités ne nous ont pas franchement convaincus. Si le confort rudimentaire ne vous effraie pas, piochez parmi les quelques adresses le long de la rue principale, sinon, préférez loger vers les plages au sud de Puerto Viejo.

De très bon marché à bon marché

Hostel Caricako : *dans la rue principale. ☎ 2759-9051. Pas de site, les contacter sur leur page Facebook. Lit en dortoir 10 pers env 12 $;*

doubles sans ou avec sdb 30-35 $. Un des rares hébergements de Manzanillo, à réserver aux routards les plus aguerris. Très basiques, voire rustiques, les chambres et le dortoir offrent un confort minimal, et à la douche, c'est eau froide pour tout le monde. Mieux vaut aussi ne pas être trop regardant sur la propreté, notamment dans la cuisine commune. Les plus *roots* apprécieront cependant l'accueil amical d'une équipe jeune, pas avare en bons plans randos et sorties. Autre point fort : sa situation parfaite, en face de la plage. La patronne possède le petit **soda Wuacho,** juste devant *(bons casados 3 000-5 000 CRC).* Même cuisine que Mima, terrasse coquette. La boutique voisine, ***Bad Barts*** *(☎ 2750-3091),* loue vélos, matériel de *snorkelling* et kayak.

🍽 ***Soda Mima :*** *derrière le Maxi's. Jours et horaires d'ouverture variables. Petits déj 2 000-3 000 CRC ; plats 3 000-5 000 CRC.* En retrait de la rue principale, cette petite gargote se résume à une cuisine entre 4 murs et un morceau de tôle pour abriter la terrasse. Dans le plus simple appareil, chaises en plastique et tables en bois plantent un décor sans chichis. Mima, la gentille patronne, cuisine des plats dans la pure tradition caribéenne : *gallo pinto, casado* ou riz cuisiné. Cuisine généreuse et simple, en accord avec ce petit bout du monde.

Prix moyens (6 000-10 000 CRC / 8-14 €)

🍽 ☕ ***Cocoloba Lounge :*** *dans la rue principale, en arrivant dans le village, le 1er après le virage. Tlj 7h-18h. Plats 4 000-6 800 CRC.* Une agréable petite terrasse, avec toit en tôle et bambou, quelques tables en bois dépareillées et tabourets hauts devant le comptoir face à la mer, voilà pour le décor. Adorable petit café-resto où l'on peut grignoter du petit déj à la fin de la journée. Au programme, entre autres, de bons jus de fruits frais, *ceviches, gallo pinto,* quelques plats du jour, salades, sandwichs.... Le tout servi avec le sourire et de la bonne musique.

🍽 ***Cool & Calm :*** *sur la route principale. ☎ 2750-3151. Tlj sauf mer dès 12h. Plats 6 000-9 000 CRC.* Cette cabane plantée face à la plage affiche fièrement les couleurs de la Jamaïque et porte bien son nom. Le chef et proprio, se définit comme un spécialiste de la cuisine caribéenne, et après un coup de fourchette, on ne peut que lui donner raison. On goûte une délicieuse cuisine de maman revisitée, et le résultat est surprenant. Pâtes aux fruits de mer, *ceviche,* riz cuisiné aux crevettes ou poulet sauce caribéenne, les produits sont frais et cuisinés avec talent. Grillades le week-end. Sa réputation file jusqu'au nord de la côte, et il le mérite largement !

🍷 ***Maxi's :*** *au bout de la rue principale. Tlj dès 11h30.* Cette grande baraque en bois a posé ses rondins face à la mer et offre la plus belle terrasse pour boire un verre les yeux dans le bleu. On ne vient ni pour la cuisine ni pour le service nonchalant, simplement pour ce cadre d'exception. Comme les *Ticos,* les mordus du ballon rond peuvent aussi rester scotchés devant l'écran, en descendant une *Imperial.*

À voir

Refugio Nacional de Vida Silvestre Gandoca-Manzanillo : *entrée à 200 m au sud du village, après le petit pont. ☎ 2759-0600. • sinac.go.cr • Tlj 8h-16h. Donation libre.*

L'entrée du parc de Manzanillo est tout au bout du village, le long de la mer. En cas de pluies récentes, prévoir de bonnes chaussures ou des bottes pour la balade, car le sentier peut être difficile et très glissant par endroits. On traverse le petit *río* à pieds nus (ou en bottes), car le pont de singe n'est plus praticable. Peu fréquentée des touristes limités dans le temps, cette réserve abrite une incroyable biodiversité, terrestre et marine. Elle couvre environ 50 km^2 sur terre et presque autant en mer et s'étend de la *Playa Cocles,* au sud de Puerto Viejo de Talamanca, à la

frontière avec le Panamá. Établie en 1985 pour protéger un des rares récifs coralliens du pays (au large de Punta Uva et Manzanillo), la réserve offre les meilleurs spots de *snorkelling* de la côte Caraïbe. On l'apprécie pour son caractère sauvage, ses sentiers et plages où l'on croise plus de *Ticos* que de touristes, certains venus faire leur footing, d'autres pique-niquer en famille.
Un seul sentier parcourt la réserve, il s'agit du *sendero Punta Mona,* qui longe les plages isolées et s'enfonce ensuite dans la forêt primaire et secondaire. Avant d'entreprendre cette randonnée d'environ 11 km aller-retour, prévoyez de l'eau, un chapeau et du répulsif contre les moustiques. Dès les 1ers mètres dans le parc, on lève les yeux vers des singes hurleurs, des toucans ou des paresseux. Les ornithologues, amateurs ou confirmés, essaieront de débusquer les quelque 350 espèces d'oiseaux répertoriées ici ! Dans le 1er kilomètre du sentier, un point de vue aménagé permet de prendre de la hauteur au-dessus de l'eau et offre un cadre parfait pour une photo souvenir avec plage, îlot et cocotiers en arrière-plan. Sur la fin, le sentier longe la *Playa Gandoca,* sur laquelle les tortues luths (et quelques tortues vertes et carey) viennent pondre entre février et septembre, avec un pic de ponte en avril-mai.

Playa Manzanillo : cette belle plage encore assez sauvage s'étend de Punta Uva au nord à Punta Manzanillo au sud, sur environ 4 km. Elle longe tout le village de son sable doré bordé de cocotiers et se prolonge dans le parc *Gandoca-Manzanillo.* À 200 m au large, les récifs coralliens sont parmi les mieux protégés du pays. Épargnée des vagues, la *Playa Manzanillo* est surtout fréquentée des familles de *Ticos.* La baignade y est sûre, la plongée et le *snorkelling* vantés sur toute la côte Caraïbe.

LA ZONA NORTE

• Carte *p. 174-175*

La région au nord *(Zona Norte)* de San José concentre à elle seule parmi les plus beaux parcs et réserves naturels du Costa Rica. Dans ce paysage ondulant et cabossé de montagnes, couvert de forêts vierges et de jungles tropicales, la nature a été façonnée depuis des siècles par l'énergie cosmique (et souvent destructrice) des volcans, des eaux et des vents. Belle enclave naturelle à ne pas manquer, à seulement 2h de route de San José, la *région de Sarapiquí,* formidable corridor de biodiversité, offre aux randonneurs, aux amateurs de nature et aux sportifs un environnement rural, remarquable et intact.
Plus loin, montagne incontournable, le somptueux volcan Arenal (toujours actif) se dresse à 1 633 m au cœur de la région de La Fortuna, au-dessus de grandes étendues de jungle. À ses pieds, la magnifique *Laguna de Arenal,* grand lac d'eau douce entouré d'un doux et vert paysage au microclimat tempéré. Enfin, plus au sud, voici la région de *Monteverde,* zone haut perchée, humide et verte à longueur d'année. Archétype de sauvegarde de la biodiversité, Monteverde est une étape obligée pour les voyageurs désireux de découvrir les plus beaux écosystèmes d'Amérique centrale.

LA RÉGION DE SARAPIQUÍ

• Carte *p. 177*

Sarapiquí, un nom qui résonne comme un chant d'oiseau exotique, se trouve à une centaine de kilomètres au nord de San José. C'est une région verte et préservée, baignée par le *río Sarapiquí,* une rivière tumultueuse qui prend sa source au volcan Poás. Elle rejoint ensuite un affluent qui se jette à son tour dans la large rivière San Juan, celle-ci faisant office de frontière avec le Nicaragua. Entre le secteur du volcan Arenal à l'ouest, la côte Caraïbe à l'est, longtemps utilisée comme voie transversale par les transporteurs, cette région est à l'avant-garde en matière d'écotourisme et de protection de la nature.
Véritable corridor biologique, elle est constituée d'une grande et basse plaine, dont l'altitude varie entre 180 et 220 m, et qui nourrit de superbes forêts tropicales primaires. L'influence de l'Atlantique et des Caraïbes y est dominante, ce qui génère un microclimat chaud et humide, avec des températures moyennes annuelles de 25 °C. À Puerto Viejo de Sarapiquí, il tombe presque 4 m de pluie par an. Cette eau providentielle nourrit abondamment la flore et les arbres de la jungle, assurant la survie des animaux : singes,

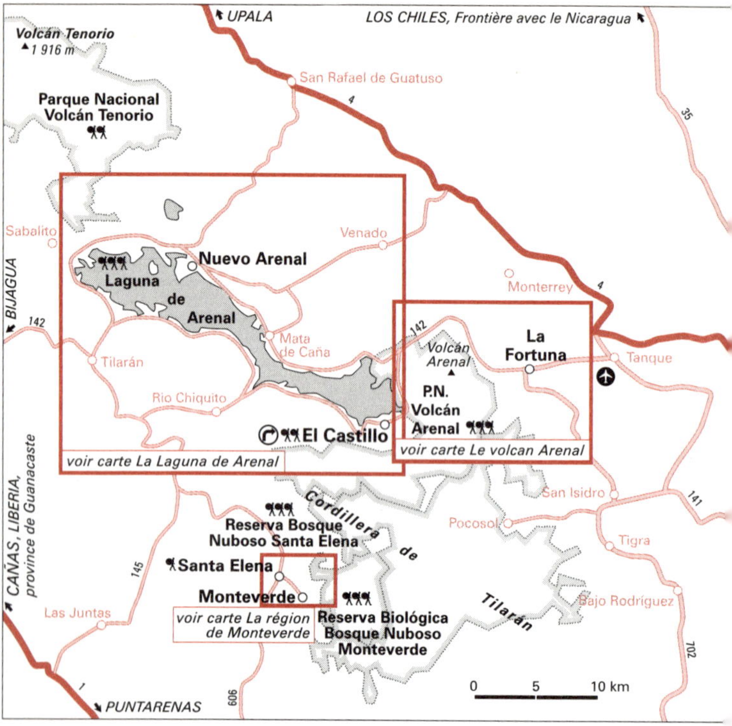

tatous, marsupiaux, paresseux, iguanes, grenouilles, ocelots, jaguars, sans oublier les nombreux oiseaux de ce jardin d'Éden (perroquets, toucans, colibris...).
La région compte 2 petites villes, *Puerto Viejo de Sarapiquí* et *La Virgen,* qui ne méritent pas franchement qu'on y loge. Si vous le pouvez, dormez plutôt au cœur des réserves.
Bref, malgré un trafic routier encore important, on avoue un gros coup de cœur pour cette petite région, où l'on découvre un Costa Rica rural, encore préservé de la folie touristique.

Arriver – Quitter

En bus

Gare routière de Puerto Viejo de Sarapiquí *(carte La région de Sarapiquí)* **:** *c/ Central, face au terrain de foot.*
➢ ***La Virgen :*** bus locaux ttes les heures, 5h-21h, au départ de Puerto Viejo de Sarapiquí. Trajet : 30 mn.

➢ ***San José*** *(Gran Terminal del Caribe)* **:** env 10 départs/j. dans les 2 sens, 5h30-18h. Trajet : 2h.
➢ ***Guápiles :*** env 12 départs/j., 5h30-18h. De là, connexion vers la côte Caraïbe : bus pour Puerto Limón ou bus pour La Pavona puis *lancha* jusqu'à Tortuguero.

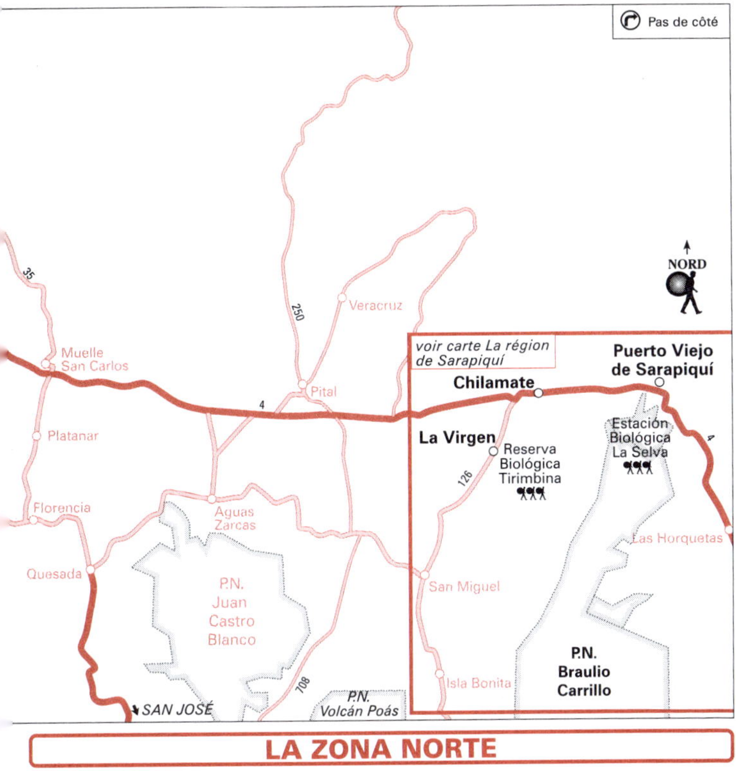

➢ ***La Fortuna et le volcán Arenal :*** pas de liaison directe. Il faut prendre un 1er bus vers Ciudad Quesada (env 10 bus/j.) et de là prendre un 2d bus pour La Fortuna. Compter env 5h30 de trajet en tout. Sinon, la compagnie privée *Interbus* (● *interbusonline.com* ●), l'agence *Eco Terra* (● *ecoterracostarica.com* ●) et les agences de rafting proposent la liaison Puerto Viejo de Sarapiquí-La Fortuna en 1h15, mais le trajet coûte cher (env 15-25 $).

Adresses utiles

CATUSA – Cámara de Turismo de Sarapiquí *(carte La région de Sarapiquí)* **:** *en arrivant de San José, sur la gauche de la route 4, avt d'arriver à Puerto Viejo de Sarapiquí. ☎ 2215-6014. ● sarapiquisostenible.com ● Tlj sauf dim 8h-17h.* Ce bureau de bord de route recense toutes les infos nécessaires sur la région de Sarapiquí, mais aussi sur l'Arenal et la côte Caraïbe (transports, liste des hébergements, activités...). Propose aussi des réductions sur les excursions dans les réserves et la location de voitures. Wifi, toilettes et consigne à bagages sur place.

Banques, supermarchés, pharmacies : Puerto Viejo de Sarapiquí regroupe tous les commerces et services dont vous pourriez avoir besoin. C'est la ville la plus développée du secteur, suivie ensuite par La Virgen, qui concentre les mêmes magasins et services.

Gasolineras (stations-service) : *on en trouve sur la route 4 entre Sarapiquí et Las Horquetas, à* ***Puerto Viejo*** *et à* ***La Virgen.*** Faites le plein avant de quitter le secteur.

Où dormir ?

Bon à savoir : les réserves privées qui proposent aussi des hébergements incluent l'accès à leurs sentiers dans le prix des chambres. Une économie non négligeable. Pour leur description, voir plus loin le paragraphe « Visiter les réserves naturelles ».

De très bon marché à bon marché (max 60 $ / 50 €)

Hostel Islas del Río (carte La région de Sarapiquí, **19**) : *à* ***Chilamate.*** *☎ 2761-1645. • aguasbravascr.com • Lit en dortoir env 15 $; chambre privée jusqu'à 5 pers avec sdb privée env 50 $. Petit déj en plus.* Le seul *hostel* du secteur de Sarapiquí. Plantée au-dessus du lit de la rivière, cette auberge ne compte qu'une quinzaine de lits. Au choix : des dortoirs ou des chambres privées de 5 personnes, simples voire basiques, avec ventilateurs, salles de bains et eau froide. Bon, personne n'échappe au bruit de la route, malheureusement. On aime surtout l'espace extérieur avec cuisine commune, barbecue, hamacs et rivière en contrebas (oui, on peut s'y baigner !). Baladez-vous dans le jardin et essayez d'identifier le poivrier, le cannelier ou l'amandier, avant d'aller débusquer les minigrenouilles *blue jean* dans leur *ranario.* Étonnant, on peut suivre un tour sur les fourmis dans le jardin *(15 $/pers pour 1h30 de visite guidée pour les visiteurs extérieurs).* La maison propose aussi des sorties en rafting (voir plus loin **Aguas Bravas** dans « D'autres activités au grand air »). Sympa également pour une pause déjeuner (horaires variables) assez bon marché avec vue sur la rivière.

Chilamate Rainforest Eco Retreat *(carte La région de Sarapiquí,* ***21****)* propose aussi des lits en dortoirs *(env 26-32 $),* mais on trouve les tarifs un peu gonflés par rapport au confort proposé. Voir plus loin la rubrique « Chic ».

Prix moyens (60-90 $ / 50-75 €)

Posada Andrea Cristina (carte La région de Sarapiquí, **11**) : *à la sortie de Sarapiquí, à 800 m sur la droite en direction de La Virgen. ☎ 2766-5274. • andreacristina.org • Doubles env 65-70 $.* Cette pension familiale se compose d'une dizaine de chambres réparties dans des bungalows et de 2 hébergements dans les arbres *(casas de arbol),* bien ventilés. Grand jardin tropical où coassent les grenouilles et gazouillent les oiseaux, sans compter 1 ou 2 paresseux. Décor rustique, intérieur propre, ventilo au plafond et douches basiques. Malgré la proximité de la route, bruyante en journée, c'est plutôt calme la nuit. Accueil familial et souriant. La *posada* abrite aussi l'agence *Green Rivers* qui propose des excursions et des sorties dans la nature (trekking, rafting, kayak, randos à vélos, *birdwatching*...). *Infos et résas : • sarapiquigreenrivers.com •*

Heliconia Island (carte La région de Sarapiquí, **20**) : *entre Las Horquetas et Puerto Viejo de Sarapiquí. ☎ 2764-5220. • heliconiaisland.com • Double env 85 $ (10 $ en sus pour la clim) ; également un appart pour 4 pers.* On accède par une passerelle métallique à ce beau jardin botanique, comptant pas moins de 60 variétés d'*heliconia,* et en bas duquel coule une rivière. Immergée dans la végétation, cette grande maison moderne abrite 5 chambres avec de larges vitres offrant aux chambres modernes et simplement meublées tout leur charme. On ne fond pas pour leur déco, mais bien pour l'environnement sauvage et verdoyant. Promenez-vous dans le jardin où, outre les *heliconia,* des paresseux et des oiseaux aux

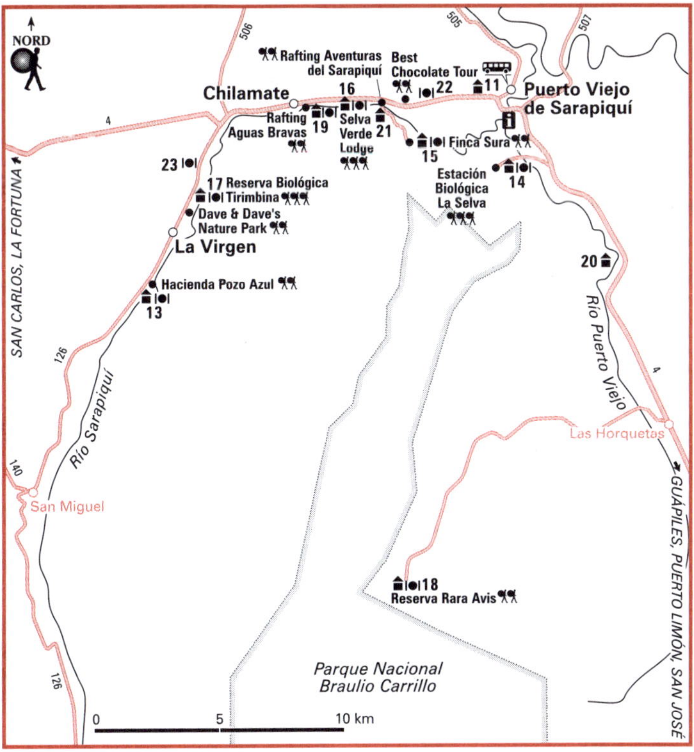

LA RÉGION DE SARAPIQUÍ

Adresse utile

- CATUSA – Cámara de Turismo de Sarapiquí

Où dormir ? Où manger ?

- **11** Posada Andrea Cristina
- **13** Hacienda Pozo Azul
- **14** Estación Biológica La Selva
- **15** La Finca Sura
- **16** Selva Verde Lodge
- **17** Tirimbina Lodge Hotel
- **18** Reserva Rara Avis
- **19** Hostel Islas del Río
- **20** Heliconia Island
- **21** Chilamate Rainforest Eco Retreat
- **22** Soda La Casita Tipica
- **23** Soda Marielos

couleurs vives jouent à cache-cache dans les feuillages. Le proprio hollandais propose également des excursions guidées et des *boat trips*.

Chic (90-130 $ / 75-108 €)

Chilamate Rainforest Eco Retreat *(carte La région de Sarapiquí,* ***21****)* **:** *de la route principale, il faut emprunter le même sentier que celui de la* Finca Sura. *Le parking est à gauche à l'entrée du sentier et l'hôtel plus loin après le pont, sur la droite.* ☎ *2766-6949.* • *chilamaterainforest.com* • *Lit en dortoir env 37 $ (ou 30 $ à partir de 2 pers), petit déj inclus mais sans la visite (10 $/pers) ; double env 100 $, visite guidée et petit déj inclus ; familiales.* En bord de rivière et à la lisière de la forêt, ce *lodge* joue l'harmonie avec la nature. Paisible, on se promène avec plaisir dans le jardin pour observer grenouilles, toucans, hérons, singes hurleurs et autres bestioles. Les chambres, bien tenues, offrent un bon confort mais restent assez simples dans leur aménagement. Les petits budgets pourront opter pour les dortoirs avec salles de bains communes, mais on les trouve surévalués pour le confort basique proposé. Bel espace en bois avec resto et bar. Tenu par un couple canado-costaricien accueillant.

Hacienda Pozo Azul *(carte La région de Sarapiquí,* ***13****) : à 1 km du village de La Virgen, sur la gauche de la route en direction de San Miguel. ☎ 2761-1616. • pozoazul.com • Compter env 125 $ en ½ pens pour 2 pers. Remise de 10 % à la résa sur présentation de ce guide.* La réserve naturelle privée de Pozo Azul possède un grand territoire dont la majeure partie est couverte de forêt primaire. À 2 km de la réception, dans une vallée tropicale à la végétation luxuriante, se tient le *campamiento* (campement) *Cuculmeca* composé de 30 bungalows en bois et en toile rassemblés sur un flanc de colline boisée. Difficile de trouver un lieu plus forestier que celui-ci ! Chaque tente dispose d'un lit *king size* ou de 2 lits *queen,* d'un ventilo, d'une salle de bains privée avec eau chaude, et de l'électricité. Le camping version luxe. Resto sur place servant les produits du potager et du verger.

Tirimbina Lodge Hotel *(carte La région de Sarapiquí,* ***17****) : à 1,5 km au nord du village de La Virgen. ☎ 4020-2900. • tirimbina.org • Doubles 95-120 $ selon confort et saison, petit déj et entrée de la réserve inclus. Resto ouv à ts, tlj midi et soir : buffet déj env 16 $, sinon à la carte le soir.* Le *lodge* de Tirimbina est situé dans un vaste parc tropical ombragé et luxuriant, près de l'entrée de la réserve biologique du même nom. Il se compose de plusieurs bungalows de style rustique, bien aménagés, de divers niveaux de confort et de prix. Les chambres les plus économiques (rubrique « Prix moyens ») se partagent les salles de bains (1 bloc sanitaire pour 2 chambres) et sont composées de 2 lits superposés, elles peuvent donc accueillir jusqu'à 4 personnes. Que vous voyagiez seul ou à 2, la chambre vous est réservée (il ne s'agit pas de dortoirs). Plus confortables (avec clim), les chambres standard et les *deluxe,* avec petite terrasse privative. Toutes donnent sur le jardin. Au resto, cuisine locale classique à base de produits naturels, plats de viande ou végétariens.

Plus chic (plus de 130 $ / plus de 108 €)

Estación Biológica La Selva *(carte La région de Sarapiquí,* ***14****) : à 4 km au sud-ouest de Puerto Viejo de Sarapiquí. Résas : ☎ 2766-6565 (bureau au sein de la réserve) ou 2524-0607 (bureau de San José). • threepaths.co.cr • Compter env 190 $ en pens complète pour 2 pers, visite guidée de 3h incluse.* Dans cette station, des chercheurs vivent et étudient à l'année la biodiversité locale, aussi, votre séjour sera placé sous le signe de l'observation et de l'apprentissage. On loge au cœur de la réserve, loin du tintamarre du monde. Les chambres sont en fait des dortoirs avec lits superposés, mais si vous voyagez à 2 ou même seul, la chambre entière vous est réservée. On ne se retrouve donc pas avec des inconnus. La plupart se partagent les salles de bains, pour un confort plutôt basique. Les personnes qui ont des difficultés à marcher demanderont les chambres près de l'entrée car d'autres se trouvent à 1 km, à parcourir à pied. Également des maisons pour 6 personnes avec cuisine. Les honorables repas (buffet) se prennent dans une salle commune doublée d'une véranda ouverte sur la végétation.

La Finca Sura *(carte La région de Sarapiquí,* ***15****) : à env 6 km à l'ouest de Puerto Viejo de Sarapiquí, par la route 4 en direction de La Virgen. ☎ 2766-5603. Les contacter via Messenger, sur leur page Facebook. Depuis la route principale, il faut emprunter une piste sur 3 km (bien fléché). SUV ou 4x4 conseillé ou alors rouler très doucement... Compter env 150 $/j. pour 2 pers en pens complète,* *visite de la finca incluse.* La piste bordée de belles plantes et d'arbustes ornementaux rappelle que Doña Rosa et Don Rodolfo étaient pépiniéristes avant de s'installer dans cette ferme de 9 ha. On y dort dans des bungalows rustiques, tout en bois, équipés de salle de bains, moustiquaires et ventilo (pas de clim). Au milieu des pelouses, fleurs et palmiers, agrémentés de quelques mares, on entend les grenouilles le soir. Pas vraiment de connexion internet ; dormir ici, c'est s'offrir un séjour loin de tout, dans un environnement préservé. La visite du domaine est passionnante et ouverte à tous (voir plus loin « Visiter les réserves naturelles »). Poulet *a la plancha* ou poisson le soir, bon petit déj avec les jus de fruits maison le matin.

🏠 🍽 ***Selva Verde Lodge*** *(carte La région de Sarapiquí,* ***16****) : à* ***Chilamate.*** *☎ 2761-1800. • selvaverde.com • Doubles 75-155 $ selon confort et saison ; bungalows avec clim 150-170 $.* Au cœur d'un domaine privé, ce *lodge* compte une quarantaine de chambres doubles confortables et une dizaine de bungalows. La plupart des chambres donnent sur le jardin, la forêt et la rivière Sarapiquí, et sont reliées entre elles par des passerelles couvertes en bois. Aucun effort côté déco, dommage vu les prix affichés. Piscine sympa pour se rafraîchir en fin de journée. Restaurant italien sur place, *La Terrazza (ouv ts les soirs sauf dim),* uniquement pour les clients de l'hôtel. Concernant la réserve, celle-ci ne se visite qu'avec un guide *(randos guidées à partir de 23 $/pers),* mais ne fait pas toujours l'unanimité. On vient plutôt ici pour le logement.

🏠 🍽 ***Reserva Rara Avis*** *(carte La région de Sarapiquí,* ***18****) : à 17 km au sud de Puerto Viejo de Sarapiquí. ☎ 2764-1111 (bureau) ou 2200-4238 (lodge). • rara-avis.com •* ***Attention, bien lire les conditions d'accès*** *plus loin dans « Visiter les réserves naturelles ». Compter env 100 $/pers en chambre au Waterfall Lodge ; ces prix comprennent la pens complète (3 repas) et 2 tours guidés dans la réserve. Prévoir en plus les frais de transports.* Proche d'une belle cascade, le *Waterfall Lodge* est un grand pavillon en bois comprenant 8 chambres rustiques, équipées chacune d'un grand lit et d'un lit superposé, d'une salle de bains (eau chaude), d'un balcon et de hamacs, mais sans électricité. Conviendra aux aventuriers qui veulent se couper du monde.

LA ZONA NORTE

Où manger ?

Plusieurs petits *sodas* (gargotes populaires) sur la route principale de Puerto Viejo à La Virgen, dont 2 qui ont notre préférence. On peut aussi manger dans les réserves privées, mais la qualité n'est pas toujours au rendez-vous et les prix, souvent gonflés. Il faut savoir que certains restaurants sont réservés aux clients qui dorment dans les lodges.

Bon marché (max 6 000 CRC / 8 €)

🍽 ***Soda La Casita Tipica*** *(carte La région de Sarapiquí,* ***22****) : entre Puerto Viejo et Chilamate, à droite de la route. ☎ 2766-6913. Tlj 7h-20h. Plats env 2 000-3 500 CRC.* Un *soda* de bord de route, donc un peu bruyant. Mais on y mange de bons *casados* pas chers, accompagnés d'un *refresco* désaltérant, dans un cadre tout simple mais propre, avec la TV en toile de fond. On y croise des locaux, c'est bon signe ! Excellent accueil.

🍽 ***Soda Marielos*** *(carte La région de Sarapiquí,* ***23****) : entre Chilamate et La Virgen, un peu avt le Tirimbina Lodge Hotel à droite. ☎ 2761-1350. Lun-sam 6h-19h (17h sam), dim 7h-15h. Plats env 4 000-5 000 CRC.* Un autre *soda* assez populaire, avec un comptoir pour les solitaires et une salle typique. Tous les *casados* classiques, plus quelques spécialités comme la langue de bœuf en sauce et le *lomito.* Particularité : les prix ne sont pas affichés car « ils varient en fonction des fournisseurs »... Alors demandez le prix de votre plat avant de commander. Bon accueil.

Visiter les réserves naturelles

Pour simplifier les choses, nous classons les réserves dans l'ordre dans lequel nous les croisons le long de la route, en arrivant de San José et en allant en direction de La Virgen. Rara Avis apparaît en dernier car la réserve est éloignée et très difficile d'accès.
Bon à savoir : si vous logez dans ces réserves, ***le prix de la nuitée inclut, la plupart du temps, l'accès à la réserve.*** Vu les tarifs élevés des entrées, ça peut valoir le coup. Pensez sinon à réserver votre tour à l'avance, surtout au plus fort de la saison. Enfin, la plupart des réserves appliquent des réductions pour les enfants de 6 à 11 ans et la gratuité jusqu'à 5 ans.

Estación Biológica La Selva *(carte La région de Sarapiquí)* ***:*** *à 4 km au sud-ouest de Puerto Viejo de Sarapiquí. Résas : ☎ 2766-6565 (bureau dans la réserve) ou 2524-0607 (à San José). • threepaths.co.cr • Particularité : cette réserve ne permet pas de visites spontanées à la journée.* ***On ne peut y accéder sans une résa effectuée à l'avance sur leur site internet.***
Réserve privée créée en 1953, couvrant environ 1 600 ha (dont 60 % de forêt primaire), La Selva fut un des 1ers secteurs protégés à avoir vu le jour au Costa Rica. À la confluence des rivières Sarapiquí et Puerto Viejo, sur le flanc nord-ouest du *Parque Nacional Braulio Carrillo,* dans un environnement sauvage et vierge, c'est aujourd'hui un terrain de recherche en plein air pour les scientifiques. Les visiteurs y viennent surtout pour observer les oiseaux (près de 530 espèces au total), les arbres (environ 420 espèces) et les orchidées (environ 140 espèces) qui bénéficient d'un climat tropical et humide. Mais on y croise aussi pécaris, agoutis, iguanes et curaçaos...
La réserve compte près de 25 sentiers de randonnée de longueurs variées (le plus long fait 5 km), l'ensemble formant un réseau de 65 km. Elle ne se visite pas librement, il faut réserver un tour guidé avec un guide naturaliste. Celui-ci, équipé de jumelles sur trépied, vous dénichera les oiseaux bien plus facilement que vous ne pourriez le faire. Les résidents pourront se promener librement après avoir suivi la rando guidée.
– ***Randonnée guidée :*** *tours tlj à 8h et 13h30. Tarifs : 35-45 $/pers selon durée de la balade ; réduc enfants. Durée : env 3h pour la balade courte et 6h pour un tour à la journée.*
– ***Tour d'observation des oiseaux :*** *départ à 5h45. Tarif : 50 $; réduc. Durée : 2h.* On peut y admirer toucans, perroquets, aras, mais aussi quelques espèces rares comme le manakin à cuisses jaunes et tête rouge, ou le trogon de Masséna. Ce dernier mesure de 30 à 35 cm et se reconnaît à son cri répétitif « koh-koh-koh-koh » qui peut durer 1 mn. Ça agace ses voisins !
– ***Randonnée nocturne :*** *tlj à 19h. Tarif : 50 $; réduc. Durée : 2h.* Sous l'œil avisé du guide, on observe surtout les grenouilles et les insectes, mais aussi serpents, porcs-épics et paresseux.

Finca Sura *(carte La région de Sarapiquí)* ***:*** *à env 6 km à l'ouest de Puerto Viejo de Sarapiquí, par la route 4 en direction de La Virgen. De la route principale, il faut emprunter une piste chaotique de 3 km (bien fléché). ☎ 2766-5603. Téléphoner pour réserver. Visite guidée avec un rafraîchissement env 30 $; avec le déj env 45 $. Durée : env 2h.*
Les charmants propriétaires de ce petit domaine agricole proposent des visites de l'exploitation ainsi que d'une parcelle de forêt tropicale. Au cours de cette visite, l'adorable Rodolfo, à l'œil avisé, nous aide à débusquer les minuscules grenouilles *blue jean,* des toucans, de petites chauves-souris, mais aussi à lever les yeux quand un couple d'aras vole aile contre aile. On apprend aussi à identifier la flore locale : le cannelier, le cacaoyer, le *macenque* (un curieux palmier qui se déplace sur ses racines), mais aussi toutes sortes d'aromates (citronnelle, poivre, curcuma, gingembre, piment...). On admire, entre autres, les sublimes *heliconia* et la *flor de*

Porcelana, qu'on croirait vraiment faite de porcelaine extrafine. Canne à sucre, ananas, cacao, on goûte à tout : une visite gourmande !

Reserva Biológica Tirimbina *(carte La région de Sarapiquí)* **:** *à 1,5 km au nord du village de La Virgen. ☎ 4020-2900. • tirimbina.org • Tlj 6h30-17h. Tours guidés à réserver 2 j. à l'avance sur le site internet.* Une réserve à la pointe de l'écotourisme et du développement durable. En 1960, Robert Hunter, un coopérant en agriculture des États-Unis, découvre la richesse de la biodiversité de Tirimbina, une forêt exceptionnelle mais fragile. En 1995 naît le *Tirimbina Rainforest Centre,* association à but non lucratif. Son objectif : protéger l'environnement et la biodiversité, accueillir les scientifiques, les étudiants, les volontaires, mais aussi les touristes amateurs de nature. Aujourd'hui, cette réserve de 345 ha a maintenu son haut niveau qualitatif et est impliquée dans un programme social destiné à la communauté locale.

Seulement 10 % de celle-ci se visite, le reste est inaccessible au public. Mais ça laisse bien assez d'espace pour y pratiquer un tas d'activités.

– ***Randonnées :*** *sans guide mais avec une carte (18 $, réduc), ou avec guide naturaliste (sur résa ; env 30 $, réduc ; durée 2h30).* Le visiteur emprunte d'abord l'un des ponts les plus longs du pays (262 m), suspendu à 22 m au-dessus du sol. Interminable et superbe ! ***Attention, si vous avez le vertige,*** certains de nos lecteurs ont dû rebrousser chemin. Pour ceux qui hésitent : le pont bouge un peu, mais les filets qui forment les parois sont assez rapprochés pour rassurer les indécis. Puis on pénètre dans la mystérieuse forêt primaire, de l'autre côté de la rivière Sarapiquí. Là comme ailleurs, on découvre une faune remarquable (singes, pécaris, tapirs, ocelots, paresseux, grenouilles...), et une flore magnifique avec un *ceiba* géant en point d'orgue. La réserve compte 4 sentiers (30 mn de marche pour le plus court et 2h pour le plus long). On peut bien sûr les combiner entre eux (9 km au total). Un autre pont, long de 110 m, culmine, lui, à 35 m de hauteur !

– ***Balade et observation des oiseaux :*** *départ à 6h. Adulte 31 $; réduc. Durée : 2h30.* Une superbe excursion guidée par un spécialiste des oiseaux. La réserve abrite plus de 365 espèces mais on débusque surtout colibris, tangaras, toucans, trogons et motmots.

– ***Tour Chocolat :*** *4 visites/j., à 8h, 10h, 13h30 et 15h. Adulte 31 $; réduc. Durée : 2h30.* Dans une petite plantation, l'histoire et la culture du cacao y sont racontées en détail. Ici, pas de produits chimiques ni de pesticides : c'est du bio. Bonne dégustation !

– ***Randonnée nocturne :*** *un tour/j. à 19h. Adulte : env 30 $; réduc. Durée : 2h30.* Une marche à la nuit tombée, encadrée par un guide qui vous aidera à débusquer les animaux.

Dave & Dave's Nature Park *(carte La région de Sarapiquí)* **:** *situé sur la gauche de la route, à env 500 m de la réserve de Tirimbina, en direction du village de La Virgen. ☎ 2761-0801. • sarapiquieco-observatory.com • Tlj 8h-17h. Entrée : 40 $/pers pour 2h de balade guidée dans le jardin. Visites à 8h, 10h, 13h et 15h. CB refusées.*

Cette ancienne palmeraie revenue à la nature n'est pas une réserve privée comme aux alentours mais un petit domaine familial. On est chaleureusement accueilli par David Lando Ramirez, un jeune et sympathique

UN BOLIDE VOLANT, MARCHE ARRIÈRE TOUTE !

Le Costa Rica compte une cinquantaine d'espèces de colibris. Saviez-vous que ce petit oiseau ultra-rapide produit 80 battements d'ailes à la seconde, qu'il vole à environ 50 km/h et peut atteindre 100 km/h en plongeon, qu'il donne 22 coups de langue par seconde pour boire, ou bien qu'il est tellement rapide que son seul prédateur connu est la vipère eyelash ? C'est aussi le seul volatile de la création capable de voler en marche arrière. Ainsi peut-il se dégager rapidement d'une fleur dont il a aspiré le nectar !

LA ZONA NORTE

Costaricien bilingue diplômé en environnement et en anthropologie. Aidé par son père Dave, David tient avec passion ce parc de 6 ha, où l'on vient surtout pour admirer, observer et photographier les oiseaux, en particulier les colibris.
La visite pédagogique se déroule en 3 temps : la terrasse d'observation des oiseaux, où l'on voit entre autres le pic à tête rouge, le tangara évêque et les toucans (surtout en janvier-février) ; le poste d'observation des colibris, où même en cas d'averse on est abrité pour admirer ces petits bolides volants venus se désaltérer et se nourrir (c'est le moment qui a le plus de succès) ; et enfin, descente à pied du sentier de la rivière pour découvrir la flore.
On avoue un petit coup de cœur pour cette activité familiale, à taille humaine, menée par des propriétaires passionnés, qui vivent d'ailleurs sur place. Bon, dommage que le prix d'entrée soit aussi élevé !

Hacienda Pozo Azul *(carte La région de Sarapiquí)* ***:*** *à 1 km du village de La Virgen, sur la gauche de la route en direction de San Miguel. ☎ 2761-1616. • pozoazul.com •* ***Sur présentation de ce guide, remise de 10 % sur les droits d'entrée et les activités.*** Cette ancienne finca devenue une réserve privée a été fondée par Alberto Quintana Kohkemper, un ingénieur chimiste du Costa Rica qui a fait sa carrière chez *Coca-Cola International.* Avec sa fortune personnelle, il a acheté près de 1 000 ha de forêt tropicale pour en faire un sanctuaire protégé. Ce lieu propose désormais plusieurs visites (plus ou moins intéressantes) et plusieurs activités (plus ou moins sportives).
– ***La ferme aux papillons, la grange aux animaux, le potager et le verger :*** *billet groupé env 10 $; réduc.* Pour les amateurs de lépidoptères, ce petit *mariposario* abrite de beaux papillons sauf de janvier à mars (c'est alors assez pauvre...). La balade passe ensuite devant les enclos des chevaux, chèvres et moutons. Puis on arrive au *huerta botanica,* le potager bio où l'on cultive avec soin les arbres fruitiers, les aromates, les plants de légumes... C'est l'occasion de découvrir comment poussent la vanille, les pamplemousses, les ananas, le poivre, la papaye... Ne pas manquer les nids croquignolets des *montezumas oropendolas,* qui virevoltent gaiement !
– ***Randonnée guidée dans la forêt tropicale :*** *tlj à 9h30, 11h30 et 14h30, sur résa seulement. Adulte : 25 $; réduc. Durée : 2h.* Le long des sentiers de la réserve, le guide donne plein d'infos sur la faune et la flore. Le tour passe par la serre aux papillons, la mare aux grenouilles et le potager bio.
– ***Descente du río Sarapiquí en rafting :*** *départ depuis le bord de la rivière, près de la réception de l'hacienda. Selon le niveau de difficulté (classe 2-3 ou classe 4), compter 60-86 $/pers. Durée : 2h. Attention, le rafting classe 4 n'est possible qu'entre mai et déc.*
– ***Tours dans la canopée*** *(Canopy Tour)* ***:*** *durée 2h. Tarif : 58 $.* On se promène au-dessus des arbres, suspendu à un câble (il y en a 9 au total), de plate-forme en plate-forme à 20-35 m de haut. On revient par une *zipline* de 325 m de long. Un instructeur donne les consignes avant le départ. 70 % de la vie de la forêt tropicale se passe dans cette fascinante canopée.
– ***Et aussi :*** escalade (rappel) sur des parois rocheuses *(50 $ pour 2h)* et balades à cheval *(48 $ pour 2h).*

Reserva Rara Avis *(carte La région de Sarapiquí)* ***:*** *à 17 km au sud de Puerto Viejo de Sarapiquí, sur le flanc nord-est du Parque Nacional Braulio Carrillo. ☎ 2764-1111 (bureau) ou 2200-4238 (lodge). • rara-avis.com •* Voici la réserve la plus isolée de la région. « C'est la difficulté d'accès à Rara Avis qui en fait une des plus authentiques réserves naturelles du Costa Rica. » Cette appréciation du commandant Cousteau est d'autant plus intéressante qu'elle provient d'un spécialiste mondial de l'environnement marin. C'est curieux mais parfois, dans la jungle humide, touffue et luxuriante, on pourrait se croire au fond d'un gigantesque aquarium tropical...
Fondée en 1983 par le biologiste Amos Bien, Rara Avis est une autre belle réussite de l'écotourisme au Costa Rica. Elle abrite un remarquable morceau de

forêt tropicale humide, des arbres majestueux, une série unique de palmiers, plusieurs espèces d'orchidées et d'héliconies, et un nombre incroyable d'espèces d'oiseaux : vautours, balbuzards (rapace diurne), perroquets multicolores, colibris, toucans, etc. Du côté des mammifères, on y rencontre singes, tatous, fourmiliers, marsupiaux, chauves-souris... Quant aux reptiles, la réserve renferme quelques serpents fer de lance et des crotales, espèce parmi les plus venimeuses du monde... Gare à vous, ne mettez pas les pieds n'importe où !

– ***Activités :*** randonnées guidées dans la forêt primaire (30 km de sentiers, tous balisés et assez faciles), baignade dans un bassin d'eau douce près d'une cascade, découverte du jardin des papillons et de la maison des araignées.

– ***Bon à savoir :*** la maison prête des bottes, mais emportez un vêtement imperméable, du répulsif anti-insectes et une capote pour protéger votre sac à dos... Pas de bagage trop lourd, juste un sac à dos contenant l'essentiel.

– ***Accès à la réserve :*** de la gare routière de Puerto Viejo de Sarapiquí, des bus locaux s'arrêtent à Las Horquetas (un bus toutes les heures ; trajet 20 mn), à 100 m de la grosse bicoque en bois qui abrite le bureau de la réserve. Si vous êtes en voiture, il faut laisser votre véhicule à Las Horquetas.

En tracteur : départ le matin à 9h depuis cette cabane-bureau de Las Horquetas. Une remorque attelée à un tracteur emporte les passagers pour un voyage de 3h30 (pour parcourir 15 km !) sur une piste de terre cahoteuse. Le transport en tracteur est possible pour des groupes de 2 à 14 personnes. Il coûte 200 $, somme que l'on divise par le nombre de passagers. Exemple : si 2 visiteurs individuels souhaitent prendre le tracteur, il faut d'abord qu'ils réservent leur place la veille, puis ils se joignent aux autres passagers ayant eux aussi réservé. Certains voyageurs préfèrent marcher tout du long, se délestant de leurs sacs dans le tracteur.

À cheval : cette autre option est plus adaptée aux voyageurs individuels, car on ne dépend pas du groupe pour louer son moyen de locomotion, mais encore faut-il être à l'aise à dos de canasson. On peut donc louer un cheval (et le dresseur qui va avec, rassurez-vous) à Las Horquetas auprès du bureau de la réserve. *Départ entre 8h et 13h ; compter 35 $/pers l'aller simple.* On parcourt environ 12 km en 2h30 jusqu'au lieu-dit El Plástico. Les 3 derniers kilomètres (environ 1h) se parcourent à pied. Salissant !

D'autres activités au grand air

Best Chocolate Tour *(carte La région de Sarapiquí) : à* ***Chilamate****, sur la droite de la route en venant de Puerto Viejo, avt la route de la Finca Sura. 📱 8501-7951 ou 8816-3729. • costaricabestchocolate.com • Tours à 8h, 10h, 13h et 15h. Résa impérative. Durée : env 2h. Billet : 35 $; réduc enfant.* Visite d'une petite exploitation traditionnelle de 5 ha. Découverte des cacaoyers et du cacao, de la culture à la récolte, de l'arbre au chocolat. Ludique et gourmand, on met même la main à la pâte pour moudre, touiller et, bien sûr, déguster... Vente de tablettes à la boutique. Très bonnes mais la texture est particulière...

Rafting : *notez que les agences de rafting qui débarquent de La Fortuna sont plus chères car, pour venir jusqu'ici, elles facturent le transport en plus. Localement, adressez-vous par exemple à* ***Aguas Bravas*** *(carte La région de Sarapiquí), à* ***Chilamate.*** *☎ 2292-2072 ou 2761-1645. • aguasbravascr.com • Départ tlj à 9h30 et 13h30. Durée : 4h30 (transport et déjeuner inclus, soit 2h en rivière). Compter env 70-85 $/pers selon difficulté du parcours (classe 2-3 ou classe 3-4).* Réputée pour ses instructeurs compétents, la qualité de son matériel et sa conduite écoresponsable. Elle propose des descentes sportives en rafting sur la rivière Sarapiquí. On peut aussi dormir dans leur *hostel* situé sur les rives du *río* (voir plus haut « Où dormir ? »). L'agence ***Aventuras del Sarapiquí*** *(carte La région de Sarapiquí ; ☎ 2766-6768 ; 📱 8866-3823 ; • sarapiqui.com •)* propose aussi des descentes en rafting.

LA FORTUNA

15 000 hab.

• Plan p. 185

À 1h à l'ouest de Sarapiquí par une route toute neuve, la ville de La Fortuna (officiellement appelée La Fortuna de San Carlos) est le camp de base idéal pour poser son sac quelques jours et rayonner autour du volcan Arenal (1 633 m). Plate et quadrillée, cette grosse bourgade sans charme, naguère agricole, est devenue depuis les années 1990 une ville touristique animée et commerçante, avec une ribambelle d'*hostels* économiques, hôtels classiques, restaurants, magasins et services. Pas trop étendue, elle se parcourt aisément à pied.
De nombreuses agences d'écotourisme y ont leur siège, proposant des activités sportives variées dans la région de l'Arenal : randonnées à pied, à cheval ou à VTT, promenades dans la jungle, tyroliennes et câbles suspendus au-dessus des arbres, rafting et canyoning sur des rivières sauvages, etc.

Arriver – Quitter

En bus

Gare routière *(plan A2)* **:** *angle c/ Central et av. Arenal.* Tous les bus s'arrêtent et partent de là. La gare n'étant pas très organisée et la signalétique étant plutôt obscure, on vous conseille de vous rendre dans la petite agence ***Red Lava Tours*** (voir plus loin « Adresses utiles »), sous les arcades. Bons renseignements et vente de billets de bus.

➢ ***San José et la Vallée Centrale :*** avec la compagnie *Transportes Venecia,* 1 seul bus direct/j. le mat au départ de San José (retour en début d'ap-m). Durée : env 4h. Passe également par l'aéroport. Sinon, nombreuses liaisons, mais pas directes, avec *Transpisa* (via Ciudad Quesada) ou *Transporte Carbaches* (via San Ramon). Durée : 5h-5h30.

➢ ***Tilarán et Monteverde :*** avec les bus de *Transpisa,* puis *TransMonteverde.* Compter env 6h de trajet en tout. 3 départs/j. de La Fortuna. Trajet : 2h45. À Tilarán, la connexion avec le bus pour Santa Elena (Monteverde) n'est possible qu'avec les 2 premiers bus. Sinon prévoir de dormir à Tilarán pour reprendre le bus du matin vers Santa Elena. Notez aussi que de Tilarán, on peut rejoindre toute la côte Pacifique...

➢ ***Puerto Viejo de Sarapiquí :*** changement obligatoire à Ciudad Quesada. Env 10 bus/j. dans les 2 sens. Compter env 5h30 de trajet. Sinon, la compagnie privée ***Interbus*** *(• interbusonline.com •)* assure la liaison Puerto Viejo de Sarapiquí-La Fortuna, mais le trajet coûte cher.

En combinant minibus et bateau-taxi

➢ ***De La Fortuna à Santa Elena (Monteverde) :*** sans doute la meilleure façon pour des routards non motorisés au départ de La Fortuna pour gagner Santa Elena (Monteverde). 2 compagnies effectuent cette liaison : la très sérieuse *Aventuras El Lago (• aventurasellagocr.com •)* et *Ride CR (• ridecr.com •).* Sinon, la plupart des agences de La Fortuna organisent le transfert. Départs vers 8h et 14h. Trajet : env 3h. Billet : env 22-25 $/pers en achetant à l'agence (plus cher sur Internet : 28 $). L'excursion part de La Fortuna, gagne le lac Arenal (Laguna de Arenal) en minibus collectif. De là, on embarque dans un

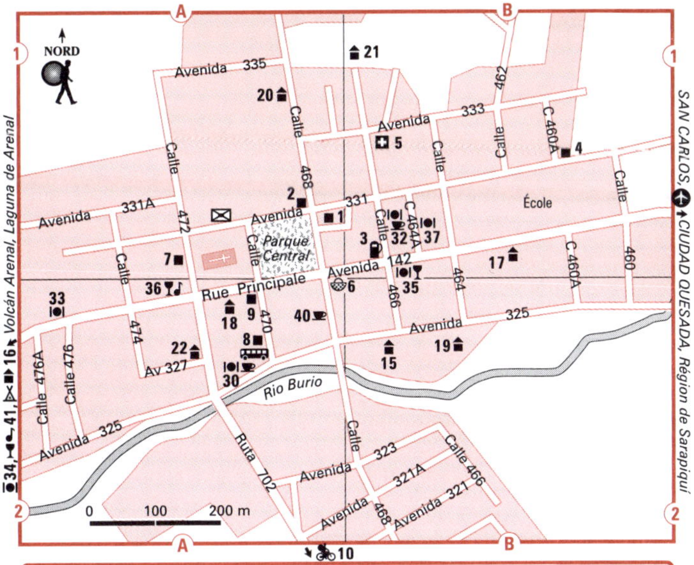

LA FORTUNA

Adresses utiles

- **1** Banco Nacional (A1)
- **2** Go Fresh (laverie ; A1)
- **3** Gasolinera (station-service ; B1)
- **4** Policía (B1)
- **5** Clínica La Fortuna (B1)
- **6** Supermercado Cristian II (A-B1-2)
- **7** Desafío Adventure Co (A1)
- **8** Red Lava TSC (A2)
- **9** Jacamar Naturalist Tours (A2)
- **10** Bike Arenal (hors plan par A2)

Où dormir ?

- **15** Selina Hostel (B2)
- **16** Arenal Backpackers Resort (hors plan par A2)
- **17** La Fortuna Backpackers Resort (B1)
- **18** Arenal Hostel Resort (A2)
- **19** Hotel Monte Real (B2)
- **20** Hotel Arenal Rabfer (A1)
- **21** Hotel Secreto La Fortuna (B1)
- **22** Hotel Fas (A2)

Où manger ?

- **30** Soda La Hormiga (A2)
- **32** Orgánico (B1)
- **33** La Choza de Laurel (A2)
- **34** El Corral de Garra Pata (hors plan par A2)
- **35** Don Rufino (B1-2)
- **37** Nenes (B1)

Où prendre un bon petit déj ?
Où boire un verre ?
Où écouter de la musique ?

- **30** Soda La Hormiga (A2)
- **32** Orgánico (B1)
- **36** Lava Lounge (A2)
- **40** Rainforest Café (A2)
- **41** La Fortuna Pub (hors plan par A2)

bateau-taxi qui traverse le lac jusqu'à Río Chiquito, lieu-dit sur la rive sud du lac. Ensuite, on monte à nouveau dans un minibus pour rejoindre Santa Elena. Cette formule combinée « *boat-jeep-boat* » évite le grand détour (long et fatigant) par Tilarán et permet de gagner une demi-journée sur place.

En avion

✈ L'aéroport de La Fortuna se trouve à El Tanque, à 7 km à l'est de la ville. En taxi pour relier l'aéroport au centre-ville, compter env 10 $.

➢ ***San José :*** avec *Sansa* (☎ *2290-4100 ;* ● *flysansa.com* ●). Durée : env 30 mn.

Adresses utiles

Services

■ ***Banco Nacional*** *(plan A1,* ***1****) : c/ 468, sur le Parque Central. ☎ 2479-9022. Lun-ven 8h30-15h45.* Change les euros et les dollars. Distributeurs automatiques.

⛽ ***Gasolinera*** *(station-service ; plan B1,* ***3****) : à l'angle de la rue principale (av. 142) et de c/ 466.*

■ ***Policía*** *(plan B1,* ***4****) : av. 331, à l'est du Parque Central. ☎ 2479-9501.*

✚ ***Clínica La Fortuna*** *(plan B1,* ***5****) : c/ 466, à 150 m à l'est du Parque Central. ☎ 2479-8565 ou 64.*

Supermercado Cristian II *(plan A-B1-2,* ***6****) : sur la rue principale, près du Parque Central. Lun-sam 7h-23h, dim 8h-21h. Nombreux autres supermarchés en ville, dont un gros à la station de bus.*

■ ***Go Fresh*** *(laverie ; plan A1,* ***2****) : à l'angle de l'av. 331 et de la c/ 368 (Parque Central). 📱 8308-9779. Tlj 8h-19h.*

Agences

■ ***Desafío Adventure Co*** *(plan A1,* ***7****) : sur le côté ouest de la place de l'église. ☎ 2479-0020. • desafiocostarica.com • Tlj 6h30-21h.* L'agence la plus connue (voir plus loin « Activités sportives et excursions »), spécialisée dans les activités sportives et aquatiques. Elle organise aussi des transferts avec tour inclus en chemin (ainsi, on gagne du temps !).

■ ***Red Lava TSC*** *(plan A2,* ***8****) : c/ 470, au terminal des bus. ☎ 2479-8004. 📱 8868-5500. • redlavatouristservicecenter.com •* Cette petite agence du centre-ville, plutôt bien positionnée question prix, organise les activités classiques du secteur : trekkings, randos, tours dans la canopée, *ziplines, Tarzan swing* et *Superman cables.* Bref, tout pour réveiller le superhéros qui sommeille en vous ! Mais, proximité du volcan oblige, son excursion phare reste celle qui combine le volcan Arenal, les chutes d'eau de La Fortuna et, pour finir, un *resort* de sources chaudes *(hotsprings),* avec cocktail siouplaît !

■ ***Jacamar Naturalist Tours*** *(plan A2,* ***9****) : sur la route principale 142, en face de l'église. ☎ 2479-9767. • arenaltours.com •* Cette agence, ouverte depuis plus de 20 ans, bénéficie du savoir-faire lié à sa longue expérience du terrain. Quel que soit le tour – culture, nature ou aventure –, l'équipe, très investie dans les questions environnementales, mise sur la qualité de l'encadrement et la pédagogie. Organise des randos, balades en kayak sur le lac Arenal, tours à cheval et sorties nocturnes.

🚴 ***Bike Arenal*** *(hors plan par A2,* ***10****) : à 400 m au sud du Parque Central. ☎ 2479-9020. • bikearenal.com • Tlj 7h-18h.* Agence spécialisée et sérieuse, dirigée par de jeunes et dynamiques Costariciens qui, en plus d'organiser des excursions à la journée (et des randos à pied), loue aussi des VTT et des vélos électriques (livraison sur demande).

– Voir aussi plus bas « ***Activités sportives et excursions*** » dans le « Parque Nacional Volcán Arenal ».

Où dormir ?

De très bon marché à prix moyens (max 90 $ / 75 €)

Les 4 adresses suivantes entrent dans la catégorie « Très bon marché » pour leurs lits en dortoirs mais dans « De bon marché à prix moyens » (voire chic pour certaines en très haute saison !) pour les chambres privées.

🏠 ***Selina Hostel*** *(plan B2,* ***15****) : av. 325. ☎ 2479-7259. • selina.com/costa-rica/la-fortuna/ • Lits en dortoir 10-37 $ selon saison ; en tipis et en chambres, compter de 35 ... à 180 $ pour les plus luxueuses. Réduc offerte aux membres (il suffit d'y avoir dormi 1 nuit).* Cette chaîne d'auberges de jeunesse branchée propose un bel espace de vie et des hébergements à choix multiples pour les voyageurs de tout poil. Le *lonesome cowboy* et les groupes de copains trouveront leurs aises dans les dortoirs (4-10 *pods*) lumineux, simples et fonctionnels, quoique certains soient parfois assez étroits. Les couples et les familles voteront pour les tipis, pas bien grands mais assez zen, et les chambres privées, modernes et de bon confort, même si les *deluxe* nous ont paru petites et surestimées. La déco tendance, aux couleurs acidulées et bourrée de détails amusants, tranche singulièrement avec celle des *hostels* traditionnels. Et surtout, ici, on mise sur l'ambiance : la vaste pièce de vie, avec bar et billard, est ouverte sur le jardin et la piscine, ainsi que la cuisine commune, agréable et bien équipée. Le tout sur fond de musique branchée et d'animations qui s'enchaînent... Également plein de services (laverie, transferts), des séances de yoga, des excursions, etc. Certes, ce n'est pas donné mais le modèle est rafraîchissant et convivial : on trouve des *Selina* partout dans le pays.

⛺ 🏠 ***Arenal Backpackers Resort*** *(hors plan par A2,* ***16****) : à 300 m de la place de l'église, sur la droite de la route en direction du volcan Arenal. ☎ 2479-7000. • arenalbackpackers resort.com • Lits en dortoir 13-20 $; safari tents env 40-60 $; doubles env 55-110 $.* Attention à ne pas confondre avec les autres *hostels* qui ont des noms apparentés... Cette grande auberge moderne est la 1re à s'être installée à La Fortuna. Elle est aussi unique en son genre, notamment pour sa pelouse, son terrain de volley, ses hamacs et la taille de sa piscine. Dortoirs de 8 personnes, mixtes ou pour filles seulement (tous impeccables, avec clim, douche chaude et *lockers*), chambres coquettes et bien arrangées avec clim, salle de bains privée ou collective, et même un petit camping *(safari tents)* composé de tentes déjà montées, équipées de matelas, de l'électricité, ventilo et coffre. La variété et le confort des formules de couchage, l'accueil jeune et enjoué, l'atmosphère vraiment cool sont autant de bonnes raisons d'y loger. Bar-resto et salon bien agréables. Nombreuses infos et propositions d'excursions. Une AJ 5 étoiles !

🏠 ***La Fortuna Backpackers Resort*** *(plan B1,* ***17****) : av. 142, entre la Banco Popular et le collège. ☎ 2479-7122 ou 2479-9797. • lafortunabackpackers resort.com • Lits en dortoir 10-17 $; doubles 35-64 $; familiales. Petit déj inclus sauf en dortoir.* Très bien tenu par une adorable propriétaire, en charge de la laverie voisine, cet *hostel*-hôtel abrite un petit dortoir (8 personnes) mais surtout une poignée de chambres privatives d'excellent confort donnant sur un petit patio planté de jeunes palmiers. Ensemble moderne, propre et climatisé. Cuisine ouverte à disposition pour se préparer le petit déj et hamacs pour se détendre. Preuve du service attentionné, et bon plan pour les routards, la maison offre 1 kg de linge lavé-séché à ses clients.

🏠 ***Arenal Hostel Resort*** *(plan A2,* ***18****) : rue principale, à 20 m de l'intersection avec la c/ 472, au niveau de la place de l'église. ☎ 2479-9222. • arenalhostelresort.com • Lits en dortoir (4-8 lits) 13-20 $; doubles 48-80 $ selon confort et saison.* Le terme *« resort »,* qui évoque plutôt un ensemble chic et calme, n'est ici pas très représentatif de l'*hostel* qui regroupe en fait 2 entités : côté réception, une bâtisse en bois avec des chambres *deluxe* et des dortoirs simples (mais climatisés, dont 2 réservés aux femmes) en rez-de-jardin, ordonnés autour d'un patio avec une petite piscine et un bar. De l'autre côté de la rue, une bâtisse moderne, où sont regroupées les chambres standard. On est plutôt charmé par le patio, avec ses fontaines et hamacs, la déco un peu kitch du passage qui mène au spa (quoiqu'un peu cher), le bon confort général et la bonne tenue des chambres, mais signalons que conversations et musique animent la petite cour tard le soir. Sommeils légers, s'abstenir. Le petit déj est servi au *Corner Café,* à l'angle. Cuisine à disposition, laverie, ainsi que de nombreux services et excursions dans la région du volcan Arenal.

🏠 ***Hotel Arenal Rabfer*** *(plan A1,* ***20****) : c/ 468, entre av. 333 et av. 335. ☎ 2479-9187. • arenalrabfer.com • Double env 60 $ selon confort et saison, petit déj inclus.* L'hôtel est tenu avec soin par une famille costaricienne accueillante. Le bâtiment s'organise autour d'une petite piscine dans un jardin. Certaines chambres peuvent paraître vieillissantes, même si elles restent dans l'ensemble bien équipées (avec clim) et bien tenues. Depuis la galerie, vue sur le volcan, mais pas depuis les chambres, malgré que certaines disposent d'un balcon. Un établissement calme, qui conviendra surtout aux adeptes des petites structures.

🏠 ***Hotel Fas*** *(plan A2,* ***22****) : c/ 472. ☎ 2479-9238. • hotelfasfortuna@gmail.com • Doubles 55-65 $, petit déj et accès au* Termo Arenal *inclus.* Pour dépanner ceux qui ne seraient pas vraiment en fonds en haute saison, ce petit hôtel façon motel propose des chambres très correctes avec la clim, frigo et TV. Le prix inclut l'accès quotidien à un centre thermal.

De prix moyens à chic (60-130 $ / 50-108 €)

Rappelons que certaines adresses de la catégorie précédente proposent aussi des chambres à prix chic en haute saison.

🏠 ***Hotel Monte Real*** *(plan B2,* ***19****) : au sud de la rue principale, à 300 m à l'est du Parque Central. ☎ 2479-9357. • monterealhotel.com • Doubles 80-125 $ selon confort et saison.* Une bonne option dans cette catégorie de prix. Hôtel familial bien situé et composé de 2 bâtiments modernes entourant un jardin avec, rare en ville et bien appréciable, une piscine. Seul regret, l'absence de haie pour masquer un peu le parking. Mais les chambres sont impeccables, toutes avec clim, carrelage, salle de bains, balcon et baies vitrées. Les standards sont côté jardin, les *deluxe* ont un balcon avec vue sur le volcan Arenal. Pour info, le jardin abrite une importante colonie de grenouilles.

🏠 ***Hotel Secreto La Fortuna*** *(plan B1,* ***21****) : au bout de la c/ 466, dans une sorte d'impasse. ☎ 2479-7047. • secretolafortuna.com • Doubles 65-115 $, petit déj inclus.* Un peu à l'écart du centre, dans un secteur paisible, l'hôtel frappe par la modernité et la luminosité de son bâtiment, de taille moyenne, avec une piscine qui ressemble à un grand billard (sans ombre) posé au milieu du jardin. Chambres impeccables, parfaitement équipées (AC, frigo, coffre et TV), à la déco sobre, et là encore, beaucoup de lumière. Ensemble agréable. Bon accueil.

Où manger ?

Bon marché (max 6 000 CRC / 8 €)

🍴 ***Soda La Hormiga*** *(plan A2,* ***30****) : à côté du terminal des bus et du supermarché* Megasuper. *☎ 2479-9247. Lun-sam 6h-19h30, dim 7h-15h. Petit déj et plats env 2 000-4 000 CRC.* Idéalement située près de la gare routière, ce resto de « la fourmi » est en effet une vraie fourmilière : la salle ouverte sur l'extérieur, avec ses tables nappées de tissus bariolés, ne désemplit pas. Simple et sans chichis, on démarre la journée par un copieux petit déj local, et plus tard, on avale rapido un bon *casado* maison (choix varié), un *arroz* ou un non moins typique *gallo de queso.* Copieux burgers également. L'accueil est expéditif et la qualité un peu standard, mais pour le prix, on n'en demande pas plus !

De prix moyens à chic (6 000-15 000 CRC / 8-20 €)

🍴 ***Orgánico*** *(plan B1,* ***32****) : c/ 466. 📱 8572-2115. Tlj sauf dim 9h-21h. Sandwichs, salades et plats env 9-17 $.* Tenue par une équipe de Costariciens engagés, qui utilisent majoritairement des produits locaux bio, cette petite cafèt' constellée de dessins élégants est un bain de fraîcheur. À commencer par l'adorable terrasse où l'on peut grignoter aussi bien avachis sur les canapés que sur les tables hautes bricolées en lattes de bois. Les nombreuses pancartes du style « *Take care of your karma* » délivrent clairement la philosophie de la maison. Pour prolonger son karma, donc, super carte de petits déj avec des *bowls* énergisants. Puis salades variées, complètes et généreuses, élaborées avec du frais, mais aussi tacos, sandwichs et autres options végétariennes. Excellents smoothies vitaminés. Pas très copieux pour le prix (un peu élevé), mais c'est bon et sain.

🍽 ***La Choza de Laurel*** *(plan A2,* ***33****)* **:** *rue principale (av. 142). ☎ 2479-7063. Tlj 11h-22h (21h hors saison). Plats 4 000-11 000 CRC.* Sous une haute charpente, une vaste salle ouverte avec des tables et des bancs en bois comme dans une auberge de campagne. D'ailleurs, les serveuses sont en tenue traditionnelle. La cuisine s'ouvre sur cet espace, tandis que, dans un coin, le four à bois tourne à plein régime. Même si c'est une chaîne, la majeure partie des produits utilisés par le chef vient des fermes de la région. On y concocte une savoureuse cuisine de terroir, comme l'*almuercito campesino* (viande, *picadillos,* banane plantain, œuf, riz, haricots) et aussi d'excellentes viandes grillées. Pour finir, le café est moulu devant vous comme autrefois !

🍽 ***Nenes*** *(plan B1,* ***37****)* **:** *c/ 464 A, une rue étroite perpendiculaire aux av. 331 et 142. ☎ 2479-9192. Tlj 10h-23h. Résa conseillée le soir. Plats 5 000-9 500 CRC.* Un bistrot un peu chic, un peu moins cher que la précédente adresse. Dans une salle à la déco rustique de bois sombre et rayonnages de bouteilles (belle carte de vins), ou en terrasse (quelques tables seulement), on sert une savoureuse cuisine locale où l'on retrouve les plats classiques préparés avec soin. Même si la mer est assez éloignée, les poissons sont aussi à l'honneur. Sinon, viandes goûteuses et desserts délicieux.

De chic à plus chic (10 000-15 000 CRC et plus / 14-20 € et plus)

🍽 ***El Corral de Garra Pata*** *(hors plan par A2,* ***34****)* **:** *sur la route 142 en direction du volcan, env 700 m après La Choza de Laurel. ☎ 2479-8020. Tlj 11h-22h en continu. Viandes 9 000-20 000 CRC.* Le nord et le centre du pays concentrent un nombre important de *ganaderías* réputées pour la qualité de leurs élevages bovins. Dans ce *steak house,* aux allures de ranch ouvert sur la route, les viandards sont à la fête. Qu'elle soit *roja* (saignante) ou *bien cocinada* (à point), la *carne de res* (bœuf), dont l'odeur est si caractéristique des cuissons au feu de bois, a la particularité d'être aussi tendre que juteuse. À accompagner de la traditionnelle sauce *chimichurri* à base d'huile et d'herbes, et de pommes de terre frites ou en purée pour lester la bête ! Portions pas frustrantes et accueil adorable.

🍽 🍷 ***Don Rufino*** *(plan B1-2,* ***35****)* **:** *rue principale, à l'angle avec la c/ 466, près du Parque Central. ☎ 2479-9997. Tlj 11h30-22h30. Plats 10 000-20 000 CRC.* Prix chics, ambiance chic, *Rufino* est certainement l'adresse de choix qui remporte tous les suffrages. Un resto de cuisine fusion, inspirée des saveurs du monde, et surtout de l'Italie (risotto, pâtes, poulpe grillé). Préparations fines, sans tricherie, assiettes généreuses et présentations soignées. La maison est aussi réputée pour ses spécialités de viande, poissons et fruits de mer cuits au gril. Un vrai régal. Beau choix de vins mais l'addition grimpe alors très vite. Pour passer un bon moment sans y laisser le budget des vacances, on peut tout aussi bien y prendre un cocktail accompagné d'une petite assiette « *para picar* », à partager et à savourer le long du comptoir.

LA ZONA NORTE

Où prendre un bon petit déj ? Où boire un verre ? Où écouter de la musique ?

☕ ***Rainforest Café*** *(plan A2,* ***40****)* **:** *c/ 468, à 100 m au sud du Parque Central. ☎ 2479-7239. Tlj 7h-22h.* Une bonne petite adresse pour boire un vrai café du Costa Rica ou prendre un bon petit déjeuner complet. Un peu cher, en revanche, et gâteaux assez inégaux.

☕ Voir aussi plus haut ***Soda La***

Hormiga *(plan A2,* ***30****)*, et ***Orgánico*** *(plan B1,* ***32****)*.

La Fortuna Pub *(hors plan par A2,* ***41****)* **:** *sur le côté droit de la route 142 en direction du volcan, à côté de La Choza de Laurel. ☎ 2479-1511. Tlj 12h-minuit (1h w-e). Happy hours variables 20h-23h.* À La Fortuna, après 22h, il n'y a plus âme qui vive en centre-ville. Sauf dans ce pub réputé pour la variété de sa carte de bières locales et artisanales. Un lieu animé en particulier le samedi soir, lors des concerts. Pour l'*after* et même pour se trémousser un peu, ça se passe ensuite au bar ***Amsterdam,*** 100 m plus bas...

Lava Lounge *(plan A2,* ***36****)* **:** *sur la rue principale, à 200 m du Parque Central. ☎ 2479-7365. Tlj 7h-22h.* La déco style *saloon* et lampions collent à l'atmosphère informelle des lieux. Concerts en principe les mercredi et samedi.

À voir dans les proches environs

Catarata Río La Fortuna *(cascade ; carte Le volcan Arenal)* **:** *à env 5 km au sud-ouest de La Fortuna ; accès par une piste. ☎ 2479-9515. • cataratalafortuna.com • La plupart des agences de la ville organisent des excursions à cette cascade. On peut aussi y aller en taxi (env 15-20 $ A/R depuis le centre de La Fortuna). Tlj 7h-17h (dernière entrée à 16h). Entrée : 18 $; gratuit moins de 8 ans.*
Depuis le grand parking touristique et la billetterie, un sentier en pente raide (attention, très glissant s'il pleut) descend au pied du site. Eh oui, les 500 marches que vous descendez... il faudra les remonter ! Mais en bas, c'est la cascade tropicale par excellence, un bel exemple de chute d'eau au cœur d'une nature sauvage et luxuriante. Elle tombe de 75 m de haut, jaillissant d'une fracture de la roche, et se déverse dans un bassin où certains visiteurs se baignent à la fraîche. Très cher tout de même !

Geckos at the Waterfall **:** *un peu avant la chute, sur la droite. ☎ 2479-1569. Tlj 11h-17h.* Une très jolie maison sur 3 niveaux avec une déco *arty* et un bout de vue depuis les terrasses. Avant ou après la chute (d'eau, bien sûr), un lieu sympa pour lézarder en buvant une bière artisanale (certes, un peu chère) ou pour un grignotage mexicain de bonne qualité.

Sources thermales **:** voir ci-après le « Parque Nacional Volcán Arenal ».

PARQUE NACIONAL VOLCÁN ARENAL

• Carte *p. 192-193*

Le plus beau volcan d'Amérique centrale, c'est sans conteste celui-ci. Il culmine à 1 633 m au-dessus de la mer, dominant les jungles tropicales, denses et luxuriantes, sorte de mer verte formant à sa base une grande écharpe végétale. Par son omniprésente silhouette, l'Arenal domine la petite ville de La Fortuna. Naguère, les Indiens effrayés l'ont probablement vénéré, croyant qu'il cachait la demeure souterraine des dieux et des démons de l'univers...
Par temps dégagé le volcan se dresse dans l'immensité du paysage, tel un superbe cône jupitérien. Certains jours, on pourrait même passer à côté de ce géant sans le voir tant il est noyé dans les nuages. Vu sa situation géographique, à la rencontre des influences de l'Atlantique et du Pacifique, son sommet est parfois coiffé d'une sorte d'auréole nuageuse que le vent dissipe vite. Une auréole de saint ? Sûrement pas, car cet Arenal ne changera pas de

nature, c'est avant tout un diable cosmique. Quand jaillissent des fumerolles, le volcan ne menace personne mais annonce qu'il est toujours actif. Quand il explose, alors il peut être très violent et destructeur.

UN VOLCAN ENDORMI MAIS TOUJOURS ACTIF

Méfiez-vous du volcan qui dort car il peut se réveiller à tout moment. Selon les experts, la couche de magma en fusion ne se trouverait qu'à 22 km sous la surface de l'écorce terrestre. L'Arenal n'est qu'une cheminée à l'air libre, les fourneaux incandescents et invisibles brûlent dans les entrailles de la Terre. Les vulcanologues estiment qu'il serait né il y a près de 7 000 ans. C'est un jeune volcan classé dans la famille des *stratovolcans*.
Parfois, quand il est en colère, il crache de la lave en fusion, formant des halos rougeoyants bien visibles la nuit, et cela peut s'aggraver. Le pire a déjà eu lieu dans le passé. On recense ainsi plusieurs éruptions historiques : en 900 et en 220 av. J.-C., puis en 1080 apr. J.-C., en 1525 et en 1750. Après 2 siècles de sommeil, le volcan s'est réveillé à nouveau le 29 juillet 1968. La région fut frappée par un violent tremblement de terre qui fracassa le sommet du volcan. Un nouveau cratère se forma. Les éruptions de cendres, de gaz et de roches, mais surtout les coulées de lave dévastèrent le versant ouest, anéantissant plusieurs hameaux et tuant 87 personnes. L'onde de choc fut telle que des habitants du Colorado (États-Unis) l'auraient ressentie ! L'Arenal fit ensuite semblant de dormir, mais il se réveilla encore en 1993, 1998, 2000, 2001, 2007 (mais sans gros dégâts ni victimes). Le 24 mai 2010, le cratère se mit à cracher quelques fumerolles et des coulées de lave que les touristes s'empressèrent de photographier de nuit. Si une éruption se produit, pas la peine de traîner dans le secteur, vous l'aurez compris...

Où dormir ? Où manger ?

La plupart des voyageurs dorment à La Fortuna en raison de son choix important d'hôtels à prix variés. Plus vous vous approcherez du volcan, plus les tarifs seront élevés, comme le démontre la majorité des établissements qui s'égrènent le long de la N142 en direction de l'entrée du parc.
Une autre bonne solution consiste à loger dans le petit village d'El Castillo, à une dizaine de kilomètres au sud-ouest, dans un très bel environnement, loin de l'agitation du monde (voir plus loin « La Laguna de Arenal »).

Près de La Fortuna

De prix moyens à chic (60-130 $ / 50-108 €)

Brisas Arenal (carte Le volcan Arenal, **28**) : *à 4 km à l'ouest de La Fortuna. ☎ 2479-9225. • brisasarenal.com • Prendre la route du volcan Arenal, puis tourner à gauche au niveau d'un supermarché ; continuer tt droit sur 800 m env, puis à droite par une piste. Doubles env 65-90 $, deluxe et suites 100-140 $, petit déj inclus.* Une piste un peu chaotique mène à ce parc arboré et fleuri où pas mal d'oiseaux se sont installés. Un vrai coin de verdure, très agréable en comparaison de La Fortuna... On loge dans de sympathiques maisonnettes en bois équipées de salle de bains et de la clim. Le matin, on se réveille avec les oiseaux, si les voisins n'ont pas décidé de se lever aux aurores. Au petit déj, en musique, on est servi à la table, ce qui change un peu des sempiternels buffets. Omelette, pancakes et fruits de bonne qualité. Une bonne adresse.

Catarata Ecolodge (*carte Le volcan Arenal,* **25**) : *à 3 km à l'ouest de La Fortuna. ☎ 2479-9522. • catarata lodge.com • Même direction que pour son voisin* Brisas Arenal *mais, à la fin, suivre le panneau à gauche. Doubles env 85-90 $, petit déj inclus ; familiales.* Son nom rappelle que la cascade

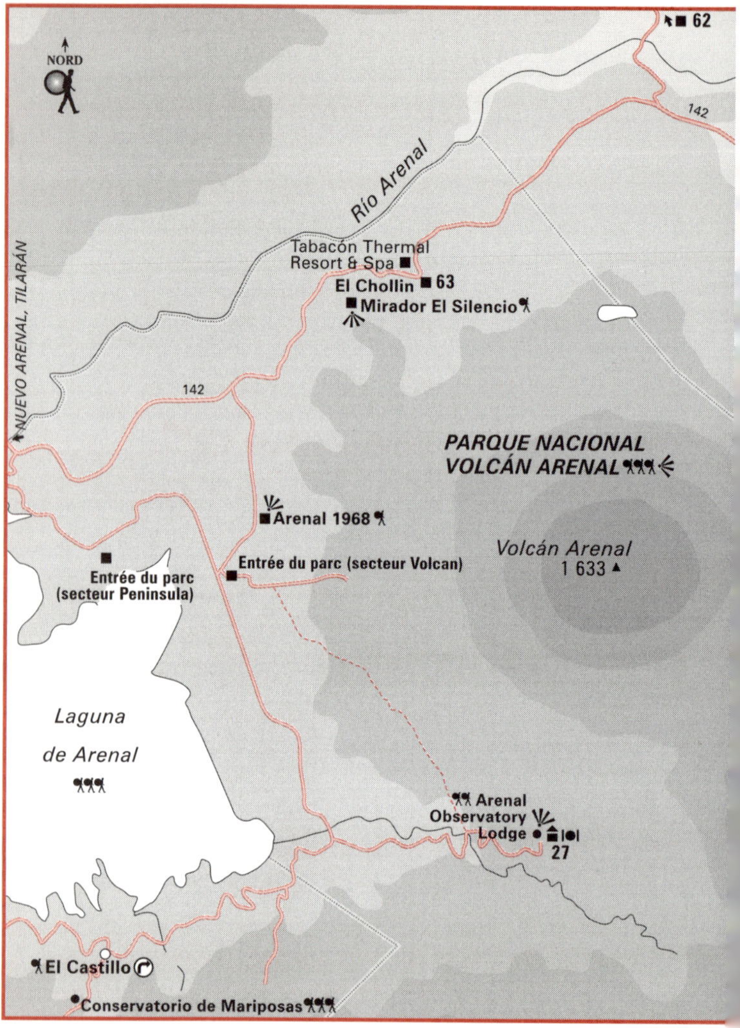

(catarata) de La Fortuna n'est qu'à 2 km d'ici. Les *cabañas* sont de petits pavillons en bois et en dur, éparpillés dans un vaste jardin à la végétation luxuriante. Une vingtaine de chambres mitoyennes avec petite terrasse et hamac. Impeccables, avec une déco classique et un bon confort (clim et ventilo), elles donnent toutes sur un joli jardin. Petite piscine.

Arenal Oasis Lodge & Wildlife Refuge (carte Le volcan Arenal, **26**) **:** *à 3 km à l'ouest de La Fortuna.* ☎ *2479-9526.* ● *arenaloasis.com* ● *Même direction que pour son voisin* Catarata Eco-lodge*, mais tourner à droite sur la route*

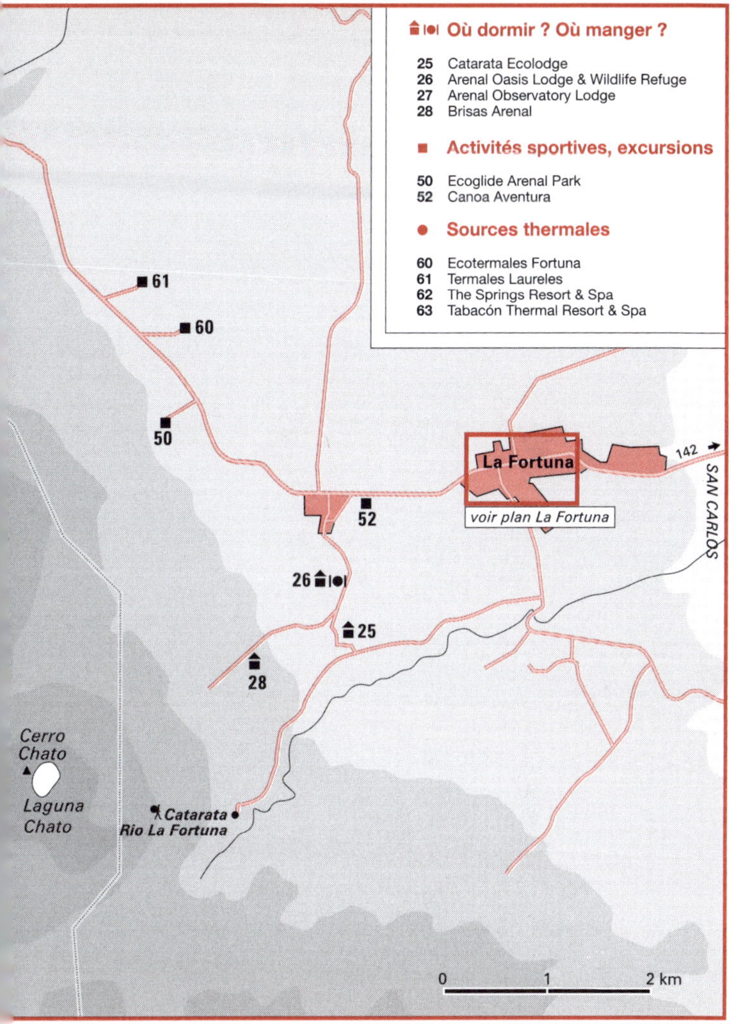

LE VOLCAN ARENAL

secondaire en direction de la cascade (catarata). Double env 95 $, petit déj inclus. Plats env 5-15 $. Oasis de fraîcheur et de verdure, le jardin accueille des centaines d'oiseaux. Chambres confortables (ventilo, salle de bains privée) et calmes, installées dans de jolis bungalows rustiques en rondins, et donnant toutes sur ce jardin tropical. Une déco sobre, ici, on mise tout sur l'environnement forestier. D'ailleurs, on y organise des visites guidées, diurnes et nocturnes, pour voir les oiseaux et les grenouilles. Fait aussi restaurant : *casados*, paninis, burgers et plats sans gluten. Carte de vins.

Au pied du volcan Arenal

De chic à plus chic (90-130 $ et plus / 75-108 € et plus)

***Arenal Observatory Lodge** (carte Le volcan Arenal, **27**) : dans le Parque Nacional Volcán Arenal, à 23 km au sud-ouest de La Fortuna par la N142, et bien après (5 km) l'entrée du parc. ☎ 2290-7011 (résas) ou 2479-1070 (lodge). • arenalobservatorylodge.com • L'hôtel est dans une réserve privée, à l'intérieur même du parc : portes ouv 5h-17h et accès au domaine payant (12 $/pers ; réduc). Suivre le chemin de terre dans la forêt pour atteindre l'hôtel perché 1,5 km plus haut. Doubles 95-165 $ et suites avec vue 195-220 $, petit déj inclus.* Le site est superbe, face au volcan Arenal dont la forme conique se dresse à moins de 3 km du *lodge* et au cœur d'une végétation luxuriante maillée d'un formidable réseau de sentiers de randonnées (voir plus bas la rubrique « Sentiers et randonnées »). Plusieurs catégories de chambres. Les moins chères, les plus simples aussi, se situent dans la *Casona,* une maison en bois, à l'écart, avec salles de bains partagées. Dans les corps de bâtiments de l'hôtel, on trouve des standards, rustiques mais impeccables, la plupart avec balcon et vue sur le volcan. Les plus belles chambres, les *Smithsonian,* dotées de grands lits et d'immenses baies vitrées avec vue sur le volcan, en jettent carrément. Quant aux villas *White Hawk* et *Phil,* elles se louent en famille, mais leur prix *(550-700 $ la nuit)* reste excessif ! Au resto, on savoure davantage la vue panoramique que la cuisine, correcte mais sans plus (*pasta,* viandes). Parfait pour siroter un petit cocktail lors du *Sunset happy hour (tlj 17h-18h).* Très belle piscine et même un spa pour buller après la rando (voir plus bas dans la rubrique « Sentiers et randonnées »).

Sentiers et randonnées

***Parque Nacional Volcán Arenal** (carte Le volcan Arenal) : le parc est divisé en 2 secteurs : le **secteur Volcan** (à 14 km à l'ouest de La Fortuna, sur la gauche de la route 142, bien indiqué) et le **secteur Peninsula** (par une piste parfois un peu difficile selon la saison, à droite, à env 2 km de l'entrée du secteur Volcan). ☎ 2200-4192. • sinac.go.cr • Tlj 8h-16h (dernière entrée à 14h30). Entrée : 15 $; réduc enfants. Ticket unique pour les 2 secteurs. CB acceptées. **ATTENTION : L'ACCÈS AU CERRO CHATO (le petit frère du volcan Arenal) EST FERMÉ DEPUIS 2017 ET FORMELLEMENT INTERDIT.** Malgré la fermeture officielle, des guides peu scrupuleux proposent toujours l'excursion. L'accès y est pourtant difficile et dangereux. ON LE DÉCONSEILLE FORTEMENT.*

Ce grand parc national (environ 12 000 ha, soit 121 km²), parmi les plus remarquables du Costa Rica, est considéré comme un laboratoire vivant et un exceptionnel conservatoire de biodiversité. Il s'étend entre la cordillère de Tilarán et les monts de San Carlos, et se distingue par la présence majestueuse du volcan Arenal, de forme conique presque parfaite. Créé en 1991, le parc est essentiellement constitué de forêts primaires qui forment une grande écharpe végétale au pied du volcan. Il abrite de nombreuses espèces de mammifères comme le puma, le jaguar, des singes, et des oiseaux tropicaux rares et menacés comme le *bobo picoquilla,* le *pavón* et le *pájaro campana.*

La beauté sauvage du parc tient donc à ce paysage dominé par la masse du volcan Arenal, véritable emblème touristique et publicitaire du pays.

Pour découvrir le parc, 2 secteurs complémentaires.

➢ ***Secteur Volcan :*** possibilité de laisser sa voiture sur le 1er parking, juste derrière le centre d'information du parc, sinon emprunter la piste jusqu'au 2e petit parking. De là, on peut suivre le sentier *Las Coladas* (1,7 km), qui permet de découvrir d'anciennes coulées de lave pétrifiée depuis 1968 et 1992. Pour revenir, faire une boucle en prenant le sentier *El Ceibo* (2,3 km, durée 1h30), du nom de

ce vénérable arbre vieux de plus de 600 ans que l'on croise en chemin. Les plus pressés pourront, à partir du parking, emprunter le sentier qui va droit vers le volcan (1 km) pour accéder au mirador. Belle vue photogénique en fin de journée.
➢ ***Secteur Peninsula :*** piste un peu difficile pour arriver jusqu'au parking. Ensuite, sentier facile de 1,2 km menant aux *miradores*, tours d'observation avec vue panoramique sur le volcan et la forêt du parc. Pas mal d'oiseaux, et, avec un peu de chance on peut y croiser des singes hurleurs ou araignées, des coatis et, plus rarement, des pécaris.

Les sentiers de l'Arenal Observatory Lodge *(carte Le volcan Arenal) :* *☎ 2290-7011 (résas) ou 2479-1070 (lodge). • arenalobservatorylodge.com • Il s'agit de la réserve privée de l'hôtel* Arenal Observatory Lodge, *à l'intérieur du Parque Nacional Volcán Arenal. Suivre le chemin de terre dans la forêt pour atteindre le parking de l'hôtel perché 1,5 km plus haut. Tlj 5h-17h. Entrée : 12 $/pers. Pass journée incluant les sentiers, le déj et l'accès à la piscine-jacuzzi de l'hôtel : env 32 $/pers ; réduc.*
Au cœur du *Parque Nacional Volcán Arenal,* cette réserve privée de 380 ha de forêt primaire, de pinèdes et de bois d'eucalyptus, a été fondée en 1972 par William Aspinall, un entrepreneur investi dans l'écotourisme. Celui-ci accueillit rapidement une équipe de chercheurs de l'Institut de sismologie de l'université du Costa Rica et du *Smithsonian Institute* des États-Unis dans le but d'observer l'activité volcanique. D'où le nom des lieux. Le tout, 20 ans avant que tout le secteur ne soit classé parc national.
La principale activité proposée est la randonnée. La réserve compte 11 km de sentiers, chacun de longueur et de niveau de difficulté différents. ***Les circuits La Hormiga et Saino sont les plus faciles (30 mn chacun).*** Le plus court *(La Hormiga)* est une boucle dans la forêt primaire, la seule que l'on peut parcourir en soirée d'ailleurs, à partir du musée auquel on accède par un pont suspendu. En route, on peut grimper *The Nest (tlj 8h-17h),* une tour d'observation métallique de 28 m de haut qui bouge avec le vent et les pas des visiteurs... Cardiaques, femmes enceintes et sujets au vertige s'abstenir ! Notez que le petit ***musée*** abrite de nombreux documents et photos sur l'histoire et l'activité du volcan Arenal, et qu'on trouve un sismographe dans le jardin juste devant.
Les autres sentiers, répertoriés par couleurs, sont plus longs et plus « nature ». Ils passent par la forêt primaire ou secondaire, des cascades ou encore un pont suspendu au-dessus de la rivière Danta. En se baladant, on rencontre des singes, des coatis, des pécaris et de nombreuses oiseaux (500 espèces recensées). La réception du *lodge* fournit une carte et une liste en français des randonnées guidées et des activités à faire dans la région, avec les durées et les prix. Cela va de l'observation des oiseaux au kayak sur le lac, en passant par le *sky tram,* les tyroliennes ou encore les sources thermales...

Arenal 1968 *(carte Le volcan Arenal) :* *sur la route principale, à moins de 1 km de l'entrée du Parque Nacional Volcán Arenal (secteur Volcan) ; bien indiqué. ☎ 2462-1212. • arenal1968.com • Tlj 8h-18h (dernière entrée à 16h). Entrée : 17 $; gratuit moins de 10 ans.*
Cette réserve privée s'appelle ainsi en souvenir de l'éruption volcanique de 1968 qui fut dévastatrice et meurtrière. 3 villages furent engloutis par les coulées de lave, et une centaine de personnes périt. L'intérêt de la réserve est de proposer aux visiteurs des randonnées pédestres en boucle sur le versant ouest du volcan Arenal, où les coulées de lave furent les plus importantes. Randonnée facile de 1h30 à 2h sur le *sendero Colada 1968* (une boucle de 4 km), qui permet d'avoir un joli point de vue depuis la cime de l'éruption de 1968. Beau contraste entre la lave noire et la végétation bien verte. Sinon, rando plus longue et un poil plus difficile sur le *sendero Bosque* (env 2h30 ; 6 km), avec une dénivelée de 250 m, dans la forêt.
Enfin, un sentier devait ouvrir en 2021 : le *Rainforest,* qui comme son nom l'indique serpente dans la forêt. Il devrait offrir aussi la possibilité de se baigner dans une rivière (prévoir un supplément).

Café Lava' 68 : au départ des sentiers. Petit déj et plats env 6-14 $. Vue saisissante sur le lac d'un côté et le volcan de l'autre ! Agréable pour un verre ou un grignotage. Pas donné, mais de bonne qualité.

***Mirador El Silencio** (carte Le volcan Arenal) : sur la route 142, à 13 km de La Fortuna et env 1 km après Tabacon Hot Springs. ☎ 2479-9900. • miradorelsi lencio.com • Tlj 8h-18h. Entrée 10 $; gratuit moins de 7 ans.* Cette petite réserve privée de 225 ha est une *ganadería* (élevage de bovins) et le tourisme ne représente qu'une infirme partie de son activité. Outre son prix d'entrée avantageux, elle a le mérite d'être plus confidentielle, et parcourue d'un réseau de 6 sentiers (14 km en tout) tranquilles traversant l'épaisse végétation de la forêt primaire. Lui consacrer une demi-journée. Les plus chanceux, à condition d'avoir l'œil affuté, repéreront toucans, écureuils volants, papillons morpho, grenouilles, etc. Sinon, agréables balades sans difficulté majeure. Sentiers bien balisés avec plan remis à l'entrée. Possibilité également de se rendre en voiture sur le 2e parking, à 1 km environ de l'entrée principale, au pied du volcan, pour faire la petite boucle « *lava de 1968* » sur un chemin de lave pétrifiée, et pousser ensuite jusqu'au *lago verde.* Un conseil, n'oubliez pas le kit du bon randonneur : de bonnes chaussures, un couvre-chef, de la crème solaire, un casse-croûte et une gourde !

Activités sportives et excursions

Tours dans la canopée, tyroliennes, ponts suspendus et téléphériques

De nombreuses agences de La Fortuna organisent ce genre de sorties nature à la fois écologiques et sportives. Généralement, les activités se déroulent aux alentours de la ville, dans un rayon de 3 à 20 km. Le prix des prestations englobe les repas (collation ou déjeuner), le matériel évidemment, et parfois le transfert depuis votre hôtel. Bien se renseigner et comparer les prix, variables d'une agence à l'autre. Sinon, la plupart des hôtels proposent aussi des excursions et activités à des prix attractifs, sans avoir à s'y prendre longtemps à l'avance. Prenez donc la peine d'éplucher les programmes selon vos souhaits et le temps dont vous disposez. Un conseil : préférer les créneaux du matin, souvent moins chargés ; de plus, les après-midis sont parfois plus pluvieux. Prévoir un K-way et des chaussures résistantes à l'eau.

■ ***Ecoglide Arenal Park** (carte Le volcan Arenal, **50**) : à 3,5 km au nord-ouest de La Fortuna, sur la route du volcan Arenal ; c'est bien indiqué sur la gauche de la route, avt Baldi Hot Springs. ☎ 2479-7472. 📱 8916-5859. • arenalecoglide.com • Tour de 3h dans la canopée avec saut de Tarzan (4 fois/j.) 75 $; réduc. Rando nocturne 55 $.* Randonnées pédestres sur des sentiers au cœur de la forêt tropicale étendue sur les versants du volcan Arenal. Parcours de tyroliennes et *Tarzan Swing* (suspendu par un harnais à un câble, on dévale des pentes à toute vitesse). Tarifs incluant le transport local et le guide bilingue. Une équipe sérieuse et bien rodée. Bonnes installations... et pas mal de succès. Mieux vaut réserver.

Rafting, canoë, canyoning

■ ***Desafío Adventure Company** (plan La Fortuna, A1, **7**) : à La Fortuna, sur le côté ouest de la place de l'église. ☎ 2479-0020. • desafio costarica.com • Rafting env 100 $/pers ; canyoning 99-125 $.* Ce sont des spécialistes de ce type d'activités sportives dans la nature. Propose aussi des balades à VTT, du *stand-up paddle* sur la *Laguna de Arenal.* On peut aussi combiner VTT, rafting et saut dans une cascade. Bon accueil, bon matériel, mais prix plus élevés qu'ailleurs.

■ ***Canoa Aventura*** *(carte Le volcan Arenal,* ***52****)* ***:*** *à 1,5 km à l'ouest de La Fortuna, sur la route du volcan Arenal.* ☎ *2479-8200.* • *canoa-aventura.com* • *Tlj 6h30-22h. Compter env 60 $/pers la ½ journée et 70-115 $ la journée entière.* Agence spécialisée dans les balades en canoë : sortie sur la rivière *Tres Amigos,* safari sur la rivière *Peñas Blancas,* mais aussi une très belle excursion à la journée sur le *Caño Negro,* kayak sur le lac Arenal, etc. Équipe de bons guides.

VTT

🚴 ***Bike Arenal*** *(hors plan La Fortuna par A2,* ***10****)* ***:*** *à La Fortuna, à 400 m au sud du Parque Central.* ☎ *2479-9020.* • *bikearenal.com* • *Lun-sam 8h-17h. Compter env 60-90 $/pers la ½ journée et 120 $ la journée.* Agence dirigée par de jeunes et dynamiques Costariciens. Propose des excursions à la demi-journée autour du volcan Arenal et à la journée du volcan jusqu'à El Castillo (22 km ; niveau débutant), entre autres. On traverse la forêt tropicale sur les versants du volcan Arenal, où l'on aperçoit des singes, des coatis et plusieurs espèces d'oiseaux. Locations de VTT.

Sources thermales

Comme autour du mont Fuji au Japon, de nombreuses sources thermales (***aguas termales*** en espagnol, ou *hot springs* en anglais) jaillissent du sous-sol du volcan Arenal, chauffées par géothermie. Ces eaux chaudes, pures et naturelles sortent de terre à une température oscillant entre 25 et 38 °C, parfois plus. Réputées pour leurs vertus thérapeutiques, elles soulagent les rhumatismes et les contractures musculaires. Parfait en retour d'excursion. Elles ont aussi des vertus dermatologiques pour leur effet naturellement exfoliant : rien de tel, donc, qu'un bon bain pour recouvrer une peau de bébé. Contrairement aux sources thermales européennes, ici on se baigne dans l'eau, mais on ne la boit pas.

Cet « or blanc » constitue l'activité principale de nombreux ***établissements thermaux*** alignés le long de la route entre La Fortuna et le lac Arenal, sur les flancs du volcan. Un vrai business !

La majorité des agences de La Fortuna propose des forfaits incluant transport et baignade dans l'un des bains thermaux. On peut aussi choisir d'y aller indépendamment (compter env 10-15 $ en taxi) et profiter des lieux pendant un temps variable : 1h, 2h ou plus, les prix variant selon la durée.

– ***Bon à savoir :*** en fin de semaine, ces établissements de bains thermaux sont très fréquentés par les familles costariciennes.

■ ***Accès gratuit à El Chollin*** *(carte Le volcan Arenal)* ***:*** *en face du Tabacón Thermal Resort & Spa. L'accès est repérable au grand parking gardé et aux nombreuses voitures garées le long de la route. Il faut passer la petite barrière et descendre sur le chemin jusqu'à la rivière. Impossible de se tromper. Prévoir un sac étanche et aucun objet de valeur.* Les eaux du *río Tabacón,* qui coulent près des centres thermaux à plus de 30 °C, séduisent les familles de *Ticos* qui viennent en nombre poser leur glacière et pique-niquer les pieds dans l'eau. N'hésitez pas à remonter la rivière, sous le pont, et à dénicher un endroit un peu plus calme.

Les centres thermaux

■ ***Ecotermales Fortuna*** *(carte Le volcan Arenal,* ***60****)* ***:*** *à 4 km au nord-ouest de La Fortuna, sur la droite de la route 142 en direction de la Laguna de Arenal, presque en face de Baldi Hot Springs.* ☎ *2479-8787.*

LA ZONA NORTE

• ecotermalesfortuna.cr • Tlj 9h-21h30. Il y a en fait 2 tranches horaires : pass jour 9h-16h, pass soirée 16h-21h30. Entrée : 44 $ (serviette fournie et casier) ; réduc. Entrée + repas : 72 $. Attention, nombre d'entrées limité à 150 pers/j., résa obligatoire. Un beau centre thermal qui comprend 5 bassins d'eau thermale (de 32 à 41 °C) tapissés de galets et joliment intégrés dans la forêt tropicale. L'ensemble reste à taille humaine, même s'il accueille les groupes et peut s'avérer parfois un peu encombré. Accueil pro. On peut parfois apercevoir singes et toucans.

■ ***Termales Laureles*** *(carte Le volcan Arenal,* ***61****)* ***:*** *à 7 km à l'ouest de La Fortuna par la route 142, sur la droite. ☎ 4020-1600. • termaleslos laureles.com • Tlj 9h-21h. Entrée : env 12 $; réduc.* Sans doute le moins cher des établissements thermaux, mais pas le moins sympa. Bien au contraire. Surtout fréquenté par les *Ticos*, *Los Laureles* affiche complet les week-ends lorsque les familles déboulent avec gamins et glacières. Car, en plus des 7 bassins d'eau thermale (de 25 à 45°), on y trouve 2 grandes piscines d'eau froide avec toboggans aquatiques, un jacuzzi, des terrains de foot, de basket et de volley, des espaces de jeux pour enfants. Et des aires de pique-nique avec barbecue. Le cadre est arboré et aéré, même s'il ne baigne pas dans la végétation comme les autres centres, et l'ambiance très populaire. Camping en saison.

■ ***The Springs Resort & Spa*** *(hors carte Le volcan Arenal,* ***62****)* ***:*** *à 9 km à l'ouest de La Fortuna par la route 142 en direction de la Laguna de Arenal, panneau indiquant sur la droite le resort ; continuer 4 km sur une belle route secondaire. ☎ 2401-3313. • thespringscostarica.com • Compter env 70 $/pers pour un forfait de 2 j. incluant l'accès à ts les bassins, tlj 8h-22h.* Dans un site remarquable avec vue sur le volcan Arenal. Il s'agit d'un complexe hôtelier de grand luxe aux tarifs exorbitants (aucune chambre à moins de 515 $!), mais pour nous autres, simples visiteurs à la journée, le rapport qualité-prix-emplacement n'en est que plus épatant ! Au total, une vingtaine de piscines et bassins aménagés dans la végétation, cascades et eaux chaudes chargées d'oligo-éléments. Plusieurs restos sur place.

■ ***Tabacón Thermal Resort & Spa*** *(carte Le volcan Arenal,* ***63****)* ***:*** *à 10 km à l'ouest de La Fortuna, sur la gauche de la route de la Laguna de Arenal. ☎ 2479-2000. • tabacon.com • Tlj 10h-22h. Tarifs et horaires différents en fonction de la formule choisie : entrée incluant 1 ou 2 repas 70-115 $; réduc.* Niché dans un vallon sur le flanc nord du volcan Arenal, ce complexe chic se compose de 15 bassins d'eau thermale (de 22 à 41 °C) directement alimentés par la rivière et enfouis dans une végétation tropicale luxuriante, avec vue sur le volcan. Le style verdoyant et glamour de ces thermes parfaitement intégrés dans la végétation (puits, cascades et dénivelées naturels, passerelles, forêt, éclairage de nuit) et l'atmosphère relaxante en fin de journée en font, à juste titre, un des établissements les plus réputés du secteur.

LA LAGUNA DE ARENAL

• Carte *p. 200-201*

Au pied du volcan Arenal, ce grand lac artificiel, improprement appelé « laguna » (l'eau d'une lagune communique avec l'océan, ce qui n'est pas le cas ici), fait déjà partie administrativement du Guanacaste, même si nous l'avons intégré ici pour des raisons d'accès. Il a été créé en 1973, immergeant

plusieurs villages. Ses eaux alimentent un barrage hydroélectrique, capable de résister aux séismes, qui fournit pas loin de 20 % de l'électricité du pays. Vaste réservoir d'eau douce à 600 m d'altitude, étendu sur environ 85 km^2, le lac est bordé au nord et au sud d'une longue ligne de collines vertes qui ondulent sous le ciel bleu, avec de beaux morceaux de forêts primaires et secondaires, et même quelques fermes et des prés à la tonalité quasi helvétique. Il semble d'ailleurs faire partie de cet environnement depuis toujours alors qu'il n'a pas 50 ans.
Très peu de constructions et pas de ville, hormis le paisible village d'El Castillo au sud-est et le gros bourg de Nuevo Arenal au nord-ouest. Pour relier les 2, il faut emprunter la route goudronnée qui longe la rive nord et ménage de magnifiques points de vue sur le lac et le volcan en ligne de mire. La rive sud, quant à elle, est sillonnée d'une piste quasiment impraticable.
La température est ici beaucoup moins élevée que sur la côte Pacifique, et l'on ne souffre pas de la chaleur. Un microclimat règne sur le secteur, en particulier dans la partie ouest où le vent souffle à longueur d'année. Cela explique la présence de nombreuses éoliennes sur les crêtes et les véliplanchistes ou kitesurfeurs qui glissent sur le lac à la belle saison. On y pratique aussi la pêche, le poisson le plus courant étant le *guapote* (perche arc-en-ciel). Enfin, on vient ici pour visiter, voire même séjourner dans quelques fermes vraiment dignes d'intérêt.

Arriver – Quitter

On peut rejoindre la *Laguna* en arrivant par l'est et ***La Fortuna,*** ou par le sud depuis ***Tilarán,*** une bourgade de passage sans grand intérêt, dotée cependant d'une petite gare routière (bus pour Cañas, Santa Elena et toute la côte Pacifique), d'une station-service, de commerces et d'une banque.
Tilarán n'est qu'à une petite quarantaine de kilomètres de ***Santa Elena*** par les routes 145, puis 606, et à 70 km d'***El Castillo*** par la route 142, seule route praticable qui borde la rive nord du lac.

En bus

➢ ***De La Fortuna à Tilarán :*** 3 départs/j. Trajet : 2h45.
➢ ***De Tilarán à Santa Elena (Monteverde) :*** 2 bus/j. Trajet : env 2h30, ou plus selon l'état du chemin, pour parcourir env 40 km !
➢ ***De Tilarán à Cañas et la route Interamericana :*** 8 bus/j. Trajet : 30 mn. Bonne route bitumée. De Cañas, connexion de bus pour Liberia, la côte du Guanacaste et San José.

EL CASTILLO

À 23 km au sud-ouest de La Fortuna, le village d'El Castillo, accessible par une route pleine de trous et de cailloux, consiste en une piste bordée de quelques maisons éparpillées sur le flanc d'une montagne. Surtout, il ressemble à un petit bout du monde. Aux alentours, des collines et des monts couverts de forêt tropicale descendent vers des prairies et des champs cultivés, venant mourir sur la rive paisible de ce grand lac artificiel. Cet écrin boisé et vert, très peu urbanisé, est magnifié par le volcan Arenal, visible de partout. D'ailleurs, l'entrée du parc national du volcan est toute proche. Raison de plus pour venir s'égarer par ici... Les voyageurs en quête de calme et d'authenticité choisissent d'y établir leur camp de base. ***S'il y a peu d'adresses, elles sont vraiment de qualité et allient plaisir et tourisme écoresponsable.***

2 visites remarquables à ne pas manquer : le *Conservatorio de Mariposas* et le *Rancho Margot.*

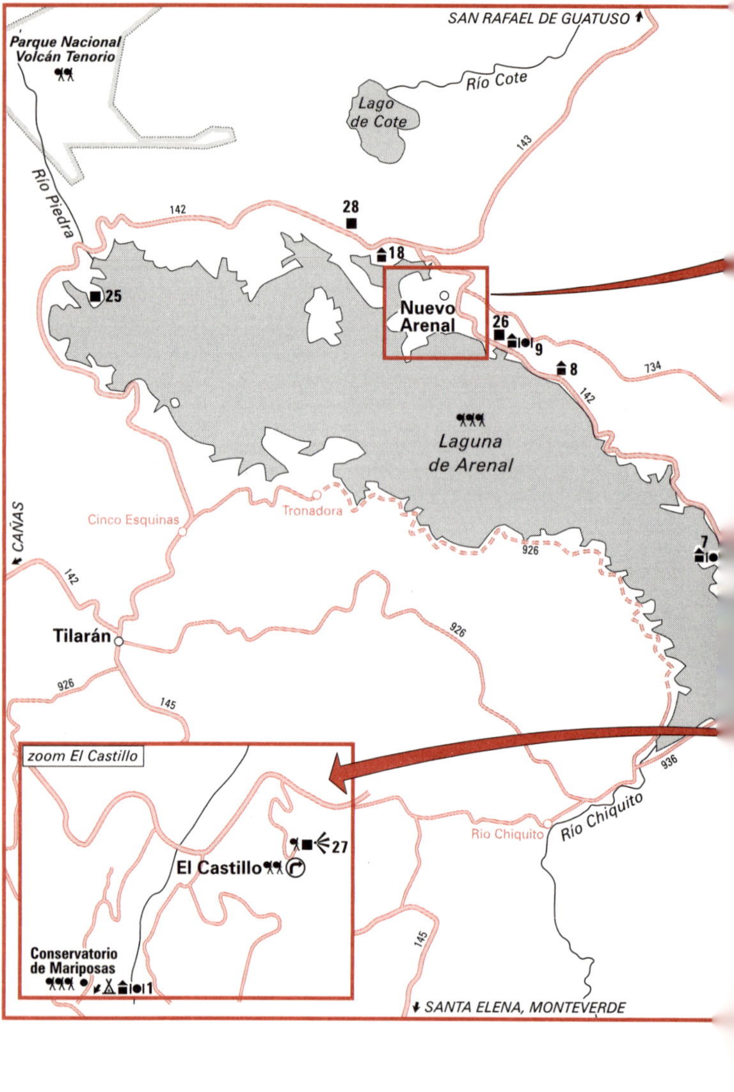

Où dormir ? Où manger ?

- **1** Essence Arenal
- **4** Rancho Margot
- **6** Hotel & Restaurante Los Héroes
- **7** La Mansion Inn Arenal Hotel
- **8** B & B Villa Decary
- **9** Gingerbread Boutique Hotel & Restaurante
- **10** Casa Donna Rosa B & B
- **11** Moya's Place
- **12** Cabinas Catalina
- **13** Marita's B & B

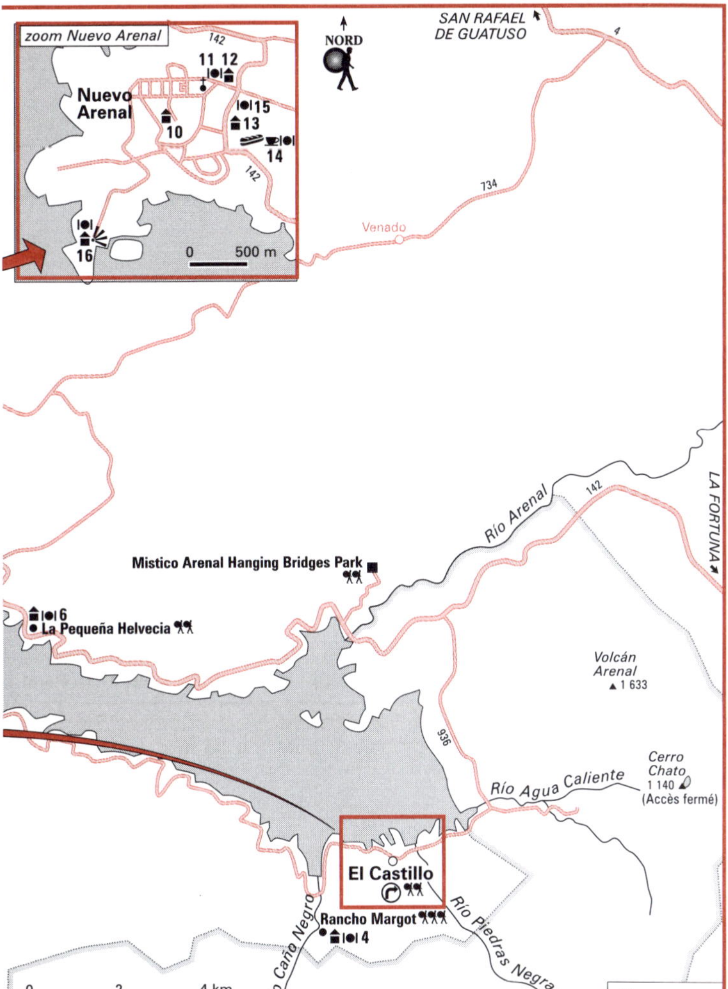

LA LAGUNA DE ARENAL

14 German Bakery – Panadería Alemana
15 Las Delicias et Los Platillos Voladores
16 Bluebay Bugenvil Lake Lodge – Restaurant Tinajas Arenal
18 Agua Inn

À faire

25 Ticowind
26 Arenal Kayaks
27 Piscine de l'hôtel Linda Vista del Norte
28 El Establo

Où dormir ? Où manger ?

Bon marché (30-60 $ / 25-50 €)

⛺ 🏠 🍴 📶 ***Essence Arenal*** *(carte La Laguna de Arenal,* ***1****)* **:** *sur les hauteurs du village d'El Castillo, au-dessus du Conservatorio de Mariposas. ☎ 2479-1131. • essencearenal.com • Campervan env 8 $/pers ; tentes fournies 30-50$ pour 2 selon confort et vue ; doubles 30-60 $; maison 5 pers 75 $. Repas végétarien ou vegan env 13 $.* Perchée en haut d'une colline, ce n'est pas une station-service, bien sûr, mais, au contraire, une structure très écolo qui jouit d'une vue remarquable sur la région du volcan Arenal et du lac. Tenue par une équipe de jeunes Costariciens sympathiques, c'est même un de nos coups de cœur dans le secteur. Les chambres (alimentées par des panneaux solaires, avec ventilo) se trouvent dans la maison principale ou dans un bâtiment annexe dans le jardin, où trône un jacuzzi. Les plus belles sont les nos 8 et 9, avec vue sur le volcan (grand lit et lit superposé). Les tentes, posées sur des structures en bambou, sont rustiques et de style militaire, avec 2 niveaux de confort (les plus chères ont une salle de bains privée et une terrasse) et peuvent héberger 3 à 6 personnes. Également des chambres « supérieures » du côté de la ferme, à 10 mn à pied, où se trouve une piscine. Modernes, elles possèdent moins de charme mais les nos 10 et 11 ont une très belle vue.

À la *finca,* d'une surface de 22 ha, 9 000 arbres ont été plantés et on y pratique l'agroécologie et la permaculture (visite libre). Logiquement, les produits finissent au resto : savoureuse cuisine maison, entièrement végétarienne, voire végane. Également du yoga, des massages, cours de cuisine, un *Cacao tour (28 $)* et des excursions et randos variées dans la région. Service de laverie et navettes (payantes) pour La Fortuna.

Juste à côté, faites un saut à ***La Gavilana*** *(☎ 2479-1747 ; • gavilana.com • ; mieux vaut téléphoner, ouverture aléatoire...),* une étonnante petite échoppe spécialisée dans les préparations médicinales (décoctions, antimoustique naturel, etc.). Propose des dégustations, jus naturels et des cérémonies du cacao dans les communautés indigènes.

De chic à plus chic (90-130 $ et plus / 75-108 € et plus)

🏠 🍴 ***Rancho Margot*** *(carte La Laguna de Arenal,* ***4****)* **:** *à 3 km à l'ouest d'El Castillo. ☎ 4000-2108. 📱 8302-7318. • ranchomargot.com • Séjour min 2 nuits en bungalow et 3 nuits en dortoir. Pens complète obligatoire : lits en dortoir env 90 $/pers ; bungalows 2 pers à partir de 160 $/nuit ; tarifs dégressifs à partir de 3 nuits et visites diurne et nocturne du ranch incluses. Resto tlj, midi et soir, ouv aux non-résidents : superbe buffet bio 15-20 $.* Une adresse exceptionnelle ! La piste rocailleuse (SUV ou 4x4 indispensable ou alors rouler très doucement) aboutit à ce *rancho* isolé, grand domaine du bout du monde, au cœur d'un merveilleux paysage entre montagnes, forêts tropicales et *Laguna.* C'est probablement l'écolodge le plus original et le plus instructif du Costa Rica. Il s'agit d'une grande ferme autosuffisante organisée selon les règles les plus avancées de l'agriculture biologique et de la récupération des déchets (voir plus bas la rubrique « À voir. À faire »). Très beaux bungalows et maisonnettes nichés dans la végétation tropicale, de style rustico-chic, avec du mobilier (superbes lampes en bois) fabriqué sur place. Dans un pavillon au toit recouvert de végétation, tapissé à l'intérieur de bois de teck, les dortoirs avec lits superposés et fenêtres donnant sur le jardin sont destinés aux volontaires et aux clients.

Au restaurant, une magnifique cuisine bio et saine, avec un grand choix de salades, de plats du jour et de pizzas cuites au feu de bois. Produits lactés,

LA ZONA NORTE

fruits et légumes sont issus de la production locale. De même, nourris exclusivement aux produits naturels, les animaux de la ferme fournissent la viande servie aux hôtes. Un délice ! Yoga, balades, piscine alimentée avec l'eau de la rivière dans une petite grotte, pas de TV. Le lieu idéal pour se ressourcer. Notre coup de cœur !

À voir. À faire

Rancho Margot *(carte La Laguna de Arenal)* **:** *à 3 km à l'ouest d'El Castillo. 8302-7318. • ranchomargot.com • Visites guidées uniquement, tlj à 8h30, 10h30, 13h30 et 15h30. Compter 40 $/pers (ça les vaut, même si on vous conseille vraiment de dormir sur place ; lire plus haut) ; 20 $ pour les 6-12 ans. Durée : 2h. Également une formule visite + déj à 50 $ (réduc) et des tours nocturnes (25 $/pers pour 1h ; réduc).*
Bienvenue dans ce modèle unique de ferme biologique et autosuffisante. Tout a commencé en 2004 quand Juan Larry Sostheim, un ingénieur chilien, issu d'une famille juive ayant fui le nazisme, abandonne son poste de directeur des fast-foods *Burger King* en Europe. Ce visionnaire décide d'acheter un domaine fermier délaissé pour y concrétiser son rêve écologique. Aujourd'hui, Juan (qui parle bien le français depuis son passage par La Garenne-Colombes !) produit tout (ou presque) selon les règles de l'***agroécologie*** : les légumes, les fruits, le lait, le beurre, le fromage, les confitures, la viande (porc, poulet), le pain. Seuls le riz, la farine et la glycérine (pour fabriquer le savon) sont achetés à l'extérieur. Le *rancho* fabrique aussi ses meubles, et produit sa propre électricité grâce à une turbine actionnée par une cascade.
Le clou de la visite, c'est le ***système ingénieux de récupération des déchets des animaux*** qui, par un réseau de tuyaux, se déversent dans une énorme poche appelée le *Biodigestor.* Mesurant plusieurs mètres de long et environ 2 m de diamètre, on dirait un gigantesque estomac. Dans ce *Biodigestor,* les déchets fermentent et produisent un gaz méthane qui est récupéré et acheminé aux cuisines pour alimenter les fourneaux.
Parmi les ***activités proposées*** : rando dans la forêt secondaire, balades à cheval, kayak. Les volontaires peuvent traire les vaches, aider aux travaux de la ferme, travailler dans le jardin ou dans les champs. Un must.

Conservatorio de Mariposas *(carte La Laguna de Arenal)* **:** *sur les hauteurs d'El Castillo ; bien indiqué au bord de la piste. ☎ 2479-1149. • butterflyconservatory.org • Tlj 8h-16h. Entrée : 17 $; réduc. La visite n'est pas guidée, mais le personnel donne des explications.* Il s'agit de ***l'un des plus beaux conservatoires du Costa Rica,*** peut-être même le plus beau. Dans un secteur forestier qui fut déboisé pour l'élevage (et donc appauvri), le naturaliste américain Glenn Baines a replanté quantité d'arbres et reconstitué la flore naturelle, tout en développant la reproduction des ***papillons*** à grande échelle. Un travail exceptionnel ! Un long sentier traverse un superbe jardin tropical et mène à plusieurs grandes serres où l'on peut découvrir et observer de nombreuses espèces de papillons voleter dans tous les sens, dont le spectaculaire morpho, l'emblème du pays, un papillon au camouflage marron, dont les ailes ouvertes affichent soudain un beau bleu électrique. Au cours de cette promenade, on voit aussi une pépinière destinée à la reproduction, un mirador *(Volcano View Gazabo)* pour admirer le panorama, une serre pour les grenouilles, un bassin où se prélassent des iguanes, et parfois quelques singes sur le sentier *Riverwalk...* Une visite à ne pas manquer !

Piscine de l'hôtel Linda Vista del Norte *(carte La Laguna de Arenal,* **27***)* **:** *à env 1 km sur la gauche avt d'arriver à El Castillo. ☎ 2479-1551. • hotellindavista.com • Droit d'entrée : 7 $.* Pour les familles qui voudraient s'offrir quelques heures de détente et de rafraîchissement, on peut profiter (si l'hôtel n'est pas plein) de la belle piscine de l'hôtel et de la vue absolument imprenable qu'offre ce superbe nid d'aigle ! En revanche, on a trouvé les chambres trop chères et le restaurant très moyen.

LA RIVE NORD DU LAC D'EL CASTILLO À NUEVO ARENAL

En reprenant la route vers le nord, après avoir longé le parc du volcan Arenal, on récupère la route 142 à droite vers La Fortuna, à gauche vers Nuevo Arenal. Volcan dans le dos, on emprunte cette jolie route qui serpente le long de la rive nord avec, d'un côté, les flancs ondulés des collines qui glissent vers le lac, de l'autre, les eaux bleu profond. Cette route égrène quelques beaux établissements que nous avons choisi de citer par ordre de localisation et non par rubriques de prix.

Où dormir ? Où manger ?

De chic à plus chic (90-130 $ et plus / 75-108 € et plus)

Hotel & Restaurante Los Héroes (carte La Laguna de Arenal, **6**) : *à mi-chemin (env 14 km) entre l'intersection qui va vers La Fortuna et Nuevo Arenal, sur la droite de la route en venant de La Fortuna. ☎ 2692-8012. • pequenahelvecia.com • Doubles env 75-160 $ selon confort ; triples et apparts 5-6 pers 110-180 $. Repas 15-25 $.* Bienvenue dans la *Pequeña Helvecia,* soit la « Petite Suisse » du Costa Rica ! On se croirait vraiment dans un hameau au cœur des Alpes, et pourtant on est sur une verte colline dominant le lac Arenal. Si elle est là, demandez Doña Silena Moncada, une adorable Costaricienne francophone qui gère seule le domaine depuis le décès de son mari Franz. Le style des chalets, la décoration de l'auberge tout en bois blond et l'aménagement des chambres, tout est arrangé façon chalet suisse, chaleureux, propre et rustique. Chambres d'un style un peu daté mais particulièrement spacieuses et confortables, avec vue sur la montagne et le lac. Dans un autre bâtiment, près de la laiterie, 4 appartements pratiques pour qui veut un peu d'indépendance. Piscine. Au resto, agrémenté de superbes cloches de vaches suisses, bonne cuisine concoctée avec soin, toujours fraîche et rustique. Spécialités suisses, mais aussi des salades, des pâtes, des plats locaux comme l'*arroz con pollo* et le *gallo pinto.* Et puis, si vous le pouvez, ne manquez pas l'autre resto, très surprenant, *Le Rondorama*, que l'on atteint par un petit train (voir plus bas la rubrique « À voir. À faire »).

La Mansion Inn Arenal Hotel (carte La Laguna de Arenal, **7**) : *à moins de 3 km de Los Héroes et 7 km de Nuevo Arenal. ☎ 2692-8018. • lamansionarenal.com • Doubles 160-180 $. Plats 15-30 $.* Hôtel-resto chic jouissant d'une vue dégagée et étendue sur le lac Arenal, particulièrement exceptionnelle au coucher du soleil ! Les chambres sont des pavillons jaunes coiffés de tuiles, répartis dans un jardin fleuri. Il s'agit en fait de luxueuses villas, colorées jusque dans les salles de bains, avec clim et petite terrasse. On aime bien le resto *Le Bistro* (prix « Chic ») : bar en forme de bateau, carte variée avec sandwichs, *pasta,* salades, quelques plats locaux à base de bons produits. Piscine ouverte aux non-résidents de l'hôtel qui déjeunent sur place *(8 $/pers).* Sinon, on peut simplement s'y arrêter pour boire un verre et profiter du superbe coucher de soleil...

B & B Villa Decary (carte La Laguna de Arenal, **8**) : *à 2 km avt Nuevo Arenal ; pancarte sur la route indiquant le chemin qui monte dans la forêt.*

☎ 2694-4330. 📱 8383-3012. • villadecary.com • Selon saison, doubles 115-135 $; casitas 2-4 pers 145-205 $. Un de nos meilleurs *B & B,* d'un remarquable rapport qualité-prix-accueil. Suzy Brown et Dan Siegel sont d'adorables retraités américains qui vivent toute l'année dans ce site édénique. Leur demeure est perchée sur une colline, enfouie dans une luxuriante végétation tropicale. Les chambres sont impeccables, cossues et arrangées avec soin (avec ventilo), et bénéficient d'un balcon avec vue sur les somptueux palmiers du superbe jardin et le lac Arenal en contrebas. Les bungalows (studios) sont tous confortables, avec kitchenette. Cerise sur le gâteau, le matin, on est réveillé par le bruit des oiseaux et des singes hurleurs...

Gingerbread Boutique Hotel & Restaurante *(carte La Laguna de Arenal,* ***9****)* **:** *à 2 km de Nuevo Arenal en venant de La Fortuna. ☎ 2694-0039. • gingerbreadarenal.com • Resto ouv mar-sam le soir seulement ; fermé dim-lun ; ouv aux non-résidents : résa indispensable. Doubles à partir de 115 $; bungalows 125-140 $. Repas complet min 50 $.* Au bord de la route, une demeure à l'architecture plus européenne que costaricienne, malgré ses dentelles de métal qui ornent les terrasses. 5 chambres (avec clim et ventilo) à la déco soignée à l'étage et 2 bungalows dans le jardin. Le restaurant est très réputé pour son chef israélien, Eyal, qui mijote une cuisine raffinée et délicieuse. La carte change souvent, signe de la vivacité et de l'imagination du chef. Tout est goûteux, frais, préparé avec diligence et servi dans de grandes assiettes à partager. Plutôt cher, mais amplement justifié vu la qualité. Côté vins, la remarquable cave recèle des centaines de bonnes bouteilles. Une adresse pour gastronomes.

À voir. À faire

Mistico Arenal Hanging Bridges Park *(carte La Laguna de Arenal)* **:** *à 16 km d'El Castillo et 20 km de La Fortuna en direction de Nuevo Arenal, par une route sur la droite de la 142 (fléchage, 2,5 km). ☎ 2479-8282. • misticopark.com • Tlj 6h-16h30 (dernière entrée à 15h50, sauf pour les visites guidées). Résa indispensable. Balades et attractions 27-78 $/pers ; tours combinés 100-160 $ (repas compris) ; réduc. Chaussures fermées obligatoires et interdiction d'entrer avec de la nourriture. Pour tte résa en direct avec le parc, réduc de 10 % sur présentation de ce guide (non cumulable avec tte autre remise d'hôtel, agence, etc.).*
Réserve privée familiale de 650 ha dont le principal intérêt réside dans la découverte de la faune et de la flore tropicales à travers un circuit enjambant 6 ponts suspendus dans la forêt primaire. Compter de 1h à 2h30 (tour complet : 3,1 km). Un conseil : venir le plus tôt possible pour observer les animaux : paresseux, singes capucins (à face blanche), hurleurs ou araignées, oiseaux en veux-tu en voilà (près de 400 espèces comptabilisées rien que sur le parc)... mais aussi des félins *(tolomucos, olingos)* qu'il est, pour être honnête, bien rare de croiser. Également un agréable jardin où l'on peut se poser à l'ombre pour contempler le ballet des oiseaux venus s'alimenter de plantes indigènes.
Les amateurs de sensations fortes, eux, trouvent leur compte dans les différentes activités annexes, dont le *Spider Monkey Canyon,* un parcours aventure complet avec descente en rappel dans le canyon jusqu'aux jupes du volcan, *zipline* et escalade. Équipements fournis et encadrement sérieux. Également des balades équestres et des tours nocturnes.

À l'entrée du parc, devant le parking, le **Bistró Sal & Pimienta** propose une bonne cuisine locale *(menu env 15 $, carte 15-25 $).* Dans le parc, luxueux hébergements avec jacuzzi et larges baies vitrées, au cœur d'une nature intacte : **Nirú Rainforest Suites** *(📱 8468-0808 ; • niruhotel@gmail.com • ; double env 120 $).* Vue à couper le souffle sur le volcan depuis chaque terrasse.

La Pequeña Helvecia *(« la Petite Suisse » – Hotel Los Héroes ; carte La Laguna de Arenal,* ***6****) : voir accès plus haut dans la rubrique « Où dormir ? Où manger ? ». ☎ 2692-8012. • pequenahelvecia.com • Train : 4 départs/j. à 9h30, 11h30, 13h et 14h30 ; 12 $/pers.* Pas de visites organisées, mais on peut s'y arrêter pour faire une pause, dormir à l'hôtel, manger à l'auberge ou au *Rondorama...* Originaire de Lucerne (Suisse), Franz Ulrich, ingénieur agronome arrivé au Costa Rica en 1963, a acquis en 1989 ce domaine où il n'y avait rien. En 20 ans, il a réalisé son rêve en reconstituant, avec sa femme Doña Silena, une grande ferme comme dans son pays natal. Ils ont ainsi créé un élevage bovin, une laiterie, une chapelle, et même une ligne de train monorail (un petit teuf-teuf panoramique), longue de 3,5 km, qui monte en 30 mn au *Rondorama,* le seul resto tournant du Costa Rica, perché sur une colline face à un panorama exceptionnel. Cette Petite Suisse au cœur du Costa Rica est aujourd'hui gérée par sa femme (qui parle un peu français) et par leurs enfants. Parfait pour une pause fraîcheur, visiter la ferme et faire boire un verre de lait frais aux gamins !

DÉBARQUEMENT AMÉRICAIN

À la réception de Los Héroes, *l'hôtel de La Pequeña Helvecia, une lettre de remerciement de Jimmy Carter rappelle que l'ancien président est venu déjeuner ici, en 2000, après la restitution officielle du canal de Panamá. La propriétaire, Doña Silena, n'en revint pas. Eberluée, elle vit alors une centaine de membres du FBI envahir sa « Petite Suisse », d'ordinaire si paisible, pour sécuriser les lieux le temps d'un simple déjeuner.*

NUEVO ARENAL

Gros village commerçant construit sur la rive nord-ouest du lac Arenal en remplacement du vieux village englouti lors de la création du lac artificiel. On y trouve une poste, un bureau de police, une station-service, des commerces, 2 banques et une poignée de bonnes adresses.
Quelques infos et conseils à glaner sur *• nuevoarenal.com •*

Où dormir ? Où manger ?

De bon marché à prix moyens

Cabinas Catalina *(carte La Laguna de Arenal,* ***12****) : dans la partie haute de Nuevo Arenal, face à la station-service. ☎ 2694-0033. S'il n'y a personne, s'adresser au resto Moya's Place juste à côté. Doubles env 30-35 $.* Oh, pas de quoi crier au génie ! C'est simple et sans prétention mais économique. Chambres propres, avec douche chaude. Pour dépanner.

Marita's B & B *(carte La Laguna de Arenal,* ***13****) : à côté de la German Bakery. ☎ 2694-4469. • alalmeida_cr@hotmail.com • Doubles env 31 000-35 000 CRC.* Cette maison verte n'est pas adossée à la colline, mais elle abrite 3 chambres, dont 2 avec des lits superposés, bien pratiques et avantageuses pour les familles. Elle est aussi très bien située. Tenue par un couple soigneux, adorable et fier de son beau jardin, que l'on contemple longuement au petit déj. Possibilité de table d'hôtes sur réservation.

German Bakery – Panadería Alemana *(carte La Laguna de Arenal,* ***14****) : en venant du lac, c'est sur la droite de la rue principale (très en pente) qui monte vers le centre de Nuevo Arenal. ☎ 2694-4547. Tlj 8h-17h.* Boulangerie-resto tenu par Tom Pferrer, un expatrié tombé amoureux du lac Arenal. Voilà le bon endroit pour prendre le petit déj ou manger un morceau en journée. À la carte, sandwichs, salades, petits plats et gâteaux... le tout à prix doux. Tables en terrasse.

Las Delicias *(carte La Laguna de Arenal,* ***15****) : sur la route principale, en allant vers le lac. 8320-7102. Tlj 7h-21h. Plats env 3 500-7 500 CRC.* Voilà un petit *soda* couleur locale qui remplit bien sa mission en proposant de bons plats locaux, dont l'inévitable *casado,* accompagné au choix de viande ou de poisson, le tilapia étant la spécialité maison. Accueil adorable de la patronne et petite échoppe de fruits et légumes pour repartir le panier rempli de victuailles.

De prix moyens à chic

Casa Donna Rosa B & B *(carte La Laguna de Arenal,* ***10****) : dans la partie résidentielle du village. ☎ 2694-4118. 8610-6279. • casadonnarosa.com • Passer devant la* Banco Nacional *et tourner presque au bout à gauche. Doubles env 80-110 $.* Un peu à l'écart du centre, cette maison moderne, tenue par le Costaricien Carlos et le Suisse Werner, joue la carte du *B & B* à l'américaine. Pour ceux qui recherchent donc à la fois le confort et le service, 5 chambres avec salle de bains, clim et TV, dont 2 avec vue. Terrasse commune, balancelles et petit bassin pour se rafraîchir. Petit déj à l'européenne mâtiné d'influences méditerranéennes qui remporte tous les suffrages. Excellent service pour organiser votre séjour et la suite.

Moya's Place *(carte La Laguna de Arenal,* ***11****) : dans la partie haute de Nuevo Arenal, face à la station-service. ☎ 2694-4001. Tlj 11h30-21h. Plats env 5 500-10 500 CRC.* Cette adresse a le grand mérite de proposer un cadre très hippie chic (et même tendance mystico-maya) et donc décalée dans ce village bien calme. Certes, les prix affichés sont un poil élevés, mais la cuisine est copieuse et de bonne qualité. Pizzas, burger, wraps, salades et desserts maison, le tout assez revigorant. Bon accueil et service. Musique live de temps à autre. Coin bijoux et artisanat pour les amateurs(-trices).

Los Platillos Voladores *(carte La Laguna de Arenal,* ***15****) : juste à gauche du* Marita's B & B. *☎ 2694-5005. Tlj sauf lun. Plats env 7 000-14 000 CRC.* Derrière son nom et sa déco humoristique du 3e type, ce petit resto sert en fait une cuisine italienne tout ce qu'il y a de plus terrestre, concoctée par les sympathiques propriétaires, originaires d'Italie. Dans l'assiette, des plats de haute volée si l'on ose dire, comme ces salades à base de *mozzarella di bufala* régionale et ces délicieuses pizzas et pâtes maison, issues du savoir-faire éternel de la Botte. Une adresse qui fait quasiment l'unanimité au point que, dit-on, E.T. en aurait fait sa cantine... Si vous le voyez, embrassez-le pour nous.

Bluebay Bugenvil Lake Lodge – Restaurant Tinajas Arenal *(carte La Laguna de Arenal,* ***16****) : à 3-4 km du village par la route derrière l'église (indiqué depuis le village). ☎ 2694-4667. 8926-3365. Les contacter via Messenger, sur leur page Facebook. La route se transforme en piste, continuer jusqu'à la fourche et prendre à gauche. Resto ouv tlj 10h-20h. Doubles env 65-85 $, apparts 5-6 pers 125 $, petit déj en plus. Côté resto, ça va du sandwich à 6 000 CRC au plat à 23 000 CRC !* Isolé au bout de la péninsule de Nuevo Arenal, ce *Lake Lodge* jouit d'une situation assez exceptionnelle face au lac. 4 chambres : 2 à l'étage avec kitchenette et vue sur le lac, et 2 au rez-de-chaussée donnant sur le jardin, dont une en angle aussi spacieuse que lumineuse. Également de beaux et surprenants appartements, à la déco très contemporaine, avec cuisine, terrasse et vue sur le lac. Au resto, le *Tinajas,* une bonne cuisine locale, quoiqu'un peu chère, mais réalisée avec de bons produits, et des pizzas au four à bois réputées. Avec sa grande terrasse, donnant sur le lac, le resto est aussi le lieu rêvé des couchers de soleil idylliques. Même si on y trouve un billard, c'est un peu loin pour un simple apéro. Mais l'adresse conviendra à ceux qui ont le budget adéquat pour un repas chic ou rêvent de s'isoler un peu dans le calme et le confort.

Où dormir dans les environs ?

Agua Inn *(carte La Laguna de Arenal, **18**) : sur la 142, à env 2,5 km de Nuevo Arenal de Tilarán. ☎ 2694-4218. • aguainn.com • Double 90 $, petit déj inclus.* Un chemin raide descend vers cette villa chic paisiblement lovée au creux d'un vallon et bercée par une rivière. 4 chambres très jolies, spacieuses, aménagées avec goût et élégance (vasques en céramique, éclairages tamisés) et de légères touches mexicaines qui rappellent les origines de l'un des propriétaires, vraiment charmant. Pour se prélasser, belle piscine au bord de la rivière. Une adresse coup de cœur, confidentielle et pleine de charme, qui nous fait vite oublier l'absence de resto sur place !

À faire

– ***Planche à voile et kitesurf :*** *agence **Ticowind** (carte La Laguna de Arenal, **25**), à mi-chemin entre Nuevo Arenal et Tilarán (14,4 km). 📱 8383-2694. • ticowind.com • Planche à voile (windsurf) env 65 $ la demi-journée et 110 $/j. (déj inclus) ; kitesurf env 70 $ la demi-journée et 100 $/j. (moins cher si résa en ligne). Forfaits de plusieurs jours dégressifs.* La *Laguna de Arenal* est probablement le meilleur spot du Costa Rica pour pratiquer la planche à voile et le kitesurf, en raison des vents d'est constants qui soufflent dans ce secteur, en particulier entre mi-novembre et avril. Équipe sérieuse, expérimentée et bon matériel.

– ***Kayak :*** *avec **Arenal Kayaks** (carte La Laguna de Arenal, **26**), à 2 km à l'est de Nuevo Arenal, sur la route de La Fortuna. ☎ 2694-4336. • arenalkayaks.com • Tour de 2h : env 40 $/pers ; réduc.* Balades guidées sur kayaks individuels ou doubles.

– ***Équitation :*** *avec **El Establo** (carte La Laguna de Arenal, **28**), à 6 km à l'ouest de Nuevo Arenal par la route 142. ☎ 2694-4434. 📱 8303-3880. • establoarenal.blogspot.com • Compter env 45-55 $/pers.* Un centre équestre rustique et familial qui propose de jolies balades sur des chevaux spécifiquement costariciens, vers un mirador et jusqu'au lac, où l'on peut d'ailleurs se baigner. On peut également commander un repas de bonne facture. En revanche, évitez d'y dormir, l'hôtel est trop sommaire et en bord de route...

PARQUE NACIONAL VOLCÁN TENORIO

Au nord-ouest de la *Laguna de Arenal,* ce parc national n'est pas le plus visité du Costa Rica, et pourtant, il abrite de beaux paysages et une nature bien préservée. Sa particularité est d'être étendu autour du volcan Tenorio (1 916 m), qui domine la région de sa belle silhouette. À son pied, des forêts primaires habitées par des animaux sauvages, où coule le *río Celeste* aux eaux turquoise. Les touristes y viennent pour admirer ce paysage naturel tout en vert et bleu.

Le seul sentier fait 6 km aller-retour. Il ne s'agit pas d'une boucle mais bien d'un chemin qui se finit en cul-de-sac. Compter environ 2 à 3h pour le parcourir. La fameuse cascade du *río Celeste* se dévoile après 30 mn de marche. Là, on doit descendre 254 marches (qu'il faudra bien sûr remonter !) pour atteindre la cascade de 30 m de hauteur.

La légende raconte que, quand il eut fini de peindre le bleu du ciel, Dieu rinça ses pinceaux dans ce fleuve. D'où cette couleur presque irréelle (sauf

après de fortes pluies...), particulièrement impressionnante au lieu-dit El Teñidero. Le sentier mène ensuite à un très beau point de vue sur la canopée et se poursuit au fil du petit fleuve turquoise. Tout au bout, à la rencontre de 2 cours d'eau, un panneau tente de nous expliquer l'origine de ce bleu. De quoi se perfectionner en sciences physiques ! De là, chemin retour vers le parking.

– ***Bon à savoir : la baignade est interdite à l'intérieur du parc*** (zone protégée, mais aussi à cause des agents chimiques naturels dans l'eau). Cela dit, sur la route de Bijagua à l'entrée du parc, vous verrez à un certain endroit des voitures garées et des gens se baigner (surtout des locaux). La baignade est ici autorisée, car en dehors de la zone protégée.

Infos utiles

Le village le plus proche de l'entrée du parc est ***Bijagua.*** Aucun charme, mais on y trouve de petits supermarchés, une pharmacie, une banque et des stations-service. Une route étroite mène à l'entrée du parc en 30 mn environ.

➢ ***Accès :*** *le parc se trouve à 40 km au nord de Cañas et de la route Interamericana. Cela dit, si vous venez de Laguna de Arenal et que vous êtes en voiture (SUV ou 4x4 conseillé, sinon rouler doucement), on vous conseille vraiment de prendre la route 927, soit une piste de 30 km qui quitte la route principale (142) à l'extrémité ouest du lac et rejoint le goudron au niveau de la route 6, puis Bijagua vers le nord. Non seulement c'est plus rapide que de faire le détour par Cañas, mais surtout, c'est un morceau de western costaricien avec sabaneros (cow-boys locaux), troupeaux de vaches et très jolis paysages ponctués de quelques communautés aux noms un peu mystiques... Sinon, suivre la route 6 en direction d'Upala, jusqu'à Bijagua ; de là, suivre les panneaux. Bus réguliers depuis Cañas pour Bijagua ; durée : 50 mn.*

– ***Visite :*** *parc tlj 8h-16h (dernière entrée à 14h). Entrée : 12 $; réduc enfants. Parking payant. Un conseil : arrivez dès l'ouverture ou un peu tard, il y a souvent des groupes et donc du monde...*

– ***Infos :*** *☎ 2206-5369. • sinac.go.cr •*

Où dormir ? Où manger ?

De très bon marché à bon marché

☗ ***Rio Celeste Backpackers :*** *sur la rue principale de Bijagua, à l'entrée du village quand on arrive de Cañas. ☎ 2466-8600. • bijaguabackpackers.jimdo.com • Lits en dortoir env 18-20 $; double 45 $.* À l'entrée du village, voici l'un des rares hébergements économiques des environs. Cette maison jaune abrite seulement une chambre double et un dortoir de 6 personnes. Basique, voire rustique, mais propre. Les voyageurs ont accès à toute la maison, cuisine comprise. Salle de bains commune pour tous. Après une rando, on lézarde avec plaisir dans les hamacs colorés du jardin.

|●| ***Las Tinajitas :*** *à l'entrée du village, juste à gauche de la Pizzeria Barrigon. ☎ 2466-8114. Lun-sam 7h-18h, dim 7h-15h. Casados env 3 000 CRC.* Au bord de la route principale, un petit *soda* sans prétention avec la télé en bruit de fond. Propose des *casados* fort corrects et à prix très raisonnable. Bon accueil.

Chic (90-130 $ / 75-108 €)

☗ ***Sueño Celeste B & B :*** *env 2 km avt le centre de Bijagua, sur la droite de la route 6 quand on arrive de Cañas. ☎ 2466-8221. 📱 8370-5469. • sueno-celeste.com • Bungalows 2 pers 100-130 $.* Daniel et Dominique, les sympathiques proprios belges, se sont installés ici il y a

LA ZONA NORTE

plus de 25 ans. Autant dire qu'ils en connaissent un rayon sur les environs. Au cœur d'un superbe jardin, entretenu avec le plus grand soin, ils ont bâti 7 bungalows de grand confort, assez dispersés pour garantir l'intimité de chacun. Déco moderne dans les tons bleu, de bon goût, larges baies vitrées, calme absolu, excellent petit déj, petite piscine, jacuzzi où se prélasser en fin de journée et conseils avisés, voilà une adresse qui a tout bon !

Heliconias Rainforest Lodge : *fléché depuis la route principale qui traverse Bijagua, on y accède par une piste défoncée de 3,5 km. ☎ 2466-8483. • heliconiascr.com • Doubles 90-120 $ selon confort et saison.* À 700 m d'altitude, dans une réserve privée sur le flanc ouest du volcan Tenorio, plusieurs bungalows en bois, calmes et plutôt bien tenus, dans un jardin tropical. Les plus grands peuvent accueillir jusqu'à 4 personnes. Le cadre est sublime, le calme assuré et d'ici, vous avez vue sur le Nicaragua (si, si, tout là bas !). La réserve abrite des sentiers avec ponts suspendus, ouverts aux clients (payant pour les visiteurs).

Plus chic (plus de 130 $ / 108 €)

Casitas Tenorio B & B : *à 2,5 km du centre de Bijagua, suivre la même piste que l'Heliconias Rainforest Lodge. 8312-1248 ou 8439-9084. • casitastenorio.com • Doubles env 120-170 $.* Haut perchée, cette adresse offre un panorama d'exception sur la nature alentour. Dissimulées dans la végétation, 6 maisons tout en verre et bois s'ouvrent sur l'extérieur par de larges baies vitrées et des terrasses. Modernes, confortables, très joliment arrangées et équipées de cuisine, on y vit en toute indépendance. La plus grande peut accueillir jusqu'à 5 personnes. Une adresse de charme, pas donnée certes, mais qui remporte tous les suffrages par la qualité de son cadre, de ses équipements et de son accueil. Gère aussi la *Tapir Valley Nature Reserve* à Bijagua *(• tapirvalley.com •).*

Celeste Mountain Lodge : *fléché depuis la route principale qui traverse Bijagua, on y accède par une route de 4,5 km. ☎ 2278-6628. • celestemountainlodge.com • Doubles 135-150 $ selon saison, petit déj inclus ; compter 210 $ pour 2 en pens complète.* Chic et cher mais très beau, cet écolodge au style industriel, cubique et coloré, est tenu par des Français imaginatifs, respectueux de l'environnement et adeptes du tourisme responsable. Superbes et vastes chambres de style « design tropical », très confortables, ouvrant sur un paysage remarquable : vue sur les volcans, le vaste jardin taillé à la française (un peu anachronique) et la vallée verte en contrebas. On adore l'espace salon-salle à manger largement ouvert sur le panorama. Bon resto sur place et organisation d'excursions dans le parc national. Une adresse originale et contemporaine, pleine de peps et de personnalité.

SANTA ELENA ET LA RÉGION DE MONTEVERDE

• Plan Santa Elena *p. 213* • Carte La région de Monteverde *p. 214-215*

Monteverde, qui signifie bien sûr « Montagne verte », est une superbe région sauvage au sud du volcan Arenal. Au cœur de la cordillère de Tilárán, ondulant entre 800 et 1 400 m, voici en effet un secteur montagneux couvert de forêts primaires denses et protégées. C'est le « cœur vert » du nord-ouest du Costa Rica, un immense périmètre où la nature est reine,

l'environnement sauvegardé, les jungles majestueuses et préservées des diables du progrès. Même si la route principale est relativement entretenue, pas mal d'adresses et de sites sont accessibles par des pistes pas toujours très douces, vous voilà prévenu. Pour vivre heureux, vivons loin de l'agitation du monde !
Cette région fait partie d'une sorte de zone exclusive et intouchable, la *Zona Protectora Arenal-Monteverde.* Son rôle est d'assurer la protection de la biodiversité des jungles et des écosystèmes. On y découvre quelques réserves naturelles (souvent privées) classées parmi les plus remarquables d'Amérique centrale. La plus belle, pionnière dans le domaine de l'écotourisme, est sans conteste la *Reserva Biológica Bosque Nuboso Monteverde,* que l'on peut traduire par « Réserve biologique de la forêt nuageuse de Monteverde », mais plus modeste et tout aussi captivante est la *Reserva Bosque Nuboso Santa Elena.*
Le petit cœur urbain de cette région de Monteverde est Santa Elena. La bourgade concentre la plupart des commerces (hôtels, restos, magasins) et services (gare routière, banque, poste, pharmacie, supermarché...). Si Santa Elena constitue souvent le point de chute des touristes, c'est aux alentours que sont éparpillées les richesses naturelles, les réserves et les activités liées à la nature.

LES QUAKERS DE MONTEVERDE

Issu du protestantisme officiel anglais, ce mouvement fut fondé au XVIIe s par George Fox. Rebelles aux églises, aux gouvernements, aux lois, aux règles établies de la société, les quakers cherchaient la pureté des origines du christianisme. Très vite, ils subirent une forte hostilité et durent émigrer au Nouveau Monde pour vivre en paix.
Pacifiques, refusant la guerre et l'armée, des familles de quakers de l'Alabama vinrent s'installer au Costa Rica au début des années 1950, soit 2 ans après la suppression de l'armée par ce pays (1948). Ils se fixèrent à Monteverde, loin du tohu-bohu du monde, pratiquant leur religion, élevant des vaches, fabriquant du fromage et cultivant la terre pour survivre. Conscients des menaces pesant sur l'environnement, les quakers de Monteverde furent les 1ers à prendre la défense de la forêt. Ainsi, Wilford Guindon s'associa avec le biologiste George Powell pour fonder la remarquable *Reserva Biológica Bosque Nuboso Monteverde.*

Arriver – Quitter

En voiture

De l'*Interamericana (ruta 1),* prendre la route 606 à hauteur de Sardinal et poursuivre jusqu'à Guacimal. Une route goudronnée vous conduira ensuite jusqu'à Santa Elena, ce qui ne veut pas dire que par endroits il n'y ait pas quelques trous ni quelques cailloux...

En bus

🚌 ***Terminal de Autobuses*** *(gare routière ; plan Santa Elena B2 et carte La région de Monteverde)* **:** au Centro comercial Monteverde. *Billetterie tlj 5h-11h30, 13h-16h (15h dim).* La compagnie locale de bus s'appelle *Transmonteverde B.S.A.* (☎ 2645-7447). Vu la demande en haute saison, il faut réserver sa place de bus au moins 1 j. à l'avance.

➢ ***San José :*** 2 bus/j., un tôt le mat et un en début d'ap-m, dans les 2 sens. Dans le sens San José-Santa Elena (Monteverde), les bus partent de la gare routière située c/ 12, av. 7 et av. 9. Trajet : env 4h30.

➢ ***La Fortuna :*** pas de bus direct, il faut changer à Tilarán. De Santa Elena à Tilarán : 3-4 bus/j. (seulement 2 le dim), compter 2h30 de route. Prendre le bus de 5h ou 7h pour ne pas louper la connexion, sinon vous devrez dormir à Tilarán. De Tilarán, connexion pour La Fortuna : 2 bus/j. et 3h30 de trajet. Au total, prévoir env 6h de trajet (si vous avez la connexion). Pour plus de confort et de rapidité, on peut sinon combiner avec le bateau-taxi, voir plus loin.

➢ ***Puntarenas*** *(et connexion avec le ferry pour le sud de la péninsule de Nicoya)* **:** 6 bus/j. dans les 2 sens mais qui n'empruntent pas le même itinéraire. Trajet : 1h45-3h selon le bus. Le mieux est de prendre ceux de 4h20 ou 5h30 (tlj sauf dim) pour attraper le ferry de 9h (le suivant à 11h).

En combinant minibus et bateau-taxi

➢ ***De Santa Elena à La Fortuna*** **:** la très sérieuse agence *Aventuras El Lago (☎ 2645-7140 ; • aventurasellagocr.com •)* organise un transfert depuis/vers La Fortuna en utilisant à la fois minibus et bateau. 2 départs/j. dans les 2 sens, vers 8h et 14h. Trajet : env 3h. Compter env 26-31 $/pers. Cette formule combinant minibus et bateau-taxi évite de prendre les bus publics peu confortables et de faire le grand détour (long et fatigant) par la rive nord du lac Arenal et la ville de Tilarán.

Adresses et infos utiles

Informations touristiques

ℹ ***Monteverde Chamber of Tourism*** *(plan Santa Elena A2)* **:** *à Santa Elena, au croisement entre la rue principale et la route de Monteverde. ☎ 2645-6565. • exploremonteverde.com • Tlj 8h-19h.* Ne vous laissez pas berner par les agences privées qui se prétendent offices de tourisme. Le seul et officiel bureau d'infos touristiques, c'est celui-ci. Nombreux renseignements sur les transports, les hébergements, les excursions, les activités dans la nature. On y trouve aussi de jolies cartes et une boîte postale (pour les timbres, adressez-vous aux boutiques de souvenirs en face).

Banque et santé

■ ***Banco Nacional*** *(plan Santa Elena B1,* ***1****)* **:** *dans la rue la plus à l'est du village. Lun-ven 8h30-15h45.* Change les euros et les dollars. Distributeur automatique à l'extérieur. Également une agence ***Banco de Costa Rica*** à 1 km en direction de la *Reserva Monteverde. Lun-ven 9h-16h.*

■ ***Farmacia Don Gerardo*** *(plan Santa Elena B2,* ***2****)* **:** *à 30 m du jardin des Orchidées. ☎ 2645-7060. Tlj 8h (9h dim)-20h.*

✚ ***Consultorio Médico Monteverde*** *(Global Medical Urgent Care ; hors plan Santa Elena par B2)* **:** *centre médical à 1 km en direction de Monteverde. Ouv 24h/24. ☎ 7043-9605.*

Divers

🧺 ***Supercompro*** *(plan Santa Elena A1-2,* ***3****)* **:** *près de l'office de tourisme. Tlj 7h-21h.* Le supermarché du village.

⛽ ***Gasolineras*** *(station-service ; carte La région de Monteverde,* ***5****)* **:** *on en trouve une à env 1 km au sud-ouest de Santa Elena, direction San José, et une autre à 2 km à l'est en direction de Monteverde.*

Où dormir ?

À Santa Elena

De très bon marché à bon marché (max 60 $ / 50 €)

🏠 ***Pension Santa Elena*** *(plan Santa Elena B1,* ***10****)* **:** *au milieu de la rue la plus à l'est du village. ☎ 2645-5051 ou 2645-6240. • pensionsantaelena.com • Lit en dortoir avec sdb commune env 12 $; doubles 30-45 $ selon confort et saison ; petit déj inclus, un luxe à ce prix !* En plein centre, l'un des rendez-vous favoris des routards. On est accueilli par une équipe de jeunes jamais avares de bons plans et de conseils avisés. Les loups fauchés

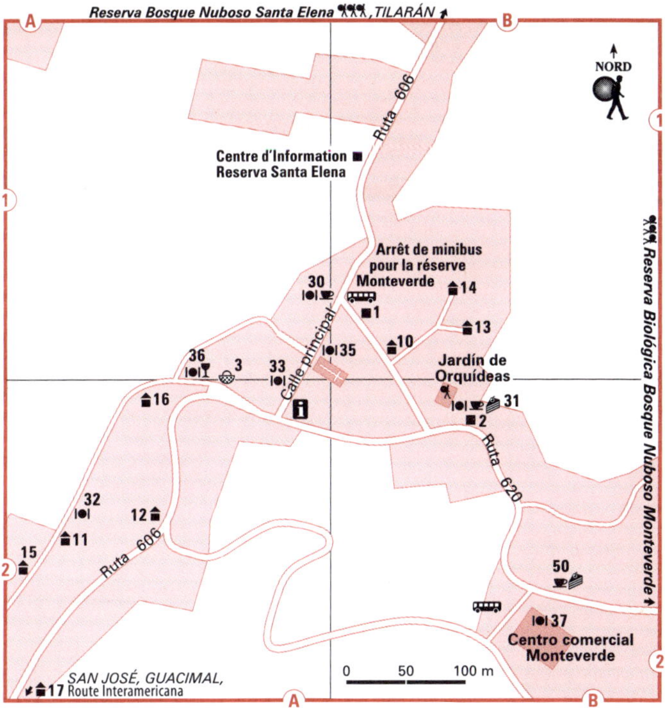

SANTA ELENA

■ Adresses utiles

- i Monteverde Chamber of Tourism (A2)
- **1** Banco Nacional (B1)
- **2** Farmacia Don Gerardo (B2)
- **3** Supercompro (A1-2)

Où dormir ?

- **10** Pension Santa Elena (B1)
- **11** Cabinas Vista Al Golfo (A2)
- **12** Cabinas Eddy (A2)
- **13** Santa Elena Hostel Resort (B1)
- **14** Arco Iris Ecolodge (B1)
- **15** Hotel Claro de Luna (A2)
- **16** Cabinas El Pueblo (A2)
- **17** Camino Verde B & B (hors plan par A2)

Où manger ?

- **30** Panadería Jiménez (A1)
- **31** Café Las Orquídeas (B2)
- **32** Soda La Amistad (A2)
- **33** Tree House (A1-2)
- **35** Raulito's Pollo Asado (A-B1)
- **36** Taco Taco (A1)
- **37** Sabor Tico (B2)

Où boire un bon café ? Où faire une pause sucrée ?

- **30** Panadería Jiménez (A1)
- **31** Café Las Orquídeas (B2)
- **50** Choco Cafe (B2)

opteront pour le dortoir de 6 lits, bas de plafond et assez rustique ; cela dit, attention, il se pourrait qu'il soit prochainement transformé en... espace de coworking. Dans ce cas, il faudra vous rabattre sur les chambres privées avec lits superposés et salles de bains partagées ou sur les chambres privées avec 2 lits doubles et sanitaires privés. Les plus chères (aux prix toujours raisonnables) s'avèrent coquettes avec leur déco de bois et leur petit balcon.

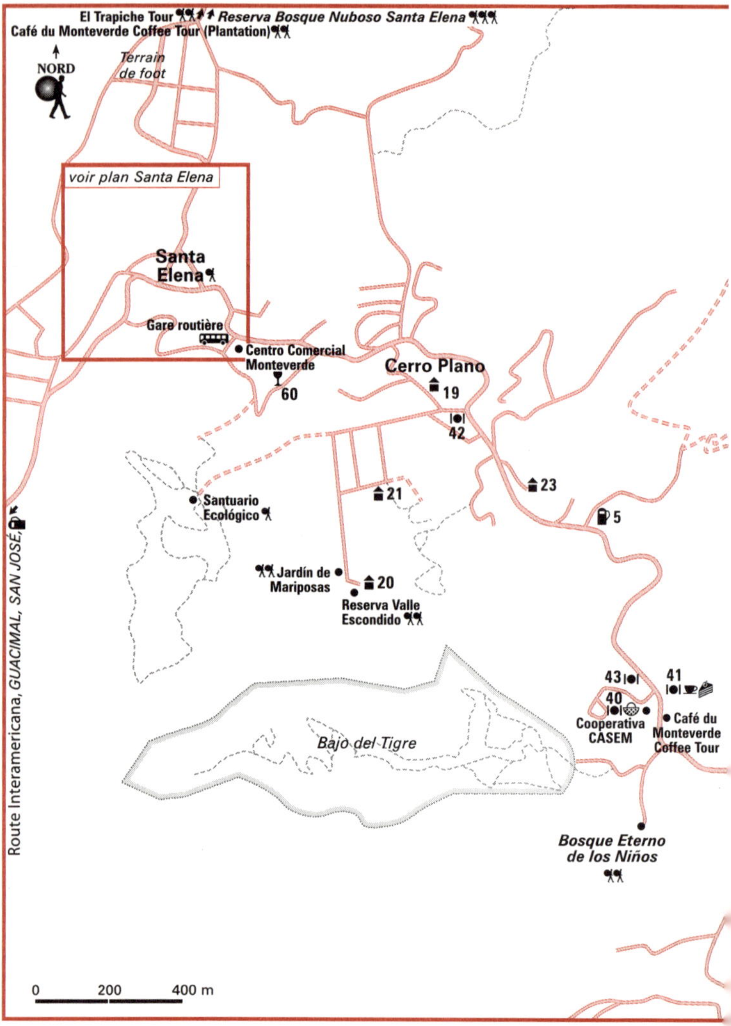

Adresse utile

5 Gasolinera

Où dormir ?

18 Selina Hostel
19 Historias Lodge
20 Monteverde Inn
21 Cala Lodge
22 Mariposa B & B
23 Los Pinos Cabañas y Jardines

Où manger ?

40 Soda La Cuchara de la Abuela

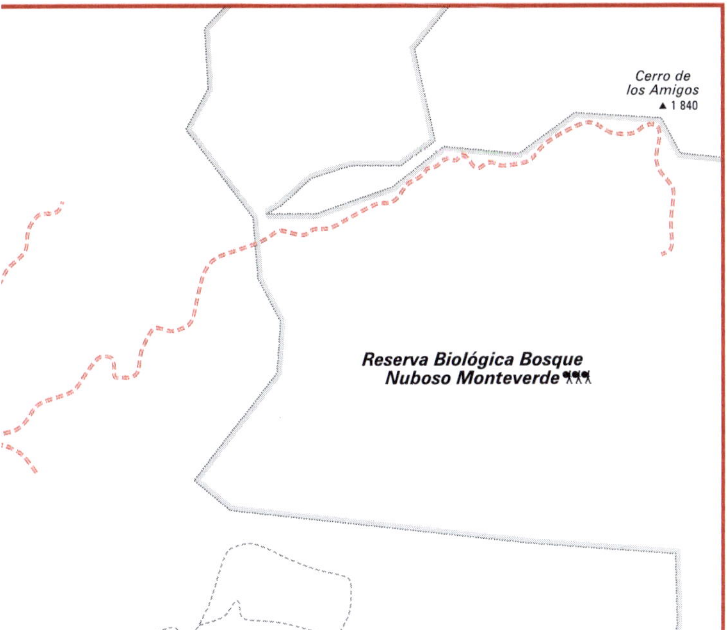

LA RÉGION DE MONTEVERDE

41 Stella's Bakery
42 Sofia's
43 Tramonti

Où boire un bon café ? Où faire une pause sucrée ?

41 Stella's Bakery

Où boire un verre ?

60 Morpho's Sunset

Où acheter de l'artisanat ?

40 Cooperativa CASEM

Grande cuisine à la disposition des hôtes. L'auberge propose plusieurs types d'excursions dans la forêt (randonnées, tyroliennes, balades à cheval...). Excellent accueil.

Santa Elena Hostel Resort *(plan Santa Elena B1,* ***13****) : dans une impasse qui part de la rue la plus à l'est du village. ☎ 2645-7879. • costaricahostels.net • Lit en dortoir 15 $; doubles avec sdb privée 40-55 $.* En plein centre du village mais au fond d'une impasse, cette auberge abrite des chambres de tous conforts, réparties dans de gros chalets. Le terme « *resort* » n'est pas franchement approprié. Ici, on mise plutôt sur le basique et la convivialité, à prix sages. Il y en a pour tous les budgets : des dortoirs de 3 à 8 lits (mixtes ou non) avec salles de bains plutôt rustiques mais eau chaude malgré tout, aux chambres privées avec balcon et TV dans des baraques en bois et en dur. Cuisine commune. Entretien général un peu aléatoire. Espace hamacs à l'arrière, dans un petit coin bétonné, qui manque de végétation à notre goût. Accueil efficace mais pas toujours très coulant. Bref, pas notre auberge préférée, mais les prix pourront en intéresser certains.

Cabinas Vista Al Golfo *(plan Santa Elena A2,* ***11****) : à 250 m au sud-ouest du supermarché* Supercompro *et du village. ☎ 2645-6321. • cabinasvistaalgolfo.com • Lit en dortoir env 15 $; doubles 30-50 $ selon confort et saison. Petit déj inclus.* Une autre bonne adresse dans cette catégorie. Tous les avantages du bourg sans les inconvénients. Située à flanc de colline, cette auberge haut perchée, toute en bois, a des allures de chalet montagnard. Un seul dortoir (mais de 19 lits, ça fait beaucoup quand même !), certes basique et sans charme, mais surtout des chambres standard (pour 2 à 4 personnes, certaines avec lits superposés) avec salles de bains collectives, mais aussi des plus confortables avec balcon, sanitaires privés, TV, frigo... Terrasse avec hamacs et un bout de vue sur le paysage. Cuisine commune. Presque le grand luxe en fait ! On les recommande pour les familles. Plein d'infos et propositions d'excursions à l'accueil, la maison propose d'ailleurs des packages nuit + activités.

Cabinas Eddy *(plan Santa Elena A2,* ***12****) : ruta 606, à 200 m au sud-ouest du village. ☎ 2645-6635. 📱 8743-0278. • cabinaseddy.com • Doubles 30-60 $ selon confort et saison.* Sur les hauteurs du centre (qui reste accessible à pied), cette bâtisse saumon abrite une dizaine de chambres au style rustique et à la déco quasi... inexistante, mais au confort et à la propreté honorables. Les plus économiques se partagent les salles de bains, et les plus chères (dans l'annexe moderne, avec salle de bains privée) peuvent accueillir jusqu'à 4 personnes. Mention spéciale pour l'accueil tout en gentillesse, mais on regrette l'absence d'espace extérieur où se poser tranquillou.

Cabinas El Pueblo *(plan Santa Elena A2,* ***16****) : à 100 m au sud-ouest du supermarché* Supercompro *et du village. ☎ 2645-6192. • cabinaselpueblo.com • Doubles avec sdb privée 28-45 $ selon saison.* Aucun charme de l'extérieur, on n'en trouve pas davantage à l'intérieur, mais vu les prix affichés, ne chipotons pas. En tout, une dizaine de chambres au confort franchement basique, mais très propres et avec salles de bains privées. Cuisine commune avec café et thé à volonté. Parfait pour les routards qui auraient passé l'âge des dortoirs mais au budget serré. Accueil adorable et petit déjeuner compris, vous ne trouverez pas mieux à ce prix.

Camino Verde B & B *(hors plan Santa Elena par A2,* ***17****) : à 300 m au sud-ouest du supermarché* Supercompro *et du village. ☎ 2645-6849. • hotelcaminoverde.com • Doubles 45-69 $ selon confort et saison, petit déj inclus.* Un hôtel à 2 facettes. D'un côté, des chambres franchement basiques, parfois un peu humides et peu insonorisées, avec salles de bains communes pour les moins chères. Demandez à en voir plusieurs avant de vous décider car certaines sont aveugles. De l'autre, plus chère mais aux prestations bien supérieures, l'annexe moderne abrite des chambres claires, spacieuses et décorées avec soin, avec des salles de bains nickel. Les 2 ailes abritent aussi des chambres jusqu'à 5 personnes, parfaites pour diviser le budget dodo. Café et thé à volonté. On aime bien la vaste et lumineuse salle de petit déj, entièrement vitrée, qui offre une vue (partielle) sur les paysages alentour.

Voir plus bas les chambres *budget* de l'***Arco Iris Ecolodge.***

De prix moyens à chic (60-130 $ / 50-108 €)

Arco Iris Ecolodge *(plan Santa Elena B1,* ***14****)* **:** *dans une impasse qui part de la rue la plus à l'est du village.* ☎ *2645-5067.* • *arcoirislodge.com* • *Doubles budget 40-60 $, standards 85-95 $, superior 110-125 $, cabins 1 ou 2 chambres, appart et maison pour 3-5 pers 102-198 $. Petit déj en plus.* L'hôtel « Arc-en-ciel » jouit d'un emplacement remarquable, dans le centre de Santa Elena, dans une impasse à l'écart du bruit. Établi sur un versant de colline, il se compose d'un vaste jardin superbement entretenu où se répartissent des bungalows très bien arrangés. Libre à chacun d'ailleurs d'installer son transat où bon lui semble pour bouquiner tranquille (bibliothèque bien fournie dans la maison principale). L'adresse est abordable même pour les budgets les plus serrés, qui opteront pour les chambres avec lits superposés. Pour les couples en lune de miel, demander la suite « *Honeymoon* » *(185-205 $),* dans la partie haute du jardin. Sans doute ce qu'il y a de mieux dans cette catégorie de prix.

Hotel Claro de Luna *(plan Santa Elena A2,* ***15****)* **:** *à 250 m au sud-ouest du supermarché* Supercompro *et du village.* ☎ *2645-5269.* • *hotelclarodeluna.com* • *Doubles 50-120 $ selon confort, petit déj inclus.* Le style et l'architecture de la demeure principale et le grand pavillon du jardin évoquent un peu l'Asie. Pourtant, voilà bien du 100 % costaricien, de l'accueil attentionné et aimable aux chambres bien arrangées ouvrant sur les arbres. Les standards, moyennement insonorisées mais coquettes, se trouvent dans la maison principale. Les *deluxe,* situées dans l'annexe, sont certes plus larges et avec bain balnéo, mais elles manquent un peu de chaleur dans la déco. Beau jardin au calme, où (si vous êtes très bon observateur) vous apercevrez sûrement un paresseux recroquevillé sur une branche. Bon petit déj.

Dans la région de Monteverde

De très bon marché à prix moyens (max 90 $ / 75 €)

Selina Hostel *(carte La région de Monteverde,* ***18****)* **:** *en face du parking officiel de la* Reserva Biológica Bosque Nuboso Monteverde. *7146-7986.* • *selina.com/costa-rica/monteverde* • *Prendre la navette pour le parc depuis l'office de tourisme de Santa Elena. Sinon, de la gare routière de Monteverde, taxi obligatoire (se grouper si possible). Selon saison et confort, lits en dortoir 8-20 $, doubles avec ou sans sdb de 80 à... 250 $ en très hte saison, petit déj inclus.* Pour ceux qui voudraient loger à côté de la réserve de Monteverde, car on est loin du centre et de l'animation de Santa Elena. Derrière une grande statue composée de centaines de lattes de bois, cette auberge de jeunesse internationale branchée abrite des dortoirs de 6 à 10 lits (avec lits métalliques superposés, salle de bains et casiers) et une vingtaine de chambres privées avec ou sans salle de bains, dont quelques familiales dans un bâtiment en bois. Pas de clim ici, il fait frais... Côté espaces communs, agrémentés de peintures dans l'air du temps, c'est riche, comme d'hab chez *Selina* : cuisine commune, vaste restaurant-bar avec cheminée et billard, espace de *coworking, yoga deck*, pelouses pour buller et 2 jacuzzis... Location de vélos à assistance électrique *(25 $/j. quand même).* Nombreuses animations.

Historias Lodge *(carte La région de Monteverde,* ***19****)* **:** *par un début de piste au niveau du resto* Sofia's. ☎ *2645-6914. 8378-6268.* • *infohotelhistoriasmonteverde@gmail.com* • *Doubles env 50-70 $, petit déj inclus.* Un petit lodge en bois, tenu par le sympathique Luis. Chambres doubles ou familiales avec salle de bains et frigo, plus du lambris et des peintures naïves aux murs en guise de déco. Agréable

LA ZONA NORTE

jardin fréquenté par des oiseaux et des écureuils. Excellent accueil.

🏠 ***Mariposa B & B*** *(carte La région de Monteverde,* ***22****)* **:** *à env 4 km à l'est de Santa Elena, sur la route de la* Reserva Monteverde *; env 1,5 km après la* Cooperativa CASEM, *un sentier qui grimpe sec sur la gauche.* ☎ *2645-5013.* • *mariposabb.com* • *Double env 70 $; familiales avec cuisinette.* Ce *B & B* « Papillon » n'a pas volé son nom, car des papillons virevoltent bel et bien dans le jardin luxuriant. Les charmants proprios costariciens tiennent avec soins 2 maisons noyées dans cette végétation tropicale. L'une abrite des chambres coquettes tout en bois et bien aménagées avec salle de bains privée, et l'autre renferme un appartement immense avec 3 chambres, équipé d'une cuisine et profitant d'une vue superbe sur la nature.

De prix moyens à chic (60-130 $ / 50-108 €)

🏠 ***Monteverde Inn*** *(carte La région de Monteverde,* ***20****)* **:** *à env 2 km au sud-est de Santa Elena ; suivre la route de la* Reserva Monteverde *puis tourner à droite vers le* Jardín de Mariposas *et suivre le panneau.* ☎ *2645-5156.* • *monteverdeinncr.com* • *Doubles 60-120 $ selon confort, petit déj inclus.* Au cœur d'une petite réserve, voici une belle adresse située face à un paysage remarquable embrassant la forêt, les monts et, au loin, le golfe de Nicoya. On dort dans des chambres impeccables, rustiques et bien arrangées, donnant sur le jardin et les arbres. Les plus économiques sont petites et simples mais fort correctes (ventilo, eau chaude), avec quelques touches de couleurs. Les familiales peuvent accueillir 6 personnes avec un lit double et 4 lits superposés. Nos préférées sont les n°s 16 et 17, pour leur vue sur le golfe, et la n° 9, qui touche presque les branches des arbres. La maison pratique la permaculture. Possibilité de randonnées dans la réserve (voir plus bas « Reserva Valle Escondido » dans la rubrique « Randonnées dans les réserves privées »). Bon accueil.

De chic à plus chic (90-130 $ et plus / 75-108 € et plus)

🏠 ***Cala Lodge*** *(carte La région de Monteverde,* ***21****)* **:** *à env 2 km au sud-est de Santa Elena ; suivre la route de la* Reserva Monteverde, *puis tourner à droite vers le* Jardín de Mariposas *et à gauche 300 m plus loin, après le resto* Sofia *(panneau).* ☎ *2645-5626.* • *calalodge.com* • *Double env 95 $; suites 105-125 $.* Dans un secteur isolé et très vert, enveloppé par la dense forêt primaire, ce *lodge* pratique des prix sages pour la qualité proposée. La vingtaine de chambres (2 ou 3 personnes) et les suites (maximum 6 personnes) se répartissent dans 3 bâtiments différents. Évitez celui au fond du jardin, qui ne profite d'aucune vue sur la vallée. Joliment immergées dans la végétation, les chambres affichent un décor de chalet montagnard, rustique et chaleureux, avec des fenêtres ouvrant sur la forêt. Les plus chères profitent d'un agréable balcon d'où l'on admire ce merveilleux paysage de forêt couvrant les monts à perte de vue. Ouvrez l'œil et vous apercevrez de bon matin la faune locale défiler sous vos fenêtres. Également un petit sentier de balade. Excellent accueil.

🏠 ***Los Pinos Cabañas y Jardines*** *(carte La région de Monteverde,* ***23****)* **:** *à 1,5 km à l'est de Santa Elena, sur la route de la* Reserva Monteverde. ☎ *2645-5252.* • *lospinos.net* • *Chalets 2 pers 115-180 $ selon confort ; également des familiaux jusqu'à 6 pers 235-290 $.* À flanc de colline, dans un environnement boisé, vert et paisible, ce complexe se compose de plusieurs chalets bien espacés. Ce n'est pas un hôtel mais une formule *self-catering,* c'est-à-dire qu'on est autonome, chaque unité disposant d'une cuisine. Formule à déconseiller aux voyageurs solitaires, mais bien pour les petits groupes et les familles. Chambres à la déco désuète (lits parfois bien kitsch), mais au confort très satisfaisant, avec terrasse et hamacs. Dans le parc, 3 petits sentiers (1 km en tout) avec panneaux explicatifs sur la faune et la flore du domaine. En un mot : paisible.

Où manger ?

À Santa Elena

Bon marché (max 6 000 CRC / 8 €)

Raulito's Pollo Asado *(plan Santa Elena A-B1,* ***35****)* **:** *à côté de l'église. Tlj 10h-21h30. Plat env 3 000 CRC.* Une cahute de poche où rôtissent des volailles à longueur de journée. Quelques tabourets hauts, une poignée de tables et voilà une cantoche économique où déjeuner rapido.

Soda La Amistad *(plan Santa Elena A2,* ***32****)* **:** *à côté des Cabinas Vista al Golfo. ☎ 2645-6108. Tlj 11h-21h30. Plats env 3 500-5 000 CRC. CB refusées.* On a apprécié la simplicité de ce petit *soda,* son décor façon chalet, la liste de vocabulaire sur les tables pour passer sa commande et la gentillesse de l'accueil. D'ailleurs, c'est souvent plein. Et côté cuisine, c'est du classique mais du bon et vraiment pas cher. Petit dessert offert.

Panadería Jiménez *(plan Santa Elena A1,* ***30****)* **:** *c/ Principal. ☎ 2645-5035. Tlj 5h-20h.* C'est la seule boulangerie-pâtisserie du village, alors elle est souvent prise d'assaut par les locaux. Pour les amateurs de pain, brioches, gâteaux, cakes, mais aussi d'*empanadas* ou de sandwichs à dévorer rapido avant de partir en excursion.

De bon marché à prix moyens (max 10 000 CRC / 14 €)

Taco Taco *(plan Santa Elena A1,* ***36****)* **:** *à côté du supermarché Supercompro. ☎ 2645-7900. Tlj 11h-22h. Plats 2 500-7 000 CRC.* Avec sa chouette terrasse haut perchée, cette *taquería* souvent bondée propose une carte 100 % mexicaine. Tacos, *burritos, quesadillas,* retroussez vos manches et mordez dans ces galettes de maïs (choisissez-les moelleuses ou croustillantes) garnies de viandes, crudités, guacamole et sauce piquante. On a adoré la recette *al pastor* : porc grillé effiloché, ananas et crème à la coriandre. Arrosez le tout d'une *Pilsen* bien fraîche. Excellente ambiance, même si le service ne suit pas toujours !

Café Las Orquídeas *(plan Santa Elena B2,* ***31****)* **:** *juste à côté du jardin des Orchidées. ☎ 2645-6850. Tlj 7h-20h. Petit déj et plats env 3 000-6 000 CRC.* Ce *coffee shop* propose des plats maison élaborés à partir de produits venus de fermes de la région. À la carte, soupes, salades, crêpes, pitas garnies, parmi lesquelles une flopée d'options végétariennes. Gardez un petit creux pour les desserts gourmands : cheese-cake, *carrot cake,* brownies... Intérieur décoré d'œuvres d'artistes locaux et petite terrasse agréable. Une adresse prisée des Anglo-Saxons.

Sabor Tico *(plan Santa Elena B2,* ***37****)* **:** *à l'étage du Centro comercial Monteverde. ☎ 2645-5827. Tlj 7h-22h. Plats 3 500-7 000 CRC.* Les locaux nous l'ont tous conseillé, et nous l'avons adopté. Dans une vaste salle rustique, décorée aux couleurs nationales, on sert ici une typique cuisine costaricienne. Toutes les spécialités locales y sont : *ceviches, casados, gallo pinto,* mais aussi d'excellentes grillades, servies en portions généreuses (zappez l'entrée). Le service dépote et assure vu l'affluence, tout en restant souriant ; chapeau !

De chic à plus chic (10 000 -15 000 CRC et plus / 14-20 € et plus)

Tree House *(plan Santa Elena A1-2,* ***33****)* **:** *c/ Principal. ☎ 2645-5751. Tlj 11h-22h. Plats 8 000-15 000 CRC.* Ce resto est bel et bien construit autour d'un arbre vénérable dont les branches noueuses envahissent les salles. Original, mais ça se paye un peu. Une adresse plutôt classe, donc, avec un service tout en circonvolutions sur fond de musique jazzy, qui propose une cuisine variée, à la fois des plats internationaux et les bons classiques du pays. Portions copieuses mais attention, les prix sont vraiment en conséquence. Si vous recherchez une ambiance locale, passez votre chemin.

Dans la région de Monteverde

De bon marché à prix moyens (max 10 000 CRC / 14 €)

|●| ***Soda La Cuchara de la Abuela*** *(carte La région de Monteverde, **40**) : à env 2,5 km à l'est de Santa Elena, sur la route de la* Reserva Monteverde*, sur la droite. ☎ 2645-5190. Lun-sam 7h30-16h30, dim 8h-15h30. Petit déj env 3 000 CRC ; déj 3 500-4000 CRC.* Dans la coopérative *CASEM* (Maison des artisans), au fond de la boutique, se cache cette « Cuillère de la Grand-mère », une modeste cantine locale tenue par des femmes. Salle très simple et aveugle, avec les marmites sur le feu. On y sert une cuisine honnête à prix doux : *gallo pinto,* tortillas, *casados...* On peut aussi embarquer son assiette et s'installer dehors au soleil.

|●| ☕ ***Stella's Bakery*** *(carte La région de Monteverde, **41**) : à env 2,5 km à l'est de Santa Elena, sur la route de la* Reserva Monteverde *côté gauche, en face de la* Cooperativa CASEM*. ☎ 2645-5560. Tlj 6h-20h pour la boulangerie (jusqu'à 21h pour le resto). Plats env 6 000-9 000 CRC.* Sur la route de la réserve Monteverde, on s'arrête volontiers pour une pause douceur dans cette cabane de bord de route. D'un côté le resto, de l'autre la boulangerie. Sur la miniterrasse face au jardin coquet, où l'on observe facilement oiseaux, écureuils et même quelques singes (il faut dire qu'on les nourrit un peu...), on déguste ici des petits plats tout simples mais frais : quiches, salades, lasagnes... Également de bonnes formules petits déj et des gâteaux maison gourmands comme il faut.

De prix moyens à chic (6 000-15 000 CRC / 8-20 €)

|●| ***Sofia's*** *(carte La région de Monteverde, **42**) : quartier de Cerro Plano, à env 1 km à l'est de Santa Elena, en direction du* Jardín de Mariposas*, sur la gauche du chemin. ☎ 2645-7017. Tlj 12h-21h. Plats 19-23 $.* Malgré son décor vraiment désuet, c'est l'un des meilleurs restos de Santa Elena, mais il faudra y mettre le prix. On y sert une fine cuisine *Nueva Latina,* inspirée de la tradition costaricienne et sud-américaine. Viandes remarquables et savoureux accords sucrés-salés, aux saveurs exotiques. Excellents desserts.

|●| ***Tramonti*** *(carte La région de Monteverde, **43**) : à 100 m de la* Cooperativa CASEM *(Maison des artisans), sur la droite de la route en venant de Santa Elena. ☎ 2645-6120. Tlj 11h30-21h30. Pâtes 5 000-8 000 CRC, pizzas 5 000-11 000 CRC.* Dans une grande salle rustique et chaleureuse, très fréquentée par les groupes, où flottent de bonnes odeurs de pizzas en provenance du four à bois. Un bon resto italien tenu par un couple italo-costaricien. On y sert de la cuisine fraîche et soignée : raviolis, lasagnes, pizzas, viandes grillées... Certes, ce n'est pas donné, mais la qualité est constante.

Où boire un bon café ?
Où faire une pause sucrée ?

☕ ***Choco Cafe*** *(plan Santa Elena B2, **50**) : sur le côté du* Centro comercial Monteverde*. ☎ 2645-7444. Tlj 8h-20h.* Installé dans une jolie maison en bois aux airs de chalet montagnard, ce café revigore après une bonne rando. Dans la salle chaleureuse par temps pluvieux ou sur la terrasse quand le soleil brille, on y savoure un bon café torréfié sur place (rien à voir avec le jus de chaussette servi dans les *sodas*) et un bon chocolat. Crémeux, serré, onctueux ou glacé, on en siroterait toute la journée. À accompagner d'un flan coco ou d'une tarte aux noix de pécan, cela va de soi ! Fait aussi resto.

Café Las Orquídeas *(plan Santa Elena B2, **31**) : juste à côté du jardin des Orchidées. ☎ 2645-6850. Tlj 7h-20h.* Délicieux gâteaux à étages, crêpes et autres douceurs régaleront les becs sucrés en manque de gourmandises.

Stella's Bakery *(carte La région de Monteverde, **41**) : à env 2,5 km à l'est de Santa Elena, sur la route de la Reserva Monteverde, en face de la Cooperativa CASEM. ☎ 2645-5560. Tlj 6h30-18h pour la boulangerie.* La maison propose de bonnes formules petits déj et des gâteaux gourmands à déguster dans un joli jardinet.

Sans oublier la ***Panadería Jiménez*** *(plan Santa Elena A1, **30** ;* voir plus haut « Où manger ? À Santa Elena »).

Où boire un verre ?

Morpho's Sunset *(carte La région de Monteverd, **60**) : derrière le centre commercial. ☎ 2645-7373. Tlj 11h-21h15.* Vous verrez sa publicité un peu partout. Un gros bâtiment moderne sans charme, vaguement décoré de quelques papillons bleus en hommage à son nom de baptême. Mais c'est le spot le plus prisé pour boire une petite mousse face au coucher du soleil, en effet très agréable et pile poil dans l'axe de la terrasse. Les places sont donc un peu chères... tout comme la bière et les plats (comestibles, d'ailleurs, mais on ne vient pas pour ça).

Et n'oublions surtout pas la sympathique terrasse perchée du ***Taco Taco*** *(plan Santa Elena A1, **36** ; voir plus haut « Où manger ? À Santa Elena »).* Grand choix de bières à la pression et bonne ambiance.

LA ZONA NORTE

Où acheter de l'artisanat ?

Cooperativa CASEM *(Maisons des artisans ; carte La région de Monteverde, **40**) : à env 2,5 km à l'est de Santa Elena, sur la route de la Reserva Monteverde. ☎ 2645-5190. • casemcoop.com • Lun-sam 7h30-17h, dim 8h-16h.* Créée à l'initiative d'une association de femmes de la région, cette coopérative abrite un atelier, ainsi qu'un magasin d'objets artisanaux : sacs, napperons, serviettes, bijoux, jouets, vêtements... Les revenus générés par les ventes sont reversés en partie à des familles démunies du secteur. Petite cantine de bon aloi au fond de la boutique (voir plus haut « Où manger ? Dans la région de Monteverde »).

Les réserves majeures

– ***Monteverde ou Santa Elena ? Santa Elena ou Monteverde ?***
Quelle réserve visiter entre les 2 plus importantes du secteur ? On nous a posé 100 fois la question. Désolé de vous décevoir, mais on vous donne une réponse de Normand : ça dépend !
La seule vraie différence, c'est le prix : Santa Elena coûte moins cher. Pour le reste, il s'agit de 2 « forêts nuageuses » qui abritent la même faune et la même flore. Elles comptent chacune environ 13 km de sentiers, ouvrent à la même heure le matin, sont situées entre 20 et 30 mn de route du centre-ville de Santa Elena et chacune propose une navette payante *(env 3 $ l'aller simple)* pour se rendre sur place. Si la *Reserva Biológica Bosque Nuboso Monteverde* est plus réputée, elle est aussi plus fréquentée. Mais les touristes voulant éviter la foule ont justement tendance à se reporter sur la *Reserva Bosque Nuboso Santa Elena...* Moralité : si vous le pouvez, visitez les 2 réserves et venez dès l'ouverture pour tenter d'éviter la foule.

– ***On emporte quoi ?*** Des chaussures de marche fermées et un vêtement imperméable en raison de l'humidité constante. Prévoir aussi des jumelles, de l'eau et un en-cas.

– ***Bon à savoir :*** ces réserves ne comportent aucune attraction sportive comme les tyroliennes ou les téléphériques. La *Reserva Monteverde* compte un pont suspendu de 100 m de long et 25 m de haut, mais comme les autres ponts suspendus du pays, les filets de sécurité sont assez rapprochés pour ne pas trop effrayer nos lecteurs sujets au vertige. À vous de voir... Sinon, notez que certains sentiers permettent de l'éviter. Ou alors choisissez la *Reserva Santa Elena.*

Reserva Biológica Bosque Nuboso Monteverde *(carte La région de Monteverde) :* *☎ 2645-5122. • cloudforestmonteverde.com • Située à 6 km à l'est de Santa Elena. Des bus assurent la navette entre le centre-ville et la réserve : 5 départs/j. 6h15-15h (retour 6h40-16h) ; 20 mn de trajet ; aller simple env 800 CRC). Arrêts devant la* Panadería Jiménez *(plan Santa Elena A1,* ***30****) et l'office de tourisme. Si vous êtes en voiture, parking officiel à 5 $/j. (50 % des bénéfices sont reversés à la Croix Rouge), avec navette pour l'entrée du parc (à 1,5 km) incluse. Certains se garent près de l'entrée du parc mais si vous gênez, la police peut vous enlever vos plaques et vous coller une amende... Réserve ouv tlj 7h-17h (dernière entrée à 15h45). Entrée : 25 $; réduc.*

Cette grande jungle sauvage a été reconnue comme une des plus belles réserves de forêt tropicale humide en Amérique centrale. Elle culmine à une altitude variant entre 860 et 1 840 m au-dessus de la mer, couvrant une surface de 4 125 ha, soit, d'après le parc, 2,5 % de la biodiversité mondiale à elle seule... Mais seulement 3 % de la réserve sont ouverts au public, le reste est un espace strictement protégé et fermé à la visite.

Monteverde jouit d'un microclimat exceptionnel. La température moyenne y est de 18 °C et l'humidité très forte. En moyenne, il tombe 2,50 m de pluie chaque année, ce qui explique la couleur verte dominante et permanente de la forêt. Mars est le mois le plus sec.

En toute saison, ne soyez pas étonné de découvrir une forêt ténébreuse et magnifique, aux arbres enveloppés de brouillard : c'est l'origine de son nom de « forêt nuageuse ».

La réserve a été fondée en 1972 par le scientifique George Powell et par Wilford Guindon, ***un des 1ers quakers établis dans la région.*** Pour contrer la menace d'une avancée destructrice du progrès au détriment de l'écosystème, sujet ô combien d'actualité brûlante, ces 2 pionniers de l'environnement créèrent le *Tropical Science Centre,* association à but non lucratif destinée à l'étude de la forêt, de sa faune et de sa flore. Devant les résultats positifs, le gouvernement du Costa Rica confia la gestion et l'administration de Monteverde à Guindon et Powell. C'est donc aujourd'hui le *Centro Científico Tropical* qui assure la sauvegarde de cette réserve remarquable.

À l'entrée de la réserve, il y a un café sans intérêt mais ça peut dépanner *(Café Colibri)* et une auberge. Celle-ci abrite une douzaine de chambres de 2 à 6 lits, avec salles de bains privées (eau chaude). *Résa obligatoire : ☎ 2645-5122. Compter env 93 $/pers (3 repas et entrée à la réserve inclus, ce qui n'est pas négligeable...).*

– ***Sentiers de randonnée :*** *plan détaillé à photographier à l'accueil.* 8 sentiers parcourent la réserve, tous connectés les uns aux autres. Mis bout à bout, ils totalisent 13 km. À l'accueil, vous pouvez indiquer combien de temps vous souhaitez marcher et le *staff* vous concocte un itinéraire sur mesure. On peut facilement y passer la journée en apportant son pique-nique (remportez bien vos déchets). Réduc pour les 6 à 18 ans et les étudiants.

– ***Tour d'histoire naturelle :*** *3 départs/j., à 7h30, 11h30 et 13h30. Tarif : 45 $, entrée dans la réserve incluse ; réduc. Durée : 2h.* Un guide naturaliste vous explique la faune et la flore de la réserve.

– ***Tour d'observation des oiseaux :*** *1 départ à 6h. Tarif : 85 $, petit déj inclus (mais pas l'entrée dans la réserve !) ; réduc. Durée : 6h.*
– ***Tour nocturne :*** *tlj à 17h45. Tarif : env 23 $ (sans l'entrée dans la réserve). Durée : 2h.* Au cours de celle-ci, on observe des mammifères terrestres, des oiseaux, des chauves-souris...

Reserva Bosque Nuboso Santa Elena *(carte La région de Monteverde) : à 7 km au nord-ouest de Santa Elena. ☎ 2645-5390. • reservasantaelena.org • Une navette relie le centre de Santa Elena et la réserve, avec 4 départs/j. dans les 2 sens. Trajet : 30 mn ; env 3 $ l'aller simple. Résa du transport impérative (on peut par exemple demander à son hôtel ou à l'office de tourisme de faire la résa). Le bus vient vous chercher à votre hôtel. Réserve ouv tlj 7h-16h (dernière entrée). Entrée : 16 $; réduc. On peut acheter son billet sur place ou bien au Centre d'information de la réserve situé dans le centre de Santa Elena (plan B1).*
À 1 650 m au-dessus de la mer, on y trouve le même type d'environnement qu'à la *Reserva Biológica Bosque Nuboso Monteverde.* Le taux d'humidité est de 100 % et la température moyenne annuelle de 18 °C. Dans cette grande réserve de 310 ha fondée en 1989, près de 80 % de la surface sont composés de forêt primaire, le reste étant de la forêt secondaire où la lumière naturelle pénètre davantage. On y observe, entre autres, singes araignées, paresseux, fourmiliers, colibris et le quetzal avec un peu de chance et beaucoup de patience.
À l'entrée, on trouve le centre d'accueil *(Centro de Visitantes)* et une cafétéria. Carte détaillée des randonnées de la réserve à photographier avant de partir en rando. Les sentiers sont très bien aménagés et balisés, impossible de se perdre.
– ***Sentiers de randonnée :*** la réserve compte environ 13 km de sentiers, dont un accessible aux fauteuils roulants. La rando la plus facile est le sentier *Youth Challenge* (1,4 km ; durée 45 mn), qui possède un mirador d'où l'on peut voir le volcan Arenal par temps clair. Le sentier le plus long est le *Caño Negro* (4,8 km ; durée 3h-3h30). On peut bien sûr en combiner plusieurs.
– ***Tours guidés :*** *4 départs/j., à 7h30, 9h15, 11h30 et 13h. Attention, résa conseillée min 2 j. à l'avance, via le site internet. Compter 33 $/pers (entrée à la réserve incluse) ; réduc. Durée : 2h30.* On recommande fortement de louer les services d'un guide car dans cette jungle brumeuse, il est très difficile de dénicher les animaux par soi-même.

Randonnées dans les réserves privées

On vous présente ces sites dans l'ordre où nous les croisons sur la route, en partant de Santa Elena, en direction de la *Reserva Monteverde.*

Santuario Ecológico *(carte La Région de Monteverde) : à env 1,5 km au sud-est de Santa Elena ; sur le même chemin que le Jardín de Mariposas, mais après le resto Sofia tourner à droite et continuer jusqu'au bout du chemin. ☎ 2645-5869. • santuarioecologico.com • Tlj 7h-17h. Entrée : env 18 $; réduc. Rando guidée de jour à 7h30 et 13h30 (durée : 2h30 ; 35 $, réduc) ou de nuit à 17h30 et 19h30 (durée : 2h ; 27 $, réduc). Ts les tours se font sur résa via le site internet, excepté le tour autoguidé sur les sentiers.*
Ce petit sanctuaire écologique est constitué d'une jolie forêt secondaire. Il se visite à pied au fil des sentiers, soit seul avec une carte, soit accompagné d'un guide. La réserve compte 3 sentiers signalés par des couleurs différentes, de 45 mn à 2h, tous assez faciles d'accès. En cours de promenade, 2 *miradores* offrent plus ou moins, selon l'état de la végétation, une vue sur le golfe de Nicoya et la mer au loin. Propose aussi un *coffee tour* dans leur petite plantation, et des cours de cuisine traditionnelle. Une réserve peu touristique, gérée par une adorable famille costaricienne, qui loue également 3 chambres sur place *(double 80 $, petit déj et entrée dans la réserve inclus)* et vous réservera un accueil des plus chaleureux. D'ailleurs, on vous conseille cette formule, comme si vous logiez chez l'habitant.

Reserva Valle Escondido *(carte La Région de Monteverde)* **:** *à env 2 km au sud-est de Santa Elena. ☎ 2645-5156. • valleescondidopreserve.com • Suivre la route de la* Reserva Monteverde *puis tourner à droite en direction du* Jardín de Mariposas, *et suivre le panneau. 100 m au sud du* Jardín de Mariposas. *Tlj 6h-16h30. Entrée : 15 $; réduc. Tours guidés seulement sur résa 25-45 $ pour 2h selon nombre de participants ; réduc.*
Son nom signifie « vallée cachée ». Il s'agit d'une petite réserve privée située dans un environnement remarquable où l'on peut dormir, manger et faire des balades à pied dans la forêt primaire. Le site est étonnant car, établi sur une butte en lisière de jungle, on aperçoit au loin la mer, c'est-à-dire le golfe de Nicoya. Leur écodevise est : « Se relaxer, recharger ses batteries, et se régénérer. » Propose plusieurs tours guidés : randonnée des cascades, balade de nuit et randonnée d'observation des oiseaux.

Bosque Eterno de los Niños *(carte La région de Monteverde)* **:** *accès par* Bajo del Tigre, *par un chemin que l'on emprunte juste après la coopérative* CASEM, *sur la droite. ☎ 2645-5200. • acmcr.org • Tlj 8h-17h. Entrée : 15 $; réduc. Rando guidée diurne ou nocturne de 2h : 33 $; réduc.* « La forêt éternelle des enfants », ce nom poétique évoque un beau rêve, celui d'une institutrice suédoise. Dans la classe où elle enseignait l'histoire naturelle et les forêts tropicales, dans les années 1980, un de ses élèves demanda ce qu'il pouvait faire pour sauver la forêt tropicale primaire. Une collecte fut réalisée ; elle rapporta 1 500 $, somme alors suffisante pour acheter 6 ha de forêt vierge à Monteverde... Ainsi, depuis un village perdu de Suède commença cette aventure remarquable qui finit par rassembler des fonds venus de 44 pays. Aujourd'hui, cet espace naturel unique compte 23 000 ha, ce qui en fait ***la plus vaste réserve privée d'Amérique centrale*** ! Belles randos en perspective à la découverte des orchidées, papillons, toucans, singes et autres familiers de la forêt. Avec pas mal de chance, vous apercevrez le quetzal, ce grand oiseau au plumage jade et émeraude doté d'une longue queue.
La partie la plus facile à visiter par les familles s'appelle *Bajo del Tigre,* où l'on trouve un centre d'accueil.

Reserva Curi Cancha *(carte La région de Monteverde)* **:** *sur la route de la* Reserva Monteverde, *à env 3 km à l'est de Santa Elena. ☎ 2645-6915. • reservacuricancha.com • Tlj 7h-15h. Entrée : 20 $; réduc. Visite guidée de la réserve, tour d'observation des oiseaux 100 $ quand même (4h30) et rando nocturne 45 $ (2h) ; le billet d'entrée étant heureusement inclus dans ces tarifs.* Nous voici dans une réserve privée de 96 ha appartenant à la famille Lowther. Gros avantage : ***l'endroit est superbe mais peu fréquenté.*** Ce grand espace naturel protégé est composé de 50 % de forêt primaire, de 45 % de forêt secondaire et de 5 % de pâturages.
Le randonneur découvre un réseau de sentiers parfaitement balisés au sein d'un environnement remarquable par sa biodiversité. Il y a une dizaine de sentiers (environ 8 km au total) et tous portent un nom particulier *(Puma, Morpho, Manga, Ficus...),* on peut bien sûr les combiner. Le lieu est avant tout un sanctuaire pour les oiseaux. Y nichent le motmot, le trogon, le quetzal (avec un peu de chance) et bien d'autres espèces. On y croise aussi singes, tatous, coatis, ratons laveurs, paresseux, amphibiens, reptiles... pour ne citer que ceux-là.

Jardins et animaux

Jardín de Orquídeas de Monteverde *(plan Santa Elena B1)* **:** *accès par le côté gauche du* Café de Orquídeas. *☎ 2645-5308. • monteverdeorchidgarden.net • Tlj 9h-17h. Visite guidée de 30-40 mn : 14 $; réduc. Pas d'horaires fixes pour les visites, le tour part quand un petit groupe se forme. Visite en anglais ou espagnol.*

Le jardin est divisé en 3 parties et renferme 480 espèces de cette fleur splendide qui fleurit toute l'année. La 1re partie abrite une collection d'orchidées miniatures, on peut y voir la plus petite orchidée du monde (à observer avec une loupe grossissante ; attention, la plante ne fleurit que tous les 2 ou 3 mois donc pas de garantie de la voir). La 2e partie est constituée d'orchidées de plus grande taille, poussant dans la forêt intermédiaire, entre la forêt humide et la forêt tropicale humide. Dans la dernière partie, on découvre des espèces hybrides (c'est-à-dire qui ont été créées en laboratoire et ne poussent pas dans la nature). Le guide explique l'histoire et la vie de ces fleurs exceptionnelles, en précisant leurs formes, leurs couleurs et leurs odeurs.

Jardín de Mariposas *(Jardin aux papillons ; carte La région de Monteverde)* **:** *à env 2 km au sud-est de Santa Elena (25 mn à pied). ☎ 2645-5512. • monteverdebutterflygarden.com • Prendre la route de la Reserva Monteverde, puis tourner à droite au niveau de Cerro Plano, c'est fléché. Tlj 8h30-16h. Visite guidée (1h) : env 16 $; réduc.*

Le principal intérêt de la visite, ce sont les explications données par les guides. Dans un espace de 1,2 ha, on découvre le ***monde des insectes vivants*** : phasmes, scolopendres, scarabées sauteurs ou, plus étrange encore, aux yeux fluo... et même de vrais cafards. Sans oublier les chrysalides exposées comme des bijoux et donnant naissance à de jolis papillons... que vous relâcherez vous-même dans les serres adéquates. Malin, car cela permet de se sentir partie prenante. Dans les serres, on admire ainsi le morpho dont le camouflage est admirable. Sans oublier le *flambeau* (*Julia long wings* en anglais), un papillon orange qui a la réputation de boire les larmes des crocodiles et des tortues pour y trouver du sel... Également une colonie de fourmis « en appartement » avec toutes les explications nécessaires. Une visite instructive.

UN AS DU CAMOUFLAGE

Le superbe morpho, emblème du pays, enchante le visiteur lorsqu'il s'envole et affiche soudain un superbe bleu électrique. Mais au repos, c'est un génie du camouflage. Non seulement le revers de ses ailes est marron mais il affiche sur chaque aile un véritable trompe-l'œil, et c'est le cas de le dire, en faisant croire aux prédateurs qu'il s'agit de l'œil (énorme d'ailleurs) d'un oiseau ou d'un serpent.

Plantations de café, de cacao et de canne à sucre

Café de Monteverde Coffee Tour (carte La région de Monteverde) **:** *☎ 2645-7550. • cafedemonteverde.com • Le centre d'informations se trouve dans le café du même nom à côté de la coopérative CASEM (carte La région de Monteverde, 40).* ***Mais attention, la plantation se trouve à 20 mn de voiture au nord-ouest de Santa Elena*** *par la piste 606 ; à 400 m au sud de la Iglesia de Cañitas pour être précis. On peut venir vous chercher sur résa. Visites avec un guide (francophone sur demande préalable) à 8h30 et 13h30. Tarif : 30 $/pers (35 $ avec les transferts) ; réduc. Durée : env 2h.*

Le *Café Monteverde* organise des visites du domaine de 10 ha, comprenant 5 ha de forêt secondaire et 5 ha de caféiers. Respectueuse de la qualité de l'environnement, cette plantation de café, organisée en coopérative autour de 15 familles, pratique l'agriculture raisonnée et durable. Sous la conduite d'un guide spécialisé, on découvre l'histoire du café, les plants (caféiers), on apprend comment se font la culture et la récolte, ainsi que la transformation de la matière première jusqu'à la graine prête à être vendue au public et consommée. Le plus gros de la production, soit environ 50 t par an, est vendu à une compagnie du Texas. On visite également

la ferme et le potager bio. Sur place, le visiteur compare les différents arômes au cours de la dégustation finale. Sans se déplacer jusqu'à la plantation, on peut goûter leur production au *Café de Monteverde* *(tlj 7h-18h),* à côté de la *Cooperativa CASEM,* mais ce serait dommage ne pas faire la visite, très instructive.

El Trapiche Tour *(carte La région de Monteverde)* **:** *sur la route (piste) 606, en direction de Tilarán, à env 3 km de Santa Elena. ☎ 2645-7650. • eltrapichetour.com • Sur résa, tlj à 10h et 15h (dim seulement à 15h). Tarif : 35 $; réduc. Durée : 2h.* Promenade agricole dans la ferme familiale des Santamaría où l'on cultive du café, du cacao, des bananes et de la canne à sucre, mais aussi des noix de cajou, des oranges, des bananes. À elle seule, cette visite prouve la fertilité de la terre dans la région de Monteverde. Une terre nourricière qui donne des produits naturels et d'une grande saveur. Le 1er moulin à sucre (*trapiche,* en espagnol) de Monteverde fut construit ici, en 1948, par Higinio Santamaría, grand-père du propriétaire actuel, arrivé dans la région dans un chariot à bœufs. On peut d'ailleurs finir la visite à bord d'un chariot du même type... Enfin, dégustation des produits de cette bonne ferme labellisée *ecofriendly.*

Tours dans la canopée, ponts suspendus et autres activités sportives

La région de Monteverde a été la 1re à proposer des ***balades dans la canopée*** et des activités sportives comme la tyrolienne. Plusieurs agences proposent ce genre d'activités. Certaines ont un bureau dans le centre de Santa Elena, où il est possible de réserver son excursion à l'avance. Pour les autres, on trouve toutes les infos sur leurs sites internet. Les parcs d'activités sont tous situés à l'extérieur de Santa Elena, dans la partie nord de Monteverde. On y accède par des pistes en mauvais état (4x4 obligatoires). Certaines agences proposent des navettes, parfois incluses dans le prix, parfois payantes. Voici une sélection de plusieurs d'entre elles.

■ ***Sky Adventures :*** *bureau de résas situé dans la rue principale de Santa Elena, en face de la Panadería Jiménez, mais parc situé à 4 km au nord du village. ☎ 2479-4100. • skyadventures.travel/monteverde/ • Une navette assure la liaison entre les hôtels de Santa Elena et le site de Sky Adventures, à 5 km du village (env 10 $ A/R). Compter respectivement env 40 $ et 85 $ pour le Sky Walk et le Sky Trek ; réduc.* C'est un des sites les plus complets de la région par le nombre d'activités proposées. Le *Sky Walk* est une randonnée pédestre qui traverse la forêt et passe par 6 ponts suspendus (dont un de 236 m de long et un autre fixé jusqu'à 70 m, le plus haut du Monteverde). Le *Sky Trek* est plus aventureux et sportif. Il combine une montée sur les hauteurs en téléférique *(Sky Tram)* et 7 tyroliennes, dont une à 100 m de hauteur...

■ ***Selvatura :*** *bureau en face de l'église de Santa Elena, mais parc situé à 6,5 km au nord du village. ☎ 4001-5884. • selvatura.com • Compter 40-55 $/pers selon parcours choisi (transport inclus).* Une autre agence possédant une réserve privée transformée en parc d'activités. Fonctionne sur le même principe que *Sky Adventures,* mais en plus modeste. Beau parcours de ponts suspendus et de tyroliennes, plus quelques randos guidées.

■ ***100 % Aventura :*** *bureau juste en face du Supercompro à Santa Elena, mais leur parc d'aventures se trouve à 3,5 km au nord du village. ☎ 2645-6388. • aventuracanopytour.com • Compter 40-70 $ selon le parcours choisi ; réduc. Transferts inclus pour tte résa.* Le parc compte 3 km de sentiers, 10 ziplines et 8 ponts suspendus. Les balades les plus faciles se font à pied en empruntant des ponts suspendus entre les arbres. Pour les sportifs et les plus audacieux, le *Monteverde Zipline Canopy Tour* consiste en un parcours extrême où l'on survole la jungle suspendu à un câble d'acier de 1 590 m, soit la plus longue zipline du pays... Pour les amateurs de sensations fortes !

■ ***Monteverde Extremo Park :*** *à 6 km au nord-ouest de Santa Elena. ☎ 4001-8295. • monteverdeextremopark.com • Tours env 30-80 $.* Du sport extrême, pour une agence qui porte bien son nom ! De toutes les agences, celle-ci est la plus sportive. Propose un *Superman Extremo,* une tyrolienne à 140 m de haut, et une autre qui passe dans un tunnel de 175 m de long, un *Canopy Tour* de plus de 4 km de câbles avec un rappel de 30 m, un *Extreme Tarzan* avec une tyrolienne de 50 m de long et 100 m de hauteur. Le *Bungee Extremo* inclue même un saut à l'élastique depuis une télécabine perchée à 143 m de haut, ce qui en fait, paraît-il, la plus haute d'Amérique centrale ! Propose aussi des balades à cheval beaucoup plus calmes...

■ ***The Original Canopy Tour :*** *à 2 km au nord-est de Santa Elena, près du Monteverde Cloud Forest Lodge. ☎ 2291-4465. • canopytour.com • Tarif : 45-50 $; réduc. Durée : 2h.* « Conservation, éducation, reforestation et sécurité », tel est le slogan de cette agence créée par le Canadien Darren Hrenluk. Ce fut la 1re organisation de la région à proposer des aventures sportives dans la canopée. Le tour comprend un parcours en tyrolienne d'une quinzaine de câbles (dont un de 800 m) et autant de plates-formes, un saut de Tarzan (chute de 15 m dans le vide, mais non obligatoire), une descente en rappel (40 m) et l'escalade d'un arbre creux.

■ ***Sabine's Smiling Horses :*** *à 2 km à l'est de Santa Elena. 📱 8385-2424. • horseback-riding-tour.com • Compter env 50-60 $ pour une balade de 2h, 80 $ la demi-journée et 125 $ pour une sortie à la journée.* Agence sérieuse n'utilisant que des bons chevaux et les traitant bien. Il y a plusieurs options de promenade, notamment certaines adaptées aux enfants.

LE GUANACASTE ET LA PÉNINSULE DE NICOYA

• Carte *p. 230-231*

Au nord-ouest du Costa Rica, les 2/3 de la province du Guanacaste sont constitués de montagnes et de volcans, c'est la région la plus chaude et la plus sèche du pays. Au pied des monts, la ville de *Liberia,* cœur commercial d'une plaine agricole et fertile, vit encore au rythme de ses *sabaneros* (les cow-boys locaux) sous un soleil de plomb. Pas d'un fol attrait touristique, on y passe en venant de San José par la route Interaméricaine *(carretera Interamericana).* Vous traverserez ici des paysages arides, mais qui dégagent malgré tout une beauté certaine.

S'étendant sur environ 130 km de long, la *Península de Nicoya* commence au sud de Liberia. Elle présente des paysages où les terres d'élevage se marient aux forêts sèches, où les douces collines couleur fauve en saison sèche deviennent vertes quand arrivent les pluies. De superbes plages jalonnent un littoral découpé de baies et de pointes rocheuses. Parmi les plus connues, citons *Playas del Coco* (pas notre préférée) et ses voisines *Playa Ocotal* et *Playa Hermosa.* Mais la plus courue reste la station balnéaire de *Tamarindo,* qui attire les jeunes surfeurs en quête de vagues tranquilles et de fiesta.

Plus au sud, on découvre des plages plus sauvages et plus ardues, tant au niveau de l'accès que de la difficulté des vagues à surfer, puis le *Refugio de Vida Silvestre Ostional,* décor naturel étonnant pour un spectacle animalier unique : les arrivées *(arribadas)* en masse des tortues olivâtres (une autre espèce) entre juillet et décembre.

Plus on s'avance vers le sud de la péninsule de Nicoya, plus le climat diminue en sécheresse, tout en restant tropical et chaud. Les plages de *Nosara* et de *Sámara* sont un peu isolées mais séduisent les amateurs de glisse avec leurs belles vagues. À l'extrême sud, la côte égrène encore de très belles plages bordées de palmiers, comme *Playa Montezuma* et *Mal País / Santa Teresa.* Grand atout de ces villages entre monts et océan, ils ont échappé à l'urbanisation intensive et conservé leur taille humaine dans un environnement encore sauvegardé. Enfin, cerise sur le gâteau, à l'extrémité sud, la *Reserva Natural Absoluta Cabo Blanco,* site remarquable où mer et jungle forment un modèle d'écosystème et de conservation de l'environnement.

Avant de vous aventurer par ici, sachez que le sud de la péninsule de Nicoya est jalonné de pistes en très mauvais état (sûrement les pires du pays), il faut parfois passer des gués, voire des rivières pour pouvoir longer la côte et éviter de faire de grands détours par les terres : 4x4 indispensable en saison humide et SUV fortement recommandé en saison sèche.

UN PEU D'HISTOIRE

C'est dans cette partie du pays que vivaient les ***Chorotegas,*** considérés comme le peuple indien précolombien le plus développé. Le Guanacaste est conquis et colonisé par les Espagnols dès 1520. Mais ne trouvant pas d'or, ceux-ci se désintéressent de la région. Aucune vraie ville n'y a été fondée, même si la petite bourgade de Nicoya et la grosse ville de Liberia ont gardé leur plan quadrillé typique de la période coloniale. Après la Conquista, au XVIe s, la région est rattachée administrativement à la Capitainerie générale du Guatemala, siège du pouvoir politique espagnol en Amérique centrale.
En 1787, le Guanacaste est annexé par le Nicaragua voisin, mais en 1812, l'Espagne dit stop, et décide de placer cette province sous contrôle du Costa Rica. Résultat : le Guanacaste est revendiqué par 2 pays devenus indépendants et rivaux. Finalement, on transige : le Guanacaste est placé dans la mouvance du Nicaragua et la péninsule de Nicoya, au sud, dans la sphère d'influence du Costa Rica. Pour éviter la guerre, on vote, et le Sud l'emporte de justesse. Pour en savoir plus, lire « 1821-1848 : indépendance du Costa Rica » dans la rubrique « Histoire » de notre chapitre « Hommes, culture, environnement ».
Le Guanacaste et la péninsule de Nicoya ne concentrent aujourd'hui que 10 % de la population du Costa Rica. L'élevage bovin et l'agriculture se maintiennent, mais c'est le tourisme (balnéaire surtout) qui assure l'essor économique de la province.

LIBERIA

57 000 hab.

• Plan *p. 233*

À 220 km au nord-ouest de San José (par la route Interamericana), Liberia est la capitale de la province de Guanacaste. Grosse ville plate et quadrillée, c'est la porte d'entrée vers les plages du Pacifique, mais aussi un accès facile vers le Nicaragua. Située entre la mer et les montagnes, au cœur d'une région d'élevage, elle se caractérise par sa tradition rurale et sa culture *sabanera* (le *sabanero* étant le *gaucho,* ou le cow-boy local). Liberia joue le rôle de centre économique et commercial pour toute la région. Les touristes n'y résident pas, ils y passent, s'arrêtent pour boire un verre ou déjeuner, puis repartent directement vers les plages de la côte Pacifique ou vers le *Parque Nacional Rincón de la Vieja* (à environ 30 km au nord).
Avec sa place centrale bordée d'une église moderne et ses maisons blanchies à la chaux, on la surnomme la *« ciudad blanca »,* la ville blanche. Mais dire que c'est une ville de style colonial serait très exagéré... Ni agréable ni désagréable, il ne s'agit que d'une ville-étape.
À garder en tête : Liberia est considérée comme la ville la plus sèche du Costa Rica et affiche une température moyenne de 33 °C. Sortez votre chapeau, votre crème solaire et votre bouteille d'eau !

Arriver – Quitter

En bus

Liberia est un carrefour routier régional important. La gare routière ***Terminal Municipal*** *(plan A1,* ***1****)* se trouve près de l'*Interamericana* et du *Mercado Municipal.* La compagnie ***Pulmitan de Liberia*** *(☎ 2222-0610 ; voir leur page Facebook)* a son propre terminal de bus *(plan A1,* ***2****).*

NORD
Golfo de Papagayo
Bahía Culebra
Parque Nacional Rincón de la Vieja
Liberia
21
1
GUANACASTE
Playa Panamá
Playas Bonita y Buena
Playa Hermosa
Playa Ocotal
Playas del Coco
Comunidad
Reserva Biológica Lomas Barbudal
Playa Danta
Playa Potrero
Potrero
Playa Flamingo
Playa Brasilito
Playa Conchal
Filadelfia
Belén
Brasilito
Huacas
155
Playa Grande
Parque Nacional Marino Las Baulas
Tamarindo
Villa Real
Santa Cruz
160
152
27 de Abril
Playa Avellanas
Playa Negra
Playa Junquillal
Parque Nacional Barra Honda
Nicoya
Camital
Hojancha
Refugio Nacional de Vida Silvestre Ostional
Nosara
PÉNINSULE
Sámara
Puerto Carrillo
Playa Carrillo
OCÉAN PACIFIQUE
0 5 10 km
Pas de côté
Piste

LE GUANACASTE ET LA PÉNINSULE DE NICOYA

➢ ***San José :*** départ ttes les heures, 3h-20h, avec *Pulmitan de Liberia.* Trajet : env 4h30.
➢ ***Playas del Coco :*** bus ttes les 30 mn jusqu'à 20h, avec *Pulmitan de Liberia.* Trajet : 1h.
➢ ***Playa Tamarindo :*** env 9 bus/j., 7h-18h, avec la compagnie *La Pampa* (☎ *2665-7520).* Trajet : 2h30-3h. Départ du terminal *Pulmitan de Liberia.*
➢ ***Puntarenas :*** bus ttes les heures en moyenne, 5h-15h30 (5h-17h depuis Puntarenas), avec la compagnie *Reina del Campo* (☎ *2665-3635 ;* ● *reinadelcampo.com* ●). Trajet : 2h30. Départ du terminal municipal.
➢ ***Cañas :*** bus ttes les 30 mn avec *Reina del Campo,* 5h25-21h30 (4h30-20h30 depuis Cañas). Passe par Bagaces (35 mn) avant de rejoindre Cañas (1h). De là, on peut rejoindre les volcans Arenal ou Tenorio, entre autres.
➢ ***Le Nicaragua :*** bus réguliers pour La Cruz (avant la frontière) et Peñas Blancas (la ville sur la frontière) avec *Grupo Tranbasa* (☎ *2666-0517 ;* ● *grupotranbasa.com* ●). Départ ttes les 45 mn, 5h-18h30. Trajet : 2h. Départ du terminal municipal.
➢ ***Et aussi :*** bus pour les plages de Panamá, Hermosa et Flamingo, ainsi que pour Nicoya, Sámara, Nosara...

En avion

✈ ***Aeropuerto Daniel Oduber Quirós*** *(hors plan par A1)* **:** *à 12 km à l'ouest de la ville.* ☎ *2666-9600.* ● *liberiacrairport.com* ● On trouve des loueurs de voitures près de l'aéroport. Bus de l'aéroport au centre-ville ttes les heures, 5h-21h ; arrêt sur la place centrale, devant l'église. Également un service de transfert privé *(Liberia Airport Shuttle ;* ☎ *2290-4100 ;* ● *flysansa.com* ●), mais c'est évidemment plus cher.
➢ ***San José*** *(aéroport Juan Santamaría ou Pavas)* **:** 3-5 vols directs/j. avec *Sansa* (☎ *2290-4100 ;* ● *flysansa.com* ●). Durée de vol : env 50 mn.
➢ Liaisons avec de nombreux aéroports internationaux, comme Londres, NYC, Atlanta, Toronto. Une option pour ceux qui voudraient à tout prix éviter San José.

Adresses utiles

■ ***Banques :*** ***Banco de Costa Rica*** *(plan B1,* ***4****), au bord du* Parque Central, *angle c/ Real et av. 1. Lun-ven 9h-16h.* Change et distributeur. ***Banco Nacional :*** *av. 1, entre c/ 6 et c/ 8. Lun-ven 8h30-19h.* À signaler aussi : ***Banco Popular,*** *c/ 12 et av. Central. Lun-ven 8h45-16h30.*

⛽ ***Gasolinera*** *(station-service ; plan A1,* ***3****)* **:** *à l'intersection de la route Interamericana et de l'av. Central.*
🛒 ***Centro comercial Plaza Santa Rosa*** *(plan A1)* **:** on y trouve un supermarché, une pharmacie, des boutiques de souvenirs...

Où dormir ?

De très bon marché à bon marché (max 60 $ / 50 €)

🏠 Si vous êtes de passage à Liberia, 3 *hostels* économiques *(plan A1,* ***10****)* s'alignent sur l'*avenida 11,* en face du terminal municipal. Aucun ne se démarque du voisin, mais ça peut dépanner si vous arrivez tard et repartez tôt le lendemain : ***Hostal del Flaco*** (📱 *8899-0148),* ***Hospedaje Dodero*** (☎ *2665-4326 ;* ● *hospedajedodero.yolasite.com* ●) et ***Hostel Pura Vida*** (☎ *2666-2165). Pour ces 3 hébergements, compter env 7 000 CRC en dortoir et 12 000-18 000 CRC pour une chambre double sans ou avec sdb.*
🏠 ***Hotel Javy*** *(hors plan par B1,* ***11****)* **:** *à l'angle des diagonal, av. et c /19.* ☎ *2666-9253.* ● *hoteljavy.com* ● *Double env 57 $, petit déj inclus.* Dans cette ville sans charme et sans véritable offre hôtelière, cette adresse, bien qu'un peu excentrée, propose des chambres modernes et correctes. Toutes avec salle de bains, clim et TV. Évitez quand

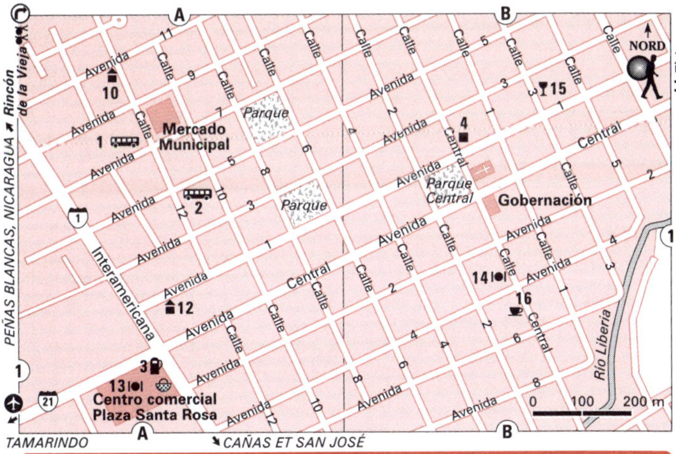

LIBERIA

■ **Adresses utiles**

1 Terminal Municipal (A1)
2 Terminal Pulmitan de Liberia (A1)
3 Gasolinera (station-service ; A1)
4 Banco de Costa Rica (B1)

Où dormir ?

10 Hostal del Flaco, Hospedaje Dodero et Hostel Pura Vida (A1)
11 Hotel Javy (hors plan par B1)
12 Hotel El Bramadero (A1)

Où manger ? Où prendre un petit déj ou un goûter ? Où boire un verre ?

13 Taquería Mazatlan (A1)
14 Café Liberia y Restaurante (B1)
15 Café Mariajuana (B1)
16 Posada Real Café (B1)

même celles du rez-de-chaussée, trop sombres, et celles, bruyantes, qui jouxtent les murs des climatisations comme la nº 209. Accueil sympa.

Prix moyens (60-90 $/ 50-75 €)

Hotel El Bramadero (plan A1, **12**) : *av. 1, presque au croisement de la route Interamericana. ☎ 2666-0371. • hotelbramadero.com • Doubles 65-73 $ selon saison.* Le gros carrefour routier est tout sauf séduisant mais l'hôtel abrite des chambres en retrait, au calme, doubles et familiales, avec clim et salles de bains privées. Il est propre et surtout pratique. Vaste cour intérieure avec une grande piscine, ce qui compense un peu. Pour dépanner uniquement.

Où manger ? Où prendre un petit déj ou un goûter ? Où boire un verre ?

Bon marché (max 6 000 CRC / 8 €)

Signalons quelques *sodas* très bon marché autour du *mercado municipal,* entre la gare routière et le *Maxi Pali.*

Taquería Mazatlan (plan A1, **13**) : *Centro comercial Plaza Santa Rosa. ☎ 2665-7089. Tlj 12h-21h (19h dim).*

Plats 2 500-5 000 CRC. Oubliez le centre commercial, le cadre n'est pas des plus exotique, mais l'essentiel se trouve dans votre assiette. À la carte de ce resto mexicain : tacos, *burritos, enchiladas* et autres classiques rameutent une clientèle internationale. Marinées, les viandes sont savoureuses et les plats d'une grande fraîcheur. Arrosez le tout d'un jus de fruits frais et régalez-vous.

Posada Real Café *(plan B1,* ***16****)* **:** *c/ Central (Real), entre av. 4 et av. 6. 8474-2222. Lun-ven 7h-19h, sam 9h-19h.* Dans une vieille demeure restaurée, voisine de l'adresse suivante, un café-pâtisserie rénové au goût du jour et proposant un espace de jeux pour les enfants et toutes sortes de cafés et chocolats, froids ou chauds. Quelques snacks et gâteaux à grignoter. Sympa pour un petit déj ou une pause-goûter.

Prix moyens (6 000-10 000 CRC / 8-14 €)

Café Liberia y Restaurante *(plan B1,* ***14****)* **:** *c/ Central (Real), entre av. 2 et av. 4. ☎ 2665-1660. En principe lun 16h30-21h, mar-sam 11h-21h et fermé dim. Plats 5 500-10 000 CRC.* Dans une vénérable demeure d'époque coloniale, connue ici comme la *Casa Zuniga Clachar.* Le chef est un Français installé ici après être tombé amoureux du pays. Il mijote avec savoir-faire une cuisine mariant la tradition et l'imagination. On y goûte des plats simples *(casados, fajitas,* sandwichs*)* et d'autres plus élaborés : *ceviches,* lasagnes, salades, viandes, poisson du jour. Également des crêpes et du gâteau au chocolat. Excellents jus de fruits, bière IPA et café de qualité bio.

Café Mariajuana *(plan B1,* ***15****)* **:** *c/ 3, entre av. 1 et av. 3. ☎ 2665-7217. Tlj 11h-23h (dim 22h).* Pour échapper à l'agitation (relative) et à la chaleur parfois étouffante de Liberia, ce resto-bar abrite une vaste cour bien planquée et ombragée par une pergola. On s'installe au calme pour s'hydrater d'un jus de fruits frais en journée et trinquer autour d'un cocktail ou d'une bière artisanale le soir (IPA, ambrée, aux épices, etc.), servie dans une chope glacée. Au menu, des plats internationaux, pas mémorables.

DANS LES ENVIRONS DE LIBERIA

Parque Nacional Rincón de la Vieja **:** *à 25 km au nord-est de Liberia, suivre la direction Curubandé. • sinac.go.cr • Tlj sauf lun 8h-16h (dernière entrée à 15h). Entrée 15 $; réduc. Compter 45 mn-1h en voiture depuis Liberia. En transports en commun, 3 bus/j. relient Liberia à Curubandé (village le plus proche de l'entrée du parc), mais il faut ensuite finir en taxi. La solution la plus directe et la plus simple est la navette organisée par* Offitours *(8899-8149 ; • offitours.com •), mais cela vous en coûtera 20 $/pers A/R. Il existe une autre entrée pour le parc (Santa Maria), mais le plus facilement accessible depuis Liberia est le secteur Las Pailas ; c'est celui que nous vous indiquons, bien que l'*Hacienda Guachipelín *prenne un droit d'entrée de 800 CRC/pers car on traverse sa propriété…*
Ce parc national porte le nom du volcan qu'il entoure : le Rincón de la Vieja. On dénombre sur ce volcan 9 centres éruptifs dont 2 cônes volcaniques couronnés chacun par un cratère. Santa Maria est le plus haut, culminant à 1 916 m (mais sa porte d'entrée est plus éloignée). Au total, la montagne s'étend sur plus de 130 km^2, ce qui en fait l'un des volcans les plus volumineux du pays. Si on vient fouler les sentiers de ce parc, c'est avant tout pour y observer les manifestations d'activités volcaniques.
4 sentiers parcourent le parc. ***Pensez vraiment à emporter beaucoup d'eau, car il fait souvent très chaud !*** Le plus accessible est le ***sendero Las Pailas.*** Il forme une boucle de 3,2 km que l'on parcourt en 2h. La balade, facile, alterne entre bosquets humides et secs (et quand on dit « sec », c'est vraiment desséché !). Dans un paysage quasi lunaire, on observe les fumerolles depuis des passerelles en

hauteur. Attention, ces bains bouillonnent entre 78 et 106 °C, ne vous avisez pas d'y tremper un orteil ! L'odeur de soufre agace le naseau mais on s'y fait.
Plus long et plus sportif, le ***sendero Las Cataratas*** mène à 2 cascades : la ***catarata Escondida*** à environ 4,9 km de l'entrée du parc (attention : 250 m de dénivelée positive), et, plus loin, la ***catarata Cangreja,*** également à 5 km de l'entrée mais plus facile. Au total, compter 4-5h pour parcourir ce sentier aller-retour. Attention, ***il est interdit de se baigner dans les cascades.*** Même si c'est tentant, on vous rappelle que le volcan est toujours actif et les eaux peuvent être brûlantes. Enfin, le ***sendero Santa Maria,*** qui passe par Las Pailas, fait 16 km A/R, soit environ 5h de marche. N'oubliez pas l'eau et un bon casse-croûte !
Notez que le sentier qui mène au cratère est fermé pour le moment à cause de l'activité volcanique.
Des guides proposent leurs services au niveau du centre visiteurs, utile si vous voulez observer la faune et mieux comprendre l'activité volcanique du Rincón.

Catarata Oropendola : *en contrebas du centre des visiteurs du parc Rincón de la Vieja. Tlj 8h30-16h30. Entrée 10 $; réduc ; gratuit pour les clients de l'Hacienda Guachipelín.* Un sentier boisé mène en 10 mn à cette superbe cascade où l'on peut se baigner à la fraîche. Attention, il faut traverser des escaliers suspendus pour l'atteindre. Pas très hauts certes, mais nos lecteurs sujets au vertige s'abstiendront peut-être du détour. Joli, mais le prix d'entrée est exagéré.

Où dormir ?

Bon marché (max 60 $ / 50 €)

El Sol Verde : *à 2,5 km au nord-est de Curubandé, en direction de l'entrée du parc national (secteur Las Pailas). ☎ 2665-5357. 8357-4593. • elsolverde.com • Camping 10 $/pers, cabanes-tentes 30 $ pour 2 et double env 55 $. Petit déj en plus. CB refusées.* Cette petite adresse permet de planter la tente, de louer une cabane-tente basique ou de loger en chambre double ou familiale. Sanitaires avec eau chaude et cuisine à partager. C'est très simple, propre et calme. Jardin avec hamacs. Accueil très détendu.

De prix moyens à chic (60-130 $ / 50-108 €)

Aroma de Campo Casa Rural : *à 2,5 km au nord-est de Curubandé, en direction de l'entrée du parc national (secteur Las Pailas). ☎ 2665-0008. 7010-5776. • aromadecampo.com • Double env 85 $; supérieure env 110 $. Dîner env 18 $. CB refusées.* Attention, coup de cœur ! Elle se mérite, cette adresse de charme, et la quiétude ambiante nous fait oublier la piste défoncée qui y mène. Dans un beau jardin de bougainvillées et de pachypodiums, parcouru par les *urraca,* de jolis oiseaux bleus, cette adorable maison abrite des chambres tenues avec grand soin et pimpantes. À chacun sa salle de bains, moderne et confortable comme le reste de la maisonnée. On a aimé les larges ouvertures sur la végétation, la grande table conviviale où partager le petit déjeuner sur l'agréable terrasse, sans oublier la piscine à l'eau de rivière. Enfin, des conteneurs colorés accueillent aussi des chambres, ultramodernes et originales, avec salle de bains et terrasse. Accueil délicieux en prime, un sans-faute !

Hacienda Guachipelín : *à 6 km au nord-est de Curubandé, en direction de l'entrée du parc national (secteur Las Pailas). ☎ 2690-2900. • guachipelin.com • Doubles env 70-120 $ selon saison.* Paradis des groupes et des tour-opérateurs, cette hacienda disperse ses chambres en tentacules autour du bâtiment principal. Piscine, spa, bar, petit déjeuner-buffet gargantuesque et vastes chambres, si tout le confort y est, il lui manque l'essentiel : le charme et l'authenticité. On l'indique surtout car l'hacienda propose diverses activités, concentrées sur son domaine : sources thermales, balades à cheval, tour dans la canopée... On peut aussi s'offrir un *pass* à la journée *(95 $/pers, déj inclus ; réduc)* sans être client de l'hôtel.

LE NORD DE LA PÉNINSULE DE NICOYA

PLAYAS DEL COCO

À 35 km à l'ouest de Liberia, sur le littoral pacifique de la province du Guanacaste, *Playas del Coco* est la plage la plus proche de la capitale provinciale Liberia. C'est aujourd'hui une petite station balnéaire très fréquentée par les familles nord-américaines.

Malheureusement, on y est les uns sur les autres et la longue rue bordée de commerces, de bars, de restaurants et de boutiques de souvenirs ne fait pas vraiment dans la discrétion ni dans la qualité... Cette voie animée débouche sur la mer et sur un parc public ombragé le long de la plage. Mais la ville manque de charme, et nos oreilles sifflent à n'entendre parler qu'anglais. Si vous avez le temps, descendez vers le sud et zappez Coco.

Arriver – Quitter

En bus

➢ ***San José :*** 3 bus/j., avec la compagnie *Pulmitan de Liberia.* Trajet : 5h-5h30. L'arrêt de bus se trouve juste en face du *Hard Rock Café.* Mieux vaut acheter son ticket la veille au terminal *Pulmitan Llantas Kelly* (hangar vert fluo dans la rue principale, à gauche quand on entre dans la ville ; *tlj 7h-17h).*

➢ ***Liberia :*** départ ttes les heures, 5h-20h avec *Pulmitan de Liberia.* Trajet : 1h. L'arrêt de bus est situé entre une boulangerie et la *Banco Nacional,* juste devant l'agence *Budget,* dans l'artère principale. On achète le ticket directement à bord.

Adresses utiles

■ ***Banco Nacional :*** *sur la gauche de la rue principale, en entrant dans la ville en venant de Liberia. Lun-ven 8h30-15h30.* Change les dollars et les euros. Distributeur à l'extérieur. Également la ***Banco de Costa Rica,*** dans un petit centre commercial à l'entrée de la ville. *Lun-ven 9h-16h.*

Super Compro : *un peu en retrait de la rue principale. Tlj 7h-21h.* Le supermarché le mieux fourni de la station.

Où dormir ?

De très bon marché à bon marché (max 60 $ / 50 €)

Hostel M & M Garden House : *c/ La Chorrera, la 2e rue parallèle à la plage. ☎ 2670-0273. 8353-6865. • hotelmym.com • Lits en dortoir 4-10 pers avec clim et sdb partagée 17-25 $; doubles avec clim et sdb privée 56-80 $, petit déj inclus.* La seule AJ de la station. On y accède par une jolie pelouse plantée de palmiers, ce qui procure un sentiment de fraîcheur bien agréable. Les dortoirs donnent sur la piscine tandis que les chambres (dont certaines atteignent la catégorie « Prix moyens ») se répartissent autour de la réception (pas mal de passage, et donc de bruit, d'autant que l'insonorisation est moyenne). De confort simple, tous possèdent la clim, mais les douches (peu nombreuses) carburent à l'eau froide. Cuisine commune. Jolie piscine, terrain de volley et hamacs où lézarder, il manque juste un chouia de tranquillité à notre goût (route pas loin, musique...).

🏠 ***Hotel M & M Beach House :*** *à 150 m à de la Guardia Rural et de l'entrée principale de la plage.* ☎ *2670-1212.* 📱 *8353-3374.* • *hotelmym.com* • *Doubles 60-65 $.* Bon emplacement pour ce petit hôtel face à la plage. Grande maison en bois de style tropical, avec une mezzanine à l'étage (pour le petit déj), des tentures et des hamacs suspendus ici et là. À l'intérieur, les chambres se répartissent autour d'un patio tranquille, certaines pouvant accueillir des familles. Elles sont correctes mais avec ventilo seulement, ce qui est parfois un peu juste aux heures les plus chaudes (vraiment chaudes). Accueil avenant, assuré par une équipe de femmes dynamiques.

De prix moyens à chic (60-130 $ / 50-108 €)

🏠 ***Pato Loco Inn :*** *dans la rue principale, juste avt le terminal de bus* Pulmitan Llantas Kelly. ☎ *2670-0145.* • *patolocoinn.com* • *Doubles 68-78 $ selon saison, petit déj en plus.* Certes, on est dans la rue principale et non au bord de la plage. Mais cette petite adresse attachante doit beaucoup à la personnalité de sa proprio nord-américaine, Mary, qui a son caractère et tient sa maisonnée de main de maître. Petites chambres dotées d'une jolie touche de déco, avec clim et salle de bains. Piscine à l'arrière. Et Mary est aux fourneaux chaque matin pour concocter un bon petit déj. Ça change un peu de l'accueil impersonnel qu'on trouve ailleurs...

🏠 ***B & B Villa del Sol :*** *c/ La Chorrera, à 1 km au nord du village.* ☎ *2670-0085.* • *villadelsol.com* • *Doubles 55-85 $ selon saison, studios 80-120 $.* À 150 m de la plage, cette auberge est une belle villa entourée d'un vaste jardin tropical avec piscine et dotée de beaux *walking trees* procurant une ombre bienvenue. Chambres et studios (avec cuisine) très bien tenus, avec bonne literie, salle de bains privée, ventilo et clim. Certaines sont en revanche un poil étriquées. Une adresse au calme, à 15 mn à pied de l'animation de la station. Bon accueil.

Où manger ? Où boire un verre ?

Bon marché (max 6 000 CRC / 8 €)

🍴 ***Le long de la plage :*** sur la promenade publique le long de l'océan, on trouve plusieurs *sodas,* les pieds dans le sable ou à une enjambée de la plage. Mais ils ne font pas l'unanimité, profitant de leur emplacement pour survendre une cuisine de niveau moyen, sans parler de l'accueil souvent blasé... Citons, tout de même le ***Soda La Teresita,*** à l'angle de la plage et du terrain de foot. Dans la rue, si on vous promet « *the best ceviche in town* », laissez tomber, c'est de l'arnaque.

🍸 ***Bar El Ancla :*** *au bout de la rue principale, sur le front de mer.* ☎ *2670-0864. Tlj 11h-22h (23h ven-sam).* Ce grand bar blanc et bleu s'ouvre aux 4 vents, face à la plage. Bière locale pas trop chère, musique latino et cocktails à gogo, sans oublier les écrans pour les accros aux sports.

De prix moyens à chic (6 000-15 000 CRC / 8-20 €)

🍴 ***Toucanoos :*** *dans le petit centre commercial* El Pueblito Sur. 📱 *4703-6633. Tlj sauf lun-mar 12h-19h. Compter env 7 000-8 000 CRC.* Ce petit local tout vert, avec quelques tables en terrasse, connaît un franc succès. Il faut dire qu'on se met dans le gosier de bons sandwichs (végétariens ou non), burgers, salades thaïes et tacos, le tout de bonne facture dans tous les sens du terme. Le pain et les sauces sont maison. Également de bons desserts comme la tarte à l'orange « de la jungle » et des boissons saines à base d'hibiscus, de citron ou de gingembre.

Santorini : *dans la rue principale. 8572-3916. Tlj midi et soir. Compter env 12 000 CRC.* Un resto grec au Costa Rica ? Et pourquoi pas : c'est vraiment le genre de cuisine qui se marie idéalement avec les températures élevées de la région. De plus, si la carte est un poil chère, les produits sont vraiment à la hauteur. Dans une grande salle ouverte sur la rue, on avale donc avec plaisir une *pikilia,* soit un assortiment d'entrées à partager, une fraîche salade grecque ou, pour les frileux (!), un gyros ou une moussaka. Belle carte de vins.

Les plages des environs

Soyons honnêtes, ce ne sont pas nos plages préférées. Mais si vous êtes dans le coin, elles permettent d'échapper à la plage sans grand charme de *Playas del Coco,* bien que de nombreux pélicans lui donnent un petit charme sauvage.

Playa Ocotal : *à 4 km à l'ouest de* Playas del Coco. Cette plage de sable noir se love dans une anse encadrée de pointes rocheuses. On la recommande aux amateurs de *snorkelling* et aux amateurs de farniente (elle est en partie ombragée). On y trouve le *Father Rooster,* un excellent bar-resto les pieds dans le sable, très agréable du déjeuner à l'heure de l'apéro.

Playa Hermosa : *à 5 km au nord de* Playas del Coco. Longue de 1,5 km et couverte de sable gris, cette plage s'avère plus verte que ses voisines. Son principal avantage : bénéficier de l'ombre des arbres. Bon resto-bar de plage, l'*Aqua Sport.*

Playa Bonita et Playa Buena : *à 8,5 km au nord de* Playas del Coco. *On y accède par un chemin qui part de l'hôtel* Occidental Papagayo. Moins connues des touristes car mal indiquées, ces 2 petites plages sont réputées comme de bons spots de *snorkelling.*

Playa Panamá : *à 10 km au nord-est de* Playas del Coco *et 4 km de* Playa Hermosa. Située au fond de la baie Culebra, elle est surtout fréquentée par des locaux. Longue d'environ 2 km, cette plage de sable gris bordée de forêt tropicale sèche est idéale pour la baignade et le farniente à l'ombre d'un arbre. En forme de fer à cheval, les courants n'y sont pas forts.

À faire

3 clubs de plongée (tous très pro), basés dans le centre de *Playas del Coco,* proposent des sorties vers des spots situés à environ 15 mn en bateau. Certainement pas les plus beaux fonds marins, mais on peut y observer raies mantas, petits requins et tortues. Compter 160 $ pour un baptême (1h en piscine et 2 plongées) et 120-125 $ pour un forfait 2 plongées. Également des sorties *snorkelling,* prévoir 50-55 $.

■ **Summer Salt Dive Center :** *c/ La Chorrera. ☎ 2670-0308. • summer-salt.com •* Tenu par des Français ; on nous y a réservé le meilleur accueil.

■ **Deep Blue Diving :** *c/ La Chorrera. ☎ 2670-1004. • deepblue-diving.com •* Très pro.

■ **Rich Coast Diving :** *dans la rue principale. ☎ 2670-0176. • richcoastdiving.com •* Accueil moins chaleureux que chez ses concurrents mais équipe tout aussi pro.

Les plages entre Playas del Coco et Tamarindo

Playa Danta et Dantita, Playa Potrero, Playa Flamingo, Playa Brasilito et Playa Conchal : de 30 à 65 km au sud de Playas del Coco. Ce secteur du littoral pacifique du Guanacaste est accessible en prenant la route de l'arrière-pays. De *Playas del Coco,* prendre la route de Nicoya jusqu'à Belen, puis tourner à droite ; suivre ensuite la route 155 jusqu'à Huacas (à environ 20 km). À Huacas, tourner à droite (panneaux) et suivre la route vers le nord.
On vous indique les plages du nord au sud : à 30 km au nord de Huacas, ***Playa Danta*** et ***Playa Dantita*** sont les plus éloignées de la route. Si *Playa Danta* est bordée de *resorts* luxueux, on avoue un petit coup de cœur pour sa voisine, bien plus secrète, *Playa Dantita.* Il faut marcher 10-15 mn dans un sous-bois pour l'atteindre. À 12 km au nord de Huacas, ***Playa Potrero*** et ses eaux calmes, dont la petite baie en forme de croissant est surtout fréquentée des locaux. Ensuite ***Playa Flamingo,*** sa belle étendue de sable blanc et ses eaux calmes également. À 6 km au nord de Huacas, on arrive à ***Playa Brasilito,*** une petite plage au centre d'un village, fréquentée par les locaux. Enfin, ***Playa Conchal*** arrive dans notre top 3 (avec *Playa Dantita* et *Playa Flamingo*), on la recommande surtout pour s'adonner aux joies du *snorkelling.*
– *Bon à savoir :* la compagnie privée *Interbus* (● *interbuscostarica.com* ●) dessert les plages de Potrero, Flamingo et Conchal depuis/vers Tamarindo.

TAMARINDO

6 500 hab.

● Plan *p. 241*

Tamarindo s'impose comme la station balnéaire la plus importante de la côte Pacifique. Dans les années 1960, ce n'était qu'un modeste village de bord de mer, méconnu des touristes. Aujourd'hui, cette petite ville, étendue le long d'une grande plage de sable blanc, offre le visage de toutes les stations balnéaires qui se développent avec avidité. Les locaux la surnomment même « Tama Gringo » tant elle est plébiscitée des Américains. Ni belle ni laide, elle profite malgré tout d'une situation idéale pour parcourir la côte et offre tous les avantages d'une station moderne : hôtels, restaurants, bars, boîtes de nuit et *surf shops.* Le surf, on vient ici pour ça ! Du lever au coucher du soleil, on assiste au défilé permanent des corps bien sculptés qui attendent le *break* parfait. Les amateurs de spots plus sauvages et vierges fileront à *Playa Grande,* site ultra-protégé par le *Parque Nacional Las Baulas.* Si vous n'aimez ni le surf ni la foule, tracez votre route !

Arriver – Quitter

En bus

Arrêt de bus (plan zoom B1-2) **:** en face du bar Sharky's, dans l'av. Central. Il s'agit d'un modeste abribus à peine visible.
➢ ***San José :*** 3 bus/j. avec la *Tralapa* (☎ 2223-5876). Également 2 bus/j. avec la *Empresa Alfaro* (☎ 2222-2666 ; ● *empresaalfaro.com* ●). Trajet : env 5h30.
➢ ***Liberia :*** une dizaine de bus/j., 3h30-17h, avec les *Transportes La Pampa* (☎ 2665-7520 ; ● *transportes lapampa.net* ●). Trajet : 2h30.

En *shuttle* privé

➢ ***Avec la compagnie Interbus :*** *bureau dans le* Centro comercial Plaza Conchal. ☎ *2653-4374.* ● *interbuscostarica.com* ● Cette compagnie privée assure des liaisons pour Tamarindo depuis San José, Monteverde (Santa Elena), La Fortuna (volcan Arenal), Tilarán (sud-ouest de la *Laguna de Arenal*). Également pour Liberia (aéroport), mais c'est bien plus cher que le bus normal (voir ci-dessus « En bus »).

En avion

✈ L'***aéroport*** est à 5 km au nord-ouest du centre-ville *(hors plan par B1).*
➢ ***San José :*** avec *Sansa (☎ 2290-4100 ; ● flysansa.com ●).* Durée : 50 mn.

Adresses utiles

■ ***Banco Nacional*** *(plan zoom B2,* ***1****) : sur l'av. Central. Lun-ven 8h30-15h45.* Distributeurs à l'extérieur. Également un bureau de ***Banco de Costa Rica*** *(plan zoom B1,* ***2****)* dans le *Centro comercial Plaza Conchal. Lun-ven 9h-16h.*
■ ***Farmacia*** *(plan zoom B1,* ***2****) : dans le* Centro comercial Plaza Conchal. *Lun-sam 8h-20h, dim 9h-17h.* C'est la pharmacie la plus centrale. Autre adresse : la ***Farmacia Pacifico,*** située sur la droite de la route principale (c/ Central), en entrant dans la station quand on vient de Liberia.
■ ***Médecin généraliste*** *(plan zoom B1,* ***2****) :* **Doctor Luis Diego Herrera Fernández,** Plaza Conchal, *dans la pharmacie.* ☎ *2653-0121.*
🧺 ***Super Compro*** *(plan zoom B1,* ***3****) : c/ del Parque. Tlj 7h-21h.* Un supermarché central, plutôt bien fourni.
■ ***Fast Clean*** *(laverie ; plan zoom B1,* ***2****) : au 1er étage du* Plaza Conchal. 📱 *7068-5550. Tlj 7h-19h.* Laverie pratique car centrale et la livraison du linge à votre hôtel est incluse dans le prix (certes un poil élevé).
⛽ ***Gasolinera*** *(station-service ; hors plan par B1) : la plus proche se trouve à 8 km au nord de Tamarindo, sur la route 155.*

Où dormir ?

De très bon marché à prix moyens (max 90 $ / 75 €)

🏠 ***La Botella de Leche Hostel*** *(plan zoom B2,* ***10****) : av. Central.* ☎ *2653-0189.* ● *labotelladeleche.com* ● *Lits en dortoir env 12-20 $; doubles env 40-70 $.* Sans aucun doute notre AJ préférée à Tamarindo. Loin de l'ambiance bling-bling de la station, cet *hostel* joliment peint en blanc et bleu se démarque par son calme et son ambiance fraternelle. Les chambres (avec salle de bains privée et clim), alimentées par des panneaux solaires, sont distribuées autour d'un patio agréable et lumineux et d'une petite piscine – on en profite d'ailleurs depuis son balcon ou son hamac. Toutes se révèlent impeccables et coquettes dans leur décoration. Les petits budgets opteront pour le dortoir de 8 lits, lui aussi avec clim. Cuisine commune très bien équipée, salle de yoga, salon extérieur et accueil absolument charmant du proprio québécois, impossible de trouver mieux.
🏠 ***Pura Vida Hostel*** *(plan zoom B2,* ***11****) : av. Central.* ☎ *2653-2464.* ● *puravidahostel.com* ● *Lits en dortoir 10-18 $; doubles 40-60 $.* Dans un tout autre style que son voisin *La Botella de Leche Hostel,* cette adresse conviendra mieux à nos lecteurs plutôt *roots* et nostalgiques de la période *baba.* L'auberge s'organise autour d'une grande hutte commune (le *rancho*) où les hôtes se prélassent dans des hamacs, lisent, boivent un verre ou jouent de la gratte. Au choix : des dortoirs (4 ou 8 lits), avec ventilo ou clim, ou des chambres avec salle de bains privée. La déco met à l'honneur le rock & roll : The Doors, Pink Floyd, Janis Joplin, à chacune son effigie... Les chambres s'avèrent plutôt

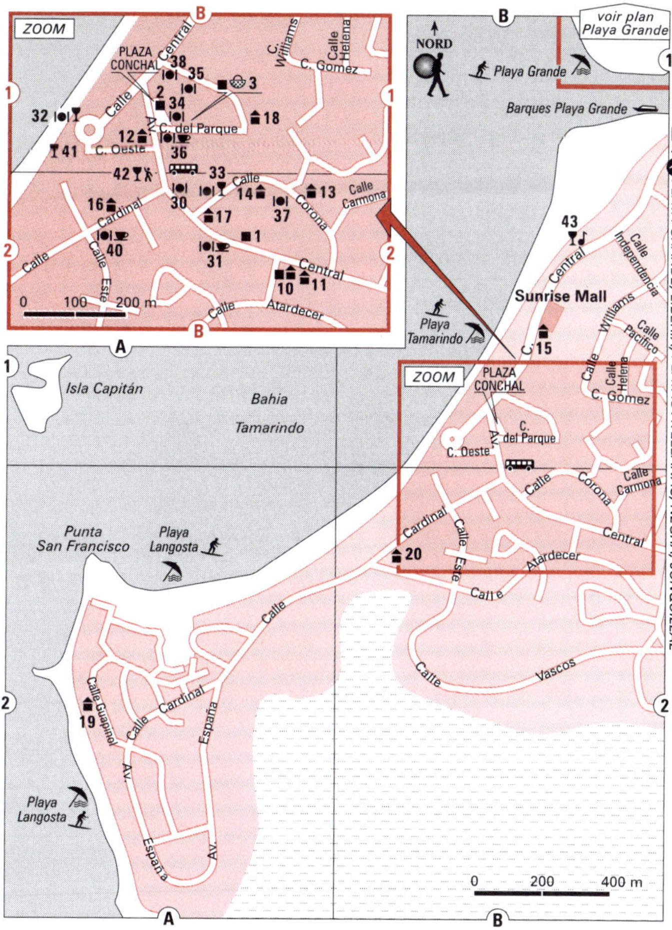

TAMARINDO

Adresses utiles

1 Banco Nacional (zoom B2)
2 Banco de Costa Rica, Farmacia, médecin généraliste et Fast Clean (zoom B1)
3 Super Compro (zoom B1)
10 Be Water Diving (zoom B2)

Où dormir ?

10 La Botella de Leche Hostel (zoom B2)
11 Pura Vida Hostel (zoom B2)
12 El Coral Reef Surf Hostel (zoom B1)
13 Mahayana Hotel (zoom B2)
14 In The Shade Hotel (zoom B2)
15 Blue Trailz Hostel & Surf Camp (B1)
16 Selina Hostel (zoom B2)
17 Hotel Pasatiempo (zoom B2)
18 Hotel Luamey (zoom B1)
19 Sueño del Mar B & B (A2)
20 El Mono Loco Hotel (B2)

Où manger ? Où prendre un petit déj ?

30 Falafel Bar (zoom B2)
31 La Bodega (zoom B2)
32 Nogui's (zoom B1)
33 Green Papaya (zoom B2)
34 Pasta Casera (zoom B1)
35 El Mercadito (zoom B1)
36 Breaking Bread (zoom B1)
37 Dragonfly Bar & Grill (zoom B2)
38 Patagonia (zoom B1)
40 Café Tico (zoom B2)

Où boire un verre ? Où écouter de la musique ? Où danser ?

32 Nogui's (zoom B1)
33 Green Papaya (zoom B2)
41 El Chiringuito (zoom B1)
42 Sharky's (zoom B1-2)
43 Volcano Brewing Co (B1)

petites mais propres (c'est le principal, non ?). 2 cuisines collectives et une laverie. Organise des concerts de jam, reggae...

El Coral Reef Surf Hostel *(plan zoom B1, **12**) : av. Central, en face de la Plaza Conchal. ☎ 2653-0291. • coral reefsurfcr@gmail.com • Selon confort et saison, lits en dortoir 10-25 $, doubles 30-40 $.* Une adresse à réserver à nos lecteurs qui veulent loger au plus près de la fiesta. Resto-bar au rez-de-chaussée (réduc pour les clients de l'auberge), vous n'aurez pas à tituber longtemps pour rejoindre votre plumard. Du dortoir pour 7 à 14 personnes avec salle de bains attenante, aux chambres doubles avec salle de bains partagée, en passant par les chambres privatives pour les petits groupes de potes : seul ou en tribu, vous y trouverez forcément votre compte. Clim et eau chaude pour tous, cuisine commune et bel espace de vie avec hamacs, cet *hostel* offre de belles prestations vu les prix affichés, mais l'entretien est plutôt aléatoire. Les sommeils légers prévoiront des bouchons d'oreilles, ou iront dormir ailleurs.

Selina Hostel *(plan zoom B2, **16**) : c /Cardinal, derrière le Pacific Park Building. ☎ 4052-5986. • selina.com/costa-rica/tamarindo • Selon saison et confort, lits en dortoir 15-45 $, doubles 50-180 $, petit déj inclus.* Cette auberge de jeunesse internationale branchée dispose ici d'une capacité de 200 lits. Une vingtaine de dortoirs de 4 à 10 lits (avec clim) et une trentaine de petites chambres privées (catégorie « De prix moyens à chic ») sans ou avec salle de bains selon le prix, le tout réparti dans des bungalows récents et colorés, agrémentés de quelques dessins façon *street art*. Vaste espace, encore un peu nu mais agréable, avec piscine, bar, cuisine commune, salle de méditation et de yoga, *fitness*... Sans oublier les ateliers et les soirées. Bref, une ambiance assez cool. Location de vélos. Comptoir pour les transports et les excursions. Une vraie AJ !

Blue Trailz Hostel & Surf Camp *(plan B1, **15**) : c/ Central. ☎ 2653-1705. • bluetrailz.com • Lits en dortoir env 15-17 $; doubles env 50-60 $.* Le *surf shop* côté rue (bruyante) abrite la réception. Plus au calme à l'arrière, le petit bâtiment bleu compte seulement 2 dortoirs de 6 lits et 2 chambres privées. Clim et salle de bains privée pour tous ; les hôtes partagent une cuisine extérieure et une autre à l'étage, sans oublier le patio avec hamacs, tables et canapés où discuter. C'est propre et joli mais assez confidentiel. Pour les cours et la location de planche, pas besoin de chercher plus loin.

Mahayana Hotel *(plan zoom B2, **13**) : c/ Corona. ☎ 2653-1154. 📱 8562-0312. • hotelmahayana.com • Doubles 40-80 $ selon confort.* À l'écart de l'agitation de la rue principale, au bout d'un chemin, ce petit hôtel ombragé par quelques arbres nous a conquis par sa simplicité, sa convivialité et, surtout, le calme qui y règne. La demeure rouge brique, de plain-pied, ne compte que 6 chambres et 2 appartements avec cuisine autour d'une petite cour flanquée d'une minuscule piscine. Petites mais propres, bien arrangées, avec suffisamment de confort (clim, salle de bains privée). Cuisine commune.

De prix moyens à chic (60-130 $ / 50-108 €)

El Mono Loco Hotel *(plan B2, **20**) : c/ Cardinal. ☎ 2653-0238. • hotelmo noloco.com • Doubles 60-100 $.* Notre coup de cœur à Tamarindo ! La qualité de l'accueil, la situation au calme, le parfait entretien des chambres, on a tout aimé dans ce petit hôtel tenu avec grand soin par une propriétaire nord-américaine, joviale et soucieuse du bien-être de ses clients. Une douzaine de chambres avec salle de bains (eau chaude) se répartissent autour du jardin tropical et de la petite piscine. Fraîches (carrelages et clim), elles sont décorées avec des tissus colorés et des lits en bois pour une ambiance tropicale (la moiteur en moins !). Frigos et micro-ondes à disposition. Également un appartement. Une adresse vraiment sympa, bien loin du tumulte de la station et juste en face de la plage (il suffit de traverser la route). On n'est pas bien là ?

In The Shade Hotel *(plan zoom B2, **14**) : c/ Corona. • inthes hadecr.com • Réception tlj 8h-17h,* *sinon système de self-checking. Doubles 40-120 $. Petit déj en plus, à prendre au Garden Café voisin.* Dans un coin calme, voici un remarquable petit hôtel design, composé de 2 bâtiments modernes d'un étage, donnant sur la végétation tropicale. Tout neufs et immaculés, ils abritent seulement des doubles, petites mais impeccables, toutes avec clim, salle de bains privée et baie vitrée s'ouvrant sur des balcons. Déco sobre et claire, mobilier contemporain, avec juste ce qu'il faut d'art et de fantaisie. Également une grande piscine bien agréable. Un excellent rapport qualité-prix pour Tamarindo. On le recommande chaudement !

De chic à plus chic (90-130 $ et plus / 75-108 € et plus)

Hotel Pasatiempo *(plan zoom B2,* ***17****) : angle av. Central et c/ Corona. ☎ 2653-0096. • hotelpasatiempo.com • Doubles 105-130 $.* Dispersées dans un jardin tropical, les chambres, confortables (clim, ventilo, très bonne literie, salle de bains moderne), sont arrangées avec goût et un sens pratique dans de petits pavillons nichés sous les arbres. Les plus belles sont les *deluxe* et les chambres pour les familles (3 ou 4 personnes). L'ensemble est moderne et tenu avec soin. Des concerts sont organisés certains soirs sous la grande paillote près de la piscine, mais ne craignez pas pour votre sommeil, ils s'arrêtent vers 21h30. En revanche, on a trouvé l'accueil assez impersonnel. Bon rapport qualité-prix néanmoins.

Hotel Luamey *(plan zoom B1,* ***18****) : c/ del Parque. ☎ 2653-1510. • hotelluamey.com • Doubles 90-200 $, petit déj inclus pour les plus chères.* Dans un agréable jardin tropical, les jolies chambres, à la déco de bois soignée, profitent de belles terrasses s'ouvrant sur la végétation et la piscine où flotte un flamant rose géant. On vous sert d'ailleurs le petit déjeuner sur votre propre terrasse, histoire de débuter la journée en douceur. Les tarifs sont justifiés par la qualité du lieu et des prestations (clim, TV, excellente literie...). 2 chambres moins chères donnent sur l'arrière (et donc le parking), mais présentent, du coup, peu d'intérêt. Accueil d'une grande gentillesse de la part du proprio vénézuélien.

Sueño del Mar B & B *(plan A2,* ***19****) : Playa Langosta, à env 2,5 km au sud-ouest du centre de Tamarindo. ☎ 2653-0284. • sueno-del-mar.com • Doubles 170-290 $. Séjour de 2 nuits min.* Dans la catégorie luxe de bord de mer, voici une excellente adresse. On se croirait dans une hacienda de style espagnol avec ces maisonnettes blanches couvertes de toits de tuiles. Les chambres offrent tout le confort espéré et une décoration « rustique-chic » recherchée et chaleureuse : tissus du Guatemala, lits en bois tropical, patio, clim. Les amoureux en lune de miel choisiront la suite « *Luna* » (quand on aime, on ne compte plus...). Jolie piscinette face à la mer. Un passage en pente mène à la plage rocheuse où des hamacs sont prévus pour la sieste, face à l'océan.

Où manger ?

Bon marché (max 6 000 CRC / 8 €)

Si vous êtes à la recherche d'un petit déj, la ville pullule de petites adresses cosy servant de bons cafés, gâteaux, omelettes, etc. Elles vendent également des sandwichs et des salades le midi à base de produits souvent bio. Parmi celles-ci, citons notamment le **Café Tico** *(plan zoom B2,* ***40****)*, **La Bodega** *(plan zoom B2,* ***31****)* ou encore **Breaking Bread** *(sauf lun ; plan zoom B1,* ***36****). Tous sont ouv env 7h-15h.*

Pasta Casera *(plan zoom B1,* ***34****) : Plaza Conchal. Lun-ven 8h-20h, w-e 8h-15h. Compter env 3 000-6 000 CRC pour avoir le ventre plein.* Une boutique mouchoir de poche sous les arcades du centre commercial. La maison s'est spécialisée dans les *empanadas* : jambon-fromage, fromage-épinards, poulet-légumes... Également des paninis et pâtes maison, le tout à emporter. Pratique pour manger sur le pouce.

De prix moyens à chic (6 000-15 000 CRC / 8-20 €)

|●| Notez que, chaque jeudi de 18h à 21h, un ***petit marché nocturne*** se déroule un peu au-dessus de *La Botella de Leche Hostel (plan zoom B2, **10**)*. Autant de stands de nourriture que de stands d'artisanat... Très bobo !

|●| ***Falafel Bar*** *(plan zoom B2, **30**) : au croisement de c/ Central et c/ Cardinal. ☎ 2653-1268. Tlj sauf mar 10h30-23h. Plats 5 000-8 000 CRC.* Petit restaurant de spécialités orientales dont la terrasse de poche est abritée sous un toit de palmes. Ici, tout est cuisiné avec des produits naturels et sains. On y sert des falafels, des salades (salade grecque, taboulé), du houmous, des pitas garnies, autant de plats savoureux qui fleurent bon la Méditerranée. À arroser d'une limonade frappée ou d'un thé glacé à l'hibiscus. Rien de local, mais c'est frais et vitaminé.

|●| ***Nogui's*** *(plan zoom B1, **32**) : au bord de la plage. ☎ 2653-0029. Tlj 6h-22h. Plats 5 000-12 000 CRC.* Créé en 1974 par Nogui Acosta, un pionnier de la station, à l'époque où Tamarindo était un petit village oublié du monde. Aujourd'hui, ce resto-bar de plage jouit d'un emplacement remarquable. Il se compose d'un grand pavillon en bois avec mezzanine à l'étage et d'une très agréable terrasse à même le sable. On peut y siroter un jus de fruits ou y descendre une *Pilsen,* mais aussi y manger les orteils en éventail. Carte sans véritable génie, mais fraîche et variée : *ceviche, ahi poke,* salades, viandes grillées, fruits de mer... Certes, on paye un peu l'emplacement !

|●| ***El Mercadito*** *(plan zoom B1, **35**) : c/ del Parque. Tlj 11h-23h.* En plein air, ce *mercadito* contemporain n'a de marché que les stands de cuisine. Asiatique, sud-américaine, *US, veggie,* méditerranéenne... On choisit sa cahute en fonction de son humeur et de ses envies, avant de s'installer à l'une des nombreuses tables (la plus éloignée du DJ pour nous). Le rapport qualité-prix ne saute pas toujours aux yeux, mais le lieu contentera les estomacs indécis. Si vous cherchez de la cuisine saine, on vous conseille les stands *Poke Bowl* et *Pure Vegan,* avant de vous autoriser une bonne petite glace chez *Pops* ? On peut aussi y boire un verre, accoudé au voilier transformé en bar !

|●| ***Green Papaya*** *(plan zoom B2, **33**) : c/ Corona. ☎ 2653-0863. Tlj sauf lun 11h-22h. Plats 3 000-8 000 CRC.* C'est à la fois un bar à cocktails et un *taco bar* tenu par une équipe de jeunes gens dynamiques. On aime la déco de bois et les amusantes balançoires où se percher à l'extérieur. À la carte, des plats tex-mex : tacos, *burritos,* salades, tartines. Un peu cher et pas toujours inoubliable, mais on vient pour l'ambiance et pour se mettre à l'abri de la poussière dans cette petite rue calme.

De chic à plus chic (10 000-15 000 CRC et plus / 14-20 € et plus)

|●| ***Dragonfly Bar & Grill*** *(plan zoom B2, **37**) : c/ Corona. ☎ 2653-1506. Tlj 17h30-22h. Plats 8 000-13 000 CRC.* Derrière un enclos de bambous, une grosse bicoque tropicale abrite l'un des meilleurs restos de Tamarindo. On y sert une cuisine fusionnant l'Asie et l'Occident, qui suit le rythme des saisons et joue sur l'exotisme. La carte est courte, c'est bon signe : on y trouve aussi bien des currys et des *bowls* asiatiques que des grillades de poisson ou de viande, le tout ornementé de quelques sauces jouant parfois le sucré-salé ou d'une petite salade créative. Et les lumières tamisées en font un cadre idéal pour une soirée en amoureux.

|●| ***Patagonia*** *(plan zoom B1, **38**) : c/ del Parque, à l'intersection avec c/ Central. ☎ 2653-0612. Résa conseillée. Tlj 11h-23h. Plats env*

20-35 $. Amis viandards, retroussez vos manches ! Voici le meilleur resto où savourer de gros steaks cuits à la manière argentine (même si la viande vient des États-Unis). Plutôt une table pour le soir, mais pensez à réserver car l'adresse est réputée et souvent bondée. Pas de salle intérieure, seulement une terrasse couverte qui donne sur la rue.

Où boire un verre ? Où écouter de la musique ? Où danser ?

Nogui's *(plan zoom B1,* ***32****)* **:** *au bord de la plage. ☎ 2653-0029. Tlj 6h-22h.* Notre emplacement préféré (voir plus haut « Où manger ? ») assure aussi côté cocktails. Le spot parfait pour siroter son verre sous les arbres, face à l'océan, dès l'apéro et le coucher du soleil. Souvent un petit spectacle de jongleur de feu en début de soirée.

El Chiringuito *(plan zoom B1,* ***41****)* **:** *au bord de la plage. ☎ 2438-9569. Tlj 7h-23h.* Un peu plus chic que le *Nogui's,* qu'il jouxte presque, ce bar de plage séduit par son joli mobilier blanc et bleu, planté les pieds dans le sable, et son atmosphère *lounge* branchée. Sympa pour boire un verre au coucher du soleil. La cuisine est meilleure qu'au *Nogui's,* quoique plus chère, mais le service n'est ni très efficace ni très chaleureux. Dommage.

Green Papaya *(plan zoom B2,* ***33****)* **:** *c/ Corona. Tlj sauf lun 11h-22h.* C'est à la fois un resto (voir « Où manger ? ») et un *taco bar* affichant une chouette sélection de cocktails, que l'on sirote sur les balançoires à l'extérieur.

Volcano Brewing Co *(plan B1,* ***43****)* **:** *c/ Central, à l'entrée du resto* Eat at Joe's *et du complexe* Witch's Rock. *Tlj jusqu'à 22h.* Pour ceux qui aiment le mode de vie US, ce comptoir le long de la route passante sert de bonnes bières microbrassées fabriquées à Tamarindo. Une douzaine de pressions comme la *Volcano IPA* mais aussi des blondes, des brunes, etc. Et on bénéficie des concerts du resto *El Vaquero* (même maison) sur le sable juste derrière...

Sharky's *(plan zoom B1-2,* ***42****)* **:** *av. Central. ☎ 2653-4705. Tlj 11h30-2h30.* Ce grand *sports bar* populaire auprès des jeunes surfeurs organise aussi des soirées à thème : karaoké, *ladies night, College night...* Ambiance musicale enfiévrée et très alcoolisée.

À faire

Surf

Tamarindo est un grand rendez-vous de surfeurs, qui y trouvent de belles vagues pour exercer leur passion, en particulier de mars à octobre. La plage de Tamarindo conviendra bien aux débutants. Pour les surfeurs plus confirmés, il vaut mieux aller à *Playa Grande* au nord ou aux *Playas Langosta, Avellanas et Negra,* vers le sud. Presque tous les hébergements, une multitude de boutiques et autant d'écoles proposent des cours de surf et louent des planches. Les prix sont à peu près les mêmes partout. Compter 10-15 $/j. pour la location d'une

UN ÉTÉ SANS FIN

Tamarindo est devenu un spot de surf réputé depuis l'installation de Robert August, l'un des deux surfeurs du film The Endless Summer, *sorti en 1966. Dans ce film, Robert August et Bruce Brown voyagent des plages d'Afrique à celles de Nouvelle-Zélande, et de Tahiti à Hawaï à la recherche des plus belles vagues du monde, au cours d'un « été sans fin »... Et puis, Robert August teste le* Witch's Rock, *au sud du Parque Nacional Santa Rosa, qui devient alors la Mecque du surf au Costa Rica. Depuis, il a ouvert le* Witch's Rock Surf Camp *à Tamarindo.*

planche à la journée ; env 35-40 $ pour un cours collectif de 2h (max 4 personnes) et 55-70 $ pour un cours individuel. Les instructeurs sérieux ne prennent pas plus de 4 élèves par classe. On vous indique 4 *surf shops* réputés, mais on en trouve à la pelle tout au long de la plage. Certains proposent également des hébergements.

■ ***Matos Surf Shop :*** *c/ Central, dans le* Sunrise Mall. *8826-2899.* • *matossurfshop.com* • *Tlj 8h-20h.* Grande boutique qui loue et vend du matériel. Propose aussi des cours d'initiation. Un des clubs de surf les plus réputés et sérieux de la station. Également une annexe à *Playa Grande.*

■ ***Banana Surf School :*** *c/ Central, à côté du* Sunrise Mall. ☎ *2653-2463.* • *bananasurfschool.com* • *Tlj 9h-18h.* Un des 1ers *surf shops* de la ville. Location de matériel aux prix normaux, cours assurés par des instructeurs professionnels.

■ ***Iguana Surf Shop :*** *c/ Central, à 100m au nord de l'hôtel* Diria. ☎ *2653-0091.* • *iguanasurf.net* • *Tlj 8h-18h.* Comme les autres, loue du matériel et propose des cours. Pour un cours de surf acheté, remise de 50 % sur la location.

■ ***Witch's Rock Surf Camp :*** *c/ Central.* ☎ *2653-1262.* • *witchsrocksurfcamp.com* • *Tlj 8h-18h.* C'est le centre de surf créé par le célèbre Robert August (voir l'encadré plus haut). Propose des cours, du matériel, de l'hébergement et des packages (sans compter 2 restos, un bar, etc.). Mais c'est un peu plus l'usine qu'ailleurs, succès oblige.

Plongée sous-marine

De décembre à février, c'est la saison des raies mantas. Mais avouons-le, les fonds marins ne regorgent pas d'une faune marine exceptionnelle.

■ ***Be Water Diving*** *(plan zoom B2,* ***10****) :* à La Botella de Leche Hostel, *av. Central.* *8389-5022.* • *bewaterdiving@gmail.com* • Ce club de plongée au sein de notre A.J. préférée vous réservera un accueil chaleureux et un encadrement pro. Propose du matériel de qualité et de belles sorties plongée et *snorkelling,* notamment vers les îles Catalina.

Plages alentour

Playa Langosta : *à 2 km au sud-ouest du centre de Tamarindo.* Facilement accessible à pied, et bien plus tranquille et sauvage, les baigneurs et amateurs de farniente la préféreront à *Playa Tamarindo.* C'est aussi un spot de surf pour débutants à un peu expérimentés.

Pour rejoindre les 3 plages suivantes, impossible de longer la côte depuis Tamarindo, il faut revenir à l'intérieur des terres. De Tamarindo, dépasser Villa Real et poursuivre environ 3 km sur la route 152. De là, sur la droite, des panneaux indiquent une piste qui descend vers les plages (10 km pour *Playa Avellanas* et 13 km pour *Playa Negra*). Attention, ne jamais emprunter cette route en saison des pluies. Si vous n'êtes pas à l'aise sur les pistes, préférez la route goudronnée, longue mais plus facile. Pour cela, de Tamarindo, prendre la route 152 jusqu'au hameau 27 de Abril. De là, la piste 160 (en bon état) part vers les plages.

Playa Avellanas : *à env 18 km au sud de Tamarindo.* En route, possibilité de s'approvisionner en lait, yaourts, feta et fromage de chèvre et de montrer aux bambins les biquettes du *Rancho Avellanas (tlj 8h-17h).* La longue et belle plage de sable blanc d'Avellanas, bordée de palmiers et préservée de toute construction, attire les surfeurs de bon niveau. On y croise des locaux et quelques touristes qui ont eu vent de ce spot bien moins fréquenté que Tamarindo. ***Attention,*** la baignade est dangereuse à cause des puissants courants.

Tranqui Funkey : *au carrefour avt la plage.* *8596-4418 ou 8383-3393.* • *tranquifunkey@gmail.com* • *Doubles 60-80 $, petit déj inclus.* Esprit très routard pour cette petite adresse située dans un jardinet égayé de plantes vertes et de jolis cailloux. 5 chambres simples mais propres, avec douche froide, toilettes, clim et hamac. La jolie cahute en bois sur pilotis abrite un petit resto fusion. Cours de yoga à l'étage. Pour le surf, on vous conseillera. Bon accueil.

Rapture Surfcamp : *après les Bungalows Avellanas. 6424-2320 (WhatsApp). • rapturecamps.com • Lits en dortoir 35-45 $/pers, doubles 110-125 $; ½ pens incluse dim-jeu.* Cette chaîne internationale de *surfcamps* a ouvert une petite structure récente au milieu de la végétation. Dortoirs de 4 à 6 lits et 5 chambres doubles impeccables avec salle de bains. Belle piscine. Cours de surf et de yoga. C'est un peu cher, mais c'est nickel et les prix incluent la ½ pension en semaine ! Le week-end, c'est soirée pizza ou barbecue (payants). Bon accueil.

Lola's : *sur la plage. Tlj sauf lun de 9h au coucher du soleil. Plats env 10-17 $.* C'est le resto-bar de plage typique et branché, avec un emplacement exceptionnel face à la mer. Sous les toiles blanches, le service virevolte entre les tables afin de satisfaire une clientèle de vacanciers aisés, exigeants mais détendus. À la carte, élaborée à base de produits frais et aussi bio que possible, salades, *ciabatta,* burgers, *fish and chips* mais aussi *ceviche, poke*, tacos, nachos, calamars... Bon choix de cocktails. Chic et cher, mais de bonne qualité et état d'esprit écolo (plastique interdit, recyclage, etc.).

Playa Negra : *à env 21 km au sud de Tamarindo.* Une belle plage de sable doré, plébiscitée presque exclusivement par les surfeurs expérimentés.
Pour changer un peu, le centre équestre **Costa Rica Equestrian Vacations** *(8339-6431),* qui jouxte *Ravenala Landscaping,* propose des cours *(50 $/h ; réduc enfants)* et des balades à cheval *(70 $ pour 2h ; min 13 ans).* Il se trouve vers l'intérieur des terres, non loin du resto *Latino.* Tout autour, on y voit (et on y entend) régulièrement des singes hurleurs perchés dans les arbres...

Casa Mymy Hostel : *en arrivant à droite. 6193-1433. • casamymy.com • Lits en dortoir 15-20 $/pers.* Cette jolie maison en bois est tenue par Myriam, une Française très sympa. Elle a aménagé un dortoir de 9 lits superposés avec clim à l'étage. Le rez-de-chaussée abrite la salle de bains commune, le salon et la cuisine. Il y a même le wifi ! Elle propose également des cours de surf et du matériel à louer. Tout simple, tout bon.

Café Playa Negra B & B : *dans le village. ☎ 2652-9351. • cafeplaya negra.com • Doubles env 45-75 $. Plats 4 500-8 500 CRC.* Comme l'église au milieu du village, ce petit hôtel au style adobe et béton ciré loue des chambres propres et confortables (salle de bains, clim) à des prix raisonnables. Piscine ombragée. Fait aussi resto, avec notamment quelques plats péruviens. Accueil aimable, mais qui mériterait un peu plus de chaleur (humaine, bien sûr, puisqu'il fait bien chaud par ici !).

Jalapeňo : *dans le village. ☎ 2652-9270. Tlj sauf dim 8h-16h. Petit déj et plats 8-10 $.* C'est le petit *coffee-shop* moderne du village. Dans un mouchoir de poche climatisé, on avale un petit déj, un burrito, un taco, un *wrap* ou une salade à base de produits locaux et bio. Également du bon café et des smoothies rafraîchissants.

Pizzeria La Vida Buena : *dans le village. ☎ 2652-8092. Tlj midi et soir. Pizzas env 7 000-13 000 CRC.* Grande salle banale servant pourtant les meilleures pizzas au feu de bois du secteur, à base de produits frais. Accueil simple et chaleureux.

Playa Junquillal : *à env 26 km au sud de Tamarindo.* Des 3 plages au sud de Tamarindo, celle-ci voit déferler les vagues les plus puissantes ; seuls les surfeurs expérimentés peuvent s'y attaquer car les *breaks* sont plus courts et le site est rocailleux. C'est aussi un lieu de préservation des tortues *baulas, negras* et *loras* sous le patronage de l'ONG *Verdiazul (• verdiazulcr.org •)* qui organise des visites guidées de juillet à février. Leur bureau se trouve peu avant la plage sur la gauche (demandez, tout le monde connaît).

Camping Los Malinches : *à Playa Blanca. ☎ 2658-8429. 8981-5773. Compter env 3 000 CRC/pers.* Pour ceux qui voyagent avec leur tente (ou leur oncle !), voici un petit terrain de camping plus ou moins plat, très simple, mais au bord de la plage. Vue sur la mer et ses rochers. Douche et w-c basiques. Accueil très gentil.

Mundo Milo Ecolodge : *500 m avt la plage à gauche. ☎ 2658-7010. • mundomilo.com • Doubles env 65-85 $, sans le petit déj.* Une adresse assez originale, tenue par une sympathique Hollandaise. Outre un joli bar et une agréable piscine noyée dans la végétation, elle a fait bâtir des bungalows à thème qui changent un peu de la routine habituelle. On a bien aimé l'Africain (sans clim) et les 2 chambres du bungalow mexicain, très coloré. Excellent accueil et bon resto.

Guacamaya Lodge : *300 m avt la plage à gauche. ☎ 2658-8431. • guacamayalodge.com • Doubles env 80-90 $, sans le petit déj.* Dans un beau jardin avec pelouse et belles plantes, une piscine et une grande paillote faisant office de restaurant et de bar. Bungalows tout confort avec salle de bains (eau chaude) et clim. Excellent entretien. Cuisine de très bonne tenue. Accueil charmant.

Lochitos : *env 1 km avt la plage, sur la piste 928. ☎ 2201-6894. Tlj sauf dim. Plats env 4 500-10 000 CRC.* Cette paillote tenue par des Ticos a une excellente réputation et à juste titre. On y est accueilli chaleureusement et on y mange en toute simplicité une cuisine généreuse : salades, *ceviches*, *arroces*, burritos, poisson, calamars, *pollo*, *lomito* et bien sûr les habituels *casados*. Impeccable.

PLAYA GRANDE ET LE PARQUE NACIONAL MARINO LAS BAULAS

• Plan *p. 249*

Le site est vraiment superbe, encore sauvage et très peu urbanisé. Au nord de Tamarindo, il s'agit d'une péninsule plate couverte d'une forêt secondaire, qui a la particularité d'être bordée sur son flanc sud-ouest par une immense plage de sable blanc, *Playa Grande.* L'ensemble est protégé par le *Parque Nacional Marino Las Baulas.* Quelques maisons sont noyées dans les bois, accessibles seulement par des chemins de terre.

On vient surtout à *Playa Grande* pour se baigner et pour surfer. Malheureusement, il est devenu de plus en plus rare de pouvoir y observer les impressionnantes tortues luths. Pas de secret : c'est bien sûr le réchauffement climatique, la pêche et les constructions qui les font fuir. Si par miracle, vous avez vent d'une arrivée, allez-y mais respectez absolument toutes les consignes de préservation !

LES TORTUES LUTHS... HÉROÏQUEMENT !

Las Baulas est le nom donné par les Costariciens aux tortues luths, d'où le nom du *Parque Nacional Marino Las Baulas,* qui englobe à la fois un beau morceau de forêt et la grande plage de *Playa Grande.* La tortue luth est une espèce de tortue géante mesurant entre 1,5 et 2 m de longueur et pesant près de 500 kg (parfois plus). Ces mastodontes marins ne portent pas une carapace d'écailles comme les autres tortues marines mais une sorte de peau épaisse comme du cuir, dure et résistante (c'est pour cela que les anglophones les appellent *leatherback,* « dos de cuir » en français). Grande voyageuse, la tortue luth effectue d'interminables migrations en mer, qui peuvent la mener jusqu'à 6 000 km de son lieu de ponte habituel.

Si elles étaient des centaines il y a encore quelques années à venir pondre le soir sur la plage de Playa Grande, leur venue se raréfie. Parfois, et même en pleine

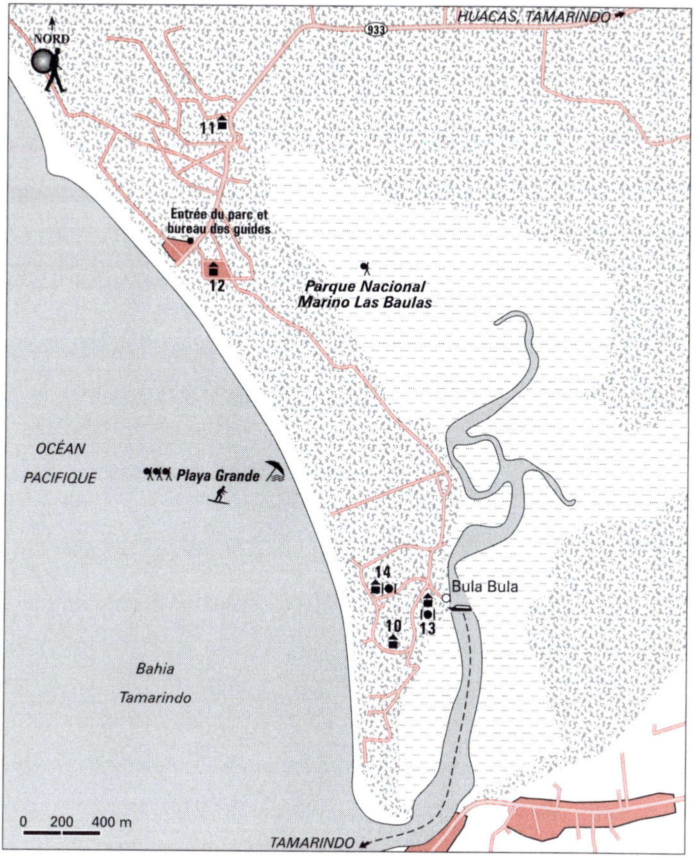

PLAYA GRANDE ET LE PARQUE NACIONAL LAS BAULAS

Où dormir ? Où manger ?	
10 Playa Grande Surf Camp et El Manglar Hotel	11 Indra Inn
	12 Sugar's Monkey et Rip Jack Inn
	13 Hotel Bula Bula
	14 Hotel Cantarana

saison de ponte, soit de mi-octobre à mi-février, les gardiens du parc ne recensent qu'une tortue par semaine, voire aucune... Bref, ***on vous déconseille vraiment de faire le détour exprès.*** Au cas où vous tomberiez sur un débarquement de tortues, un guide est obligatoire. Malgré cela, on a vu dans le passé des attroupements de touristes indignes du respect que l'on doit à ces vénérables animaux. Parfois, le voyeurisme l'emporte sur la préservation. Il y a un ***bureau des guides*** *(Oficina del Parque ; tlj 8h-12h, 13h-16h)* à l'entrée de la plage *(sur la droite de la route, un bâtiment avec une tortue devant).* Compter environ 30 $ par personne si vous vous rendez directement sur place, ou bien environ 35 $ si vous passez par votre hébergement et que le transport est alors inclus. Sinon, filez plutôt à 15 km au nord de *Playa Grande,* à ***Playa Minas*** et ***Playa Nombre de Jesus,*** où ***les tortues noires (tortugas negras) viennent pondre la nuit*** toute l'année, avec un pic en novembre-décembre. Renseignements auprès de votre hébergement ou du bureau des guides du parc (guide certifié obligatoire).

Arriver – Quitter

En bateau

Des barques à moteur assurent la liaison entre Tamarindo et *Playa Grande* en 10-15 mn. Ce sont de petites embarcations qui ne partent que s'il y a des clients. On les prend sur le côté gauche de la route principale qui sort de Tamarindo en direction de Liberia, environ 250 m après le *Pueblo Dorado Hotel* et le poste de police. L'embarcadère (on y achète les billets) est discret, consistant en une bicoque au bord de la petite rivière Estero Palo Seco. Pour 500 CRC par personne, ces bateaux vous débarquent sur la rive opposée de la rivière, donc tout au sud de la plage de *Playa Grande.*
Si vous logez à *Playa Grande* mais n'êtes pas véhiculé, demandez plutôt à vous faire déposer au petit embarcadère de l'***Hotel Bula Bula.*** C'est ici que se concentrent la plupart des hébergements. Compter alors 1 500 CRC par personne.

Où dormir ? Où manger ?

De bon marché à prix moyens (max 90 $ / 75 €)

☗ ***Playa Grande Surf Camp*** *(plan,* ***10****)* **:** *à env 3 km au sud de l'entrée du parc, secteur Bula Bula.* ☎ *2653-1074.* • *playagrandesurfcamp.com* • *Lits en dortoir 25-37 $; casita 2 pers env 50 $.* Cet *hostel* pour surfeurs propose différentes options d'hébergements, plus ou moins sauvages. Au choix : un dortoir d'une douzaine de lits, avec clim certes, mais au prix surévalué en saison vu le confort basique ; des chambres haut perchées et semi-ouvertes sur l'extérieur ; enfin, plusieurs *casitas,* sortes de huttes tropicales de forme triangulaire, en bois et couvertes de palmes. Clim seulement dans les *casitas* et sanitaires à partager pour tous. Cuisine collective. Piscine bien agréable. Cours de surf et location de planches. En résumé : un peu spartiate, un peu bruyant le soir, mais correct.
☗ ***Sugar's Monkey*** *(plan,* ***12****)* **:** *peu après Rip Jack Inn à gauche, avt le carrefour.* ☎ *2653-0719.* • *sugarsmonkey.com* • *Doubles env 47-80 $, sans le petit déj.* À l'abri d'un petit jardin tropical, cet hôtel haut en couleur propose des chambres à la déco plus ou moins soignée selon celle qui vous reviendra, mais toujours confortables (clim, bonne literie et salle de bains privée). On apprécie *chiller* au bord de la piscine ou siroter un jus de fruits maison au café d'en bas. La maison propose aussi des cours de surf sur la plage, à 2 mn à pied.
☗ ***Indra Inn*** *(plan,* ***11****)* **:** *à env 800 m de l'entrée du parc, sur la route principale.* ☎ *2653-4834.* • *indrainn.com* • *Doubles avec clim 50-100 $, petit déj inclus.* Cette adresse familiale ne compte pas plus de 7 chambres privées, toute simples mais avec poutres et hamacs et réparties autour d'un jardin. On a aimé la convivialité et le calme du lieu : cuisine commune, bibliothèque où échanger ses bouquins, massages sur demande, *silent hours* à la nuit tombée. Plus éloignée de la plage que nos autres adresses, mais que cela ne vous rebute pas, la *playa* n'est jamais qu'à 10 mn à pied.
☗ ***El Manglar Hotel*** *(plan,* ***10****)* **:** *à env 3 km au sud de l'entrée du parc, secteur Bula Bula.* ☎ *2653-0952.* • *hotel-manglar.com* • *Doubles standards env 45-70 $; villas 2-4 pers env 70-120 $. Pas de petit déj.* *El Manglar* est situé

au cœur d'un grand jardin tropical, verdoyant et luxuriant. Il comprend plusieurs types d'hébergement, de la chambre standard à la villa tout équipée avec cuisine, TV, balcons, hamacs, sans oublier un appartement. Toutes les chambres ne se valent pas, mais elles ont la clim, un coffre, la TV et du café à disposition. Cuisine d'été. Location de vélos, cours de surf, yoga et massages. Un sentier privé mène à la plage.

De chic à plus chic (90-130 $ et plus / 75-108 € et plus)

🏠 |●| ***Hôtel Cantarana*** *(plan, **14**) : à env 3 km au sud de l'entrée du parc, secteur Bula Bula. ☎ 2653-0486. • hotel-cantarana.com • Resto tlj sauf lun. Doubles 85-115 $, petit déj inclus. Plats 13-28 $.* Cet hôtel-restaurant, proche de la plage, loue de jolies chambres au milieu d'un charmant jardin doté d'une piscine. C'est aussi l'une des bonnes tables du parc Las Baulas. Aux fourneaux, le chef marie la tradition culinaire du Costa Rica aux saveurs latines et européennes. Le midi la carte est réduite : *wraps,* tacos et *ceviche,* auxquels s'ajoutent, le soir, salades, pâtes et viandes. Sa cuisine est certes un peu onéreuse mais de bonne qualité, servie sur une terrasse ouverte sur le jardin.

🏠 |●| ***Hotel Bula Bula*** *(plan, **13**) : à 2,5 km de l'entrée du parc, à l'embarcadère Bula Bula. ☎ 2653-0975. • facebook.com/HotelBulaBulaCostaRica • Resto ouv tlj. Doubles avec clim à partir de 130 $. Plats env 7 000-12 000 CRC.* Isolé mais semble-t-il heureux de cette solitude dans la nature, le *Bula Bula* est une belle découverte, une adresse cachée et remarquable. À taille humaine, l'hôtel n'abrite qu'une dizaine de chambres, sans luxe mais charmantes, joliment décorées et aménagées. L'ensemble est tenu avec soin par l'adorable proprio, qui nous a réservé l'un des meilleurs accueils de ce bout de côte ! Outre une piscine, il y a un petit embarcadère au fond du jardin qui permet de rejoindre Tamarindo en 10 mn de bateau. Il y a aussi le *Great Waltini's Bar & Restaurant,* où l'on sert une cuisine savoureuse et variée, sans compter les soirées et concerts de temps à autre. Propose une flopée d'activités liées à la nature (randonnées, observation des tortues...).

🏠 ***Rip Jack Inn*** *(plan, **12**) : près de l'entrée du parc. ☎ 2653-1636. • ripjackinn.com • Doubles 95-135 $; bungalow env 160-190 $.* Ce petit complexe hôtelier abrite plusieurs types d'hébergement : des *standard rooms,* des *deluxe,* des *family suites* (4 personnes) et des bungalows. Tout est impeccable, avec clim, salle de bains privée, une bonne literie et une déco réussie. Il y a également 2 piscines, une salle de yoga et un resto. En principe, musique live le jeudi soir. L'ensemble manque un peu de personnalité et de chaleur, mais les prestations sont à la hauteur.

LE CENTRE DE LA PÉNINSULE DE NICOYA

SÁMARA

• Plan *p. 253*

En forme de croissant de lune, la plage de Sámara est l'une des plus préservées de la côte Pacifique. À cette beauté naturelle, il faut ajouter le calme et l'aspect villageois de la bourgade, où l'on croise encore des chevaux dans les rues. Peu urbanisée, peu développée, la petite Sámara a choisi un mode de

développement modéré, maîtrisé et à visage humain. Pas de constructions hideuses dans le paysage, pas d'immeubles agressifs, le bord de mer a gardé son âme et son bon sens.
Certains s'agaceront peut-être de croiser tant d'Européens, dont une flopée de Français, venus titiller les vagues de ce spot de surf réputé. Si vous ne maîtrisez pas l'art du *take-off,* de nombreuses autres activités sont proposées dans les environs : balades en kayak de mer, *snorkelling,* pêche et balades équestres... Ou simplement farniente sur la jolie plage.

Arriver – Quitter

En bus

➢ ***San José :*** les bus *Alfaro* (☎ 2519-9953 ; • empresaalfaro.com •) proposent 2 départs/j. à 4h30 et 9h (dim 9h et 13h30). Trajet : 5h. De San José, les bus partent du *Terminal 7/10* situé c/ 10 et av. 7. Autre option : prendre un bus jusqu'à la gare routière de Nicoya d'où les liaisons avec San José sont plus nombreuses (8 bus/j.). En saison, mieux vaut acheter son billet la veille du départ, voire 2 jours avant. ***Billetterie*** à côté de l'arrêt de bus pour San José *(plan B1 ; lun-sam 8h-12h, 13h30-17h ; dim 8h-13h, 15h-17h).*

➢ ***Nicoya :*** env 10 bus/j. 5h30-18h45 (5h-20h depuis Nicoya) avec *Empresa Traroc* (☎ 2685-5352 ; • traroc.com •). Trajet : 1h. Horaires et vente des tickets en face de l'arrêt de bus, presqu'à l'angle de la *Panaderia Roots Bakery.* Les bus s'arrêtent à Sámara et continuent jusqu'à *Playa Carrillo.*

➢ ***Nosara :*** 1 bus/j. à 10h. Trajet : 40 mn.

Adresses et info utiles

Info Center *(plan B2) : dans la rue qui longe l'océan.* ☎ *2656-2424. • samarainfocenter.com • Tlj sauf dim 9h-17h (14h sam).* Un bureau d'informations riche en documentation et en bons conseils. Horaires des bus, choix d'hébergements, activités à faire dans les environs, on y trouve tout... Très serviable, l'équipe peut aussi vous réserver n'importe quel tour.

■ ***Banco de Costa Rica*** *(plan B2,* ***1****) : au bord du terrain de foot. Lun-ven 9h-16h.* Change les dollars. Distributeur à l'extérieur. Également une ***Banco Nacional*** avec les mêmes services en face du supermarché *Palí. Lun-ven 8h30-15h45.*

■ ***Policía*** *(plan B2,* ***2****) : sur la droite du chemin qui aboutit à la plage, après le terrain de foot.*

■ ***Consultations médicales*** *(plan B1,* ***3****) : en face de l'Hostel Sámara.* ☎ *2656-0992. Lun-ven 8h-17h, sam 8h-12h.*

Supermercado Palí *(plan A1,* ***4****) : en face de l'église. Tlj 8h-20h (21h ven-dim).* Le supermarché le moins cher et le mieux approvisionné de la ville.

Gasolinera *(station-service ; hors plan par B1) : pas de station-service dans le centre de Sámara. La plus proche se trouve à 5 km au nord, sur la route de Nicoya.*

Où dormir ?

De très bon marché à prix moyens (max 90 $ / 75 €)

Hostel Sámara *(plan B1-2,* ***11****) : à 50 m de l'église.* ☎ *2656-3372. • samarahostelcr.com • Lits en dortoir 15-20 $; doubles 38-72 $.* Notre adresse économique favorite dans le village. Toute de bleu et blanc vêtue, propre et bien tenue, cette AJ s'organise autour d'une cour intérieure où s'épanouit un vieil arbre. On y trouve des dortoirs avec lits superposés en

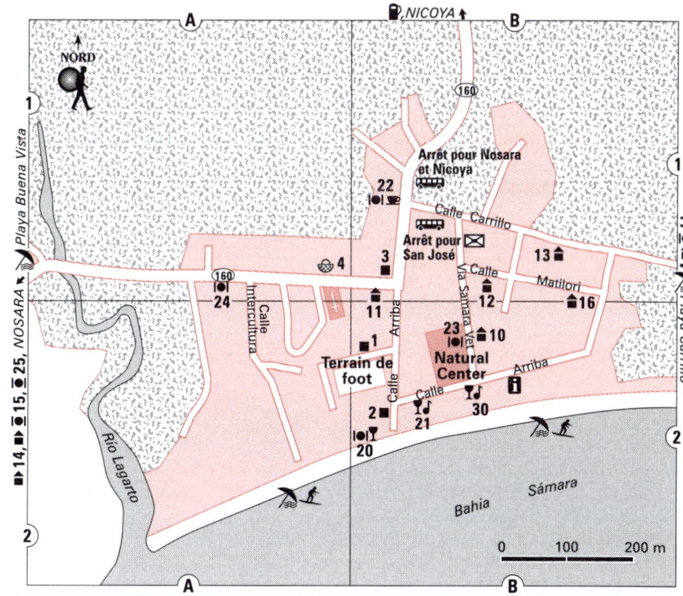

SÁMARA

■ **Adresses utiles**

- Info Center (B2)
- 1 Banco de Costa Rica (B2)
- 2 Policía (B2)
- 3 Consultations médicales (B1)
- 4 Supermercado Palí (A1)

Où dormir ?

- 10 Cactus Hostel (B2)
- 11 Hostel Sámara (B1-2)
- 12 Hostel Matilori (B1)
- 13 Tico Adventure Lodge (B1)
- 14 Samara Chillout Lodge (hors plan par A1)
- 15 Sámara Pacific Lodge (hors plan par A1)
- 16 Pension Playa Sámara – El Rancho de la Playa (B1-2)
- 17 Bahia Front Beach Hotel (hors plan par B1)

Où manger ? Où prendre un bon petit déj ?

- 20 Luv Burger (B2)
- 22 Panadería Roots Bakery (B1)
- 23 Sub Express & Deli et Casa Maxou (B2)
- 24 Mama Gui (A1-2)
- 25 Soda La Perla (hors plan par A1)

Où boire un verre ? Où écouter de la musique ?

- 20 Luv Burger (B2)
- 21 Gusto Beach (B2)
- 30 Lo Que Hay Bar & Taquería (B2)

bois pour 8 personnes, et des chambres à l'étage (double ou quadruple) avec salle de bains privée et la clim. Confort suffisant, bonne literie, netteté partout. Cuisine collective. L'ensemble est tenu par des *Ticos* qui vous réservent un accueil chaleureux.

Cactus Hotel *(plan B2,* ***10****) : c/ Samara Vet. ☎ 2656-3224. • samarabackpacker.com • Doubles 34-52 $ selon confort. CB refusées.* Tout flashy de l'extérieur, égayé de peintures naïves à l'intérieur, cet *hostel* nous a aussi séduits par son calme et sa propreté. 5 chambres seulement (avec ventilo, 1 seule chambre sans clim) dont 2 se partagent une salle de bains. Oubliez dortoirs, fiesta et promiscuité, Pierrot, le sympathique proprio suisse, plein d'humour, tient à la sérénité de sa maisonnée et donne de bons conseils pour se restaurer dans le village. Cuisine commune impeccable et bien équipée, et salon-salle à manger où partager de bons moments, à moins de préférer la courette plantée de cactus. Location de scooters. Un bon plan !

Hostel Matilori *(plan B1,* ***12****) : c/ Matilori. ☎ 4705-3075. • hostelmatilori.com • Lits en dortoir 10-16 $; doubles 30-40 $. CB refusées.* Petite auberge très baba-*roots,* à prix sages et située en plein centre, dans une rue calme. Consiste en 2 maisons voisines, peintes en jaune et bleu et profitant d'une cour ombragée par un imposant manguier. Dortoirs de 4 ou 6 lits et 3 chambres privées, très simples, avec ventilo, *lockers* et salle de bains commune. Balcons avec hamacs. Une cuisine dans chaque maison mais pas de petit déj. On regrette l'absence de jardin mais l'ambiance très routarde compense un peu.

Pension Playa Sámara – El Rancho de la Playa *(plan B1-2,* ***16****) : c/ Matilori. ☎ 2656-0573. • pensionplayasamara.com • Doubles 40-60 $ selon confort, petit déj inclus ; apparts env 70-80 $ pour 2.* En plein centre, une pension tenue par des locaux, dans un décor façon ranch (d'où le nom). Les chambres se répartissent dans 2 bâtiments et offrent un confort simple. Les moins chères se partagent une salle de bains, et toutes ont la clim. Préférer celles côté ranch, à l'étage, avec une fenêtre donnant sur la rue, les autres étant petites et assez sombres. Les familles peuvent aussi opter pour les appartements avec cuisine, d'une capacité de 5 personnes. Tenue et propreté impeccables. Piscine ombragée et bon petit déj. Bon accueil.

Tico Adventure Lodge *(plan B1,* ***13****) : c/ Carrillo. ☎ 2656-0628. • ticoadventurelodge.com • Doubles et studios 2 pers 45-80 $; également des familiales et appart, ainsi que 2 maisons pour 6 pers.* Ici, c'est le style « jungle tropicale » qui prévaut, dans l'architecture comme dans les chambres. Voici un hôtel arrangé avec soin au cœur d'un jardin luxuriant. On y trouve des hébergements pour tous les goûts, des chambres pour 2 ou 4 personnes, avec ou sans clim, aux maisons pour 6. Les plus vastes sont équipés d'une cuisine et jouissent d'une belle terrasse avec hamacs pour se relaxer. Pas mal de services, massage et yoga, excursions et activités sportives.

De chic à plus chic (90-130 $ et plus / 75-108 € et plus)

Samara Chillout Lodge *(hors plan par A1,* ***14****) : Del Super Delfin 500 Norte 100, dans un quartier résidentiel. 📱 6025-1389 ou 8415-6439. • samara-chillout-lodge.com • Doubles env 75-140 $; petit déj en plus.* Un peu à l'écart du centre, dans un quartier verdoyant, ce lodge tenu par des Allemands s'avère à la fois très accueillant et confortable. Jolie structure en bois avec 5 chambres, dont 4 avec balcon et TV, toutes avec salle de bains, clim et ventilo. Petite piscine pour *chiller* tranquille. Pour ceux qui recherchent le confort et l'élégance. Accueil et service très attentionnés.

Où manger ? Où prendre un bon petit déj ?

Bon marché (max 6 000 CRC / 8 €)

Sub Express & Deli et Casa Maxou *(plan B2,* ***23****) : dans le* Natural Center. *Tlj sauf lun 11h-18h. Plats 3 000-4 500 CRC.* Sous la halle, 2 stands appartenant au même patron. D'un côté, le *Sub* qui vend salades, nachos, burritos, sandwichs, *wraps* et *subs* (sorte de sandwichs) en version basique. De l'autre, *Maxou* qui propose omelettes, burgers, burritos, salades et frites maison, le tout un peu plus élaboré. Également des crêpes, des glaces et des smoothies maison. On achète, on paie, on se trouve une table sous la halle ou on s'en va sur la *playa*.

Panadería Roots Bakery *(plan B1,* ***22****) : à l'entrée du village, sur la droite. Lun-sam 7h-19h, dim 7h-14h.*

Env 4 000 CRC. Un bon plan pour le p'tit déj (viennoiseries appétissantes) et le creux de la mi-journée. Friands et *empanadas* farcis à la viande, au fromage ou aux légumes, mais aussi un plat du jour (souvent un *casado*), à déguster sur la miniterrasse ou en salle. Sinon, du pain pour le pique-nique. C'est le QG du matin.

De prix moyens à chic (6 000-15 000 CRC / 8-20 €)

🍴 ***Luv Burger*** *(plan B2, **20**) : sur la plage, après le Sheriff Rustic. ☎ 2656-3348. Tlj le soir seulement. Plats 4 500-8 500 CRC.* L'adresse branchée de la plage. Une terrasse sur le sable (parfois brûlant !) et une autre côté cuisine, plus ombragée. À la carte, une cuisine vegan et sans gluten, qui se paye un peu mais concoctée à base de bons produits frais. Salades, *bowls,* tacos, mais aussi un *ceviche* de champignons et un burger de falafels avec bacon de noix de coco (si, si !) et crème de noix de cajou. Le tout à arroser d'un smoothie, d'un verre de vin ou d'un cocktail.

🍴 ***Mama Gui*** *(plan A1, **24**) : un poil à l'ouest du centre, sur la rue principale. ☎ 2656-2347. Tlj 8h30-20h30. Pizzas 6 500-9 500 CRC ; plats 10 500-20 000 CRC.* Avec ses tables sur la route (passante) et son enseigne totalement lunaire, cette adresse italienne ne paye pas de mine mais s'avère une des meilleures tables de la ville. Pas donnée, certes, mais on vient déguster ici des pizzas craquantes, des pâtes subtiles et des viandes élaborées avec tous les ingrédients et secrets de fabrication des cuistots transalpins. Mention spéciale, s'il y en a, au risotto et au thon frais. Un délice.

Où dormir ?
Où manger un peu à l'écart du centre ?

Prix moyens

🏠 🍴 ***Bahia Front Beach Hotel*** *(hors plan par B1, **17**) : à l'extrémité est de la plage. ☎ 2656-0106. • bahiahotelplayasam.wixsite.com • Doubles 60-66 $. Plats env 4 500-9 500 CRC.* Les pieds dans l'eau, une bâtisse rouge avec des chambres simples mais d'un bon rapport qualité-prix, dont une familiale avec balcon. Resto-bar de bon niveau directement sur le sable. Très agréable entre 2 ploufs dans la mer, du petit déj (originale omelette à la banane) au dîner, avec *ceviche,* poisson frais et brochettes de gambas en guise de spécialités (selon arrivage, bien sûr).

🍴 ***Soda La Perla*** *(hors plan par A1, **25**) : Cangrejal, à l'extrémité ouest de Playa Sámara, à env 1,5 km du centre-ville. Prendre la route de Nosara, passer le pont du río Lagarto et tourner à gauche. Continuer puis tourner à gauche après l'hôtel Samara Inn, le soda est au bout du chemin. Tlj sauf lun 8h-20h. Plats 3 000-7 000 CRC.* Encore une adresse qui mérite bien 20 mn de marche depuis le centre. À prix raisonnables, ce *soda* juste en retrait de la plage propose une carte variée, qui ne se limite pas aux classiques *casados.* Goûtez les spécialités de la maison : crevettes *a la diabla* (ça pique !) ou *arroz hawaiano,* hmm les bonnes crevettes à l'ananas ! Arrosez le tout d'un jus de fruits naturel. Côté décor : une salle ouverte, une tôle pour protéger du soleil qui cogne, et la télé en toile de fond.

Chic

🏠 🍴 ***Sámara Pacific Lodge*** *(hors plan par A1, **15**) : Barrio Cantarrana, à env 1,8 km à l'ouest de Sámara, sur le chemin de Playa Buena Vista et de Nosara. ☎ 2656-1033. • samarapacificlodge.com • Resto ouv ts les soirs sauf dim. Doubles avec clim 80-90 $, petit déj inclus. Repas 15-25 $.* Un peu excentré, cet établissement de taille moyenne conviendra aux voyageurs en quête de calme. On est à 10 mn à pied de la plage de Sámara et à 10 mn de celle de Buena Vista. Les chambres confortables se répartissent autour d'une piscine d'eau salée. Elles sont très agréables et bien décorées. Certaines possèdent une petite terrasse à l'arrière d'où l'on aperçoit les animaux perchés dans les arbres voisins. Fait aussi restaurant.

Où boire un verre ? Où écouter de la musique ?

🍷 ♩ ***Lo Que Hay Bar & Taquería*** *(plan B2,* ***30****)* **:** *sur la plage. ☎ 2656-0811. Tlj.* Un des bars de plage les plus fréquentés de Sámara. *Lo que hay* signifie « Ce qu'il y a », et il y a une belle ambiance à la nuit tombée. On sirote son verre en écoutant de la musique live sous les palmiers, face à la plage, les pieds dans le sable... En revanche, le resto ne nous a pas convaincus.

🍷 ♩ ***Gusto Beach*** *(plan B2,* ***21****)* **:** *sur la plage. ☎ 2656-0252. Tlj.* De tous les *beach bars* de Sámara, le *Gusto* est le plus glamour (un peu trop tape à l'œil peut-être ?). Une sorte de grande hutte en bois prolongée par une terrasse à même le sable. On boit au bar, ou assis dans de confortables canapés dans un coin lounge en plein air. Le plus souvent, c'est sur la plage, à l'ombre des palmiers, que l'action bat son plein tandis que les sportifs jouent au beach-volley. Concerts fréquents. Fait aussi resto : c'est bon, mais classique et vraiment cher.

🍷 Sans oublier le ***Luv Burger*** *(plan B2,* ***20****).* Voir plus haut « Où manger ? Où prendre un bon petit déj ? »

À voir. À faire

Vous êtes sûrement venu pour ça : le surf bien sûr ! Spot réputé et bien plus tranquille que Tamarindo ou Nosara, novices et confirmés se donnent rendez-vous sur la plage dès l'aube. Les loueurs s'alignent sur le sable : compter environ 50-60 $ pour un cours de 2h collectif ou privé (prix négociables) et environ 20-25 $ pour louer une planche à la journée. Certains loueurs vous prêtent une planche pendant 3 jours si vous suivez un cours chez eux. Pensez-y, l'option est avantageuse et permet de s'entraîner.

Playa Carrillo **:** *à 5 km à l'est de Sámara. Facile de se garer, la route longe la plage. Env 10 bus/j. depuis Sámara (10 mn de trajet). On peut aussi y aller à pied, compter alors 45 mn-1h. Longer tte la plage de Sámara et emprunter le sentier sur la gauche après le dernier hôtel de la plage, continuer 10 mn sur la route et prendre l'un des sentiers sur la droite, qui descend vers la plage.*
Oubliée des touristes, mais prisée des locaux, qui viennent y pique-niquer le week-end, cette superbe plage vaut le détour pour ses eaux calmes et sa tranquillité. Ourlée de cocotiers, son sable blanc est boudé des surfeurs car sa forme en arc de cercle la protège des grosses vagues, tant mieux pour nous ! C'est l'occasion d'une agréable balade à pied depuis Sámara, et si la flemme vous gagne au retour, le bus passe juste devant la plage ; sinon le stop fonctionne très bien aussi.

NOSARA

• Plan *p. 259*

À 25 km au nord-ouest de Sámara par une jolie piste cabossée et rocailleuse (SUV recommandé en saison sèche et 4x4 en saison humide). En route, quelques belles échappées sur la mer. Nosara est un morceau de côte qui

se divise en 3 parties, du sud au nord : *Playa Guiones, Playa Pelada* et *Playa Nosara.* Moins accessible que Tamarindo, ce coin attire surtout les touristes européens en quête de calme, de dépaysement et d'un soupçon de m'as-tu-vu. Nombre de *lodges* jouent la carte du bohème chic, pour une clientèle plutôt aisée, qui pratique autant le surf que le yoga.
Le bourg administratif *(Bocas de Nosara)* s'étend au nord près du *río Nosara,* et on y trouve commerces, supermarchés, police, banque, station-service, et même une petite piste pour les avions. Mais pour les vacanciers, c'est au bord de la mer que tout se passe. Les hôtels et restos y sont dispersés au fil des chemins, noyés dans la végétation et les jardins tropicaux, avec une colline rocheuse qui sépare *Playa Guiones* de *Playa Pelada.*
On circule à pied, à bicyclette ou à moto, mais il est parfois difficile de s'orienter dans ce dédale de chemins poussiéreux. Déjà compliqué en pleine journée, tout se corse encore plus à la nuit tombée. En saison sèche, la poussière recouvre la végétation. Quand il pleut, le vert et le frais reviennent...
Pour résumer, Nosara n'est pas une station balnéaire linéaire, mais plutôt un bout de côte encore assez calme et sauvage, comme l'attestent la *Reserva Biológica Nosara,* riche en oiseaux, et le *Refugio Nacional de Vida Silvestre Ostional,* célèbre pour ses tortues, à 8 km au nord-ouest de Nosara.

Arriver – Quitter

Par la piste

➢ ***De Playa Sámara :*** il y a 2 chemins pour y accéder. Le 1er suit la côte (dont une partie sur la plage) et n'est ***praticable qu'en saison sèche,*** car il faut traverser plusieurs cours d'eau. Un 4x4 est donc obligatoire. Compter alors env 1h pour 30 km. ***Attention, ce chemin convient aux conducteurs de 4x4 aguerris.*** Il n'est pas rare de voir des véhicules bloqués dans l'eau ! Pour éviter ces passages délicats, on recommande plutôt la mauvaise piste qui relie Sámara à Nosara en passant par l'arrière-pays. De Sámara, rouler env 6 km vers Nicoya puis tourner à gauche sur la piste vers Nosara. Prévoir env 1h30 pour 40 km.

En bus

L'arrêt de bus *(plan B1)* est situé dans le bourg de Nosara (connu sous le nom de Bocas de Nosara), à 5 km des plages, au bord du terrain de football, au niveau du *soda Mapis* (panneau affichant les horaires). De là, des *tuk-tuk* peuvent vous conduire jusqu'aux plages.

➢ ***San José :*** 1 bus/j. vers 12h30, avec la compagnie *Empresa Alfaro.* De San José, départ du *Terminal 7/10 (☎ 2222-2666 ; ● empresaalfaro.com ●).* Trajet : 6h. Le *soda Mapis* fait office de billetterie. En saison, acheter son ticket au moins la veille.

➢ ***Nicoya :*** env 4-5 bus/j. 5h-15h30 (4h45-17h30 depuis Nicoya) avec les bus de l'*Empresa Traroc (☎ 2685-5352 ; ● traroc.com ●).* Trajet : 2h.

➢ ***Sámara :*** 1 bus/j. Trajet : 40 mn.

En avion

➢ ***San José :*** avec *Sansa (☎ 2290-4100 ; ● flysansa.com ●).* Trajet : 40 mn. Également des liaisons directes avec Liberia. Trajet : 30 mn.

Adresses utiles

■ ***Banco Popular*** *(plan A2,* **1**) **:** *Playa Guiones, dans l'immeuble Monkey Mafia. Lun-ven 8h45-16h30, sam 8h15-11h30.* Distributeur et change. Sinon, une ***Banco de Costa Rica*** à la station-service.

Supermercados *(plan A1 et B1,* **2**) **:** *sur la gauche de la route avt d'arriver au bourg de Nosara.* 500 m séparent 2 supermarchés, les plus fournis de la station. Bien moins chers que les épiceries côté plage.

Gasolinera (station-service ; plan A1, **3**) **:** sur la route du bourg, à 4 km de la côte.

Policía Turística (police touristique ; plan A2, **4**) **:** 400 m avt Playa Guiones. ☎ 2682-0075.

Paradise Medical Services (Guiones Centro Médico ; plan A2, **5**) **:** dans le petit centre commercial de Playa Guiones. ☎ 2682-1212 ou 2682-0942. On y trouve un médecin, un dentiste et un chiropracteur. Urgences : 8865-7892 ou 8823-1355. Ambulance : ☎ 2100-1212.

Où dormir ?

De très bon marché à prix moyens (max 90 $ / 75 €)

4 You Hostal (plan A2, **10**) **:** Playa Guiones, à 600 m au nord de la plage. ☎ 2682-1316. • 4youhostal.com • Lits en dortoir 20-25 $; double 45 $; bungalow 2 pers 60 $. CB refusées. Cette belle auberge, soigneusement tenue, se compose de petits bâtiments en béton sur 2 niveaux. L'*hostal* ne manque pas de style ni de caractère avec son architecture moderne et sa grande cuisine collective. Intérieur bien propre. On y trouve des dortoirs (pour 4-8 personnes) impeccables, 3 chambres semi-privatives (« semi » car elles se trouvent dans les dortoirs mais sont séparées des autres lits par de fines parois) et 3 bungalows (pour 2 à 4 personnes) avec salles de bains privées. Les sanitaires communs sont vraiment nickel et d'une modernité étonnante. Juste à côté, un petit commerce abrite un café doublé d'un spa.

Nosara Beach Hostel (plan A2, **11**) **:** à 120 m de Playa Guiones. ☎ 2682-0238. • nosarahostel@gmail.com • Lits en dortoir 18-23 $; 1 seule double sans ou avec clim 75-85 $. À 2 mn à pied de la plage, une bonne option économique pour de jeunes routards. Une maison basse et bien équipée, avec 6 dortoirs de 5-6 lits avec salle de bains, ventilo et *lockers*. Cuisine bien équipée et café à disposition des hôtes mais pas de petit déj. Ambiance routarde évidemment, autour du patio, du jardin et de la salle commune. L'ensemble est assez *roots* mais tout est bien propret. Également 4 *cabinas* chez *Nosara Beach Cabinas* à côté. Une chouette école de surf, collée à l'*hostel*, loue des planches et donnent des cours : *Agua Tibia Surf School* (☎ 2682-5508 ; • aguatibia.com •).

Selina Hostel (plan A2, **13**) **:** entre la station-service et Playa Guiones. ☎ 2215-2997. • selina.com/costa-rica/nosara • Lits en dortoir 20-40 $, doubles à partir de 70 $ et suites très chères. Cette chaîne d'auberges de jeunesse internationale a trouvé ici un vaste espace très agréable au milieu de la végétation. Grande réception façon *lounge* qui met tout de suite dans le bain. Espaces communs impressionnants, on se croirait presque en Californie : immense hutte en bambous avec bar et resto, 2 piscines encadrées de palmiers, cuisine commune, salle

Adresses utiles

- **1** Banco Popular (A2)
- **2** Supermercados (A1 et B1)
- **3** Gasolinera (station-service ; A1)
- **4** Policía Turística (A2)
- **5** Paradise Medical Services (Guiones Centro Médico ; A2)

Où dormir ?

- **10** 4 You Hostal (A2)
- **11** Nosara Beach Hostel (A2)
- **12** Refugio del Sol Hotel (A2)
- **13** Selina Hostel (A2)
- **14** Driftwood (A1)
- **15** The Nomadic (A2)
- **17** Villa Mango (A1)
- **18** Green Sanctuary Hotel (A-B2)

Où manger ?
Où boire un verre ?

- **20** Pacifico Azul (A2)
- **21** Beach Dog Café (A2)
- **22** La Luna (A2)
- **23** Pizzeria Il Peperoni (A2)
- **24** El Chivo Cantina (A2)
- **25** Rosi's Soda Tica (A2)
- **26** La Brasa (A2)

Où déguster une bonne glace ?

- **30** Gelateria Seekret Spot (A2)

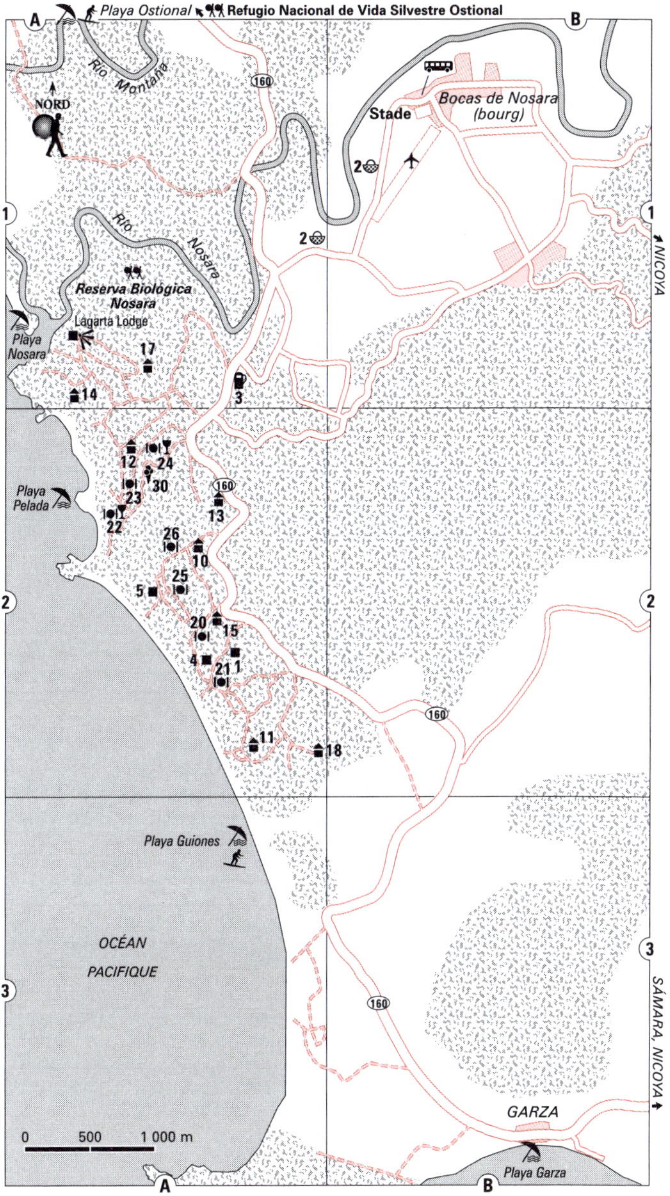

Playa Ostional
Refugio Nacional de Vida Silvestre Ostional
A
B
NORD
Río Montaña
160
Bocas de Nosara
(bourg)
Stade
2
Río Nosara
1
NICOYA
Reserva Biológica Nosara
Lagarta Lodge
Playa Nosara
17
14
3
12
24
30
23
Playa Pelada
22
13
26
10
25
5
2
20
15
4
21
1
11
18
Playa Guiones
OCÉAN
PACIFIQUE
3
SÁMARA, NICOYA
GARZA
Playa Garza
0
500
1 000 m

NOSARA

de *co-working, cinema room,* bibliothèque, etc. Enfin, de jolies maisons hautes avec escaliers et portes en bambous abritant des dortoirs avec balcon, clim et casiers. Également de superbes chambres privées avec parquet, belle salle de bains, clim et déco artisanale. Côté animation, cours de yoga, de paddle, de surf et soirées à thème avec concerts. Bref, parfait pour ceux qui veulent une AJ où ça brasse un peu.

Refugio del Sol Hotel *(plan A2,* ***12****) : à 400 m de Playa Pelada. ☎ 2682-0287. • refugiodelsol.net • Attention, l'hôtel ferme après la Semaine sainte pour rouvrir en nov. Doubles sans ou avec cuisine 55-70 $.* Demeure attachante nichée dans un jardin tropical autour duquel se répartissent les chambres de plain-pied. De confort suffisant (salle de bains privée avec eau chaude, ventilo mais pas de clim), les chambres arborent une déco rustique mais colorée et gaie. Chacune dispose de son hamac suspendu sur la terrasse filante, et on peut faire sa popote dans la cuisine commune avec sa jolie batterie de poêles suspendues. Une excellente petite adresse familiale et bien tenue, où l'on vous réserve un accueil amical.

Driftwood *(plan A1,* ***14****) : à 500 m au nord de Playa Pelada. ☎ 2201-6886. • driftwoodnosara.com • Tentes 2 pers env 35-80 $ selon confort et saison.* Mélangez « glamour » et « camping », vous obtenez « glamping » ! Ces bulles nomades toute blanches se sont sédentarisées dans un jardin verdoyant. On ouvre la toile et on découvre une jolie chambre avec un vrai lit, quelques rangements et 2 ventilos. Le luxe, c'est la salle de bains en dur attenante à chaque tente. Une version chic de Robinson Crusoé en somme ! Également des chambres en dur tout confort et joliment décorées pour les touristes moins aventuriers, mais franchement surestimées (catégorie « De chic à plus chic »). On aime l'accueil, la démarche éco-responsable, la jolie piscine face à la végétation et le chemin qui descend directement à la plage. Cours de yoga, surf et paddle.

De prix moyens à chic (60-130 $ / 50-108 €)

Green Sanctuary Hotel *(plan A-B2,* ***18****) : à 500 m de Playa Guiones. 8320-9822. • hotelgreensanctuary.com • Doubles env 60-100 $.* Bien planqués dans la végétation, ces conteneurs semblent avoir échoué en pleine jungle. Marchandises, trésors, que cachent-ils ? Des chambres, pardi ! Doubles ou triples, elles offrent tout le confort espéré : petit frigo, clim, coffre et salle de bains moderne. Pas bien larges (normal, vous dormez dans un conteneur !), elles s'avèrent impeccables. Belle terrasse la tête dans les arbres, où l'on savoure son petit déj, l'esprit encore dans les nuages. Une adresse originale qui n'a pas volé son nom de sanctuaire vert ! Piscine rafraîchissante. Location de vélos et animations.

Villa Mango *(plan A1,* ***17****) : en surplomb de Playa Pelada. ☎ 2682-1168. 8898-3086. • villamangocr.com • Doubles 75-100 $, petit déj inclus. Compter 10 $ en sus pour la clim.* Perché sur une colline au-dessus de la forêt, avec l'océan au loin (pas si loin !), il faut grimper un chemin pour y accéder. On se retrouve alors dans une sorte de nid d'aigle, où l'on a envie de poser son sac pour quelques jours. Les propriétaires français de cette petite auberge de charme, Agnès et Jo, vous ouvrent leur maison et aiment partager des moments conviviaux avec leurs hôtes. Confortables, joliment décorées et aménagées, les chambres donnent sur la jungle et offrent un point d'observation superbe pour les animaux. Coatis, singes hurleurs, ratons laveurs, oiseaux... on s'est fait plein de copains ! Piscine avec vue. Petit déj d'exception que l'on prend tous ensemble autour d'une grande tablée.

The Nomadic *(plan A2,* ***15****) : à 800 m de Playa Guiones. ☎ 2201-7342. • nomadicnosara.com • Lits en dortoir 60-80 $, doubles hors de prix. Petit déj inclus.* Non, nous n'avons pas totalement perdu la boule ! Chic et élégant, cet hôtel hyper branché cache, derrière sa déco ethnique et de bois, un dortoir de grand luxe avec 8 lits et, pour chacun, une prise, une lumière et un rideau pour davantage d'intimité. Clim et salle de bains hyper modernes en prime. Alors oui, on paie 2 à 3 fois plus cher qu'un *hostel* lambda, mais les prestations volent haut : lits en bois très élégants, lits suspendus à l'extérieur, petit déj et accès à la superbe piscine inclus. Une AJ haute couture !

Où manger ? Où boire un verre ?

Bon marché (max 6 000 CRC / 8 €)

|●| ***Rosi's Soda Tica*** *(plan A2,* ***25****) : dans la partie nord de Playa Guiones. ☎ 2530-0728. Tlj sauf dim 8h-15h. Plats env 3 000-5 000 CRC.* Un bon *soda* côté *playa* ? Chez Rosi ! Petits prix, assiettes généreuses *(casados, arroces...)* et qualité lui valent sa réputation de meilleur rapport qualité-prix de Nosara. Une cuisine ouverte, une poignée de tables avec nappes en tissu, de bons plats locaux et un accueil gentil, pourquoi chercher plus loin ? Le soir, rendez-vous à son annexe juste à côté du *Gilded Iguana.* Cela dit, mieux vaut vérifier que c'est ouvert car Rosi n'en fait qu'à sa tête...

De prix moyens à chic (6 000-15 000 CRC / 8-20 €)

|●| ***Pacifico Azul*** *(plan A2,* ***20****) : à droite du* Nomadic. *☎ 2201-8984. Tlj 12h-22h. Plats env 6 500-11 500 CRC.* Dans une jolie case en dur et en bois, avec une terrasse sous les arbres. Une adresse tenue par des Ticos, proposant différentes sortes de *ceviche* (notamment le caribéen, avec lait de coco et piment), du poulpe, des crevettes, des *linguini,* mais aussi des *casados,* burgers et salades. Le tout est de bonne qualité (si l'on oublie quelques écarts comme les légumes parfois surgelés), et se déguste souvent en bonne compagnie. Il faut dire que le lieu est attachant et que l'adresse a du succès. Dommage que le sourire ne soit pas suffisamment au rendez-vous.

|●| ***La Brasa*** *(plan A2,* ***26****) : au nord de Playa Guiones. ☎ 4702-2577. Ts les soirs et à midi le w-e. Plats env 6 500-12 000 CRC.* Un petit resto argentin ouvert sur la rue, très sympa avec son comptoir et ses tables face au grill où le bois flambe pour griller au mieux votre viande. Spécialités de grillades, donc, soit du porc, des steaks, des burgers et des saucisses, à déguster ou pas avec une bonne sauce *chimichurri.* Très bon. Musique branchée et ambiance très cool.

|●| 🍸 ***El Chivo Cantina*** *(plan A2,* ***24****) : à 500 m de Playa Pelada. ☎ 2682-0887. Tlj 11h-22h. Plats 7-14 $.* Taco Tuesday *le mar avec 2 tacos pour 5 $.* Cette grande paillotte au toit de palme et bordée d'un jardin tropical abrite un resto aux influences mexicaines. La bonne aubaine ici, ce sont les soirées tacos du mardi. Venez tôt ou réservez. Le rapport qualité-prix est moins évident le reste de la semaine avec la carte de pub : burgers, salades (décevantes), fajitas, *ribs...* Les jeunes bodybuildés s'y retrouvent aussi pour siffler *craft beers,* mojitos et margaritas. Jeux de société. Organise également des concerts ou des soirées ciné en famille...

|●| ***Pizzeria Il Peperoni*** *(plan A2,* ***23****) : à 300 m de Playa Pelada. ☎ 2682-0545. Tlj 11h30-22h. Pizzas 8 500-11 000 CRC.* Grande salle rustique et ouverte sur la nature, où l'odeur du four à pizza nous titille les narines et affole nos papilles. On y sert aussi des pâtes, et les plats *ticos* traditionnels : *arroces* divers, *casados,* mais vous n'êtes pas venu pour ça...

Chic (10 000-15 000 CRC / 14-20 €)

|●| ***Beach Dog Café*** *(plan A2,* ***21****) : à 100 m de Playa Guiones. Tlj 8h-22h (16h dim). Plats 15-21 $.* Bicoque en tôle ondulée dont la terrasse ne désemplit pas. On y sert sandwichs, salades, *ceviche,* burgers, fajitas, tacos et quelques plats asiatiques. C'est un peu

cher quand même, mais bien cuisiné par une équipe de locaux et avec de bons produits. Arrosez le tout d'un jus naturel, d'une petite mousse ou d'un revigorant cocktail maison. Ambiance *hipster* plutôt sympa.

La Luna (plan A2, **22**) **:** *sur Playa Pelada. ☎ 2682-0122. Tlj 7h-22h. Pizzas 15-25 $.* En surplomb de la plage, caché dans un bosquet tropical, voici une belle demeure qui abrite le meilleur resto branché de Nosara. Déco bohème-chic de caractère, dans le style méditerranéen, avec des murs blancs, de l'espace et un mobilier choisi. Cuisine soignée d'inspiration latine et méditerranéenne : *antipasti, ceviches,* pizzas, falafels, salades, steak de thon, houmous, plateau de la Méditerranée. Carte de vins et cocktails. Une adresse chic pour dîner ou boire un verre sous les lumières tamisées, avec les vagues en musique de fond.

Où déguster une bonne glace ?

Gelateria Seekret Spot *(plan A2,* **30**) **:** *presqu'en face du* Refugio del Sol Hotel. *☎ 2682-1325. Tlj 10h-18h30.* Un tout petit local avec quelques tabourets et une longue planche pour déguster sa bonne glace artisanale. Également du café, des croissants, des quiches...

À voir. À faire à Nosara et dans les environs

Surf **:** une flopée de *surf shops* louent du matériel de qualité et proposent des cours. Compter 20-25 $/j. pour la location d'une planche selon le modèle. Pour 1h30 de leçon, prévoir 55-60 $ en cours collectif (max 4 personnes), environ 65-70 $ par personne pour un cours semi-particulier (2 personnes) et environ 75-80 $ pour un cours privé.

Playa Nosara *(plan A1)* **:** située dans la partie nord de la station, à l'écart de l'animation, au niveau de l'estuaire du *río Nosara,* cette belle plage de sable fin offre un joli environnement pour la baignade (attention aux vagues et aux courants), mais ce n'est pas le meilleur spot de surf.

Playa Pelada *(plan A2)* **:** belle plage de sable blanc, bien arborée et donc offrant un abri quand le soleil cogne. Les familles costariciennes s'y retrouvent pour un bain, une partie de foot ou un pique-nique.

Playa Guiones *(plan A3)* **:** limitée par une pointe rocheuse d'où émerge la curieuse tourelle gréco-orientale de l'hôtel *Playas de Nosara,* Guiones est la plage la plus appréciée des surfeurs. Il n'y a pas d'ombre.

Reserva Biológica Nosara *(plan A1)* **:** *départ du* Lagarta Lodge. *☎ 2682-0035. • lagartalodge.com • Entrée : 10 $; gratuit jusqu'à 11 ans. Pour une rando guidée de 2h, compter env 25 $/pers.* Étendue sur la rive sud du *río Nosara,* sur près de 35 ha, cette réserve privée appartient au *Lagarta Lodge,* d'où l'on a d'ailleurs une superbe vue en se postant sur la terrasse du restaurant. Elle intéressera surtout les botanistes et les ornithologues (en herbe ou confirmés) car elle abrite une flore (*ceiba, ceibo,* mangrove, *guanacaste* ou « l'arbre à oreilles », etc.) et une faune intéressantes (coatis et singes hurleurs en priorité), avec beaucoup d'oiseaux (ibis, martins, aigrettes, hérons, *flycatchers,* motmots...). Possibilité de se balader seul sur des sentiers bien balisés ou de faire une randonnée guidée, ce qui permet d'avoir toutes les explications nécessaires et de bénéficier de jumelles sur trépied.

Refugio Nacional de Vida Silvestre Ostional *(hors plan par A1)* **:** *à 9 km au nord-est de Nosara, accessible par une piste. ☎ 2682-0400. Entrée libre (mais ça peut toujours changer...).*

Cette réserve marine qui englobe 17 km de côtes, soit les plages d'Ostional, Pelada et Guiones, a été créée pour protéger les tortues de Ridley (les tortues olivâtres), appelées aussi *tortugas loras* par les Costariciens. Le site est considéré comme le 2e site au monde de ponte de ces tortues, après Playa Escovilla au Mexique. Des milliers de tortues viennent y pondre presque toute l'année. Les ***arribadas*** (arrivées massives de tortues pour pondre) les plus nombreuses ont lieu ***entre août et décembre.***

Pour admirer ce phénomène de la nature, des mesures ont été prises suite à des débordements (voir encadré), et il faut obligatoirement être accompagné d'un guide.

Il existe des guides d'associations et des guides indépendants. Demandez-leur leur carnet d'identification pour vous assurer qu'ils sont habilités. Tous proposent la même prestation : l'accès à la plage se fait par groupes de 10 personnes maximum, guide inclus, pour une durée de 45 mn et un prix d'environ 10 $ par personne.

On trouve les guides à l'entrée de Playa Ostional, voici leurs contacts :

ESPÈCE EN VOIE DE RÉGRESSION VS ESPÈCE DE CONS

En septembre 2015, des centaines de touristes ont envahi Playa Ostional, *alors que les tortues olivâtres remontaient la plage pour pondre. Avides de clichés souvenirs, les vacanciers ont fait grimper les enfants sur les carapaces, ont ramassé des œufs (ben oui, un de plus, un de moins, ça change quoi ?), ont pris des selfies. Perturbées, des centaines de tortues, classées espèce en voie de régression, ont dû faire demi-tour. Pauvre monde...*

■ ***Guías Locales de la Asociación de Desarrollo Integral de Ostional (ADIO) :*** ☎ 2682-0470. 📱 8958-8508. • facebook.com/rmvso2016 • Une petite cahute bleue sur le côté gauche de la route quand on arrive de Nosara, à l'angle du chemin qui mène à la plage.

■ ***Asociación de Guías Locales de Ostional (AGLO) :*** ☎ 2682-0428. • facebook.com/guiasaglo • *Sur la droite de la route en arrivant de Nosara, juste avt le terrain de foot.*

■ ***Bureau du Refugio Nacional de Vida Silvestre Ostional :*** ☎ 2682-0400 ou 2682-0937. • facebook.com/RefugioNacionalOstional • *Prendre le chemin qui mène à la plage et qui fait l'angle avec la bicoque bleue des guides ADIO. Au bout du chemin, prendre à gauche et marcher jusqu'à la maison la plus éloignée.* Bureaux de l'administration, mais vous pouvez leur demander des infos.

Playa Ostional (hors plan par A1) **:** à 8 km au nord-est de Nosara, au sein du Refugio Nacional de Vida Silvestre Ostional. Cette plage de sable noir fait partie des sites les plus appréciés des surfeurs. C'est un des meilleurs spots de la région mais attention, la mer est très dangereuse pour la baignade à cause des puissants courants, et il est interdit d'y surfer ou de s'y baigner pendant les *arribadas* (ponte des tortues), évidemment !

LE SUD DE LA PÉNINSULE DE NICOYA

Arriver – Quitter

Pour ceux qui ne visiteraient pas le nord de la péninsule de Nicoya mais qui voudraient se concentrer sur le Sud, l'option la plus rapide est de prendre le ferry à Puntarenas (Pacifique central). De Santa Elena, une bonne route goudronnée de 80 km permet de rejoindre Puntarenas en 2h. De là, piétons et voitures peuvent embarquer pour Paquera. Compter ensuite 1h de conduite jusqu'à Montezuma et 1h30 à 2h pour rejoindre Mal País / Santa Teresa, par une piste en très mauvais état. On peut aussi débarquer à Playa Naranjo mais peu d'intérêt car le temps gagné sur le ferry est perdu sur la piste.

En ferry

➢ ***Paquera-Puntarenas :*** *6 ferries/j. 5h30-20h (5h-20h30 depuis Puntarenas) avec la compagnie* Naviera Tambor *(☎ 2661-2084 ; • navieratambor.com •). Possibilité d'acheter son ticket sur • quickpaycr.com •, ce qui permet de ne pas trop faire la queue en hte saison.* Attention, le nombre de billets mis en vente en ligne est limité. *Compter env 810 CRC/pers et 11 500 CRC/véhicule.* Embarque piétons et véhicules. La traversée dure env 1h15. Il est conseillé d'arriver une bonne heure avant le départ du bateau car il y a souvent beaucoup de monde et de gros camions qui attendent. Pendant les vacances de Noël et la Semaine sainte, on recommande même d'arriver au moins 3h à l'avance ! À Paquera, des bus assurent la liaison pour Montezuma (trajet : 1h30-2h) en passant par Tambor et Cóbano. Attention, il n'y a pas de bus après le dernier ferry.

Pour aller à Mal País / Santa Teresa, il faut changer de bus à Cóbano.

➢ ***Playa Naranjo-Puntarenas :*** 4 départs/j. avec la compagnie *Coonatramar (☎ 2661-1069 ; • coonatramar.com •).* Embarque piétons et véhicules. De Playa Naranjo à Nicoya, service de bus en connexion avec l'heure d'arrivée des ferries (4 bus/j. ; trajet : 2h). Mais peu d'intérêt de débarquer ici.

En avion

Les compagnies *Sansa (☎ 2290-4100 ; • flysansa.com •)* et *Green Airways (☎ 4070-0771 ; • costaricagreenair.com •)* relient Sans José à Tambor, à 15 km au nord de Montezuma.

➢ ***San José :*** en hte saison, env 10 vols/j.

MONTEZUMA

• Plan *p. 265*

Le temps s'est-il arrêté à Montezuma ? Ni le tourisme de masse ni les promoteurs avides de développement urbain ne sont encore arrivés jusqu'ici. Comme à Sámara, la bourgade n'a pas vendu son âme au diable du progrès à tout prix. Montezuma a grandi normalement, elle est restée à taille humaine, avec un bourg qui ressemble à un vrai village composé de 3 rues, d'une petite église, de commerces et de petits immeubles discrets. L'ambiance y est reposante, la communauté locale tenant beaucoup à garder cette dimension paisible et humble, sans compter les néobabas qui déploient leurs petits stands d'artisanat tous les soirs. Des collines couvertes de jungle descendent jusqu'aux portes du village, et les plages de sable sont ourlées de palmiers. Un vrai petit coin de paradis, accessible au prix d'une longue et pénible piste.

Arriver – Quitter

En voiture

Voir plus bas « Arriver – Quitter » à « Mal País et Santa Teresa ».

En bus

Estación de buses *(plan A1) : à côté du terrain de foot.*

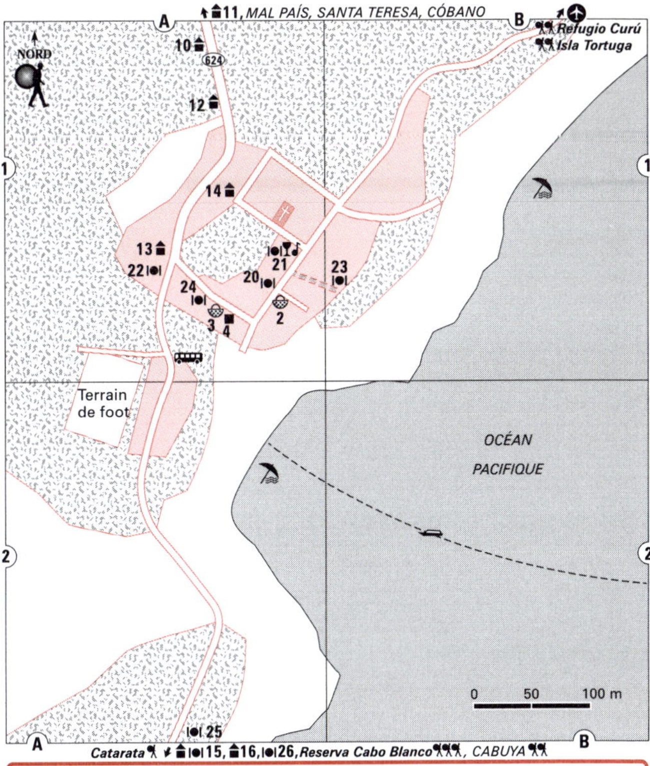

MONTEZUMA

Adresses utiles

- **2** Super Mamatea (A1)
- **3** Super Montezuma (A1)
- **4** Zuma Tours (A1)

Où dormir ?

- **10** Luz en el Cielo Eco B & B / Hostel (A1)
- **11** Casacolores (hors plan par A1)
- **12** Luna Llena Hotel (A1)
- **13** El Jardín Hotel (A1)
- **14** Hotel Montezuma Pacifico (A1)
- **15** Amor de Mar Hotel (hors plan par A2)
- **16** Luminosa Montezuma Hostel (hors plan par A2)

Où manger ?
Où boire un verre ?
Où écouter de la musique ?

- **20** Soda El Artesano (A1)
- **21** Café Organico (A1)
- **22** Puggo's (A1)
- **23** Cocolores (B1)
- **24** El Sano Banano (A1)
- **25** Playa de los Artistas (A2)
- **26** Soda Las Palmeras (hors plan par A2)

➢ ***Cóbano et Paquera** (embarcadère des ferries pour Puntarenas) :* 6 bus/j., 6h30-16h. Trajet : env 30 mn pour Cóbano et 1h30-2h pour Paquera. À Paquera, arrêt devant la billetterie de l'embarcadère.

➢ ***San José :*** 2 bus/j., à 6h et 14h. Trajet : 5-6h. De San José, départ depuis le *Terminal 7/10* (av. 7, c/ 10). Le prix inclut la traversée en ferry.

➢ ***Mal País / Santa Teresa :*** 6 bus/j. jusqu'à Cóbano (env 30 mn de trajet) puis changement à Cóbano et env 8 bus/j. jusqu'à Mal País / Santa Teresa (env 45 mn de trajet). Au total : env 1h30, à condition d'avoir la connexion.

En ferry

Voir plus haut « Arriver – Quitter » dans « Le sud de la péninsule de Nicoya ».

En bateau

➢ ***Jacó*** se trouve à 70 km au sud de Puntarenas, sur la côte Pacifique. Il existe des navettes régulières en bateau-taxi dans les 2 sens, ce qui évite de faire tout le tour de la péninsule de Guanacaste. Seulement pour les piétons, les voitures n'embarquent pas. Départ tlj à 8h30 de Montezuma et à 10h de *Playa Herradura,* à env 7 km au nord de Jacó. Trajet : 1h. Billet en vente à Montezuma auprès de l'agence *Zuma Tours* (voir plus bas) ou sur leur site internet : • *zumatours.net* • 45 $ l'aller simple. En saison, réservez votre billet la veille.

Adresses et infos utiles

– ***Attention,*** pas de banque, ni de distributeur à Montezuma. La banque la plus proche est la *Banco Nacional* à Cóbano, avec distributeur et change.

Supermercados : le ***Super Mamatea*** *(plan A1, **2**)* se trouve dans la rue principale. Il y a aussi le ***Super Montezuma*** *(plan A1, **3**),* dans l'autre rue, près de *Zuma Tours*. *Ts les 2 ouv tlj 7h-21h.*

■ ***Zuma Tours*** *(plan A1, **4**) : près de l'hôtel* El Sano Banano *et du supermarché* Super Montezuma. *☎ 2642-0024 ou 2642-0050.* • *zumatours.net* • L'agence vend des excursions sur la *Isla Tortuga* et assure la navette en bateau-taxi entre Montezuma et Jacó.

Où dormir ?

Face à la rude concurrence de Santa Teresa et Mal País, la plupart des hôtels de Montezuma sont contraints de fermer en basse saison. Le choix est donc restreint après la Semaine sainte et jusqu'en octobre ou novembre.

De très bon marché à prix moyens (max 90 $ / 75 €)

Luminosa Montezuma Hostel *(hors plan par A2, **16**) : à 1 km au sud du centre-ville, direction Cabo Blanco. ☎ 2642-0271.* • *proyectomontezumahostel@gmail.com* • *Juste après l'hôtel* Amor de Mar, *prendre le chemin côtier sur la gauche, l'auberge est 200 m plus loin. Lits en dortoir env 13-17 $; chambres env 35-40 $ jusqu'à 3 pers.* Situation idyllique pour cette auberge perchée sur un rocher surplombant la mer. Du jardin à l'océan, il n'y a qu'un plouf ! Cette grosse baraque de plage abrite 3 dortoirs basiques (voire rustiques) qui peuvent accueillir de 3 à 10 personnes. Il y a même des lits doubles pour les couples ou les potes qui voudraient diminuer encore plus les frais. Les dortoirs se partagent 3 salles de bains. Également une poignée de chambres privatives, tout aussi basiques, avec salle de bains privée. Pas de clim, ventilo pour tout le monde. Cuisine commune et chouettes espaces extérieurs avec hamacs et guirlandes de coquillages. Programme des activités du village affiché à la réception. Une auberge pour nos lecteurs qui ont des envies de bout du monde (rassurez-vous, on rejoint le centre en 10 mn à pied), et sont prêts à faire l'impasse sur leur petit confort.

Luna Llena Hotel *(plan A1, **12**) : à 200 m au nord du village, sur la route de Cóbano. ☎ 2642-0390.* • *lunallenahotel.com* • *Lits en dortoir 12-20 $; doubles sans ou avec sdb 32-65 $.* Sur un flanc de colline boisée, une jolie maison bleue avec des dortoirs pour 5-6 personnes en toute simplicité (voire un chouia rustiques) et des chambres privées (pour 2 à 4 personnes), avec salles de bains privées ou non, terrasses communes et lits d'extérieur. Toutes sont équipées de ventilo mais difficile d'échapper à l'humidité ambiante. Certaines ont un joli balcon avec vue sur la forêt ou sur l'océan. Plus on grimpe sur la colline (ça chauffe les cuisses avec le sac à dos), plus les prix montent et plus la vue est belle. Cuisine à disposition. Bonne atmosphère. Une jolie petite adresse.

Luz en el Cielo Eco B & B / Hostel *(plan A1, **10**) : à 250 m au nord du village, sur la route de Cóbano. ☎ 2642-0030. • luzenelcielo.com • Lits en dortoir 20-30 $ selon confort et saison ; doubles avec sdb privée 75-120 $. Petit déj inclus en hte saison. Hors saison, version réduite aux cabinas et pas de petit déj.* Un peu à l'écart du village (5 mn à pied), cette auberge s'accroche à flanc de colline. Ne vous chargez pas trop, ça grimpe dur ! Dortoirs et chambres privées se répartissent dans une végétation assez dense. Les dortoirs comptent 6 lits max. Pour davantage de confort, optez pour le seul *dorm plus* (salle de bains en dur, ventilo individuel et plus d'espace). Côté chambres privées, il y a de petites *cabanas* en bois au style rustique, des chambres haut perchées avec des ouvertures sur la végétation et 2 *casas*. Les plus confortables entrent dans la catégorie « Chic ». Cuisine commune. En revanche, on a trouvé les lieux assez sombres et l'accueil pas toujours très chaleureux.

Hotel Montezuma Pacifico *(plan A1, **14**) : sur le côté de l'église. ☎ 2642-0204. • montezumapacifico.com • Doubles avec sdb env 50-70 $.* En dépannage, un petit hôtel très modeste mais au calme, doté de chambres basiques, avec clim. En demander une avec vue ou avec balcon. Quelques-unes avec kitchenette. Accueil chaleureux, mais côté confort, c'est le service minimum.

De chic à plus chic (90-130 $ et plus / 75-108 € et plus)

Amor de Mar Hotel *(hors plan par A2, **15**) : à env 600 m au sud de la bourgade, en direction de Cabo Blanco. ☎ 2642-0262. • amordemar.com • Doubles avec clim 83-170 $; casas 4-6 pers 160-270 $. Plats 3 000-5 000 CRC ; brunch dim env 5 000 CRC.* Notre coup de cœur ! Ravissante auberge de charme en bord de mer. À taille humaine, située en retrait d'une petite pointe rocheuse, elle jouit d'une belle pelouse verte plantée de palmiers face à l'océan. Il n'y a qu'une dizaine de chambres, aménagées avec goût et confort, et très bien tenues. Notre préférence va à la nº 1 avec sa terrasse face à la mer. L'hôtel se soucie beaucoup d'environnement et d'écogestion. Les produits du resto (légumes, œufs, pain, poissons) viennent des fermes de la communauté locale. Cuisine fine et saine servie face au jardin et à l'océan. *Amor de Mar* est un amour d'hôtel ! Bon à savoir : il est ouvert à l'année.

Casacolores *(hors plan par A1, **11**) : à 1,5 km au nord-ouest du centre, sur la route de Cóbano. ☎ 2642-0283. • casacolores.com • Maisons 2-6 pers 87-174 $. Petit déj en plus.* Rose, verte, bleue, en couple ou en famille, on a adoré ces petites maisons colorées, éparpillées dans un jardin verdoyant. Toutes équipées d'une cuisine, de 1 ou 2 chambres, d'une terrasse abritée et de la clim, elles offrent tout le confort espéré. Parfait pour poser ses bagages quelques jours, mais mieux vaut être véhiculé car on est à l'écart du centre. Si c'est le calme que vous recherchez, bienvenue ! Accueil chaleureux et familial, sans oublier la piscine et le barbecue. Une adresse charmante.

El Jardín Hotel *(plan A1, **13**) : au carrefour principal du village. ☎ 2642-0074. • hoteleljardin.com • Doubles 70-100 $ selon confort et saison ; bungalows (casas) 3-4 pers 106-158 $.* L'emplacement central, au pied de la colline, l'accueil professionnel et les 2 piscines au milieu du jardin, sans oublier le jacuzzi, voilà autant de raisons d'y poser ses valises. Les chambres sont impeccables, équipées de clim et de salle de bains privée. Les *deluxe* profitent de la vue sur l'océan depuis leur petite terrasse. Les bungalows à la Robinson possèdent

2 chambres (dont une en mezzanine), un coin cuisine et un balcon avec vue sur la mer, mais pas de clim. Il y a de l'espace et c'est propre, dommage que l'ensemble soit quand même un peu aseptisé.

Où manger ? Où boire un verre ? Où écouter de la musique ?

De bon marché à prix moyens (max 10 000 CRC / 14 €)

Soda Las Palmeras *(hors plan par A2,* ***26****)* **:** *à 1 km au sud du centre-ville, direction Cabo Blanco. ☎ 2642-0269. Juste après l'hôtel* Amor de Mar, *prendre le chemin côtier sur la gauche, le resto est 300 m plus loin sur la droite. Tlj 9h-21h. Plats 4 000-8 000 CRC.* Le meilleur resto du coin, et cela n'engage pas que nous ! Un *soda* dont la terrasse haut perchée offre une jolie vue sur les vagues. On y savoure des plats typiques, généreux et joliment présentés dans des feuilles de bananier. La carte affiche les classiques *casados* ou la pêche du jour, le tout cuisiné avec soin. Le cadre est exceptionnel, les prix plus que raisonnables et la cuisine familiale et savoureuse. Sans oublier les jus de fruits pressés minute, la sauce piment maison... Bien aussi pour le petit déj. Accueil adorable. Un sans-faute, on vous dit !

Soda El Artesano *(plan A1,* ***20****)* **:** *à gauche du Café Organico. ☎ 2100-6582. Tlj 9h-21h. Plats env 4 000-7 500 CRC.* Petit resto familial au cœur du village, où l'on mange une bonne cuisine costaricienne. Tous les classiques, *casados,* poulet frit, *ceviche,* nachos, poisson, etc. Rien d'exceptionnel non plus, sinon une très honnête cuisine locale servie copieusement. Souvent du monde et de l'ambiance dans le quartier... Bon accueil.

De prix moyens à chic (6 000-15 000 CRC / 8-20 €)

Café Organico *(plan A1,* ***21****)* **:** *à 50 m de l'église. ☎ 2642-1322. En principe tlj sauf mer. Plats env 5 000-9 000 CRC.* Ce petit resto, tenu par des jeunes femmes aimables et talentueuses, sert une cuisine dans l'air du temps à des prix à peu près sages. Bruschettas, guacamole, salades composées, lasagnes et burgers végétariens, *cococurry veggie* (riz sauté aux légumes et au lait de coco), bons gâteaux maison... Pizzas décevantes, en revanche. Excellents jus de fruits et smoothies. Des musiciens locaux ou d'ailleurs animent les repas en soirée et, par extension, tout le quartier...

Puggo's *(plan A1,* ***22****)* **:** *dans le haut du village. ☎ 2642-0325. En principe ts les soirs. Plats 5 000-10 000 CRC.* Le patron est un jeune Israélien qui a baroudé à travers le monde avant de poser son sac au Costa Rica. Abritée par une tôle peinte en bleu (oh, les beaux nuages au-dessus de nos têtes !), la salle est tout ouverte sur l'extérieur. Savoureuse cuisine avec une carte orientée vers la Méditerranée et l'Orient : falafels, houmous avec *focaccia* maison, moussaka... On y concocte aussi des plats de style asiatique, et notamment des sushis. Une très bonne table.

Cocolores *(plan B1,* ***23****)* **:** *dans la rue parallèle à la mer. ☎ 2642-0348. Tlj sauf lun. Plats 5 000-9 000 CRC.* Une baraque en bois enfouie dans un jardin, avec une agréable terrasse et la plage à côté. La cuisine allie les saveurs italiennes et orientales : spaghettis, fajitas, kebabs, *ceviche* méditerranéen... Goûter les bières *La Selva*, qui viennent d'une microbrasserie locale. Accueil aimable.

El Sano Banano *(plan A1,* ***24****)* **:** *dans la rue principale. ☎ 2642-0638. Ouv tlj pour le petit déj et le déj, plus certains soirs en hte saison. Plats 4 000-8 000 CRC.* Il s'agit du restaurant de l'hôtel du même nom, au centre du village. Si l'hôtel n'inspire rien de bon (les chambres sont mal conçues, fermées et sans vue), le resto est ouvert sur la rue et la cuisine, sur le monde. Le marmiton trouve son inspiration dans les traditions mexicaine et asiatique : *quesadillas,* gaspacho, *ceviche montezuma,* rouleaux de printemps... Un agréable mélange exotique de saveurs, qui se décline aussi dans la déco tropicale. Belle carte de cocktails pour le soir.

Playa de los Artistas *(plan A2,* **25***)* **:** *à 500 m au sud du village, sur la route de Cabo Blanco. ☎ 2642-0920. Ouv le soir lun-sam, plus le midi sam. Fermé dim. Plats env 6 000-9 000 CRC.* Un restaurant de plage plus sophistiqué que la moyenne des restos de ce genre. Bon accueil, cadre agréable et ambiance intimiste. Tables éclairées par des bougies dans une salle à la déco personnalisée, avec une terrasse couverte, qui se prolonge sous les palmiers de la plage. C'est une des bonnes tables de Montezuma : cuisine bien faite à dominante méditerranéenne, fruits de mer, plats végétariens...

À faire

Catarata Río Montezuma : *prendre la route de Cabuya et se garer à l'hôtel* La Cascada, *sur la droite, juste avt le fleuve (parking env 1 000 CRC ou se garer plus loin). De là, un sentier grimpe dans la forêt. Compter 15-20 mn de marche.* Cette cascade fait le bonheur des touristes et des locaux car on peut s'y baigner dans 3 bassins en toute tranquillité. La 1re cascade est facile d'accès, les 2 autres sont un peu plus sportives. Un bon plan B quand la mer est déchaînée.

DANS LES ENVIRONS DE MONTEZUMA

Attention, pour les sites ci-dessous, les pistes sont vraiment en très mauvais état. Ne pas s'y aventurer si l'on n'est pas un aguerri du volant. 4x4 obligatoire, bien évidemment.

Les plages de Montezuma à Cabuya : on peut faire une longue promenade de Montezuma à Cabuya. Nous préférons les 1ers kilomètres en quittant Montezuma. On y parcourt des criques rocheuses aux belles couleurs rouges ou noires. Il est fréquent de voir des oiseaux de mer (pélicans, frégates, sternes), mais aussi de superbes échassiers qui viennent pêcher dans les trous d'eau laissés par la marée descendante. Entre *Playa Las Manchas* et Cabuya, la côte s'aplanit et devient plus uniforme. On arrive alors sur une longue plage de sable blanc, où il est néanmoins difficile de se baigner en raison des rochers, du corail, des vagues et du manque de fond.

Cabuya : *à 5 km au sud de Montezuma, sur la route de la réserve de Cabo Blanco.* L'habitat y est de plus en plus clairsemé. Sur le côté droit de la piste, ne manquez pas ***El Higuerón, un ficus géant*** *(Ficus cotinifolia)* avec des racines énormes et des branchages formant une voûte au-dessus de la chaussée. Il est indiqué par un panneau qui explique son histoire. Incroyable monument végétal, cet arbre est classé « *Arbol excepcional* » depuis 2009.

Reserva Natural Absoluta Cabo Blanco (hors plan par A2) **:** *à 9 km au sud de Montezuma. ☎ 2642-0096 ou 2642-0093. • facebook.com/reservacaboblanco • areasyparques.com • Le mieux est d'arriver à l'ouverture du parc pour éviter de marcher aux heures les plus chaudes et avoir le temps de profiter de la plage. 4 bus/j. 8h-16h depuis Montezuma (7h20-15h20 pour le retour), en passant par Cabuya. Pour y accéder par vos propres moyens, 4x4 indispensable. Ouv seulement mer-dim 8h-16h. Entrée : 12 $; réduc. Petit centre d'interprétation sur place. Faire une photo du plan avt de partir en rando. Mieux vaut* ***être en bonne condition physique. Prévoir au moins 1,5 l d'eau par personne (eau de source gratuite à l'entrée) et un casse-croûte,*** *un chapeau et des chaussures* *fermées pour ne pas vous tordre les chevilles sur les galets à l'arrivée. Ni tongs ni sandales, en revanche les chaussons de mer sont recommandés pour ne pas s'écorcher les pieds dans les rochers.*

À la pointe sud de la péninsule de Nicoya, cette réserve terrestre de près de 1 270 ha, auxquels s'ajoutent 1 790 ha de réserve marine, fut créée en 1963 par Olof Wessberg, un immigrant danois, et Karen Mogensen, sa femme suédoise. Sans le travail sur le terrain et la détermination de ce couple visionnaire, ce sublime morceau de nature n'aurait peut-être jamais été sauvegardé.

La faune est riche du fait qu'une grande partie de la réserve se trouve en zone de protection absolue, où personne ne peut entrer. On ne visite d'ailleurs que 5 % de la réserve. Ce n'est pas un zoo, mais tout le contraire, un morceau de jardin d'Éden, remarquable sanctuaire baigné par l'océan. Parmi les animaux les plus faciles à apercevoir (ou à entendre), les singes hurleurs dont c'est le royaume. Un petit truc si vous percevez un grognement : ils réagissent facilement au cri que vous pousserez vous-même pour essayer de les imiter... Également des biches et des daims, des coatis, agoutis, singes capucins ou araignées, lézards, écureuils, fourmiliers, pécaris et, beaucoup plus difficile à apercevoir, des paresseux. Encore plus rares, le jaguar, l'ocelot et le puma car ils sont surtout nocturnes. Admirez aussi le vol superbe du morpho, cet immense papillon aux ailes bleu électrique. Parmi les plantes, beaucoup d'arbres avec des lianes, des fleurs de semi-pénombre et des arbres impressionnants comme le *Ficus aurea* (ou ficus étrangleur) qui étouffe amicalement ses petits voisins...

Le sentier principal est ***le sentier suédois*** *(sendero sueco),* qui mène à une belle plage de galets. Il fait ***10 km A/R pour une durée totale d'environ 5h*** de marche mais on peut prévoir la journée, surtout si l'on marche en compagnie de jeunes enfants et ados. Ce n'est pas une boucle, il faut faire l'aller-retour sur le même sentier. Attention, les dénivelées sont importantes et la chaleur, écrasante malgré la marche en sous-bois. À l'extrémité du sentier, on aboutit à la belle ***plage de Cabo Blanco,*** encore assez sauvage, encadrée par des pointes rocheuses. On y observe des colonies d'oiseaux de mer comme les pélicans et les frégates. La baignade à l'arrivée est la récompense pour avoir autant sué à grosses gouttes, mais gare aux rochers pas toujours visibles dans l'eau ! Sur place, 2 douches pour se rincer et quelques tables pour pique-niquer. En continuant sur 1 km, on atteint le *Cabo Blanco,* le cap extrême, que la marée montante isole pendant quelques heures. Attention à ne pas vous retrouver coincé par cette marée. En face, une belle île sert d'habitat privilégié à des oiseaux marins.

Ceux qui ne peuvent pas marcher autant se rabattront sur les 2 autres sentiers. Le ***sentier danois*** *(sendero danés)* fait 2 km de montée-descente tandis et permet d'avoir un aperçu limité de la flore et de la faune. Le ***sentier Albert Ingalls*** fait 1,2 km et s'avère assez plat... dans tous les sens du terme.

– ***Bon à savoir :*** les rangers ne manqueront pas de vous informer du danger que représentent les ***arbres toxiques (et leurs fruits)*** de la réserve. Ceux-ci poussent en bord de mer, sur les plages. Ne pas les toucher, ni manger leurs fruits, ni même faire la sieste ou s'abriter dessous (surtout s'il pleut).

Calala Lodge : *env 1 km avant Cabuya et 3-4 km avt l'entrée de la réserve. ☎ 2642-0374. • calalalodge.com • Doubles 85-140 $, petit déj (buffet) inclus. Plats env 5 500-8 000 CRC.* Une jolie structure face à la mer, même si ça se paye un peu, il faut bien le reconnaître. Bungalows en bois et en dur de bon confort au milieu de la végétation. Piscine de belle taille. Restaurant où l'on privilégie le poisson frais, bien sûr, mais aussi les plats végétariens. Tenu par des Argentins très serviables.

Panaderia Cabuya : *2 km avt l'entrée de la réserve. ☎ 2642-1184. Tlj sauf mar 7h30-17h30. Petit déj et plats env 3 500-7 000 CRC.* Ce resto-boulangerie propose une agréable terrasse couverte avec de belles tables en bois, sans oublier le bout de jardin à l'arrière. On s'y sent bien, d'autant que le service est très pro. Les plats sont copieux et très joliment présentés.

Omelettes et *gallo pinto* au petit déj. À midi, on a eu un faible pour le poisson à la sauce verte mais aussi pour les *casados* revisités. Également des sandwichs, soupes et salades. Le tout à arroser d'une limonade ou d'un smoothie maison, énormes et délicieux par cette chaleur !

Refugio Nacional de Vida Silvestre Curú (hors plan par B1) **:** *à 15 km au nord-est de Tambor et une trentaine de km de Montezuma. ☎ 2641-0100. Infos sur • curuwildliferefuge.com • et aussi par l'agence* Turismo Curu *basée dans la réserve et à* **Paquera,** *à 2 km de la réserve (☎ 2641-0004 ; • curutourism.com •). Le bus pour Paquera s'y arrête sur demande. Tlj 7h-16h (dernière entrée à 15h). Entrée : 15 $; réduc. Plan de la réserve en français. Rando guidée (env 1h30) : 15 $/pers (auxquels il faut ajouter le prix d'entrée). Nuitée en cabina : env 30 $/pers ; réduc.* Cette réserve naturelle de 70 ha a été fondée en 1933 par Federico Schutt de la Croix, un pionnier de l'environnement au Costa Rica. Si elle est dédiée à la protection des crabes rouges, des perroquets aras, ainsi que des singes écureuils (les adorables *monos titi*), on y recense 78 espèces de mammifères (notamment coatis, agoutis, singes capucins et hurleurs...), 232 espèces d'oiseaux, 87 sortes de reptiles et plus de 500 espèces de plantes ! Dans ce paysage de jungle et de mangrove, nous conseillons de prendre un guide local, ou d'ouvrir grand les yeux ! Faire les 2,3 km jusqu'au parking et aux installations en bord de plage, où l'on trouve un stand de l'agence *Turismo Curu,* qui propose des tours en kayak (diurnes et nocturnes) à 35 $ par personne ou la location d'un kayak. Possibilité de se baigner sur la plage (c'est une anse, peu de vagues). Les amoureux de la nature peuvent même passer une nuit dans la réserve.

Isla Tortuga (hors plan par B1) **:** *avec* Zuma Tours *ou* Cocozuma *(voir « Adresses utiles » plus haut) ou, sur place, avec* Turismo Curu. *Compter 65 $/pers, déj inclus ; réduc.* L'île de la Tortue n'est pas un repaire de *Pirates des Caraïbes* mais une île inhabitée et sauvage au large de la côte, dans le golfe de Nicoya, vers Paquera. Elle offre un paysage de carte postale : plages de sable blanc sous le ciel bleu, cordon de palmiers, végétation tropicale, environnement intact. Les chanceux apercevront même des dauphins ! La matinée est consacrée au *snorkelling* (environ 2h), avant de poser pied à terre pour déjeuner (repas inclus). Une fois sur l'île, on peut continuer à jouer les hommes grenouilles, se promener ou faire la crêpe, mais toutes les autres activités sont payantes. Certains lecteurs s'en sont plaints et se sont agacés d'être pris pour des vaches à lait : transats, consigne à bagages, kayak, volley et même toilettes, sortez le porte-monnaie !

MAL PAÍS ET SANTA TERESA

• Plan *p. 273*

Au sud-ouest de la province de Guanacaste, Mal País (« Mauvaise Terre ») et Santa Teresa faisaient partie, dans les années 1980, des bouts du monde du Costa Rica, où personne n'avait l'idée de se rendre. En 15 ans, ce morceau sauvage de la côte Pacifique a dévoilé une part de son secret. L'endroit s'est fait connaître, il s'est développé tout en préservant son environnement, conservant tout son charme et son caractère loin des promoteurs immobiliers. Séduits par le climat moins sec qu'au nord, l'isolement et la beauté du site, les 1ers vacanciers à y poser bagages furent les amateurs de surf, principalement les jeunes Américains du Nord, en marge du tourisme de masse.

Aujourd'hui comme hier, on y accède par des pistes rocailleuses et poussiéreuses en saison sèche, et un 4x4 est indispensable pour circuler (surtout en saison humide).
Les plages de sable sont superbes et les vagues régalent les surfeurs, du lever au coucher du soleil. Étendu sur une dizaine de kilomètres, ce littoral remarquable s'adosse à une ligne de collines couvertes de jungle et comprend 2 parties distinctes, délimitées par El Cruce (l'intersection des routes de Santa Teresa et de Cóbano) : Mal País au sud et Santa Teresa au nord. Il n'y a pas vraiment de ville, l'habitat et les commerces sont dispersés le long de la route parallèle à la plage. On peut considérer cependant El Cruce comme le petit centre animé et commercial de Mal País / Santa Teresa. Si vous recherchez le calme, éloignez-vous-en. Santa Teresa concentre la majorité des hôtels et la quasi-totalité des restos. On a préféré le calme et l'aspect plus sauvage de Mal País, mais mieux vaut être véhiculé pour se rendre ensuite dans le centre.
Côté plages, il y en a 4 du sud au nord : *Playa Mal País* (la plus calme), *Playa Carmen* (la plus centrale), *Playa Santa Teresa* (la plus fréquentée par les baigneurs et les surfeurs) et enfin *Playa Hermosa,* plus tranquille. On peut s'y baigner et nager en faisant attention aux courants, aux vagues et aux surfeurs sortis des flots...

Arriver – Quitter

En voiture

➢ ***De Montezuma :*** une route plus ou moins asphaltée monte de Montezuma jusqu'à Cóbano (7 km), petite ville située sur un plateau. À Cóbano, traverser la ville, et au bout de 2 km env, la route goudronnée devient une piste en très mauvais état. À partir de là, 4x4 indispensable. Prendre à gauche direction Santa Teresa / Mal País. Attention, les panneaux ne sont pas très visibles. Descendre sur 10 km jusqu'à la côte jusqu'à un carrefour : El Cruce. À droite Santa Teresa, à gauche Mal País.

➢ ***De Sámara par l'arrière-pays :*** de Sámara, direction Nicoya (35 km). Traverser Nicoya, puis direction San José (route 21). Suivre cette route asphaltée en bon état, passer les villes de Jicaral, Lepanto, *Playa Naranjo,* continuer sur une route en mauvais état jusqu'à Paquera (ferries pour Puntarenas). À Paquera, prendre la direction de Tambor (route 21) et rejoindre Cóbano, d'où l'on emprunte une piste pour descendre vers la côte (voir plus

Adresses utiles

- i Insider Costa Rica – Info Center (B2)
- 2 Farmacia Armiga et Banco Nacional (B2)
- 3 Super Ronny's (B2)
- 4 Super Ronny's 2 (A1)
- 5 Super Costa (A1)
- 6 Fast Clean (laverie ; A1)

Où dormir ?

- 10 Selina Santa Teresa North (A1)
- 11 Hostel Dos Monos (B2)
- 12 Mal País Surf Camp (B2)
- 13 Raratonga Hotel (A1)
- 14 Zeneidas Surf Garden et Camping Zeneidas (A1)
- 15 Blue Jay Lodge (B2)
- 16 Horizon Yoga Hotel (B1)
- 17 Indigo Yoga Resort (B3)
- 18 Canaima Chill House (A1)
- 19 Santeria Lodge (A-B1-2)
- 20 Pachamama Lodge (B3)

Où manger ? Où prendre un bon petit déj ou un goûter ? Où boire un verre ? Où écouter de la musique ?

- 30 The Bakery (B2)
- 31 Mafra's Panetteria & Café (A1)
- 32 Banana Beach Resto & Bar (A1)
- 33 El Facon (A1)
- 34 Caracolas (B3)
- 35 Soda Tiquicia (A1)
- 36 Katana (A1)

Où déguster une bonne une glace ?

- 6 L'Arte del Gelato

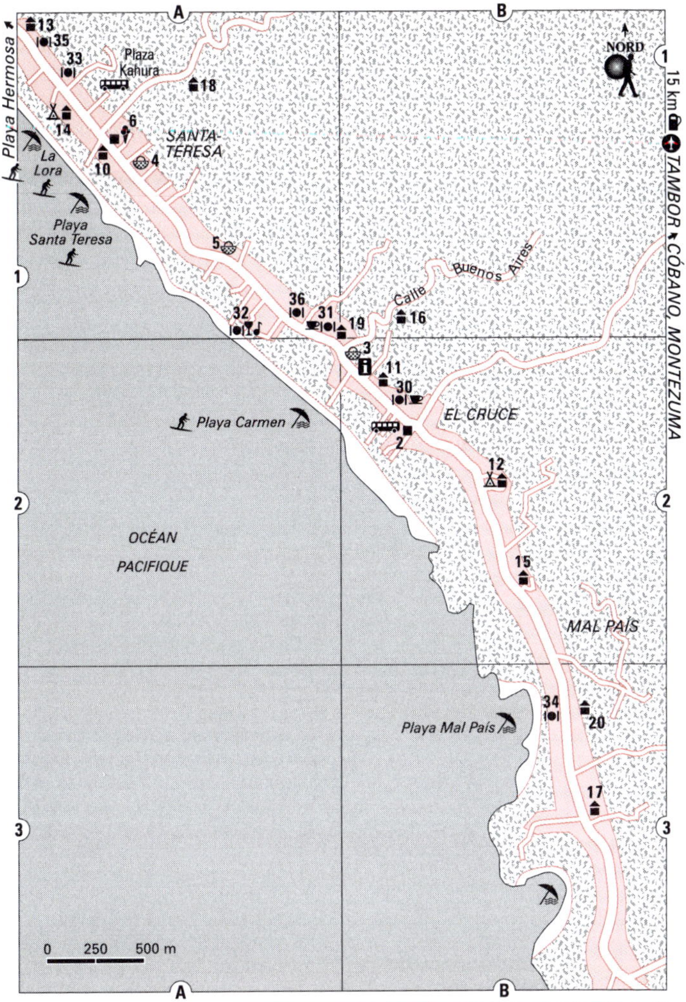

MAL PAÍS ET SANTA TERESA

haut). Au total : env 180 km. Durée approximative : 4-5h.

➢ ***De Sámara par la piste côtière :*** il est possible de faire la route entre Sámara et Santa Teresa / Mal País par la côte mais seulement en saison sèche et avec un 4x4. Compter min 3h30 pour effectuer ce trajet de 100 km qui emprunte des pistes en mauvais état. Dans tous les cas, ne pas y aller en saison des pluies car les criques et les rivières débordent, et on ne peut plus les franchir. De Sámara, gagner *Playa Carrillo, Punta Islita,* San Miguel et San Francisco de Coyote, *Playa Bongo* et Manzanillo. La piste passe par la plage de Manzanillo, où le rythme des marées est un obstacle dont il faut tenir compte. ***Ne passer qu'à marée basse !*** Au cas où vous seriez bloqué par la marée moyenne ou haute, sachez qu'il y a une route de 15 km qui contourne la plage et permet de continuer son chemin. Un itinéraire à réserver aux aventuriers, aguerris du volant !

En bus

Les bus s'arrêtent à la demande, mais il est plus sûr de les prendre à El Cruce *(plan B2)*, devant la pharmacie (à côté de la *Banco Nacional*), ou alors au niveau de la *Plaza Kahuna (plan A1)*.

➢ ***Cóbano et Montezuma :*** une dizaine de bus/j. jusqu'à Cóbano (env 45 mn de trajet) puis 6 bus/j. jusqu'à Montezuma (env 30 mn de trajet). Au total : env 1h30, à condition d'avoir la connexion.

➢ ***San José :*** 2 bus/j. (1 le mat, 1 l'ap-m) avec la compagnie *Transportes Cobano.* Trajet : env 6h. Le prix inclut la traversée en ferry.

En ferry ou en avion

Voir plus haut « Arriver – Quitter » dans « Le sud de la péninsule de Nicoya ».

Adresses utiles

Insider Costa Rica – Info Center *(plan B2)* **:** *à 400 m au nord d'El Cruce. 6041-2660. Tlj sauf dim 9h-17h.* 2 copines argentines ont monté ce bureau touristique où l'on pioche toutes les infos nécessaires sur Santa Teresa / Mal País, mais aussi Montezuma et la réserve Cabo Blanco. Prenez les cartes très bien faites et ludiques, créées aussi par ces 2 filles qui ont de la suite dans les idées. Accueil chaleureux et petite boutique d'artisanat sur place.

Banco Nacional *(plan B2,* ***2****)* **:** *à droite de la* Farmacia Armiga. *Lun-ven 13h-19h.* Change et distributeur. Également un distributeur de la ***Banco de Costa Rica*** à l'intersection d'El Cruce.

Farmacia Armiga *(plan B2,* ***2****)* **:** *à gauche de la* Banco Nacional. *☎ 2640-0539. Lun-sam 8h-20h (sam 19h).*

Supermercados : les mieux fournis sont le ***Super Ronny's*** *(plan B2,* ***3****)*, le ***Super Ronny's 2*** *(plan A1,* ***4****)* et le ***Super Costa*** *(plan A1,* ***5****)*. Tous situés sur la route principale. *Ouv pour les 3 tlj 8h-22h.*

Fast Clean (laverie ; plan A1, **6**) **:** *en face de la Playa Santa Teresa, à droite du glacier* L'Arte del Gelato. *8535-6470. Tlj 8h-19h.* La livraison est incluse dans le prix.

Gasolinera *(station-service ; hors plan par B1)* **:** *attention, la première se trouve à Cobano, à env 15 km !* Faites le plein avant de venir...

Location de vélos et de quads : la plupart des hébergements louent des vélos *(compter 10 $/j.)*. À Mal País / Santa Teresa, les quads (*ATV* en anglais) sont plus nombreux que les vélos, ce qui n'est pas surprenant vu le nombre de loueurs et l'état des pistes. On peut ne pas apprécier ce genre d'engins assez bruyants, véritables usines à bruit et à poussière, mais ils sont omniprésents. Les touristes les louent à la journée, mais les locaux s'en servent au quotidien comme moyen de transport. *Compter env 60-70 $/j.*

Où dormir ?

De très bon marché à prix moyens (max 90 $ / 75 €)

Hostel Dos Monos *(plan B2,* ***11****)* **:** *à 250 m au nord d'El Cruce, sur la droite du chemin. ☎ 2640-1199. • hosteldosmonos.com • Lits en dortoir 14-31 $; doubles env 57-80 $. Petit déj inclus.* Tout beau et tout moderne, intelligemment conçu avec un souci de confort et des prix modérés, cet « *hostel* des 2 singes » est une vraie et belle découverte, le contraire d'une AJ trou à rats. Les dortoirs (de 6 ou 7 lits) ont la clim, ce qui relève de l'exception dans la station. Ils sont tous impeccables et lumineux. Même style pour les chambres doubles ou triples, petites mais nettes et confortables (sanitaires dedans ou à l'extérieur, au choix). Grande cuisine équipée qui s'ouvre sur un chouette espace de vie dans le jardin. Location de planches de surf.

⛺ 🏠 ***Mal País Surf Camp*** *(plan B2,* ***12****) : à 600 m au sud d'El Cruce. ☎ 2640-0031. • malpaissurfcamp.com • Camping 15 $/pers, lit en dortoir 30 $/pers ; double env 50 $; casitas 2-6 pers à partir de 110 $. Petit déj en plus.* Fondé par Douglas Packman, un des pionniers du surf au Costa Rica, cet hôtel a pris racine dans un environnement verdoyant et à l'écart de l'agitation. S'adresse donc aux surfeurs comme aux non-surfeurs (ils ne sont pas sectaires), en proposant plusieurs types d'hébergements, dispersés dans le jardin : 4 dortoirs toilés de 4 lits pour *backpackers,* chambres privatives ou maisonnettes *(casitas),* et même des emplacements pour camper. Seul ou en tribu, avec ou sans clim, salle de bains privée ou partagée, tous les budgets s'y retrouvent. On a aimé l'atmosphère *peace,* la très grande piscine et le calme dans ce petit coin préservé.

⛺ 🏠 ***Zeneidas Surf Garden*** *(plan A1,* ***14****) : Playa Santa Teresa. ☎ 2100-3940. • zeneidasgarden@gmail.com • Lits en dortoir sans ou avec clim 12-35 $/pers ; doubles env 35-100 $.* Dans la verdure côté plage, à 2 mn à pied de la mer, cette AJ a son petit charme. Les 8 chambres et les 6 dortoirs (4-6 lits) sont petits, certes, et assez chers en haute saison, mais ils sont récents, avec des lits superposés en bois et de jolis dessins sur les murs. Salles de bains communes. À vrai dire, on profite surtout des espaces communs, très agréables : grande salle ombragée, cuisine ouverte, hamacs sous les arbres. Séances de yoga, capoeira et jujitsu. Location de planches et cours de surf. Et la plage vous tend les bras. Un bon spot pour surfeurs plutôt confirmés. Juste en face, le ***Camping Zeneidas*** *(☎ 2640-0118 ; env 5 000 CRC/pers)* propose une quinzaine d'emplacements au bout du chemin, face la mer, le long duquel les babas au long cours louent des maisonnettes. Ambiance, ambiance... Petit carré de pelouse basique, avec douche froide et w-c, plus un coin cuisine à partager.

🏠 ***Santeria Lodge*** *(plan A-B1-2,* ***19****) : à gauche de Selina South. ☎ 2640-0931. Doubles 45-65 $.* En plein centre animé, une jolie structure branchée avec piscinette, un petit havre de paix tenu par un couple d'Italiens qui possède aussi la jolie boutique de vêtements à l'entrée. Chambres avec ou sans clim d'une belle élégance avec murs blancs et bois clair, plus de jolies terrasses avec cloisons en bambou. Également 2 bungalows (sans clim ni eau chaude) et un appartement pour 4 tout confort. Cuisine commune. *Surf shop* et espace de yoga. Un beau petit lieu, d'un très bon rapport qualité-prix, malgré un accueil quelque peu erratique mais sympathique.

🏠 Renseignez-vous sur la réouverture prévue du ***Selina Santa Teresa North*** *(plan A1,* ***10****) : à 2,3 km au nord d'El Cruce, côté océan. ☎ 4052-5146. • selina.com/costa-rica/santa-teresa •* Cette auberge de jeunesse internationale devrait se refaire une beauté et proposer à nouveau une ambiance branchée, de vastes espaces communs, des dortoirs et des chambres privées dans le coup (quoique plus chers qu'ailleurs), plus une piscine, des animations, etc. Il y a bien son annexe, le ***Selina Santa Teresa South*** *(• selina.com/costa-rica/santa-teresa-south •),* mais c'est la version XS des *Selina,* et l'accueil n'est pas toujours terrible.

🏠 Le ***Pachamama Lodge*** *(plan B3,* ***20****) propose aussi quelques lits en dortoir (17-30 $).* Voir la rubrique « Prix moyens ».

Prix moyens (60-90 $ / 50-75 €)

🏠 ***Pachamama Lodge*** *(plan B3,* ***20****) : à 1,5 km au sud d'El Cruce, face à Playa Mal Pais. ☎ 2640-0195. • pachamalpais.com • Lits en dortoir 17-30 $; doubles 50-75 $; bungalows 80-130 $.* Pour ceux qui veulent s'installer au vert et à l'écart de l'agitation, cette petite structure est tenue par la dynamique Victoria qui cogère aussi l'*Insider Costa Rica – Info Center* (voir les « Adresses utiles). Elle propose plusieurs types d'hébergement. Derrière la porte en bois, un vaste jardin avec un *surf camp* composé d'un dortoir de 4 lits et 3 chambres en béton ciré avec terrasse et hamacs. Cuisine juste en face. Également 2 bungalows et une maison pour 5 personnes, très agréables. Le *Rancho* abrite le salon-cuisine à disposition des hôtes. Chouette *lookout,* conçu aussi pour les séances de yoga, avec vue sur l'océan. Un bon plan.

Raratonga Hotel *(plan A1,* ***13****) : à 3 km au nord d'El Cruce, sur la route de Playa Hermosa. ☎ 2640-0475. • santateresabeachotel.com • Doubles 60-75 $; apparts 2-4 pers 90-150 $.* À taille humaine, il est situé suffisamment à l'écart de la route pour ne pas subir les nuisances sonores et la poussière. Ensemble construit avec des bois tropicaux et aménagé avec soin et confort. Chambres fraîches et nettes, dont la déco navigue entre les fonds marins et la forêt tropicale. Toutes ont la clim et vue sur le jardin et la petite piscine. Les appartements profitent d'un balcon et d'une cuisine en plus.

Blue Jay Lodge *(plan B2,* ***15****) : à 1 km au sud d'El Cruce ; à Mal País. ☎ 2640-0089. • bluejaylodgecostarica.com • Doubles 60-80 $ selon confort et saison, petit déj inclus.* Malgré son nom, il n'est pas situé en bord de mer mais dans un domaine de 2 ha, sur un flanc de colline à la végétation luxuriante. Dans le parc se disperse une dizaine de bungalows, pour 2 à 4 personnes, propres et rustiques (ventilos mais pas de clim), avec balcon sur la forêt. Les 3 bungalows les plus haut perchés accueillent jusqu'à 3 personnes et profitent d'une vue sur l'océan au loin. Rien ne manque, ce n'est ni luxueux ni sommaire mais correct, bien tenu, agréable et sans prétention.

Chic (90-130 $ / 75-108 €)

Indigo Yoga Resort *(plan B3,* ***17****) : à 2,3 km au sud d'El Cruce, à Mal País. ☎ 2640-1007. • indigoyogaresort.com • Doubles avec clim 70-135 $ selon confort et saison.* Loin de l'agitation et de la poussière de Santa Teresa, on confesse un immense coup de cœur pour ce paradis vert. Cachées dans une dense végétation, des maisonnettes indigo abritent des chambres parfaitement tenues. Les plus chères peuvent accueillir jusqu'à 6 personnes et possèdent une cuisine. Déco tropicale soignée, béton ciré, salles de bains à ciel ouvert, mobilier boisé et fleurs fraîches, les petites attentions font la qualité de cette adresse de charme. La détente se décline ici sous toutes les formes : cours de yoga, piscine ou lecture à l'ombre d'un palmier. Accueil charmant en prime. On a trouvé notre petit coin de paradis.

Canaima Chill House *(plan A1,* ***18****) : à 2,8 km au nord d'El Cruce. ☎ 2640-0410. • canaimachillhouse.com • Au niveau de l'*hostel Selina*, prendre à droite une rue qui grimpe très raide sur 300 m (4x4 obligatoire !). Doubles 80-135 $ selon confort et saison.* Perché sur une colline, cet hôtel s'est réfugié hors du bruit et de l'agitation au cœur d'un luxuriant jardin tropical. Tout en bois, il ne compte que 8 chambres largement ouvertes sur la nature. Dans sa douche ovale ou sur le balcon, on se retrouve immergé au cœur de la végétation grâce à un habile jeu d'ouvertures et de larges fenêtres. De belle taille, certaines abritent une mezzanine avec une chambre en plus pour les joyeuses tribus, et toutes ont une cuisine. Terrasses avec lits suspendus. Belle petite piscine ombragée et jacuzzi, entourés de coins où se relaxer. Un maître mot : zénitude.

Plus chic (130 $ et plus / 108 € et plus)

Horizon Yoga Hotel *(plan B1,* ***16****) : à 800 m au nord d'El Cruce ; prendre la c/ Buenos Aires à droite, qui grimpe sec sur la colline, l'hôtel est en haut à droite. ☎ 2640-0524. • horizon-yogahotel.com • Doubles 135-200 $. Séjour de 2 nuits min.* Ce site exceptionnel et haut perché offre un point de vue sublime avec l'horizon marin au loin. Des bungalows en bois et bambou sur pilotis sont éparpillés dans les arbres et offrent un confort haut de gamme. Chacun dispose de son balcon pour porter ses yeux dans le bleu et profiter de la quiétude du lieu. Décoration très recherchée dans le style « new age chic », avec bouddhas, sculptures, peintures et objets design. Jolie petite piscine en angle. Cours de yoga, massages, surf et resto qui sert des petits plats végétariens bio et des jus de fruits délicieux. Une belle adresse pour qui voudrait casser le cochon !

Où manger ? Où prendre un bon petit déj ou un goûter ? Où boire un verre ? Où écouter de la musique ?

De bon marché à prix moyens (max 10 000 CRC / 14 €)

Mafra's Panetteria & Café *(plan A1, **31**)* **:** *un peu avt le resto Katana. ☎ 2640-1109. Tlj sauf dim 7h-18h. Compter env 3 000-4 000 CRC.* Cette discrète boulangerie italienne nous a séduits par sa simplicité et la qualité de ses produits, sans compter qu'elle est vraiment bon marché. Artisanale, on y voit donc le boulanger au travail confectionner du bon pain frais, notamment la *ciabatta,* de croustillantes viennoiseries et même des parts de pizza et des *focaccie* de qualité. Terrasse de poche pour le petit déj ou un grignotage léger le midi. Café et smoothies. Simple et délicieux !

Soda Tiquicia *(plan A1, **35**)* **:** *à 3 km au nord d'El Cruce, sur la route de Playa Hermosa. ☎ 2640-0167. Tlj 8h-22h. Plats 3 000-7 000 CRC.* Le meilleur rapport qualité-prix de la station ! Sur 2 étages, ce petit *soda* attire une clientèle locale et internationale avec des plats bien typiques. *Casados,* pêche du jour, riz cuisinés, *patacones...* les portions sont plus que généreuses et les saveurs au rendez-vous ! On en sort l'estomac bien rempli et le porte-monnaie épargné. Notre meilleure adresse pour les petits budgets !

Caracolas *(plan B3, **34**)* **:** *à 1,5 km au sud d'El Cruce, à Mal País, côté mer. 📱 6167-7552. Tlj 11h30-21h. Plats 4 000-9 000 CRC.* Un de nos restos préférés sur ce morceau de côte ! Les tables s'éparpillent de la paillote aux rochers, les pieds dans le sable ou presque dans l'eau. Tenue par des *Ticos,* cette adresse aux faux airs de gargote propose une belle carte avec les produits iodés en spécialités. Ici, le poisson se décline sous toutes ses formes : en *ceviche, a la plancha,* en sauce... Les budgets plus serrés opteront pour les tacos, *casados* et autres *enchiladas,* tout aussi gourmands. Accueil souriant et cadre d'exception : une perle rare !

The Bakery *(plan B2, **30**)* **:** *à 150 m au nord d'El Cruce. ☎ 2640-0560. Tlj 7h-22h. Petit déj et plats env 4 500-7 000 CRC.* Cette pâtisserie-cafétéria légèrement branchée est l'endroit idéal pour prendre un petit déjeuner, un repas léger à midi ou en soirée. Viennoiseries, tartines, croissants délicieux, petits pains, sandwichs, mais aussi œufs brouillés, salades, pancakes, croque-monsieur, pâtes... Et pour une pause goûter, les gâteaux maison devraient contenter les plus gourmands. À arroser d'un excellent café ou d'un jus, smoothie, milk-shake. Toute petite salle intérieure climatisée, sinon terrasse extérieure mais c'est souvent plein comme un œuf. Excellent service féminin.

El Facon *(plan A1, **33**)* **:** *à 2 km au nord d'El Cruce, au niveau du terrain de foot. 📱 8428-4628. Tlj 11h-22h30. Plats 5 500-8 000 CRC.* Un resto tout en bois, style *ranch,* avec de grandes tablées de jeunes Nord-Américains et une ambiance festive. On y mange surtout de bonnes viandes, du burger à la côte de bœuf, le tout bien fait et à arroser d'une bonne bière microbrassée. Musique certains soirs. Excellent service.

De prix moyens à plus chic (6 000-15 000 CRC et plus / 8-20 € et plus)

Banana Beach Resto & Bar *(plan A1,* ***32****) : sur Playa Carmen. ☎ 2640-1117. Tlj 7h-1h. Plats 7-25 $.* Installé sur la plage sous les palmiers, un emplacement de rêve pour boire un cocktail, manger et profiter des concerts en soirée. On se baigne et on s'installe sur un lit de plage ou dans un coin salon. Côté cuisine, tous les choix à tous les prix : salade de poulpe, fruits de mer, pêche du jour, mais aussi burgers, salades, pizzas et sandwichs... Sûrement le resto de plage le plus apprécié de la station, et à juste titre !

Katana *(plan A1,* ***36****) : en face de la Playa Carmen. 8358-4059. Seulement le soir. Compter env 40 $.* Pour ceux qui raffolent de la cuisine asiatique, une vaste terrasse en bois très agréable dans un jardin. Énorme choix de sushis, *rolls* et sashimis de toutes les couleurs, présentés de façon assez spectaculaire, Également du *ceviche* de thon, *pad thaï,* curry indien... Cher mais délicieux. Accueil et service excellents.

Où déguster une bonne une glace ?

L'Arte del Gelato *(plan A1,* ***6****) : en face de la Playa Santa Teresa. 6442-5917. Tlj 11h-21h30.* Ce petit glacier italien vend des sorbets artisanaux qui changent tous les jours ou presque. Choco *vegan*, melon, mûre, il y en a pour tous les goûts. Également des milk-shakes, des crêpes et du tiramisu.

À faire

Surf : Playa Carmen est un excellent site de surf pour les débutants, tout comme ***Playa Hermosa.*** Les surfeurs confirmés iront plutôt se mouiller à ***Playa Santa Teresa,*** et en particulier au spot ***La Lora.*** Et pour les pros, on recommande le spot de ***Tubular*** au nord de la plage de Santa Teresa. La carte de l'*Info Center* (voir les « Adresses utiles ») indique les différents spots et leur niveau de difficulté. Presque tous les hébergements proposent des locations de planches et des cours de surf : compter 10-15 $ la journée pour une location de planche selon le modèle et environ 50-60 $ pour un cours collectif (demander un groupe de 4 personnes maxi) de 2h ; compter 70 $ pour une leçon privée. La plupart du temps, si vous prenez un cours, vous pouvez garder la planche toute la journée pour vous entraîner. Demandez conseil à l'*Info Center.*

Citons quand même le ***Adrenalina Surf & Kite Surf School*** *(POR] 8324-8671 ; • thebestsurfingincostarica.com •),* petit club tenu par Laurent, un Marseillais passionné de surf.

LE PACIFIQUE CENTRAL

• Carte *p. 280-281*

À une centaine de kilomètres à peine de la capitale, la côte Pacifique attire une flopée de citadins en mal de nature et des touristes pressés de rejoindre la mer. De San José, on suit la *ruta 27* qui file droit sur l'eau avant de bifurquer au nord vers Puntarenas ou la *ruta 34* vers le sud. Spots de surf, parcs nationaux et activités aquatiques remplissent des journées chaudes et sèches, parfois brûlantes. Les amateurs de glisse et de farniente sortiront serviettes et planches de surf sur les jolies plages qui s'étendent sur 200 km de côte. Randonneurs et grimpeurs risquent, en revanche, de ne pas beaucoup user leurs baskets ! Le *Parque Nacional Manuel Antonio* justifie à lui seul une escale dans le coin, c'est le parc le plus populaire du Costa Rica. Mieux vaut le savoir, on n'y est jamais seul, à l'image du reste de la côte.

Très touristique, le Pacifique central est une des destinations touristiques favorites des Américains. Beaux hôtels, standing plutôt chic, clim partout et restaurants cosmopolites, un air occidental souffle sur ces terres arides. La disgracieuse ville de Jacó en donne le pire exemple. Dans la rue, l'oreille s'échauffe à force de conversations en anglais. Quel dommage ! Le Costa Rica perd ici un peu de son authenticité. Mais le charme opère de nouveau en descendant vers le sud. Ouf !

– *Bon à savoir :* pour rejoindre le Pacifique central depuis San José (et inversement), ***préférez toujours la Ruta 34*** qui longe la côte, plutôt que la *Ruta 2* qui serpente dans la Vallée Centrale (et les bouchons qui vont avec !). Suivez nos conseils, précieux gain de temps à la clé !

PUNTARENAS

À 120 km à l'ouest de San José, Puntarenas forme une longue pointe de terre et de sable (d'où son nom « pointe sableuse ») s'avançant dans le golfe de Nicoya. C'est aujourd'hui le port d'embarquement des ferries à destination de Paquera et de *Playa Naranjo,* sur la côte sud-est de la péninsule de Guanacaste. Il n'y a pas d'autres raisons d'y passer. Le port accueille des bateaux de croisière, mais il n'est plus que l'ombre de ce qu'il fut naguère.

Colonisé par les Espagnols dès 1522, le site devint une escale portuaire pour les navires en route vers le cap Horn. Puntarenas fut ainsi le port de marchandises (bananes, café) le plus actif du Costa Rica jusqu'aux années 1890. La construction de la ligne ferroviaire reliant le centre du pays à la côte caribéenne (Puerto Limón) et surtout l'ouverture du canal de Panamá marquèrent le début du déclin de la ville.

Miramar
Naranjo
Grecia
1
1
Golfo de Nicoya
Isla Caballo
Puntarenas
Esparza
Atenas
3
23
Playa Naranjo
Orotina
27
27
27
Péninsule de Nicoya
319
34
Santiago
Paquera
Parque Nacional Carara
voir carte Le Guanacaste et la péninsule de Nicoya
Pont de Tárcoles
320
324
319
Herradura
Playa Herradura
MONTEZUMA
Jacó
239
Playa Jacó
Playa Hermosa
609
34
Parrita
OCÉAN PACIFIQUE
Pas de côté
0
5
10 km

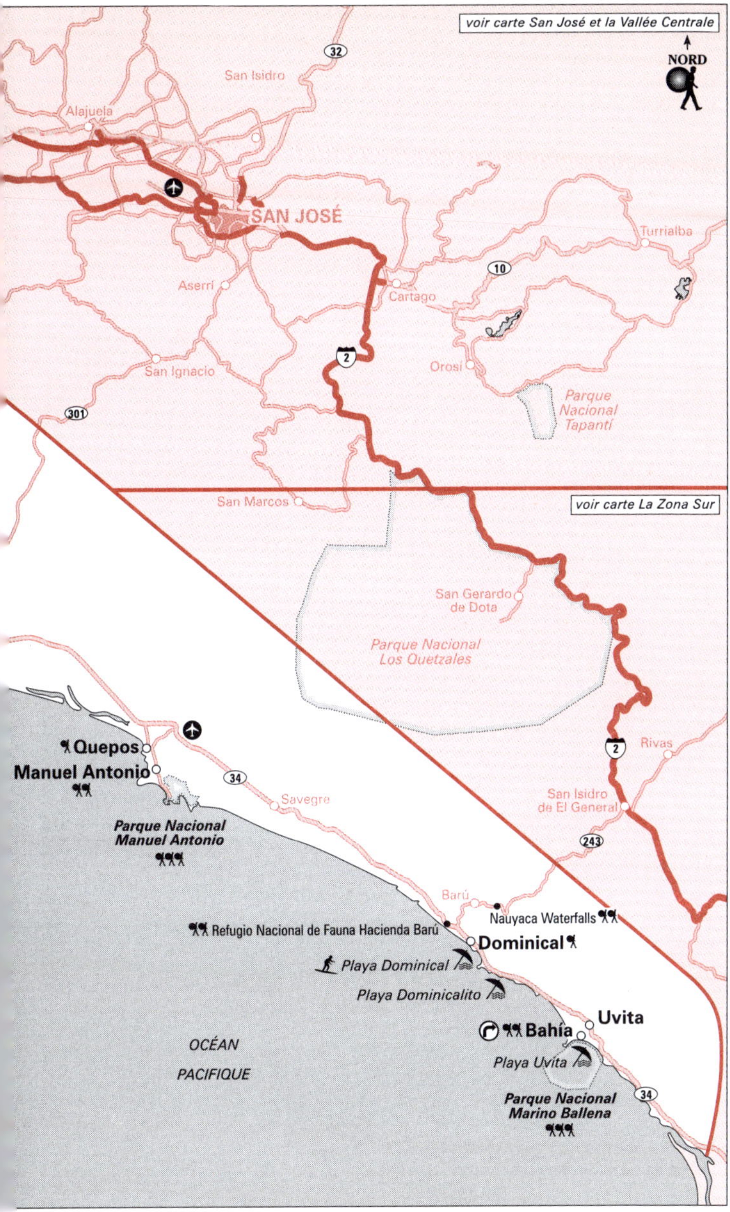

LE PACIFIQUE CENTRAL

Si vous passez par là le samedi le plus proche de la mi-juillet, ne manquez pas la *Fiesta de la Virgen del Mar.* Régates, danses, jeux, concerts... Des bateaux décorés comme des sapins de Noël sillonnent les flots et l'une des barques porte la patronne de la ville, la Vierge du mont Carmelo. En célébrant la Vierge, les pêcheurs et les marins cherchent à s'attirer la clémence des océans.

Arriver – Quitter

En bus

La gare routière de Puntarenas se trouve sur le *Paseo de las Turistas,* à l'angle avec la c/ 2, proche du grand quai où accostent les bateaux de croisière *(El Muelle).*

➢ ***San José :*** de San José, avec les bus de la compagnie *Empresarios Unidos (☎ 2222-0064 ; ● eupsacr.com ●),* départ ttes les heures, 6h-19h, depuis le terminal de la c/ 16 et av. 12. Dans le sens Puntarenas-San José, bus ttes les heures 4h-19h. Trajet : 2h20.

➢ ***Santa Elena (Monterverde) :*** 4 bus/j. dans les 2 sens. Trajet : 3h pour le plus rapide.

➢ ***Liberia :*** env 9 bus/j., avec la compagnie *Reina del Campo (● reinadelcampo.com ●).* Trajet : 3h.

En ferry

➢ ***Paquera et le sud de la péninsule de Nicoya :*** départs depuis l'embarcadère des ferries de Puntarenas, av. 3 et c/ 33. Avec la compagnie *Naviera Tambor (☎ 2661-2084 ; ● navieratambor.com ●),* 6 ferries/j. dans les 2 sens. Embarque piétons et véhicules. La traversée dure env 1h15. Les billets s'achètent dans un bureau situé à l'entrée du parking de l'embarcadère. Possibilité sinon de l'acheter sur *● quickpaycr.com ●,* ce qui permet de ne pas trop faire la queue en haute saison (attention, le nombre de billets mis en vente en ligne est limité). Compter env 810 CRC/pers et 11 500 CRC/véhicule. Il est conseillé d'arriver une bonne heure avant le départ du bateau car il y a souvent beaucoup de monde et de gros camions qui attendent (et même 3h à l'avance à Noël et pendant la Semaine sainte).
À Paquera, des bus locaux assurent la liaison pour Montezuma (trajet : 1h30-2h), en passant par Tambor et Cóbano. Attention, il n'y a pas de bus après le dernier ferry.
Il faut changer de bus à Cóbano pour aller à Mal País / Santa Teresa.

➢ ***Playa Naranjo :*** avec la compagnie *Coonatramar (☎ 2661-1069 ; ● coonatramar.com ●),* 4-5 départs/j., 6h30-19h dans le sens Puntarenas-*Playa Naranjo,* 6h-16h dans l'autre sens. Embarque piétons et véhicules. La traversée dure env 1h. De *Playa Naranjo* à Nicoya, service de bus en connexion avec l'heure d'arrivée des ferries (4 bus/j. ; trajet : 2h). Peu d'intérêt de débarquer ici.

Adresses utiles

Oficina de Turismo : *près du muelle, le quai où accostent les bateaux de croisière. ☎ 2661-0407. En principe, lun-mer 8h-16h.* En fait, ce bureau n'ouvre que les jours où les croisiéristes font escale à Puntarenas.

■ ***Banques, change :*** *dans le vieux centre-ville de Puntarenas, sur l'av. 3, près de la poste.* Les 2 banques voisines, *Banco Nacional* et *Banco de Costa Rica,* ont des distributeurs.

Où dormir ? Où manger ?

Avouons-le, aucun intérêt de dormir à Puntarenas pour une nuit, sauf si vous prenez le ferry tôt le lendemain pour la péninsule de Nicoya. Voici quelques adresses en dépannage.

Hotel La Punta : *av. 1 et c/ 33. ☎ 2661-0696. ● hotellapunta.net ● À 50 m du phare et 100 m du port-embarcadère des ferries pour Paquera et Playa Naranjo. Double env 70 $.* Hôtel discret et très bien situé, tenu avec grand soin. Il abrite une dizaine de chambres propres et bien arrangées, avec clim et salle de bains privée. Petite piscine et parking. Le meilleur hébergement du coin.

Hotel Las Brisas : *angle du Paseo de los Turistas et de c/ 33. ☎ 2661-4040. • lasbrisashotelcr.com • Doubles 70-100 $; également des familiales.* Bien situé, dans la partie la plus agréable de la ville, non loin de l'embarcadère des ferries, un bâtiment moderne tout blanc avec des coursives à colonnes classiques dans les étages. Piscine intérieure et chambres bien équipées avec clim et vue sur la mer (pour la plupart). En demander une dans les étages, c'est plus clair et plus calme. L'ensemble n'est malheureusement pas très gai.

Kioskos del Paseo Turistico : *près du muelle (quai des bateaux de croisière) et de la gare routière. Tlj env 9h-22h.* Plusieurs restos populaires *(kioskos)* sont alignés les uns à la suite des autres sous une sorte de grand préau, entre la route et la plage. Ils servent tous à peu près la même cuisine locale à prix doux. Bien aussi pour boire un bon jus de fruits frais.

JACÓ

15 000 hab.

• Plan *p. 285*

Les Américains s'y regroupent, les Européens la fuient, aucune ville au Costa Rica ne divise autant que Jacó. Située à 100 km de San José, c'est la station balnéaire la plus proche de la capitale : 2h de route et vous voilà sur la plage. Plage qui, elle aussi, a ses *aficionados* et ses détracteurs : les surfeurs s'y attaquent à de beaux rouleaux, les nageurs se méfient de ses courants puissants, les promeneurs aiment la longer de bout en bout, d'autres boudent son sable noir. Jacó se résume à sa rue principale, l'*avenida Pastor Díaz,* où s'alignent boutiques de souvenirs, bars et restos. Le week-end, la station s'anime aux sons des DJ sets et des concerts. Dormir au calme devient compliqué. Au nord de la ville, quelques grandes tours d'appartements et des complexes hôteliers ont enseveli l'authenticité et le peu de charme qu'il restait à Jacó. Au sud, on trouve des coins plus calmes, de chouettes adresses et un bord de mer joliment aménagé. Mais attention, il est déconseillé de se promener seul sur la plage et dans les rues isolées à la nuit tombée. La drogue et la prostitution ont forgé à la ville sa mauvaise réputation. On nous en avait dit tant de mal qu'on s'attendait à pire. Au final, Jacó laisse surtout indifférent. Les surfeurs et les fêtards y trouveront leur compte, les autres passeront leur chemin.

Arriver – Quitter

En bus

Terminal de bus (plan A1) **:** *av. Pastor Díaz, tt au nord de la ville. Au niveau du complexe Plaza Jacó, bâtiment orange. Billetterie tlj 6h30-17h.* Ne vendent que les billets pour San José. Pour les autres destinations, achat du billet directement auprès du chauffeur.

➢ **San José :** env 8 bus/j. dans les 2 sens. Mieux vaut acheter son billet la veille à la billetterie du terminal de bus. On peut aussi l'acheter auprès du chauffeur s'il reste de la place, ou en ligne sur *• transportesjacoruta655.com •* Trajet : 2h30.

➢ **Puntarenas :** env 12 bus/j. dans les 2 sens. Trajet : 1h30.

➢ **Quepos :** env 10 bus/j. dans les 2 sens. Trajet : 1h30.

En bateau

➢ **Montezuma :** l'agence de voyages *Zumatours* *(☎ 2642-0024 ; • zumatours.net •)* assure 1 liaison/j. A/R en *taxi boat* entre Jacó et Montezuma, sur la péninsule de Nicoya. Le départ se fait sur la plage de Herradura au nord de la ville, mais le service de pick-up depuis votre hébergement est compris. Compter 45 $ l'aller simple et 1h de traversée. Départ de Montezuma à 8h30 et de *Playa Herradura* (à 7 km au nord de Jacó) à 10h. Pour 55 $, on peut ajouter une connexion en bus et rejoindre Santa Teresa / Mal País ; réduc enfants.

Adresses utiles

Agences et écoles de surf

■ ***Tukan Tours*** *(plan A1, **1**) : av. Pastor Díaz. ☎ 2643-4630. • tukancostarica.com • Tlj 7h-19h.* Si vous ne surfez pas et que vous atterrissez quand même à Jacó, mieux vaut prévoir une excursion pour occuper vos journées. Cette agence organise, entre autres, des visites du parc national Carara, des balades à cheval ou des sorties rafting.

■ ***Walter Surf Shop*** *(plan A1, **2**) : av. Pastor Díaz, juste au sud du pont. ☎ 2643-1056. • waltersurfshop.com • Tlj 9h-18h30 (18h dim). Compter env 50 $ pour un cours de 2h. Loc de planches et paddles 15-30 $/j.* Ce *surf shop* privilégie les cours en petits groupes. Un instructeur s'occupe au maximum de 2 ou 3 élèves.

■ ***W.O.W Surf*** *(plan A1, **3**) : tt au nord de l'av. Pastor Díaz. ☎ 2643-3844. • wowsurf.com • Tlj 8h-19h (18h dim). Compter 65 $ pour un cours de surf de 2h30 ; 130 $ pour un cours de paddle de 2h30. Loc de planches 15 $ la ½ journée et 20 $/j.* Bon matériel, équipe professionnelle, large choix de planches, on recommande vivement ce *surf shop* pour prendre des cours ou simplement louer une planche.

Change et distributeurs

■ ***BAC San José*** *(plan B2, **5**) : dans le Centro comercial Jacó Walk. ☎ 2643-1122. Tlj sauf dim 9h-18h (13h sam).* Change les euros. Distributeurs.

■ ***Banco de Costa Rica*** *(plan A1, **4**) : au terminal de bus. ☎ 2643-3334. Lun-ven 9h-16h.* Change dollars et euros. Distributeur.

– D'autres ***distributeurs*** dans la rue principale et à la ***Banco Nacional*** *(av. Pastor Díaz, près du supermarché Mas x Menos ; ☎ 2643-3072. Lun-ven 8h30-15h45).*

Santé

■ ***Farmacia*** : il y en a une flopée sur l'avenue principale.

✚ ***Clínica*** *(plan B2, **6**) : tt au sud de la ville, à 200 m de la plage. ☎ 2643-1767.* La clinique est ouverte 24h/24 et dispose d'un service d'urgences. Également des consultations de médecine générale.

■ ***Cruz Roja*** *(plan B2, **7**) : av. Pastor Díaz. ☎ 2643-3090. Ouv 24h/24.* La Croix-Rouge assure des soins de 1ers secours.

Divers

Supermercado Mas x Menos *(plan B2, **8**) : av. Pastor Díaz. Tlj 8h-22h.*

■ ***Policía*** *(plan A2, **9**) : c/ Bohio, sur la plage. ☎ 2643-3011.* Il y a toujours une personne pour assurer la permanence.

Où dormir ?

De très bon marché à prix moyens (max 90 $ / 75 €)

■ ***Room2Board Hostel*** *(plan B2, **20**) : tt au sud de la ville, à 20 m du front de mer. ☎ 2643-4949. • room2board.com • Lits en dortoir 4-10 pers sans ou avec sdb et sans ou avec clim 16-30 $, doubles avec sdb commune ou privée et sans ou avec clim 70-87 $.* La plus incroyable AJ de Jacó et peut-être même du Costa Rica. Cet étonnant édifice abrite environ 80 lits

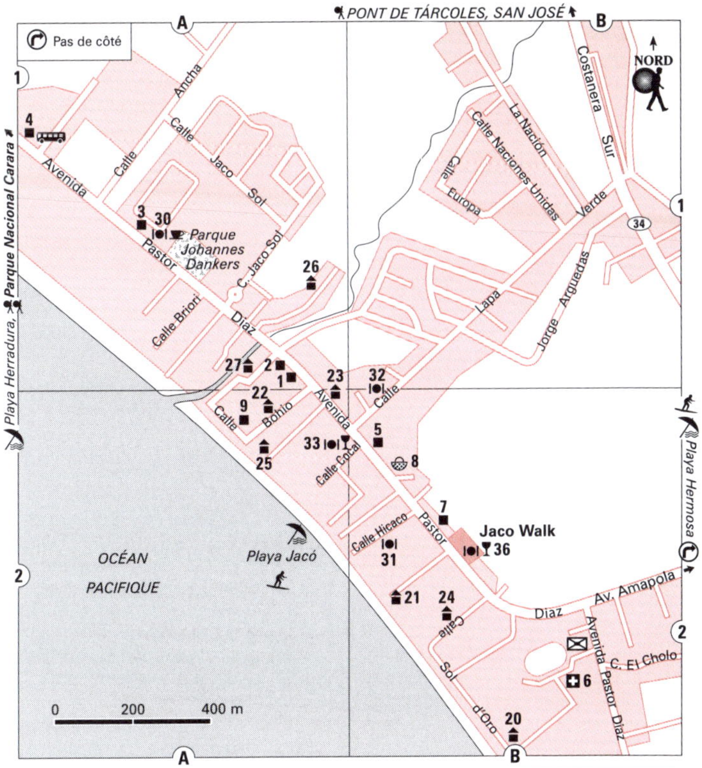

JACÓ

- **Adresses utiles**
  - **1** Tukan Tours (A1)
  - **2** Walter Surf Shop (A1)
  - **3** W.O.W Surf (A1)
  - **4** Banco de Costa Rica (A1)
  - **5** BAC San José (B2)
  - **6** Clínica (B2)
  - **7** Cruz Roja (B2)
  - **8** Supermercado Mas x Menos (B2)
  - **9** Policía (A2)
- **Où dormir ?**
  - **20** Room2Board Hostel (B2)
  - **21** Selina (B2)
  - **22** Beds on Bohio (A2)
  - **23** Buddha House Hostel (A1-2)
  - **24** Tuanis Aparthotel (B2)
  - **25** Aparthotel Flamboyant (A2)
  - **26** Hotel Mar de Luz (A1)
  - **27** Hotel Ibiza (A1)
- **Où manger ? Où prendre un bon petit déj ? Où boire un verre ?**
  - **30** Panadería Artesanal (A1)
  - **31** Soda Rústico (B2)
  - **32** Taco Bar (B1-2)
  - **33** Green Room Café (A-B2)
  - **36** Juanita's (B2)

répartis du dortoir hyper sophistiqué à la chambre privée supérieure. Dans les dortoirs, chaque lit dispose de sa propre lampe, sa prise électrique et son petit ventilo individuel. Les salles de bains communes sont modernes et propres, rien à redire. Les chambres privées, dignes d'un bel hôtel, offrent un excellent confort. Les surprises s'égrènent d'étage en étage : piscine, salle de cinéma, espace yoga, bar et resto, accès direct à la plage, sans oublier l'exceptionnel *rooftop* avec vue sur l'océan. On peut aussi louer des planches de surf, des vélos et suivre des cours de yoga. Seule recommandation : ne marchez pas seul de nuit dans les environs, la plage peut être mal fréquentée.

Selina *(plan B2, **21**) : c/ Alice. ☎ 2643-0333. • selina.com/costa-rica/jaco • Dortoirs 4-10 lits 10-20 $; chambres cylindres et doubles 40-100 $.* La chaîne *Selina* a fait des petits et a frappé fort avec cette auberge posée sur le sable de la grande plage de Jacó. Le complexe est incroyablement grand, fait de coins et recoins à s'y perdre, et propose un large panel de couchages. Dortoirs, chambres doubles avec salle de bains partagée ou chambres « uniques » avec vue mer, standard, *deluxe* (lit *king size* et terrasse privative), familiales (un grand lit et lits superposés), chambres cylindres lovées dans des cylindres en béton (les claustrophobes éviteront). Ici, priorité est donnée au vivre-ensemble et les nombreuses animations, jeux sur la plage, cours de surf, piscine, salle de ciné, bar, salon-bibliothèque et grande cuisine commune y contribuent. Ambiance assurée dans cette adresse qui cumule les superlatifs.

Buddha House Hostel *(plan A1-2, **23**) : av. Pastor Díaz, en plein centre. ☎ 2643-3615. • hostelbuddhahouse.com • Lits en dortoir avec sdb commune env 20 $; doubles sans ou avec sdb et sans ou avec clim 30-75 $. Parking.* Statues de bouddha, couleurs acidulées, lampions de papier et loupiottes multicolores, cette auberge joue la carte de la zénitude en plein cœur de la très animée Jacó. Les dortoirs ne comptent que 5 lits (un luxe !) et partagent les salles de bains. Côté chambres, au choix selon son budget : salle de bains privée ou commune, avec ou sans clim, et avec ou sans TV. Un petit *hostel* (une douzaine de chambres seulement) moderne et d'une propreté exemplaire, à la déco qui change des éternels rideaux toucans et dessus-de-lit papillons. On confesse là aussi un coup de cœur, même si certains soirs le bar voisin fait monter les décibels. Piscine de poche et cuisine commune complètent le tableau.

Beds on Bohio *(plan A2, **22**) : c/ Bohio. ☎ 2643-5251. • bedsonbohio.com • Lits en dortoir 4-8 pers env 10-12 $; doubles 35-55 $.* Si les auberges ci-dessus affichent complet, vous pourrez toujours vous rabattre sur celle-ci. Elle offre un niveau de confort plus basique mais des services appréciables ; piscine, jardin, location de surfs et de vélos, clim pour les chambres les plus chères. Sanitaires communs (en nombre insuffisant et pas très propres) ou privés mais eau froide pour tous. En dépannage seulement car c'est bruyant.

De prix moyens à chic (60-130 $ / 50-108 €)

Tuanis Aparthotel *(plan B2, **24**) : c/ Sol d'Oro, à 50 m de la plage. ☎ 2643-2094. • hoteltuanisjacobeach.com • Doubles 70-90 $; apparts 2-4 pers 100-150 $; pas de petit déj.* Situé un peu en dehors du centre-ville mais accessible en 5 mn à pied, cet hôtel compte une dizaine d'hébergements, de la chambre double à l'appartement pour 4 personnes. Tous sont spacieux, certains vraiment immenses, et ont la clim et parfois une cuisine. La déco change de la traditionnelle touche costaricienne : ici, on joue sur la modernité avec des peintures contemporaines, des meubles de bois lustré, quelques bibelots africains et des tons noir et blanc. L'atout majeur de cette adresse reste la plage, qui s'étend à 50 m de là. Sinon, il y a la petite piscine.

Hotel Ibiza *(plan A1, **27**) : c/ Bohio, à 50 m de la plage. ☎ 2643-1318. • jacohotelibiza.com • Doubles 65-85 $.* On a un faible pour ce petit hôtel d'une dizaine de chambres aux couleurs méditerranéennes : huisseries et balcons bleu azur, murs blancs, têtes de lit en bois blond et délicates fresques murales. L'ensemble est frais et agréable. Chambres de tailles variables, toutes avec balcon ou donnant sur le petit jardin et la piscine, à l'arrière, côté rivière. Idéalement situé, on peut tout faire à pied. Calme en semaine, un peu moins les week-ends... Accueil gentil et kit de bienvenue dans les chambres. Seul hic, le petit déj vraiment pas terrible.

Apartotel Flamboyant *(plan A2,* ***25****) : en plein centre, côté plage. ☎ 2643-3146. • apartotelflamboyant.com • Doubles ou studios 2 pers 70-125 $; familiales 3-5 pers (en chambre ou appart). Parking.* Chambres doubles, studios avec kitchenette, chambres supérieures avec cuisine équipée, clim ou non, cet hôtel aura bien l'hébergement qui correspond à vos besoins et votre budget. Dans un style assez classique de carrelages sombres et meubles en bois, toutes les chambres offrent un bel espace et tout le confort espéré (TV, machine à café, coffre...). L'hôtel jouit d'une parfaite situation : en plein centre-ville mais près de la plage et donc isolé du bruit. On aime surtout les balcons privés avec vue sur les 2 piscines (une pour les grands et une pour les petits) et en arrière-plan l'océan. L'hôtel profite d'ailleurs d'un accès direct à la plage.

Hotel Mar de Luz *(plan A1,* ***26****) : c/ Mar y Luz. ☎ 2643-3000. • mardeluz.com • Doubles 90-100 $. Parking.* Cet hôtel, situé dans le centre-ville mais en dehors de l'agitation nocturne, attire essentiellement les familles. Spacieuses, les chambres s'organisent autour des piscines et offrent un bon confort : TV, clim, frigo, machine à café, coin salon, kitchenette et/ou balcon pour certaines. Le tout est un peu sombre et un poil démodé. Mais la vraie plus-value, ce sont les 2 piscines, le jacuzzi et l'aire de jeux, royaume des bambins.

Où manger ? Où prendre un bon petit déj ? Où boire un verre ?

Bon marché (max 6 000 CRC / 8 €)

Panadería Artesanal *(plan A1,* ***30****) : av. Pastor Díaz, tt au nord avt le terminal de bus. Tlj sauf mer 6h30-18h. Petits déj 2 200-3 800 CRC ; sandwichs 3 500-4 500 CRC.* Si le *gallo pinto* ne vous enchante pas de bon matin, cette boulangerie cuit du bon pain, servi avec du beurre et de la confiture. Hmm, la bonne tartine trempée dans le *cafe con leche* ! Également de bons gâteaux maison (on a bien aimé celui à la banane), des viennoiseries, des crêpes et de bons jus frais. Dans la journée, on y sert des bagels, des *wraps* et des sandwichs variés mais pas mémorables.

Soda Rústico *(plan B2,* ***31****) : c/ Hicaco. ☎ 2643-2727. Tlj 7h-19h30. Formules env 2 500-3 000 CRC.* À coup sûr, le meilleur rapport qualité-prix de Jacó, la salle comble et la file au comptoir ne nous contrediront pas. Ce *soda,* figé dans la plus pure tradition costaricienne, propose une formule comprenant une viande ou un poisson avec un choix d'accompagnements et une boisson fraîche à prix dérisoire. Calamars, poulet, *gallo pinto,* bananes plantain et patates sautées s'arrosent de thé glacé. Comme au self, on attrape un plateau et on attend son tour dans la file pleine de *Ticos.* Imbattable !

Taco Bar *(plan B1-2,* ***32****) : c/ Lapa Verde. ☎ 2643-0222. Tlj sauf mar 9h-21h. Plats 4 500-6 000 CRC.* Le concept est simple : on choisit un plat de base au comptoir et une fois servi, on peut le compléter avec tous les ingrédients du bar à salades. Pâtes, riz, pois chiches, tortillas, crudités, pommes de terre et sauces en tous genres débordent bien souvent des assiettes. Si la cuisine ne fait pas dans la légèreté, elle satisfait les appétits les plus voraces. Dès le matin, la formule petit déj à 5 $ fait le plein (les samedi et dimanche, 1 acheté = 1 offert... une aubaine !). On s'installe au choix à une table de jardin sous un parasol ou autour du bar sur les balançoires. Très touristique.

De prix moyens à chic (6 000-15 000 CRC / 8-20 €)

Green Room Café *(plan A-B2,* ***33****) : à l'angle de l'av. Pastor Díaz et c/ Cocal. ☎ 2643-4425. Tlj 9h-1h (2h ven-sam). Salades et burgers*

LE PACIFIQUE CENTRAL

4 500-10 000 CRC. Caché dans son cocon de verdure, ce restaurant affiche un style décontracté branchouille à base de palettes de bois, gros coussins colorés, peintures d'artistes et tags aux murs. La cuisine est assortie à cette tendance *arty* : place aux ingrédients locaux et bio pour la plupart. La star de la maison, c'est le burger, décliné façon *Caprese, Portobello, Falafel,* etc. Des produits frais et locaux donc, pour des burgers, tacos et salades généreux et gourmands. On profite de l'*happy hour* pour siroter d'excellents cocktails ou une bonne mousse artisanale. Folk, jazz, rock alternatif, des concerts animent le café du mardi au samedi.

Juanita's *(plan B2,* ***36****) : av. Pastor Díaz, dans le centro comercial Jacó Walk. ☎ 2643-4110. Tlj 17h (15h sam et 10h dim)-22h (23h ven-sam). Plats 7 000-11 000 CRC.* Le moderne complexe *Jacó Walk* a vu fleurir les établissements concepts plutôt haut de gamme. *Juanita's* ne fait pas exception ! Concept et chic (cadre comme clientèle), il propose cependant une excellente cuisine à base de produits essentiellement bio, qui ont fait la réputation de son « grand frère », le *Green Room* (voir plus haut). Salades, *ceviches, bowls* garnis, *empanadas* et spécialités plus élaborées. Carte fraîche et appétissante, assiettes généreuses et créatives, service prompt et enjoué. Belle sélection de cocktails à siroter en terrasse, au comptoir ou à table, et à accompagner d'excellents tacos. *Juanita* a tout bon !

À voir. À faire

Playa Jacó *(plan A-B1-2) : tt le long de la ville.* C'est la plage la plus proche de San José, donc vous n'y serez jamais seul. Elle s'étend sur près de 3 km, et attire surfeurs novices et amateurs de farniente. Courants assez puissants et belles vagues, la baignade peut s'avérer dangereuse. Préférez alors faire trempette en face de la *calle Bohío,* où se postent les sauveteurs en mer, les écoles de surf et la police. Il y aura toujours quelqu'un pour veiller sur vous ! On préfère tout de même la partie sud de la plage, moins construite et moins fréquentée.

DANS LES ENVIRONS DE JACÓ

Playa Herradura *(hors plan par A1) : à env 10 km au nord ouest de Jacó.* Les eaux tranquilles de cette plage attirent les nageurs et les amateurs de *paddle.* Son galbe en arc de cercle lui a valu son nom de *Herradura,* qui signifie littéralement « fer à cheval ». Bordée de palmiers, c'est une plage de sable noir.

Le pont de Tárcoles *(ou Crocodile Bridge) : à env 25 km au nord de Jacó, sur la route 34 en direction de San José. Des gardiens non officiels vous demanderont de payer le stationnement le long de la route. Rien d'obligatoire mais vu que les vols dans les voitures sont fréquents, un petit pourboire est le bienvenu.*
En venant de Jacó, c'est le 2e pont, environ 5 km après le 1er pont. Immanquable en raison des bouchons ! Ne surtout pas stationner sur le pont, mais de l'autre côté de la rivière, devant la petite zone commerciale. Prudence, ***la route est dangereuse*** et le trottoir étroit, pas spécialement prévu pour accueillir la foule des curieux. Sous ce pont, des dizaines de crocodiles se dorent la pilule et barbotent dans les eaux marécageuses de ce bras de rivière. Certains touristes leur jettent à manger. Comment dire... ? Ne les imitez pas !

Parque Nacional Carara *(hors plan par A1) : à 22 km au nord de Jacó. ☎ 2637-1054. • sinac.go.cr • Les bus de la ligne San José-Jacó peuvent vous arrêter à l'entrée du parc. Tlj 7h (8h mai-nov)-16h. Entrée : 10 $; réduc.* Biologistes et ornithologues, en herbe ou experts, en prendront plein les yeux ! Quelque

400 espèces d'oiseaux et près de 500 espèces d'arbres ont établi plumes et racines sur ce territoire. Classé réserve naturelle en 1978, Carara est devenu parc national en 1998, une distinction bien méritée. Zone de transition entre les forêts humides des plaines de la côte du Pacifique sud et celle de la forêt sèche du nord-ouest du Costa Rica, le parc présente une faune et une flore d'une incroyable richesse.

Parmi tous les oiseaux qui battent des plumes dans ces forêts primaires et secondaires, la vedette ici, c'est le ara rouge *(Lapa roja).* Aussi appelé « ara macao », ce perroquet au plumage flamboyant est un des emblèmes du pays. Le braconnage et les pesticides ont malheureusement réduit son territoire aux seules régions Pacifique central et sud. Outre ce splendide perroquet, on peut observer la bécarde à gorge rose, le jacamar à queue rousse, la pione à tête bleue ou le tohi à bec orange, parmi des centaines d'autres volatiles. Dans les arbres se cachent aussi quelques paresseux et des singes. Baissez de temps en temps la tête pour scruter le pied des arbres : agoutis, iguanes et autres reptiles jouent à cache-cache dans les feuilles.

Il est vivement conseillé de venir dès l'ouverture pour arpenter la poignée de sentiers qui parcourent le parc. Les oiseaux se montrent plus facilement à la fraîche, en quête de nourriture. De bon matin, le soleil brûlant n'en sera que plus supportable.

PLAYA HERMOSA

À 5 km au sud-est de Jacó, cette « plage magnifique » (traduction littérale de *playa hermosa*) de sable noir offre les vagues les plus célèbres du Pacifique central. Seule Dominical pourrait lui faire de l'ombre, et encore ! Pour les routards non véhiculés, n'importe quel bus descendant vers Quepos s'y arrête, il suffit de le demander au chauffeur. Du matin au soir, les surfeurs expérimentés y affluent en nombre, planche sous le bras, pour s'attaquer à ses impressionnants rouleaux. Si vous vouliez barboter, oubliez ! Pour les amateurs de glisse novices et les baigneurs, Hermosa n'aura à vous offrir que le superbe spectacle des surfeurs sur l'eau, mais pas de tranquille baignade en perspective.

Bien plus calme que Jacó, sa survoltée voisine, *Playa Hermosa* compte quelques hébergements et restos et reste plutôt sauvegardée des hideux complexes hôteliers. On lui trouve un charme certain. À choisir, on préfère dormir ici et sortir dîner à Jacó. Un conseil : venez admirer le coucher de soleil, les fesses sur le sable, les yeux dans le bleu, avec les planches qui glissent sur les vagues bleues et dorées. *¡ Hermosa !*

Où dormir ? Où manger ?

Prix moyens

Las Olas : *sur le front de mer. ☎ 2643-4398. • lasolashotelcostarica.com • Lit en dortoir env 25 $/pers ; doubles 70-110 $. Plats 4 000-7 000 CRC.* Plus près de l'eau, tu meurs ! C'est simple, ici on vit en tongs et en maillot. Dans la petite maison principale se trouvent les 2 dortoirs, l'un de 8 lits nickel avec *lockers* et salle de bains privative, et l'autre de 5 lits, un peu plus daté. 2 chambres dans un style bord de mer avec bois cérusé et d'originales literies suspendues à des cordes. Sur le sable, 3 mini-*ranchos* renferment des chambrettes avec mini-terrasse. À quelques volées de tongs, le resto de plage (sushis, burgers, *casados, ceviches...*), les transats, les vagues... le paradis, quoi !

Cabinas Brisa del Mar : *à côté de l'école. ☎ 2643-7023. • cabinasbrisadelmar.com • Double env 50 $.* Une excellente adresse, au rapport qualité-prix assez incroyable. Répartie dans plusieurs petites maisons vêtues de vert, la vingtaine de chambres est d'une propreté exemplaire et offre un confort bien suffisant. Toutes profitent d'une salle de bains privée avec eau chaude et de la clim. Certaines affichent une déco plutôt minimaliste, mais qu'importe puisque l'ensemble est nickel. Cuisine commune pour épargner les petits budgets, petite piscine et plage à 1 mn à pied. Accueil charmant en prime !

Tortuga del Mar : *sur le front de mer. ☎ 2643-7132. • contact@tortugadelmar.net • Doubles env 50-90 $, pas de petit déj.* Une adresse charmante à prix abordable ! Plantée sur la plage, cette grande maison n'abrite qu'une petite dizaine de chambres et studios au style tropical moderne. *Adiós* pélicans colorés et fresques fluo, place à la sobriété, aux couleurs pâles et au mobilier de bois. Le tout dégage un esprit sauvage plutôt chic. Chaque chambre dispose de la clim, d'un frigo, d'une machine à café et d'un espace extérieur privé. Spacieuses et lumineuses, elles sont aussi propres et parfaitement bien tenues. Et notre coup de cœur va à la piscine bordée de transats et de palmiers, avec vue sur la plage.

Bowie's Point : *sur le front de mer. 8729-4532. Tlj 6h-22h. Plats 6 000-10 000 CRC.* Une adresse géniale pour vivre le surf plein pot. D'abord parce que c'est le lieu de rendez-vous des amateurs de glisse. Ensuite parce que, depuis la terrasse, on est aux 1res loges pour observer leurs prouesses dans les vagues. Bonne musique, ambiance *chill* et excellente cuisine locale. Propose aussi de bon petits déj. Attention, les prix sont affichés hors taxe et hors service. Au final, l'addition peut couler le budget !

QUEPOS

20 000 hab.

• Plan *p. 291*

Située à 7 km au nord de Manuel Antonio, Quepos concentre dans son petit centre-ville tous les services dont les touristes ont besoin : *sodas,* hôtels, supermarchés, restaurants et bars. Au bord de l'océan, la ville s'avère être un point de chute économique pour la visite du parc Manuel Antonio, tandis que la route vers le parc national égrène hôtels et restaurants plutôt chics et branchés. De plus, on y fait tout à pied et on apprécie de goûter sa douce animation les soirs de week-end, ou de se promener sur le front de l'océan les vendredi et samedi, jours de marché. Quepos en soi ne présente pas un grand intérêt, elle est surtout réputée pour ses spots de pêche sportive. Balades à cheval, canoë dans la mangrove, rafting, accrobranche, etc., les agences vendent des activités dans les environs, mais pour certains, la ville peut manquer d'attrait. On aime pourtant son style de vie à la *tica,* bien loin du foisonnement touristique de Manuel Antonio.

Arriver – Quitter

En bus

Terminal de bus *(plan A1) :* *☎ 2777-0263. Billetterie tlj 6h-18h.*

➢ **Manuel Antonio :** bus ttes les 15-30 mn env, tlj 6h-21h30. Compter 20 mn de trajet et env 350 CRC. Le bus peut vous arrêter n'importe où sur la route menant à l'entrée du parc national. Que vous fassiez 500 m ou 7 km, le tarif reste le même.

➢ **San José :** 2 options pour rejoindre San José, le bus direct ou le bus collectif, plus économique mais plus long.

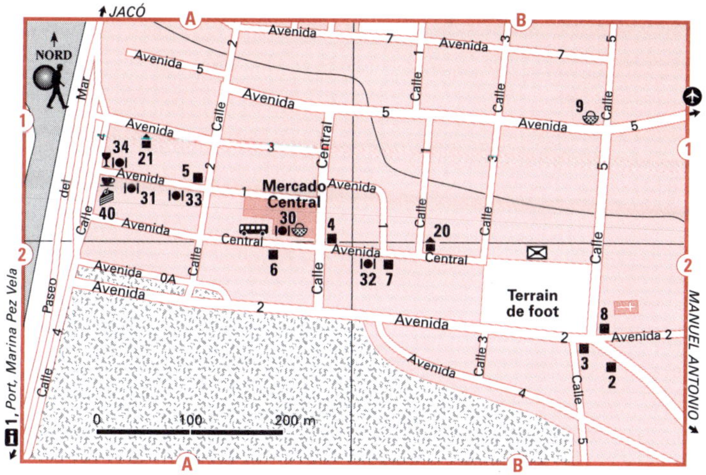

QUEPOS

Adresses utiles	21 Serenity Boutique Hotel (A1)
1 Oficina del Instituto Costarricense de Turismo (hors plan par A2)	**Où manger ?**
2 Safari Adventures (B2)	30 Mercado Central (A1)
3 Iguana Tours (B2)	31 Love Shack (A1)
4 Banco de Costa Rica (A1-2)	32 Soda Sanchez (B2)
5 Banco Nacional (A1)	33 Soda Tiquicia (A1)
6 Farmacia Económica (A2)	34 El Gran Escape (A1)
7 Cruz Roja (B2)	**Où boire un bon café ? Où manger une pâtisserie ?**
8 Centro médico (B2)	40 Café Tentación (A1)
9 Supermercado Pali (B1)	**Où boire un verre ?**
Où dormir ?	34 El Gran Escape (A1)
20 Wide Mouth Frog Hostel (B1-2)	

Pas de résa. Dans les 2 cas, mieux vaut acheter son billet la veille (voire 2 j. avt en hte saison) à la billetterie. La liaison est assurée par *Tracopa* (☎ 2221-4214 ; ● tracopacr.com ●).

– *En bus direct :* env 12 bus/j. dans les 2 sens. Compter env 3-4h de trajet (tous les bus n'empruntent pas la même route donc les temps de trajet varient).

– *En bus collectif :* env 10 bus/j. dans les 2 sens. Le bus fait beaucoup d'arrêts ; prévoir env 5h de trajet.

➢ ***Puntarenas via Jacó :*** env 12 bus/j. dans les 2 sens sur cette ligne Puntarenas-Jacó-Parrita-Quepos. Prévoir 1h30 jusqu'à Jacó et 3h jusqu'à Puntarenas.

➢ ***San Isidro del General, via Dominical :*** env 4 bus/j. dans les 2 sens avec la compagnie *Transportes Blanco* (● grupoblanco.cr ●). Compter 1h30 pour Dominical et 3h pour San Isidro.

➢ ***Uvita :*** 4 bus/j. dans les 2 sens.

En avion

✈ ***Aeropuerto La Managua Quepos*** *(hors plan par B1) :* *à 5 km au nord-est de la ville.* Liaisons depuis et vers San José avec *Sansa* (☎ 2290-4100 ; ● flysansa.com ●) et *Aerobell* (☎ 4000-2030 ; ● aerobell.com ●). Trajet : 30 mn.

Adresses et infos utiles

Infos touristiques et agences

Oficina del Instituto Costarricense de Turismo *(hors plan par A2, **1**) : après la Marina Pez Vela, vers le port. ☎ 2777-4221. Tlj 8h-16h.* Ce bureau est une antenne régionale de l'ICT, c'est la seule sur la côte Pacifique centrale. Horaires de bus, excursions et parc national, on s'y procure toutes les infos nécessaires.

■ ***Safari Adventures*** *(plan B2, **2**) : près de l'église. ☎ 2777-7111. • safariadventurescr.com • Tlj 6h-20h30.* Cette agence d'excursions propose des activités dans le secteur Quepos-Manuel Antonio. Accrobranche, *snorkelling,* canoë dans la mangrove, etc., chaque excursion comprend le transfert depuis l'hôtel et le déjeuner. L'agence organise aussi des visites du parc national.

■ ***Iguana Tours*** *(plan B2, **3**) : près de l'église. ☎ 2777-2052. • iguanatours.com • Tlj 7h-21h.* Cette agence propose elle aussi un tas d'activités dans le secteur de Quepos. Sorties en catamaran, combo kayak de mer et *snorkelling,* rafting, visite du parc Manuel Antonio, tour en bateau dans la mangrove, balades à cheval, etc. Le choix est plus varié que *Safari Adventures* et le secteur d'activités plus étendu.

Change et distributeurs

■ ***Banco de Costa Rica*** *(plan A1-2, **4**) : près du marché central. ☎ 2777-0285. Lun-ven 9h-16h.*

■ ***Banco Nacional*** *(plan A1, **5**) : à l'opposé de la BCR, autour du marché central. ☎ 2777-1157. Lun-ven 8h30-15h45.*

Santé

■ ***Farmacia Económica*** *(plan A2, **6**) : en face du terminal de bus. ☎ 2777-2130. Lun-sam 7h-22h, dim 8h-21h.*

■ ***Cruz Roja*** *(plan B2, **7**) : en face de la Banco de Costa Rica. ☎ 2777-0116. Lun-ven 7h-17h30, sam 7h-12h.* La Croix-Rouge dispense gratuitement les soins de 1ers secours et transfère ensuite, si nécessaire, les patients vers l'hôpital public de Quepos. Or, à l'hôpital public, les touristes doivent régler en espèces (mode de paiement refusé par les assurances lors des demandes de remboursement !). Donc leur demander impérativement un transfert vers un hôpital privé ou se rendre directement au centre médical (voir ci-dessous).

■ ***Centro médico*** *(plan B2, **8**) : au pied de l'église. ☎ 2777-1727. Lun-sam 8h-17h.* On peut y consulter un médecin (généraliste, oto-rhino ou gynécologue). Compter 70-90 $ la consultation.

Divers

Supermercado Pali *(plan B1, **9**) : tlj 7h-20h30 (19h dim).* Le plus grand supermarché de Quepos et Manuel Antonio, également le moins cher.

Où dormir ?

De très bon marché à bon marché (max 60 $ / 50 €)

Wide Mouth Frog Hostel *(plan B1-2, **20**) : à env 300 m à l'est du terminal de bus. ☎ 2277-2798. • widemouthfrog.org • Lit en dortoir 8-10 pers env 15 $; doubles avec sdb commune ou privée env 30-55 $.* La seule AJ de la ville profite d'une bonne situation : près du terminal de bus, du supermarché le moins cher *(Pali)* et de la plage. L'*hostel* compte une vingtaine d'hébergements, plutôt simples mais bien tenus. Les dortoirs sont basiques, mais chaque lit dispose de son propre casier. Les chambres privées s'organisent autour de la piscine, d'un côté celles partageant une salle de bains commune, de l'autre les plus confortables avec salle de bains privée. Pour 10 $ de plus par nuit, on peut s'offrir la clim, souvent nécessaire. Ici, on aime surtout passer du temps dans les agréables espaces communs, comme ce *rooftop* abrité, flanqué de hamacs et de poufs, et, bien sûr, la petite piscine entourée de palmiers. Cuisine commune propre et bien équipée, coin bibliothèque avec échange de livres, service de laverie, café et thé en libre-service. Petit resto sur place, *La Cocina,* où l'on sert des *casados,* riz cuisinés et poissons grillés à prix abordables.

Prix moyens (60-90 $ / 50-75 €)

Serenity Boutique Hotel (plan A1, **21**) **:** à 50 m de l'océan. ☎ 2777-0572. • serinityhotelcostarica.com • Doubles 70-80 $. À quelques pas de l'océan, cet hôtel séduit le client avec des chambres simples, confortables et propres. Toutes disposent d'un ventilo, de la clim et de salles de bains nickel. La plupart ont vue sur la piscine, et celles donnant sur la galerie sont sans doute les plus lumineuses et agréables. Pour le *farniente,* une agréable terrasse couverte donne sur la piscine. Si l'on recherche un hébergement familial, c'est sans aucun doute la meilleure option à Quepos.

Où manger ?

Bon marché (max 6 000 CRC / 8 €)

Mercado Central (plan A1, **30**) **:** derrière le terminal de bus. Tlj sauf dim 6h30-17h. Économique pour acheter des fruits et légumes ainsi que du poisson, on y trouve une poignée de *sodas,* dont l'excellent *Come Bien,* pour déjeuner sur le pouce. Le vendredi soir et le samedi matin, un marché s'installe sur le front de mer. On y trouve des fruits et légumes, du café, du bon pain et des gâteaux.

Love Shack (plan A1, **31**) **:** av. 1, côté mer. ☎ 2777-3663. En principe tlj sauf dim, 6h-20h. Sandwichs et plats env 3 500-5 000 CRC. Sympathique petite cantine de rue colorée, ouverte sur l'extérieur. Carte variée et d'une fraîcheur indiscutable compilant salades, *hamburguesas,* sandwichs ou *bowls* délicieusement garnis. On peut consommer sur place en posant une fesse sur les hauts tabourets ou sur l'une des petites tables colorées, ou bien emporter. Cadre cool et plaisant avec au fond un insolite magasin d'articles de pêche.

Soda Sanchez (plan B2, **32**) **:** à côté de la Croix-Rouge. ☎ 2777-7273. Tlj sauf dim 6h30-22h. Plats 2 500-5 000 CRC ; petits déj env 2 500-3 000 CRC. Un *soda* dans le plus simple appareil, flanqué d'une poignée de tables en terrasse, avec une salle ouverte sur la rue. On y sert une cuisine traditionnelle sans chichis, vantée par tous les locaux. Au menu, des *casados* au poulet, au poisson frit ou végétariens, servis généreusement et à petits prix. Également de bons petits déj, typiquement costariciens ou continentaux, à arroser d'un milk-shake. Une bonne adresse en toute simplicité.

Soda Tiquicia (plan A1, **33**) **:** près de la Banco Nacional. ☎ 2777-7856. Tlj 8h-22h. Plats 3 000-6 000 CRC ; petit déj env 2 000 CRC. Ce grand *soda* amélioré, orné de pittoresques peintures murales illustrant des scènes de vie, profite d'une large terrasse couverte et ouverte sur la rue. Vanté par tous les locaux, c'est la référence du village pour la cuisine traditionnelle. Pas mal, mais pas de quoi crier au génie. *Gallo pinto, casado,* la cuisine est simple et sans chichis. Bonne ambiance locale en revanche.

Prix moyens (6 000-10 000 CRC / 8-14 €)

El Gran Escape (plan A1, **34**) **:** sur l'avenue qui longe l'océan. Tlj 11h-23h. Plats env 6 000-11 000 CRC. À 2 pas de l'océan, ce grand restaurant se pare de filets, faux poissons aux murs et bouées en guise de déco. Si la maison se fait une spécialité du poisson grillé, on trouve aussi à la carte salades composées, burgers, paella et autres plats internationaux qui font vite grimper l'addition... Côté bar, le comptoir fait le plein lors de l'*happy hour.* Les soirs de foot, on colle ses coudes à ceux du voisin pour dégoter la meilleure place face à la télé.

Où boire un bon café ? Où manger une pâtisserie ?

Café Tentación *(plan A1,* ***40****) : en face d'El Gran Escape. Tlj sauf dim 8h-20h.* On aime bien ce *coffee shop* à la devanture colorée, tenu avec jovialité. Le lieu moderne et lumineux change des adresses traditionnelles du centre de Quepos. À la carte, les cafés sont rois, qu'ils soient *cappucinos, frappucinos, fríos* ou tout simplement *espressos.* Et on peut l'acheter en grains. Mais il serait dommage de passer à côté des onctueux smoothies et des jus aux combinaisons infinies. Goûtez aussi les milk-shakes et glaces à accompagner d'épaisses parts de gâteau maison. Addictif !

Où boire un verre ?

La ***Marina Pez Vela*** *(hors plan par A2),* port de plaisance de Quepos, concentre dans ses bâtiments ultraluxueux boutiques, restos inabordables et bars on ne peut plus chics destinés à la clientèle américaine des yachts. **Gabriella's** *(tlj 16h-23h)* fait office d'outsider avec sa belle véranda qui surplombe la marina et offre une vue imprenable sur le va-et-vient des yachts. Parfait pour un romantique apéro face au *sunset.* Pour le reste, passez votre chemin, rien à voir à la marina !

Également ***El Gran Escape*** *(plan A1,* ***34*** ; voir plus haut « Où manger ? ») pour descendre quelques bières.

MANUEL ANTONIO

• Plan *p. 297*

Parc national le plus fréquenté du pays et un des sites les plus visités d'Amérique centrale, le parc Manuel Antonio attire les touristes en nombre. Splendide, il est une étape obligatoire au cours d'un périple costaricien. Forcément, on n'y est jamais seul. Et pour loger et nourrir tout ce petit monde, les hôtels et restos se sont multipliés, de Quepos à l'entrée du parc national, 7 km plus au sud. *Adiós* l'authenticité et le style de vie à la *tica,* il n'y en a que pour les touristes. Les prix s'en ressentent évidemment, dans l'hébergement et la restauration. Quelques commerces se concentrent à un certain point de la route, c'est le village de Manuel Antonio. Village qui ne dégage aucune âme, même si on y trouve une certaine animation. On se déplace facilement grâce au bus qui fait des allers-retours entre le terminal de Quepos et l'entrée du parc. L'idéal est de découvrir Manuel Antonio un lundi, jour de fermeture du parc, ou hors saison. On profite alors pleinement de sa sublime plage et de son joli choix de restaurants, sans la foule. Ne partez tout de même pas sans avoir visité le parc, la veille ou le lendemain !

Arriver – Quitter

En bus

L'arrêt de bus se trouve à la fin de la route, vers l'entrée du parc national *(plan B3)*.

➢ ***Quepos :*** bus ttes les 15-30 mn env, tlj 5h30-18h30. Compter 20 mn de trajet et env 350 CRC. Le bus peut vous arrêter à peu près n'importe où sur la route jusqu'au centre-ville de Quepos. Que vous fassiez 500 m depuis le parc ou 7 km jusqu'à Quepos, le tarif reste le même.

➢ ***San José :*** *Tracopa* (☎ 2221-4214 ; ● tracopacr.com ●) assure cette liaison. 2 options pour rejoindre San José : le bus direct ou le bus collectif, plus économique mais plus long. Dans les 2 cas, mieux vaut acheter son billet la veille à la billetterie de Quepos.

– *En bus direct :* env 9 bus/j. dans les 2 sens. Sur la route Manuel Antonio-San José, le bus direct fait un seul arrêt, à Quepos. Compter env 3h de trajet.

– *En bus collectif :* env 5 bus/j. dans les 2 sens. Le bus fait beaucoup d'arrêts. Trajet : env 5h.

En avion

✈ L'aéroport de Quepos se trouve à seulement 11 km au nord de Manuel Antonio (voir « Arriver – Quitter » à Quepos).

Adresses utiles

Les indications d'accès à tous les sites, hôtels, restaurants et commerces sont données depuis Quepos, en direction de l'entrée du parc national Manuel Antonio.

Change et distributeurs

■ ***Banco Promerica*** (plan zoom, **1**) **:** *dans le centre de Manuel Antonio, dans le petit centre commercial. ☎ 2519-8090. Lun-ven 9h-17h, sam 9h-12h.* On peut y changer seulement les dollars. Dispose aussi d'un distributeur *ATH (A Toda Hora),* qui permet de retirer des sous à n'importe quelle heure. Mais attention aux commissions !

■ ***Banco de Costa Rica*** (plan B2, **2**) **:** *sur la route principale, après le centre de Manuel Antonio, sur la gauche. Mar-ven 11h-18h, sam 9h-16h. Fermé dim-lun.* Change des euros et des dollars. Distributeurs accessibles 5h-22h.

Santé

■ ***Farmapolis*** (plan zoom, **3**) **:** *dans le centre de Manuel Antonio, à côté d'Emilio's. ☎ 2777-7900. Tlj 8h-20h.* Seule pharmacie de Manuel Antonio ; sinon, il faut aller jusqu'à Quepos.

Supermarchés

Supermercado Pura Vida (plan zoom, **4**) **:** *dans le centre de Manuel Antonio, juste en face du Manuel Antonio Backpackers. Tlj 6h-23h.*

Super Joseth (plan zoom, **5**) **:** *dans le centre de Manuel Antonio. Tlj 7h-22h.*

Où dormir ?

Les hébergements sont tous installés le long de la route, de la sortie de Quepos au parc national. Les plus chers ont presque les pieds dans l'eau, à quelques centaines de mètres de l'entrée du parc. Plus on se rapproche de Quepos et plus on s'éloigne de la plage, moins les chambres coûtent cher. On schématise mais c'est presque ça. Attention, certains hébergements donnent vraiment sur la route, très fréquentée. Évitez de vous coller trop près du bitume si vous tenez à votre grasse matinée.

De très bon marché à bon marché (max 60 $ / 50 €)

Vista Serena (plan B2, **15**) : *400 m avt le centre de Manuel Antonio, côté océan. ☎ 2777-5162. • info@vistaserena.com • Lits en dortoir 15-20 $, doubles sans ou avec clim 50-65 $, petit déj inclus.* Cette petite structure profite d'une situation incroyable par rapport à ses voisines. En retrait de la route, l'*hostel* est planté en haut d'une colline côté océan et jouit, depuis ses grandes terrasses perchées au-dessus du vide, d'un panorama d'exception. En fin de journée, installé dans un hamac, on s'offre un splendide coucher de soleil. Côté hébergement, les porte-monnaie les plus serrés opteront pour les dortoirs de seulement 4 personnes, avec ou sans clim et salle de bains commune, basiques mais à ce prix, on ne joue pas les fines bouches. Notre coup de cœur va aux 2 grands bungalows qui abritent chacun 2 chambres privées, une cuisine et une salle de bains à partager. Accueil chaleureux en prime, cette adresse est une pépite !

Plinio Hostel (plan B1, **11**) : *à env 1,5 km de la sortie de Quepos, côté gauche. ☎ 2777-6123. • pliniocr.com • Lits en dortoir 8 pers 13-16 $, doubles avec sdb commune env 30 $, avec sdb privée 50-60 $, petit déj inclus.* Perchée sur les hauteurs de la route, cette immense cabane ferait pâlir d'envie Robinson. Les dortoirs et les chambres, tout simples mais bien tenus, s'étalent parfois sur 2 ou 3 niveaux, offrant depuis leurs balcons une vue au loin sur l'océan. Cuisine commune, casiers dans les dortoirs, parking et piscine, même les Crusoé ont droit à un minimum de confort. La réception profite d'une superbe terrasse, avec son lot de hamacs. C'est le meilleur spot de l'auberge pour admirer le coucher de soleil. Une jolie trouvaille, à l'accueil charmant.

Selina (plan B2, **14**) : *juste en face de l'avion. ☎ 2101-8823. • selina.com/costa-rica/manuel-antonio/ • Dortoirs 4-12 pers 15-25 $; doubles sans ou avec sdb 50-100 $.* La chaîne *Selina,* connue pour disposer d'hébergements adaptés à tous les budgets et types de voyageurs (solo, famille, fauché, friqué), s'est merveilleusement adaptée aux contraintes de l'architecture existante en prenant lieu et place d'un ancien hôtel. Les maisonnettes immaculées, dispersées à flanc de colline, abritent tantôt des dortoirs, certains immenses, d'autres riquiquis, tantôt des chambres doubles (à classer en catégorie « Prix moyens à chic »), de tailles vraiment variables mais de confort toujours parfait. Les *deluxe* et *unique* ont, quant à elles, été regroupées aux extrémités, autour de 2 paisibles piscines, accessibles à tous évidemment, pour leur éviter les nuisances des parties communes. Car l'esprit festif de la chaîne est bien là. La piscine principale, près de

LE PACIFIQUE CENTRAL

Adresses utiles

- **1** Banco Promerica (zoom)
- **2** Banco de Costa Rica (B2)
- **3** Farmapolis (zoom)
- **4** Supermercado Pura Vida (zoom)
- **5** Super Joseth (zoom)

Où dormir ?

- **10** Manuel Antonio Backpackers (zoom)
- **11** Plinio Hostel (B1)
- **12** Hostel Q'Tuanis – Manuel Antonio Hostel Resort (B1)
- **14** Selina (B2)
- **15** Vista Serena (B2)
- **16** Hotel Flor Blanca (zoom)
- **17** Hotel Cabinas Espadillas (B3)
- **18** Hotel Villabosque (B3)

Où manger ? Où prendre un bon petit déj ?

- **29** El Chante (B3)
- **30** Falafel Bar (zoom)
- **31** Emilio's (zoom)
- **32** El Patio de Café Milagro (zoom)
- **33** Raphael's Terrazas (B2)
- **34** Barba Roja (zoom)

Où boire un verre ?

- **31** Emilio's (zoom)
- **32** El Patio de Café Milagro (zoom)
- **34** Barba Roja (zoom)
- **35** El Avión (B2)

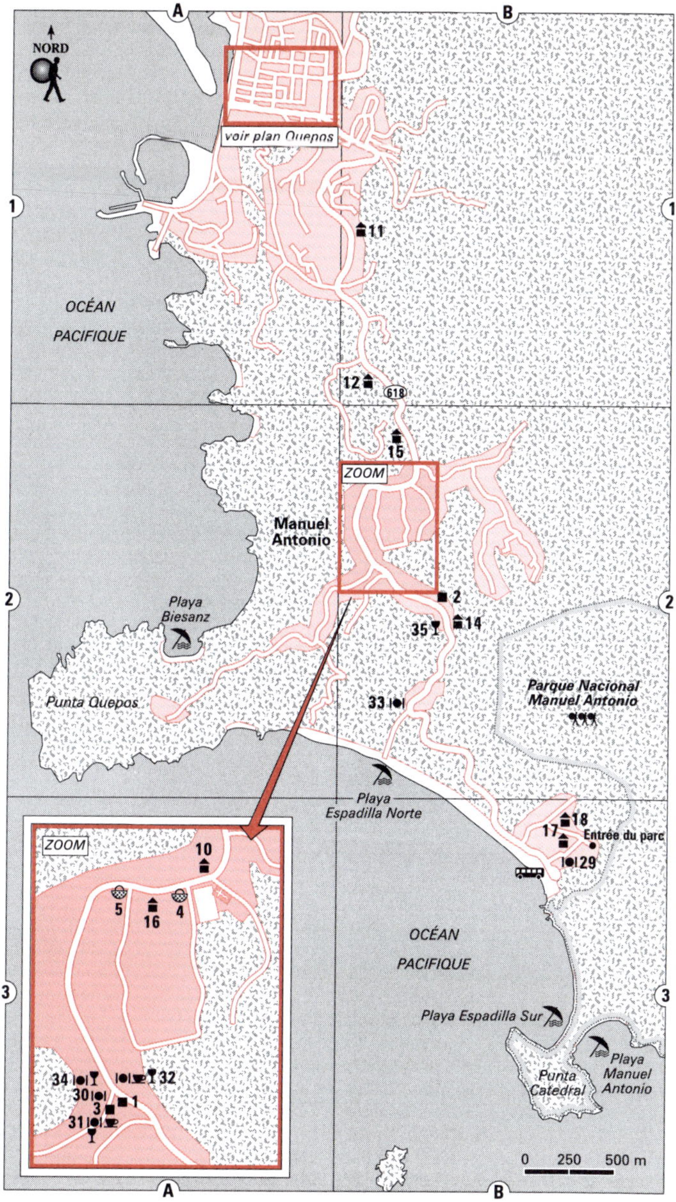

MANUEL ANTONIO

la réception, concentre toute l'animation, et le soir, la sono tourne à plein régime. Au programme : resto, bar, location de scooters, activités en tout genre. Dans les jardins, on croise agoutis, iguanes et oiseaux de tous plumages : un joli spectacle offert aux voyageurs les plus matinaux.

Manuel Antonio Backpackers *(plan zoom,* ***10****) : dans le centre de Manuel Antonio ; réception à droite de la Sancho's Taquería. ☎ 2277-2507. • info@backpackersmanuelantonio.com • Lits en dortoir 10-15 $, doubles 30-35 $, ts avec sdb commune et petit déj inclus.* Bien situé dans le centre de Manuel Antonio, cet *hostel* est l'un des rares d'où l'on peut profiter des commerces et de l'animation à pied. L'auberge abrite environ 80 lits, répartis en dortoirs de 4 à 10 personnes (dont certains réservés aux femmes) et en chambres privées, climatisées ou pas. L'ensemble se révèle plutôt basique (voire vétuste) et l'entretien parfois aléatoire, comme les sanitaires communs (eau froide), mais les prix ne s'envolent pas. En contrebas, une piscine et un snack-bar concentrent l'animation jusqu'à 2h du mat. Certains soirs, les décibels grimpent, prévoyez les bouchons d'oreilles. Cuisine commune extérieure, salle TV et service de laverie. À envisager en dépannage.

Hostel Q'Tuanis – Manuel Antonio Hostel Resort *(plan B1,* ***12****) : à env 2,5 km de la sortie de Quepos, côté océan. ☎ 2774-0104. • manuelantoniohostelresort.com • Lits en dortoir 5-10 pers env 15-20 $; double avec sdb privée env 60 $.* La qualité de votre séjour dépendra de la chambre que vous piocherez. Le dortoir de 10 lits, par exemple, mériterait un bon coup de frais, de nouveaux sommiers et une touche de déco pour égayer ses murs sombres. En revanche, les dortoirs de 5 et 6 personnes ont élu domicile dans de grandes cabanes au fond du jardin. Isolées du bruit et plus modernes, celles-ci s'avèrent bien agréables. On a aimé le grand carbet commun, sous lequel on se balance dans un hamac ou on s'attaque au billard. La cuisine commune, en revanche, est bien trop riquiqui. Bon accueil.

Prix moyens (60-90 $ / 50-75 €)

Hotel Flor Blanca *(plan zoom,* ***16****) : dans le centre de Manuel Antonio. ☎ 2777-5050. • florblanca.cr • Double env 70 $.* S'il semble peu engageant en bord de route, cet hôtel abrite des chambres de bon standing, à des prix abordables par rapport à ses voisins. Situées côté piscine, les chambres ne souffrent pas du brouhaha du trafic. Plutôt spacieuses et très propres, elles disposent toutes de la clim, un petit frigo et bien sûr une salle de bains privée. Certaines peuvent accueillir jusqu'à 5 personnes et offrent alors une option bon marché pour les familles ou les bandes de copains. La déco, très classique, manque un peu de charme, mais le confort est bien là.

On retrouve dans cette catégorie les chambres privés de l'*hostel* **Selina** *(plan B2,* ***14****)*, voir plus haut.

Plus chic (130 $ et plus / 108 € et plus)

Hotel Cabinas Espadillas *(plan B3,* ***17****) : à 200 m de l'entrée du parc. À ne pas confondre avec l'*Espadilla Gardens Hotel*, l'annexe chic. ☎ 2777-0416. • espadilla.com • Double env 140 $.* Sans doute l'adresse la plus charmante dans cette catégorie de prix, à 5 mn à pied de l'entrée du parc, et pas plus de 2 mn de la plage, accessible par un chemin qui part du parking. Ses chambres, réparties dans des bâtiments à arcades dans le jardin, affichent un confort des plus moderne, avec une déco vraiment soignée : rideaux, coussins, salles de bains. Très plaisant, et d'un calme absolu tant que les singes hurleurs ne décident pas de pousser la chansonnette. La piscine nous tend ses transats et l'accueil est impeccable. L'excellent petit déj-buffet se savoure dans l'agréable resto de l'*Hotel Espadilla,* quelques mètres plus haut.

Hotel Villabosque (plan B3, **18**) : *à 200 m de l'entrée du parc et 150 m de la plage.* ☎ *2777-0463.* • *hotelvillabosque.com* • *Doubles 150-205 $.* Ce bel hôtel vêtu de blanc et abrité par un toit de tuiles rouges étonne par son architecture à arcades rappelant les haciendas espagnoles. La vingtaine de chambres offre un excellent confort (clim, coffre, 2 lits doubles pour la plupart) et se pare d'une décoration élégante et soignée, voire d'un balcon pour certaines. On aime beaucoup le patio, fleuri et ouvert sur l'extérieur, et la piscine. L'hôtel est, par ailleurs, stratégiquement placé pour se pointer avant tout le monde à l'ouverture du parc national. Tranquillité assurée et service charmant.

Où manger ? Où prendre un bon petit déj ?

Bon marché (max 6 000 CRC / 8 €)

Falafel Bar (plan zoom, **30**) : *dans le centre de Manuel Antonio, à la fourche.* ☎ *2777-4135. Tlj sauf lun 11h-20h30. Pitas garnies env 5 000-7 000 CRC.* Une jolie terrasse au vert abrite quelques tables de jardin et des palettes flanquées de coussins multicolores. On passe commande à l'intérieur de ce miniresto où les pitas sont garnies généreusement. Falafels, houmous, poulet grillé ou frit se mêlent à une belle variété de crudités pour des sandwichs bien dodus et frais. On arrose le tout d'un smoothie : ananas-menthe, fraise-banane et beaucoup d'autres choix.

El Chante (plan B3, **29**) : *à l'entrée du parc, sur un petit sentier, juste à gauche. Tlj sauf mar. Petits déj 1 500-2 500 CRC ; casado 2 500-4 000 CRC.* Pour une poignée de *colones* et dans un cadre de cantoche ouvert sur la rue, on s'offre un bon petit déj avant d'attaquer la visite du parc, ou bien un roboratif *casado* garni de viande ou poisson, au retour. Quand c'est bon et pas cher, on vote pour !

De prix moyens à chic (6 000-15 000 CRC / 8-20 €)

Emilio's (plan zoom, **31**) : *dans le centre de Manuel Antonio, dans la rue qui mène aux plages.* ☎ *2777-6807. Tlj sauf mar 7h-21h. Sandwichs et salades 3 500-5 000 CRC, plats 8 000-14 000 CRC.* Une de nos adresses préférées dans le coin. Ce café-restaurant ouvert sur le paysage offre un panorama exceptionnel avec une végétation dense en 1er plan et l'océan en toile de fond. On y sert du petit déjeuner au dîner des sandwichs variés, des salades voyageant de la Grèce à l'Italie en passant par le Liban, mais aussi des plats très variés comme des poissons grillés, curry de poulet ou steak de bœuf. Côté sucré, la maison décline le cheese-cake, sa spécialité, dans toutes les saveurs : chocolat, amandes, citron, etc. Le week-end, des concerts de jazz rassemblent les mélomanes et l'ambiance bat son plein.

El Patio de Café Milagro (plan zoom, **32**) : *dans le centre de Manuel Antonio.* ☎ *2777-2272. Tlj 7h-22h. Plats 4 000-9 000 CRC ; petit déj env 5 000 CRC.* Ce joli café coloré fait le plein du petit déjeuner au concert du soir. Les viandes et salades se déclinent à la sauce exotique quand sandwichs et tacos empruntent des saveurs caribéennes. Très réputés, les petits déjeuners nous régalent (hmm, les pancakes à la banane et noix de macadamia !). Pas de formule, on pioche tout à la carte ; du coup, avec une boisson chaude et un jus de fruits, l'addition grimpe vite. Agréable terrasse au calme à l'arrière, éclairée de loupiotes multicolores suspendues aux branches du jardin. Un bon spot aussi pour boire un cocktail lors des concerts de fin de semaine.

Raphael's Terrazas (plan B2, **33**) : *1 km avt l'entrée du parc, côté océan.* ☎ *2777-6310. Tlj 11h-22h. Plats 6 000-12 000 CRC.* Envie d'un grand bol d'iode ? Raphael s'impose comme la référence de Manuel Antonio pour ses poissons et fruits de mer. Cuisinés *a la plancha,* en *ceviche* ou revisités à la sauce *tica,* les cuistots ne manquent pas d'imagination pour réveiller nos papilles. On peut même opter pour des sushis. Plantée en surplomb d'une colline, cette grande maison, à plusieurs terrasses, a la tête dans les arbres et offre un panorama magnifique sur l'océan. La cuisine est soignée et les plats bien présentés, mais restez vigilant, iguanes et singes titi guettent les assiettes !

|●| ***Barba Roja*** *(plan zoom,* ***34****)* **:** *dans le centre de Manuel Antonio, côté océan. ☎ 2777-0331. Tlj 12h-22h. Plats 4 000-8 000 CRC ; plus cher pour les viandes, env 12 000-15 000 CRC.* Cet immense resto offre une des plus belles terrasses de Manuel Antonio. Une partie de la salle tout en bois est couverte, mais une autre est ouverte aux 4 vents et entourée de végétation. Assez exceptionnelle, la terrasse est vite prise d'assaut en fin de journée par les amateurs de coucher de soleil. Dans l'assiette, une cuisine de brasserie cosmopolite, avec grosses salades, burgers énormes et pêche du jour. La cuisine n'est pas exceptionnelle mais bonne, les assiettes, copieuses et le cadre, tout simplement extra.

Où boire un verre ?

🍷 ***El Avión*** *(plan B2,* ***35****)* **:** *à 5 km de Quepos, côté océan. ☎ 2777-3378. Tlj 12h-23h (13h-22h en basse saison).* La 2e attraction de Manuel Antonio, après le parc national bien sûr ! Étonnant de voir un avion planter le bout de son nez en bord de route. Ce modèle C-123 Fairchild, construit à la fin des années 1940, a été descendu au Nicaragua. Découpé en tronçons et transporté jusqu'ici, l'avion de transport américain s'est transformé en bar. Aujourd'hui, on peut boire un cocktail dans la carlingue ou prendre les commandes dans le cockpit. Amusant ! Si le restaurant offre un magnifique panorama, la qualité de la cuisine ne vaut pas le détour.

🍷 La terrasse du café-restaurant ***Emilio's*** *(plan zoom,* ***31****)* mérite aussi de s'arrêter y boire un verre pour admirer le coucher de soleil sur l'océan. On peut y assister à des concerts, comme au ***Patio de Café Milagro*** *(plan zoom,* ***32****).* Ce dernier, en revanche, n'offre pas de vue sur la mer. Et pour son incroyable terrasse, sûrement la plus belle de toutes, cap sur ***Barba Roja*** *(plan zoom,* ***34****).*

À voir. À faire

☺☺☺ ***Parque Nacional Manuel Antonio*** *(plan B2-3)* **:** *tt au bout de la route Quepos-Manuel Antonio. ☎ 2777-5185. • sinac.go.cr • Longer l'océan jusqu'à la fin de la route ; impossible de se perdre, il y a des panneaux partout. Le terminus du bus Quepos-Manuel Antonio se trouve à 200 m de l'entrée du parc ; bus ttes les 15-30 mn, tlj 5h30-18h30. Parc tlj sauf lun 7h-16h (dernière entrée à 15h). La billetterie* (Coopealianza) *se situe sur la gauche de la rue principale, 15 m avt l'entrée du parc. Tarif : 16 $; gratuit moins de 12 ans. Possibilité de régler par CB, mais sur présentation du passeport et avec surcoût. Parking : env 4-6 $/voiture.*

Quelques conseils avant de fouler les sentiers du parc

– Depuis Quepos ou le village de Manuel, il est plus avantageux de venir en bus, vu le prix du parking. Si vous êtes véhiculé, ne vous faites pas avoir par les rabatteurs bien en amont de l'entrée du parc ; avancez le plus près possible de l'entrée, le parking y est moins cher.
– Emporter des chaussures de marche, un maillot de bain, de l'eau, de la crème solaire et des jumelles.

– Il est interdit d'entrer avec de la nourriture de type snacks (chips, barres de céréales…) dans le parc, suite à trop d'abus des touristes qui gavaient les ratons laveurs, singes et autres bestioles de cochonneries (on exagère à peine), et les mettaient ainsi en danger. Les gardes confisquent à l'entrée tous les snacks pour éviter la tentation aux gloutons. Mais vous pouvez entrer avec un sandwich sans problème.
– À l'entrée du parc, une multitude de guides armés de longues-vues proposent leurs services. Attention, beaucoup ne sont pas des guides officiels. Pour choisir un bon guide, il faut lui demander sa carte de l'*ICT (Instituto Costarricense de Turismo),* qui lui permet de travailler dans les parcs nationaux ; cette carte s'appelle « carnet » en espagnol. Assurez-vous qu'il porte le badge du SINAC (l'organisme qui gère les zones protégées) ainsi qu'un écusson du drapeau costaricien. Compter environ 30 $ par personne pour 2h30 de visite.
– Le matin, il y a déjà la queue avant l'ouverture du parc, mais c'est aussi le moment où l'on voit le plus d'animaux et où la chaleur est supportable. Donc venez tôt mais bifurquez rapidement vers les sentiers secondaires. Attention, le nombre de visiteurs étant limité, arriver avant 6h en haute saison ou en fin de matinée (quand les groupes du matin sortent).
– Ne laissez pas vos affaires sans surveillance sur la plage. Des vols ont souvent lieu et pas de ceux qu'on imaginerait : les animaux, notamment les singes et ratons laveurs, sont les pires chapardeurs !

Les sentiers et les plages

À peine 20 km² et des centaines d'espèces recensées ! Classé parc national en 1972, Manuel Antonio concentre près de 110 espèces de mammifères, 340 espèces d'oiseaux et de plantes, et environ 240 espèces sous-marines. Pas étonnant que le parc soit l'un des plus populaires et des plus fréquentés du pays. Du coup, on est rarement seul sur les sentiers, et cet effet de masse est décuplé si on loue les services d'un guide.

Le parc compte une dizaine de sentiers, parfaitement balisés par des panneaux d'information qui indiquent la distance à parcourir, les centres d'intérêt de chaque chemin… impossible de se perdre ! À l'entrée du parc, tout le monde suit le sentier principal : le ***Camino Perezoso*** (le « chemin du paresseux »), qui porte bien son nom puisqu'on aperçoit bien la grosse boule de poils en question. Les groupes restent souvent sur ce sentier, qui mène directement à *Playa Manuel Antonio,* et l'effet troupeau de moutons gonfle vite. Un conseil : bifurquez rapidement ! Sur la gauche, le ***sendero Catarata*** mène à une petite cascade du même nom ; c'est une impasse. Depuis le sentier principal, une promenade en bois ***(sendero Paralelo al Perezoso)*** s'enfonce dans la végétation. Très agréable, on y évite la foule et l'on se retrouve en quelques pas au cœur de la forêt. On y a croisé d'adorables singes titi ! Au bout de ces sentiers, ne vous jetez pas tout de suite à l'eau mais continuez plutôt sur le ***sendero a Playa Gemelas y Mirador Puerto Escondido.*** On avoue un véritable coup de cœur pour ce sentier peu fréquenté qui mène à un superbe point de vue. Avant de vous embarquer, vérifiez que l'accès, fermé provisoirement, a bien été rouvert. Car, mieux vaut être prévenu, il faut descendre 144 marches pour atteindre *Puerto Escondido,* et bien sûr… il faudra les remonter ! L'effort est largement récompensé. Sur le chemin du retour, on s'offre une pause baignade à *Playa Gemelas,* où des iguanes se prélassent au soleil. Autre option, emprunter le ***sendero Mirador*** pour atteindre le point de vue surplombant *Playa Puerto Escondido.* Splendide ! Attention, avant de vous aventurer sur la plage, renseignez-vous sur les horaires des marées, au risque de vous retrouver coincé. La baignade y est déconseillée, à cause des puissants courants.

Après l'effort, le réconfort, rejoignez la plus belle plage du parc, et donc la plus fréquentée, ***Playa Manuel Antonio.*** Sublime, elle s'étale sur plus de 400 m et est abritée dans une baie, l'eau y est donc chaude et calme. C'est le moment de sortir masque et tuba pour observer la faune marine. Certains la considèrent comme la

plus belle plage du Costa Rica et elle se défend, en effet, plutôt bien ! Attention aux ratons laveurs, des fouineurs qui n'ont aucun scrupule à farfouiller dans les sacs des touristes partis faire trempette. Le ***sendero Paralelo Playa Manuel Antonio*** longe la plage ; on y observe de très près des singes capucins joueurs et des singes hurleurs. Un vrai show !
Un peu plus loin, le ***sendero Punta Catedral*** fait le tour de l'île *Punta Catedral,* aujourd'hui rattachée à la terre par un tombolo, et offre de beaux points de vue sur le Pacifique et différents îlots. De l'autre côté de l'île, on peut rejoindre une plage magnifique et un peu moins fréquentée, qui s'étend sur plus de 700 m : ***Playa Espadilla Sur.*** Calme la plupart du temps, les courants s'y révèlent parfois importants. Le ***sendero Paralelo Playa Espadilla Sur*** longe la plage.
Pour avaler tous ces kilomètres de sentiers, compter environ 4h de marche. Ajouter 2h de baignade et de farniente. Au final, on y consacre avec plaisir la journée.

Playa Espadilla Norte *(plan A-B2-3)* **:** *au bout de la route, vers l'entrée du parc national.* Si sa voisine *Playa Espadilla Sur* se trouve dans le parc national, *Espadilla Norte* s'étale sur environ 2,5 km au pied de la route Quepos-Manuel Antonio. Son accès est libre et gratuit. Assez fréquentée, on vous conseille de longer la plage vers le nord pour étaler votre serviette un peu plus au calme. Des vendeurs proposent toutes sortes de locations (parasols, transats, kayaks) et d'activités nautiques (catamaran, parachute ascensionnel...). Une bonne adresse pour prendre des cours de surf sur cette plage : ***Manuel Antonio Surf School*** *(☎ 2777-4842 ou 2777-1955 ; • manuelantoniosurfschool.com •).*

Playa Biesanz *(plan A2)* **:** *indiquée depuis le centre de Manuel Antonio. Prévoir env 2 000 CRC pour se garer.* Invisible depuis la route, on la repère aux voitures garées sur la chaussée. Moyennant une petite somme, un gardien surveillera la vôtre. On descend à la plage en 5 mn par un petit sentier boisé un peu escarpé. Arrivé en bas, une plage de poche s'étend en arc de cercle. Cachée et peu fréquentée des touristes, on y croise surtout des familles de *Ticos* venues échapper à la folie touristique des plages du parc. Splendide, cette courte étendue de sable est bordée d'arbres sous lesquels il fait bon s'abriter. Attention, bien se renseigner sur la marée avant de venir, car à marée haute, la plage disparaît presque entièrement. Sur place, on peut louer transats, *paddles,* canoës et matériel de *snorkelling.* Le spot est en effet réputé pour ses fonds marins.

DOMINICAL

500 hab.

• Plan *p. 305*

Une rue qui longe l'océan, quelques auberges de jeunesse et *cabinas* vraiment *roots,* une poignée de cafés et restos, Dominical se résume à ses vagues et à sa rue principale. Touristes et *Ticos* affichent ici le même style : maillot de bain, teint hâlé et visage barbouillé de crème solaire, planche sous le bras et bracelet à la cheville. On caricature à peine ! Réputées comme l'un des meilleurs spots de surf du Pacifique central, les plages de Dominical sont surtout fréquentées par les touristes américains. La plupart des boutiques et restos communiquent d'ailleurs en anglais... Pour l'immersion dans la culture *tica,* on repassera ! L'unique rue concentre l'animation

du village, et le soir, toute cette jeunesse bronzée se retrouve aux bars de plage pour descendre quelques bières. Si vous ne surfez pas, passez votre chemin. De même que hors saison, où l'atmosphère est beaucoup plus morne !

Arriver – Quitter

En bus

L'arrêt de bus *(plan A-B2)* se trouve au bout de la piste menant à la plage, en face du restaurant *El Coco.*

➢ ***Uvita :*** env 10 bus/j. dans les 2 sens. Trajet : 30 mn.

➢ ***San Isidro El General :*** 5-6 bus/j. dans les 2 sens. Trajet : env 1h15.

➢ ***Quepos :*** 46 bus/j. dans les 2 sens. Trajet : env 1h15.

➢ ***San José :*** 2 bus directs/j. dans les 2 sens. La compagnie *Tracopa* assure cette liaison en bus collectif. À cause des nombreux arrêts, compter env 6h de trajet. Sinon, nombreux bus directs depuis Uvita.

Adresses et infos utiles

Infos touristiques

Centro de Información *(plan A1) : dans le centre du village. ☎ 2787-0454. • dominicalinformation.com • Tlj 9h-17h.* Un office de tourisme, un vrai de vrai, si rare que l'on est bien content d'y glaner de l'info. En plus des horaires de bus, l'office peut vous renseigner sur les leçons de surf, les activités à l'*Hacienda Barú* ou dans les environs. On peut aussi y acheter des timbres, et une boîte aux lettres est sur la porte d'entrée.

Tour-opérateurs et écoles de surf

■ ***Sunset Surf Dominical*** *(plan A1,* **1***) : à côté de l'office de tourisme. 8917-3143. • sunsetsurfdominical.com • Compter env 60 $ pour un cours collectif de 2h ; loc de planches 10 $ la ½ journée ; surf camp à partir de 1 300 $/sem.* Dylan Park, le fondateur de cette école de surf reconnue, a surfé des années à Hawaii avant de revenir dompter les vagues costariciennes. Il propose des cours pour débutants et niveau intermédiaire, ainsi que des *surf camps* où vous êtes pris en charge depuis la descente de l'avion. On peut aussi simplement louer des planches. Équipe sérieuse et pro.

■ ***Costa Rica Surf Camp*** *(plan A2,* **2***) : sur le chemin qui longe la plage. ☎ 2787-0393. • crsurfschool.com • Boutique tlj 8h-18h. Compter env 60 $ pour un cours collectif de 2h ; loc de planches de surf 10 $ la journée ; loc de paddles 20 $/h ; surf camp à partir de 1 000 $/sem.* Cesar Valverde, le propriétaire de l'école, s'est entouré d'une équipe d'instructeurs très sérieux et professionnels. La plupart sont *ticos* et sauveteurs en mer. Si les cours sont collectifs, un instructeur s'occupe au maximum de 2 élèves. Cours du stade débutant au niveau expérimenté. L'école propose aussi des *surf camps* de 1 semaine.

■ ***Pineapple Tours*** *(plan A2,* **3***) : sur la piste principale, en face d'El Coco. 8873-3283. • pineapplekayaktours.com • Tlj 9h-17h30. Compter 55-75 $ les 3h env selon excursion choisie.* Cette agence est spécialisée dans les tours en *paddle* et en kayak. Dans les grottes, dans la mangrove, sur le *río Barú* ou dans l'océan, à vos pagaies ! Les sorties se font en groupes tous âges et tous niveaux confondus (environ 15 personnes) et seulement le matin.

■ ***Dominical Surf Adventures*** *(plan B1,* **4***) : sur la piste principale. ☎ 2787-0431. • dominicalsurfadventures.com • Lun-sam 8h-17h, dim 9h-15h. Compter env 60 $ pour un cours de surf collectif de 2h ; excursions 65-75 $ la ½ journée.* Agence

LE PACIFIQUE CENTRAL

sérieuse spécialisée dans les leçons de surf et les sorties en kayak (dans les grottes, la mangrove ou vers le parc national Marino Ballena, rafting sur le *río Savegre,* etc.).

Divers

■ ***Banco de Costa Rica*** *(plan B1,* ***5****)* **:** *en surplomb de la route, en face de l'entrée du village. ☎ 2284-6600. Lun-ven 9h-16h.* Distributeur à l'extérieur.

Supermercado Dominical *(plan B1,* ***6****)* **:** *en surplomb de la route, en face de l'entrée du village. Lun-sam 8h-20h, dim 8h-18h.* C'est le seul supermarché du village ; sinon, on trouve des épiceries pas bien grandes et plus chères.

■ ***Policía*** *(plan A2,* ***7****)* **:** *sur la piste principale. ☎ 2787-0406.*

Où dormir ?

De très bon marché à bon marché (max 60 $ / 50 €)

El Coco *(plan A2,* ***10****)* **:** *au bout de la piste de la plage. ☎ 2787-0235. Camping env 3 000 CRC/pers ; doubles avec ou sans sdb et/ou clim env 15-25 $ selon confort.* Cette institution du village quasi les pieds dans le sable offre des hébergements vraiment pas chers. Camping sur la propriété (à condition d'apporter son matériel) avec accès aux sanitaires mais sans électricité. Rassurez-vous, on peut aller brancher son portable au restaurant. Les chambres sont, de manière générale, rustiques et sommaires, mais les plus chères, avec salle de bains privée et balcons, donnent côté océan et profitent de plus de luminosité. Pas de cuisine commune, mais le resto de l'hôtel, en plus d'être hyper bien placé, propose une cuisine correcte à bon prix.

Cool Vibes Hostel *(plan B2,* ***11****)* **:** *au bout de la piste de la plage, dans un chemin sur la gauche. 📱 8353-6428. • hosteldominical.com • Lits en dortoir 4-8 pers 12-14 $ (draps inclus mais pas la serviette de toilette) ; doubles 36-42 $; 20 $ en sus pour la clim. Pas de petit déj.* Dans cette grande maison aux style et couleurs hispanisants, tous les budgets s'y retrouvent. Dortoirs (mixtes ou non), chambres doubles économiques ou standard et familiales, on pense à tous les routards, du voyageur solo aux tribus sac à dos. Les chambres sont vastes et possèdent chacune leur propre salle de bains. Si vous tenez à votre intimité sans vider le porte-monnaie, les chambres économiques du rez-de-chaussée, certes moins lumineuses, offrent un bon compromis. Impossible de manquer d'espace dans cet *hostel* où les galeries et vastes pièces communes s'ordonnent autour du petit jardin avec jacuzzi et hamacs. Il règne ici une atmosphère *roots* de détente et de partage, à l'image de la large cuisine commune. L'ensemble est nickel (c'est rare dans les autres auberges du village !).

Posada del Sol *(plan A2,* ***15****)* **:** *sur la piste principale. 📱 8632-1725. Pas de résa, se présenter directement à la réception (tlj 8h-20h). Double env 40 $; 10 $/pers supplémentaire.* Laetitia, bien plus costaricienne que mexicaine (son pays d'origine), reçoit les voyageurs comme chez elle, avec décontraction et gentillesse. Son petit hôtel ne compte que 5 chambres, de plain-pied, pouvant accueillir jusqu'à 3 ou 4 personnes. Toutes profitent d'une salle de bains privée avec eau froide pour se réveiller à la fraîche ! Très simples mais confortables et surtout bien tenues, les chambres offrent un bon rapport qualité-prix. Cet hébergement conviendra à ceux qui recherchent un peu de calme et un esprit familial. Attention, Laetitia ne prend pas de réservations. Estimez-vous heureux si vous dégotez une chambre.

Chic (90-130 $ / 75-108 €)

Tropical Sands Dominical Eco Inn Hotel *(plan B2,* ***14****)* **:** *au bout de*

LE PACIFIQUE CENTRAL

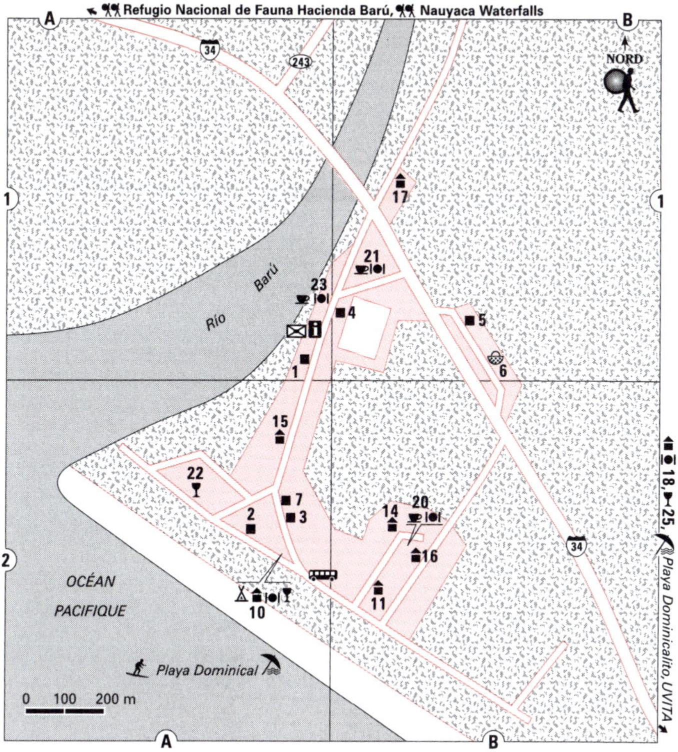

DOMINICAL

Adresses utiles	
Centro de Información (A1)	
1 Sunset Surf Dominical (A1)	
2 Costa Rica Surf Camp (A2)	
3 Pineapple Tours (A2)	
4 Dominical Surf Adventures (B1)	
5 Banco de Costa Rica (B1)	
6 Supermercado Dominical (B1)	
7 Policía (A2)	

Adresses utiles

- Centro de Información (A1)
- **1** Sunset Surf Dominical (A1)
- **2** Costa Rica Surf Camp (A2)
- **3** Pineapple Tours (A2)
- **4** Dominical Surf Adventures (B1)
- **5** Banco de Costa Rica (B1)
- **6** Supermercado Dominical (B1)
- **7** Policía (A2)

Où dormir ?

- **10** El Coco (A2)
- **11** Cool Vibes Hostel (B2)
- **14** Tropical Sands Dominical Eco Inn Hotel (B2)
- **15** Posada del Sol (A2)
- **16** MAVI Surf Hotel (B2)
- **17** Villas Río Mar (B1)
- **18** Costa Paraíso – Por Qué No ? (hors plan par B2)

Où manger ?
Où prendre un bon petit déj ?

- **10** El Coco (A2)
- **18** Costa Paraíso – Por Qué No ? (hors plan par B2)
- **20** Café Ensueños (B2)
- **21** Delicias Café (B1)
- **23** Café Mono Congo et le Phat Noodles (A1)

Où boire un verre ?

- **10** El Coco (A2)
- **22** Tortilla Flats (A2)
- **25** La Parcela (hors plan par B2)

la piste de la plage, dans un chemin sur la gauche. ☎ 2787-0200. • tropicalsandsdominical.com • Doubles sans ou avec clim 75-90 $, avec kitchenette 85-100 $. Isolé au fond d'un chemin qui part de la plage, on a bien aimé cet hôtel organisé autour d'une agréable cour-jardin.

Sur le côté, noyées dans la verdure, les *cabinas* de plain-pied abritent les chambres les moins chères – mais pas les moins charmantes – avec ventilo uniquement. Au fond, dans le bâtiment moderne, en rez-de-jardin, des chambres pouvant accueillir 3 personnes et, à l'étage, sur la galerie, des doubles conçues comme des appartements avec clim et kitchenette. Déco personnalisée avec de belles fresques murales. On avoue un coup de cœur pour cette adresse de charme et de grande qualité, aux tarifs vraiment raisonnables. Les propriétaires, américains, attachent une importance particulière à la propreté, à la sécurité (le jardin est clos) et au bien-être de leurs hôtes. Amy parle un français impeccable et, en fin gourmet, n'hésite pas à partager ses bonnes adresses. Autre bon point : la plage est à 3 volées de tongs.

Villas Río Mar *(plan B1,* ***17****)* **:** *à 800 m au nord de la rue centrale, le long du río Barú. ☎ 2787-0053. • villasriomar.com • Entrer dans le village et tourner à droite en longeant le río Barú. Doubles 80-120 $, beau petit déj-buffet inclus.* D'une grande capacité d'accueil, cet hôtel chic est l'unique représentant de sa catégorie dans Dominical, et pour cette raison accueille pas mal de groupes. De grands bungalows, dispersés dans un joli parc tropical, abritent des chambres spacieuses et propres, à la déco et au confort modernes : TV, clim, terrasse couverte... On regrette un peu l'esprit club de vacances avec la musique au bord de la piscine et la foule au petit déjeuner. Mais la situation en bord de rivière, le grand jardin luxuriant et la magnifique piscine en font le lieu de prédilection des familles. Il faut marcher 10 mn pour rejoindre le centre ; le bon point, c'est qu'on échappe à la sono des bars.

Plus chic (130 $ et plus / 108 € et plus)

MAVI Surf Hotel *(plan B2,* ***16****)* **:** *au bout de la piste de la plage, prendre le dernier chemin sur la gauche. ☎ 2787-0429. • mavi-surf.com • Doubles 120-150 $, petit déj inclus. Séjour de 3 nuits min sur certaines périodes, dont Pâques et Noël.* L'adresse chic du village, réservée à une poignée de privilégiés puisque cette maison verte ne compte que 8 chambres. Lit *king size,* clim, salle de bains très moderne et épurée, on mise ici sur la tranquillité. À chacun son balcon avec ses chaises colorées : à l'étage pour plus d'intimité, au rez-de-chaussée pour se coller au plus près de la jolie piscine. Pour les amateurs d'eaux agitées, la plage déballe ses rouleaux à 300 m de là. Accueil parfait de Massimiliano et Barbara, les chaleureux propriétaires italiens, ou de leur personnel. Un sans-faute !

Costa Paraíso – Por Qué No ? *(hors plan par B2,* ***18****)* **:** *à 2 km au sud de Dominical, sur la route d'Uvita ; bien indiqué. ☎ 2787-0340. • costaparaiso.com • Doubles avec clim 120-150 $. Resto tlj sauf lun ; plats 5 000-7 000 CRC.* Situés à quelques pas de l'océan, ces bungalows colorés abritent des chambres répondant à des noms exotiques : « Nid du Toucan », « Loft du Singe », « Perchoir du Pélican »... Chaque appartement compte 2 lits doubles et peut accueillir jusqu'à 4 personnes. Kitchenette pour certains, cuisine entièrement équipée pour les autres, les apparts profitent tous d'un coin salon-salle à manger. On apprécie la déco soignée, aux tons chaleureux et sobres. Accueil chaleureux et parfait, à la hauteur de ce bel hébergement. On peut aussi profiter du cadre d'exception au restaurant de l'hôtel, ouvert à tous. Surplombant les rochers entre la plage de Dominical et celle de Dominicalito, la terrasse n'a pas son pareil à des kilomètres à la ronde. Poissons grillés, *ceviches,* burgers et salades aux saveurs exotiques sont travaillés à base de produits frais, pour des assiettes colorées et joliment travaillées. Après le repas, empruntez le sentier en bas de l'hôtel, qui mène à Dominicalito par la plage et les rochers. Romantique à souhait !

Où manger ? Où prendre un bon petit déj ?

Bon marché (max 6 000 CRC / 8 €)

Café Ensueños (plan B2, **20**) : *au bout de la piste de la plage, derrière le Cool Vibes. Tlj 6h30-20h. Petits déj et plats env 3 000-5 000 CRC.* De notoriété publique, le meilleur *soda* en ville. Isolé au fond d'un chemin et ouvert sur la végétation, il se pare d'une poignée de tables et de chaises, en toute simplicité. À la carte, d'excellents petits déjeuners traditionnels (*gallo pinto,* omelettes...) à arroser d'un smoothie ou d'un milk-shake savoureux. Également de bons petits plats, toujours simples mais généreux, servis avec une grande gentillesse : *casados, burritos...* Qualité constante. Dommage, sa réputation a fait gonfler les prix et son authenticité en a pris un coup.

Delicias Café (plan B1, **21**) : *juste à l'entrée du village, sur la droite. ☎ 2787-0097. Tlj 8h-18h. Formule petit déj env 3 500 CRC ; sandwichs à partir de 1 500 CRC, plats 3 500-5 000 CRC.* Ce petit snack-cafétéria ne dégage aucun charme mais offre un choix très varié, qui contente tous les appétits et tous les budgets. Le matin, on opte pour une formule avec, au choix, le traditionnel *gallo pinto,* des toasts accompagnés d'une assiette de fruits, une omelette au fromage, etc. Plus tard, on pioche dans la palette de sandwichs et on file les avaler sur la plage, ou bien on s'installe pour goûter les lasagnes, salades, fajitas et autres tacos qui nous changent des traditionnels *casados.* Gâteaux crémeux pour la touche finale.

Prix moyens (6 000-10 000 CRC / 8-14 €)

Café Mono Congo (plan A1, **23**) : *dans le centre du village, sous les arcades. ☎ 2787-0090. Tlj 7h30-17h. Compter env 5 000 CRC pour un petit déj complet ; plats env 3 000-6 000 CRC.* Ce joli café tout en bois profite d'une agréable terrasse donnant sur la rivière à l'arrière. Plantes par dizaines, cactus en pots et drapeaux tibétains posent un décor zen. Le matin, on y sert de bons gâteaux maison, comme des muffins, des cookies à l'avoine ou des pancakes à la banane, à accompagner d'un jus de fruits ou d'un smoothie bien frais. Dans la journée, place aux salades composées, *burritos* gourmands ou lasagnes. Également des plats végétariens ou sans gluten. Si la qualité et la fraîcheur des produits sont incontestables, on a trouvé les prix surévalués. Les amateurs de saveurs asiatiques testeront le ***Phat Noodles,*** en face, qui répond aux mêmes exigences d'hygiène et de qualité.

El Coco (plan A2, **10**) : *au bout de la piste de la plage. ☎ 2787-0235. Tlj 8h-22h. Plats 4 000-8 500 CRC.* Ce grand restaurant ouvert sur la plage et les cocotiers est l'un des plus vieux du village, résistant aux vagues et au flot de touristes depuis des lustres. *El Coco* est donc une institution, et tout voyageur faisant escale à Dominical s'y posera pour boire un verre ou partager un repas avec ses copains de planche. Grande variété de plats simples et sans artifice : soupes, *casados* et riz cuisinés pour les options les plus économiques, tandis que viandes grillées, poissons et fruits de mer atteignent des prix plus élevés mais encore raisonnables. Pas de quoi sauter au plafond mais belle situation et cuisine généreuse.

Sans oublier ***Costa Paraíso – Por Qué No ?*** (*hors plan par B2,* **18** ; voir plus haut « Où dormir ? »).

Où boire un verre ?

Tortilla Flats (plan A2, **22**) : *sur le front de mer. ☎ 2787-0033. Tlj, en principe 11h (8h le w-e)-23h.* LE bar du village, celui où surfeurs(ses) affluent après une bonne journée de glisse. Autour du comptoir, les pintes se descendent sur des sons reggae, concerts et DJs faisant parfois durer les soirées. Vaut surtout pour sa situation (presque !) les pieds dans le sable, et l'ambiance. Côté resto, on n'a pas été convaincus. Et si l'auberge affiche les prix les plus bas de Dominical, les chambres sont sales et vétustes. Aucun intérêt.

|●| Incontournable également ***El Coco*** *(plan A2,* ***10****)*. Voir plus haut dans « Où manger ? Où prendre un bon petit déj ? ».

🍷 ***La Parcela*** *(hors plan par B2,* ***25****)* **:** *à env 4 km au sud de Dominical, sur la pointe au sud de la plage de Dominicalito. ☎ 2787-0016. Accessible par une piste pas facile, depuis le chemin de la plage de Dominicalito. Tlj 11h-21h.* L'adresse, qui se mérite au terme d'une montée ardue, bénéficie d'un cadre avec vue magique sur la mer, de part et d'autre du promontoire rocheux. La situation est incroyable et, pour profiter au mieux de cette vue, choisissez une table en bordure de la grande salle au décor marin bleu outremer, ouverte sur le large. Certains le considèrent comme le meilleur spot pour admirer le coucher de soleil en sirotant un bon cocktail. Fais aussi resto, avec des spécialités de la mer, mais on a trouvé les prix exagérés.

À faire

Playa Dominical *(plan A-B2)* **:** bordée de palmiers, elle longe tout le village et attire de bon matin les écoles de surf et les plus expérimentés, venus s'entraîner à la fraîche (si l'on peut parler de fraîcheur sous les 25 °C matinaux). Paradis des surfeurs, les nageurs doivent cependant s'en méfier à cause des courants violents. Personne ne s'y baigne sans planche.

DANS LES ENVIRONS DE DOMINICAL

Playa Dominicalito *(hors plan par B2)* **:** *à 3 km au sud-ouest de Dominical.* Confidentielle et charmante, cette petite plage en arc de cercle n'a rien à envier à sa voisine *Playa Dominical,* sauf ses vagues. L'eau ici est assez tranquille pour la baignade et idéale pour les surfeurs débutants. Les pêcheurs ancrent leurs bateaux dans cette petite anse ; très tôt le matin, c'est un super spot pour dégoter du poisson frais, sinon un peu plus tard chez les marchands ambulants le long de la route. On peut aussi y déjeuner à la terrasse d'une gargote, à l'ombre des palmiers. Peu de touristes s'y aventurent, on a adoré !

Refugio Nacional de Fauna Hacienda Barú *(hors plan par A1)* **:** *à 3 km au nord-est de Dominical, sur la route de Quepos. ☎ 2787-0003. • haciendabaru.com • Les bus en direction de Quepos s'y arrêtent. Tlj 7h-17h45. Entrée : 15 $; gratuit moins de 10 ans ; sinon, prix selon activité choisie 20-55 $/pers.* Véritable ode à la nature, ce refuge a investi plus de 300 ha de terres privées et publiques, regroupant une variété incroyable d'habitats tropicaux et de paysages. Mangroves, plages secrètes, forêts primaire et secondaire, marécages, pâturages, la végétation s'épanouit ici dans toute sa beauté. À vous de choisir comment l'approcher. L'option la plus économique est de fouler les 8 km de sentiers de la propriété à pied, à l'affût des oiseaux, reptiles, ratons laveurs, singes araignées et chauves-souris de toutes sortes. Au total, on dénombre ici plus de 350 espèces d'oiseaux, 70 espèces de mammifères, près d'une centaine pour les reptiles et amphibiens, et presque autant pour les papillons. Bonne chance pour tous les apercevoir ! Ces sentiers passent par un jardin d'orchidées, une serre aux papillons et grimpent jusqu'à une tour d'observation pour s'approcher de la canopée. L'hacienda propose aussi des randos guidées dans la mangrove, dans la forêt, de l'accrobranche, des promenades au crépuscule, de la tyrolienne... On peut aussi y séjourner *(double 150 $, petit déj et accès aux sentiers compris).* Grand bol de vert assuré. Également un bon resto à l'entrée, cher.

Nauyaca Waterfalls (hors plan par A1) **:** *à 10 km de Dominical par la route 243 en direction de San Isidro del General. ☎ 2787-0541. • nauyacawaterfallscostarica.com • Lun-sam 7h-17h, dim 8h-16h. Attention, vente des tickets jusqu'à 14h30. Entrée : 10 $. Parking 2 km après l'entrée du site : env 3 $. Tour à cheval 85 $/pers ; durée : env 5h30.*
Après avoir goûté aux joies de l'océan, la baignade dans ces eaux douces reste un must ! Située dans une réserve familiale, au cœur de la jungle tropicale, il faut cheminer une bonne heure sur un sentier forestier (environ 4 km aller, prévoir 1h de marche et de bonnes chaussures) avant de déboucher sur cet ensemble de cascades à étages qui offre par ailleurs différents bains où barboter. Prudence, la baignade peut être dangereuse lors de la saison des pluies à cause de l'augmentation du débit et des courants.

UVITA ET BAHÍA

• Plan *p. 311*

On vous parlera d'Uvita comme d'un vrai petit coin de paradis, mais ne vous y trompez pas, il s'agit en fait de Bahía. Uvita se répartit au bord de la route principale menant de Dominical au sud du pays. Gare routière, banque, supermarché, office de tourisme, etc., elle regroupe tous les commerces mais nous laisse de glace. Elle n'est même pas au bord de l'eau.
À 2 km, le petit bourg de Bahía, ses maisonnettes multicolores et ses cafés animés nous réchauffent le cœur. Le village a les pieds dans l'eau... et quelle eau ! Au bout de la rue principale, le *Parque Nacional Marino Ballena* étend ses plages de sable doré sur des kilomètres. Les baleines à bosse naviguent dans ces eaux chaudes pour se reproduire et mettre au monde leurs petits. Les touristes y passent une journée pour observer les cétacés, mais peu posent leurs valises ici. À la nuit tombée, extinction des feux. Fêtards, passez votre chemin.

Arriver – Quitter

En bus

Terminaux de bus (plan B1 et B2) **:** *sur la route principale d'Uvita et dans Bahía.* Pour San José, mieux vaut acheter son billet la veille au bureau de la compagnie de transports *Tracopa,* dans la petite supérette à côté du resto *La Flor de la Sabana,* à Uvita. Sinon, les tickets s'achètent directement à bord. Les bus pour Dominical, Quepos et San Isidro passent par Bahía, mais pour San José il faut aller prendre le bus à Uvita.

➢ ***Dominical :*** env 10 bus/j. dans les 2 sens. Trajet : 30 mn.

➢ ***Quepos :*** env 5 bus/j. dans les 2 sens. Trajet : env 2h.

➢ ***San Isidro El General :*** env 2 bus/j. dans les 2 sens. Trajet : env 2h.

➢ ***San José :*** une dizaine de bus/j. dans les 2 sens, dont une minorité de collectifs et les autres en trajets directs. Compter env 5-6h en bus collectif et 4h en bus direct. Seuls les bus collectifs s'arrêtent en face de l'aéroport de San José.

En taxi

Compter env 2 000 CRC pour parcourir les 2 km qui séparent Uvita et Bahía, sinon l'affaire est réglée en 20 mn à pied.

Adresses et infos utiles

Infos touristiques

Uvita Information Centre *(plan B1) : à Uvita, au bord de la route principale. ☎ 2743-8889 ou 2743-8072. • uvita.info • Lun-sam 9h-13h, 14h-18h.* Sûrement l'un des offices de tourisme les mieux documentés de la côte. Accueil super efficace. Donne toutes sortes d'infos pratiques. On y trouve aussi des cartes routières et des beaux livres sur le pays. Enfin, l'office sert de bureau de poste et vend des cartes postales et timbres.

Agences

■ ***Bahía Ballena Kayaks*** *(plan B2, **1**) : bureau juste avt l'entrée du parc, à Bahía. 8738-2859 ou 8309-4426. • bahiaballenakayaktours.com • Compter env 65-75 $ selon sortie.* Cette agence, à l'équipe très professionnelle et sympathique, organise des tours d'observation des dauphins et des baleines en saison, des virées canyoning, des sorties en kayak, etc.

■ Citons également, parmi d'autres, ***Uvita 360*** *(8586-8745 ; • uvita360.com •)*, qui propose des sorties en kayak mais aussi en *paddle* et de sérieuses leçons de surf ; également ***Uvita Adventure Tour*** *(8918-5681)* pour ses sorties en kayak et des randos à vélo.

■ ***Bahía Aventuras*** *(plan B1, **2**) : dans le centre de Bahía. ☎ 2743-8362. 8846-6576. • bahiaaventuras.com • Compter env 70-90 $/pers.* Parmi la trentaine d'agences proposant des tours d'observation des baleines, celle-ci fait partie des plus sérieuses, respectueuse des règles d'observation du grand cétacé et intransigeante sur les questions de sécurité. Gare aux agences près de l'entrée du parc, moins chères mais moins regardantes sur l'encadrement.

Divers

Supermercado BM *(plan B1, **4**) : à Uvita, en face de l'office de tourisme. Tlj 7h-21h (20h dim).*

■ ***Banco de Costa Rica*** *(plan B1, **5**) : à Uvita, à côté du supermarché. ☎ 2743-8075. Lun-ven 9h-15h.*

■ ***Farmacia*** *(plan B1, **6**) : à Uvita, à côté de l'office de tourisme. ☎ 2743-8049. Lun-sam 8h-19h (18h dim).*

Où dormir ?

En bord de route et loin de la mer, on ne vous indique pas d'adresse à Uvita. On a préféré le bon air marin de Bahía pour s'installer.

De très bon marché à prix moyens (max 90 $ / 75 €)

Camping Colla Ballena *(plan B2, **10**) : au bord de la plage, entre la 2e et la 3e entrée du parc, à Bahía. 8615-8789. Camping env 5 000 CRC/pers ; loc de tente avec matelas et draps 3 000 CRC/pers.* Tout simple, ce petit camping en pleine nature nous a séduits par sa situation à 20 m de la plage. Pour profiter de cette splendide étendue de sable, il faut s'acquitter du droit d'entrée au parc *(6 $)* en se rendant à l'un des postes des gardes forestiers voisins. Certains ne jouent pas le jeu et filent direct à la plage, pas très fair-play ! Sur place, un terrain tout plat pour planter sa tente sous les palmiers. Quelques emplacements, un chouia plus chers, disposent d'un toit (c'est mieux pour éviter les chutes de noix de coco) et de prises électriques. Eau froide – mais potable – pour les sanitaires.

Flutterby House *(plan B2, **11**) : Playa Chamán, à Bahía. ☎ 2743-8221. 8341-1730. • flutterbyhouse.com • Lits en dortoir 6-10 pers 15-18 $; cabinas 2 pers 40-100 $ selon confort, 10 $/pers supplémentaire ; sdb communes ou privées.* Cabanes dans les arbres, hamacs par dizaines, dortoirs perchés et ouverts sur la

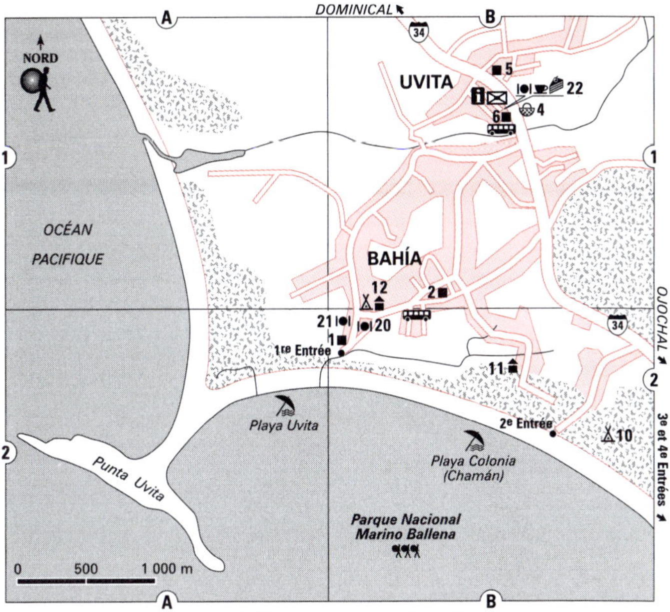

UVITA ET BAHÍA

Adresses utiles

- **i** Uvita Information Centre (B1)
- **1** Bahía Ballena Kayaks (B2)
- **2** Bahía Aventuras (B1)
- **4** Supermercado BM (B1)
- **5** Banco de Costa Rica (B1)
- **6** Farmacia (B1)

Où dormir ?

- **10** Camping Colla Ballena (B2)
- **11** Flutterby House (B2)
- **12** Cabinas Bahía Uvita (B1-2)

Où manger ? Où déguster une bonne pâtisserie ? Où boire un bon café ?

- **20** Las Delicias (B2)
- **21** Las Esferas (B2)
- **22** Sibu (B1)

végétation, toits en feuilles de palmier, bienvenue chez Robinson Crusoé. Géniale et atypique, cette AJ *roots* en diable se cache dans un superbe jardin tropical et regroupe tout ce que l'on aime : une table de ping-pong, un resto-bar, une boutique où louer des planches et des vélos, de grands espaces communs où se retrouver. On adore les structures en bois et les tentures multicolores qui donnent à l'auberge son incroyable cachet. Ici, on vit dehors, les dortoirs n'ont même pas de murs. Sanitaires pas toujours nickel. Bonne ambiance, calme et décontractée, et super accueil. La plage est à 3 mn à pied, une vraie pépite !

Cabinas Bahía Uvita *(plan B1-2,* ***12****) : à 700 m de l'entrée du parc national, dans la rue principale de Bahía. ☎ 2743-8016. • cabinasbahiauvita@hotmail.com • Camping 6 $/pers, ou 8 $ avec tente fournie ; double env 50 $; familiales.* On a aimé ces *cabinas* où Marcos et Mariela, les proprios *ticos,* vous accueillent comme à la maison. Dans la cour, derrière le resto à l'entrée, une douzaine de chambres toute simples, à la déco vieillotte mais fraîches et de bon confort : clim, frigo, et même eau chaude pour certaines (c'est rare dans le coin) et salle de bains privée pour toutes. Accueil particulièrement chaleureux. Les plus petits budgets pourront dormir sous tente. La maison organise aussi des tours à cheval ou des sorties en bateau pour observer la faune marine du parc national. Plage à 3 mn à pied.

Où manger ? Où déguster une bonne pâtisserie ? Où boire un bon café ?

Peu de choix dans ce tout petit coin de Pacifique. Une poignée de restos se concentrent dans la rue centrale. Ils affichent à peu de chose près les mêmes prix et les mêmes plats.

De bon marché à prix moyens (max 10 000 CRC / 14 €)

|●| ***Las Delicias*** *(plan B2, **20**) : dans la rue principale de Bahía. ☎ 2743-8249. Tlj 11h-22h. Fermé mer en basse saison. Plats 3 500-7 000 CRC.* Cantoche au cadre sans chichis flanquée de chaises et tables en plastique et d'un long comptoir investi par les habitués. Carte dans la pure tradition costaricienne, sans surprise mais de bonne qualité. *Casados,* riz cuisinés et salades s'accompagnent d'omelettes, de poulet ou de poisson grillé. En dessert, une salade de fruits rafraîchit les esprits. Le resto est souvent plein, c'est bon signe.

|●| ***Las Esferas*** *(plan B2, **21**) : dans la rue principale de Bahía. ☎ 2743-8135. Tlj 7h-21h. Plats 3 500-7 000 CRC.* Ce grand resto un peu sombre affiche une carte orientée vers les produits de la mer, dont la maison s'est fait une spécialité. Poissons frais, pâtes aux fruits de mer, moules farcies, ça change un peu du traditionnel *gallo pinto,* évidemment présent à la carte. Si la cuisine costaricienne ne vous a pas encore barbé, optez pour un *casado* ou un bon riz cuisiné aux petits légumes. Rien de surprenant dans l'assiette, si ce n'est de bons petits plats. Et un accueil chaleureux.

|●| ☕ ***Sibu*** *(plan B1, **22**) : dans la rue principale d'Uvita, à côté de l'office de tourisme. ☎ 2743-8674. Tlj 7h-21h30. Burgers 6 000-7 000 CRC, sandwichs 4 000-6 000 CRC ; petits déj 3 500-5 000 CRC.* Immanquable avec sa longue terrasse qui surplombe la très passante route 34. Du reste, le cadre en bord de route n'est pas terrible et la terrasse assez bruyante en journée. Mieux vaut filer à l'intérieur et profiter du cadre boisé de ce *coffee shop trendy* fréquenté quasi exclusivement par la clientèle nord-américaine. *Sibu* est plébiscité pour sa carte de cafés bio et de pâtisseries maison (hmm ! la *lemon pie*) à déguster à toute heure. Mais du matin au soir, on y sert d'excellents petits déj complets, d'alléchants burgers, des sandwichs maousses costauds, des *burritos* bien bourratifs, etc. Beaux plats de viande à des tarifs stratosphériques, et enfin bons smoothies pour la touche fraîcheur.

Où manger dans les environs ?

|●| Le petit village d'***Ojochal,*** à 16 km au sud d'Uvita par la route principale (n° 34), connaît depuis quelques années un véritable boum gastronomique. Autour de la communauté nord-américaine fortunée, installée à l'année, d'excellents restaurants à vocation gastronomique, chics et chers, se sont étonnamment multipliés dans ce petit village reculé. Parmi eux, le **Citrus** *(☎ 2786-5175 ; ouv tlj midi et soir, fermé dim soir),* tenu par une Française, fait figure de proue avec sa cuisine créative réputée. Citons aussi **Heliconia** *(☎ 2786-5000 ; ouv tlj sauf lun)* et sa fine cuisine internationale réalisée avec de bons produits locaux, cadre élégant et service tout autant. Pour sûr, ça change du *soda* !

À voir. À faire

Parque Nacional Marino Ballena (plan A-B2) **:** *à Bahía, au bout de la rue principale. ☎ 2786-5392. • sinac.go.cr • Il existe 4 entrées différentes pour accéder au parc. Des gardes forestiers se tiennent à chacune d'elles pour vendre les tickets et vous renseigner. La plus connue se trouve au bout de la rue principale de Bahía ; les 3 autres sont plus au sud, à Playa Colonia (aussi appelée Playa Chamán), Playa Ballena et Playa Piñuela. Parc tlj 7h-16h (dernier billet). Entrée : 6 $; gratuit moins de 11 ans.*

Amoureux de la mer, ce parc national est une escale obligatoire sur votre itinéraire. Créé en 1989, il protège les fonds marins de ce bout de Pacifique, classés parmi les plus riches du pays. On y dénombre une vingtaine d'espèces de coraux différents et une faune sous-marine incroyable : crabes, poissons colorés, étoiles de mer, mollusques, etc.

À marée basse, le petit îlot de ***Punta Uvita*** est relié à la plage par une bande de terre. Vu du ciel, ce tombolo dessine une queue de baleine. Avant d'entrer dans le parc, renseignez-vous bien sur l'heure de la marée basse pour avoir le temps de parcourir le kilomètre qui sépare la plage de cette fameuse queue de baleine émergée, le temps d'une marée. Après cette balade entre terre et mer, enfoncez-vous dans le sentier forestier pour dénicher, nez en l'air, les oiseaux à l'ombre des arbres. Vers 17h30, il faut quitter le parc, timing parfait pour admirer le ***coucher de soleil*** !

Le parc doit aussi son nom aux ***baleines à bosse*** qui naviguent dans ses eaux chaudes à la fin de leur cycle de reproduction. De juillet à octobre, elles arrivent de l'hémisphère sud, de décembre à avril, de l'hémisphère nord. ***Les mois les plus propices à l'observation des cétacés sont septembre et octobre.*** À l'année, on peut aussi observer des dauphins à bosse du Pacifique. Les tortues à écailles et olivâtres viennent parfois pondre sur ces plages, de mai à octobre, avec un pic de ponte entre septembre et octobre. Alors, convaincu ?

Si les animaux ne vous attendrissent pas, les kilomètres de sable doré devraient vous enchanter. Bordées par une végétation luxuriante et des rochers, les ***plages du parc*** nous plongent dans un décor digne d'un *Jurassic Park,* et les iguanes prennent alors des petits airs de dinosaures.

Les plages s'égrènent au sud de la Punta Uvita : la 1re, ***Playa Uvita,*** accessible depuis le centre-ville, est une magnifique langue de sable blond ourlée de cocotiers, aux eaux calmes propices à la baignade, mais pas vraiment au farniente car peu d'ombre. ***Playa Colonia*** (ou *Chaman*) fait le bonheur des surfeurs ; ***Playa Arco,*** ensuite (on y accède par le sud, par Ballena), vaut le coup d'œil pour son étonnante concrétion rocheuse formant un tunnel qu'on peut traverser à marée basse ; ***Ballena,*** qui fait face aux rochers des Trois Sœurs *(Rocas de Tres Hermanas),* offre également une belle zone de baignade s'étirant jusqu'à ***Piñuela*** et sa pointe rocheuse tout au sud.

La seule plage où l'on peut éventuellement faire du *snorkelling* est Uvita, seulement en saison sèche (de décembre à fin mars). Mais soyons clairs, on nage ici en eaux troubles du fait des 2 embouchures de rivières qui encadrent Uvita et créent du remous. Bref, contrairement à ce que des agences malintentionnées tenteront de vous vendre, le *Parque Nacional Marino Ballena* n'est ***pas une zone de snorkelling.***

À marée basse, l'océan descend loin et dévoile des plages immenses où l'on ne risque pas de coller son voisin. Attention, le sable est brûlant. Dans l'eau, aucune vague et pas de courant, on s'y baigne en toute tranquillité. Crème et chapeau obligatoires, ça cogne. Boissons et nourriture interdites pour la protection de la faune du parc.

LA ZONA SUR

• Carte p. 315

AU SUD DE LA VALLÉE CENTRALE

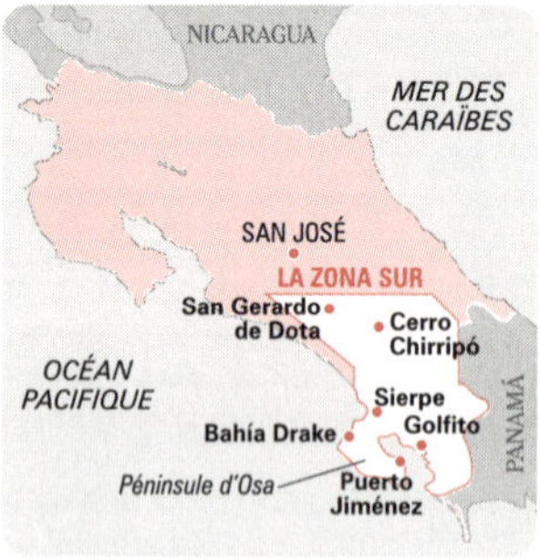

À une vingtaine de kilomètres de Cartago, la route Panamericana grimpe sur les hauteurs et sinue sur une longue crête. Peu de villages sur cette section perchée en haute altitude (on est en permanence entre 2 200 et 2 600 m), qui longe au sud le *Parque Nacional Tapantí – Macizo de la Muerte.* Elle offre, quand la végétation permet quelques percées, des panoramas absolument somptueux sur les fonds de vallée. Quelques *miradores* permettent d'admirer la vue. La route est en très bon état et sans difficulté, mais la présence de la brume, d'une forte humidité ambiante, de très nombreux poids lourds et autres bus, ainsi que les rares possibilités de dépassement font que les conducteurs prennent souvent des risques. Conduire sur ce tronçon exige une vigilance de tous les instants, et surtout beaucoup de patience.
La route borde le *Cerro de la Muerte,* l'un des sommets les plus hauts du pays, culminant à 3 491 m. La piste qui mène à l'entrée du *Parque Nacional Los Quetzales* se situe entre les kilomètres 76 et 77 de la Panamericana (voir le texte sur le parc), et un peu plus loin, une autre piste mène au village de San Gerardo de Dota, niché au creux d'une superbe vallée encaissée, où l'on réside généralement.

SAN GERARDO DE DOTA ET LE PARQUE NACIONAL LOS QUETZALES

De la Panamericana au kilomètre 80, une piste sur la droite descend de manière vertigineuse au fond de la vallée où serpente la rivière Savegre. Vue extraordinaire depuis les lacets qui dévalent au milieu de cette épaisse forêt, lieu de résidence du quetzal. Et si vous êtes là, c'est sans doute pour partir à la recherche du fameux oiseau.
San Gerardo de Dota est généralement le lieu où l'on choisit de faire halte pour observer l'animal (on n'a guère le choix de toute manière). Pas vraiment un village, mais une poignée de maisons éparses et quelques hôtels, dispersés de part et d'autre de la piste qui dévale sur une dizaine de kilomètres et se termine en cul-de-sac. Autant dire que le coin n'est pas facile d'accès pour ceux qui ne sont pas véhiculés.
– En transport en commun depuis San José, prendre un bus pour San Isidro de El General (env 15 bus/j) et demander à descendre au km 80. De là, prendre un taxi jusqu'à San Gerardo de Dota ou arranger le transfert avec son hébergement.

SAN JOSÉ
NORD
San Gerardo de Dota
Parque Nacional Los Quetzales
San Gerardo de Rivas
Parque Nacional Chirripó
Cerro Chirripó
3 820 m
Rivas
San Isidro de El General
Cordillera de Talamanca
DOMINICAL
Buenos Aires
Bahía
Uvita
Parque Nacional Marino Ballena
El Brujo
General
voir carte Le Pacifique central
Boruca
Guadalupe
Palmar Norte
Palmar Sur
Sitio Arqueológico Finca 6
Sierpe
Départ bateau pour Bahía Drake
RÍO CLARO, PANAMÁ
Chacarita
Isla del Caño
Parque Nacional Piedras Blancas
Villa Briceño
La Gamba
Piste pour Bahía Drake
Bahía Drake
La Palma
Golfo Dulce
Golfito
Playa Cacao
San Pedrillo
Entrée du parc
Los Patos
Péninsule d'Osa
Dos Brazos
Parque Nacional Corcovado
Puerto Jiménez
Playa Zancudo
Playas Zancudo y Pavones
Playa Corcovado
Playa Platanares
Sirena
Entrée du parc
Carate
La Leona
Entrée du parc
Playa Pavones
OCÉAN PACIFIQUE
Cabo Matapalo
Punta Banco
Piste
Sentier
Site inscrit au Patrimoine mondial de l'Unesco
Pas de côté
0 5 10 km

LA ZONA SUR

COMMENT ET OÙ OBSERVER LE QUETZAL ?

QUETZAL, L'OISEAU MYTHIQUE

Une tête huppée, une gorge rouge, un plumage vert émeraude et une queue longue de près de 1 m, déployée à la saison des amours. On dit que le quetzal voulut être sacré roi des oiseaux. Il emprunta à ses congénères leurs plus jolies plumes pour s'en parer. Disparu du Guatemala (mais il laissa son nom à la monnaie locale), le quetzal continue d'alimenter les légendes d'aujourd'hui et vit dans la partie haute des arbres, la canopée. À la saison des amours, il danse des heures entières autour de la femelle pour la séduire. Si vous voulez assister au bal, il faudra venir entre avril et juillet.

Contrairement à ce que l'on peut logiquement penser, ce n'est pas dans le *Parque Nacional Los Quetzales* que l'on pourra voir le plus grand nombre de quetzals (lire le texte dans la rubrique « À voir. À faire »). Ce sont les *lodges* et les hôtels de San Gerardo de Dota qui organisent les meilleures excursions pour aller à leur rencontre. Ils proposent à leurs clients des tours matinaux de 2h (départ en général vers 5h30 ou 6h), sur des sentiers privés, à proximité du parc lui-même mais à plus basse altitude, là où résident les oiseaux. ***C'est entre avril et juillet qu'on les observe le plus facilement.*** Accompagné d'un guide pédagogue et compétent, on est alors à peu près certain de pouvoir admirer le piaf coloré. Ces excursions sont parfois incluses dans le prix de votre hébergement, mais pas systématiquement. Les hôtels organisent aussi d'autres balades, pour observer des oiseaux différents, dans la journée ou le soir. Prévoir des vêtements chauds et imperméables, ainsi qu'un chapeau. On est en haute altitude, il pleut souvent et le matin tôt, il peut faire froid.
Dans les textes de nos hôtels, nous indiquons si l'établissement organise ou pas cette excursion, ainsi que le tarif, qui tourne autour de 20-30 $ par personne.

FAUNE ET FLORE DANS LE PARC ET AUTOUR

Parmi les animaux que l'on peut observer dans le secteur, il y a le fameux ***quetzal,*** évidemment. Cet oiseau, surtout présent en Amérique centrale, n'est pas très grand, mais la nature lui a offert un plumage de toute beauté. Son nom en *nahuatl* (langue indigène d'Amérique centrale et d'Amérique du Nord) signifie « grande plume verte ». Certaines variétés de mâles sont dotées d'un splendide poitrail rouge et tous possèdent une longue queue et une huppe. Au Mexique, le dieu Quetzalcóatl (Serpent à plumes) lui a emprunté son nom.
Plus petits mais visibles en nombre, différentes sortes de ***chardonnerets*** *(mozotillos de montaña),* notamment le chardonneret élégant. Adorable et coloré, ce petit oiseau se distingue surtout par son chant mélodieux et aigu. Les ***serins*** (famille des canaris) résident quant à eux dans la partie haute du parc.
Rayon mammifères, on pourra observer plusieurs sortes d'agoutis, dont l'***agouti paca,*** amusant petit rongeur, enfant caché d'un énorme rat (en bien plus sympathique !) et d'un castor (sans la queue). Dans le même genre mais plus imposant, le ***pécari,*** appelé aussi *mountain pig* (cochon des montagnes), sorte de sanglier court sur pattes, qui vit en famille.
Concernant la flore, beaucoup de chênes majestueux et un incroyable tapis de petites plantes comme les fougères géantes, ainsi que des ***palmitos,*** variété de petits palmiers que l'on rencontre dans la partie la plus dense de la forêt. On pourra également rendre hommage à l'***aguacatillo,*** arbre à qui l'on doit la présence en ces lieux du quetzal. Ses fruits constituent en effet son repas favori. C'est

quand ils sont mûrs (au printemps donc) que l'on peut admirer le plus aisément ces oiseaux, qui les dévorent tranquillement, offrant aux ornithologues et photographes animaliers des instants magiques.

Où dormir à proximité du Parque Nacional Los Quetzales ?

Toutes les adresses de la région sont situées en altitude. De fait, les nuits sont fraîches et tous les établissements sont chauffés. Prévoir malgré tout une petite laine.

Plus chic (130 $ et plus / 108 € et plus)

Paraiso Quetzal Lodge : *au km 70 sur la Panamericana (et env 20 km avt San Gerardo de Dota), puis emprunter la piste à droite en allant vers San Gerardo. ☎ 2200-0241. • paraisoquetzal.com • Doubles 140-200 $ en ½ pens, tour de 2h avec guide inclus, ou env 100-140 $ sans la ½ pens (mais compliqué de trouver un resto dans les environs !).* On aime beaucoup cette adresse de montagne pleine de cachet. Les chalets, tout en bois, s'étagent en gradin sur le flanc de la colline et offrent un panorama somptueux sur la végétation luxuriante de la vallée. Qu'elles soient standards (jusqu'à 4 personnes) ou supérieures (pour roucouler à 2 et profiter du jacuzzi), les chambres ont été pensées dans un esprit sobre et rustique mais bien équipées. Seule différence notable, les larges baies vitrées des plus chères qui donnent l'impression de léviter sur cet océan de végétation depuis le lit ! Agréable salle à manger aux longues tablées de bois blond et vue panoramique sur la vallée. On y déguste une goûteuse et revigorante cuisine familiale servie au dîner. Le *lodge* inclut dans ses prestations un tour de 2h à la recherche des fameux quetzals. Dans leur parc, plusieurs sentiers de randonnée à découvrir en solo.

Où dormir ? Où manger à San Gerardo de Dota ?

Au kilomètre 80, sur la droite, une bonne piste descend sévèrement le long de la rivière Savegre. Après quelques kilomètres, elle égrène une poignée d'hôtels et de *lodges* à tous les prix. Exceptionnellement, nous n'indiquons pas les hôtels et les restaurants par gamme de prix, mais au fur et à mesure qu'on les rencontre le long de la piste, sur la droite ou la gauche en descendant. Ils proposent en général la demi-pension ou la pension complète car il y a très peu de restaurants dans le secteur et il est difficile de circuler sans véhicule (la piste grimpe, il fait noir et les distances sont longues entre chaque adresse). Bref, on dîne généralement à son hôtel.

Comidas Típicas Miriam : *à 3 km du début de la piste, sur la gauche. ☎ 2740-1049. Tlj 7h-20h. Plats 5 000-7 000 CRC.* Coquette salle prolongée par une minuscule terrasse à l'arrière, où Miriam a installé quelques perchoirs à oiseaux qui attirent de superbes spécimens colorés à tout juste 2 m de votre assiette, et même des écureuils malicieux intéressés par leur part de butin. Si la truite locale est bien cuisinée, le *gallo pinto con carne* et l'*arroz con camarones* valent également le coup de fourchette.

Pizzeria & Restaurant Los Colibries : *en face de chez Miriam, sur la droite, donc. 8474-5878. Ouv en principe tlj, horaires variables. Pizzas 8 000-12 000 CRC.* Une maison modeste chapeautée d'un toit de tôle, 3 tables tout au plus dans un intérieur bricolé, de grandes baies vitrées et une terrasse surplombant un jardin verdoyant. C'est dans cet environnement cool et sans apprêt que le propriétaire concocte ses pizzas. Carte courte et produits frais. Pas de dessert, mais des jus à base de fruits du jardin. Profitez de l'attente (les pizzas sont réalisées à la commande) pour vous laisser hypnotiser par le ballet des colibris venus s'alimenter sous vos yeux. Accueil adorable.

Dantica Cloud Forest Lodge : *à 3,3 km du début de la piste, sur la droite. ☎ 2740-1067 ou 2740-1069. • dantica.com • Bungalows standards 100-125 $, superior 150-200 $. Resto ouv à ts, tlj 7h-22h ; plats 10-20 $.* Sans aucun doute l'adresse la plus *hype* et contemporaine du secteur. Un bouquet de bungalows colorés, confortables et décorés de manière moderne, dispersés sur une colline arborée. Les bungalows *superior* disposent d'un coin salon, d'une baignoire à remous et d'une cheminée. Pas mal pour un *lodge* de montagne ! La réception est une véritable galerie d'art avec sa ravissante boutique d'objets artisanaux, et le restaurant, entièrement vitré, propose une succulente cuisine à des tarifs honorables. La truite locale est à l'honneur, et les *pasta de la casa* remplissent bien l'estomac. Côté randonnée, l'hôtel propose 5 km de sentiers bien balisés, à explorer seul, sur un domaine de 20 ha. On peut également participer à une rando avec guide, à la recherche du quetzal *(compter 25 $/pers)*. Autres randos possibles, se renseigner sur place si l'accueil le permet, car c'est bien là ce qui pêche dans ce bel établissement. Quel dommage !

Trogón Lodge : *à 7 km du début de la piste, sur la gauche. ☎ 2293-8181. • trogonlodge.com • Double env 160 $, petit déj inclus.* Au fond de la vallée, sur un vaste terrain superbement aménagé en pelouses, bosquets et nombreux petits bassins où s'égaient une quantité impressionnante de truites arc-en-ciel, on a disposé des chalets en bois de grand confort, tous avec terrasse individuelle. Intérieur chaleureux en bois sombre, sobre et impeccable. Chaque chalet comporte 2 chambres. Dans le jardin, kiosques et petits ponts qui enjambent les bassins. Un charme fou. Le soir, cette atmosphère chaleureuse opère également au restaurant (très cher). L'hôtel propose 2 sentiers de randonnée balisés à explorer seul (accès gratuit). Sinon, une excursion guidée de 2h est organisée chaque matin, à la recherche du quetzal *(env 30 $/pers).*

Soda Doña Marlen : *à env 5,5 km du début de la piste, sur la droite. ☎ 2740-1059. Tlj 7h-19h. Repas 5 000-7 000 CRC.* Si vous logez dans la partie basse de la vallée, c'est le seul resto (si on oublie les restos d'hôtels) qui sert un peu tard (façon de parler !). Carte courte et salle fermée tout en longueur, avec vue sur la vallée. On se contente d'une bonne truite grillée ou d'un classique *casado.*

Café Kahawa : *à env 6 km du début de la piste, sur la gauche. ☎ 2740-1081. Tlj 7h30-17h30. Plat env 10 $.* On se sent vraiment bien sur cette grande terrasse couverte au fond de la vallée, avec le *río* qui court juste en dessous. La cuisine servie ici est d'une grande fraîcheur et préparée avec justesse. Les *savegre pasta,* la *trucha con coconut sauce* et la *sopa negra* sont parmi nos favoris. En entrée, le *ceviche de trucha* réveille bien les papilles. Pour conclure, ou pour le goûter, les bons gâteaux maison comblent les gourmands. Une adresse contemporaine, à la cuisine fraîche et vitaminée, on adore !

Savegre Hotel : *à 8 km du début de la piste, sur la gauche. ☎ 2740-1028. • savegre.com • Doubles 70-130 $, petit déj inclus. Au resto, buffet env 25 $.* L'établissement le plus important de la vallée, avec près de 50 chambres. Les standards se situent dans un long édifice sur la colline, quant aux suites elles occupent de charmants bungalows individuels. Excellent confort général mais déco un peu standardisée. Prévoir une petite laine pour le soir car les chauffages d'appoint ne font pas vraiment le boulot. La bonne tenue du jardin, les jolies pelouses, le bassin à truites et les différentes terrasses en bois font de cette adresse une halte de qualité. Autre point fort, l'hôtel possède un réseau de 4 sentiers (de 1 à 4h), auquel les clients peuvent accéder gratuitement. Parfait pour observer les quetzals en liberté. Sinon, comme partout, excursion guidée de 2h-2h30 chaque jour *(compter 70 $ pour un groupe de 4 pers).* Également d'autres tours pour observer d'autres oiseaux et rando à cheval possible. Au resto, buffet varié et correct le soir, mais sans plus.

Sueños del Bosque : *à 8,5 km du début de la piste, presque au fond de la vallée, sur la gauche. ☎ 2740-1023. • bosquesangerardo.com • Doubles 80-140 $, accès aux sentiers de randonnée inclus.* On traverse un petit pont qui enjambe la rivière Savegre pour accéder à la réception et à la dizaine d'élégants bungalows en bois posés au cœur de la végétation et au bord d'une petite pièce d'eau. Joli cadre, et ensemble confortable, plutôt chic. Certaines chambres (les plus chères) profitent même d'une cheminée. Bon équipement général et accueil pro. Resto d'excellente tenue, à la carte soignée. Côté activités, l'hôtel organise, entre autres, une excursion quetzals de 2h, avec guide *(compter 25 $/pers),* et des balades à cheval.

Suria Hotel : *tt au fond de la vallée, au bout de la piste, juste au pied de la grande antenne. ☎ 2740-1004. • hotelsuria.com • Doubles 90-120 $. Plats 16-22 $.* Une vingtaine de chambres et bungalows en bois avec salle de bains privée et chauffage, divisés en 2 groupes. Le 1er ensemble, près de la réception, est entouré d'un agréable jardinet fleuri, c'est le plus ancien : bon confort mais un peu vieillissant. Les hébergements les plus récents, plus spacieux et plus agréables, sont situés un peu à l'écart et offrent une vue dégagée sur le jardin. Les demander en priorité. Ils disposent tous d'une grande terrasse et certains peuvent accueillir jusqu'à 4 personnes (2 grands lits). Dans la salle de resto assez impersonnelle mais réchauffée par la cheminée, on sert une généreuse cuisine locale (truite et viandes grillées à l'honneur). Organisent des tours d'observation du quetzal de 2h avec d'excellents guides *(compter env 22 $/pers).* Départ aux aurores et, pour se remettre, bon petit déj avec confitures maison au retour ! Excellent accueil.

À voir. À faire

Observation des quetzals avec un guide d'hôtel : *voir plus haut les hôtels de San Gerardo de Dota et lire les infos sur ce sujet dans « Comment et où observer le quetzal ? » en intro. Compter env 25 $/pers l'excursion de 2h (réduc), parfois comprise dans le package de l'hôtel.*
On l'a déjà dit – mais comme mamie, on radote un peu –, on rappelle donc que c'est en participant aux randonnées organisées par son hôtel (ou un autre) que l'on peut observer au mieux les quetzals. De loin la solution la plus facile et la plus gratifiante.

Parque Nacional Los Quetzales : *entre les km 76 et 77, sur la droite de la Panamericana ; l'entrée du parc se situe précisément à Ojo de Agua. ☎ 2206-5020. Tlj 7h30-15h30. Entrée : 10 $. Toilettes, eau potable et quelques tables de pique-nique à côté de l'entrée. Pas de guide, visite libre uniquement.*
Le parc Los Quetzales, pas bien grand, s'étend sur environ 4 000 ha et c'est l'un des plus récents du pays (créé en 2006). Il protège les vastes espaces de forêt humide, situés en haute altitude, entre 2 500 et 3 300 m. Mais son patronyme est en fait une promesse non tenue et induit les visiteurs en erreur. En effet, ***il n'abrite que très peu de quetzals,*** l'oiseau mythique du pays. Le parc se situe à une altitude où les arbres dont celui-ci se nourrit, les *aguacatillos,* sont beaucoup moins présents qu'un peu plus bas dans la vallée. C'est ballot ! Sans compter qu'on a plus de chances d'observer le beau piaf lorsqu'il sort se nourrir, aux aurores, avant l'ouverture du parc. Doublement ballot ! Bon, le parc en compte quand même quelques spécimens, mais difficilement repérables sans guide. En revanche, on y recense environ 20 % de la faune aviaire du pays. Ainsi que jaguars, pumas, tapirs et autres bestiaux nocturnes.

Par ailleurs, le parc ne compte qu'un sentier circulaire de 400 m et un sentier de 2 km au tracé rectiligne (même pas une boucle). Aucun intérêt ! On s'est laissé dire que d'autres sentiers étaient en projet, mais en attente d'autorisation pour être ouverts au public.
Bref, le parc national s'apparente plus à un lieu de préservation de la nature et des espèces qu'à un parc privé organisé pour recevoir les randonneurs. Bien sûr, on a le droit d'y aller seul, mais vu l'absence de sentiers balisés, il n'est pas rare que des touristes un peu trop aventureux se perdent. On le déconseille.
En résumé : booker un tour avec un hôtel pour observer le quetzal plutôt que de perdre du temps dans ce parc, voire de s'y perdre !

Balade à cheval : *petit kiosque à 500 m après le* Trogon Lodge. *8301-5395. Compter 10 $/h.* Agréable randonnée dans la vallée. On peut aussi s'adresser à l'hôtel *Sueños del Bosque (☎ 2740-1023 ; • bosquesangerardo.com •).* Appeler la veille pour réserver.

SAN ISIDRO DE EL GENERAL

46 000 hab.

C'est la grande ville de la région, où l'on trouve tous les services. C'est de là qu'on emprunte la petite route vers San Gerardo de Rivas, village tranquille au départ duquel on peut s'offrir de superbes randonnées et entreprendre l'ascension du Chirripó, sommet le plus élevé du pays. On ne dort pas à San Isidro (absolument rien à y faire), mais si vous n'êtes pas véhiculé, votre bus y fera obligatoirement un arrêt.

Arriver – Quitter

Station de bus pour San Gerardo de Rivas : en plein centre, autour de la cathédrale. Avec la compagnie *Hernandes Solis (• hernandezsolis.com •),* env 6 liaisons/j., 5h45-20h ; seulement 3 le dim. À San Gerardo de Rivas, le bus s'arrête devant le stade de foot. Compter 1h20 pour San Gerardo de Rivas.

Station de bus pour San José, Golfito et Ciudad Neily : dans la rue juste derrière la cathédrale, sous un porche. Avec la compagnie *Tracopa (☎ 2771-0468 ; • tracopacr.com •).* Pour San José, env 15 bus/j., 5-20h30. Trajet : env 3h. Pour Golfito, 1 bus direct/j., en général à 10h. Trajet : env 4h. Également 5 bus/j. se rendent à la frontière du Panamá (trajet : 5h), et 4 d'entre eux font un stop à Ciudad Neily (trajet : env 5h).

Station de bus pour la côte Pacifique : avec *Transportes Blanco (☎ 2771-4744 ; • grupoblanco.com •),* sur la c /5, à l'angle sur *Supermercado CB,* à 100 m de *Tracopa,* un peu plus bas dans la rue. Achat du billet 15 mn avt le départ. Dessert ***Quepos*** et ***Uvita,*** en passant par Dominical (env 1h15), 5-6 bus/j. Trajet : 2h30 pour Quepos et 2h pour Uvita.

Info utile

■ Plusieurs banques dans le centre, à proximité de la station de bus, autour du *Mercado Municipal.* Les ***Banco Nacional*** et ***Banco de Costa Rica*** *(lun-ven 9h-16h)* possèdent des distributeurs *(accessibles 5h-22h).* La *Banco de Costa Rica* est la seule à changer les euros. C'est le moment de recharger son porte-monnaie car il n'y a pas de distributeur de billets à San Gerardo de Rivas.

SAN GERARDO DE RIVAS ET LE PARQUE NACIONAL CHIRRIPÓ

• Plan *p. 322-323*

Depuis San Isidro, on emprunte vers le nord une petite route de campagne (route 242) qui mène tout d'abord au village de Rivas (sans intérêt) puis qui grimpe vaillamment sur quelques kilomètres, moitié bitume, moitié piste, vers San Gerardo de Rivas. Pas à proprement parler un village, mais un ensemble de maisons et de petits hôtels éparpillés sur environ 3 km, de part et d'autre de la route principale. Pas de véritable cœur de village non plus, pas de pompe à essence ni de banque. Prendre ses précautions à San Isidro.
On est ici au pied du célèbre *Parque Nacional Chirripó,* qui couvre 50 000 ha et s'inscrit dans le gigantesque *Parque Internacional de la Amistad* (parc international de l'Amitié), dans la *Cordilera de Talamanca,* le plus vaste ensemble protégé du pays, à cheval sur le Costa Rica et le Panamá. Le parc national du Chirripó fut créé en 1975, agrandi en 1982 et inscrit au Patrimoine mondial de l'Unesco l'année suivante. Le *Cerro Chirripó* constitue le point culminant du pays, à 3 820 m, et le 2e sommet d'Amérique centrale (le plus haut étant le volcan Tajumulco au Guatemala, culminant à 4 220 m). C'est l'un des seuls à conserver les traces d'anciens glaciers, disparus il y a environ 10 000 ans (lacs d'altitude, cuvettes et dépôts morainiques).
À San Gerardo de Rivas règne une paisible atmosphère de village de montagne avec quelques bonnes adresses pour profiter de cet insolite bout de monde. Dépaysement assuré, à seulement 15 km de la Panamericana.

EST-CE INTÉRESSANT DE VENIR DANS CE SECTEUR SI JE NE GRAVIS PAS LE CHIRRIPÓ ?

En voilà une bonne question ! Il est de bon ton de penser que si l'on vient par ici, c'est pour monter au sommet du Chirripó, et seulement pour cela. Et donc, logiquement, que si l'on ne souhaite pas s'attaquer à ce trek, inutile de faire halte dans la région. Rien n'est plus faux ! On le dit tout net, même si vous n'êtes pas grimpeur, on conseille vraiment de placer San Gerardo de Rivas sur votre itinéraire, car ce secteur offre des dizaines de randonnées, prometteuses de splendides points de vue. La nature est superbe, forêts primaires et secondaires tout aussi majestueuses, et la faune est présente en abondance. Le *Cloudbridge Nature Reserve,* par exemple, propose d'excellents sentiers à parcourir seul ou dans le cadre de randos guidées, dont on revient absolument ravi. Certains hôtels possédant de vastes domaines proposent aussi leurs propres sentiers aménagés.

Arriver – Quitter San Gerardo de Rivas

Nombreux bus quotidiens au départ et vers San Isidro de El General (arrivée à côté du terrain de foot à San Gerardo de Rivas) :

➢ ***San Isidro*** *(station du marché central)* **:** 5-6 bus/j. dans les 2 sens. 3 bus seulement dim.

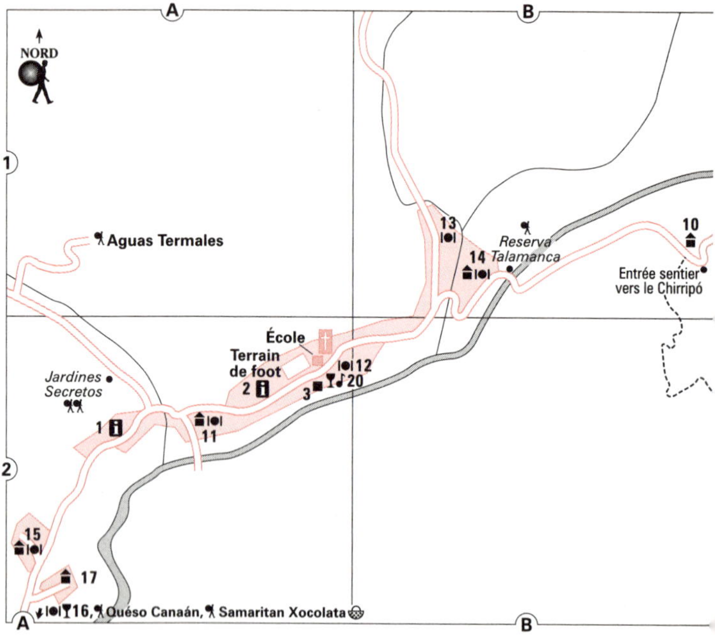

LA ZONA SUR

■ **Adresses utiles**

- 1 SINAC (A2)
- 2 Consorcio Aguas Eternas (A2)
- 3 Las Nubes (A2)

Où dormir ? Où manger ?
Où boire un verre ?

- 10 Casa Mariposa Hostel and Guesthouse (B1)
- 11 Hotel-restaurante El Descanso (A2)

Adresses utiles

SINAC *(plan A2,* ***1****)* **:** *à l'entrée du village, sur la gauche. ☎ 2742-5084. • sinac.go.cr • Tlj 8h-12h, 13h-16h.* Les admissions (ascension et entrée au parc national) se réservent sur leur site.

Consorcio Aguas Eternas *(plan A2,* ***2****)* **:** *un peu plus loin dans le village, près du terrain de foot. ☎ 2742-5200. • chirripo.org • Tlj 8h (9h dim)-16h.* C'est à eux que l'on paie son hébergement dans le parc. Voir plus loin « L'ascension du Chirripó ». Donne aussi de bonnes infos sur ce trek.

■ ***Las Nubes*** *(plan A2,* ***3****)* **:** *en face du terrain de foot. Tlj 6h30-19h.* Une petite épicerie-quincaillerie bien achalandée et pratique. Gâteaux secs, barres de céréales, piles, etc. Parfait pour remplir son sac à dos avant de partir à l'assaut du Chirripó.

Où dormir ? Où manger ?

Les adresses s'égrènent le long de l'étroite route, sur environ 3 km. Les dernières, tout en haut du village, sont les plus proches du point de départ

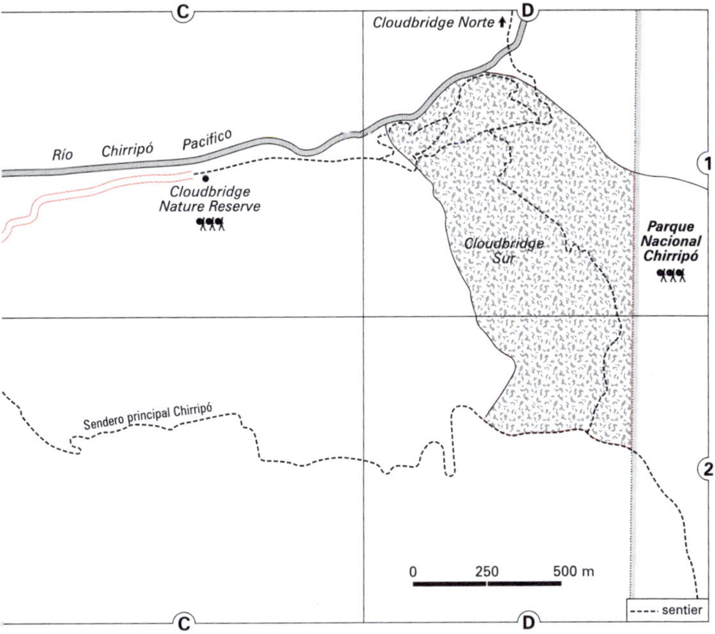

SAN GERARDO DE RIVAS

12 Robino's (A-B2)	**15** Hotel de Montaña El Pelícano (A2)
13 Truchero Los Cocolisos (B1)	**16** Batsú Gastropub (hors plan par A2)
14 Talamanca Nature Reserve (B1)	**17** Río Chirripó Lodge (A2)
	20 Roca Dura Café (A2)

pour l'ascension du Chirripó. Compte tenu des distances, la plupart des hôtels font aussi restaurant.
Bon à savoir : la période la plus touristique au Chirripó se situe de décembre à mars.

De très bon marché à bon marché

Casa Mariposa Hostel and Guesthouse (plan B1, **10**) **:** *à 100 m avt le début du sentier principal du Chirripó. ☎ 2742-5037. • casamariposachirripo.net • Lit en dortoir 20 $; doubles avec sdb commune ou privée env 50-70 $; pas de petit déj.* Une poignée de chambres tenues avec grand soin par Jill et John. Si elle est libre, demander la *Jungle Room,* tout en lambris de bois, ouverte sur la forêt, sans fenêtre, juste une moustiquaire. Une vraie robinsonnade ! Elle dispose de 4 couchages (1 lit double et 2 lits superposés) loués à l'unité façon dortoir. Petite cuisine à dispo et un ordi pour consulter ses mails, mais pas de wifi. C'est un choix des proprios. Comme ça, le soir, on cause. On se retrouve dans le salon commun, autour du poêle à bois, pour partager son expérience du Chirripó ou conseiller les futurs partants. En contrebas de la maison principale, il y a un petit pont en bois et des bouts de sentier qui mènent à la forêt. Jill met à la disposition de ses hôtes un épais classeur proposant le mode d'emploi du Chirripó mis à jour, ainsi que plein de propositions de balades et visites à faire dans les environs. Didactique et très complet. Également à dispo du matériel de montagne (chaussures) laissé par les trekkeurs. En un mot : extra !

Hotel-restaurante El Descanso *(plan A2,* ***11****) : avt l'église, juste après le petit pont, sur la droite dans le village. ☎ 2742-5061. 📱 8382-2355. • hoteleldescanso@hotmail.com • Doubles sans ou avec sdb 40-60 $. Resto ouv midi et soir ; plat env 5 000 CRC.* Une dizaine de chambres colorées, au calme, qui donnent sur un bout de jardin. L'ensemble est simple, mais l'entretien impeccable, et on s'y sent vraiment bien. Le propriétaire, Francisco, est une célébrité locale. Cet étonnant petit bonhomme a participé près de 30 fois au marathon du Chirripó, comme en témoignent toutes les médailles accrochées. Incroyable ! Repos mérité, il a confié la gestion de son établissement à un jeune trio pro et motivé : 2 sœurs à l'accueil, et le talentueux frère aux fourneaux. La cuisine, qui lorgne vers tous les horizons, est aussi fine que réputée, et servie dans une coquette petite salle aux larges baies vitrées et pierres apparentes. Une adresse raffinée qui tranche avec l'esprit rustique-montagne du village.

Robino's *(plan A-B2,* ***12****) : au cœur du village, sur la droite, juste au niveau de l'église. 📱 8387-8088. En théorie, tlj jusqu'à env 19h-20h. Plat env 5 000 CRC.* Joli petit bout de resto en bois, très coloré, avec balcon offrant un beau panorama sur la vallée. Le menu change en fonction de l'humeur et du marché : pâtes et pizzas de qualité, *ceviches* et salades. Accueil adorable du patron québécois.

Truchero Los Cocolisos *(plan B1,* ***13****) : env 500 m après l'église, prendre la piste sur la gauche, c'est à env 150 m sur la droite. ☎ 2742-5054. Tlj 11h-17h (parfois 18h) sur résa, sauf ven-dim où l'on peut venir sans résa. Plat de truite env 4 000 CRC.* Vous êtes ici dans un petit élevage familial de truites. Et si vous voulez en manger, il faudra la pêcher ! Pas d'inquiétude, on réussit à tous les coups. Superbe truite arc-en-ciel, bien fraîche évidemment, *a la plancha,* avec salade et riz, *papas* et *jugo natural.* On déguste sa pêche du jour dans le petit cabanon du haut ou, amusant à condition de ne pas être sensible au bruit assourdissant du torrent, sur des pontons au-dessus de l'eau. Accueil adorable.

Prix moyens

Hotel de Montaña El Pelícano *(plan A2,* ***15****) : à l'entrée du village, un peu après le* río Chirripó, *sur la gauche. ☎ 2742-5050. • hotelpelicano.net • Doubles env 60-70 $, et 100 $ pour les bungalows en bois à côté de la piscine. Plats 4 000-5 000 CRC.* L'une des plus anciennes adresses du village, qui a su conserver son aspect montagnard. Une douzaine de chambres sommaires, tout en bois, à l'étage de la maison principale et au-dessus du resto. Plus quelques bungalows un peu à l'écart, parfaitement au calme. Confort rustique mais correct. Agréable piscine, cernée par une épaisse végétation. Au resto, cuisine soignée et servie copieusement. Point fort de la carte, la *trucha al ajillo.* Un petit sentier de marche d'environ 30 mn démarre de l'hôtel.

Batsú Gastropub *(hors plan par A2,* ***16****) : dans le centre du village de Canaan (sur la droite de la route principale, juste avt San Gerardo de Rivas). 📱 8879-6538. Tlj en principe 12h-21h. Plats 3 500-9 000 CRC.* Encore une adresse qui détonne dans le paysage. Dans la salle lumineuse ou en terrasse, tel un mirador surplombant la jungle montagneuse, perché sur de hauts tabourets, on apprécie une cuisine fraîche et savoureuse, joliment tournée et préparée avec d'excellents produits. Du divin burger-frites maison à la *trucha de la casa,* en passant par les snacks (salades, sandwichs) et propositions du jour, tous les budgets y trouvent leur compte. Pour accompagner, ou simplement si on vient y boire un verre, belle carte de cocktails et bières artisanales locales. Accueil adorable et bonne programmation musicale en saison.

Plus chic

Río Chirripó Lodge (*plan A2,* **17**) : *à l'entrée du village, sur la droite.* ☎ *2742-5109.* • *riochirripo.com* • *Doubles env 150-190 $.* Tenu par l'adorable Oriana, *tica,* et le sympathique Franck, californien, voici un lieu superbe, plein de charme et d'une quiétude absolue. La vaste réception circulaire semble inspirée du style du Nouveau-Mexique. On y trouve la partie resto, le bar et un coin détente près de la cheminée. C'est le centre névralgique de l'hôtel et il s'en dégage une atmosphère chaleureuse. Les chambres raffinées et luxueuses, quant à elles, sont dispersées sur la colline. La plupart équipées d'un lit à baldaquin (literie et draps de grande qualité), coin salon et terrasse, et pour certaines une vue extra sur le *río* en contrebas. En fin d'après-midi, après une longue balade, on profitera de l'agréable piscine cernée de confortables transats et de l'espace dédié à la pratique du yoga, plantés au milieu de la jungle, ainsi que du spa (supplément). Un petit coin de paradis fleuri, entretenu avec amour et simplicité. Un coup de cœur !

Talamanca Nature Reserve (*plan B1,* **14**) : *env 1 km après l'église, en direction du Chirripó, sur la gauche.* ☎ *2742-5080.* • *talamancanature reserve.com* • *Doubles 140-150 $; plus cher pour les deluxe. Menu env 20 $.* Au cœur d'un jardin luxuriant, agrémenté de sculptures de style précolombien en pierre, une dizaine de bungalows et *cabinas* de bon confort, mais sans luxe particulier, tous avec salle de bains privées. Tout autour, quelques kiosques de repos, table de ping-pong... Super en journée pour le spectacle sur la nature. Bonne cuisine internationale, avec toujours quelques plats locaux, différents chaque jour, proposés à l'ardoise. Fait aussi bar le soir. Une belle adresse. Dommage que l'accès aux toilettes soit payant *(1 $).* Que c'est mesquin ! Par ailleurs, l'hôtel propose sur son domaine plusieurs sentiers balisés, à explorer seul (en tout 20 km). Mais droit d'accès à environ 30 $ par personne (sauf pour les résidents de l'hôtel), ce qui fait cher la balade digestive.

Où boire un verre ?

Roca Dura Café (*plan A2,* **20**) : *au cœur du village, sur la droite, presque en face de l'église.* ☎ *2742-5071. Tlj de 8h jusque tard le soir.* Parce que les lieux de vie nocturne ne sont pas légion à San Gerardo de Rivas, le *Hard Rock* local fait le plein à l'heure de l'apéro, et plus tard les soirs de concert. Bonne ambiance. Déco façon saloon tout en bois. Cocktails que l'on peut accompagner de *nachos* et pizzas.

Belle carte de cocktails et bières artisanales locales au **_Batsú Gastropub_** (*hors plan par A2,* **16** ; voir plus haut « Où dormir ? Où manger ? »).

L'ascension du Chirripó

L'ascension du Chirripó est l'une des excursions phares du Costa Rica, mais elle est difficile (on pèse nos mots) et pas accessible à tous. Il est nécessaire d'être en excellente forme physique et résistant. Rien d'insurmontable certes, mais il faut savoir que ce n'est pas une promenade de santé. Elle ne présente aucune difficulté sur le plan technique, mais un bon entraînement est conseillé car c'est tout simplement fatigant à cause de l'importante dénivelée.

Le parc est ouvert toute l'année, mais la grimpette est plus agréable à la saison sèche, de décembre à avril (c'est aussi là qu'il y a le plus de monde).

On rappelle qu'il n'est pas nécessaire ni obligatoire de prendre un guide. Mais si vous êtes un groupe constitué, ça ne revient pas si cher. L'excursion se fait en général sur 2 jours, avec une nuit dans l'unique refuge du parc.

● *chirripo.org* ● Le site du ***Consorcio Aguas Eternas*** (organisation de services touristiques dans le parc national Chirripó) donne plein de tuyaux sur la préparation de votre ascension (en espagnol seulement). Pour des infos en anglais, voir le site de la *Casa Mariposa* à San Gerardo de Rivas ● *casamariposachirripo.net* ●

La faune autour du Chirripó

Les pentes du Chirripó abritent une faune d'une incroyable richesse. On a répertorié plus de 400 espèces d'oiseaux et 250 sortes de reptiles et d'amphibiens. Rayon volatiles, vous croiserez peut-être le fameux quetzal, ainsi qu'une grande variété de colibris et perroquets... Côté mammifères, coyotes, nombreux singes, agoutis et tatous *(armadillos)* se partagent les espaces... Une rencontre avec un tapir est également très probable, car on trouve ici la plus grande concentration de ces animaux de tout le pays. Et pourquoi pas un discret puma ou un beau jaguar ? Et si vous ne voyez pas ces charmantes bestioles lors de l'ascension du célèbre sommet, ce sera peut-être le cas lors des randos organisées à partir de San Gerardo de Rivas, en dehors du parc.

Organiser l'ascension

L'ascension est-elle difficile ? Au risque de se répéter, l'ascension est coriace. Si elle présente des difficultés techniques sur le commencement (le fameux *termometro*), le reste en revanche se gravit plus facilement. Des problèmes d'altitude peuvent survenir, même si c'est relativement rare. Il faut alors redescendre au *Crestones Base Camp* sans insister, dès les 1ers symptômes.

Dans tous les cas, l'ascension du Chirripó ne s'improvise pas. Il faut réserver son billet d'entrée auprès du ***SINAC (Sistema Nacional de Áreas de Conservación),*** organisme qui gère les parcs nationaux du pays. Puis auprès du ***Consorcio Aguas Eternas*** pour l'hébergement dans le gîte du parc, si on fait le trek en entier. Attention, ce trek est un des plus courus du pays et ***les accès au parc sont limités*** (environ 50 entrées par jour). Alors si vous n'êtes pas flexible sur vos dates, il faut ***réserver le plus tôt possible.*** L'achat des billets est possible jusqu'à 6 mois à l'avance.

– Voir plus haut dans « Adresses utiles » les coordonnées du *SINAC* et du *Consorcio Aguas Eternas.*

Pour réserver votre entrée

– ***1re étape :*** rendez-vous sur ● *sinac.go.cr* ●, créez-vous un identifiant et achetez vos tickets d'entrée. Admission : 18 $/j. Un tableau recense les dates et le nombre de places restantes pour les entrées et pour le gîte. Payez ; votre entrée est assurée. Si vous passez la nuit dans le gîte, vous devez payer 2 jours d'admission. Une fois votre paiement accepté, vous recevez un mail avec le lien et la référence de votre réservation.

– ***2e étape :*** si vous vous attaquez au trek en entier et passez donc 2 jours dans le parc, il faut réserver la nuit dans l'unique gîte (et éventuellement vos repas). Rendez-vous sur le site du *Consorcio Aguas Eternas* (● *chirripo.org* ●) pour payer votre nuit et choisir vos repas *(env 35 $/nuit ; petit déj et plats env 6 000-7 500 CRC).* ***ATTENTION, il faut réserver votre nuit dans les 48h suivant votre réservation auprès du SINAC.*** Munissez-vous de vos identifiants et de votre numéro de réservation. Le paiement se fait en ligne en indiquant vos coordonnées bancaires. Une fois le paiement accepté, vous recevez un mail de confirmation dans la foulée.

Pour info, les retardataires qui auraient laissé filer ces 48h sans réserver leurs places en gîte peuvent toujours tenter leur chance sur Internet. Les places annulées (et donc les lits qui se libèrent au dernier moment) sont remises en vente.

– ***Dernière étape : s'enregistrer auprès de l'office des gardes nationaux du parc (SINAC)*** en présentant le ticket d'admission ***puis au Consorcio Aguas***

Eternas pour le refuge, avant de commencer à grimper, et ce même si vous avez déjà tout réservé en ligne. Enregistrement la veille donc avant la fermeture des bureaux à 16h. Si vous arrivez après la fermeture, vous ne pourrez pas décoller avant 8h (heure d'ouverture) le lendemain matin.

Infos pratiques

– ***Tarifs d'entrée, hébergements et guide :*** pour l'accès au parc, compter 18 $ par jour et par personne (donc 36 $ puisque la rando se fait en 2 jours), et environ 35 $ par personne pour la nuit au refuge du ***Crestones Base Camp.*** Le prix inclut un sac de couchage et une serviette de bain. Le refuge abrite une cinquantaine de lits en dortoirs de 4 personnes (lits superposés) avec salle de bains à partager. Si vous avez choisi de faire l'ascension avec un guide (même si elle se fait très bien seul), il faudra ajouter environ 90 $ par jour pour un groupe de 10 personnes maximum. Pour cela, on peut soit passer par son hôtel qui trouvera une personne compétente, soit passer par le *Consorcio Aguas Eternas* (voir « Adresses utiles »). Prendre un guide est à notre avis une bonne solution pour observer les mammifères et les oiseaux, car il connaîtra les zones d'habitation des animaux et saura les reconnaître. On peut aussi louer les services d'un porteur (compter environ 2 000 CRC/kg).

– ***Altitudes, dénivelées, températures et meilleure saison :*** le sentier d'accès à l'ascension du Chirripó débute presque au bout de la piste, dans le village de San Gerardo de Rivas, à 1 520 m d'altitude, au niveau du panneau *Entrada sendero Principal* (un peu après la *Casa Mariposa*). Le *Crestones Base Camp* (le refuge du parc) se situe à 3 400 m, et le sommet à 3 820 m. Une dénivelée de près de 2 300 m à se farcir. Hardis gaillards ! La meilleure période se situe entre décembre et avril (saison sèche), mais il peut faire froid là-haut et la température tombe parfois jusqu'à - 8 °C. Septembre-octobre sont les mois les plus fleuris. Selon la saison, les températures de jour oscillent entre 12 et 25 °C, et la nuit entre 4 et 12 °C. En altitude, le temps est capricieux : il peut être dégagé et ensoleillé alors qu'il pleut dans la vallée, ou l'inverse. Partir bien équipé.

– ***Équipement et nourriture :*** il est indispensable de se munir de vêtements chauds. Prévoir un change pour le 2e jour. Gants, vêtements de pluie et couvre-chef chaud indispensable. Il peut faire très froid tout là-haut. Prendre de bonnes chaussures et 2 paires de chaussettes. On trouve de l'eau potable au *Refugio Llano Bonito* ainsi qu'au *Base Camp.* Pour le 1er tronçon, emporter au moins 4-5 l d'eau par personne. Concernant la nourriture, prévoir ce qu'il faut pour tenir jusqu'au *Base Camp.* Là, on peut commander ses repas pour le soir et le lendemain (si vous ne l'avez pas déjà fait en ligne lors de votre réservation).

Noter qu'il n'y a pas de magasin de matériel dans le village de San Gerardo de Rivas, juste une petite échoppe alimentaire (en face de l'église) pour s'approvisionner.

L'ascension

– Le ***1er jour*** conduit jusqu'au *Crestones Base Camp.* Départ en général vers 5-6h du matin (mais jamais après 9h !) pour gagner le refuge. ***Compter 6-8h de marche difficile (14,5 km).*** À mi-chemin (au km 7), on passe par le *Refugio Llano Bonito.* On y trouve eau potable, toilettes, café, boissons et petits en-cas. C'est à ce point précis que l'on décide de poursuivre ou de rebrousser chemin. Après, on n'a pas le choix, on doit continuer jusqu'au *Crestones Base Camp.*

Ce camp de base est situé à 3 400 m d'altitude. Si vous êtes arrivé là, vous avez fait le plus gros du boulot ! On y passe la nuit du 1er soir. De là démarrent plusieurs sentiers que l'on pourra explorer le lendemain, au retour du sommet. Dans la partie haute du parc, on trouve un microclimat andin, où se développe une flore particulière.

– ***Le 2e jour :*** départ vers 3h du matin du *Base Camp* (si, si ! on a bien dit 3h), pour admirer le lever de soleil au ***sommet du Chirripó.*** Si le ciel est dégagé, on peut observer les 2 côtes à la fois : Caraïbe et Pacifique. On aperçoit aussi les grandes morènes de la *Valle de las Morrenas* (vallée glaciaire). On a vraiment le sentiment d'être sur le toit du monde ! On reste en général 30 mn au sommet et quand on est bien gelé, on redescend doucement vers le *Base Camp.*

Du *Base Camp,* ***plusieurs sentiers de randonnée possibles.***

➢ Marcher jusqu'au point appelé *Valle de Los Conejos,* en passant par *Los Crestones* et le *Cerro Terbi,* puis continuer la boucle jusqu'au *Base Camp.* Une belle rando de 3h, mais sans difficulté (environ 4 km). Peut se faire dans l'autre sens, mais plus difficile.

➢ Comme pour la balade précédente, se rendre au point de *Valle Los Conejos* en passant par *Los Crestones,* puis continuer jusqu'à la *Laguna Ditkevi,* un lac sacré, source d'un pèlerinage annuel d'une communauté indigène. Paysages magnifiques. À 3,5 km du camp de base (compter env 2h30 l'A/R).

➢ Se diriger vers le *Cerro Ventisqueros.* Compter 2h aller et 1h30 retour (environ 3 km). Depuis ce sommet, la vue est en fait presque plus belle que du sommet du Chirripó.

Dans le cas où vous feriez ces petites randonnées supplémentaires, vous pouvez envisager de repasser une 2e nuit au *Base Camp* (à prévoir avant le départ, évidemment). Dans le cas contraire, on redescend directement la vallée. Compter alors encore 5-7h pour le trajet entre le *Base Camp* et San Gerardo de Rivas (où l'on passe généralement la nuit).

À faire si l'on ne monte pas le Chirripó

Évidemment, la plupart des touristes viennent dans le secteur pour s'attaquer à l'ascension du Chirripó. Et ceux qui ne souhaitent par l'entreprendre rayent souvent le secteur de leur parcours. Dommage. On peut en effet prendre un plaisir immense à explorer la région en empruntant des sentiers de randonnée extra, qui s'enfoncent dans les forêts primaires ou secondaires et offrent une faune et une flore majestueuses, d'une incroyable richesse. Certains hôtels possèdent des domaines privés sur lesquels ils ont tracé quelques sentiers. Ils organisent même des randos, accompagnées par des guides locaux qui connaissent vraiment bien leur sujet. N'hésitez pas à leur demander ce qu'ils proposent, car ce sont d'excellentes alternatives pour découvrir le massif du Chirripó, sans pour autant en vaincre le sommet.

Cloudbridge Nature Reserve *(plan C1)* **:** *tt au bout du bout de la piste, env 1 km après avoir croisé le départ du sentier principal pour le Chirripó ; attention, la dernière partie de la piste est inaccessible sans 4x4, préférable d'y aller à pied.* • *cloudbridge.org* • *Ouv tte l'année, du lever au coucher du soleil, env 6h-18h. Entrée : 7 $; gratuit moins de 16 ans. Également plusieurs tours guidés sur résa (visite guidée de la réserve, tour nocturne, tour d'observation des oiseaux...), compter 35-75 $/pers pour des tours de 1h30 à 5h.*

Cette immense réserve naturelle est ouverte à tous, mais c'est avant tout un centre d'études où l'on répertorie les espèces animales, où l'on analyse et entretient la forêt. La réserve propose également un programme éducatif pour des écoles, et un autre de replantation d'arbres dans la forêt secondaire.

– ***Balades à faire seul :*** la réserve possède 4 sentiers de randonnée en boucle, longs de 350 m à 8 km, de difficultés variables (durée : 20 mn à 5-6 h). S'il y a quelqu'un à l'accueil, faites-vous conseiller celui qui vous est le plus adapté. Au guichet d'entrée, une ardoise est là pour partager avec d'autres, au retour, ce que vous avez vu en chemin (pécaris, coatis, singes, oiseaux, yéti...).

– ***Tours guidés :*** *à réserver impérativement 24h à l'avance sur le site internet car ils sont effectués par les chercheurs. Visites possibles en français.* La réserve organise régulièrement des tours guidés par un naturaliste. Voir le programme sur leur site. On conseille entre autres le *Bird Tour* (2h), qui nous fait rencontrer quelques-unes des 300 espèces d'oiseaux, dont une étonnante variété de colibris, présentes dans la région. Le *Night Hike* (balade de nuit à 18h30, environ 1h30-2h) part quant

à lui à la recherche des minuscules grenouilles, tarentules et autres petites bestioles dont on ne connaissait même pas l'existence. D'autres randos, comme le *Cloudbridge Tour* (3-4h) ou le *Primary Forest Experience* (4-5h), sont plus généralistes mais également passionnantes.
Pour une communion au plus près de la nature, 3 *cabinas* *(60-100 $, séjour de 2 nuits min)* totalement isolées mais bien équipées avec frigo, eau chaude et couvertures.

Jardines Secretos (plan A2) **:** *de la route principale, après le SINAC, prendre la fourche à gauche en direction de Herradura (fléchage). ☎ 2742-5086. 📱 8451-3001. Tlj 7h-16h. Entrée : 2 500 CRC. Compter 1h pour faire le tour et grimper (facile) jusqu'au mirador, d'où la vue sur la chaîne Talamanca est un cadeau !*
4 000 ha de jardins, une végétation foisonnante au riche répertoire tropical, 5 bassins naturels, des fontaines qui glougloutent et même quelques tables pour une grignote *tica* dans la maison des propriétaires... Une découverte qui ne manque ni d'intérêt ni de charme.

Les sentiers de randonnée de la Talamanca Nature Reserve *(plan B1)* **:** *accès aux sentiers : env 30 $/pers.* Cet hôtel possède un large domaine proposant plusieurs sentiers de randonnée balisés à explorer seul (plan fourni), dans la montagne, au cœur de la forêt tropicale. Demandez aussi à votre hôtel : on ne manquera pas de vous indiquer des sentiers peu connus mais balisés et gratuits, qui vous réservent de superbes découvertes.

Aguas Termales (plan A1) **:** *sur la route de Herradura, à env 1,5 km, puis parking à 300 m. Accès difficile par une piste en mauvais état et très pentue. 4x4 indispensable. Tlj 7h-17h30. Entrée : 8 $.* Baignade dans 2 bassins de plein air aux eaux à 32 °C. Sympa. Coin pour se changer. Propre et très bien tenu.

Queso Canaán (hors plan par A2) **:** *à l'entrée du village, sur la gauche. ☎ 2742-5125. Tlj à partir de 8h. Entrée libre pour la boutique et la fabrique. Tours de 1h30 ou 3h (visite de la ferme, traite) 10-20 $/pers ; résa indispensable, appeler avt.*
Petite fabrique de fromage de vache, tenue par la gentille famille Hernández. On vous explique tout le processus de fabrication du *queso maduro,* une sorte de gouda. Pour un peu, on se croirait dans les Alpes.

Samaritan Xocolata (hors plan par A2) **:** *à l'entrée du village, sur la gauche (env 1,5 km avt l'église). 📱 8820-7095. • samaritanxocolata.com • Tlj sauf dim 9h-16h. Atelier de fabrication de chocolat (avec dégustation évidemment !) mar-sam à 9h30 : 20 $/pers ; durée : 2h30.*
Maître Routard par l'odeur alléché... Hmm, à peine franchi le pas de porte, l'odeur enveloppante du cacao emplit nos narines ! Cette petite chocolaterie locale propose de délicieux chocolats de dégustation, également en tablettes et en poudre (vente au poids), à base de fèves bio. Fait aussi des glaces. Bon, la qualité a un prix ! Les plus gourmands pourront aussi suivre un atelier pour apprendre tout le processus de fabrication du chocolat, en mettant la main à la pâte !

➢ **Balades à cheval :** *à réserver auprès de Víctor Cardenas (📱 8888-0882) ou de José Gonzales (📱 8491-2274). Résa de préférence 24h à l'avance. Compter env 10 $/h.* Où l'on découvre qu'il n'y a pas que la marche à pied dans les environs.

LA ROUTE DE SAN ISIDRO DE EL GENERAL À PALMAR SUR

De San Isidro, la Panamericana reprend ses droits. Elle devient plus roulante et un peu plus large, bien moins sinueuse. Elle se dirige vers *Buenos Aires* puis vers *Paso Real.* De là, on plonge vers le sud et *Palmar.* Si vous êtes en voiture, vous pourrez faire une petite halte à *Boruca.*

BORUCA

Sur la Panamericana, entre les km 232 et 233 (en venant de San José), petit panneau sur la droite accroché en hauteur à un arbre. Rouler 8 km (environ 20 mn) par une bonne piste de terre qui grimpe (sec !) à flanc de colline et suit la crête. De là-haut, vue spectaculaire sur les 2 flancs de la montagne. On atteint un petit village où vivent les Indiens *brunkas* (ou *borucas*). Pas grand-chose ne distingue ce patelin d'un autre, si ce n'est évidemment ses habitants, des Indiens pure souche. Ceux qui le souhaitent pourront dormir chez l'habitant.

Quelques infos sur les Indiens borucas

On compte environ 2 600 Borucas dans la région. Tout le secteur autour du village appartient aux indigènes. Ils sont éleveurs ou planteurs de café, même si de nombreux Costariciens viennent travailler la terre dans les environs. Dans les années 1990, une loi interdit à la population non indienne d'acheter des terres ou une maison, cela pour protéger la communauté des grands propriétaires terriens. Les Borucas ne portent plus de vêtements typiques depuis les années 1970, bien qu'ils tissent toujours de manière artisanale le coton. Ils fabriquent aujourd'hui essentiellement des articles destinés aux touristes : masques de cérémonie, sacs à dos, pochettes...

Si la communauté a pu conserver ses traditions et s'épanouir, c'est grâce à une politique gouvernementale d'aides et de protection. Tout n'est pas rose pour la poignée d'Amérindiens qui continuent à vivre au plus près de leurs coutumes, tout en faisant valoir leurs droits. Ils sculptent toujours de superbes masques de bois, décorés d'animaux de la forêt en bas reliefs et peints de couleurs vives, qu'ils vendent aux touristes de passage. Certains sont de véritables chefs-d'œuvre, qu'ils portent surtout lors de la *Fiesta de los Diablitos* (voir encadré).

UNE FÊTE DE TOUS LES DIABLES

La Fiesta de los Diablitos est une fête amérindienne, rituel des Indiens borucas, qui se déroule dans le village même de Boruca entre le 31 décembre et le 2 janvier. 3 jours pour passer le cap de la nouvelle année, où un (faux) taureau est attaqué par des personnages portant des masques colorés à figure de diable. À la fin, le taureau est mis à mort par les Diablitos ! On dit que, depuis la présence hispanique, l'animal représenterait les Espagnols, et les Diablitos les Amérindiens.

Où dormir ?

Plusieurs ***casas*** accueillent les touristes à tour de rôle. Le logement est en général très simple, avec salle de bains commune pour toute la famille. Il s'agit avant tout de partager une expérience, pas de séjourner dans un véritable hôtel. *Rens au musée ou infos au ☎ 2730-5178 (demander Mileny Gonzáles). • lafbrdeboruca@gmail.com • Compter env 40 000 CRC pour 2, en pens complète uniquement (pas de resto dans le village).*

À voir

Museo Comunitário Indigena de Boruca : *au cœur du village. Tlj 9h-16h. GRATUIT.* Très modeste musée avec quelques explications sur le mode de vie des Indiens borucas (vie quotidienne, gastronomie, artisanat...), assorties de photos et d'une poignée d'objets. Également un petit diorama sur la *Fiesta de los Diablitos,* qui se déroule durant 3 jours à partir du 31 décembre. L'adorable responsable du musée vous expliquera, si vous le désirez, les coutumes et le mode de vie borucas. Boutique d'artisanat sur place.

Dans une poignée de maisons du village, des ***artisans*** vendent une petite production locale : masques colorés en balsa ou en cèdre (certains vraiment très beaux), arcs et flèches, et quelques étoffes *(tejidos)* de qualité et autres ceintures aux couleurs chatoyantes, sacs, pochettes... Petite boutique *Bisha Cra,* à l'entrée du village sur la gauche, et une autre juste à droite du musée.

LE GOLFE DULCE ET LA PÉNINSULE D'OSA

La pointe sud-est du pays, sur la côte Pacifique, reste encore relativement peu fréquentée par les touristes. Région peu peuplée, la nature y règne en maîtresse, profitant d'un climat chaud et humide (jusqu'à 9 m de pluie par an !), pour s'épanouir dans les meilleures conditions. S'il y fait chaud et humide à l'année, septembre et octobre sont les mois les plus pluvieux : évitez cette saison, durant laquelle les pistes deviennent impraticables. Le secteur se compose du *Golfo Dulce,* un large golfe qui pénètre loin dans les terres. Dans la partie nord, le *Parque Nacional Piedras Blancas* longe le golfe. C'est un coin encore sauvage et peu aménagé. Sur la même côte, la petite ville de *Golfito* permet d'accéder en bateau à *Puerto Jiménez.* Avant de traverser le *golfo,* les amateurs de farniente iront se la couler douce sur les kilomètres de sable de *Playa Zancudo,* tandis que les fous de la glisse fileront titiller les vagues de *Playa Pavones,* plus au sud. Compter environ 1h15 de voiture pour rejoindre ces 2 plages depuis Golfito.

Presque coupée du reste du pays, de l'autre côté du golfe, voici la *Península de Osa,* seconde du genre en taille après celle de Nicoya. Elle abrite l'un des parcs les plus sauvages du pays, le *Parque Nacional Corcovado,* joyau naturel couvert d'une épaisse forêt tropicale humide. Un secteur de toute beauté, qu'il faut mériter. C'est pour l'explorer que vous êtes venu jusque-là ! On le visite soit à partir de l'est, depuis *Puerto Jiménez,* soit par l'ouest, de *Bahía Drake.*

Ceux qui trouvent parfois la visite des parcs du Costa Rica un peu trop léchée pourront enfin coiffer leur chapeau d'Indiana Jones et se munir d'un bâton pour éloigner les pumas !

De nombreux touristes font de Puerto Jiménez leur camp de base pour explorer la péninsule. La « grande ville » (environ 7 000 habitants !) offre en effet tous les services nécessaires à un séjour agréable, notamment de bons restos et un petit port où se concentre l'animation (toute relative !) de la ville, à la nuit tombée. De là, on peut aussi embarquer pour un tour d'observation des baleines à bosse (de juillet à octobre), qui viennent chaque année se reproduire et mettre bas dans les eaux protégées du golfe. Quant à leurs cousins les dauphins, ils résident dans ces eaux chaudes à l'année. Les amateurs de bout du monde préféreront loger dans une des adresses (chics) du *Cabo Matapalo,* la pointe sud de la péninsule. Le tour de la région se finit généralement en beauté avec une session *snorkelling* à *Isla del Caño,* au départ du charmant village de Bahía Drake.

– *Bon à savoir :* pour rejoindre le *Golfo Dulce* et la péninsule d'Osa depuis San José (et inversement), préférez toujours la *Ruta 34* qui longe la côte, plutôt que la *Ruta 2* qui serpente dans la Vallée Centrale (et les bouchons qui vont avec !). Suivez nos conseils, précieux gain de temps à la clé !

GOLFITO

En bordure du *Golfo Dulce,* Golfito, petit port fondé dans les années 1930, est boudé des touristes, qui lui préfèrent la plus animée Puerto Jiménez, sur la rive opposée. Pour les visiteurs, la « *Banana City* », comme elle fut longtemps appelée (voir ci-après « Un peu d'histoire »), n'est plus qu'un petit port d'où l'on prend le bateau pour la *Península de Osa* ou bien où l'on vient s'adonner à la pêche sportive (pour les plus mordus, sans mauvais jeu de mot !). Les Costariciens, quant à eux, viennent surtout ici pour faire leurs emplettes dans la zone franche, un curieux centre commercial cerné de hauts murs, qui propose toutes sortes de produits détaxés provenant du Panamá.

Golfito abrite quelques hôtels, mais rien de vraiment folichon, ainsi qu'une poignée de restos. On recommande une halte à nos lecteurs en quête d'authenticité, qui souhaiteraient s'imprégner du doux rythme de vie des *Ticos,* avant de filer plus au sud, vers la tranquille *Playa Zancudo* ou la houleuse *Playa Pavones.*

– Les indications géographiques que nous donnons pour repérer une adresse prennent en compte une entrée du village par le nord (depuis La Gamba) et une sortie par le sud (direction Río Claro).

MARKETING D'ÉTAT

Pour faire tourner le business local et pour que les habitants de Golfito profitent vraiment de la zone franche (Zona Americana), *les autorités ont mis en place une idée un peu autoritaire mais finalement efficace, où tout le monde semble trouver son compte. Ils contraignent ceux qui viennent acheter des biens en zone franche de choisir leurs produits un jour, mais de revenir les chercher le lendemain seulement. Chaque acheteur est donc obligé de passer la nuit sur place... et de faire bosser les hôtels et les restos. Pas idiot.*

UN PEU D'HISTOIRE

Le nom de la *Zona Americana* (zone franche) provient de la compagnie bananière américaine *Fruit Company,* qui y installa ses bureaux à la fin des années 1930, à une époque où la culture de la banane battait son plein dans toute la région. Pratique et proche des bananeraies, la position stratégique de Golfito hissa la ville au rang de 1er port de la côte Pacifique du pays durant quelques décennies. Mais dans les années 1980, la production de bananes déclina fortement, pour des raisons économiques (augmentation vertigineuse des taxes, grèves fréquentes...) et sanitaires (maladies décimant les bananeraies). La *Fruit Company*

PAS DE MÉLANGE DE COULEURS

À l'époque de la « république bananière », la Fruit Company *développa la ville par quartiers : la zone américaine, connue sous le nom de* White Zone, *où résidaient les cadres de la compagnie dans de confortables maisons blanches ; la* Zona Amarilla *(zone jaune), constituée de maisons modestes mais confortables, peintes en jaune, où habitaient les employés ; et enfin la* Zona Gris *(zone grise), où les ouvriers agricoles logeaient dans des masures surpeuplées et dans des conditions misérables. Ah oui, on oubliait : les zones jaune et blanche étaient interdites d'accès aux habitants de la zone grise !*

décida de se retirer de Golfito en 1985, provoquant le rapide déclin de la ville. Il fallut attendre 1990 pour que soit créée une zone franche, histoire de sauver la cité du marasme.

Arriver – Quitter

En voiture

➢ ***Pour Golfito :*** au village de *Villa Briceño* (à peine quelques maisons au bord de la Panamericana), juste en face du km 37, prendre la très bonne piste sur la droite (panneau pour l'hôtel *Las Esquinas Rain Forest Lodge*) et suivre la piste (en bon état), qui mène en 13 km à Golfito. Ce raccourci évite de passer par *Río Claro* (on économise 24 km !).

En bus

➢ ***De Golfito à San José :*** 3 bus directs/j. Les billets s'achètent à l'avance au terminal de la compagnie *Tracopa* (à 300 m du port, devant le terrain de foot) ou à l'hôtel *La Sierra* (vers la zone franche).
Une autre option consiste à prendre un bus direction Ciudad Neily et Paso Canoas (bus ttes les 40 mn), descendre à Rio Claro et de là, prendre un 2d bus pour San José (env 14 bus/j.). Trajet : 6-8h en fonction du trajet (par la côte ou l'*Interamericana*) et du trafic.
– Pour les bus suivants, pas de gare routière, les arrêts sont dispersés sur la route principale qui longe le front de mer.
➢ ***De Golfito à Pavones :*** 2 bus/j., à 10h et 15h. Trajet : env 1h30-2h, sur une piste en gravier. Le bus de 10h s'arrête dans le centre de Pavones alors que celui de 15h poursuit plus au sud jusqu'à Punta Banco.
➢ ***De Golfito à Ciudad Neily et vers la frontière du Panamá (Paso Canoas) :*** bus ttes les 40 mn. Compter 1h30 pour Ciudad Neily et 2h pour Paso Canoas.

En bateau

Les départs se font du port *(muelle)*, peu visible depuis la route car en contrebas de la station-service.
➢ ***De Golfito à Puerto Jiménez :*** env 5-6 départs/j., seulement 3 le dim. Prix : env 3 000 CRC/pers. Trajet : env 30 mn. Attention, il ne s'agit pas d'un ferry mais bien d'une *lancha* qui n'embarque que les piétons. En haute saison, arriver 30 mn avant pour être sûr d'avoir une place.
➢ ***De Golfito à Zancudo :*** un bateau communautaire/j. à 12h en principe, compter env 6 $. Dans le sens Zancudo-Golfito, départ à 7h. Sinon, les visiteurs s'y rendent généralement en chartérisant à plusieurs un bateau sur le port. Compter env 60 $ l'aller pour tout le bateau (max 5 pers). Trajet : env 30 mn.
➢ ***De Golfito à Playa Cacao ou Playa Puntarenitas :*** bateau à chartériser depuis le port de Golfito en demandant à l'office de tourisme ou directement aux pêcheurs. On accède en 5-10 mn. Compter 1 000 CRC/pers ; négociez sec car certains pêcheurs vous demanderont jusqu'à 3 000 CRC/pers ! Mêmes conditions pour *Playa Puntarenitas.*
On peut aussi aller en voiture jusqu'à *Playa Cacao* et de là prendre une *lancha* pour Puntarenitas, y passer un moment et revenir vers son véhicule. Mais l'état de la piste jusqu'à *Playa Cacao* et l'absence totale de signalisation nous font largement préférer l'option bateau depuis Golfito.

En avion

✈ L'aéroport est à 5 km au nord-est du centre.
➢ ***De/pour San José :*** vols assurés par *Sansa* (☎ 2290-4100 ; ● flysansa.com ●). Durée : 1h.

Adresses utiles

ℹ ***Asociación Camara de Turismo del Golfo Dulce :*** *au port (muelle municipal). ☎ 2775-0038. Lun-ven 8h-12h, 13h-16h ; sam 8h-12h. Fermé* *dim.* Donne de très bonnes infos sur les transports, les hébergements, les activités à faire dans la région...

■ ***Banco Nacional :*** *en arrivant en ville, dans la rue principale, sur la gauche. Lun-ven 8h30-15h45.* Change euros et dollars, et distributeur *(accessible 5h-22h).*

✚ ***Hospital de Golfito Manuel Mora Valverde :*** *au nord du village, sur la gauche dans la rue principale. ☎ 2775-7800. 24h/24.* On peut y consulter des médecins. Également plusieurs pharmacies (peu fournies) sur la route principale.

Supermercado Mega Super : *en arrivant en ville, dans la rue principale, sur la gauche. Tlj 7h30-21h.*

Où dormir ?

Bon marché (30-60 $ / 25-50 €)

Cabinas Princesa del Golfo : *à l'entrée de la ville, sur la droite, face à la Banco Nacional. ☎ 2775-0442. Doubles env 30-35 $.* Derrière cette petite maison en bois, quelques chambres minuscules, basses de plafond et particulièrement basiques, mais avec salle de bains. À choisir seulement si vous avez loupé le dernier bateau et que vous êtes sans le sou.

Hotel El Gran Ceibo : *au croisement de la sortie sud de la ville et de la piste qui longe la plage. ☎ 2775-0403. Doubles avec ventilo ou clim 35-65 $ selon saison.* Situé entre la route et le golfe mais séparé de celui-ci par la piste qui longe l'eau, cet établissement est avant tout fonctionnel. Chambres proprettes mais sombres, toutes avec salle de bains privée. Préférez celles les plus éloignées de la route pour dormir au calme. Un petit bout de piscine avec vue sur le grillage (dommage). Surtout fréquenté par les Costariciens qui viennent faire leurs emplettes dans la zone franche. Plutôt en dépannage.

Chic (90-130 $ / 75-108 €)

Hotel Casa Roland Golfito Resort : *à proximité de la zone franche ; bien fléché. ☎ 2775-0180. • casarolandgolfito.com • Doubles 100-140 $, plus cher pour les suites. Resto ouv tlj, midi et soir ; plats 15-25 $.* Les drapeaux au garde-à-vous à l'entrée pourront rebuter nos lecteurs en quête de couleurs locales et de dépaysement. Pourtant, voici le plus bel établissement de Golfito, et de loin ! Il offre une cinquantaine de belles chambres, d'un excellent niveau de confort, décorées d'un mobilier de bois sombre soigné et de toiles d'artistes locaux. Toutes avec clim et ventilo, coffre, TV... Demandez-en une à l'étage car celles en sous-sol sont franchement sombres et basses de plafond. On apprécie surtout le calme environnant, l'hôtel est en effet un des rares à ne pas être collés à la route. Les parties communes ne sont pas en reste, à l'image de cette gigantesque piscine avec son îlot de verdure central. Attenant à celle-ci, un resto entièrement ouvert propose une cuisine costaricienne et internationale.

Où manger ? Où faire une pause sucrée ?

Bon marché (max 6 000 CRC / 8 €)

Buenos Días : *sur la route principale, à 50 m du port, côté gauche. ☎ 2775-1124. Tlj 6h-22h. Repas 3 000-5 000 CRC.* Un modeste *soda,* propre et aussi chaleureux qu'une salle d'attente. *Casados* et *gallo pinto* copieux et pas chers. Également de roboratifs petits déj. Pratique avant de prendre le bateau.

Coconut Cafe : *sur la route principale, presque en face de la Banco Nacional, sur la droite. ☎ 2775-0104. Tlj en principe 10h-20h. Compter env 5 000-6 000 CRC*

LA ZONA SUR

pour une part de gâteau et une boisson (smoothie ou café). Un petit café tout mignon, avec son bout de terrasse en contrebas de la route. On préfère l'intérieur zen et climatisé, avec l'apaisante déco végétale. Excellents *batidos* et cafés, à accompagner d'un moelleux roulé à la cannelle ou d'une part de cheese-cake. Pour les gourmands seulement ! Propose aussi *empanadas* et sandwichs pour les p'tits creux.

Cafe Mercadito : *sur la route principale, à 200 m au sud du supermarché, sur la gauche. 8407-0303. Tlj 7h-15h, plus jeu 16h-20h. Plats 4 000-6 000 CRC.* Un long comptoir, des tabourets hauts tournés face au golfe (dommage que la route nous passe sous le nez) et des plats américano-*ticos* préparés à vitesse grand V dans la cuisine nickel et ouverte. Bons petits déj avec gaufres (sucrées ou salées), bacon et œufs selon vos goûts. On retrouve aussi les classiques de la cuisine costaricienne, à des prix un peu gonflés toutefois. Soirées pizza le jeudi.

Restaurante Hong Kong : *dans la ruelle parallèle à la route principale, un peu après le centre. ☎ 2775-2383. Tlj en principe 10h-22h. Plats 3 700-6 000 CRC.* Petite salle tristoune où l'on sert une cuisine chinoise simple mais bonne : goûtez les *wantan,* des raviolis que l'on décline ici frits, en soupe, en sauce... Pour ceux qui trouveraient que la cuisine *tica* manque de piment.

Sodas autour de la zone franche : *dans la rue bordant la partie sud de la zone franche. Tlj env 7h-16h. Plat env 4 000 CRC.* Le long de cette rue, plusieurs *sodas* font le plein dans la journée, avec la clientèle de la zone franche. Le *Soda Chila* et le *Soda Cecilia* tirent leur épingle du jeu.

À voir. À faire dans les proches environs

Parque Nacional Piedras Blancas : ce petit parc, dont la partie sud longe le *Golfo Dulce,* est assez difficile d'accès. Rien n'y est véritablement organisé. Les visiteurs qui souhaitent l'explorer passent en général par Golfito et prennent un bateau qui les emmène à l'un des quelques hôtels (très chics !) bordant le golfe. Ces établissements organisent des excursions dans le parc pour leurs clients. Un seul hôtel dans l'enceinte du parc est accessible par la route : *Esquinas Rainforest Lodge* dont les sentiers sont ouverts aux seuls clients. Mais vu l'accueil qu'on nous a réservé, on le déconseille vraiment, le patron déteste les Français...

L'entrée officielle du parc se situe à *La Gamba,* sur la piste qui mène au *Esquinas Rainforest Lodge,* et le ticket d'entrée coûte 10 $. Dans les faits, il n'y a pratiquement jamais personne au point d'accès. Quelques sentiers à l'intérieur du parc mais mal dessinés et pas balisés. Ne pas les emprunter seul, on peut se perdre très facilement. Si vous ne logez pas dans un de ces luxueux *lodges,* l'excursion est possible depuis Golfito. *Rens à l'office de tourisme de Golfito (voir plus haut « Adresses utiles »). Compter env 45 $/pers pour un tour de 4h.*

Playa Cacao : *juste en face de Golfito. On s'y rend en général en lancha depuis le port de Golfito (demander à l'office de tourisme ou demander aux pêcheurs présents). Compter 1 000 CRC/pers l'aller simple, négocier sec car certains pêcheurs demandent jusqu'à 3 000 CRC/pers ! Il peut être commode de convenir d'un horaire de retour pour que l'on vienne vous rechercher. Trajet en 5-10 mn. Possible aussi de s'y rendre en 4x4 mais on le déconseille vu l'état de la piste et l'absence totale de signalisation.*

Honnêtement, son nom est un peu survendu. Si certains s'y baignent, cette *playa* s'apparente plutôt à une promenade avec ici et là quelques avancées de sable grossier qui se dégagent au rythme des marées. Pas franchement de quoi étaler sa serviette et faire bronzette pendant des heures, mais une petite escapade pour échapper à l'agitation (toute relative !) de Golfito. Bon plan : le resto *Playa Cacao* (*8806-8362 ; tlj env 9h-21h*) offre le transfert en *lancha* depuis/vers Golfito si vous mangez sur place. Téléphoner avant pour réserver ce service.

Playa Puntarenitas : *juste en face de Golfito et* Playa Cacao. *On s'y rend en* lancha *depuis le port de Golfito ou depuis* Playa Cacao. *Exactement les mêmes infos et conditions d'accès que Playa Cacao (voir plus haut).* Un peu comme *Playa Cacao* qui lui fait face, *Playa Puntarenitas* semble bien prétentieuse de s'octroyer le titre de plage. Quelques restos et bars plutôt *roots* s'alignent les pieds dans l'eau. Mobilier en bois peinturluré à même le sable et musique latino, on aime venir ici pour boire un verre en regardant les bateaux passer, bercés par le clapotis des vagues. On peut se baigner depuis les pontons, mais là non plus, pas de belle étendue de sable où faire la crêpe.

DANS LES ENVIRONS DE GOLFITO

PLAYA ZANCUDO

À seulement quelques kilomètres au sud de Golfito en longeant la côte, il faut pourtant passer par l'intérieur des terres et parcourir près de 50 km (environ 1h15 en voiture) pour rejoindre ce paisible bout du monde qu'est *Playa Zancudo.* Pas franchement facile d'accès, cette plage est pourtant l'une des plus vastes du sud du pays, avec son étendue de sable longiligne de 8 km. Quelques hébergements, des *sodas* qui se comptent sur les doigts d'une main, du sable gris brûlant au soleil mais une mer plutôt calme (surtout dans la partie nord) qui permet de nager en toute tranquillité (pas si fréquent au Costa Rica). On recommande un séjour ici à nos lecteurs en quête de calme et de *farniente*. Car ici, on le dit tout de go, il n'y a *nada* ! Emportez des livres, des victuailles et un bon compagnon de route !

➢ **En bateau :** *un bateau communautaire/j. à 12h en principe depuis Golfito, compter env 6 $. Sinon, les visiteurs s'y rendent généralement en chartérisant à plusieurs un bateau sur le port. Compter env 60 $ l'aller pour tt le bateau (max 5 pers). Trajet : env 30 mn. Dans le sens Zancudo-Golfito, départ à 7h.*

➢ **En voiture :** *de Golfito, prendre la route 14 direction Río Claro. Au village Unión, prendre la route 237 qui se transforme en piste jusqu'à Conte. De là, fléché jusqu'à Zancudo, les adresses s'égrènent le long de la piste longeant la plage. Trajet : env 1h30.*

Au Cœur du Soleil : *142, c/ Principal.* ☎ *2776-0112. • aucoeurdusoleil.com • Cabanes 2-4 pers env 60-75 $; tarifs dégressifs à partir de la 3e nuit.* Pour vivre heureux, vivons cachés. Daniel, l'adorable proprio, l'a bien compris. Ce Canadien, installé au Costa Rica depuis plus de 10 ans, a lui-même construit ces 3 belles cabanes colorées, plantées les pieds dans le sable. Hamacs, petite terrasse, kitchenette, salle de bains privée, ventilo, moustiquaire, le confort est simple mais bien suffisant, la déco mignonne, et le jardin planté de palmiers nous a conquis. À quelques enjambées, la plage, dont on profite en empruntant un *bodyboard* ou un vélo pour une balade à marée basse. Notre coup de cœur à Zancudo !

Coloso del Mar : *le long de la plage.* ☎ *2776-0050. • colosodelmar.com • Double env 60 $, petit déj inclus (le seul à offrir le petit déj dans notre sélection). Plats env 4 500-5 000 CRC. Resto ouv à tous le soir.* Une poignée de bungalows en bois sombre, dispersés sur un terrain dégagé avec l'océan au bout du jardin. Même niveau de confort que ses voisins : ventilo, salle de bains privée et petit bout de terrasse pour apprécier la sérénité du lieu. Basique mais suffisant. On a aimé l'accueil souriant, le petit déj inclus et le resto ouvert à tous le soir (pratique dans un coin si isolé). Au menu :

poisson, *casados*, salades, poulet grillé...

Sol y Mar : *le long de la plage. ☎ 2776-0014. • zancudo.com • Doubles env 35-50 $. Resto ouv à tous. Petit déj, sandwichs et plats 5-12 $.* 5 petites *cabinas* en enfilade, posées dans un jardin de palmiers, avec l'océan à 50 m. Confort simple mais suffisant (salle de bains privée et ventilo) pour ces chambres toutes de bois vêtues, à la déco minimaliste. Prévoyez le répulsif car il n'y a pas de moustiquaire. On aime les volets qui s'ouvrent sur les petites terrasses et le grand bleu en arrière-plan. Pas de petit déj inclus ni de cuisine mais très bons petits plats servis au resto du matin au soir. Sandwichs, burgers, pêche du jour et *casados* se savourent dans une salle ouverte aux 4 vents (enfin un peu d'air frais), sous un toit de palme. Vraiment bon mais prix gonflés, dommage !

PLAYA PAVONES

Dernier village côté Pacifique avant la frontière avec le Panama, la route ne va pas plus loin. Amis surfeurs, bienvenus sur LA plage adulée par les amateurs de glisse et de tranquillité. Sa réputation, Pavones la doit à sa splendide « gauche » (c'est une vague !), généreuse, bien ourlée et d'une grande régularité. Les bons jours, elle semble ne jamais prendre fin ! Paisible, voire désert par moments, le village s'anime et se remplit dès que s'annonce « *la ola* » (la vague !). Le spot (l'un des plus réputés au Costa Rica) attire une population très internationale dont la religion commune est la glisse.

On conseille aux débutants de se garer en double file et de laisser passer les pros. Ou contentez-vous de faire des pâtés sur le sable, c'est bien aussi. Les non-surfeurs pourront malgré tout trouver d'autres activités (randos en forêt, balades à cheval, baignade en rivière sous les cascades...).

Le centre du village se situe à Río Claro, là où un bras de rivière file vers l'océan. On y trouve une école, un terrain de foot, des épiceries et quelques petits restos. Le reste des adresses s'égrènent jusqu'à Punta Banco, plus au sud en suivant l'océan.

➢ ***De Golfito à Pavones :*** 2 bus/j., à 10h et 15h. Trajet : env 1h30-2h, sur une piste en gravier. Le bus de 10h s'arrête dans le centre de Pavones, alors que celui de 15h poursuit plus au sud jusqu'à Punta Banco. Dans l'autre sens, départ de Pavones à 12h30 et 16h30.

Où dormir ? Où manger ?

De très bon marché à bon marché

Rancho Burica : *Punta Banco, tt au sud de la piste qui longe la plage. ☎ 2776-2223. • ranchoburica.com • Lit en dortoir 15 $; doubles avec sdb partagée ou privée 45-70 $. Propose aussi des formules en ½ pens.* Prenez une bande de potes venus des Pays-Bas et passionnés de surf. Offrez-leur les meilleures vagues de ce bout de côte et un grand terrain... et ainsi naquit le *Rancho Burica.* De (très) loin notre adresse favorite, tant pour l'ambiance que pour le confort. Niveau budget, les plus serrés opteront pour la paillotte-dortoir avec ses 6 lits en éventail, puis les chambres privées sont dispersées entre des cabanes ouvertes sur la nature, une *casa* et un *lodge.* Salles de bains partagées pour les plus économiques et privées pour les autres, mais bon confort et propreté assurés pour toutes. Paillote commune où l'on partage les repas autour d'une grande tablée et plage au bout du jardin pour surfer du lever au coucher du soleil. Si vous ne surfez pas et ne parlez pas anglais, c'est le moment de s'y mettre ! Petit déjeuner exceptionnel !

Mira Olas Cabinas : *dans un petit chemin qui part de la piste au-dessus du village, en amont du centre du village (Río Claro). ☎ 2776-2006. 8393-7742. • miraolas.com • Doubles env 40-60 $; 10-12 $/pers supplémentaire.* Sympathique maison un peu perchée et donc au calme, offrant 2 *cabinas* en dur pour 2-3 personnes, propres, colorées et simples, équipées du confort nécessaire, ni plus ni moins : salles de bains privées, ventilo, petit frigo et cafetière. Un peu plus grande, la *Jungle Cabin* peut accueillir jusqu'à 4 personnes et dispose d'un coin cuisine (un évier et 2 plaques électriques, basique mais ça dépanne) et d'une petite terrasse avec hamac. Un excellent rapport qualité-prix.

Soda Brisas del Mar : *au sud de Pavones, sur la piste qui mène à Punta Banco. Ouverture très aléatoire, en principe tlj en saison mais on a bien dit « en principe » ! Plats env 4 000-5 000 CRC.* Il ne paie pas de mine, ce petit boui-boui face à la mer. Abrité sous les palmiers et en retrait de la route, on aurait même pu le louper. Quel dommage ! Car on sert ici une franche et vigoureuse cuisine, servie avec largesse ! *Casados, burritos* et salades contenteront les appétits les plus voraces !

Tico Mex : *en plein centre de Pavones. En principe tlj sauf lun 7h-22h... mais en réalité ouverture très aléatoire. Plats env 4 000-6 000 CRC.* Gargote avec un petit bout de terrasse posée face aux vagues. On y déguste d'excellents tacos, *quesadillas* et *burritos*, végétariens, au poulet ou au poisson. Tout simple mais savoureux et frais. Parfait pour faire le plein d'énergie rapido entre 2 vagues.

De prix moyens à chic

Cafe de la Suerte : *dans le cœur du village, à Río Claro. ☎ 2776-2388. 8381-4347. • cafedelasuerte@hotmail.com • Café ouv tlj sauf dim 8h-17h. Doubles avec clim env 75-90 $. Plats 4 500-6 000 CRC.* En plein centre du village (si on peut appeler cela un centre), ce petit café coloré n'a rien de vraiment local. Fréquenté des surfeurs, on y sert une généreuse cuisine méditerranéenne, fraîche et vitaminée. Houmous, lasagnes d'aubergines, salade grecque, quiche aux légumes et barres de granola aident à rebooster l'organisme entre 2 vagues. Peut-être trop hippie-bobo pour certains, mais une bonne adresse malgré tout. Le café abrite aussi 3 chambres (de 2 à 4 personnes) impeccables et climatisées, avec balcon, hamac et salle de bains privée. Joli parquet, dessus-de-lit colorés et murs pimpants, on n'a rien vu d'aussi coquet dans le coin.

La Ponderosa : *à env 2 km au sud du centre de Pavones, sur la route de Punta Banco. ☎ 2776-2076. • laponderosapavones.com • Doubles 100-135 $ selon confort ; également une villa (4-7 pers).* Réparties dans plusieurs maisons cachées au milieu d'une oasis de palmiers, les chambres offrent toutes un excellent confort : matelas de qualité, salles de bains modernes, coin salon, clim, quelques toiles aux murs pour égayer la maisonnée (qui manque de chaleur dans certaines chambres)... Et belle piscine pour les jours où l'on a n'a pas envie de se faire secouer par les vagues. Une chouette adresse pour les surfeurs un peu fortunés.

La Brushetta : *anciennement Restaurante La Piña. ☎ 2776-2174. À 2,5 km du centre de Pavones, sur la route de Punta Banco. Tlj midi et soir. Plats env 7 000-10 000 CRC.* Pour beaucoup, le meilleur resto du village. Tenu pas une charmante Italienne qui a emporté dans ses bagages les saveurs méditerranéennes et sa jovialité. À la carte : bruschettas, *antipasti*, pizzas et *pasta* à des prix certes pas donnés, mais la qualité est bien là. Salle abritée par un grand carbet aussi coloré que votre assiette, décoré à grand renfort de tissus et guirlandes multicolores.

PUERTO JIMÉNEZ

5 000 hab. (avec les environs)

• Plan *p. 341*

L'unique « vraie » ville de la péninsule d'Osa se résume à une rue principale, où l'on trouve à peu près tous les services (banques, poste, supermarché, boulangerie, quelques agences de trekking pour le Corcovado et un terrain de foot...). Quelques ruelles perpendiculaires et c'est à peu près tout. Ah si ! une autre petite route longe le *Golfo Dulce* et mène à un quai minuscule (le port en fait !) où s'alignent des restos, et à l'aérodrome. On trouve dans le centre les *cabinas* et *sodas* pour petits budgets, surtout fréquentés des locaux. Côté port, c'est plus touristique, avec des hébergements plus confortables et des restos aux menus plus internationaux. Où que vous posiez votre sac, filez le soir vers le port car le centre-ville semble endormi dès 15h.

Aussi sympathique soit-il, Puerto Jiménez est avant tout le point de départ pour Carate, entrée Est du *Parque Nacional Corcovado.* Si vous avez choisi de visiter le parc depuis l'ouest, au départ de Bahía Drake, il est alors inutile de venir par ici. On l'aborde en général soit par l'ouest, soit par l'est, pas les 2.

Arriver – Quitter

En voiture

➢ ***Vers Puerto Jiménez depuis la Panamericana, en voiture :*** au village de Chacarita, au km 75, prendre à droite la route 245. Cette excellente chaussée mène en 1h15 env (75 km) à Puerto Jiménez. Sur cette route, après le km 44 et juste avant de passer le pont sur le *río Rincón,* sur la droite, une piste mène directement à Bahía Drake en 25 km. Cette piste n'est pas praticable toute l'année. Selon les saisons, certains passages de gué sont impossibles sans 4x4. Bien se renseigner avant de l'emprunter.

En bus

De Puerto Jiménez pour San José, en bus *(plan A1-2,* ***2****)* **:** 2 liaisons/j., à 5h et 9h, avec *Transportes Blanco.* Trajet : env 8h.

De Puerto Jiménez pour Matapalo et Carate, en bus colectivo *(plan A2,* ***3****)* **:** *bus à prendre juste en face du Inn Jiménez.* 2 liaisons/j., à 6h et 13h30. Trajet : 1h pour Matapalo et 2h pour Carate. Retour de Carate à 8h30 et 16h30 (passe à Matapalo vers 9h15 et 17h). Si vous êtes en voiture, comptez 45 mn pour Matapalo et 1h-1h15 pour Carate. Piste de terre en bon état mais plusieurs gués à passer.

En bateau

De Puerto Jiménez pour Golfito *(plan B1,* ***1****)* **:** env 5-6 liaisons/j., seulement 3 liaisons le dim. Trajet : 3 000 CRC et env 30 mn. Le bateau est abusivement appelé « ferry » mais il ne prend pas de voiture.

En avion

✈ ***En avion*** *(plan B2)* **:** achat des billets auprès des bureaux *Sansa* (● *flysansa.com* ●) et *Aerobell* (● *aerobell.com* ●) qui se trouvent sur le côté ouest de la piste et sont ouverts du 1er au dernier vol de la journée. Attention, *Aerobell* dessert l'aéroport Tobias Bolaños, Pavas (2d aéroport de San José) alors que *Sansa* dessert l'aéroport international Juan Santamaría.

➢ Pour ***San José,*** 2-3 vols/j. Durée : env 1h.

LA ZONA SUR

Adresses utiles

Office Parque Nacional Corcovado MINAE-SINAC *(plan B2, **4**) : dans la rue qui longe la piste d'atterrissage. ☎ 2735-5036. • pncorcovado@gmail.com • Tlj 8h-16h.* Infos sur le parc et achat du billet d'entrée si vous décidez de visiter le parc seul et ne passez pas par une agence (on le déconseille). Voir tous les détails dans le texte consacré au parc.

Banco Nacional *(plan A2, **6**) : dans la rue principale. Lun-ven 8h30-15h45.* Change dollars et euros ; distributeur *(accessible 5h-22h).*

Banco de Costa Rica *(plan A2, **7**) : dans une ruelle perpendiculaire à la rue principale. Lun-ven 9h-16h.* Change dollars et euros ; distributeur *(accessible 5h-22h).*

Farmacia Drugstore *(plan A2, **8**) : dans la rue principale. ☎ 2735-5507. Lun-sam 8h-20h, dim 10h-18h.*

Supermercado BM *(plan A2, **9**) : au bout de la rue principale, près de la station-service. Tlj 7h-21h (20h dim).* On y trouve de tout. Parfait pour préparer un pique-nique.

Excursions, agences de voyages

Les agences sont nombreuses à Puerto Jiménez. Difficile de faire le tri, d'autant qu'elles proposent toutes les mêmes excursions et activités à des tarifs à peu près similaires. En voici 3 sérieuses :

Osawild *(plan A2, **11**) : à 2 pas de la station-service. ☎ 2735-5848. • osawildtravel.com • Tlj 8h-12h, 14h-18h.* De toutes les agences proposant l'excursion au Corcovado sur 1 ou 2 jours, celle-ci est la plus recommandable. Pour 1 journée, compter environ 115 $ par personne, transports, formalités, entrée et guide compris (minimum 4 personnes). De nombreuses autres excursions sont proposées : observation des dauphins, balade en kayak dans la mangrove, tour du chocolat... Également des excursions rurales pour aller à la rencontre des fermiers locaux et passer une journée ou une nuit à la ferme. Location de vélos : environ 10 $/j.

Surcos Tours *(plan B2, **12**) : bureau côté ouest de la piste d'atterrissage. ☎ 2735-5355. • surcostours.com •* Tout aussi sérieuse qu'*Osawild,* cette agence est recommandée de tous pour son sérieux et son excellente organisation. Organise des tours de 1 à 3 jours dans le Corcovado depuis Puerto Jiménez, Carate ou Bahía Drake pour les secteurs de La Sirena mais aussi Los Patos. Propose aussi des excursions vers Cabo Matapalo. Vraiment une excellente agence.

Osa Green Travel *: dans la rue centrale. 📱 8868-6481. • osagreentravel.com •* Une agence qui propose aussi bien des excursions au Corcovado (à la journée ou sur 2 jours), que de nombreuses autres activités (kayak, balades à cheval, observation d'oiseaux, observation des dauphins...).

Où dormir ?

De très bon marché à bon marché (max 60 $ / 50 €)

Cabinas The Corner *(plan A2, **22**) : dans la rue parallèle à la rue principale à l'ouest. ☎ 2735-5328. • cabinasthecorner@gmail.com • Selon saison, lits en dortoir env 12-20 $/pers, doubles avec ou sans sdb env 25-50 $.* Du dortoir pour 6 personnes (pas de lits superposés mais de vrais lits simples, ouf !) aux chambres doubles avec salle de bains privée ou partagée, tous les budgets devraient s'y retrouver dans ces *cabinas* aux prix riquiqui. Ne vous fiez pas aux peu engageants barreaux qui recouvrent la façade, l'intérieur de la maison s'avère coloré et même plutôt coquet malgré la simplicité. Ici et là, quelques efforts de déco pour égayer le tout. Accueil sympa et plein de bons conseils.

LA ZONA SUR

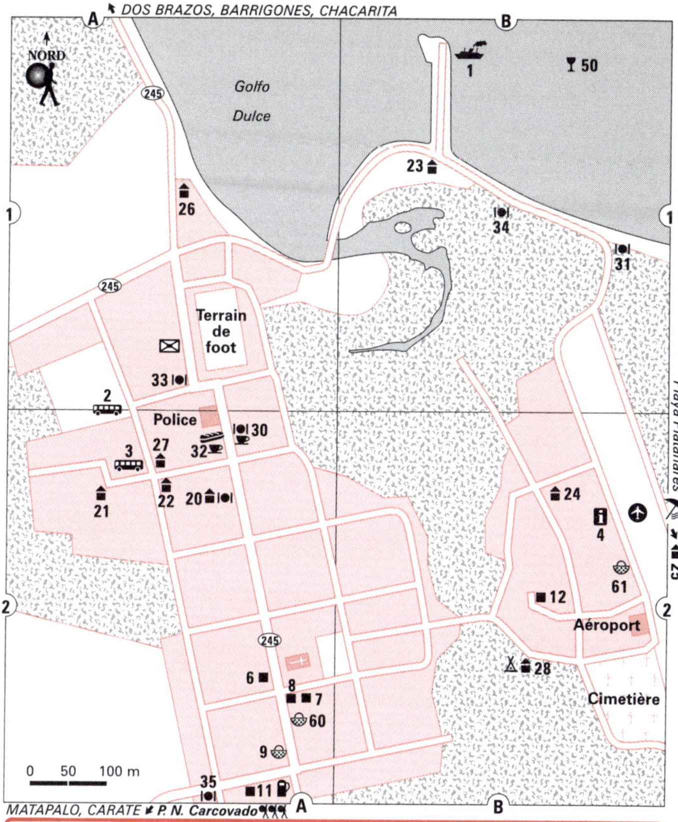

PUERTO JIMÉNEZ

Adresses utiles

- 1 Bateau pour Golfito (B1)
- 2 Station de bus pour San José (A1-2)
- 3 *Colectivos* pour Matapalo et Carate (A2)
- 4 Office Parque Nacional Corcovado MINAE-SINAC (B2)
- 6 Banco Nacional (A2)
- 7 Banco de Costa Rica (A2)
- 8 Farmacia Drugstore (A2)
- 9 Supermercado BM (A2)
- 11 Osawild (A2)
- 12 Surcos Tours (B2)

Où dormir ?

- 20 Cabinas Carolina (A2)
- 21 Cabinas Back Packers (A2)
- 22 Cabinas The Corner (A2)
- 23 Cabinas Agua Luna (B1)
- 24 Cabinas Tropicales (B2)
- 25 Osa Lodge (hors plan par B2)
- 26 Cabinas Jiménez (A1)
- 27 Inn Jiménez (A2)
- 28 La Chosa del Manglar (B2)

Où manger ?
Où prendre un bon petit déj ?

- 20 Restaurante Carolina (A2)
- 30 Cafetería Monka (A2)
- 31 Restaurante Los Delfines (B1)
- 32 Panadería Monar (A2)
- 33 PizzaMail.it (A1)
- 34 Soda Marbella (B1)
- 35 Steak House and Grill (A2)

Où boire un verre ?

- 50 El Audaz (B1)

Achats

- 60 Artes de Osa (A2)
- 61 Tienda Jagua (B2)

Cabinas Carolina (plan A2, **20**) : *dans la rue principale. ☎ 2735-5696. • carolinapj.com • Doubles avec ventilo ou clim 25-35 $.* Une adresse pas chère et basique du centre, dont les chambres se situent soit à l'étage d'une maison bordant la rue (mais certaines donnent sur le couloir), soit dans le fond d'une courette. Ces dernières sont plus calmes et plus agréables, même si la courette en elle-même n'a aucun charme. Pour le prix, rien à redire. On apprécie l'effort de déco pour égayer les chambres, tout de même assez sombres. Chouette resto du même nom au rez-de-chaussée (voir « Où manger ? Où prendre un bon petit déj ? »).

Cabinas Back Packers (plan A2, **21**) : *dans une petite rue parallèle à la rue principale. ☎ 2735-5181. Doubles avec ventilo ou clim et sans ou avec sdb 25-40 $; pas de petit déj.* Dans un coin au calme, à 2 pas du centre, une adresse en toute simplicité, où l'on est accueilli par quelques hamacs colorés. Une poignée de chambres, simples et un peu sombres mais bien tenues malgré leur aspect un peu défraîchi. Cuisine à disposition, mais si vous ne vous en servez pas, le patron offre une réduc sur la chambre. Accueil gentil comme tout.

Cabinas Tropicales (plan B2, **24**) : *dans une ruelle perpendiculaire à la partie ouest de la piste d'atterrissage. 📱 8997-1445. • cabinas-tropicales.com • Doubles 50-60 $.* Cette maison de plain-pied est entourée d'un grillage, heureusement couvert de végétation. Bien tenues, bien qu'un peu sombres, toutes les chambres possèdent leur propre salle de bains et la clim. Ça manque malgré tout un peu de dégagement et de vue. Cuisine ouverte à disposition et prêt de vélo. On vit ici au rythme du décollage et atterrissage des petits coucous, mais ils ne troubleront nullement votre sommeil. Accueil un peu frisquet. Malgré quelques bémols, une très bonne adresse vu le prix.

Voir aussi le camping et les chambres économiques de ***La Chosa del Manglar*** *(plan B2, **28**)* plus loin.

LA ZONA SUR

Prix moyens (60-90 $ / 50-75 €)

Osa Lodge (hors plan par B2, **25**) : *sur la route de Playa Platanares, à env 1,5 km du port. ☎ 2735-5921. 📱 8392-6747. • osareservation@gmail.com • Double env 60 $; également des familiales.* Un peu excentré mais tellement charmant. Une poignée de bungalows, impeccables et tenus avec soin, entourent un jardin tout aussi soigné. Clim, salle de bains avec eau chaude, petit espace extérieur, hamacs, ils offrent tout le confort espéré et on y a passé l'une de nos meilleures nuits. Ajoutez un excellent petit déjeuner, une mini-piscine et l'un des accueils les plus chaleureux de la péninsule, et voilà une petite pépite !

La Chosa del Manglar (plan B2, **28**) : *à 150 m à l'ouest de l'aéroport. ☎ 2735-5002. • reservations@escapethetropics.com • Doubles et bungalows avec ventilo ou clim 50-80 $.* Un de nos coups de cœur à Puerto Jiménez. Cette « *chosa* », qui signifie « maison » en dialecte indigène, compte différentes catégories de chambres, dispersées dans un luxuriant jardin tropical. Style plutôt rustique (mais de l'eau chaude pour tous), avec fresques colorées et clim pour certaines. Grand salon extérieur où l'on prend le petit déjeuner en observant aras, toucans et singes capucins dans les arbres. Également 2 petites piscines où se rafraîchir. Accueil tout en bonhommie du propriétaire, pas avare en bons plans sur la région. Organise des marches guidées pour observer la faune et la flore. Dispose aussi de places de camping (avec ou sans tente incluse).

Inn Jiménez (plan A2, **27**) : *dans une petite rue parallèle à la rue principale. ☎ 2735-5431. • hoteljimenez.com • Doubles 65-80 $, sans petit déj.* Sans aucun doute notre adresse la plus coquette dans le village. 3 chambres modernes et hyper soignées, avec ventilo et clim, à l'étage d'une très jolie maison, cernée de belles plantes. Grande terrasse au rez-de-chaussée, avec fauteuils en bambou, hamacs et petite piscine pour se rafraîchir. Idéal pour se ressourcer après une journée d'expédition. La propriétaire est une maniaque de la propreté (on ne va pas s'en plaindre), et on enlève impérativement ses chaussures avant de monter à l'étage !

Cabinas Agua Luna (plan B1, **23**) : *dans la rue qui longe le Golfo Dulce, face au ponton. ☎ 2735-5204. • agualunacabins@hotmail.com • Double env 70 $; également des familiales.* Si l'édifice tout en longueur et en rez-de-chaussée ne dégage aucun charme particulier, les chambres s'avèrent spacieuses, modernes et absolument impeccables, avec clim, bon matelas et petit frigo pour chacune. On apprécie surtout être si proche de l'activité du petit port, sans en subir le bruit car l'établissement est en retrait et donne à l'arrière sur la calme mangrove. Prix un peu exagérés vu l'ensemble plutôt tristoune, mais ça peut dépanner si les autres sont complets.

De prix moyens à chic (60-130 $ / 50-108 €)

Cabinas Jiménez (plan A1, **26**) : *à 150 m derrière le terrain de foot, au bord du Golfo Dulce. ☎ 2735-5090. • cabinasjimenez.com • Doubles 60-120 $ selon confort, taille et vue.* Encore une adresse que l'on aime bien pour sa vue dégagée sur le golfe, le charme de ses chambres, son calme et sa petite piscine. Une vingtaine de chambres en tout, dont certaines avec vue sur l'eau (et quelle vue !), et toutes avec salle de bains privée, clim, frigo et cafetière. Certaines chambres profitent d'un balcon, d'autres de belles terrasses et même d'une cuisine. Les moins chères, plus petites que les autres, offrent malgré tout un bon confort. Bref, il y en a pour tous les budgets, et on arrive même à négocier les prix. Prêt de kayaks et de vélos. L'hôtel propose différentes activités (*Dolphin Tour*, tour du cacao, excursion au Corcovado...).

Où manger ? Où prendre un bon petit déj ?

Bon marché (max 6 000 CRC / 8 €)

Panadería Monar (plan A2, **32**) : *dans la rue principale. Lun-sam 4h30-16h, dim 4h30-9h.* Toutes sortes de pains, croissants, parts de pizza, gâteaux et friands à la viande ou au fromage. Vend aussi quelques produits laitiers (fromage à tartiner, yaourts...). Parfait pour préparer le pique-nique ou savourer un bon petit déj avant de partir pour le Corcovado.

Soda Marbella (plan B1, **34**) : *sur le port. Tlj 11h-22h. Plats 3 000-6 000 CRC.* De l'avis de tous, le meilleur *soda* de la ville, et on ne va pas démentir ! Rempli à toute heure, on y sert de (très) généreux plats typiques, surtout à base de produits de la mer. Excellents *arroz con camarones* (riz aux crevettes), *ceviches* servis avec des bananes plantain frites *(patacones)* et *dedos de pescado* (nuggets de poisson). Arrosez le tout d'un *batido* bien frais à l'ananas, et voilà une affaire rondement menée !

Restaurante Carolina (plan A2, **20**) : *dans la rue principale. ☎ 2735-5696. Tlj env 6h-22h. Plats 3 000-6 000 CRC.* Un des plus anciens restos de Puerto Jiménez. Salle ouverte bien ventilée, avec grande fresque maritimo-végétale. Carte longue comme le bras qui fait le tour de toute la cuisine nord, centrale et sud-américaine : burgers et tacos, mais aussi *casados* et *arroces* pour consommer local. Les pressés piocheront dans les *comidas rápidas*.

Cafetería Monka (plan A2, **30**) : *dans la rue principale, à 2 pas du terrain de foot. ☎ 2735-5051. Lun-sam 6h-20h, dim 6h-9h. Plats et petits déj 3 000-5 000 CRC.* Terrasse mignonne comme tout et salle jaune ventilée, impeccable pour déguster un solide petit déjeuner (pancake aux fruits, smoothies, copieux *huevos rancheros*...). Au déjeuner, bonnes salades, sandwichs et *arroces* de toutes sortes. Également de bons gâteaux, pour les gourmands en manque de sucre !

Pour un *casado* tout simple à prix mini, 2 bons *sodas* dans le centre du village : ***Soda Jimenez*** *(plan A2 ; juste en face du* Inn Jimenez*)* et ***Soda Johanna*** *(plan A2 ; à côté de* Cabinas The Corner*).*

Prix moyens (6 000-10 000 CRC / 8-14 €)

Restaurante Los Delfines *(plan B1,* ***31****) : tt au bout du port, directement sur la plage. ☎ 2735-5083. Tlj 9h-22h. Plats 4 000-8 000 CRC.* Le seul restaurant directement les pieds dans le sable, où l'on déguste des spécialités de la mer, sous un toit de tôle, avec de beaux palmiers et le *golfo* pour seul horizon. Toujours du poisson bien frais à la carte, mais aussi de plus économiques (mais gargantuesques) *arroces con camarones* et *casados de pescado.* Le soir, les guirlandes lumineuses apportent une touche de romantisme.

PizzaMail.it *(plan A1,* ***33****) : au bout de la rue principale, juste à l'angle du terrain de foot. ☎ 2735-5483. Tlj 16h-23h (fermeture des cuisines env 1h avt). Pizzas 4 500-9 000 CRC selon taille.* Un classique depuis plusieurs années en ville. Le soir, la petite terrasse ouverte sur la rue est parfaite pour déguster une pizza, la meilleure de la ville aux dires de tous. Hawaïenne, 4 fromages, méditerranéenne, ça change de l'éternel *casado.* Existe aussi en version *tica* si vous ne voulez pas frustrer votre estomac. Propose sinon de bonnes ventrées de pâtes. Une excellente adresse aux prix particulièrement étudiés.

Steak House and Grill *(plan A2,* ***35****) : juste à la sortie du village, sur la piste vers Carate. ☎ 2735-6226. Tlj 11h-23h. Plats 6 000-14 000 CRC.* Ne vous fiez pas à son nom, ici, on cuisine aussi bien les produits iodés que carnés. Le menu, annoncé sur une grande ardoise, change en fonction de l'arrivage et de la pêche du jour. Au moins, c'est frais ! *Ceviches,* nuggets de poisson ou de poulet, *ribs,* pâtes aux fruits de mer, difficile d'arrêter son choix. À moins d'opter pour le barbecue (option terre ou mer) pour goûter un peu de tout. Salle grande ouverte sur la nature et simplement abritée d'un immense carbet.

Où boire un verre ?

El Audaz *(plan B1,* ***50****) : à 2 mn de navigation du ponton. ☎ 2735-5187. Tlj 11h-23h (17h lun).* Un bar flottant, il fallait y penser ! Cet ancien crevettier a jeté l'ancre à quelques brasses du port. Depuis le ponton, il suffit d'héler la petite navette qui vous mènera à bord *(1 000 CRC/pers l'A/R).* Cocktails de fruits ou bière se sirotent en grignotant des *patacones* et un *ceviche* bien relevé. Peut-on trouver un lieu plus idyllique pour admirer le coucher de soleil sur les flots ?

Achats

Artes de Osa *(plan A2,* ***60****) : dans la rue principale de Puerto Jiménez, juste après l'église. 📱 5017-9665. Tlj 7h-20h.* Cette jolie boutique présente un large éventail de l'art local provenant essentiellement des communautés de la péninsule d'Osa. Sculptures sur bois, peintures, bijoux, vannerie de qualité, produits de beauté d'origine naturelle, café, épices, et plein de petites choses en matériaux recyclés. Parfait pour faire le plein de cadeaux peu encombrants.

Tienda Jagua *(plan B2,* ***61****) : dans la rue qui longe l'aéroport à l'ouest. ☎ 2735-5267. Tlj en principe 6h30-17h.* On aime beaucoup cette boutique où l'on trouve de chouettes idées de cadeaux : marque-pages, carnets en papier recyclé, petites céramiques, bijoux, mais aussi produits de beauté à base de coco... Vend également d'excellentes glaces de production locale : beurre de cacahuètes, chocolat, Oréo... pas données mais tellement gourmandes !

À voir. À faire

Si l'excursion à la journée du parc national Corcovado reste l'attraction principale de la péninsule d'Osa (voir plus loin « Route vers le Corcovado »), de nombreuses autres activités sont proposées par les agences situées dans la rue principale de Puerto Jiménez (voir « Adresses utiles »), ou en passant par votre hôtel. En général les tarifs sont quasiment identiques partout, à 5 $ près.

Playa Platanares : *à 5 km au sud-est de Puerto Jiménez. Prendre la piste qui longe l'aéroport côté est et poursuivre tt droit. Faisable à pied (compter env 1h-1h15) ou à vélo. Sinon, le stop fonctionne bien.* Accessible même si l'on n'est pas véhiculé, celle plage est la plus proche de Puerto Jiménez. Longue de 8 km, elle alterne des paysages de mangroves et de cocoteraies. Souvent déserte, on s'y baigne sans problème, mais attention aux vagues et courants puissants à certains endroits.

Observation des dauphins : *env 75 $/pers. Durée : env 5h.* Les dauphins sont présents dans la baie toute l'année. Ils s'approchent en général assez près des embarcations. Sessions de *snorkelling* incluses.

Tourisme rural : *env 45 $/pers à la ½ journée et 85 $/pers avec une nuit incluse et 3 repas.* Pour un tourisme responsable et intelligent, une belle façon de découvrir le mode de vie des locaux dans les campagnes. Visite d'une ferme avec son potager et ses arbres fruitiers, observation des oiseaux dans la forêt et dégustation de quelques produits de la ferme.

Sortie en kayak : *compter env 45-55 $/pers pour 3h.* Certains hébergements prêtent ou louent à leurs hôtes des kayaks individuels ou doubles. Sinon, les agences proposent une excursion au coucher de soleil pour observer ce phénomène incroyable qu'est la ***bioluminescence*** (lumière émise par des organismes vivants). En un mot : magique ! On peut aussi choisir une excursion au cœur de la mangrove.

Chocolate Tour *(on vous épargne la traduction !)* ***:*** *env 33 $/pers.* Visite d'une plantation de cacao à une quinzaine de kilomètres de Puerto Jiménez. On vous expliquera comment le chocolat a traversé les siècles, mais aussi ses petits secrets de fabrication, pour finir évidemment avec la dégustation tant attendue. On peut aussi opter pour cette visite mais sans passer par une agence. Une poignée de plantations sont en effet ouvertes au public sur la péninsule.
On a aimé ***Osa Cacao Chocolate Factory*** : *à 10 km à l'ouest de Puerto Jiménez, sur la route 245 en direction de Barrigones. 8514-8002. • osa-cacao-chocolate.business.site • Tlj 8h-17h (17h30 sam et mar). Compter 2h de visite pour 40 $/pers.*

LA ROUTE VERS LE CORCOVADO

De Puerto Jiménez, une piste rocailleuse mène en 1h30 environ à Carate, où se trouve l'entrée du *Parque Nacional Corcovado.* La route en soit est déjà une aventure, rythmée par les passages de gués (4x4 obligatoire) et les pauses pour observer la faune : on se prend vite pour un reporter animalier en plein safari ! Singes, envolées d'aras, fourmiliers moyens, agoutis... La faune est presque aussi riche qu'à l'intérieur même du parc. Une belle entrée en la matière avant la plongée dans la nature profonde du Corcovado.

De Puerto Jiménez pour Matapalo et Carate, en bus* colectivo *: 2 liaisons/j., à 6h et 13h30. Trajet : 1h pour Matapalo et 2h pour Carate. Retour de Carate à 8h30 et 16h30 (passe à Matapalo vers 9h15 et 17h).

Dans les environs de Cabo Matapalo

À environ 45 mn de route de Puerto Jiménez (environ 18 km) vers Carate et le Corcovado, Matapalo n'est pas un village. Il s'agit simplement de quelques maisons éparses et de *lodges* de luxe nichés dans la végétation, à proximité de jolies plages sauvages et à 2 pas du *Cabo Matapalo,* pointe sud-est de la péninsule d'Osa. Un coin particulièrement sauvage où l'on vient surtout pour les plages préservées. *Playa Pan Dulce* est la plus protégée, donc la plus baignable. Mais notre préférence va à sa voisine *Playa Backwash,* au sable blond ourlé de palmiers. Plus houleuse, on peut s'y baigner en restant vigilant, mais il s'agit aussi d'un spot de surf. Enfin, oubliez le barbotage à *Playa Matapalo,* seuls les amateurs de glisse y trouveront leur bonheur, entre galets et grosses vagues.

Où dormir ? Où manger ? Où boire un verre ?

Ojo del Mar Ecolodge : *à 16 km de Puerto Jiménez, sur la gauche (panneau discret). 8378-5246. • ojodelmar.com •* Beach nests *85-95 $ (sdb partagées), standard et superior 120-165 $; petit déj inclus. Resto seulement pour les clients.* Attention, coup de cœur ! Si vous en avez les moyens, cette adresse en pleine jungle comblera votre désir d'écologie et de proximité avec la nature, sans renier pour autant votre confort. On dort dans des bungalows dispersés au cœur d'un grand jardin mi-sauvage, mi-géré. Pas de murs, les maisonnées sont ouvertes sur la végétation et seules des moustiquaires protègent des bestioles la nuit. Gare aux singes chapardeurs, ne laissez pas traîner votre pique-nique ! Douche extérieure en pleine nature et électricité seulement dans les *superior.* On a adoré les *beach nests,* juste devant la plage. Les repas se prennent sous une superbe paillote en bambou et toit de palme, où l'on peut aussi bouquiner en paix. Ce charmant ensemble a été édifié au fil des ans par les proprios allemands, gentils comme tout et vraiment amoureux de la région. La plage est à 2 pas. Notre plus belle adresse sur ce bout de côte.

Bar Buena Esperanza : *à 300 m après l'Ojo del Mar Ecolodge, sur la gauche. Tlj en principe 9h-22h. Plats 5 000-9 000 CRC.* Étonnant de tomber sur ce bar-resto aux tons acidulés, dans un coin aussi paumé. Si on adore la déco mexicano-bohème et les lampions colorés, on a trouvé l'accueil nonchalant et les prix franchement gonflés. La carte, très courte, varie avec le marché et l'humeur aux fourneaux : fajitas, pêche du jour, salades vitaminées... Bon et frais, mais portions un peu chiches vu les prix. Parfait sinon pour boire un verre, et ce n'est pas les clients des hébergements alentour qui nous contrediront !

Lapa Rios : *au-dessus de la Playa Pan Dulce, un chemin grimpe sec jusqu'au lodge.* ☎ *4070-0420. • laparios.com •* À moins d'avoir gagné au Monopoly *(doubles à partir de 800 $, gloups !),* difficile de s'offrir une chambre ici ! Pourtant, le luxe est à portée de main au bar de l'hôtel, ouvert à tous. Smoothie, cocktail ou simple bière, on sirote avec délectation son breuvage sur l'une des terrasses suspendues (on frôle les feuillages !). Encore plus haut, encore plus beau, un impressionnant escalier en bois en colimaçon mène à un observatoire au-dessus de la canopée (sujets au vertige, s'abstenir). Un poste d'observation privilégié pour admirer les toucans. Immanquable si vous passez par là.

Dans les environs de Carate

Où dormir ? Où manger ?

Depuis Cabo Matapalo, en reprenant la piste principale sur 24 km (environ 45 mn de route), on parvient à Carate. À 1h30 de route de Puerto Jiménez,

voici le bout de la route, qui se termine en cul-de-sac. Dans sa dernière portion, la piste longe une immense et large plage de sable noir, aux puissants rouleaux. ***Baignade vraiment dangereuse et courants traîtres, ne surtout pas y aller avec des enfants.*** Pas de village, simplement un petit parking en bord de mer, sous les cocotiers, une improbable piste d'atterrissage pour les petits coucous, et quelques *lodges* plutôt chics, car le bout du monde, ça se paie. Les hébergements du secteur proposent tous la pension complète (bien pratique lorsqu'on est si isolé) et l'excursion guidée au Corcovado (packages nuitées + parc parfois intéressants).
Du minuscule parking de Carate (après la piste d'atterrissage) débute le chemin de rando qui mène à La Leona, point d'entrée est du *Parque Nacional Corcovado.*

Très bon marché (max 30 $ / 25 €)

Sirena Lodge : *16 km après l'entrée du parc, seulement accessible à pied. Compter env 5h de marche depuis La Leona. 5 $/pers en tente et 30 $/pers en dortoir. Petit déj 20 $, déj et dîner 25 $.* Dans le cadre d'une excursion de 2 jours, on peut passer la nuit au secteur *Sirena,* soit sous la tente (que vous devez apporter), soit dans un *lodge* rudimentaire, abritant des dortoirs avec lits superposés. Dans les 2 cas, il faut réserver son hébergement le plus tôt possible (min 30 jours à l'avance). Résa par mail : • *reservaciones@parquecorcovado.org* • et • *pncorcovado@gmail.com* • Si vous passez par une agence, c'est bien sûr eux qui se chargent de toutes ces démarches.

De chic à plus chic (90-130 $ et plus / 75-108 € et plus)

Finca Exotica Eco Lodge : *1 km avt Carate. 8359-8408. • fincaexotica.com • Tentes 2 pers 85-120 $; cabines 2 pers 150-280 $; petit déj inclus. Également en pens complète. Resto slt pour les clients.* Boum-boum, notre petit cœur palpite encore de cette adresse aux hébergements confidentiels, dissimulés dans une dense végétation. Au choix, des tentes sur pilotis, sans électricité et pour seul ameublement un matelas posé sur des palettes, ou bien de confortables *cabinas* avec tout le confort espéré : terrasse, hamacs, électricité et vue plongeante sur l'océan pour les plus chères. Les tentes se partagent des salles de bains, mais les cabines en ont chacune une. Toutes sont ouvertes sur la nature, on se douche sous les arbres ! Ajoutez des terrasses suspendues, de grandes paillotes en bambou où partager les bons repas maison, des cours de yoga... En un mot : parfait !

La Leona Eco Lodge : *3 km après Carate, à 500 m de l'entrée du parc (La Leona Park Ranger Station). ☎ 2735-5705. • laleonaecolodge.com • Tentes 2 pers sans ou avec sdb et selon vue 100-200 $.* C'est l'hébergement le plus proche de l'entrée du parc mais il n'en fait pas partie. Une quinzaine de tentes toilées et aménagées avec simplicité (de vrais lits quand même) se dispersent sur un terrain planté de palmiers. Les plus chères font face à l'océan et possèdent leur propre salle de bains ouverte sur la nature, les plus économiques donnent sur le jardin et partagent les sanitaires. On aime se prélasser dans les hamacs tendus en surplomb de l'océan (attention aux noix de coco !). Avec cet emplacement, sûr, vous serez les 1ers à entrer dans le parc !

Lookout Inn : *bien indiqué à 2,5 km avt la fin de la route, sur la droite. ☎ 2735-5431. 8801-6973. • lookout-inn.com • Compter 90-170 $/pers en pens complète selon saison et confort.* Sur les hauteurs (une volée de marches y mène depuis la piste), une grande maison de bois, dotée d'une généreuse terrasse qui offre une vue époustouflante sur l'immense plage en contrebas. Les chambres les plus simples et les moins chères sont situées au rez-de-chaussée de la maison principale, mais en hauteur malgré tout. Les plus chères sont haut perchées sous les toits et offrent une vue simplement époustouflante. La tête dans les arbres, les aras sont à portée de main ! Confortables, avec ventilo et salle de bains privée, toutes sont à moitié ouvertes sur la végétation extérieure. Pas de murs, mais de grandes moustiquaires, pour s'imprégner pleinement du chant de la nature, des cris des animaux, du sifflement du vent, rythmé par le ressac en fond sonore. Une vraie symphonie. Salle de bains extérieure en contact direct avec la végétation. De la terrasse de la maison principale, quel plaisir de siroter un apéro au retour d'une randonnée en profitant du panorama. Petite piscine sous un kiosque en contrebas. Organise des tours dans le parc mais à des prix peu avantageux.

Carate Luna Lodge : *arrivé au niveau du parking, poursuivre la piste sur la droite sur 2 km (une piste coriace, pentue, avec 2 passages de gué) ; attention, 4x4 obligatoire pour ce dernier tronçon. ☎ 4070-0010. • lunalodge.com • Compter 150-300 $/pers en pens complète selon type d'hébergement et saison.* 3 types d'hébergements sont proposés dans cette adresse d'exception, à des tarifs très variables : des tentes posées sur une structure de bois, avec de vrais lits, une petite terrasse et salle de bains en dur à l'arrière (de loin les moins chères), des *haciendas rooms* pour d'avantage de confort et d'espace, installées dans un bâtiment en dur ; enfin des bungalows circulaires en bambou avec petite terrasse et salle de bains semi-ouverte sur la nature. Seul défaut, on n'est pas à proximité directe de la mer, mais un véhicule vous y amène sur demande (payant). Point fort de cet ensemble charmant : une immense terrasse ouverte qui prolonge le resto avec une percée sur la jungle et au loin la mer. Jolie piscine. Organise différentes randonnées à pied, à cheval ou en kayak.

À voir. À faire

Parque Nacional Corcovado : *l'entrée est du parc se situe à 3,5 km à l'ouest de Carate. • sinac.go.cr • À Carate, petit parking au bout de la piste. De là, on fait à pied le trajet jusqu'à La Leona (3,5 km donc), porte d'entrée officielle à l'est du parc (compter 45 mn-1h). Tlj 7h-16h. En oct, l'entrée du secteur Sirena est fermée mais les autres restent ouvertes. Entrée : 15 $/j. ; réduc. Il faut y ajouter le prix du guide (largement recommandé), soit env 60 $/j. et par pers. Si vous désirez passer la nuit dans le parc à La Sirena (on dort sous la tente ou en dortoir sommaire), ajoutez env 5 $/pers en tente (vous devez apporter votre matériel de camping) et 30 $/pers en dortoir (à réserver min 30 j. avt votre arrivée).* ***On recommande fortement de passer par une agence*** *(voir « Adresses utiles »), le package pour l'excursion à la journée revient à env 115 $/pers (transfert depuis/vers Puerto Jiménez inclus) et env 320 $/pers pour 2 jours (nuit et repas inclus).*

Voici l'un des parcs les plus réputés du pays, soit 450 km² de forêt tropicale, et une grande partie de la surface totale de la *Península de Osa.* On le visite pratiquement toute l'année, même si la saison sèche, entre décembre et avril, reste la meilleure période. Après le printemps, selon les pluies, son accès est

DE LA VERTU DU TOURISME

Quand la péninsule d'Osa était parfaitement méconnue et peu fréquentée, les orpailleurs pouvaient tranquillement polluer les cours d'eau sans être inquiétés. Dans les années 1960 vinrent les bûcherons, qui pratiquaient en toute impunité des coupes des plus belles essences, tandis que les braconniers se servaient en animaux exotiques en vue d'alimenter un trafic toujours juteux. Mais en 1975, près des 2/3 de la surface de la péninsule furent déclarés parc national. Aujourd'hui, les peines de prison qu'encourt un braconnier sont telles que personne ne s'y risque plus. On ne badine pas avec Dame Nature !

plus aléatoire. La majeure partie du parc n'est absolument pas accessible aux visiteurs tant la forêt est dense. Le sentier principal longe la côte Pacifique (tout en pénétrant dans la forêt) sur plusieurs dizaines de kilomètres. Un petit réseau de sentiers se situe à La Sirena, un des points clés du parc.
On accède au parc soit ***par l'ouest, en bateau à partir de Bahía Drake*** (voir les détails dans le chapitre consacré à cette région), soit ***par l'est, à partir de Puerto Jiménez*** (voir le texte ci-après). On fait rarement les 2.
C'est un parc de basse altitude (on démarre au niveau de la mer), qui possède toutefois de jolies montagnettes s'élevant jusqu'à 700 m. Ces parties sont inaccessibles au public. Mais pas d'inquiétude, il y a de quoi voir ailleurs.

Faune et flore du Corcovado

Une dense forêt primaire et secondaire couvre la totalité du parc, au milieu de laquelle sinuent de nombreuses rivières aux eaux parfaitement pures. Sa richesse végétale est remarquable. On y trouve réuni près d'un tiers des espèces d'arbres connues dans le pays, soit 500 variétés. Cette diversité attire une incroyable faune : plus de 350 espèces d'oiseaux, environ 130 sortes de mammifères (plus de 50 sortes de chauves-souris), 40 types de poissons d'eau douce, 70 familles de reptiles et 46 d'amphibiens. Le jour, la nuit, dans les arbres ou au ras du sol, il y a de quoi s'en mettre plein les mirettes.
On ne va pas, ici, en faire la liste exhaustive, mais parmi les mammifères emblématiques du parc, citons le ***jaguar,*** qu'il n'est pas si rare d'apercevoir, et qui aime s'approcher de l'embouchure des rivières à marée haute, pour se délecter de tortues (on n'a pas réussi à savoir si le jaguar lui enlevait sa carapace !). Dans la famille félins, on trouve encore des ***ocelots,*** mais pas facilement visibles. Imposants ***tapirs de Baird*** et petits ***pécaris*** (dont le pécari à collier) sont facilement observables. Et parfois de beaux ***fourmiliers moyens*** (les géants, aussi appelés tamanoirs, ont disparu du territoire). Dans les arbres et au sol, les ***singes*** sont partout. C'est l'un des rares endroits dans le pays où l'on peut observer les 4 sortes de primates dans un même écosystème : le capucin, le singe araignée, le singe hurleur et le singe écureuil. Tranchant sur le vert de la végétation, vous ne manquerez pas l'***ara macao,*** dont le plumage rouge, jaune et bleu ne lasse jamais. Toujours chez les oiseaux, préparez-vous à une prise de bec avec les splendides ***toucans,*** mais vous n'aurez pas gain de cause. Le plus grand oiseau de proie de la planète est également de la fête, la ***harpie féroce,*** qui porte bien son nom. Plus petits mais présents en nombre et mignons comme tout, de nombreuses variétés de ***capucins.*** Toujours dans les arbres, les ***paresseux*** à 2 ou 3 doigts. Au sol, faites gaffe où vous mettez les pieds, histoire de ne pas croiser le chemin du ***fer de lance*** *(Bothrops atrox),* vipère venimeuse dont la taille peut atteindre 2 m. Elle doit son nom à la forme triangulaire de sa tête. Attention quand vous traversez les rivières à gué ! Dans l'eau, ***caïmans*** et ***crocodiles*** (on vous apprendra à faire la différence, mais c'est caïman pareil !) ne sont pas rares. ***Tortues*** vertes et olivâtres sont aussi visibles le long des cours d'eau. Venant de l'océan, les ***requins bouledogues*** remontent l'embouchure des rivières pour se nourrir. Bon, on s'arrête là !

JAGUAR, LA ROLLS DES FÉLINS

Au Costa Rica, le jaguar représente un symbole de liberté et de force. Vénéré par la plupart des Amérindiens d'Amérique centrale et du Sud, il est très présent au Corcovado, où il se nourrit de tapirs, agoutis et serpents. Son pire ennemi ? L'homme. La déforestation intense de la fin du XXe s a réduit son territoire de près de moitié dans toute l'Amérique du Sud. Au Costa Rica, les dégâts furent moindres. En 2012, les naturalistes de 14 pays de la région ont mis en place un corridor biologique, afin de protéger les migrations en toute liberté du félin.

Comment visiter le parc ?

– Depuis 2019, il est possible d'entrer seul dans le Corcovado. Attention, cette option n'est valable que pour une entrée par La Leona (secteur le plus facilement accessible depuis Puerto Jiménez). ***Nous déconseillons vraiment de parcourir le parc sans guide*** pour plusieurs raisons : vous aurez plus de mal à repérer les animaux, vous n'apprendrez rien sur la faune et la flore, les sentiers ne sont pas si bien balisés, vous pouvez tomber sur de grosses bêtes (comme le puma) et de plus petites mais non moins dangereuses (les vipères notamment). Pour ceux qui voudraient malgré tout jouer à l'aventurier solitaire, voici la démarche à suivre.

La veille ou l'avant-veille de votre visite au Corcovado, il faut se rendre à l'*Office Parque Nacional Corcovado MINAE-SINAC* (voir « Adresses utiles » à Puerto Jiménez), qui abrite le bureau des guides du parc. Là, on vous donnera un document portant un numéro de réservation et le montant à régler pour les entrées au parc (15 $/personne, qui varient en fonction du taux de change). Avec ce document, il faut se rendre dans une petite échoppe de la rue principale du village (collée aux *Cabinas Carolina*) pour s'acquitter de la somme due (ajouter une commission de 1 000 CRC). Une fois le montant réglé, on vous délivre un récépissé, il faut alors retourner au bureau des guides où on vous délivrera (enfin !) vos entrées. Attention, le bureau fermant à 16h, prévoyez une petite marge de manœuvre, le temps de faire vos allers-retours ! Vous avez en main le précieux sésame pour partir le lendemain au Corcovado. Roulez jusqu'à Carate (environ 1h30), laissez votre véhicule au parking *(5 $/j.)* et marchez les 3,5 km (environ 1h) qui vous séparent de l'entrée du parc. Là, un guide vous expliquera le sentier à suivre et le comportement à adopter si vous croisez un puma (gloups !).

– Pour éviter ces tracasseries administratives et pour découvrir le Corcovado dans de bonnes conditions, mieux vaut faire appel au service d'une agence (voir notre sélection dans « Adresses utiles » à Puerto Jiménez). Le parc ayant limité le nombre d'entrées quotidiennes, on vous conseille de réserver votre excursion au Corcovado le plus en amont possible (surtout si vous souhaitez dormir dans le parc).

Compter environ 115 $/personne (entrée, guide naturaliste et transfert depuis/vers Puerto Jiménez inclus) pour l'excursion à la journée, et environ 320 $/personne pour 2 jours (nuit et repas inclus). On peut aussi suivre un tour guidé, mais y aller avec son propre véhicule (réduction d'environ 15 $ dans ce cas, mais cela représente peu d'intérêt car il y a plusieurs gués à passer).

LA ZONA SUR

Dormir dans le parc

À l'intérieur du parc, seul le secteur de Sirena offre une possibilité d'hébergement en dur. Depuis l'entrée du parc (La Leona), compter 16 km de sentier et environ 5h de marche. Seulement 2 structures en dur abritent des dortoirs, c'est pourquoi il est presque impossible d'obtenir une place du jour au lendemain en haute saison. Nous vous conseillons de réserver votre lit au moins 30 jours à l'avance. Résa par mail : • *reservaciones@parquecorcovado.org* • et • *pncorcovado@gmail.com* •

Si vous passez par une agence, c'est bien sûr eux qui se chargent de toutes ces démarches. C'est également là que dorment ceux qui accèderont au parc par son entrée ouest, en venant de Bahía Drake (voir plus loin).

Pour les plus aventureux, possibilité de camper aux secteurs Sirena et San Pedrillo. Compter environ 5 $/personne en tente. Vous devez apporter votre matériel de camping. Résa nécessaire par mail : • *reservaciones@parquecorcovado.org* • et • *pncorcovado@gmail.com* •

Excursion au Corcovado à la journée

Départ en général à 5h30 de *Puerto Jiménez* (seul ou avec votre guide), jusqu'à Carate, point final de la route, où l'on arrive après environ 1h30 de route. Parking gardé *(5 $/j.)* si vous venez par vos propres moyens (donc sans passer par une agence). Si vous n'avez pas de véhicule, possibilité d'aller jusqu'à Carate en *bus* *colectivo.* Du parking de Carate, on marche 45 mn-1h jusqu'à *La Leona Ranger Station,* située à 3,5 km. C'est l'entrée officielle à l'est du parc, où l'on vérifiera vos papiers. De La Leona, un sentier de 16 km sillonne entre plage et forêt pour relier le secteur de Sirena. Impossible de parcourir ce chemin aller-retour dans la même journée, le guide se contente d'un petit bout de route. Suffisant pour découvrir la richesse du parc, mais on ne s'éloigne alors ni des sentiers battus ni vraiment des autres groupes. C'est pourquoi une excursion de 2 jours est préférable (pour ceux qui en ont le temps... et l'argent !).

Excursion au Corcovado en 2 jours
Le 1er jour, on marche de La Leona jusqu'à Sirena, où l'on passe la nuit (sous tente ou dans un *lodge* rustique). Compter 5-6h de trotte (16 km) entre ces 2 stations. À Sirena, un réseau d'une dizaine de petits sentiers (20 km en tout) permet d'entrer un peu plus profondément dans la forêt. Le lendemain, retour par le même chemin jusqu'à Carate. Alternative pour le 2e jour : on remonte de Sirena vers Los Patos en traversant une partie de la péninsule vers le nord. Compter environ 8h (20 km). C'est le seul sentier qui pénètre au cœur du parc. Être en bonne forme car ce trajet est fatigant. À l'arrivée à Los Patos, un taxi réservé par votre agence vous ramène à Puerto Jiménez.

SIERPE

Un village de poche qui bute sur la rivière. Au bout de la rue principale, un ponton et quelques bateaux qui assurent 2 fois par jour la liaison avec Bahía Drake. On peut aussi embarquer pour un tour en bateau dans la mangrove, l'une des plus impressionnantes du pays. L'occasion d'observer de superbes oiseaux, mais aussi des singes et surtout des crocos !

Arriver – Quitter

➢ ***En voiture :*** depuis Palmar Norte, situé sur la Panamericana, prendre la route vers Sierpe (17 km). C'est tout au bout.
➢ ***En bus depuis San José :*** 1 départ à 8h30 avec *Tracopa*. Le bus arrive vers 14h30. On peut ainsi prendre le bateau de l'ap-m pour Bahía Drake.
➢ ***En bateau jusqu'à Bahía Drake :*** départ du petit port de Sierpe, au pied du *Perla del Sur – Hotel Oleaje Sereno. Lancha pública* à 11h30 et 16h. On achète ses billets au kiosque devant la rivière. Compter 15 $ pour le bateau du mat et 20 $ l'ap-m. Trajet : 1h. Retour de *Bahía Drake* à 7h et 14h30 (même tarif qu'à l'aller). Au moment d'embarquer, les touristes sont dispatchés en fonction de l'hébergement où ils ont leur réservation à Bahía Drake. Pas de panique si vous comptiez en trouver en arrivant sur place, il n'y a pas besoin de résa pour monter dans une des *lanchas.* Si vous êtes en voiture, possibilité de vous garer sur le parking de l'hôtel (payant ; compter 3 000 CRC/j.).
➢ ***En avion :*** l'aéroport de Palmar Sur se trouve à 15 km au nord de Sierpe. 1 vol/j. dans les 2 sens avec *Sansa* de/vers San José. Durée : 45 mn.

Où dormir ? Où manger ?

🏠 🍽 ***Perla del Sur – Hotel Oleaje Sereno :*** *au bout de la route, juste devant la rivière.* ☎ *2788-1082.* • *laperladelsur.cr* • *Double env 50 $, petit déj inclus. Au resto, plats 3 500-5 000 CRC.* L'unique hôtel du secteur, que l'on fréquentera sans déplaisir si l'on arrive trop tard pour prendre le bateau vers Bahía Drake. Une dizaine de chambres seulement, fonctionnelles et propres, toutes avec salle de bains, clim et jusqu'à 5 lits pour certaines. Au resto, sur une grande terrasse ouverte devant la rivière, on profite d'une cuisine honnête, copieuse et plutôt économique, surtout pour un endroit de passage. *Arroces* variés, *nachos,* poissons frits et *ceviches.* De quoi patienter avant de prendre le bateau. Excellentes *batidas.*

À voir. À faire à Sierpe et dans les environs

Tour dans la mangrove : *rens au kiosque du port, au pied du* Perla del Sur – Hotel Oleaje Sereno. *☎ 2788-1082. • laperladelsur.cr • Prix : env 65 $/pers. Durée : 3h.* L'unique hôtel-resto de Sierpe abrite également les bureaux de l'agence *La Perla del Sur Adventures,* qui organise des tours en bateau dans la mangrove. Formé par les rivières Terrabá et Sierpe, ce marais (baptisé *Humedal nacional Térraba-Sierpe*) s'étend sur plus de 26 000 ha, le 2e plus vaste d'Amérique centrale. À bord de *lancha* à moteur, on observe la faune locale : singes, serpents, crocodiles, caïmans, oiseaux migrateurs, mais aussi une flore démesurée. Prévoir de l'eau, un anti-moustique et de la crème solaire. Une autre agence très sérieuse propose la même prestation : ***Kokopelli*** *(☎ 2788-1259 ; 📱 8897-1678 ; • sierpemangrovetour.com • ; prix : 70 $/pers ; durée : 3-4h).*

Sitio Arqueológico Finca 6 *(carte La Zona Sur)* **:** *à env 10 km de la Panamericana en direction de Sierpe ; le site est accessible par un chemin sur la gauche, juste avt un petit pont métallique. ☎ 2100-6000. • diquis.go.cr • Tlj sauf lun 8h-16h. Entrée : 7 $; réduc. Compter 1h de visite max.* Ils ne sont pas si nombreux, les sites précolombiens au Costa Rica ! Celui-ci est inscrit au Patrimoine mondial de l'Unesco depuis 2014 seulement. Alors, si vous êtes véhiculé, il serait dommage de ne pas y faire halte. Il s'étire sur 10 ha, mais on en visite qu'une toute petite partie. En effet, les terres tout autour appartenaient à la *United Fruit Company,* qui défricha, dans les années 1940, des espaces énormes pour planter des bananiers, détruisant souvent sans le savoir plusieurs sites de grand intérêt.

Ce qui subsiste du site d'origine s'intégrait à une vaste chefferie précolombienne datant de la période Chiriquí et qui avait fait souche dans le delta du Diquis, espace situé dans la partie ouest de la péninsule d'Osa, entre les fleuves Térraba et Sierpe. Les Diquis auraient longtemps vécu dans cette zone puisque les fouilles mirent au jour des objets dont les origines remontent entre le VIIIe et le XVIe s. Outre une série de petits objets, ce qui frappe ici, ce sont ces intrigantes sphères de pierre, dont certaines remonteraient au IIIe s !

À l'entrée, un petit musée, moderne mais modeste, présente les fouilles locales et les sociétés archaïques qui occupaient le delta. Mais si l'on vient ici, c'est surtout pour observer ces bien curieuses sphères, parfaitement rondes.

UNE PETITE PARTIE DE BOULES ?

On ne connaît que très peu de choses sur les Amérindiens Diquis. Les bolas, énormes sphères de pierre que l'on a retrouvées autour de leur habitat, constituent sans doute la plus étrange des découvertes. Leur taille varie de quelques centimètres à 2 m de diamètre, mais le plus fascinant est leur parfaite rondeur. Comment furent-elles sculptées, comment les a-t-on déplacées, et surtout quelle était leur utilité ? Jardins astronomiques, délimitations territoriales, monuments commémoratifs... Scientifiques et historiens leur ont prêté multiples fonctions... On peut en tout cas affirmer qu'elles ne servaient pas pour la pétanque, puisqu'on n'a pas retrouvé le cochonnet.

À l'extérieur, un sentier (pas très bien indiqué) mène au site proprement dit, composé de petites clairières où l'on peut observer quelques sphères de tailles très variables, la plupart enfoncées au ¾ dans le sol. C'est ainsi qu'elles furent trouvées. La majorité de celles que l'on peut observer ici furent déplacées et proviennent d'autres sites. Incroyable, on en découvrit même sur l'*Isla de Caño,* au large de Bahía Drake. Mais comment a-t-on pu les transporter jusque-là ?

SÉSAME, OUVRE-TOI !

Lors des 1res découvertes, moult légendes coururent sur les étranges sphères mises au jour dans la vallée du Diquis. À telle enseigne que ceux qui les trouvèrent pensaient qu'elles renfermaient un trésor. On tenta de percer la pierre, mais rien. Certaines bolas furent tout simplement dynamitées pour voir ce qu'elles avaient dans le ventre ! Peine perdue. Le mystère reste entier.

BAHÍA DRAKE

• Plan *p. 354-355*

Ouvert sur le Pacifique, voici un coin vraiment perdu, difficilement accessible par la piste (surtout en saison des pluies, de mai à novembre). C'est donc généralement en bateau, au départ de Sierpe, que l'on découvre ce petit bout du monde, qui se développe, au rythme de la notoriété grandissante du pays.
La baie porte le nom de Bahía Drake, mais le minuscule village (un bouquet de quelques maisons qui surplombe la plage) s'appelle *Agujitas.* C'est là, au bord de la longue étendue de sable, que les *lanchas* venant de Sierpe déversent 2 fois par jour leur petit lot de touristes. L'arrivée des bateaux est d'ailleurs le moment le plus animé de la journée, avec le retour des excursions. Car, si l'on choisit Bahía Drake pour sa tranquillité, c'est aussi de là que l'on gagne en bateau l'entrée ouest du *Parque Nacional Corcovado,* excursion touristique la plus importante de la péninsule. Elle se fait en général à la journée, parfois sur 2 jours. On rappelle au passage que l'on peut aussi explorer le Corcovado à partir de son entrée est, en partant de Puerto Jiménez (voir le texte qui est consacré à cette ville).
Autre excursion à réaliser depuis Drake (pour les intimes), à la demi-journée : celle d'*Isla del Caño,* une réserve biologique dont on explore les eaux translucides avec masque et tuba. Ou bouteilles de plongée pour les budgets plus larges. Pour le parc ou pour l'île, les départs se font entre 6h et 8h du matin, c'est l'heure où tous les touristes lèvent le camp. Après cette agitation matinale, le village retourne à sa léthargie... jusqu'au retour des troupes vers 14h-15h.
Vous étiez venu pour ne rien faire... et vous voilà tout occupé !
– Attention, pas de distributeur sur place. Prévoir assez de cash pour la durée de son séjour.

Arriver – Quitter

En bateau : au départ du petit port de Sierpe. Voir toutes les infos dans la rubrique « Arriver – Quitter » à Sierpe.

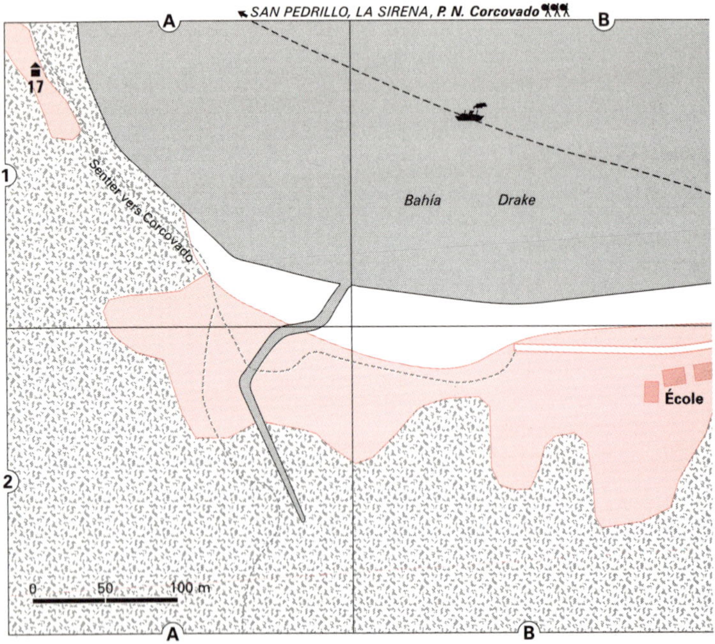

Adresse utile	13 Cabinas Murillo (D2)
1 Supermercado Santa Fé (D2)	14 Vista Drake (C2)
Où dormir ?	15 Cabinas Jade Mar (D2)
10 Martina's Place (D2)	16 Mohagine Hotel (D2)
12 Las Cotingas Lodge (C2)	17 Hotel Jinetes de Osa (A1)
	18 Cabinas Pura Vida (D2)

En avion : de/vers San José avec *Sansa* (● flysansa.com ●) et *Aerobell* (● aerobell.com ●). Durée : env 50 mn.

➢ ***En voiture :*** depuis la *ruta 2*, bifurquer à Chacarita et rouler env 40 km jusqu'à Rincón. De là débute la (mauvaise !) piste jusqu'à Drake. Seulement 25 km mais compter au moins 1h de route.

➢ Pas de bus public pour Bahía Drake. Le plus simple est de prendre un bus jusqu'à Sierpe (1 départ/j. depuis San José vers 8h30, avec *Tracopa*). Le bus arrive vers 14h30, ce qui permet d'embarquer dans le bateau de 16h direction Bahía Drake.

Adresse utile

Supermercado Santa Fé *(plan D2,* ***1****) : sur le chemin de terre qui monte en face de l'arrivée des bateaux, env 300 m sur la droite. Tlj 6h-21h.* Le plus grand point de ravitaillement du secteur. On y trouve un peu de tout, des feutres au matériel de pêche, en passant par le fromage à tartiner !

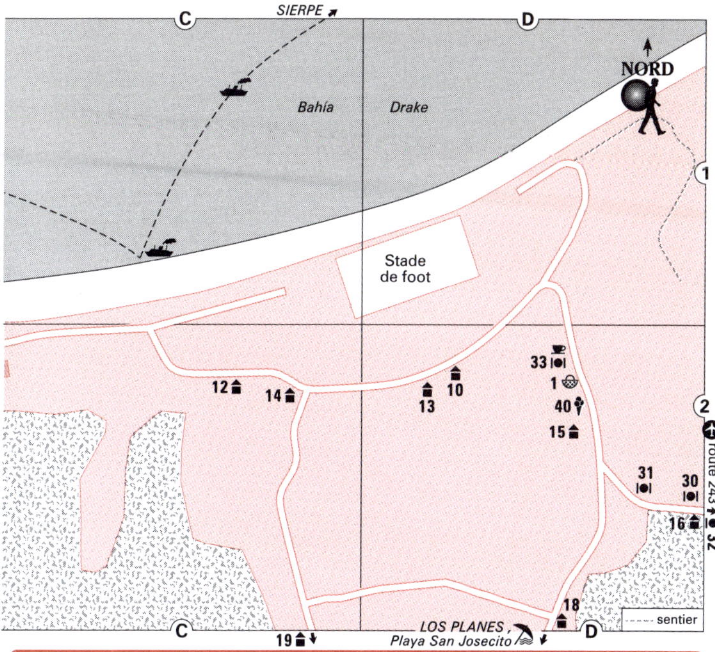

BAHÍA DRAKE

19 Finca Maresia (hors plan par C2)

Où manger ? Où prendre un bon petit déj ?

30 Restaurante Carey (D2)
31 Claudio's Grill (D2)
32 Casa El Tortugo –Drake's Kitchen (hors plan par D2)
33 Restaurante Mar y Bosque (D2)

Où manger une bonne glace ?

40 Heladeria Popis (D2)

Où dormir ?

Les hébergements vendent tous des excursions au *Parque Nacional Corcovado* et à l'*Isla del Caño,* aux mêmes tarifs pour l'île mais le prix peut varier d'une poignée de dollars pour le parc.

De très bon marché à bon marché (max 60 $ / 50 €)

Martina's Place *(plan D2,* ***10****)* **:** *de l'arrivée des bateaux, monter la rue en face et faire env 300 m, c'est sur la droite. ☎ 2775-1761. 📱 8720-0801. • puravidadrakebay.com • Lit en dortoir 8 pers 14 $; doubles sans ou avec sdb 40-60 $; pas de petit déj.* Une des seules adresses vraiment routardes de Bahía Drake, la seule en tout cas à proposer des lits en dortoir. Un petit jardin précède la maison et les chambres se répartissent tout autour. Rien de très luxueux (pas de clim mais moustiquaire et ventilo), mais les 2 critères essentiels y sont : confort et propreté. Certaines chambres avec salle de bains privée sont au même prix que celles avec salle de bains partagée, car il y fait plus chaud. Cuisine nickel et très bien organisée à disposition.

Mohagine Hotel *(plan D2, **16**) : en arrivant dans le village, sur la gauche. ☎ 2775-0043 ou 2775-9047. • mohagine.com • Tente 2 pers env 22 $; double env 28 $; cabane 2 pers env 43 $.* La meilleure adresse pour nos lecteurs au budget serré. Les plus *roots* opteront pour une tente posée sur un parquet surélevé et abritée sous une structure en toile et bois, avec électricité, miniterrasse et hamac, en toute simplicité. Des paillottes en bambou abritent sinon des chambres pour 2 à 4 personnes avec petite terrasse, d'un confort basique (ventilo et salles de bains partagées) mais tenues avec grand soin. Dernière option : des chambres toute simples dans un bâtiment en dur et sans charme. Bel espace de vie extérieur avec coin bibliothèque, cuisine commune et salon. Une adresse plutôt *peace and love,* pour laquelle on confesse un petit coup de cœur.

Cabinas Pura Vida *(plan D2, **18**) : sur les hauteurs, en prenant le sentier vers Los Planes. ☎ 2775-0919. 📱 8864-2673. • puravidacabinas@gmail.com • Double avec clim env 50 $.* Un peu sur les hauteurs du village, et donc épargné de la poussière et du trafic (ça fait du bien aux yeux et aux oreilles !), cette *guesthouse* compte une poignée de chambres, tenues avec grand soin. Pas très lumineuses car de plain-pied, elles sont immaculées, climatisées, et l'eau coule bien chaude. La journée commence en douceur par un bon petit déjeuner servi sur la terrasse et finit dans la même quiétude en bouquinant dans les hamacs. Un excellent rapport qualité-prix.

Cabinas Murillo *(plan D2, **13**) : de l'arrivée des bateaux, monter la rue en face et faire env 300 m, c'est sur la droite. ☎ 2775-0738. • cabinasmurillo@hotmail.com • Doubles 40-50 $.* Une dizaine de chambres réparties entre le bâtiment principal en rez-de-chaussée et des *cabinas* plus haut perchées. Ces dernières, plus lumineuses, offrent une superbe vue sur la baie : on en profite largement depuis son balcon. Toutes disposent d'une salle de bains, d'eau chaude et d'un ventilo. Cuisine ouverte à disposition, prolongée par une grande terrasse avec vue. Ensemble très propre, tranquille et aux tarifs vraiment raisonnables.

Cabinas Jade Mar *(plan D2, **15**) : de l'arrivée des bateaux, monter la rue en face et faire env 300 m ; c'est juste après le* Supermercado Santa Fé, *sur la droite. ☎ 2775-0337. 📱 8384-6681. Doubles 25-60 $ selon confort.* Une quinzaine de chambres distribuées dans plusieurs petits blocs, très simples, tous avec un bout de terrasse. Rien de particulier dans la déco, et l'ensemble accuse tout de même le poids des années, mais les prix conviendront à nos lecteurs au budget serré. Les plus économiques sont carrément sombres, avec des matelas raplapla ; les plus chères ont la clim. Pas de petit déj mais une cuisine commune plutôt basique. Une adresse pour dépanner.

Chic (90-130 $ / 75-108 €)

Finca Maresia *(hors plan par C2, **19**) : à 2 km au sud de Drake, sur la route de Playa San Josecito. 📱 8888-1625. • hotelmaresia.com • Doubles 80-110 $ selon confort. Repas sur demande.* Loin du brouhaha et des rues poussiéreuses du centre de Drake, cette *finca* abrite une dizaine de chambres réparties dans un jardin verdoyant. Parquet sombre, acier brossé, matériaux bruts... ah enfin une déco dans l'air du temps ! Une jolie réussite entre *cabina* traditionnelle et lignes contemporaines. Toutes profitent d'une petite terrasse avec hamac et d'une salle de bains moderne. Superbe terrasse suspendue où l'on se réveille en douceur en savourant son petit déjeuner, avec du vert pour tout horizon. Accueil tout en gentillesse. Notre adresse préférée à Drake.

Las Cotingas Lodge *(plan C2, **12**) : de l'arrivée des bateaux, monter la rue en face et faire env 100 m ; sur la droite, prendre l'escalier de 115 marches (oui, oui, 115 !), c'est tt en haut et ça chauffe les cuisses. ☎ 2775-0744. • lascotingas.com • Doubles 90-130 $ selon vue et saison ; pas de petit déj.*

Si la montée est rude, la vue est sublime ! La petite terrasse suspendue est un véritable enchantement. La poignée de bungalows est nichée sur la colline, au milieu d'un jardin hyper soigné, très fleuri. Les hébergements sont dans la même ligne : propreté et simplicité. Tous avec salle de bains, plancher ciré, ventilo et hamac. Les moins chers donnent sur le jardin, les plus onéreux (avec clim) offrent une vue plongeante sur l'océan. Dommage que le mobilier commence à accuser quelques traces du temps.

Vista Drake (plan C2, **14**) : *à env 150 m de l'arrivée des bateaux, en empruntant la piste qui monte, puis 1re à droite ; c'est à 20 m. ☎ 2775-1214. 8426-1589. • vistadrakelodge.com • Double env 70 $; bungalows 2-4 pers 130-200 $.* Les petits budgets opteront pour l'une des 2 chambres situées à l'étage de la maison principale, avec salle de bains et ventilo mais sans terrasse. Les autres choisiront l'un des bungalows haut perchés, spacieux et bien équipés (terrasse, hamacs et moustiquaires), mais dont le prix ne se justifie que si l'on est 4 personnes (trop cher pour 2 à notre avis). Équipement un peu rustique d'un point de vue européen, mais le confort est bien là.

De chic à plus chic (90-130 $ et plus / 75-108 € et plus)

Hotel Jinetes de Osa (plan A1, **17**) : *tt au bout de la plage, côté gauche en regardant la mer, juste au-dessus des rochers. 8996-6161. • completelycostarica.com • Doubles 70-180 $ selon saison, confort et vue (clim ou non).* Les chambres se répartissent dans plusieurs bâtiments, et plus on grimpe sur la colline, plus les prix gonflent (et on ne parle même pas du nombre de marches à avaler !). Déco simple, voire un peu triste, mais bon confort : matelas de qualité, ventilo, moustiquaire... Les supérieures profitent évidemment du panorama sur le grand bleu, avec une coursive commune faisant office de terrasse. Les bungalows, plus chics, abritent les suites et sont parsemés sur la colline. Tous comptent une terrasse privée et la clim. En bref, de bonnes prestations malgré un décor assez terne. Mais la situation à quelques pas de la plage est idéale pour profiter du calme ambiant. Abrite aussi un club de plongée de qualité et propose une foule d'activités aquatiques ou terrestres dans les environs.

Où manger ? Où prendre un bon petit déj ?

Attention, au déjeuner, la plupart des restos attendent le retour des excursions vers *Isla del Caño* et le Corcovado, et n'ouvrent donc que vers 13h30. Cela ne concerne pas les *sodas* ouverts en continu.

De bon marché à prix moyens (max 10 000 CRC / 14 €)

Restaurante Mar y Bosque (plan D2, **33**) : *sur le chemin qui monte en face de l'arrivée des bateaux, à env 300 m sur la droite. Tlj 6h-21h. Plats 3 000-5 000 CRC.* Délaisser la salle du bas et grimper sur la terrasse pour profiter de la vue sur la mer. Carte classique et longue comme le bras, avec sa litanie d'*arroces* variés, son *casado* et son *ensalada mar y bosque.* Propose aussi d'excellents petits déj, dont de délicieux pancakes aux fruits.

Restaurante Carey (plan D2, **30**) : *en arrivant dans le village, sur la droite. 8514-8467. Tlj midi et soir. Plats 4 000-5 000 CRC.* Un peu tristoune de l'extérieur, cette salle de resto ne nous aurait pas tellement tapé dans l'œil... mais notre odorat, titillé par le doux fumet, nous a rappelé à l'ordre. Ouf ! Les cuisines grandes ouvertes permettent d'observer la préparation des plats, hauts en couleur et joliment présentés. *Ceviches* et *patacones* (les meilleurs que nous ayons goûtés), fajitas, poisson grillé, difficile de ne pas loucher sur l'assiette de son voisin tant chacune est appétissante et généreuse. Peut-être la meilleure table du village, et on pèse nos mots.

Casa El Tortugo – Drake's Kitchen *(hors plan par D2,* ***32****) : avt l'entrée du village, côté droit (les pieds dans l'eau). ☎ 2775-9068. Tlj 6h-21h. Plats 4 000-8 000 CRC.* Les pieds (presque) dans l'eau, ce resto familial en plein air nous a été chaudement recommandé par les locaux. Quelle belle idée ! Au menu, les classiques *arroces* aux crevettes, au bœuf ou végétarien ; un *casado* des familles et surtout un excellent *ceviche* que l'on déguste sur des *patacones* bien croustillants. Très belle pêche du jour et salades composées complètent l'ardoise. Une adresse à l'excellente et constante qualité, mais aux prix un chouia surévalués. Psst, les desserts (minuscules) ne valent pas le coup de fourchette.

Chic (10 000-15 000 CRC / 14-20 €)

Claudio's Grill *(plan D2,* ***31****) : en arrivant dans le village, sur la droite. 8583-9835. Tlj à partir de 14h. Plats 18-30 $.* Le meilleur resto du village pour un bon steak ou un poisson *a la plancha*. Une adresse à réserver à nos amis carnassiers. Chouette terrasse qui se remplit dès le retour des excursions. Assez chic (et cher !) mais la pêche du jour ne vous décevra pas.

Où manger une bonne glace ?

Heladeria Popis *(plan D2,* ***40****) : de l'arrivée des bateaux, monter la rue en face et faire env 300 m ; c'est juste après le* Supermercado Santa Fé, *sur la droite. Tlj 13h-21h. Glaces 1 000-2 000 CRC.* On vous vanterait bien le meilleur glacier de la ville, mais les mauvaises langues rétorqueraient que c'est le seul ! Peu importe, on a quand même savouré un excellent banana split ! Glaces aux Oréo, au chocolat, aux biscuits ou simplement aux fruits, les Costariciens aiment les déguster sur de la gélatine. Les curieux se laisseront tenter ; sinon, opter pour le classique cornet (malheureusement industriel).

À faire dans les environs

Parque Nacional Corcovado : l'excursion au parc Corcovado nécessite de passer par une agence ou par votre hôtel car contrairement au secteur La Leona (le plus proche de Puerto Jiménez), ***un guide est obligatoire pour entrer au secteur Sirena*** (porte d'entrée du parc depuis Bahía Drake). Départ de Bahía Drake en bateau tôt le matin, en général vers 6h-6h30, et retour en début d'après-midi. Par l'ouest, l'accès principal du parc se situe à *Sirena,* que l'on atteint après environ 1h15 de navigation. Certaines excursions (assez rares) s'arrêtent à *San Pedrillo,* plus proche de Bahía Drake. Il faut savoir que la faune y est moins riche par rapport au secteur de Sirena. Dans les 2 cas, l'excursion dure entre 4 et 5h à la recherche des animaux. Possibilité d'explorer le parc sur 2 jours, en passant la nuit à Sirena dans un *tent camp* (sous la tente, donc) ou dans un *lodge* rudimentaire, avec lits superposés. Évidemment, pour 2 jours, ça coûte le double ! Pour plus d'infos sur la faune et la flore du parc, voir le texte que nous leur consacrons plus haut dans « La route vers le Corcovado. À voir. À faire ».

– ***Tarifs et infos pratiques :*** compter environ 110 $ pour 1 journée. À réserver auprès d'une agence ou de votre hébergement, qui s'occupera de tout. Le tarif inclut le transport aller-retour en bateau jusqu'à Sirena, l'entrée au parc national et le guide naturaliste. Certaines excursions ne vont en bateau que jusqu'à San Pedrillo (entrée du parc située plus proche de Bahía Drake). L'excursion coûte alors environ 100 $ par personne. Si vous choisissez l'excursion sur 2 jours, vous dormirez alors à Sirena (déjà dit). Nécessaire de réserver auparavant auprès de votre agence. Compter environ 30 $/personne la nuit en *lodge* rustique (lits superposés), mais évidemment, il faut alors payer 2 jours d'entrée au parc et 2 jours de guide. L'addition grimpe sacrément vite !

Pour des agences sérieuses, voir aussi nos recommandations dans « Adresses utiles » à Puerto Jiménez. La plupart des agences organisent aussi des départs depuis Drake.

Reserva Biológica Isla del Caño : *ts les hébergements proposent cette excursion, assurée par une poignée de prestataires locaux. Que vous passiez directement par ces derniers ou par votre hébergement, le tarif est le même partout : 90-100 $/pers. Le tarif comprend le transport en bateau, l'entrée au* Parque Nacional Isla del Caño *(15 $), ainsi que l'équipement (palmes, masque et tuba) et le déj. Départ vers 7h30 de la plage et retour vers 13h-14h.*
La balade en bateau la plus prisée de Bahía Drake. Face au Corcovado, cet îlot protégé couvre 200 ha sur sa partie terrestre et 2 700 ha dans sa partie aquatique. Sur les collines, on découvrit un ancien cimetière précolombien (non ouvert aux visiteurs) et quelques-unes de ces étranges *bolas,* énormes pierres taillées, parfaitement sphériques, qui ont conservé tout leur mystère (lire « À voir. À faire à Sierpe et dans les environs »). Sous l'eau, place à des raies tachetées, tortues pas farouches, murènes mordantes, mais aussi à des petits requins.
Les bateaux embarquent maximum une vingtaine de moussaillons et on explore en général 2 ou 3 spots (en fonction des vents) autour de l'île. Port du gilet de sauvetage obligatoire pour le *snorkelling* (double utilité : on vous repère facilement et vous ne vous épuisez pas à nager). Au total, on passe environ 3h dans l'eau à suivre de près ou de loin le guide qui vous aidera à repérer les animaux. En fin de session, petite pause d'environ 20-30 mn sur l'une des plages de l'île, pour une douche sous les cocotiers. La dernière étape consiste en un pique-nique amélioré (salades composées, pain, poulet, fruits...) sur la côte, à ***Playa San Josecito.*** Comme toute excursion encadrée, difficile de faire bande à part dans ce genre de sortie.

Plongée : la plupart des plongées se font autour de l'*Isla del Caño. Compter env 150 $ pour 2 plongées et 80 $ pour ceux qui veulent faire du* snorkelling*).* Certains hôtels possèdent leur propre club, notamment l'hôtel *Jinetes de Osa* et l'*Hotel Águila de Osa.*

■ ***Drake Divers :*** *☎ 2775-1818. • drakediverscr.com •*

■ ***Osa Divers :*** *☎ 2775-9113. • osadivers@gmail.com •*

Autres activités : si la plupart des hôtels proposent l'excursion au parc du Corcovado, ils organisent aussi de nombreuses autres activités. Location de kayaks (environ 10-15 $/h), randonnées à cheval (45-50 $ pour 3h), balades dans la baie en *paddle* (10-15 $/h), tours en bateau dans la mangrove... Également des *bird walks* et des *night walks* (balade de nuit à la recherche des mammifères) ; compter environ 40-45 $ par personne selon le type d'excursions et la durée. Sans oublier l'***observation des baleines et des dauphins.*** Les baleines sont présentes dans les eaux du secteur essentiellement entre juillet et septembre. Quant aux dauphins, ils sont là à l'année. Compter environ 90 $/pers.

Playa San Josecito : *à env 5 km au sud-ouest de Bahía Drake, il y a un parking à San Josecito, de là, marcher env 500 m sur le sable (et les rochers) pour rejoindre ce petit bout de paradis.* Éviter le créneau 12h-14h car c'est le lieu de pique-nique des tour-opérateurs au retour de l'excursion vers Isla del Caño. Le reste du temps, on s'y prend volontiers pour Robinson Crusoé ! Sûrement l'une des plus belles plages de la *Península de Osa.*

HOMMES, CULTURE, ENVIRONNEMENT

BOISSONS

Jus de fruits et café ! Voici les 2 boissons nourricières de la population... et des touristes. Circuit court et fraîcheur garantis. Ajoutez bière et rhum, et on a fait le tour des breuvages typiquement costariciens.

– ***Les jus de fruits mixés :*** avec une telle végétation, les arbres fruitiers sont superbes et d'une grande variété. Goyave, banane, ananas, mangue, melon, carambole, tamarin, pastèque (on en passe et des meilleures) sont souvent pressés minute sous vos yeux. Un régal ! Les ***batidos,*** ou *jugos,* peuvent être *en agua* (à l'eau) ou *con leche* (avec du lait). Dans les stations touristiques, on parlera plutôt de ***smoothies et milk-shakes***. Dans le 1er cas, dans les coins les plus reculés, demandez-le avec de l'eau en bouteille et sans glaçon *(sin hielo).* Nous, on les aime sans sucre ajouté *(sin azúcar)* pour garder le bon goût fruité, parfois acidulé. Enfin, on se laissera tenter par la dégustation d'eau de coco bien fraîche, appelée ***pipa fria.*** Des vendeurs se baladent souvent avec une petite charrette chargée d'une glacière, remplie de noix de coco. Un coup de machette, une paille, et slurp ! Après avoir sifflé tout le lait, demandez au vendeur qu'il ouvre la coco pour pouvoir racler la chair à la petite cuillère ou avec un morceau d'écorce de la coco que le vendeur vous taillera lui-même.

– ***Le café :*** à tout seigneur tout honneur, c'est l'un des meilleurs du monde. S'il ne s'impose pas en tête du classement mondial, c'est que sa production reste relativement limitée (on est dans un petit pays). Les autorités ont fait le choix de la qualité plutôt que de la production à outrance et ont tout misé sur l'exportation. S'il est si bon, c'est parce qu'il pousse dans la Vallée Centrale, sur les flancs des volcans qui, grâce à leurs cendres, donnent à la terre une incroyable fertilité. *Café negro, cafecito* ou *café con leche,* il est toujours excellent à condition qu'on ne vous le serve pas à l'américaine (c'est-à-dire allongé !), ce qui est malheureusement souvent le cas. Pour cela, demandez bien un *espresso* et non un café *largo* ou *lungo* (à moins d'affectionner le jus de chaussette !), ou vérifiez que le bar a un percolateur. Malheureusement, dans les hébergements et les *sodas,* on le sert systématiquement allongé. Il faut payer un supplément pour un café serré.

– ***La bière :*** après le café, c'est la boisson que consomment le plus les *Ticos,* pour un oui pour un non. La bière nationale est l'*Imperial,* mais la *Pilsen* a bien plus de saveur. Des brasseries artisanales fleurissent dans la Vallée Centrale, et les petites mousses locales s'affichent fièrement à la carte des bars (surtout à San José). De vrais arômes à découvrir ! En revanche, elles sont généralement 2 à 3 fois plus chères.

– ***Le rhum :*** incontournable ! La culture de la canne à sucre implique la fabrication de nombreux petits rhums locaux, qui se sifflent bien, même s'ils s'avèrent rarement d'une finesse inoubliable. C'est avant tout la boisson du partage, mais n'en abusez pas, certains laissent de cuisants souvenirs. Mentionnons le ***guaro,*** boisson nationale du pays dérivée du sucre de canne, qui titre environ 30°. C'est une sorte de rhum doux dont les propriétés anesthésiantes obligent à en boire de manière modérée. Il entre souvent dans la composition des cocktails. On peut aussi siroter son rhum mélangé à une limonade fraîche ou en shot... tout simplement !

– ***L'eau :*** elle est potable dans la plupart des régions du pays. Malgré tout, dans les endroits les plus reculés, il est préférable de boire de l'eau en bouteille.

CUISINE

Pour se nourrir au Costa Rica, il faut repérer les ***sodas*** (rien à voir avec les boissons gazeuses), sortes de cantines améliorées, au décor quasi inexistant, où la carte est courte et traditionnelle. On y sert de petits plats du jour, la plupart du temps copieux et pas chers. Le *casado* (voir plus bas) y est généralement à l'honneur, ainsi que différents *arroces* (pluriel de *arroz, riz) con...* à savoir un riz mélangé à de la viande de porc, de bœuf, des légumes ou autres. Les *sodas* ouvrent en continu, du matin tôt à environ 16h-17h, rarement plus tard. Ces gargotes populaires sont surtout fréquentées par les *Ticos* et les touristes à petit budget. Quant aux ***restaurantes,*** ils se caractérisent par un petit effort de déco et un vrai sens du service. Ils sont ouverts soit en continu, soit midi et soir. À fréquenter plutôt le soir, car en réalité, la cuisine n'est souvent guère plus inspirée que dans les *sodas,* mais les tarifs sont bien plus élevés. La carte se révèle tout de même plus variée, mais ce n'est pas pour autant un gage de qualité. Bref, un restaurant n'est pas systématiquement meilleur qu'un *soda.*

Les ***panaderías*** (boulangeries) et ***pastelerías*** (pâtisseries) servent aussi des en-cas : brioches, sandwichs, petits pains, friands fourrés à la viande, aux légumes et même, parfois, des *casados...* Pas mal du tout et pas cher.

Dans les villes principales, on ne pourra échapper aux chaînes de restauration rapide (là encore, l'influence nord-américaine joue à plein), que l'on évitera consciencieusement. Bonne nouvelle, elles ne sont pas encore implantées au cœur de la forêt !

Roborative, la cuisine costaricienne n'atteint pas des sommets sur le plan gustatif, avouons-le tout de go, mais elle est indéniablement franche, sincère et servie copieusement.

– La spécialité locale est le ***gallo pinto,*** plat de riz mélangé à des haricots, noirs le plus souvent (rouges parfois). S'il ne vous paraît pas très élaboré, détrompez-vous ! Coriandre, lait de coco, oignons, poivrons, sa recette varie aux 4 coins du pays et sa préparation nécessite pas moins de 3 cuissons différentes. C'est le typique petit déjeuner costaricien, mais on peut le déguster à tout moment de la journée. Le *gallo pinto* est servi partout, dans les *sodas* comme dans les restos ou au buffet des hôtels, et c'est le plat le moins cher. Sa traduction littérale serait : « poulet tacheté », allez savoir pourquoi !

– Le plat traditionnel, le ***casado,*** véritable repas concentré dans une même assiette, où le riz et les haricots (encore eux !) s'accompagnent de quelques crudités (concombre, chou, tomate) et d'un morceau de viande (ou de poisson si l'on est au bord de la mer). Selon les jours, on trouve dans les *sodas* le *casado de cerdo* (porc), *de pollo, de pescado...* On peut aussi demander la version végétarienne avec un œuf au plat *(huevo frito).* Souvent, l'assiette est complétée par de fondantes tranches de ***bananes plantain grillées*** *(platanos)* ou par de croustillants ***patacones,*** des bananes plantain frites. Vous en mangerez matin, midi et soir (autant être prévenu !).

LA MARIÉE EN FAIT TOUT UN PLAT !

Le casado, *qui signifie « marié », constitue le plat principal du Costa Rica. C'est un repas copieux et complet sous forme d'assiette qu'on sert à son homme pour qu'il soit fort et satisfait (ce qui implique que c'est seulement madame qui est en cuisine). Malgré sa volonté d'égalitarisme, il y a toujours une petite pointe de machisme qui se niche ici et là dans la culture costaricienne.*

– Rayon viande, le ***pollo*** (poulet) tient la crête. Dans les petits *sodas* et restos populaires, on en trouve du bon, élevé au grain et goûteux. Grillé, c'est un délice. Mais on en sert aussi du gras et insipide dans les grandes chaînes de fast-foods,

qu'elles soient américaines ou locales. Le ***lomo*** (bœuf) montre ses cornes sur les cartes, mais les cuistots ont tendance à le faire trop cuire. D'ailleurs, on vous demandera rarement quelle cuisson vous désirez. Seuls les restos, spécialisés dans les grillades, servent des morceaux de qualité (mais chers), cuits à la perfection. Également présent au menu : le ***cerdo*** (porc).
– Les 2 côtes (Caraïbe et Pacifique) offrent évidemment un ***large choix de poissons,*** qui donnent leur meilleur quand ils sont grillés. Malheureusement, on les sert souvent frits. Tout repose alors sur la qualité de la friture. Dorade, bar, saint-pierre ou vivaneau s'affichent fréquemment à l'ardoise des restos de plage. Par principe, il faudra préférer les poissons entiers et frais (demander à voir les bestiaux avant de passer commande). Attention, même les pieds dans le sable, on pourra vous servir du poisson congelé ! Le mieux pour éviter les mauvaises surprises est d'opter pour le poisson du jour, fraîchement pêché. Même si la recette n'est pas originaire du Costa Rica, on trouve couramment à la carte du ***ceviche,*** petits dés de poisson blanc cuits dans un jus de citron et aromatisés à la coriandre fraîchement ciselée et aux petits oignons frais. C'est un régal sous ces latitudes, une vraie pause fraîcheur, à condition qu'il soit bien préparé (et frais !) évidemment.
– Ceux qui connaissent l'Amérique du Sud ne se sentiront pas dépaysés avec les ***empanadas,*** chaussons farcis à la viande, fromage ou légumes, que l'on achète dans les petites roulottes de rue et qui se dégustent à pleines mains. ***Tacos, nachos*** et ***burritos*** contribuent largement à entretenir le tour de taille des *Ticos.*
– Pas de miracle au rayon des ***desserts.*** Mis à part les excellents fruits (mais qui ne sont pas proposés dans les restos en tant que dessert), on peut noter l'*arroz con leche* (riz au lait) et le *flan casero* (flan maison), souvent décliné version coco. Grosse déception dans ce pays producteur de cacao, on n'a pas vu l'ombre d'une pépite de chocolat. En revanche, les boulangeries et *coffee-shops* vendent parfois de bons gâteaux et pâtisseries. Et on trouve parfois de bonnes glaces artisanales.

CURIEUX, NON ?

– Le Costa Rica a beau hisser très haut sa bannière de pays le plus *green* du monde, ici, à l'arrêt, ***on laisse son moteur tourner.*** Une course à faire, un déjeuner à avaler sur le pouce, un copain qu'on attend... les minutes s'écoulent et le moteur ronronne non-stop.
– Sur la route, beaucoup de conducteurs stagnent sur la voie de gauche car ***les files de droite mènent souvent à la bretelle de sortie***. Ce qui « pousse » (et c'est dangereux !) certains chauffards à doubler par la droite !
– Dans les parkings, devant les sites touristiques ou simplement devant votre hôtel, le gardien chargé du stationnement vous demandera toujours (et même de manière insistante) de vous garer en **posición de salida,** c'est-à-dire l'avant du véhicule vers la sortie. Mais pourquoi tant de rigueur ? En cas de séisme, on s'extirpe ainsi plus rapidement de sa place. Bon à savoir, dans un pays qui compte 116 volcans !
– Amis fumeurs, collez-vous des patchs ! ***Les Costariciens ne fument pas*** dans la rue, influence nord-américaine oblige, et les seules personnes qu'on croise la clope au bec sont de rares touristes. Interdiction de s'en griller une en terrasse, au balcon de votre hôtel ou même sur certaines portions de plage. Même la vapoteuse ne passe pas ! Alors, repérez les zones fumeurs ou, mieux, faites une cure sans tabac.
– « ***¡ Pura Vida !*** », vous entendrez cette expression 100 fois par jour. Les Costariciens l'utilisent à toutes les sauces. Nous, on a encore du mal à lui trouver une traduction correcte. Profitez de la vie ?
– Vous croiserez parfois des hommes se baladant ***une machette à la main.*** Ne vous affolez pas ! Pour les Costariciens, cet outil n'est qu'une prolongation de leur bras, ils l'utilisent dans les tâches du quotidien. On dit d'ailleurs qu'un garçon

devient un homme quand il sait manier la machette et qu'une fillette devient une femme quand elle sait... moudre le café ! « Macho » ne viendrait pas de « machette » ?
– Le Costa Rica n'a ***plus d'armée depuis 1948.*** Le budget de l'État passe en priorité dans l'éducation. Le pays affiche un taux d'alphabétisation de 97 %.
– ***Les rues ne portent généralement pas de nom ni de numéro,*** à part dans quelques grosses villes. Mais même là, les Costariciens ne s'orientent jamais avec les rues mais utilisent des points de repère : l'église ou le terrain de foot la plupart du temps.
– ***Un soda désigne ici un petit resto typique,*** sans chichis, où l'on sert des plats familiaux en toute simplicité. Rien à voir avec une boisson gazeuse.
– Pour parler de leur âme sœur, les *Ticos* utilisent le terme ***media naranja,*** qui signifie « moitié d'orange ». Romantique, non ?!

« ¡ PURA VIDA ! », UNE PURE EXPRESSION

Partout, on vous gratifiera d'un « ¡ Pura vida ! », généralement accompagné d'un large sourire et d'un pouce levé. Bien malin celui qui pourrait traduire cette expression sans que l'explication soit réductrice. « Vie pure ! », « Prends soin de toi ! »... c'est à chaque fois un mot d'amour lancé à qui saura l'attraper. On le prononce quand il y a cohésion, quand on voit que le feeling passe, quand on le sent, tout simplement, ou parfois... un peu mécaniquement. Moralité, ne l'utilisez pas à tort et à travers : son alchimie doit rester précieuse et exprimer un véritable sentiment fraternel.

DROITS DE L'HOMME

Après la parenthèse Luis Guillermo Solís, qui avait vu pour la 1re fois en 2014 un candidat non issu des 2 partis principaux arriver à la présidence, la politique costaricienne semble revenue sur ses clivages traditionnels. Arrivé sur un programme de lutte contre la corruption, Solís a finalement été lui-même soupçonné dans une affaire au plus haut niveau de l'État. Et en avril 2018, c'est donc ***le candidat de centre-gauche Carlos Alvarado qui l'a emporté,*** à l'issue d'une campagne où les Droits de l'homme et la religion ont tenu une place importante. Son adversaire (et homonyme), le conservateur et pasteur évangéliste Fabricio Alvarado, qui avait fait campagne contre le mariage gay et pour une vision très réactionnaire de la société, était pourtant arrivé en tête à l'issue du 1er tour. ***Les femmes se sont particulièrement mobilisées,*** et la victoire de Carlos Alvarado à plus de 60 % a été vécue comme un soulagement pour nombre d'entre elles. La prochaine élection présidentielle se tiendra en février 2022.

Il faut dire que le Costa Rica fait figure de pays à part sur le continent américain, en matière d'***égalité hommes-femmes,*** tout comme dans de nombreux autres domaines en termes de ***droits fondamentaux.*** Sécurité sociale, éducation obligatoire et gratuite (depuis 1869), économie coopérative, politique environnementale ambitieuse : depuis près de 200 ans, la plus ancienne démocratie du sous-continent cultive sa réputation d'« oasis » de pluralisme et de libertés politiques. Le siège de la Cour interaméricaine des Droits de l'homme est d'ailleurs basé à San José.

Peu de risques d'un coup d'État fomenté par l'armée au Costa Rica, celle-ci ayant été officiellement supprimée après la guerre civile de 1948. Seul un contingent de 14 000 policiers est chargé de faire respecter la loi. Le pays, neutre diplomatiquement, est protégé par une série d'accords avec les États-Unis et le Brésil notamment. Si elles ne trouvent pas grand-chose à reprocher au Costa Rica, les ONG soulèvent tout de même des problèmes de surpopulation carcérale et de prostitution liée au tourisme.

ÉCONOMIE

Petite histoire agricole du Costa Rica

C'est le café qui a placé le Costa Rica sur la carte du monde. Dès la 1re moitié du XIXe s, les exportations transforment la société coloniale, favorisant une immigration européenne de plus en plus importante (surtout après 1850) et l'émergence d'une nouvelle classe dominante de planteurs et commerçants. L'argent coule à flots jusqu'au début du XXe s, permettant notamment de lancer la construction du chemin de fer reliant San José à Puerto Limón sur la côte Caraïbe, et l'électrification de la capitale.

Le Costa Rica, république bananière

À cette époque, la banane prend déjà le dessus. Tout commence dans les années 1870, lorsque des champs entiers sont plantés pour nourrir à bon compte les travailleurs employés sur le chantier du train... Son responsable, Minor Keith, lâché en 1882 par le gouvernement costaricain trop endetté, négocie un refinancement en sa faveur auprès des banques créancières et obtient en échange 3 200 km² de terres en pleine franchise, soit 6 % du territoire national ! La 1re plantation de bananes XXL d'Amérique centrale voit le jour. 20 ans plus tard, la ***United Fruit Company,*** née d'une fusion de l'entreprise de Keith et de la *Boston Fruit Company,* exporte massivement ses bananes aux États-Unis et pèse plusieurs centaines de millions de dollars. Tirant les ficelles de plusieurs gouvernements centraméricains grâce à une corruption intensive, elle accapare les meilleures terres, réduit les paysans indépendants à la misère, magouille pour éviter ou réduire les taxes et exploite sans vergogne ses travailleurs en les gardant quasi prisonniers sur ses concessions. Précurseur de la multinationale vorace, la compagnie, à travers divers fusions et rachats, est devenue en 1984... *Chiquita !* Aujourd'hui, le pays est le 3e exportateur mondial de bananes et même le 1er pour les ananas, une culture qui accapare d'énormes surfaces agricoles, sans parler de l'utilisation massive de pesticides.

Une agriculture résolument industrielle

Dans les années 1950-1960, le Costa Rica se lance dans l'***élevage,*** tourné vers l'exportation à destination de l'Amérique du Nord. Les ranchs se multiplient, favorisant plus encore le déboisement et l'érosion des sols (voir aussi « Environnement »). Dans les grandes ***exploitations industrielles*** de bananes, mais aussi d'ananas, de canne à sucre et désormais de fleurs d'ornement, les pesticides sont utilisés en très grande quantité. En 2018, l'Institut des substances toxiques a classé le Costa Rica comme ***plus gros utilisateur de pesticides au monde,*** à raison de 18,2 kg par hectare de terre arable, devant la Chine, avec ses 17 kg. Quel paradoxe pour ce pays perçu surtout comme un pionnier en matière de développement durable et d'écologie ! Les monocultures, fragiles par essence, nécessitent en effet davantage de traitements, ce qui ici comme ailleurs remet en question la conception dite « moderne » de l'agriculture à grande échelle... Résultat : ***les écosystèmes et les eaux souterraines sont contaminés petit à petit,*** et la biodiversité se réduit dans les zones limitrophes des cultures. Cela étant, si l'on en croit certaines statistiques, la consommation de pesticides aurait été divisée par 3 en 15 ans – alors même que l'initiative Zéro CO_2 à l'horizon 2050 voit les autorités encourager de plus en plus les exploitations biologiques. À suivre, donc...

L'économie aujourd'hui

L'agriculture a vu son importance drastiquement réduite au fil du temps : elle représente à peine aujourd'hui 5,5 % du PIB du pays (pour 14 % de sa main-d'œuvre employée). Le Costa Rica est, de ce point de vue, le 2e pays d'Amérique centrale le moins dépendant de son secteur primaire, après le Panamá.

L'industrie, elle, emploie 22 % des *Ticos* pour près de 21 % du PIB, notamment dans les domaines à haute valeur ajoutée (matériel médical, textile...).
Les services restent, de loin, les plus importants : ils représentent 74% du PIB et 64 % des emplois. Le tourisme, naturellement, joue un rôle crucial : avec près de 3 millions de visiteurs à l'année, il représente à lui seul 5,5 % du PIB. Le secteur, qui attire d'importants investissements étrangers, serait responsable d'une réduction de la pauvreté d'environ 3 %.

Un équilibre précaire...

Oui et non. Si les investisseurs (principalement venus des USA, 1er partenaire commercial et de très loin) continuent de financer la plupart des secteurs de l'économie et semblent rassurés par la ***stabilité politique, le bon niveau d'éducation*** (97 % de taux d'alphabétisation) et l'intégration du Costa Rica dans la ***zone de libre-échange CAFTA,*** certains freins demeurent. Les investisseurs regrettent ainsi une bureaucratie assez lourde, lente et complexe, un coût de l'énergie élevé et des infrastructures pas encore toujours au niveau. Certaines multinationales, refroidies par les choix du gouvernement de dire non au pétrole et aux mines à ciel ouvert, se font plus réticentes.
Reste donc à trouver un ***équilibre entre écologie et business,*** entre long terme et court terme... Pas facile, même si des pistes se dessinent – notamment l'idée de faire du Costa Rica un exportateur régional d'énergie grâce au développement encore renforcé de l'hydroélectricité et de la géothermie (qui assurent déjà au pays une autonomie complète).

Une dette abyssale, l'épidémie de Covid-19 et la dégringolade du tourisme ont creusé le déficit public du pays, qui a atteint un record de 8,3 % du PIB en 2020. Face à cette dette abyssale, le président Carlos Alvarado (toujours en poste au moment d'imprimer cette édition) a fait de la stabilité économique du Costa Rica son cheval de bataille. Son objectif : réduire le déficit budgétaire qui a mené le pays au bord de la crise en 2018 et qui, malgré quelques efforts, a plongé encore plus profond à cause de la pandémie. Coupes budgétaires, augmentation des taxes, gel des augmentations de salaires dans le secteur public, le président s'est attiré les foudres d'une population déjà fragilisée par la crise sanitaire. Au printemps 2021, le Fonds monétaire international a annoncé l'approbation d'une aide de 1,77 milliards de dollars en faveur du Costa Rica, afin d'aider le pays à stabiliser son économie malmenée par la pandémie.

ENVIRONNEMENT

Prenez une carte et regardez la position du Costa Rica. Le pays s'étire, avec le Panamá voisin, au plus étroit de l'isthme centraméricain, formant comme un trait d'union entre l'Amérique du Nord et l'Amérique du Sud. D'un côté, la mer des Caraïbes. De l'autre (à 120 km seulement), le Pacifique. Voilà le secret de son ***incroyable richesse naturelle.*** La région, au confluent de 2 océans et de 2 masses continentales, est le point de rencontre d'espèces animales et végétales venues de part et d'autre. Une véritable passerelle, formée il y a environ 3 millions d'années.

Le Costa Rica, un *hotspot* de la biodiversité

2 chiffres en disent long. ***Représentant seulement 0,03 % des territoires émergés de la planète, le Costa Rica regroupe à lui seul près de 5 % des espèces vivantes répertoriées.*** Soit 133 fois plus que la moyenne mondiale ! Elles sont plus de 500 000 en tout. L'isthme abrite la moitié des espèces de plantes connues dans le monde, et le pays davantage de sortes d'oiseaux que le Canada et les États-Unis réunis ! À contrario, l'endémisme est faible en raison

de la circulation facilitée de la faune : on ne compte par exemple que 6 espèces d'oiseaux endémiques sur près de 900 recensées.
Ce caractère de *hotspot* de la biodiversité, le Costa Rica le doit aussi à son climat tropical et à l'étagement peu commun des zones de végétation entre la mer et les 3 820 m d'altitude du *Cerro Chirripó* – le plus élevé des ***116 volcans*** parsemant son territoire. Aux mangroves et jungles touffues épousant une bonne partie des côtes succèdent ainsi savanes et forêts sèches du Nord-Ouest (Guanacaste), forêts humides recouvrant la cordillère centrale, forêts d'altitude atteintes de nanisme, et même des landes subalpines. Pas moins de 12 « zones de vie » ont ainsi été identifiées par les biologistes dans le pays (pour plus d'informations sur les écosystèmes, reportez-vous à la rubrique « Géographie »).
Bref, la « côte riche » que les conquistadors annoncèrent au monde en nommant le pays, au début du XVIe s, n'était pas celle qu'ils espéraient découvrir. Oubliez l'or et le mythe de l'Eldorado : ***la richesse, ici, est avant tout naturelle.***

Le fléau de la déforestation

Comme tous les pays de la planète, le Costa Rica est confronté à un problème essentiel : ***comment assurer son développement économique et satisfaire les aspirations de consommation*** de sa population tout en préservant l'environnement ? Le défi paraît immense, mais les recettes expérimentées sous ces latitudes apportent d'intéressantes réponses et pistes de réflexion.
Presque entièrement couvert par la forêt à l'origine, le pays a été largement déboisé au fil des siècles. Le mouvement s'est notablement accru après la Seconde Guerre mondiale, tandis que le taux élevé de croissance démographique poussait les familles pauvres à trouver une parcelle à défricher. De très vastes pans de forêt ont également disparu au profit des ranchs et des plantations de bananes, à une époque, pas si lointaine, où le pays s'appuyait sur les exportations agricoles – entraînant érosion, voire stérilité des terres. Entre 1950 et 1985, le Costa Rica a ainsi perdu le tiers de ses forêts. À la fin de cette période, il a même affiché l'***un des taux de déforestation les plus forts au monde*** : 4 % par an. Cette triste parenthèse est heureusement aujourd'hui refermée.

Retournement de situation

Dès les années 1970, plusieurs grands parcs nationaux voient le jour sous la pression de groupes écologistes – notamment ceux du volcan Poás, Chirripó, Corcovado et Braulio Carrillo –, mais ils ne représentent encore que des îlots rares dans un océan de déforestation.
À la fin des années 1980, le pays prend enfin conscience de la richesse de son milieu naturel et change radicalement son fusil d'épaule. À l'ordre du jour : protection tous azimuts et développement de l'écotourisme comme alternative. Dès 1989, la dette extérieure du pays est renégociée en échange d'un engagement à ***investir dans la préservation de l'environnement.*** Une organisation à but non lucratif voit le jour avec le soutien du gouvernement : INBio, l'Institut national de la biodiversité. Son rôle : développer des connaissances fiables sur les milieux naturels, isoler et valoriser les éléments chimiques ou génétiques susceptibles d'être utilisés en médecine et intégrer la nature et sa protection dans les décisions politiques. En 1994, le pays réforme sa Constitution pour garantir à chacun de ses citoyens le ***droit à un environnement sain et écologiquement équilibré.*** 2 ans plus tard, le Fonds national pour la forêt est créé. Là, le but est d'encourager la sauvegarde des forêts en payant les propriétaires fonciers pour qu'ils ne déboisent pas ! Enfin, en 1998, la ***Ley de la Biodiversidad*** grave dans le marbre la protection de la biodiversité et met en avant l'exploitation durable des ressources – une 1re mondiale. Peu à peu, un dispositif institutionnel et juridique se met ainsi en place pour favoriser et garantir la protection de l'environnement. Résultat, entre 1990 et 2020, le pays a multiplié par 2 son couvert forestier.

Un vaste réseau de zones protégées

Aujourd'hui, les ***27 parcs nationaux*** et les nombreuses réserves du pays couvrent un peu plus du quart du territoire national. Ils sont gérés par le SINAC *(Sistema Nacional de Áreas de Conservación ; • sinac.go.cr •)* sous la tutelle du ministère de l'Environnement et de l'Énergie. Leur rôle : sauvegarder des pans représentatifs des différents écosystèmes, les espèces les plus menacées, les zones de reproduction, les corridors écologiques utilisés par les animaux lors de leurs déplacements, et au-delà, limiter l'érosion, protéger les ressources en eau et favoriser l'effet régulateur des espaces naturels sur le climat.

Le SINAC intervient à tous les niveaux : recherche fondamentale, suivi de l'évolution des écosystèmes (notamment face aux effets du changement climatique), identification des zones non protégées qui mériteraient de l'être, stratégie de lutte contre les espèces invasives non natives, coordination avec les instituts de recherche, aide au développement durable, notamment à travers la promotion des initiatives de protection personnelles (réserves privées), mise en place d'un plan de gestion de l'environnement institutionnel, etc. Bref, ***le SINAC a pour rôle d'assurer l'exploitation durable des ressources naturelles du pays*** et la prise en compte de l'environnement dans les décisions locales et nationales.

Cela étant, il n'oublie pas le facteur humain : pour s'assurer du soutien des populations, il a intégré à sa gestion la valorisation des zones protégées – notamment à travers l'***écotourisme.*** Résultat : 40 % des visiteurs viennent aujourd'hui au Costa Rica pour la nature, qui rapporte quelque 2 milliards de dollars au pays chaque année !

Réserves privées

Dans tout le pays, des initiatives privées ont soutenu dès le début des années 1990 la ligne gouvernementale. Des scientifiques, des ONG (comme le *WWF, Rainforest Alliance* ou *Conservation International*), des mécènes – américains pour la plupart – ont acheté des pans entiers de forêt ou de zones humides pour les convertir en réserves privées, transformant le Costa Rica en un laboratoire des programmes privés de préservation de l'environnement. On dénombre plus de ***125 réserves aujourd'hui,*** représentant selon les estimations entre 2 et 5 % du territoire du pays ! Parmi les plus connues, citons Monteverde, Santa Elena et les réserves de la région de Sarapiquí (La Selva, Tirimbina, Pozo Azul, Rara Avis...). Certaines sont à l'usage exclusif des scientifiques, mais la majorité accueille des visiteurs pour se financer, et certaines, ayant érigé la nature en produit phare, s'assimilent à des business de plein droit (avec souvent des tarifs d'entrée très élevés...). Des *lodges* ont poussé en pleine nature et de nombreux *canopy tours* permettent de se promener à travers la canopée sur des ponts de liane ou des fils d'Ariane, à 15, 20, 30, 40 m de hauteur et davantage. Vertige garanti, même si la rencontre avec les singes ne l'est pas !

Ce modèle, qui a connu un essor spectaculaire, a un effet tache d'huile chez les voisins (Nicaragua, Panamá), ***où la protection de l'environnement est devenue synonyme de développement touristique*** – et donc économique.

Objectif zéro carbone

« Le développement du Costa Rica sera vert ou ne sera pas », s'acharna à répéter entre 2006 et 2010 le président Óscar Arias – rendu célèbre par le prix Nobel obtenu en 1987 pour ses efforts de paix dans la région. En 2008, il stupéfia le monde en annonçant vouloir ***faire du Costa Rica le 1er pays au monde n'émettant plus de CO_2*** à l'horizon 2021 – ou, en tout cas, compensant ses émissions par la reforestation. Un sacré défi, sachant qu'à ce moment-là le Costa Rica émettait 5 fois plus de carbone que sa forêt ne pouvait en absorber.

Trop ambitieux, le délai annoncé est reculé d'1/4 de siècle. En février 2019, le président Carlos Alvarado présentait un ***plan national de décarbonation*** dont

l'objectif ultime est de ***devenir l'un des premiers pays au monde à atteindre la neutralité carbone d'ici 2050***. Il ne s'agit pas d'éliminer les émissions de carbone d'ici 2050, mais bien d'atteindre la neutralité en réduisant les émissions d'un côté et en compensant via la reforestation de l'autre. Le Costa Rica est le 1er pays d'Amérique centrale à lancer un plan climat si ambitieux. Il est divisé en 3 étapes étalées dans le temps et baptisées « le commencement », « le virage » et « le déploiement massif ».
Vaste programme qui passerait par la mise en service de lignes ferroviaires électrifiées, la conversion à l'électricité de la flotte d'autobus et des véhicules privés, mais aussi la création d'usines de traitement des déchets, la mise en place de systèmes de recyclage et de compostage (un trajet long à parcourir quand on sait qu'en juin 2018, le pays jetait 564 tonnes de plastique par jour et en recyclait... 14 !)...
Une 1re estimation évaluait à 6,5 milliards de dollars cet ambitieux plan écologique (seulement sur la période 2018 à 2023 !), qui devraient être répartis entre secteurs privé et public. Mais face à l'aggravation du déficit budgétaire, les agences de notation ont récemment revu à la baisse la note de solvabilité du Costa Rica.

Le secteur privé s'y met aussi

Aucune obligation légale pour les entreprises, mais des incitations puissantes. Certaines ont commencé à suivre, à l'instar de la conserverie *Sardimar,* qui traite désormais ses déchets organiques et les utilise pour produire du biogaz, ou *Florida Ice & Farm Company,* l'une des principales compagnies agroalimentaires (publique) du pays, qui a réduit ses déchets non recyclables de 99,5 % et s'est engagée sur la voie de la neutralité carbone et d'un usage durable de l'eau. Beaucoup ont compris que les technologies vertes sont désormais un argument de vente en Amérique du Nord et en Europe. Le nouveau credo : ***une économie saine repose sur un environnement sain.*** De quoi transformer le Costa Rica en un modèle planétaire – même si les spécificités locales (faible industrialisation, géographie favorable) font qu'il serait difficilement transplantable en l'état ailleurs.

L'heure des choix douloureux

Si la pression démographique s'est atténuée, celle du tourisme a augmenté. Et ceux qui viennent admirer la beauté de la nature costaricienne contribuent indirectement à sa détérioration, en favorisant l'érosion des sols dans les réserves et le développement d'infrastructures sur le fragile littoral. Face à la foule grandissante de visiteurs, des restrictions ont aussi été mises en place dans certains parcs et réserves, comme un nombre maximum de visiteurs par jour.
Et puis comment rendre durable l'exploitation de l'ananas et de la banane – une quasi-monoculture au nord-est de la cordillère centrale ? Les grandes quantités de pesticides employées contaminent les eaux utilisées par les populations rurales et se retrouvent dans la chaîne alimentaire, jusqu'aux caïmans. Pas simple non plus de convaincre chaque citoyen : tous les *Ticos* rêvent de profiter de l'essor économique du pays pour acheter une voiture, partir en voyage, consommer, construire une résidence secondaire...
En 2020, le président Carlos Alvarado déclarait que la ***lutte contre le réchauffement climatique*** était « ***la mission première de notre génération*** ». Sa femme, Claudia Dobles, architecte et urbaniste, précisait qu'il faudrait revoir de fond en comble les plans d'urbanisme, prévoir davantage de logements, de commerces et d'espaces publics, mettre en place des transports modernes et sûrs... Elle souhaite que ses compatriotes comprennent qu'il ne s'agit « pas uniquement d'émissions de gaz à effet de serre. ***C'est aussi une question de qualité de vie*** ».

Vraies convictions ou double langage ?

Souvent, aussi, ***les grandes idées butent sur la*** **realpolitik.** Comment croire avec certitude en la vision gouvernementale lorsque le système des parcs nationaux manque de financement, que 96 % des eaux usées sont encore rejetées sans traitement et que des projets miniers et pétroliers destructeurs de l'environnement n'ont dû qu'à la mobilisation publique d'avoir été finalement abandonnés ? Le cas de l'énorme mine d'or à ciel ouvert de Las Crucitas est en ce sens emblématique : ses rejets menaçaient de polluer les eaux du grand *río San Juan,* qui marque la frontière avec le Nicaragua dans une zone sauvage superbe. Le projet a été empêché grâce à la mobilisation citoyenne – mieux encore, il a débouché sur l'interdiction des mines à ciel ouvert ! Idem pour l'exploitation pétrolière envisagée en partenariat avec une société chinoise, mise entre parenthèses par un moratoire en 2011. Des décisions courageuses, mais qui contraignent nécessairement le pays.

Si rien n'est simple dans le monde moderne, si volontés et nécessités se font souvent contradictoires, le succès principal du Costa Rica repose sans doute là : en s'érigeant comme ***pionnier de l'écotourisme,*** le pays a instillé chez ses citoyens une vraie fierté – le meilleur garant du développement durable.

FAUNE ET FLORE

FAUNE

Vous êtes ici pour ça, non ? Impossible de décrire toutes les espèces et tous les spécimens recensés dans le pays, il nous faudrait des centaines de pages et au moins autant d'années pour tout énumérer ! Avec ***5 % de la biodiversité mondiale*** concentrée sur un si petit territoire, le Costa Rica tient ses promesses. Allez, on vous donne quelques chiffres en vrac, au cas où vous auriez encore des doutes : 10 000 espèces de plantes, 900 d'oiseaux, 230 de mammifères, 220 de reptiles, 15 000 de papillons, 1 500 de poissons et... 34 000 d'insectes. Alors, convaincu ?

Voici un tour d'horizon des bestioles dont vous croiserez le chemin. On vous indique pour les espèces les plus rares où avoir une chance de les observer.

Les mammifères

Singes (monos)

– ***Singe congo :*** plus connu sous le nom de singe hurleur, son cri trouble bien des sommeils, voire effraie certains voyageurs. Quand il donne de la voix, le mâle congo émet presque un rugissement, audible à des kilomètres à la ronde. C'est d'ailleurs l'un des animaux les plus bruyants de la planète ! Pourtant, il ne mesure qu'entre 60 et 90 cm. Cette prouesse vocale, il la doit à son os hyoïde (un os en forme de U dans la partie antérieure du cou), qui est 25 fois plus imposant que chez les autres primates et permet donc d'amplifier ses cris. Moyen de communication, les hurlements servent aussi à marquer le territoire.

– ***Singe capucin :*** amusant avec sa tête blanche, on l'appelle aussi *cara blanca* (visage blanc). Pas farouche pour un sou, le capucin s'approche facilement des humains, surtout pour leur chiper de la nourriture. Il est donc omnivore, même si son régime est surtout orienté vers les graines, les fruits et les feuilles. Il mesure entre 35 et 50 cm (avec une queue aussi longue) et vit en groupe d'une quinzaine d'individus : les mâles défendent le territoire et les femelles gèrent les tâches sociales. Dans certains parcs, le capucin peut s'approcher très près des visiteurs auxquels il est habitué et amuse alors toute la galerie. Il adore se donner en spectacle. Attention, ce n'est pas une raison pour jouer à copain-copain avec lui ! Gare aux morsures !

– ***Singe écureuil :*** mesurant 25 à 40 cm et ne dépassant pas 1 kg, l'adorable singe écureuil, surnommé ici *mono titi,* fait fondre bien des touristes ! Adorable avec son pelage doré et sa petite tête noire, il saute, court, s'agrippe et virevolte de branche en branche à une vitesse folle, d'où son nom. Il passerait plus de 50 % de son temps à sauter et moins de 1 % au sol. S'ils s'avèrent peu farouches et curieux des hommes, les singes écureuils sont considérés comme une espèce en voie d'extinction. À cause de la destruction de leur habitat, leur population est en train de diminuer.

– ***Singe araignée :*** un véritable acrobate ! Comme l'araignée avec ses grandes pattes, ce singe au pelage roux et noir possède des bras et des jambes très longs grâce auxquels il se balance et s'agrippe n'importe où. Sa queue mesure environ 50 cm et lui sert de 5e patte. C'est aussi une vraie perche d'équilibriste. Regardez-le grimper aux lianes ! Primate le plus agile du Costa Rica, c'est aussi le plus grand ; il peut mesurer jusqu'à 65 cm (sans la queue). Il fait partie des espèces protégées.

***Paresseux** (perezosos)*

– ***Paresseux à 2 doigts et à 3 doigts :*** véritable star nationale, voire symbole du pays, on en compte environ 10 par hectare, soit la plus forte concentration au monde. 2 espèces sont visibles dans les milieux tropicaux humides du Costa Rica : le paresseux à 2 doigts et celui à 3 doigts. S'ils ont toujours 3 doigts sur les pattes arrière, le nombre change sur les pattes avant. Mesurant 55 à 90 cm, le paresseux à 2 doigts, aussi appelé *unau,* est plus grand que son cousin. Il arbore une fourrure couleur café et un nez marron. Le paresseux à 3 doigts, appelé *aï,* est gris avec une sorte de masque brun sur les yeux et mesure 40 à 60 cm.

Leur point commun : leur nonchalance ! Ce mammifère porte bien son nom : il dort entre 12 et 18h par jour et se déplace à une allure moyenne de 200 m/h (mais peut filer jusqu'à 600 m/h en cas de danger ou quand il cherche une femelle). Dans l'eau, pourtant, c'est un véritable athlète, un nageur professionnel. Lorsqu'il descend au sol, c'est le seul moment où le paresseux est vraiment vulnérable. Ses principaux prédateurs sont les ocelots, les jaguars et les serpents. En l'air, le danger vient surtout des nids de frelons et des câbles électriques. Si cette boule de poils ne dispose d'aucun atout pour se défendre, c'est un champion pour jouer à cache-cache. Envahi de parasites, son pelage accueille des coléoptères, des larves de papillon et une espèce d'algue chlorophyllienne qui donne au pelage des reflets verts. Difficile alors de le débusquer dans un arbre bien feuillu. Bonne planque non ? Pour l'observer, un conseil : soyez patient et attentif.

LENTEMENT MAIS SÛREMENT

Mais pourquoi le paresseux est-il aussi lent ? La faute à son métabolisme. Il se nourrit presque exclusivement de feuilles. Difficiles à digérer, elles lui pompent toute son énergie et son système digestif tourne au ralenti. Le paresseux ne descend au sol que tous les 7 à 10 jours environ pour faire ses besoins. Il perd à cette occasion environ 30 % de son poids !

Félins

– ***Jaguar :*** difficile, voire impossible à observer malgré son pelage tacheté, le jaguar est une espèce en voie d'extinction au Costa Rica. 3e plus gros félin du monde, on ne le trouve que dans les forêts tropicales, non accessibles et peu fréquentées par l'homme. Si par chance, ou plutôt par miracle, vous l'apercevez, ce sera sûrement au bord d'une rivière quand il se désaltère ou chasse. Aussi à l'aise dans l'eau que sur la terre ferme, il chasse aussi bien le crocodile que le pécari (sorte de cochon sauvage) ou les singes. Malheureusement, il est encore braconné pour sa fourrure et menacé par la destruction de son habitat. Le pays n'en compte plus que de rares spécimens. Le jaguar figure en effet parmi les espèces les plus menacées de tout le continent américain.

Où l'observer ? Au parc national du Corcovado, dans la péninsule d'Osa.

– ***Puma et ocelot :*** plus petit, le ***puma*** arrive juste derrière son cousin le jaguar en termes de poids et de taille. Il mesure en moyenne entre 1,50 et 2,30 m (queue comprise), pour environ 90 à 100 kg. Solitaire, on l'observe difficilement, son pelage fauve à brun roux lui assurant un camouflage des plus efficace ! On peut espérer le croiser dans les parcs nationaux du Corcovado et du Monteverde.
Dans la même famille, l'***ocelot*** se distingue par son pelage variant du gris au fauve, parsemé de taches noires et rousses. Il mesure jusqu'à 1,30 m mais ne dépasse pas les 15 kg et ne s'attaque donc qu'à des proies de petite taille : serpents, faons, oiseaux... Un gros chat en fait ! D'ailleurs, il n'est pas rare d'en croiser dans les maisons comme animal de compagnie.

Autres bestioles à poils

– ***Raton laveur* (mapache) *:*** méfiez-vous de ce chapardeur ! Fort habile de ses petites pattes, ce mammifère omnivore use avec brio de sa dextérité pour se nourrir. Sa spécialité : piocher dans les pique-niques laissés sans surveillance. Il ouvre même les Tupperware ! Comme pour se cacher de ses délits, le raton laveur arbore un pelage noir autour des yeux, qui forme une sorte de masque de bandit. On le reconnaît aussi à sa queue touffue qui compte une dizaine d'anneaux noirs. Attention, notamment au parc national Manuel Antonio, ne laissez pas votre sandwich sur votre serviette de plage quand vous partez piquer une tête ! Mise en garde spéciale : particulièrement familiers et peu farouches, les ratons laveurs sont à l'origine de nombreuses morsures et griffures, gardez vos distances et ne les nourrissez pas.
– ***Coati :*** proche du raton laveur, il appartient comme lui à la famille des procyonidés. Il se distingue de son cousin le raton par une tête plus fine avec un museau allongé. Il a sinon la même longue queue avec des anneaux. Au Costa Rica, on voit souvent le coati brun à tête blanche.
– ***Agouti :*** ce gros rongeur mesure entre 40 et 60 cm de long, pour un poids variant de 1,5 à 4 kg. De loin, on le décrit au pelage marron et uni, mais de plus près, il arbore un pelage plutôt orange avec de minuscules taches brunes et noires. Frugivore, il enterre ses provisions dans différentes cachettes de la forêt en vue de la mauvaise saison. C'est pourquoi on l'observe très facilement de bon matin, dans la forêt ou dans le jardin des hôtels, lorsqu'il ramasse les fruits et graines tombés pendant la nuit. En Guyane, on cuisine l'agouti en ragoût mais vous n'en trouverez pas à la carte des restaurants costariciens.
– ***Fourmilier* (oso hormiguero Tamandúa) :** non, vous ne verrez pas de fourmilier géant (ou tamanoir) car il n'y en a pas au Costa Rica. En revanche, vous croiserez peut-être son cousin, bien plus petit, surnommé ici *hormiguero medio*. Il arbore un pelage beige sur les pattes et la tête et un pelage brun au niveau du dos, comme s'il avait enfilé une veste. Son plat préféré : les fourmis et les termites, miam !
– ***Tapir :*** cette étrange bestiole ressemble à un porc sauvage au pelage gris foncé et avec un museau pendant. Il peut atteindre jusqu'à 1,20 m au garrot et 2 m de long. Surtout actif la nuit, vous aurez peut-être la chance de l'apercevoir de bon matin le long des cours d'eau où il cherche la fraîcheur et aime se rouler dans la boue. Un vrai petit cochon ! En danger de disparition, c'est une espèce protégée au Costa Rica. Où l'observer : au parc national du Corcovado, dans la péninsule d'Osa.

Oiseaux

– ***Colibri :*** 80 battements d'ailes par seconde ! Le colibri mérite bien son surnom d'oiseau-mouche. Plus rapide que n'importe quel oiseau, ses battements d'ailes lui permettent de voler sur place mais aussi de reculer (c'est le seul oiseau à pouvoir réaliser cette prouesse). Minuscule, il ne dépasse pas les 8 cm, les plus petits pèsent à peine 2 g et les plus gros 20 g, un vrai poids plume ! On en compte une cinquantaine d'espèces au Costa Rica, qui offrent une palette de couleurs incroyable. Le colibri se nourrit du nectar des fleurs, qu'il atteint grâce à son long bec. Il mange aussi quelques insectes pour faire le plein de protéines animales.

Le Costa Rica l'érige en véritable symbole national, il apparaît d'ailleurs sur les billets de 20 000 CRC. On l'observe facilement dans les jardins d'hôtels ou de *guesthouses* qui installent des abreuvoirs d'eau sucrée pour l'attirer.

– ***Ara rouge :*** de bon matin ou tard le soir, levez la tête, vous verrez peut-être ce beau perroquet voler entre son lieu de repos et son site de nourrissage. Avec son corps rouge flamboyant, ses plumes parées d'une splendide palette variant du jaune au bleu pétant en passant par le vert, vous n'aurez pas de mal à le reconnaître. L'ara macao, de son vrai nom, est un romantique. Fidèle en amour, il choisit sa partenaire et ne la quittera plus pour les 40 à 50 années à venir, soit son espérance de vie ! Symbole de leur union, les aras volent toujours par 2, leurs ailes se frôlant dans le ciel, nous offrant ainsi un joli spectacle et une belle leçon de vie.

– ***Toucan :*** difficile de le louper, avec son grand bec ! 4 ou 5 espèces de toucans vivent au Costa Rica. On les reconnaît très facilement grâce à leur bec immense, mesurant jusqu'à 20 cm, quasiment la taille de leur corps ! Sur les cartes postales, on trouve surtout le toucan à carène, dont le bec arbore des couleurs somptueuses : turquoise, orange, vert anis, rouge... En réalité, on observe plus souvent le toucan de Swainson au plumage noir et à la gorge jaune citron. Son bec se pare de rouge sombre virant au noir sur la partie inférieure et de jaune éclatant sur le dessus. Dans la péninsule d'Osa, vous verrez surtout le toucan aracari à bec de feu, dont le bec arbore des teintes du jaune au rouge (comme les flammes !). Au coucher du soleil, les toucans se regroupent sur un arbre avant de s'envoler vers le nid, dans la canopée : un joli spectacle !

– ***Quetzal resplendissant :*** si vous l'apercevez, considérez votre séjour comme un succès. Cet oiseau mérite bien son qualificatif « resplendissant ». Avec son plumage variant du bleu turquoise au vert de jade et son torse rouge vif, c'est sûrement le plus bel oiseau du Costa Rica. Vénéré des peuples aztèques et mayas qui utilisaient ses plumes comme monnaie d'échange, l'oiseau est parfois associé au dieu Quetzalcóatl, le Serpent à plumes, une des principales divinités méso-américaines. Splendide, il mesure à peu près 35 cm avec une queue pouvant dépasser les 60 cm. Pour l'observer, il faut grimper au-dessus de 1 200 m et s'armer de patience. Victime de la déforestation et du braconnage, le quetzal a pratiquement disparu de certains pays d'Amérique centrale.

Où et quand l'observer ? Dans la région de San Gerardo de Dota, surtout entre avril et juillet.

– Outre ces spécimens emblématiques, citons entre autres : l'urubu (sorte de vautour) noir ou à tête rouge, l'aigrette bleue, l'ibis blanc, la spatule rosée (quelle palette !), l'anhinga d'Amérique, l'amazone (perroquet vert), le martin-pêcheur... Et autant de volatiles aux noms loufoques comme le tangara à sourcils brisés, le cardinal à cuisses noires, le sucrier à ventre jaune ou le tyran sociable ! Un conseil pour observer le plus grand nombre de spécimens : soyez matinal. Les oiseaux sont plus actifs aux 1res heures du jour et aussi après une bonne averse. Ne craignez pas la gadoue et tous à vos jumelles !

Amphibiens et reptiles

Tortues (tortugas)

Il existe 4 sortes de tortues marines au Costa Rica. On estime que pas plus de 5 % des bébés tortues survivent à leur 1re journée !

– ***Tortue luth :*** cette géante des océans mesure jusqu'à 2,50 m de long et pèse entre 350 et 500 kg. Les plus vieux spécimens approchent parfois la tonne. Elle décroche donc la palme du reptile le plus lourd du monde ! Pour atteindre cette taille mannequin, la tortue luth fait le plein de protéines en se nourrissant principalement de méduses. Sa couche de graisse lui permet de naviguer dans les eaux froides et en profondeur, là où la nourriture est plus abondante. Outre son gabarit démesuré, elle se différencie des autres espèces par sa carapace à l'aspect de cuir, de couleur noir bleuté.

Saison et lieu de ponte : de mars à juin sur la côte Caraïbe, vers Manzanillo, et de mi-octobre à mi-février côté Pacifique, à *Playa Grande,* mais elle s'y fait de plus en plus rare. Estimez-vous vraiment chanceux si vous en voyez une.

– ***Tortue verte :*** ne vous fiez pas à son nom, sa carapace arbore des tons bruns. On l'appelle tortue verte à cause de la couleur de sa chair, teintée par les algues dont elle se nourrit. Pacifique, elle adopte un régime végétarien, engloutissant des kilos d'herbes marines et d'algues, parfois complétées de quelques mollusques. Considérée comme un mets de luxe depuis l'Antiquité, la tortue verte se cuisine encore aujourd'hui en soupe dans certains pays d'Asie par exemple. Cette espèce mesure entre 80 et 120 cm pour un poids variant de 70 à 120 kg environ. C'est la plus rapide des tortues marines, avec une vitesse de croisière de 35 km/h.

Saison et lieu de ponte : de juillet à octobre sur les plages de Tortuguero, côté Caraïbe.

– ***Tortue imbriquée :*** on l'appelle aussi tortue carey ou tortue à écailles. Sa splendide carapace lui vaut malheureusement son statut d'espèce en voie d'extinction. Arborant des motifs soignés, aux tons brun-orangé, cette tortue est victime de braconnage pour la transformation de sa carapace en objets décoratifs. Impossible en revanche de la pêcher pour la mixer en soupe. Grâce à son alimentation à base d'éponges, dont certaines sont toxiques, sa chair et sa peau se révèlent elles-mêmes toxiques pour l'homme. Elle mesure 60 à 90 cm pour un poids d'environ 50 à 70 kg.

Saison et lieu de ponte : de mai-juin à octobre sur la côte Caraïbe, entre Cahuita et Tortuguero.

– ***Tortue olivâtre :*** la couleur de sa carapace varie du vert au marron, d'où son nom. Mesurant de 60 à 75 cm et pesant entre 40 et 50 kg, c'est la plus petite tortue du Costa Rica. Les tortues olivâtres viennent pondre par milliers sur les plages, on appelle ce phénomène l'*arribada.* Plus de 8 000 tortues peuvent émerger de l'eau en 1 journée. Avec près de 1 000 œufs chacune, on vous laisse faire le compte de la ponte du jour ! Malgré tout, son espèce est classée en voie de régression.

Saison et lieu de ponte : côté Pacifique, on la croise toute l'année sur *Playa Ostional.* Les *arribadas* (arrivées massives de tortues sur la plage) les plus impressionnantes ont lieu entre août et décembre.

ON MARCHE SUR DES ŒUFS

Des mains dans les nids, des œufs déterrés, des sacs remplis... le gouvernement autorise la récolte des œufs de tortues à Playa Ostional *les 3 premiers jours suivant l'*arribada *(arrivée massive de tortues sur la plage). Les autorités invoquent ainsi un commerce encadré pour lutter contre le braconnage. La municipalité organise même une* feria del huevo *pendant laquelle on mange des plats à base d'œufs de tortue. On passe notre tour.*

Lézards

– ***Iguane vert ou noir :*** avec son allure préhistorique, sa crête et ses longues griffes, ce gros lézard semble tout droit sorti de l'époque jurassique. N'ayez crainte, malgré sa taille (il peut atteindre les 2 m pour l'iguane vert !) et ses picots de la tête à la queue, il est totalement inoffensif. Selon les scientifiques, il passerait d'ailleurs 96 % de son temps inactif et seulement 1 % à rechercher de la nourriture, les 3 % restants étant consacrés à la reproduction. L'***iguane vert*** élit domicile dans les arbres, véritables garde-manger, où feuilles et insectes forment la base de son alimentation. Chassé pour sa chair et ses œufs, on le surnommait autrefois poulet des arbres. Aujourd'hui, la bestiole a disparu des livres de recettes ! Il descend parfois de son perchoir pour s'offrir un bain de soleil et s'avère être un excellent nageur. On le retrouve d'ailleurs sur les berges des cours d'eau ou dans les forêts humides.

Son cousin, l'***iguane noir,*** préfère les côtes brûlantes du Pacifique, où il passe la plupart de son temps sur la terre ferme. Reconnaissable à sa couleur sombre et aux rayures noires qui strient son corps, il s'avère bien moins farouche que son cousin des arbres.

– ***Lézard Jésus-Christ :*** un drôle de nom, sacrément bien mérité ! Aussi appelé basilic vert, il réussit l'exploit... de marcher sur l'eau. Ne criez pas au miracle, tout n'est qu'une question d'anatomie ! Ses pieds palmés couvrent une large surface de contact avec l'eau ; cette particularité, associée à son poids plume, lui permet d'atteindre les 10 km/h et de filer sur ses pattes arrière. Le petit malin s'aide aussi de sa queue pour créer une petite vague sur laquelle « surfer ». Habile !

Serpents *(serpientes)*

Avant tout, ne vous affolez pas ! Si le pays compte plus de 150 espèces de serpents, dont une vingtaine venimeuses, il est rare de croiser ces rampants, et encore plus de se faire attaquer. Seule précaution : en randonnée, porter des chaussures fermées. Certains hébergements mettent d'ailleurs des bottes à disposition de leurs hôtes. Dans les coins reculés, et même si les serpents sortent surtout à la nuit tombée (comme les scorpions), restez vigilant à où vous mettez les pieds.

Voici les 3 spécimens les plus emblématiques du pays.

– ***Bushmaster*** ou « maître du bush » ***:*** mesurant jusqu'à 2,50 m, il serait le plus grand serpent venimeux d'Amérique du Sud. Redoutable pour ses proies, il ne craint pas les prédateurs car son dos est recouvert d'écailles triangulaires tranchantes. Son corps, dans les tons beige à marron, est marqué de triangles plus foncés sur le dos. Sa morsure peut engendrer chez l'homme une paralysie temporaire de la zone mordue.

– ***Vipère de Schlegel*** ou *eyelash viper* ***:*** son surnom de vipère à cils est dû à ses écailles pointues au-dessus des yeux. Sa couleur pimpante varie du jaune canari au rose en passant par le vert ou le orange. Jolie, elle ne dépasse pas les 75 cm et nous attendrirait presque. Ne vous y trompez pas, c'est aussi une espèce venimeuse. Elle vit dans les arbres, à hauteur d'homme, souvent près d'une source d'eau.

– ***Fer de lance :*** affectionnant lui aussi les zones humides et pluvieuses, il est venimeux. Il peut atteindre 2 m et se repère difficilement tant ses écailles se confondent avec les feuilles et les branches.

Ah ! les crocrocro, les crocrocro, les crocodiles *(cocodrilos)*

– ***Caïman à lunettes :*** mais d'abord, pourquoi à lunettes ? Le reptile doit son nom à la crête osseuse entre ses orbites et à celle triangulaire au-dessus de ses yeux qui forme comme une paire de lunettes (enfin, avec beaucoup d'imagination !). Le caïman mesure en moyenne 1,80 m, les plus petites femelles ne dépassant pas 1,50 m et le plus gros mâle enregistré atteignant 2,65 m. Il pèse environ 65 kg et se nourrit de tout ce qu'il trouve autour des points d'eau où il habite : poissons, amphibiens, oiseaux... Il affectionne les régions humides et pluvieuses. On peut le voir, entre autres, dans la région de Sarapiquí et dans les parcs nationaux Corcovado et Tortuguero.

– ***Crocodile américain :*** bien plus impressionnant que son petit cousin à lunettes, celui-là semble tout droit débarqué de la préhistoire. Sa taille moyenne est de 4 à 5 m et certains spécimens atteignent les 6 ou 7 m pour un poids moyen de 500 kg, flirtant avec la tonne pour les plus impressionnants. De vrais dinosaures ! Outre ses mensurations, on le distingue par son museau long et pointu (celui du caïman est large et arrondi), et quand il ferme la gueule, quelques dents de sa mâchoire inférieure restent apparentes. On recense de très rares attaques sur l'homme, surtout sur la côte Pacifique, vers *Playa Tamarindo.*

Où les observer ? Le meilleur spot du pays pour voir les crocos est le pont qui enjambe le *río Tarcoles,* sur la route 34, en arrivant de San José, et en direction de Jacó. Impossible de le louper, des files de voitures sont garées sur le côté.

***Grenouilles** (ranas)*

– ***Grenouille aux yeux rouges :*** dos vert, flancs bleu électrique avec des bandes jaunes, pattes orange vif et... yeux rouges, cet amphibien d'à peine 8 cm porte à lui seul les couleurs du Costa Rica, qui en a d'ailleurs fait l'un de ses emblèmes. Malgré son éblouissante palette de couleurs, cette grenouille est une reine du camouflage, c'est pourquoi elle vit dans les arbres, où elle se fond avec les feuilles une fois les yeux clos (et rentrés dans son crâne) et ses pattes bleues repliées. Pour l'apercevoir, ne cherchez pas au sol mais plutôt sur les branches et les feuilles. Et n'ayez crainte, elle n'est pas venimeuse.

LA RAINETTE, REINE ET PIPI, C'EST TOUT !

Amphibien nocturne, la grenouille a dû mettre en place de bien étonnantes techniques d'intimidation pour survivre dans cette jungle. En cas de menace, elle sort ses yeux rouges au maximum pour impressionner ses prédateurs et profite de la diversion pour bondir vers une autre branche, se propulsant parfois à 1 m de là. Dans son saut, elle urine sur son assaillant ! Méthode de diversion pour les uns, réflexe de peur pour les autres ou encore moyen de signaler l'ennemi à ses congénères amphibiens... la science n'a pas encore élucidé ce grand mystère de la nature.

– ***La grenouille blue-jean :*** rigolo ce minuscule spécimen avec son corps tout rouge et ses pattes bleues. On dirait vraiment qu'elle vient d'enfiler son jean ! Son joli rouge vif lui vaut aussi le nom de *Dendrobate fraise.* Mais ne vous y trompez pas, sa chair n'a rien de délicieux et sa peau s'avère même extrêmement toxique. D'ailleurs, elle annonce tout de suite la couleur à ses prédateurs : tu me manges, t'es mort ! Malgré sa taille riquiqui (entre 1,50 et 2,50 cm), elle sait se défendre la petite ! Sa production de venin, comme celui d'autres grenouilles venimeuses, serait le résultat de l'ingestion de certains insectes.

– ***La grenouille tueuse ou grenouille poison :*** de son vrai nom *Dendrobate doré,* qui, comme son nom l'indique est... noire et verte ! Minuscule, comme sa cousine la blue-jean, elle est tout aussi venimeuse. Certaines tribus d'Amazonie enduisaient les pointes de leurs flèches avec la chair de ces grenouilles toxiques, pour chasser à l'arc ou à la sarbacane et ainsi neutraliser leurs proies.

La cucaracha, la cucaracha...

Grillons, sauterelles, blattes, cafards, scarabées, criquets, punaises... si vous exécrez les bestioles pleines de pattes, prenez votre courage à 2 mains ou... n'allez pas au Costa Rica. Pas menaçant chez nous, ils sont tout aussi inoffensifs ici, mais sacrément démesurés pour certains spécimens. On a vu des cafards de la taille d'une paume de main et des criquets de la taille d'une main entière (pattes comprises). Les hébergements étant souvent ouverts sur la nature, voire complètement immergés dans la végétation, difficile d'éviter les insectes. Alors, on respire un bon coup et on se répète que ce n'est pas la petite bête qui va manger la grosse ! Et puis quelques spécimens méritent une certaine fascination, comme le ***splendide morpho.*** En vol, ce papillon aux ailes bleu électrique offre un spectacle magnifique, qui s'arrête aussitôt ces ailes refermées. L'extérieur des ailes arbore une teinte marron, pour qu'une fois posé le papillon soit difficile à repérer par ses prédateurs.

FLORE

Aussi variée et surprenante que la faune, la flore du pays égrène ses milliers d'espèces d'arbres et de plantes à travers les forêts, montagnes et bords de mer. On dénombrerait plus de 1 400 espèces d'arbres et plus de 10 000 plantes

de toutes sortes, parmi lesquelles quelque 1 500 types d'orchidées. Sans compter les nouveaux spécimens découverts chaque année... Voilà de quoi occuper les horticulteurs en herbe dans les parcs nationaux.
L'un des arbres les plus impressionnants du pays en est aussi devenu l'emblème : le ***guanacaste.*** Il mesure entre 25 et 50 m de haut et se reconnaît à son gabarit en champignon ainsi qu'à ses fruits en forme d'oreilles. On en extrait de l'huile que les Costariciens transforment en lessive bio. Citons aussi le ***figuier étrangleur,*** qui enroule ses dizaines de racines autour d'un autre arbre pour capter un maximum de lumière. Il se déplace d'ailleurs en fonction de l'emplacement de ses victimes. Sa croissance s'accélère et l'arbre prisonnier finit par mourir. Mais les humains ne craignent rien ! On recense aussi différentes espèces de ***palmiers*** comme le palmier au tronc rouge, parfois surnommé palmier rouge à lèvres.
Sur beaucoup d'arbres, on observe des centaines d'***épiphytes.*** Ces plantes poussent en se servant d'autres plantes comme support. Leurs hôtes leur permettent d'atteindre la lumière, parfois difficile à trouver dans les zones tropicales où la forêt est dense. Ajoutons les dizaines d'***arbres fruitiers*** qui sauront vous régaler. Impossible de dresser une liste complète, le mieux est de demander des explications aux guides des parcs nationaux ou aux locaux, lorsqu'un spécimen éveille votre curiosité.

RIONS ROUGE !

Bursera Simaruba. *Si son nom latin ne vous dit rien, son surnom devrait vous aider : l'arbre à touristes. En plus de son tronc lisse et rouge, cet arbre possède une écorce qui se détache en bandes ultra-fines et transparentes, comme un morceau de peau après un vilain coup de soleil. Ne le prenez pas mal, on le surnomme aussi* indio desnudo *(Indien tout nu). L'arbre est reconnu pour ses vertus thérapeutiques : contre les douleurs musculaires, les maux d'estomac ou encore les mycoses.*

GÉOGRAPHIE

Les pays de l'isthme centraméricain sont de vrais moucherons : à eux tous, ils représentent à peine la superficie de la France ! Avec 51 100 km^2, le Costa Rica est même l'un des plus petits, devançant seulement le Salvador et le Belize. ***D'est en ouest, il mesure à peu près 250 km, pour environ 450 km dans la diagonale nord-ouest sud-est.*** Cette spécificité, alliée au climat et aux pâturages de ses hautes terres volcaniques, lui a d'ailleurs valu le surnom de « ***Suisse de l'Amérique centrale*** ». Le Costa Rica est délimité au nord (sur 310 km) par le Nicaragua, dont il est séparé en grande partie par le lit du très sauvage fleuve San Juan, et au sud par le Panamá (sur 340 km), avec lequel il partage l'extrémité de la cordillère de Talamanca. Malgré sa taille modeste, le pays se paie ***le luxe de 2 océans*** : mer des Caraïbes à l'est (sur 210 km) et Pacifique à l'ouest (sur 1 100 km).

La Vallée Centrale

Coincé au pied des volcans de la cordillère centrale, le ***haut plateau*** fertile de la vallée forme une sorte de cuvette allongée de 3 237 km^2, à une altitude moyenne de 1 400 m. Bénéficiant d'un microclimat tempéré parfaitement adapté à la culture du café, la région abrite les 3/4 des 5 millions d'habitants du Costa Rica – dont plus de 2 millions dans la seule métropole de San José, la capitale.

Les cordillères de la Zona Norte à la Zona Sur

Traversant le Costa Rica du nord au sud, plusieurs cordillères créent une barrière naturelle continue entre la jungle moite de la côte Caraïbe et les plaines plus

sèches du littoral Pacifique. Issues de la rencontre de 2 plaques continentales, sur la ceinture de feu du Pacifique (voir ci-après), elles sont littéralement hérissées de volcans : on en compte 116, pour être précis, dont 5 sont actifs et 2 juste assoupis. Tout au nord, la ***Cordillera de Guanacaste,*** culminant à 2 028 m, forme la plus ancienne chaîne de montagnes du pays, remontant à l'ère tertiaire. Elle s'étend sur seulement 70 km, des abords du Nicaragua jusqu'au célèbre volcan Arenal (1 633 m). Né il y a tout au plus 7 500 ans, ce dernier a alterné coulées de lave et jets de pierres non-stop, de juillet 1968 à décembre 2010, avant de s'assoupir. La région englobe aussi le ***Rincón de la Vieja,*** un énorme stratovolcan.
Dans le prolongement, au sud, la grande ***Cordillera Central*** s'étire sur 80 km. Là, l'enfilade de volcans est encore plus impressionnante. Juste à l'est de San José, la capitale, se dresse l'instable et dangereux ***Irazú*** (3 432 m), coiffé de 2 cratères principaux. Une petite route tortueuse, souvent engloutie par les nuages, serpente longuement jusqu'à son sommet, découvrant en chemin des plantations de café, des pâturages et des hameaux frileux où l'on produit lait et fromage. Du haut, par temps clair, le panorama, incomparable, s'étend à la fois à l'Atlantique et au Pacifique ! Tout au sud de la chaîne, le ***Turrialba*** (3 340 m) a connu une explosion phréatique en 2014, la plus importante du siècle ! Au nord de San José, le ***Poás*** (2 708 m) possède 3 cratères, dont l'un des plus grands au monde (atteignant 1,5 km de diamètre), où se niche un lac d'acide sulfurique à la température oscillant entre 50 et 80 °C. Parmi les plus actifs de tous, il s'est manifesté une quarantaine de fois depuis 1828 et produit épisodiquement de colossaux geysers – jaillissant à leurs plus belles heures sur plusieurs centaines de mètres de hauteur ! Impossible, encore, d'oublier le géant ***Barva*** (2 906 m), le plus grand volcan d'Amérique centrale par sa corpulence, qui s'étend sur quelque 1 200 km^2.
Au-delà du Turrialba et jusqu'au nord du Panamá se déroule la formidable ***Cordillera de Talamanca,*** coiffée de nombreux sommets de plus de 3 000 m – dont le principal, le Cerro Chirripó, point culminant du pays, atteint 3 820 m. D'origine volcanique ancienne (60 à 40 millions d'années), elle s'est redressée au gré de la rencontre des plaques continentales, avant de subir une érosion glaciaire il y a 25 000 à 30 000 ans. Véritable château d'eau, elle donne naissance à plusieurs des plus importantes rivières du Costa Rica.

La « ceinture de feu du Pacifique »

Impossible de comprendre la géographie du Costa Rica sans évoquer les forces telluriques qui ont patiemment façonné le pays et l'isthme centraméricain tout entier. Étirée sur environ 1 000 km du nord-ouest au sud-est, cette longue passerelle de terre reliant les 2 Amériques doit son existence au ***mouvement des plaques tectoniques.*** 4 d'entre elles, pas moins, entrent en collision au niveau du Costa Rica : la plaque très dense des Cocos glisse ici sous celle des Caraïbes à la vitesse « rapide » de 6,7 cm par an, tandis que la plaque de Nazca, juste au sud, plonge sous celle de l'Amérique du Sud au rythme de 4 à 5 cm par an... Résultat ? L'épine dorsale de l'Amérique centrale, secouée par des séismes récurrents et parfois dévastateurs, est soulignée par une enfilade de quelque 250 volcans (on parle de l'arc volcanique d'Amérique centrale), qui font office de soupapes de sécurité de cette gigantesque cocotte-minute.
Au large, côté Pacifique, se creuse un contrepoint : la grande fosse océanique méso-américaine, étirée sur 2 750 km pour 6 669 m de profondeur maximale. L'ensemble s'intègre dans ce qu'on a appelé la ***ceinture de feu du Pacifique,*** un alignement de volcans qui borde l'océan Pacifique sur la majeure partie de son pourtour – soit sur environ 40 000 km. On y trouve environ 60 % des volcans actifs émergés de la planète (ils sont un peu plus de 1 500 en tout) !
Si elle peut s'avérer menaçante, la présence de tous ces volcans au Costa Rica a un avantage : les sols y sont particulièrement fertiles, notamment pour le café.

Les écosystèmes

L'étonnante biodiversité du Costa Rica doit beaucoup à la grande variété d'écosystèmes rencontrés à travers le pays, répartis au gré de ***12 zones climatiques différentes,*** déterminées principalement par le régime des pluies et l'altitude. Ces zones constituent autant de niches biologiques permettant une spécialisation des espèces. Cela étant, on vient avant tout pour découvrir la ***richesse de la forêt tropicale,*** véritable poumon de la planète et réservoir de vie, abritant à elle seule près de la moitié des espèces végétales et animales de la planète alors qu'elle ne couvre que 6 % des terres mondiales !

La forêt tropicale basse

Occupant les zones littorales jusqu'à une altitude d'environ 500 m, cette zone biotique est ***la plus riche de toutes en espèces de plantes, amphibiens et reptiles.*** Baignant toute l'année dans une température d'environ 24 °C, elle est passablement arrosée (de 2,50 à 9 m d'eau par an !) – en particulier sur la côte Caraïbe, où se déversent toute l'année ou presque les alizés soufflant depuis le nord-est. La forêt tropicale basse s'étend notamment sur les basses pentes du parc international La Amistad et du parc national Braulio Carrillo, mais aussi dans ceux de Tortuguero, de Barra del Colorado et au superbe Corcovado (péninsule d'Osa), sur la côte Pacifique.
Largement menacée par l'extension des bananeraies et des plantations d'ananas, la forêt tropicale basse est dominée par une ***canopée dense*** aux arbres atteignant – et dépassant parfois – ***40-45 m de haut*** – notamment les gaïacs *(almendros)* et *jicaros.* De nombreuses espèces s'appuient sur d'impressionnantes racines-contreforts, qui les aident à résister aux ouragans.
Un étage en dessous prospèrent des espèces végétales moins exigeantes en luminosité, notamment différentes sortes de palmiers.
À l'approche du littoral apparaissent les labyrinthes de racines aériennes des ***mangroves,*** milieu essentiel à la reproduction et au début de vie des poissons et crustacés.

La forêt tropicale sèche

C'est principalement au nord-ouest du pays, le long du littoral du Pacifique (région du Guanacaste et péninsule de Nicoya), jusqu'à 800 m d'altitude, que l'on rencontre ces forêts très particulières, dont les arbres perdent leurs feuilles en saison sèche pour ne conserver que leurs fruits et leurs fleurs éclatantes de couleur – une manière de réduire l'évaporation ! Non qu'il ne pleuve pas dans la région : il y tombe en moyenne 2 m de précipitations par an, mais celles-ci se regroupent entre mai et novembre, laissant la végétation presque à sec de décembre à avril, et les paysages carrément cramoisis.
Parmi les espèces emblématiques de la forêt tropicale sèche figure le *guanacaste (Enterolobium cyclocarpum),* l'arbre national du Costa Rica, formant un énorme (et magnifique) parasol vert tendre. Citons aussi le *poro* aux grosses inflorescences écarlates, le *poroporo* et le *corteza amarilla,* tous 2 ornés de grosses fleurs jaunes, le bois de fer (si lourd qu'il ne flotte pas !), l'arbre à pluie, l'acajou, le *sálamo (madroño),* cousin de l'arbousier, etc.
La forêt tropicale sèche est celle qui a le plus souffert de l'extension des ranchs : elle ne couvre plus que 2 % de sa superficie d'origine.

Les forêts tropicales humides d'altitude

On parle communément de forêts pluvieuses. Étagées entre 500 et 1 500 m, sur les basses pentes des cordillères centrales, différentes formes de forêts humides se distinguent en fait en fonction de l'altitude et de l'intensité des pluies. Les spécialistes parlent de *premontane moist forest, premontane wet forest* et *premontane rain forest.* On les rencontre notamment dans les parcs nationaux Braulio Carrillo, des volcans Poás, Irazú et Turrialba, ainsi que dans les réserves du Monteverde.

Comme dans les forêts basses, la compétition entre les espèces végétales est ici acharnée. Le but : atteindre la lumière, largement cachée par les grands arbres de la canopée – où a lieu 90 % de la photosynthèse. Les nombreuses plantes épiphytes ont trouvé leur solution : elles s'accrochent aux fourches et aux branches des arbres, à 10, 20, 30 m du sol ou plus, voire aux fils électriques ! Ces plantes poussant sur d'autres plantes, comme les broméliacées, les orchidées et les lichens, ne sont pas des parasites et ne tirent aucun profit nutritif de leur arbre-support. Elles puisent leur énergie dans l'humidité ambiante, l'eau qu'elles filtrent et la matière organique des micro-écosystèmes qui se constituent autour de leurs racines – insectes et batraciens y vivent en vase clos, sans jamais mettre une patte au sol ! À l'étage inférieur prospèrent des espèces tolérantes à l'ombre et, plus bas encore, fougères arborescentes et buissons.
Passé 1 500 m, les biologistes décrivent encore d'autres types de forêts sempervirentes (à feuillage persistant) : la *lower montane moist forest,* plus spécifiquement attachée aux pentes de la Vallée Centrale, et la *lower montane wet forest,* propre au versant pacifique des chaînes montagneuses. Par endroits se développent de grandes fougères atteignant 2 m.

La forêt des nuages

Vers 2 000-2 500 m, on rencontre un peu partout l'emblématique *lower montane rain forest,* plus souvent appelée *cloud forest,* ou forêt des nuages, car elle se développe à une altitude où nuages et brumes s'accrochent presque continuellement au relief. Elle se développe dans les réserves de Monteverde, Santa Elena et Los Ángeles, ou sur les hauteurs du parc national Braulio Carrillo. Derrière ce bouclier atténuant largement l'évaporation solaire, l'humidité, dégoulinant des feuilles goutte à goutte, nourrit aussi une multitude d'épiphytes. Limités dans leur développement par les températures plus basses (8-20 °C), le manque relatif de soleil et les sols particulièrement acides, les arbres de la forêt des nuages poussent moins vite et moins haut que ceux des zones inférieures en altitude. Quand le vent et la géographie s'en mêlent, on rencontre même des forêts « naines », où, tordus et difformes, les arbres ne dépassent pas quelques mètres.

Plus haut encore

À la limite du couvert arbustif, dans les cordillères centrales, la ***montane rainforest*** voit apparaître les bambous nains et se développer les ***sphaignes*** (une sorte de mousse) qui épongent une quantité considérable d'eau tout en créant des sols d'une rare acidité que tolèrent peu d'espèces. Au-dessus, passé 3 000-3 200 m d'altitude, seul reste le ***páramo,*** une sorte de lande spongieuse associée au microclimat andin que l'on rencontre seulement dans la cordillère de Talamanca. Elle s'étend entre la limite supérieure de la forêt et les sommets, où il neige régulièrement (les gelées sont fréquentes au-dessus de 3 300 m). La végétation se résume ici à des graminées, des arbustes nains et des plantes subalpines présentant un haut degré d'endémisme (environ 60 %), qui se distinguent par leur capacité à résister aux vents et au rayonnement ultraviolet – comme le *puya* (sorte de broméliacée), les éricacées (famille de la myrtille et de la bruyère) et les astéracées (famille du pissenlit). Dans les zones plates se développent des marais et des tourbières.

HISTOIRE

Les Indiens de l'époque précolombienne (avant 1492)

À la différence des Incas du Pérou, des Mayas et des Aztèques du Mexique, les Indiens du Costa Rica n'ont jamais créé d'empire, ni édifié de grandes villes ou de monuments grandioses. Dispersées dans une nature difficile et impénétrable par endroits, divisées et souvent rivales, les tribus n'ont pas essayé de s'unir

pour former un ensemble puissant. On a dénombré environ 25 tribus (ou peuples) distinctes, installées sur le territoire avant l'arrivée des Espagnols au XVIe s.
Venus du Mexique, les ***Chorotegas*** vivaient dans les régions de Guanacaste et de Nicoya, au nord-ouest du pays. Aujourd'hui, leurs descendants habitent dans la cordillère de Talamanca, proche de la frontière avec le Panamá. Plus développés que les autres groupes indigènes, ils pratiquaient la culture du maïs et des haricots, vivaient dans des maisons en bois construites autour de places emmurées. Leurs vêtements étaient confectionnés à partir du fil de coton, plante qu'ils savaient cultiver. Ils parlaient le nahuatl, la langue des Aztèques, possédaient l'écriture et se servaient de calendrier. Ils savaient travailler la céramique et commerçaient le jade avec les Mayas du Nord.
Dans les montagnes du centre du Costa Rica, coupés du monde, vivaient les ***Corobicí,*** groupe de chasseurs-cueilleurs et orfèvres de haut niveau. Leur village de Coyabo abritait un millier d'âmes, avec des rues pavées, des aqueducs et des réservoirs en pierre. Ces Indiens corobicí, tout comme les *Borucas,* vivaient dans un grand dénuement matériel mais possédaient déjà un savoir-faire technique remarquable et un sens esthétique époustouflant ! Au ***Museo del Oro Precolombino*** de San José sont exposées de remarquables collections d'objets en or réalisés par ces peuples.
Dans la cordillère de Talamanca toujours (*Parque Internacional de la Amistad,* une région sauvage et isolée) habitaient les ***Cabécares*** et les ***Guaymis,*** tandis que les côtes et les montagnes du Sud étaient le domaine des ***Borucas*** et des ***Diquis.*** Sur la côte Caraïbe, les ***Kekoldis*** et les ***Bribrís,*** chasseurs-pêcheurs, ont connu Christophe Colomb et ne l'ont pas mal accueilli.
Aujourd'hui, le Costa Rica compte 24 territoires indigènes abritant 8 ethnies distinctes : Teribe, Guatuso, Chorotega, Bribrí, Huetar, Ngobe, Cabécar et Brunca (ou Boruca). Lors du dernier recensement (en 2018), on évaluait leur nombre à environ 104 000 âmes, soit 2,4 % de la population totale du pays.

Christophe Colomb et la découverte du Costa Rica

« J'arrivai à la terre de Cariay où je m'arrêtai pour radouber les navires, renouveler l'approvisionnement et laisser de reprendre haleine à mes gens qui arrivaient fort malades. » Le 25 septembre 1502, ***Christophe Colomb,*** l'Amiral de la mer Océane, fait escale sur l'île d'Uvita, sur la côte Caraïbe du Costa Rica, à 3 km de l'actuelle ville de Puerto Limón (lieu-dit qu'il nomme Cariay dans sa chronique). C'est ***son 4e et dernier voyage en Amérique,*** le plus difficile de tous. Parti de l'île d'Hispaniola (aujourd'hui Saint-Domingue), il a longé les côtes de l'actuel Honduras, où il a subi 88 jours de tempête. L'accostage consistait en une étape logistique pour réparer les bateaux. Les Indiens lui parlent de plusieurs mines où il y aurait de l'or : des villages nommés Ciamba (il pense que c'est le Cambodge de Marco Polo), Caramburu et Beragua. Mais aussi Ciguare, où il y aurait du poivre, l'épice noble. Un gramme de poivre au début du XVIe s se vend aussi cher qu'un gramme d'or. Selon sa chronique, l'amiral se rend à Caramburu, à quelques kilomètres à l'intérieur des terres. Il ne se doute pas qu'un pays entier (une *terra incognita*) s'étend à quelques encablures des côtes. On dit souvent que ***Christophe Colomb aurait nommé ces terres « Costa Rica » (la côte riche)***, mais ce n'est jamais évoqué par lui ni dans sa chronique ni dans ses lettres. On dit aussi que l'amiral aurait baptisé le pays « La Huerta » (le jardin), mais là encore rien n'est sûr. Le 5 octobre 1502, l'amiral part vers le sud à la recherche des mines d'or de Beragua (Veragua). Il passe les Bocas del Drago (aujourd'hui sur la côte Caraïbe du Panamá) et s'arrête sur une île qui porte toujours son nom (Isla Colón). Puis il poursuit sa navigation en longeant la côte jusqu'à l'embouchure du *río Belèn,* où il reste du 6 janvier au 16 avril 1503. Il tente en vain d'y établir un village, cherche en vain l'or de Beragua, et une partie de son équipage est massacré par les Indiens. Colomb échappe à la mort, et quitte les lieux.

Le nom de ***Beragua (Veragua)*** apparaît alors sur les cartes espagnoles du XVᵉ s. Par extension, c'est celui-ci qui va désigner toute cette région nord-ouest du Panamá actuel et sud-est du Costa Rica. La région prit une telle importance dans l'imaginaire espagnol qu'elle sera plus tard érigée en duché héréditaire par l'empereur Charles Quint. Le 1er à porter le titre fut Luis Colón de Toledo, petit-fils de Christophe Colomb. 17 générations après lui, ses descendants portent encore aujourd'hui le titre de duc de Veragua.
Le rêve de Colomb est loin d'être épuisé. D'autres conquistadors viendront après lui, non sans mal, pour explorer et coloniser le Costa Rica.

Après « El Descubridor » arrivent « Los Conquistadores »

En 1507, le roi Ferdinand d'Espagne met au point le ***programme d'exploration et de conquête*** de la *Tierra Firme,* c'est-à-dire la terre ferme d'Amérique centrale. Il désigne ***Diego de Nicuesa*** (originaire de Jaén, Andalousie) comme gouverneur du Veragua et du Darién. Ce sont encore des terres inexplorées et inconnues. Les conquérants partent de l'île d'Hispaniola (Saint-Domingue), arrivent à Cartagena de las Indias (Colombie actuelle) et se lancent dans l'exploration vers le nord. Les calamités s'enchaînent : naufrages de navires et rivalités entre les conquistadors obligent Nicuesa à débarquer dans les jungles du Darién avec ses 700 hommes. Ils remontent à pied vers le nord. L'expédition devient un calvaire. Le climat est torride et malsain, les pluies diluviennes, les fièvres tropicales déciment les troupes, et les Indiens mènent des attaques-surprises contre ces Espagnols, considérés comme des envahisseurs. Nicuesa échoue dans sa tentative d'explorer et de coloniser la région.
En 1519, un autre conquistador débarque, c'est ***Pedrarias Dávila*** (1440-1531), surnommé « Colère des dieux » et réputé pour sa cruauté légendaire. Assoiffé de fastes et de richesses, il fonde sur la côte Pacifique la ville de Panamá, qui doit servir aux Espagnols de base stratégique et maritime pour l'exploration de la mer du Sud. Une expédition terrestre est organisée avec, à sa tête, Gaspar de Espinosa. Pizarro, le futur conquistador du Pérou, en fait partie. Les Espagnols atteignent la partie sud du Costa Rica. L'Espagne envoie alors ***Gil González Dávila*** pour continuer le travail sur le terrain et contrôler les activités de son rival Pedrarias, à Panamá. En 1523, Dávila réalise une expédition vers le nord, depuis Panamá. Plus chanceux que Nicuesa, il trouve beaucoup d'or, et collecte des informations de la part des Indiens assurant l'existence de terres plus riches à l'ouest. González Dávila pense avoir découvert une terre promise, un pays de cocagne. Il rebaptise ces terres surnommées La Huerta depuis leur découverte : désormais, ce pays s'appellera ***Costa Rica, la « côte riche ».*** Mais son projet de colonisation échoue, de nombreux hommes sont décimés par les fièvres tropicales.
La couronne d'Espagne s'intéresse désormais aux ***richesses du Mexique et du Pérou, plus rentables que celles du Costa Rica,*** délaissé et trop difficile à pénétrer. Le rêve de coloniser le pays ressurgit néanmoins avec Philippe II, roi d'Espagne, à la fin du XVIᵉ s.

Vázquez de Coronado, le fondateur

Au XVIᵉ s, sur le plan administratif, le petit Costa Rica obéit directement à la *Real Audiencia de Guatemala* (la Capitainerie du Guatemala), celle-ci étant rattachée au vice-royaume de la Nouvelle-Espagne (Mexique). En 1561, le conquistador ***Juan de Cavallón y Arboleda*** (1524-1565) débarque sur le littoral de la péninsule de Nicoya et fonde une 1re colonie dans la Vallée Centrale : la bourgade de ***Garcimuñoz,*** en souvenir de son village natal en Castilla-La Mancha (Espagne). Il soumet les rois indiens et affronte les chefs de tribus, tenaces guerriers hostiles aux Espagnols, sans toutefois vaincre la résistance des autochtones. Cavallón rentre au Guatemala.

En 1562, Philippe II envoie un homme neuf et audacieux : ***Juan Vázquez de Coronado*** (1523-1565). Originaire de Salamanque, passé par Mexico, il est chargé de coloniser le Costa Rica où la situation est difficile et le pays impénétrable en raison des jungles et des volcans. Le nouveau gouverneur fonde ***Cartago,*** dans la Vallée Centrale, qui devient dès 1564 le vrai centre politique du pays. Coronado obtient le titre d'*adelantado* du Costa Rica ; il cherche de nouveaux colons pour peupler le pays, mais il meurt en mer en octobre 1565. La colonisation échoue encore une fois. Faute de main-d'œuvre, faute d'esclaves, les rares colons espagnols présents doivent défricher et cultiver eux-mêmes leurs terres.

Du XVIe au XVIIIe siècle : une colonisation lente et difficile

Les colons espagnols vivotent en pratiquant une agriculture de subsistance dans un pays très isolé géographiquement et sans ressources. Contrairement aux autres colonies de l'Amérique espagnole où tout s'organise autour du système de l'*encomienda* (concession de terres que les esclaves travaillent) aux mains des militaires, au Costa Rica c'est encore la pauvreté et le système D. Au Panamá et au Mexique, les côtes furent mises en valeur. Ici, tout se concentra dans les régions montagneuses de l'intérieur, où les rares colons vivaient reclus. Au XVIIIe s, sur la lancée du siècle précédent, le pays se développe lentement bien que les ***cultures du cacao et du tabac*** occupent une place importante dans l'économie et la vie des colons. Elles assurent une certaine prospérité, mais le blocus des ports, en 1665, décrété par le gouvernement espagnol pour contrecarrer la piraterie et la contrebande, empêche toute forme d'exportation de ces denrées. En 1706, la ville d'Heredia est fondée, et en 1737 San José voit le jour, d'abord sous le nom Villa Nueva de la Boca del Monte.

La Isla del Coco est-elle l'île au trésor ?

Située à 550 km au large de la côte Pacifique, longue de près de 8 km sur 4 km de large, la ***Isla del Coco*** est isolée au cœur de l'océan Pacifique. Inhabitée, bordée de falaises abruptes et couverte d'une dense végétation tropicale, c'est aujourd'hui un parc national classé au Patrimoine mondial de l'Unesco (en 1997). L'île abrite une faune et une flore remarquables : arbres géants, fougères, fonds marins peuplés de dauphins et de baleines.

L'histoire dit qu'elle servit d'escale et de refuge à de nombreux pirates et flibustiers comme Lionel Wafer, John Eaton, William Dampier...

Selon la légende, un des plus riches trésors de l'histoire de la piraterie y serait toujours caché. Il s'agit du ***trésor de Lima,*** dérobé en 1820 par le corsaire écossais ***William Thompson,*** capitaine du *Mary Dear.* En pleine guerre d'indépendance du Pérou, les riches habitants de Lima confièrent leurs richesses à Thompson pour fuir les combats. En 2 jours, on embarqua ce que la ville avait de plus cher : lingots d'or, vaisselles d'or et d'argent, bijoux et pierres précieuses, chandeliers, reliquaires, orfèvrerie religieuse... Au lieu de conduire les fuyards à bon port, Thompson les liquida et les

SPIELBERG, CE *MYTHOSORUS*

Des îlots déserts, une végétation luxuriante, le règne animal, rien d'étonnant à ce que Jurassic Park *se déroule au Costa Rica. Oui mais voilà, le film a été tourné à... Hawaii, pour cause de saison des pluies. Spielberg aurait même déclaré : « J'aurais eu 26 ans, je serais peut-être allé tourner au Costa Rica, mais l'idée de descendre dans un chouette hôtel hawaiien était très attirante. » Une scène du film (celui de 1993) met en scène 2 personnages qui se rencontrent à San José, avec la mer en arrière-plan. Difficile d'être crédible quand on sait que la plage la plus proche est à 100 km de la capitale !*

jeta à la mer. Il garda la cargaison et se rendit à l'île de Coco où il aurait enfoui ce butin d'une valeur inestimable. On prétend aussi que ***Stevenson*** se serait inspiré de cette *isla* pour son fameux roman ***L'Île au trésor.*** Près de 500 expéditions ont été organisées entre 1846 et 1997 afin de chercher ce trésor caché. De nombreux endroits ont même été ravagés à la dynamite. Le Français Robert Vergnes passa 20 ans de sa vie à fouiller l'île. En vain... Voir la rubrique « Livres de route » dans le chapitre « Utile ».
Depuis 1997, le gouvernement du Costa Rica interdit les fouilles sur l'île, dont l'accès est très contrôlé. L'utilisation d'un simple détecteur de métaux est passible de lourdes amendes et de peines de prison.

1821-1848 : indépendance du Costa Rica

Les colonies espagnoles d'Amérique centrale s'émancipent. Le 15 septembre 1821, ***le Costa Rica proclame son indépendance.*** Après avoir pensé à un rattachement à l'empire du Mexique, le Costa Rica choisit de rejoindre la ***Fédération des provinces unies,*** qui rassemble le Nicaragua, le Honduras, le Salvador et le Guatemala. Cette fédération de 5 provinces ne met pas tout le monde d'accord. Des opposants la contestent, et la discorde dégénère en guerre civile (1823). Les républicains en sortent victorieux suite à la bataille d'Ochomogo. Le Costa Rica reste dans la Fédération. La province du Guanacaste fait sécession et rejoint le Nicaragua, tandis que la région de Nicoya se rattache de plein gré au Costa Rica. Finalement, un référendum décide pacifiquement de l'issue de ce conflit. Le Guanacaste et Nicoya feront partie intégrante du Costa Rica.
En 1823, ***San José devient la capitale du pays*** et remplace Cartago où se trouvait le centre politique du pays depuis 250 ans. Le 1er chef d'État élu, ***Juan Mora Fernández, abolit l'esclavage*** et ***introduit la culture du café*** qui va transformer l'économie du pays. La Fédération des provinces unies dure jusqu'en 1838. De 1838 à 1842, après avoir été élu chef d'État, ***Braulio Carrillo*** se transforme en dictateur, et dirige le pays d'une main de fer. Il faudra attendre le 30 août 1848, et la fin de la dictature, pour que le Costa Rica indépendant devienne une république libérée de ses vieux démons.

William Walker le flibustier et Santamaría le héros

Les ennuis arrivent de l'extérieur dès 1856. Poussé par une ambition démesurée, un aventurier flibustier (et esclavagiste) américain, ***William Walker*** (1824-1860), décide de conquérir les terres d'Amérique centrale pour y imposer la mainmise de la race blanche et indirectement des États-Unis. Après avoir essayé de prendre la Baja California et la Sonora du Mexique, Walker s'immisce dans les affaires du Nicaragua, où il débarque en juin 1855 avec une armée de mercenaires esclavagistes. Il devient le maître du Nicaragua et vise le Costa Rica au sud.
Alerte à San José ! Le président ***Juan Rafael Mora Porras*** réunit 9 000 hommes pour défendre la nation menacée par cet envahisseur sans scrupules. Les hommes de Walker se réfugient dans l'hacienda Santa Rosa (à 35 km de Liberia, province de Guanacaste). Le 20 mars 1856, les Costariciens les chassent de cette hacienda (c'est la fameuse ***bataille historique de Santa Rosa***) et les poursuivent au Nicaragua. Le 11 avril 1856, à Rivas, des hommes de l'Américain sont repérés dans une auberge. Il faut les en déloger en mettant le feu à la bâtisse. Le jeune volontaire Juan Santamaría, alors âgé de 25 ans, se propose. Il est mortellement blessé mais parvient à ses fins. L'auberge est en flammes et les troupes costariciennes emportent la bataille. Depuis cette date, ***Juan Santamaría est devenu un héros au Costa Rica,*** et le 11 avril est aujourd'hui un jour férié en souvenir de cette ***bataille de Rivas.***
Quant à William Walker, il s'autoproclame président du Nicaragua, cherche de l'aide auprès des sudistes américains, et finalement rentre aux États-Unis en 1857. Entêté, jamais découragé, il revient à la charge en 1860 en tentant d'envahir le

Honduras. Les Honduriens demandent l'aide de la Royal Navy britannique (qui contrôle la côte du Honduras britannique, le Belize aujourd'hui) et parviennent à le capturer à Trujillo. Livré au gouvernement hondurien, Walker est condamné et fusillé le 12 septembre 1860.

La prospérité au XIXe siècle : le café, le chemin de fer et les bananes

Le café se cultive si bien au Costa Rica au XIXe s qu'il a été surnommé le ***grain d'or*** *(grano de oro).* Les plantations prospèrent, le café participe à l'essor économique. Les barons du café, comme au Brésil, s'enrichissent et veulent dominer la politique en manipulant les politiciens à leur guise. Mais voilà, en 1870 le président dictateur ***Tomás Guardia*** rejette leur influence et décide que les revenus générés par le café serviront le peuple. Colère des planteurs ! Peu importe, Guardia suit son idée. ***Il abolit la peine de mort et rend l'éducation primaire obligatoire pour tous.*** Socialiste ? Non, social ! De 1870 à 1882, il se maintient au pouvoir.
Sa grande œuvre, c'est le ***chemin de fer*** entre la Vallée Centrale et la côte Caraïbe. Le projet coûte trop cher, alors un financier américain, ***Henry Meigg,*** décide de payer le chantier. Des immigrés chinois, italiens et jamaïcains y travaillent dans des conditions très difficiles, mais le projet s'arrête en raison du climat tropical, du relief accidenté et des jungles impénétrables. Un neveu de Meigg, ***Minor C. Keith,*** reprend les choses en main. Il paie les dettes et achève le chantier, en échange de quoi le gouvernement lui donne des terres le long de la voie. ***La ligne de chemin de fer est ouverte en 1890.*** Keith plante des bananiers sur ces concessions, c'est un succès économique. Les bananes du Costa Rica s'exportent dans le monde entier, et ainsi naît la ***United Fruit Company,*** qui se place au 1er rang des sociétés bananières de l'époque.
Entre 1889 et 1914, le pays connaît une période d'instabilité politique où se succèdent plusieurs présidents, tantôt des démocrates, tantôt le contraire. En 1940, le libéral ***Rafael Calderón Guardia*** accède à la présidence. Il adopte un ***nouveau code du travail, améliore le système social,*** réalise une réforme agraire majeure, sépare l'Église de l'État, et favorise l'activité des partis politiques, dont le parti communiste.

1948-1974 : la démocratie selon José Figueres

Farouche opposant à Calderón, ***José Figueres Ferrer*** (1906-1990) crée les Forces armées de libération nationale pour combattre l'armée gouvernementale affaiblie. En 1948, pendant 44 jours, le pays est à feu et à sang. La guerre civile fait plus de 2 000 morts. Figueres l'emporte, accède au pouvoir, rédige une Constitution qui garantit des ***élections libres au suffrage universel.*** Les Costariciens s'attendaient à un nouveau dictateur, mais c'est un démocrate qui rétablit la démocratie par la force (généralement, c'est le contraire : on abolit la démocratie par la force). Il fonde la Seconde République, nationalise les banques et donne le ***droit de vote aux femmes et aux Noirs.***
Sa plus grande mesure est l'***abolition de l'armée.*** « Un pays sans armée est un pays inattaquable », disait-il. Considérant l'armée comme une source de troubles et un facteur capable de déstabiliser le pays en se mêlant aux affaires politiques, Figueres la supprime purement et simplement. Les casernes militaires deviennent des musées, et le budget de l'armée est affecté aux affaires sociales, à la santé et à l'éducation.
En 1953, il est réélu président et le reste jusqu'en 1958, puis il est élu une 3e fois de 1970 à 1974, un long règne ! Avec lui, l'État providence intervient partout, même si la dette s'accroît de plus en plus. Très sensible aux questions d'environnement, Figueres est aussi le ***créateur des 1ers parcs nationaux*** du Costa Rica. Durant ces années, le pays prend conscience que le nouvel or du Costa Rica, c'est l'***or vert,*** c'est-à-dire son patrimoine naturel, son environnement, sa faune et sa

flore, ses jungles et ses volcans remarquables, qu'il faut préserver et aménager intelligemment pour en faire de hauts lieux du ***tourisme écologique.***
En 1977, ***la Ley Indígena reconnaît les droits des peuples indiens*** vivant sur 24 territoires. Selon cette loi, ces terres communautaires sont accordées à leurs habitants à perpétuité, elles ne peuvent pas être vendues, ni cédées, ni réduites. Les autochtones s'autogouvernent et possèdent leur propre justice (en théorie seulement, dans la réalité c'est différent).

Le Costa Rica, pays de paix dans une région en guerre

Dans les années 1980, les guerres civiles qui secouent les pays voisins (Salvador, Guatemala, mais surtout Nicaragua agité par la révolution sandiniste procommuniste) affectent le Costa Rica. Des vagues de réfugiés affluent. Des groupes armés utilisent le sol costaricien comme base arrière pour leur entraînement et la fourniture d'armes.
En 1986, ***Óscar Arias Sánchez*** est élu président. Pour éviter une intervention américaine dans la zone en feu, il propose un plan de paix afin de mettre fin à cette violence. Les pays voisins se réunissent à San José et finissent par s'accorder sur un programme de paix à mettre en application dès 1987. La même année, Óscar Arias Sánchez reçoit le ***prix Nobel de la paix,*** récompense bien méritée pour son initiative. Et restera président jusqu'en 1990.

Les années 2000-2020

En 2010, l'élection présidentielle est gagnée pour la 1re fois par une femme : ***Laura Chinchilla,*** ancienne ministre de la Justice du gouvernement d'Óscar Arias. Sous son mandat, les relations avec le Nicaragua se détériorent à cause d'un contentieux territorial. Elle est aussi l'un des chefs de l'État les moins populaires de l'histoire de ce petit pays à cause de ses positions jugées trop conservatrices.
Malgré son profil social-démocrate, elle s'est notamment opposée à la légalisation de la pilule du lendemain, à l'avortement et au mariage civil pour les homosexuels.
En avril 2014, ***Luis Guillermo Solís,*** du Parti d'action citoyenne (PAC, social-démocrate), est élu président de la République avec 77 % des voix au 2d tour. Son programme est basé sur la ***lutte contre la corruption*** et la correction des politiques libérales. Pourtant, à la fin de son mandat, il sera lui aussi soupçonné dans une affaire au plus haut niveau de l'État.
Issu du même parti, le président ***Carlos Alvarado*** (élu en 2018 et dont le mandat s'achève en 2022) a su préserver sa candidature de l'image d'un parti ternie par des affaires de corruption. Basée sur les thématiques de ***justice sociale*** et d'***égalité des sexes,*** sa campagne défendait notamment le ***mariage gay.*** En août 2018, la Cour suprême ordonnait d'ailleurs la légalisation du mariage homosexuel. En parallèle, il souhaite que le Costa Rica devienne l'un des premiers pays au monde à ***atteindre la neutralité carbone*** (lire plus haut la rubrique « Environnement »).
Malheureusement, la pandémie de Covid-19 et la dégringolade du secteur touristique sont venus chambouler le pays, à l'équilibre social et économique précaire. En 2020, le déficit public atteint un record de 8,3 % du PIB. Face à cette dette abyssale, le président Carlos Alvarado décide plusieurs réformes controversées par la population : coupes budgétaires, augmentation des taxes, etc. À un an de la fin de son mandat, son objectif est de ***garantir au Costa Rica une stabilité économique*** malgré les sacrifices que cela engendre. Au printemps 2021, le Fonds monétaire international annonce l'approbation d'une aide de 1,77 milliards de dollars en faveur du Costa Rica pour l'aider dans cette tâche.
La prochaine élection présidentielle se tiendra en février 2022. Affaire à suivre...

MÉDIAS

Presse

Au Costa Rica, le journal le plus lu est le quotidien *La Nación* (de centre droit ; • *nacion.com* •). C'est le seul que l'on voit sur les tables au café. On peut lire aussi *Al Día* (très orienté sur le ballon rond, et le sport en général), *Diario Extra* (pour les amateurs de faits-divers) ou *La Prensa Libre*. Si vous ne parlez pas l'espagnol, le site anglophone du quotidien en ligne *The Tico Times* (• *ticotimes.net* •) peut s'avérer utile.

Radio

Musique, talk-show, actualités... difficile de décrire toutes les stations locales. En voyage, vous écouterez surtout la radio dans les taxis, sans forcément y comprendre grand-chose. Amusant : toutes les radios de CANARA *(Camara Nacional de Radiodifusión)* commencent leur programme en diffusant l'hymne national à 7h pile.

Télévision

Partout, tout le temps ! Chaque resto (ou presque) dispose d'une télé, qui tourne en sourdine ou à plein régime, de jour comme de nuit. *Telenovelas*, infos en continu... c'est parfois difficile de se concentrer sur son assiette. Les soirs de match de foot, ça se presse au comptoir !

VOTRE TV EN FRANÇAIS : TV5MONDE la 1re chaîne culturelle francophone mondiale

Avec ses 10 chaînes et ses 14 langues de sous-titrage et sa nouvelle plateforme numérique TV5MONDEplus, TV5MONDE s'adresse à 353 millions de foyers dans 198 pays du monde par câble, satellite et sur IPTV est présent dans plus de 3 millions de chambres d'hôtels. Vous y retrouverez de l'information, du cinéma, du divertissement, du sport, du documentaire... Préparez votre séjour grâce à son site voyage • *voyage.tv5monde.com* • et en voyage, restez connecté avec les applications et le site • *tv5monde.com* • Demandez à votre hôtel le canal de diffusion de TV5MONDE et contactez • *tv5monde.com/contact* • pour toutes remarques.

Liberté de la presse

Pays le mieux noté de toute l'Amérique latine en matière de protection des Droits de l'homme et de la liberté d'expression, le Costa Rica fait figure d'exception dans une région rongée par la corruption, l'insécurité et les violences quotidiennes contre les journalistes, comme au Honduras ou au Guatemala.

Les cas d'agressions, de chantage ou autres intimidations de journalistes sont peu communs, tout comme les interférences de l'État dans le travail de la presse, même si l'accès aux informations publiques est parfois compliqué. Le fort niveau de concentration des médias constitue par ailleurs un frein important au pluralisme dans le pays. Malgré un exercice relativement libre du métier et une législation avancée en matière de liberté de l'information, des pratiques préjudiciables aux journalistes ont été recensées, notamment en périodes d'élections. Lors de la dernière campagne électorale initiée fin 2017, et qui a porté Carlos Alvarado au pouvoir, plusieurs cas de pressions des autorités contre les journalistes ont été recensés.

Hormis ces alertes ponctuelles, les journalistes au Costa Rica bénéficient d'un environnement de travail enviable. L'accès à Internet, décrété droit fondamental en 2010, est généralisé dans le pays, qui reste un exemple à suivre dans la région sur ces questions fondamentales de la liberté d'expression et de la presse.
Ce texte a été réalisé en collaboration avec *Reporters sans frontières.* Pour plus d'informations sur les atteintes aux libertés de la presse, n'hésitez pas à contacter :

■ ***Reporters sans frontières :*** ☎ *01-44-83-84-84.* • *rsf.org* •

PERSONNAGES

– ***Juan Vázquez de Coronado*** *(1523-1565)* **:** né à Salamanque (Castille, Espagne), ce conquistador espagnol est l'un des grands colonisateurs du Costa Rica. Il débarqua à 17 ans en Nouvelle-Espagne (Mexique), eut plusieurs fonctions importantes en Amérique espagnole – au Mexique, au Guatemala, au Honduras et au Nicaragua – avant d'être nommé gouverneur du Costa Rica. Contrairement à d'autres conquérants cruels et brutaux, il se fit remarquer par son caractère tempéré, sa bonne administration, ses ***relations amicales avec les peuples indiens.*** Il était le neveu de Francisco Vázquez de Coronado, qui explora le sud-ouest des États-Unis entre 1540 et 1542. Nommé *adelantado* du Costa Rica, Juan tenta d'y implanter de nouveaux colons, et mourut en mer au cours d'une tempête.

– ***Juan Rafael Mora Porras*** *(1814-1860)* **:** élu 2 fois président du Costa Rica, Mora est surtout célèbre pour avoir pris la tête de la guerre contre les flibustiers (la *Campaña Nacional,* 1856-1857) et l'armée de William Walker. Américain et esclavagiste, ce dernier voulait envahir l'Amérique centrale, et notamment le Costa Rica, pour y rétablir l'esclavage (voir la rubrique « Histoire » plus haut). Cette campagne fut marquée par les batailles de Santa Rosa et de Rivas (Nicaragua), qui s'achevèrent par la victoire du Costa Rica. Essentiel dans l'histoire du pays, cet épisode militaire fit du président Mora un ***héros national.*** Renversé en 1859 par un coup d'État, Mora s'exila au Salvador puis aux États-Unis. Il tenta de reprendre le pouvoir lors de la bataille de La Angostura. Débarquant à Puntarenas, il fut assailli par les forces militaires et fait prisonnier. On le fusilla 2 jours plus tard.

– ***Juan Santamaría*** *(1831-1856)* **:** il est le ***héros national du Costa Rica.*** L'aéroport international porte même son nom. Le 11 avril est un jour férié en hommage à la bravoure dont il a fait preuve lors de la bataille de Rivas (11 avril 1856) pendant la *Campaña Nacional.* Le président Mora conduisit une guerre contre le flibustier William Walker (voir la rubrique « Histoire » plus haut). Le combat se termina à Rivas, au Nicaragua. Là, Juan Santamaría se dévoua pour mettre le feu à l'auberge où les hommes de Walker s'étaient barricadés. L'auberge fut enflammée mais le jeune Costaricien reçut une balle mortelle. Sans sa bravoure, la bataille n'aurait sans doute pas été victorieuse pour le Costa Rica.

– ***Rafael Ángel Calderón Guardia*** *(1900-1970)* **:** homme politique costaricien formé à l'université catholique de Louvain (Belgique), il fut président du Costa Rica de 1940 à 1944, se rangeant du côté des Alliés et des États-Unis pendant cette période. Attentif aux questions sociales, il est l'auteur d'une réforme agraire majeure en faveur des petits planteurs. Il développa le ***système sanitaire et éducatif,*** créa la ***Sécurité sociale,*** inaugura l'***Université du Costa Rica*** et encouragea l'industrie. Après la guerre civile de 1948 et l'accession au pouvoir du charismatique José Figueres, Calderón se réfugia au Nicaragua puis au Mexique. Il fut autorisé à revenir dans son pays en 1958, obtint un poste d'ambassadeur, et mourut en 1970.

– ***José Figueres Ferrer*** *(1906-1990)* **:** une des figures politiques les plus célèbres du Costa Rica ! Fils d'un couple d'immigrés catalans, il fut ***3 fois***

président du Costa Rica : de 1948 à 1949, de 1953 à 1958 et de 1970 à 1974. Après des études aux États-Unis, il rentra au Costa Rica pour s'occuper d'un domaine agricole qu'il baptisa *La Lucha sin Fin,* « La Lutte sans fin »... Après son exil au Mexique (il était un opposant trop virulent), il revint chez lui en 1944, fonda le Parti démocratique (de tendance social-démocrate) et créa la Légion caribéenne, une force militaire de combattants pour renverser Rafael Ángel Calderón Guardia au pouvoir et son successeur Teodoro Picado. La guerre civile dura 44 jours et fit 2 000 morts. C'est l'épisode le plus meurtrier au XXe s dans l'histoire de ce pays paisible. Figueres prend le pouvoir en 1948 et rétablit la démocratie par la force mais interdit le parti communiste. ***Il abolit l'armée, nationalise les banques, donne le droit de vote aux analphabètes, aux femmes et aux Noirs, garantit l'éducation pour tous, crée les 1ers parcs nationaux.*** Grâce à lui, le Costa Rica changea radicalement de paysage politique.

– ***Óscar Arias Sánchez*** *(né en 1940)* **:** 2 fois président du Costa Rica, de 1986 à 1990 et de 2006 à 2010. Il est issu d'une famille de riches exploitants du café et fut formé à Boston et à Londres avant de devenir membre du Parti de libération nationale (du côté de José Figueres). Il a reçu le ***prix Nobel de la paix en 1987***, en récompense de son action en faveur de la ***paix en Amérique centrale***. Opposé au soutien offert par les États-Unis à la *Contra* en guerre contre les sandinistes du Nicaragua, Óscar Arias parvint à mettre au point le plan *Contadora,* qui fut signé par le Nicaragua, le Salvador, le Honduras et le Guatemala. Ce pacte entre les frères ennemis mit un terme au conflit meurtrier qui ravagea la région dans les années 1970-1980.

WHO'S WHO

Ce que l'on sait moins du président Óscar Arias Sánchez, Prix Nobel de la paix 1987, c'est qu'il descend d'Henri II d'Angleterre et du roi Ferdinand III de Castille (saint Ferdinand) par la branche des Sotomayor (des grands d'Espagne). Des généalogistes costariciens ont même prouvé qu'il était le cousin très éloigné (plus de 25 générations) de Barack Obama (par sa mère Ann Dunham) et de John McCain III, qui eux aussi descendent d'Henri II d'Angleterre. Quel beau clin d'œil de l'histoire !

– ***Franklin Chang-Diaz*** *(né en 1950)* **:** astronaute et physicien, né à San José d'un père d'origine chinoise et d'une mère costaricienne. Diplômé du MIT (Massachusetts Institute of Technology), spécialiste de la fusion nucléaire et des fusées, il a participé à 7 missions spatiales de la NASA (Columbia, Atlantis, Discovery, Endeavour...).

– ***Laura Chinchilla*** *(née en 1959)* **:** diplômée de l'université de Georgetown (États-Unis), femme politique, membre du Parti de libération nationale (socialiste), elle fut la ***1re femme à être élue présidente de la République*** du Costa Rica (de 2010 à 2014). Malgré son profil social-démocrate, les Costariciens lui ont reproché ses positions trop conservatrices. Elle s'est notamment opposée à la légalisation de la pilule du lendemain, à l'avortement et au mariage civil pour les homosexuels.

– ***Carlos Alvarado*** *(né en 1980)* **:** président du Costa Rica, de 2018 à 2022. Élu à 38 ans (encore plus jeune qu'Emmanuel Macron !), c'est un ancien journaliste et un fan de rock. Comme son prédécesseur Luis Guillermo Solís, il appartient au PAC (Parti Action citoyenne). Il a basé sa campagne sur les thématiques de ***justice sociale*** et d'***égalité des sexes,*** et s'est notamment démarqué de son adversaire conservateur en défendant le mariage civil pour les personnes de même sexe. En 2019, il présentait un ***plan national de décarbonation*** dont l'objectif ultime est de ***faire du Costa Rica l'un des premiers pays au monde à atteindre la neutralité carbone d'ici 2050***.

POPULATION

Une population arc-en-ciel

Le Costa Rica compte ***5 millions d'habitants.*** 83,6 % des *Ticos* sont ***blancs ou métis*** – seuls le Salvador et le Honduras le sont davantage. Cette spécificité est due en partie à la relative faiblesse de la population amérindienne au moment de la *Conquista,* mais aussi à l'afflux important d'immigrés européens attirés par le boom du café dans la 2de moitié du XIXe s. Depuis sa révolution de 1948, le pays s'est aussi fait ***terre d'accueil pour de nombreux réfugiés*** et migrants venus de tous les horizons, notamment de Chine, d'Amérique du Sud et centrale. Les Nicaraguayens, attirés par l'eldorado économique *tico,* représenteraient à eux seuls environ 10 % de la population actuelle du pays – un chiffre difficile à vérifier en raison d'une importante immigration illégale. La violente crise politique que traverse le Nicaragua depuis 2018 ne fait qu'accentuer ces mouvements de populations, qui fuient la répression du gouvernement, dirigé par le président Daniel Ortega.

COSTARICAIN OU COSTARICIEN ?

Mais comment nomme-t-on les habitants du Costa Rica ? Si le mot « Costaricains » s'impose dans le dico français, sur place on utilise « Costariciens » à l'unanimité. En espagnol, un habitant du pays s'appelle un Costaricense, *qui se traduit bien par « Costaricien », et non un* Costariqueño, *qui se traduirait alors par « Costaricain ». Si vous vous emmêlez les pinceaux, dites simplement* Ticos, *le surnom que tout le monde utilise. Pas de risque de se tromper !*

Notons aussi, depuis plusieurs décennies, l'***installation sans cesse grandissante d'Européens*** (Français et Italiens, entre autres), de Canadiens et d'Américains attirés par le climat, l'économie, la stabilité politique et la possibilité de se tailler un mode de vie alternatif.

Assez importante en nombre, la ***communauté noire et « mulâtre »*** (*mulato* selon le terme local) représente environ 8 % de la population du pays (6,7 % pour les mulâtres et 1,1 % pour les descendants des communautés africaines). Majoritairement attachés au littoral Caraïbe, où débarquèrent au XIXe s de nombreux ***Jamaïcains*** venus pêcher puis travailler dans les plantations, ces Afro-Costariciens parlent l'anglais ou le créole et pratiquent le culte anglican. Jusqu'en 1949, des lois ségrégationnistes leur interdirent de quitter la province de Limón, favorisant d'autant la survivance de leur culture, qu'on surnomme « ***rasta*** » aujourd'hui... Cette restriction tomba grâce au combat d'un homme : ***Alex Curling Delisser, avocat et activiste afro-costaricien,*** qui lutta contre les abus de la trop célèbre *United Fruit Company* dans ses bananeraies et obtint le ***droit de vote*** et la ***citoyenneté*** pour les siens et ***pour toutes les minorités*** du pays (loi Curling de 1955) – Amérindiens exceptés. En 1953, il devint le ***1er député noir du Costa Rica.***

La ***population amérindienne*** est estimée à 2,4 % de la population totale du pays. Résidant principalement dans 24 « réserves » du sud du pays (créées en 1977) s'étendant sur près de 6 % du territoire national, les différentes ethnies (8 au total) connaissent des sorts assez différents. Les quelque 14 000 Cabécares, par exemple, vivant dans plusieurs zones assez isolées, ont conservé l'essentiel de leur culture. À contrario, seuls quelques Térrabas sont encore capables de s'exprimer dans leur langue maternelle... Mais tous essayent de conserver leur identité et de faire perdurer leur patrimoine à travers la vente d'artisanat ou le tourisme rural par exemple. Discriminés depuis toujours, les *indígenas,* comme on les nomme ici, n'ont obtenu le droit de vote qu'en 1994 (!) et doivent aujourd'hui se battre pour que leurs terres ne soient pas accaparées par les agriculteurs.

L'***émigration*** est assez faible (3 %) et concerne surtout une population diplômée en quête d'opportunités professionnelles. Destination de prédilection : les États-Unis.

Le modèle social costaricien : une réussite

Dès les années 1940, le Costa Rica s'engage sur une voie nouvelle pour l'Amérique latine. Pour répondre – certes un peu tardivement – aux effets de la crise économique mondiale des années 1930, une caisse nationale de Sécurité sociale est fondée en 1941, puis un code du travail et des « garanties sociales » adoptés en 1943. Mais c'est après la guerre civile qu'un nouveau modèle de développement social se met véritablement en place. La Constitution de 1949 donne à l'État un rôle de régulateur social et économique – de libéral, il devient interventionniste. Le gouvernement investit le champ du logement social, de la formation et de l'éducation en général, de l'alimentation énergétique, de la distribution des terres vierges...

La réunion du Conseil économique et social interaméricain, en 1961, marque une nouvelle étape. Confrontés à la révolution cubaine et craignant le développement d'insurrections communistes dans la région, les États latino-américains jettent sur le papier un projet de grande ampleur : réformes agraires, amélioration des conditions de travail, rémunération juste, lutte contre l'analphabétisme, développement de programmes de santé et autres mesures destinées à « ***réaliser des progrès économiques plus rapides et promouvoir une justice sociale plus large pour les populations,*** dans le respect de la dignité humaine et de la liberté politique ». Si, dans la plupart des nations, cette belle déclaration reste lettre morte, le Costa Rica, lui, se met au travail.

Une société globalement apaisée

Si le chemin fut long et naturellement semé d'embûches, le pays fait aujourd'hui figure de modèle sur la scène centraméricaine. Seul le Panamá peut s'enorgueillir d'un indice de développement humain (IDH) légèrement supérieur. Consacrant près de ***20 % de son PIB aux dépenses sociales,*** le Costa Rica bénéficie indéniablement d'un niveau de vie élevé et de garanties rares pour la région – qui lui valent une grande stabilité politique. Si tout n'est pas parfait, bien sûr, la plupart des indicateurs sociaux sont au vert : 94,5 % de la population bénéficient d'un accès aux soins et 97,8 % de l'eau potable. Résultat, une ***espérance de vie*** plutôt élevée : 76,5 ans pour les hommes et 82 ans pour les femmes. Quant au budget consacré à l'éducation, il a permis, au fil du temps, de quasiment éradiquer l'analphabétisme (environ 2 %).

L'évolution positive des politiques sociales s'est accompagnée d'un déclin rapide du taux de mortalité, notamment infantile (moins de 8 pour 1 000 aujourd'hui), et d'une baisse significative du taux de natalité, presque équivalent à celui de la France, avec une moyenne de 1,9 enfant par femme. Reste ***un point noir : le taux de pauvreté.*** Bien que divisé par 2 depuis les années 1980, il demeure élevé, avec environ 20 % de la population sous le seuil de pauvreté. Quant au taux de chômage, il était d'environ 8 % en 2018.

Religions

Héritage colonial espagnol oblige, les Costariciens sont en majorité ***catholiques*** (environ 72 %). D'ailleurs, si la Constitution reconnaît la liberté de culte et affirme la séparation de l'Église et de l'État, le catholicisme demeure religion officielle. Ces dernières décennies, une foultitude d'***églises protestantes américaines,*** pour la plupart d'obédience évangélique ou pentecôtiste, se sont répandues dans le pays : quelque 12 % des Costariciens se rangeraient désormais derrière l'une ou l'autre de leurs bannières. Pour le reste, les statistiques font état d'environ 10,5 % de ***non-religieux.*** Viennent ensuite les protestants (environ 2,5 %), puis une multitude de croyances (mormons, Témoins de Jéhovah...) qui représentent les 3 % restants. Mentionnons l'existence de ***pratiques chamaniques*** parmi les populations amérindiennes non acculturées comme les Bribrís.

SITES INSCRITS AU PATRIMOINE MONDIAL DE L'UNESCO

Pour figurer sur la liste du Patrimoine mondial, les sites doivent avoir une valeur universelle exceptionnelle et satisfaire à au moins un des 10 critères de sélection. La protection, la gestion, l'authenticité et l'intégrité des biens sont également des considérations importantes.
Le patrimoine est l'héritage du passé dont nous profitons aujourd'hui et que nous transmettons aux générations à venir. Nos patrimoines culturel et naturel sont 2 sources irremplaçables de vie et d'inspiration. Ces sites appartiennent à tous les peuples du monde, sans tenir compte du territoire sur lequel ils sont situés.
Pour plus d'informations : ● *whc.unesco.org* ●
Au Costa Rica, 1 site culturel et 3 sites naturels sont inscrits au Patrimoine mondial :
– ***Reservas de la Cordillera de Talamanca – La Amistad / Parque Nacional de la Amistad*** (1983) ; cette zone géographique, qui porte encore des traces de l'ère glaciaire, a servi de point de contact entre les 2 continents américains, facilitant le développement de la faune et de la flore ;
– ***Parque Nacional de la Isla del Coco*** (1997), situé à 550 km du littoral, côté Pacifique ;
– ***Zona de Conservación de Guanacaste*** (1999), pour son rôle de préservation de la biodiversité ;
– ***Asentamientos Cacicales Precolombinos con Esferas de Piedra de Diquís*** (2014) ; ce bien concerne 4 sites du sud du pays, qui possèdent une collection exceptionnelle de sphères mégalithiques de grande dimension.

SPORTS ET LOISIRS

POUR LES TERRE-À-TERRE

Les ***27 parcs nationaux*** égrènent des centaines de kilomètres de sentiers où vous pourrez user vos baskets ! Et encore, on ne compte pas les quelque ***125 réserves*** du pays. Au total, 25 % du territoire sont occupés par des parcs ou des réserves ! Avant de vous attaquer à ces chemins de randonnée, investissez dans une bonne paire de chaussures et un chapeau pour vous protéger du soleil. Et pourquoi ne pas glisser une paire de jumelles dans son sac pour observer les animaux ? Parmi nos coups de cœur, la région de Sarapiquí concentre quelques unes des plus belles réserves du pays pour l'observation de la faune. Bon à savoir, certains parcs nationaux, comme le célèbre Manuel Antonio, combinent sentiers de rando et plages splendides. Une bonne option pour se rafraîchir entre 2 étapes.
Enfin, les sportifs les plus aguerris s'attaqueront à la célèbre ascension du ***Cerro Chirripó,*** le plus haut sommet du Costa Rica. Il culmine à 3 820 m d'altitude et le trek dure 2 jours. Avec ***116 volcans,*** concentrés sur les cordillères centrales du pays, on peut aussi rejoindre 2 spots de rando dans la même journée (pour les acharnés !).

POUR LES AMATEURS DE SENSATIONS FORTES

Tour dans la canopée

Tyroliennes, ponts suspendus, téléphériques, sauts de Tarzan, les fous d'adrénaline en auront des palpitations ! Pour pratiquer ces sports haut perchés, direction la région du Monteverde, où pléthore d'agences proposent des sorties dans la canopée. Bien harnaché, on grimpe parfois à plusieurs dizaines de mètres pour se mêler aux feuillages d'arbres centenaires. Là-haut, on s'agrippe, on saute, on escalade, on enjambe et on retient son souffle ! Évidemment, ceux qui ont le vertige s'abstiendront, il n'est pas rare de voir des touristes rebrousser chemin en milieu de parcours.

Rafting

Autre sport, autre spot. Accrochez-vous cette fois-ci à votre gilet de sauvetage ! Direction la Vallée Centrale pour dévaler le ***río Pacuare.*** Cette rivière offre les plus spectaculaires descentes du Costa Rica. Cascades, canyons, rapides de catégorie 3 et 4... bouclez bien votre casque ! Pour les familles voyageant avec de jeunes enfants, le ***río Pejibaye*** sera plus indiqué. On peut grimper à bord dès 6 ans et ça secoue moins dans tous les sens.

POUR LES POISSONS DANS L'EAU

Surf

La religion locale ! Les amateurs de glisse débarquent des 4 coins du globe, la planche sous le bras, pour venir surfer les vagues des côtes costariciennes. Côté mer des Caraïbes ou océan Pacifique, le pays a de la houle à revendre et promet de belles sessions de surf. On trouve de très bons spots côté Pacifique, notamment sur la péninsule de Nicoya, le plus couru étant ***Tamarindo.*** Pour éviter la foule, on préfère tout de même les plages au sud de Tamarindo (Avellanas, Negra et Junquillal) et autour de ***Sámara, Nosara*** et ***Santa Teresa.*** Dans le Pacifique central, citons ***Playa Hermosa,*** au sud de Jacó, et ***Dominical.*** Plus au sud encore, cap sur ***Playa Pavones,*** en face de la ***péninsule d'Osa.*** Et côté Caraïbe, ce sont les vagues de ***Salsa Brava,*** près de Puerto Viejo de Talamanca, qui rameutent les foules. Certains disent que ce sont les plus grosses vagues du pays.

Petit lexique à l'usage du surfeur débutant

Si vous débutez, voici quelques expressions qui pourront vous être utiles. Et si vous ne surfez pas, ce lexique pourra toujours vous servir à alimenter les conversations à l'heure de l'apéro... Même au Costa Rica, en matière de surf, c'est l'anglais qui prédomine.

- *Left/right (gauche/droite) :* il ne s'agit pas de politique, mais du sens de déferlement de la vague, lorsqu'on tourne le dos à l'océan. Si vous partez du mauvais côté, vous n'irez pas bien loin.
- *Tube (« barrel » en anglais) :* se caler bien au chaud dans le creux de la vague qui déroule et se referme quasiment entièrement sur vous, avant d'en sortir comme une fusée...
- *Take off :* sans lui, pas de surf ! C'est le mouvement (pression des avant-bras et flexion des genoux) qui permet de vous mettre debout sur la planche.
- *Beach break/reef break :* sujet de fond, au sens propre du terme. Ici, on parle de ce que vous trouverez sous votre planche, à savoir du sable *(beach break)* ou des rochers, voire du corail *(reef break).* Pour les débutants, les *beach breaks* sont très fortement conseillés ! Sinon, attention aux bobos après la chute.

– « *Regular* » ou « *goofy* » : les surfeurs appartiennent forcément à l'un ou l'autre de ces groupes. Les *regular* placent leur pied droit à l'arrière de la planche, c'est-à-dire leur pied fort, tandis que les *goofy* font l'inverse.
– *Break* : il désigne l'endroit où les vagues se brisent, qu'il faut passer pour accéder au *line-up* (ou pic). Le *line-up* se situe derrière la barre, l'endroit où les vagues se forment et où les surfeurs se rassemblent.

Snorkelling et plongée

Si les fonds marins du Costa Rica ne sont pas aussi riches et colorés que certaines autres destinations exotiques, on y rencontre quand même une belle faune sous-marine. Langoustes, étoiles de mer, raies, poissons-perroquets, concombres de mer, murènes et autres spécimens biscornus évoluent au large des côtes costariciennes. Les spots et clubs de plongée se concentrent surtout ***au nord de Tamarindo,*** dans le Guanacaste et sur la côte Pacifique sud, ***au nord de la péninsule d'Osa.*** Si vous avez un budget serré, masque et tuba font aussi très bien l'affaire.

POUR LES AMATEURS DE FARNIENTE

Bordé de plus de ***1 200 km de côtes,*** le Costa Rica a du sable à revendre ! Et si vous ne vous sentez pas l'âme d'un surfeur pro, sachez qu'on trouve toujours un joli coin pour étendre sa serviette.
Côté Caraïbe, ceux qui s'imaginent de l'eau turquoise sous les cocotiers risquent d'être déçus. Les cocotiers sont bien là, mais la mer n'est pas cristalline. Les plages affichent plutôt un caractère sauvage et brut qui nous a charmés. Sable blanc, sable noir, chaque village (ou presque) profite d'une plage en plein centre et de quelques autres étalées le long de la côte. Il faut parfois marcher un peu pour découvrir les plus isolées et les plus tranquilles, comme celles du *Parque Nacional de Cahuita.* Une de nos préférées de ce côté du pays reste celle de Manzanillo, tout au sud, où les touristes se font plus rares.
Côté Pacifique, les surfeurs monopolisent déjà pas mal de spots. La plus belle concentration de plages se situe sur la ***péninsule de Nicoya,*** où des kilomètres de côtes s'égrènent de criques discrètes en petites stations balnéaires. On trouve aussi quelques jolies pépites au sud de la ***péninsule d'Osa.*** Au final, le pays compte quelque 300 plages, vous devriez bien en trouver une qui vous plaît !
Attention, les vagues et les courants peuvent être puissants, et certaines plages ne se prêtent absolument pas au barbotage. Prêtez bien attention à la couleur des drapeaux s'il y en a sur la plage (vert pour une baignade sans risque), et sinon, demandez toujours l'avis des locaux pour savoir où se baigner sans danger.

ET LE SPORT NATIONAL...

Difficile d'évoquer le sport sans mentionner celui que les Costariciens considèrent presque comme une religion... le ***football*** ! Quand il y a match, l'animation des rues disparaît, transformant les villages en villes fantômes. Eh oui, tout le monde est au comptoir (parfois tout le village !) en train de supporter l'équipe nationale. Appelée *La Selección,* on la surnomme ici *La Sele.* On dit « *apoyando La Sele* » quand il s'agit de soutenir les joueurs du pays. Et les Costariciens sont de fervents supporters ! En 2014, le pays a vibré quand *La Sele* a atteint les quarts de finale de la Coupe du monde... avant de se faire éliminer par les Pays-Bas. En 2018, le pays a réussi à décrocher son ticket pour le Mondial mais il n'a pas été qualifié pour les 8e de finale.

les ROUTARDS sur la FRANCE 2022-2023

(dates de parution sur • routard.com •)

Découpage de la FRANCE par le ROUTARD

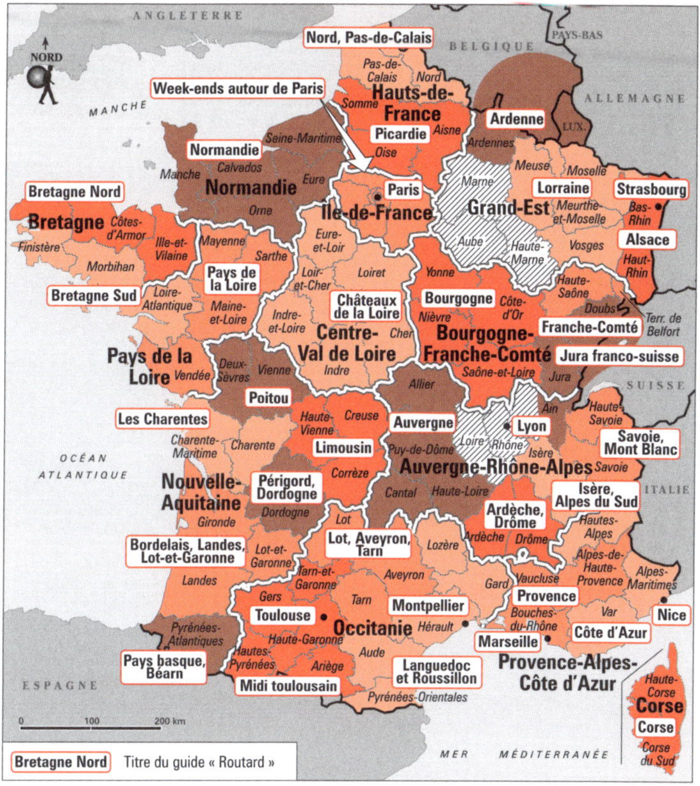

Autres guides sur la France

- Nos meilleurs campings en France
- Nos meilleures chambres d'hôtes en France

Autres guides sur Paris

- Paris
- Paris balades
- Restos et bistrots de Paris
- Le Routard des amoureux à Paris
- Week-ends autour de Paris

Le Routard à vélo

- EuroVelo6
- La Bourgogne du Sud à vélo
- La Flow Vélo
- La Loire à Vélo
- La Vélo Francette
- La Vélodyssée (Roscoff-Hendaye)
- Le Canal des 2 mers à vélo
- Paris Île-de-France à vélo
- ViaRhôna
- Les plus belles escapades à Vélo en France

les ROUTARDS sur l'ÉTRANGER 2022-2023

(dates de parution sur • **routard.com** •)

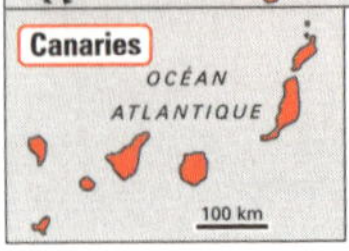

Découpage de l'ESPAGNE par le ROUTARD

Découpage de l'ITALIE par le ROUTARD

Autres pays européens

- Allemagne
- Angleterre, Pays de Galles
- Autriche
- Belgique
- Bulgarie
- Crète
- Croatie
- Danemark, Suède
- Écosse
- Finlande
- Grèce continentale
- Hongrie
- Îles grecques et Athènes
- Irlande
- Islande
- Madère
- Malte
- Norvège
- Pays baltes : Tallinn, Riga, Vilnius
- Pologne
- Portugal
- République tchèque, Slovaquie
- Roumanie
- Suisse

Villes européennes

- Amsterdam
- Berlin
- Bruxelles
- Budapest
- Copenhague
- Dublin
- Lisbonne
- Londres
- Moscou
- Naples
- Porto
- Prague
- Saint-Pétersbourg
- Stockholm
- Vienne

les ROUTARDS sur l'ÉTRANGER 2022-2023

(dates de parution sur • *routard.com* •)

Découpage des ÉTATS-UNIS par le ROUTARD

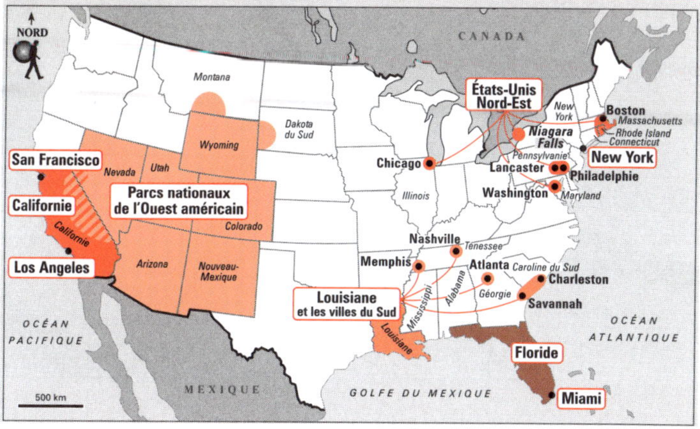

Autres pays d'Amérique

- Argentine
- Brésil
- Canada Ouest
- Chili et île de Pâques
- Colombie
- Costa Rica
- Équateur et les îles Galápagos
- Guatemala, Belize
- Mexique
- Montréal
- Pérou, Bolivie
- Québec et Ontario

Asie et Océanie

- Australie côtes est et nord + Red Centre
- Bali, Lombok
- Bangkok
- Birmanie (Myanmar)
- Cambodge, Laos
- Chine
- Hong Kong, Macao, Canton
- Inde du Nord
- Inde du Sud
- Israël et Palestine
- Istanbul
- Jordanie
- Malaisie, Singapour
- Népal
- Shanghai
- Sri Lanka (Ceylan)
- Thaïlande
- Tokyo, Kyoto et environs
- Turquie
- Vietnam

Afrique

- Afrique du Sud
- Égypte
- Kenya, Tanzanie et Zanzibar
- Maroc
- Marrakech
- Sénégal
- Tunisie

Îles Caraïbes et océan Indien

- Cuba
- Guadeloupe, Saint-Martin, Saint-Barth
- Île Maurice, Rodrigues
- Madagascar
- Martinique
- République dominicaine (Saint-Domingue)
- Réunion

Guides de conversation

- Allemand
- Anglais
- Arabe du Maghreb
- Arabe du Proche-Orient
- Chinois
- Croate
- Espagnol
- Grec
- Italien
- Japonais
- Portugais
- Russe
- G'palémo (conversation par l'image)

Livres-photos/Livres-cadeaux

- 50 voyages à faire dans sa vie
- 52 escapades nature en France (**nouveauté**)
- 52 week-ends coups de cœur en Europe (city trips)
- 52 week-ends coups de cœur en France
- 120 coins secrets en Europe
- 1 200 coups de cœur en France
- 1 200 coups de cœur dans le monde
- Cahier de vacances du Routard
- La France de Stéphane Bern
- Nos plus belles balades et randos en France (**nouveauté**)
- Road Trips Monde
- Road Trips en France
- Sacré : 100 lieux d'inspiration divine (**nouveauté**)
- Voyages
- Voyages : États-Unis
- Voyages : France
- Voyages : Italie

Nous tenons à remercier tout particulièrement Loup-Maëlle Besançon, Thierry Bessou, Gérard Bouchu, François Chauvin, Grégory Dalex, Fabrice Doumergue, Cédric Fischer, Carole Fouque, Nicolas George, Michelle Georget, David Giason, Claude Hervé-Bazin, Emmanuel Juste, Dimitri Lefèvre, Fabrice de Lestang, Romain Meynier, Éric Milet, Pierre Mitrano, Jean-Sébastien Petitdemange, Thomas Rivallain et Jean Tiffon pour leur collaboration régulière.

Brice Andlauer
Jean-Jacques Bordier-Chêne
Agnès Debiage
Coralie Delvigne
Jérôme Denoix
Tovi et Ahmet Diler
Clélie Dudon
Sophie Duval
Alain Fisch
Bérénice Glanger
Adrien et Clément Gloaguen
Sébastien Jauffret
Alexia Kaffès
Augustin Langlade
Jacques Lemoine
Aline Morand
Louis Nagot
Caroline Ollion
Martine Partrat
Odile Paugam et Didier Jehanno
Céline Ruaux
Prakit Saiporn
Nejma Tahri Hassani
Alice Tonasso
Caroline Vallano

Direction: Sidonie Chollet
Direction éditoriale: Élise Ernest
Édition: Matthieu Devaux, Olga Krokhina, Gia-Quy Tran, Julie Dupré, Pauline Janssens, Amélie Ramond, Margaux Lefebvre et Lucie Léna
Ont également collaboré: Brigitte de Vaulx et Aurélie Gaillot
Cartographie: Frédéric Clémençon et Aurélie Huot
Contrôle de gestion: Jérôme Boulingre et Yannis Villeneuve
Secrétariat: Julia Lorrain
Fabrication: Nathalie Lautout et Liza Sacco
Relations presse: COM'PROD, Fred Papet. ☎ 01-70-69-04-69. • *info@comprod.fr* •, Martine Levens (Belgique) et Maureen Browne (Suisse)
Marketing: Élodie Darty
Couverture : le-bureau-des-affaires-graphiques.com
Silhouette du Routard : Clément Gloaguen (d'après Solé)
Maquette intérieure: le-bureau-des-affaires-graphiques.com, Thibault Reumaux et npeg.fr
Contact Partenariats : Jérôme Denoix • *jeromedenoix@gmail.com* •
Contact Partenariats et régie publicitaire: Florence Brunel-Jars • *fbrunel@hachette-livre.fr* •

INDEX GÉNÉRAL

LISTE DES CARTES ET PLANS

UNE PANDÉMIE INOUÏE !

Depuis toujours, ***Le Routard*** **se plaît à dénicher hôteliers et restaurateurs** qui accueillent nos lecteurs avec sourire et professionnalisme. Malgré toute notre vigilance, certains d'entre eux auront malheureusement fermé quand ce livre sortira. De même, les horaires et modalités d'accueil de certains sites et musées auront été momentanément modifiés. Cette terrible **pandémie de Coronavirus** a, on le sait, des conséquences importantes pour tous les professionnels du tourisme. **Nous sommes de tout cœur avec eux !**

« OSONS LE PAS DE CÔTÉ »

Le surtourisme ? Tous concernés. Et pourtant, à l'écart des grands flux touristiques, il existe plein de pépites méconnues, souvent oubliées des circuits trop encombrés. Ici un site ignoré ; là un quartier secret ; plus loin un village caché au charme discret, avec un troquet d'une autre époque... Il existe une infinité de lieux peinards que l'on a envie de mettre en avant avec ce pictogramme. Un vagabondage enfin calme favorisé aussi par les **visites aux heures creuses.** Vive le *slow trip* !

#osonslepasdecote

Remarque importante aux hôteliers et restaurateurs

Les enquêteurs du *Routard* travaillent dans le plus strict anonymat. Aucune réduction, aucun avantage quelconque, aucune rétribution n'est jamais demandé en contrepartie. Face aux aigrefins, la loi autorise les hôteliers et restaurateurs à porter plainte.

Avis aux lecteurs

Le Routard, ce n'est pas comme le bon vin, il vieillit mal. On ne veut pas pousser à la consommation, mais évitez de partir avec une édition ancienne. Les modifications sont souvent importantes.

Les réductions accordées à nos lecteurs ne sont jamais demandées par nos rédacteurs afin de préserver leur indépendance. Les hôteliers et restaurateurs sont sollicités par une société de mailing, totalement indépendante de la rédaction, qui reste donc libre de ses choix. De même pour les autocollants et plaques émaillées.

Avec routard.com, choisissez, organisez, réservez et partagez vos voyages !

✓ Rejoignez la plus grande communauté francophone de voyageurs : **plusieurs millions d'internautes.**

✓ Échangez avec les routarnautes : forums, photos, avis d'hôtels.

✓ Retrouvez aussi toutes les informations actualisées pour choisir et préparer vos voyages : près de 300 guides destinations, une centaine de dossiers pratiques et un magazine en ligne pour découvrir tous les secrets de votre destination.

✓ Enfin, comparez les offres pour organiser et réserver votre voyage au meilleur prix.

Les Routards *parlent aux* Routards

Faites-nous part de vos expériences, de vos découvertes, de vos tuyaux et de vos coups de cœur. Aidez-nous à remettre l'ouvrage à jour. Indiquez-nous les renseignements périmés. Faites profiter les autres de vos adresses nouvelles, combines géniales... On adresse un exemplaire gratuit de la prochaine édition à ceux qui nous envoient les meilleurs courriers, pour la qualité et la pertinence des informations.

Quelques conseils cependant :

– Envoyez-nous votre courrier le plus tôt possible afin que l'on puisse insérer vos tuyaux sur la prochaine édition.

– N'oubliez pas de préciser l'ouvrage que vous désirez recevoir, ainsi que votre adresse postale.

– Vérifiez que vos remarques concernent l'édition en cours et notez les pages du guide concernées par vos observations.

– Quand vous indiquez des hôtels ou des restaurants, pensez à signaler leur adresse précise et, pour les grandes villes, les moyens de transport pour y aller. Si vous le pouvez, joignez la carte de visite de l'hôtel ou du resto décrit.

En tout état de cause, merci pour vos nombreux mails.

122, rue du Moulin-des-Prés, 75013 Paris

• *guide@routard.com* • *routard.com* •

Routard Assurance *2022*

Enrichie au fil des années par les retours des lecteurs, *Routard Assurance* reste l'assurance voyage référence des globe-trotters. Tout y est inclus, même la **Covid** : frais médicaux, assistance rapatriement, bagages, responsabilité civile... Avant votre départ, appelez *AVI* pour un conseil personnalisé. Besoin d'une **attestation Covid,** d'un avis médical, d'une prise en charge dans un hôpital ? Téléchargez l'appli mobile *AVI International* pour garder le contact avec *AVI Assistance* et disposer d'un vaste réseau médical à travers le monde. *AVI Assistance* est disponible 24h/24 pour une réponse en temps réel. De simples frais de santé en voyage ? Envoyez les factures à *AVI* dès votre retour, ils vous remboursent sous une semaine. *Le Colisée Gardens, 10 avenue de l'Arche, CS 70126, 92419 Courbevoie Cedex. ☎ 01-44-63-51-00. • avi-international.com • Ⓜ La Défense.*

Édité par Hachette Livre (58, rue Jean-Bleuzen, CS 70007, 92178 Vanves Cedex, France)
Photocomposé par Jouve (1, rue du Docteur Sauvé, 53100 Mayenne, France)
Imprimé par Jouve Print (Quai n° 2, 733, rue Saint-Léonard, BP 3, 53101 Mayenne Cedex, France)
Achevé d'imprimer : juillet 2021
Collection n° 13 - Édition n° 01
46/900/88
I.S.B.N. 978-2-01-787125-5
Dépôt légal : août 2021

PAPIER À BASE DE FIBRES CERTIFIÉES